기독교문서선교회 (Christian Literature Center: 약칭 CLC)는 1941년 영국 콜체스터에서 켄 아담스에 의해 시작되었으며 국제 본부는 미국 필라델피아에 있습니다.
국제 CLC는 약 650여 명의 선교사들이 59개 나라에서 180개의 서점을 운영하며 이동 도서 차량 40대를 이용하여 문서 보급에 힘쓰고 있으며 이메일 주문을 통해 130여 국으로 책을 공급하고 있는 국제적 문서선교 기관입니다.

이스라엘의 역사

레온 J. 우드 지음
김의원 옮김

기독교문서선교회

A Survey of
Israel's History

Written by
Leon J. Wood

Translated by
Eui-Won Kim

Korean Edition
Copyright © 1985, 2024 by Christian Literature Center,
Seoul, Korea.

머리말

성경에 대한 전통적인 보수적 견해가 현대인에게 받아들여질 수 없다는 생각이 몇 년 전부터 퍼져오고 있다. 성경의 원본에 일점의 흠이 없다고 믿는 사람은 무식한 사람으로 간주된다. 이런 생각에 맞추어서 자유주의자들의 연구들이 오래 전부터 학계를 주도해 오고 있는데, 이 일은 보수주의자들이 합당한 원문을 찾는데 더 어려움을 주고 있다는 것이다. 그러나 이런 관점에 반대하는 학자들의 수는 최근 늘어나고 있고 어떤 책들은 새로운 방향을 제시하고 있다. 이 책이 쓰여진 것은 바로 이런 변화에 도움을 주려는 의도에서이다.

이스라엘 역사에 대한 지식은 구약성경의 메시지를 이해하는 데 중요하다. 메시지와 역사는 떨어질 수 없게 연결되어 있다. 이것은 성경의 초자연적 기원을 받아들이는 학생들에게는 특히 사실이며, 이 경우에만, 이스라엘 역사는 예수의 오심을 예비하기 위한 것으로서 규정되어 나타나게 된다. 예수의 출현을 예비하고 이끌어가는 이러한 사건들을 알지 못하면 예수를 이해할 수 없다.

이 책은 특히 신학부 학생들을 염두에 두고 쓰여졌지만, 그 언어나 내용의 수준은 보다 많은 평신도들에게도 유용할 것이다. 이 내용을 이해하기 위해서 고대 역사의 많은 배경에 대한 지식을 가질 필요는 없다. 많은 자료를 실으려고 하지는 않았다. 다만 깊은 연구에 관심이 있는 학생들에게 위치나 신뢰감을 주기 위해 충분한 참고는 포함하였다.

어떤 한 장은(5장), 다른 책에서는 찾을 수 없는 자세한 내용의 연대기를 할해하고 있는 점에 독자는 아마 놀랄 것이다. 그 이유는 이 연대기가 근본적으로 중요할 뿐 아니라, 오랫동안 토론의 문제가 되어왔기 때문이다. 보수주의자들에 의해 전통적으로 지켜져 온 그 관점은 영원히 견고한 것으로 남을 것이라는 것이 나의 확신이며, 이 확신을 뒷받침하는 충분한 내용을 제시하는 것이 적당하다고 여겨졌다.

역사와 함께 성경의 참고문도 포함시켰는데 학생들은 그것들을 이용하기 바란다. 장과 절의 참고문은, 조금씩 차이가 있는 히브리 원문에서 택하지 않고 영어 번역문에서 택하였다. 하나님에 대한 명칭으로는 보다 대중적인 "여호와" 대신 "야웨"를 사용했는데, 이유는 그것이 성스러운 이름의 본래 발음을 더 가깝게 표현하고 있기 때문이다. 성경의 인용문은 '미국 표준번역 성경'(American Standard Version)에서 택하였다.

전체 글을 읽고 도움을 주신 분으로서, Grand Rapids Baptist Bible College의 전 학생이었고, 지금은 이 학교의 영어를 담당하고 있는 David Egner 교수와, 원고를 타자치는데 많은 수고를 한 Joyce Vander Meer 부인과, 여러 면으로 도와주고 인내한 나의 아내와 가족에게 감사를 드린다.

역자 서문

　본서 『이스라엘의 역사』(A Survey of Israel's History)는 레온 우드(Leon J. Wood, 1918~1977) 박사가 저술하였다. 레온 우드 박사는 그랜드 래피즈 침례신학교(Grand Rapids Bapids Baptist Seminary)의 구약학 교수 및 학장으로 오래 재직하며 많은 저술활동을 하였다.
　레온 우드 박사는 성경역사를 이해하는 데 가장 값진 자료가 하나님의 계시의 말씀인 성경 자체인 것을 믿고서, 그 안에 보여지는 많은 역사적 자료들을 연대적으로 배치하고 있다. 그는 본서에서 족장시대부터 이스라엘의 바벨론 포로귀환까지의 기간을 총망라하고 있다. 이 작업을 하면서, 특기할 만한 사실은, 고고학에서 발견해낸 최근의 많은 역사적 자료와 성경의 문서들을 잘 다듬어 인용하고 적절히 사용함으로써 성경자료의 의미를 밝혀내고 그 신비성을 충분하게 입증하고 있다. 특히 이스라엘 민족 형성과 성장을 둘러싼 출애굽의 연대문제는 많은 역사적, 고고학적인 성경의 자료를 망라하여 성경을 하나님의 계시의 산물로 보는 보수주의 입장에서 일목요연하게 정리해 주고 있다.
　이 일을 위하여 수많은 각주를 달아놓아 본서는 목회현장에서 사용할 목회자나 신학생에게 큰 유익을 주는 책이며, 또한 구약성경을 체계적으로 공부하려는 많은 평신도들에게까지 사랑을 받을 책이다.

레온 우드 박사의 본서 이외의 저서는 다음과 같다. *Distressing Days of the Judges, Commentary on Daniel, The Holy Spirit in the Old Testamment, The Prophets of Israel, Israel's United Monarchy.*

　본서가 한국교회와 신학도들에게 도움이 될 것을 확신하며, 출판에 수고하신 사단법인 기독교문서선교회에 감사를 드린다.

1985. 4. 30.

譯者 識

약어표

AASOR	Annual of the American Schools of Oriental Research
AB	G. A. Barton, *Archaeology and the Bible* (7th ed.; Philadelphia: American Sunday School Union, 1937)
ABH	J. P. Free, *Archaeology and Bible History* (8th ed.; Wheaton: Scripture Press Publications, Inc., 1964)
AJSL	American Journal of Semitic Languages and Literatures
ANE	Cyrus Gordon, *The Ancient Near East* (3th ed.; New York: W. W. Norton & Co., Inc., 1965); formerly issued as *The Worlld of the Old Testament* (Garden City: Doubleday & Co., Inc., 1958)
ANEP	J. B. Pritchard, *The Ancient Near East in Pictures* (Princeton: Princeton University Press, 1954)
ANET	J. B. Pritchard, ed., *Ancient Near Eastern Texts Relating to the Old Testament* (2d ed.; Princeton: Princeton University Press, 1955)
AOOT	K. Kitchen, *Ancient Orient and Old Testament* (Chicago: Intervarsity Press, 1966)
AOT	M. F. Unger, *Archaeology and the Old Testament* (2d. ed.; Grand Rapids: Zondervan Publishing House, 1954)
AOTS	D. Winton Thomas, ed., *Archaeology and Old Testament Study* (Oxford: At the Clarendon Press, 1967)
AP	W. F. Albright, *The Archaeology of Palestine* (Penguin Books, Inc., 1949)
ARI	W. F. Albright, *Archaeology and the Religion of Israel* (3d ed.: Baltimore: The Johns Hopkins Press, 1953)
ASV	American Standard Version
AV	Authorized Version (King James Version)
BA	The Biblical Archaeologist
BAR	G. E. Wright, *Biblical Archaeology* (rev. ed.; Philadelphia: The Westminster Press, 1962)

BASOR	Bulletin of the American Schools of Oriental Research
BETS	Bulletin of the Evangelical Theological Society
BHI	J. Bright, *A History of Israel* (Philadelphia: The Westminster Press, 1949)
BP	W. F. Albright, *The Biblical Period*, in L. Finkelstein, ed., *The Jews, Their History, Culture and Religion* (New York: Harper & Brothers, 1949), pp. 3–65; reprinted, The Biblical Colloqium, 1950
BJRL	Bulletin of the John Rylands Library
BS	Bibliotheca Sacra
DOTT	D. Winton Thomas, ed., *Documents From Old Testament Times* (New York: Harper & Brothers, 1958)
FSAC	W. F. Albright, *From the Stone Age to Christianity* (2d. ed.; Garden City: Doubleday Anchor Books, 1957)
GTT	J. Simons, *The Geographical and Topographical Texts of the Old Testament* (Leiden: E. J. Brill, 1959)
HDB	Hasting's Dictionary of the Bible
HIOT	R. K. Harrison, *Introduction to the Old Testament* (Grand Rapids: William B. Eerdmans Publishing Co., 1969)
ISBE	The International Standard Bible Encyclopedia
JAOS	Journal of the American Oriental Society
JBL	Journal of Biblical Literature
JCS	Journal of Cuneiform Studies
JETS	Journal of the Evangelical Theological Society
JNES	Journal of Near Eastern Studies
JTVI	Journal of Trabnsactions of the Victoria Institute
KDC	Keil and Delitzsch Commintaries
LAP	J. Finegan, *Light From the Ancient Past* (2d ed.; Princeton: Princeton University Press, 1959)
LB	Yohanan Aharoni, *The Land of the Bible*, trans. A. F. Rainey (Philadelphia: The Westminster Press, 1962, 1967)

MNHK	E. R. Thiele, *The Mysterious Numbers of the Hebrew Kings* (rev. ed.; Grand Rapids: William B. Eerdmans Publishing Co., 1965)
NBD	The New Bible Dictionary
NHI	M. Noth, The History of Israel (2d ed.; Eng. trans.; London: A. & C. Black, 1958)
OHH	J. B. Payne, *An Outline of Hebrew History* (Grand Rapids: Baker Book House, 1954)
OTS	S. Schultz, *The Old Testament Speaks* (New York: Harper & Row, 1960)
PBW	Claire Epstein, *Palestinian Bichrome Ware* (Leiden:E.J. Brill, 1966)
PEQ	Palestine Exploration Quarterly
RB	Revue Biblique
SE	W. C. Hayes, *The Scepter of Egypt* (Cambridge: Harvard University Press; Part I, 1953; Part II, 1959)
SOTI	Gleason Archer, *A Survey of Old Testament Introduction* (Chicago: Moody Press, 1964)
TH	John Van Seters, *The Hyksos* (New Haven: Yale University Press, 1966)
WTJ	The Westminster Theological Journal

목차

머리말	3
역자 서문	5
약어표	7

제1장 서언   17

1. 근원 자료   17
2. 이스라엘의 중요성   19
3. 이스라엘의 전략적 위치   20
4. 팔레스틴의 지리   21
5. 역사 구분   26

제2장 족장의 배경   27

1. 역사적 정확성   27
2. 아브라함의 부름의 중요성   32
3. 아브라함의 연대   32
4. 아브라함이 살던 땅   43
5. 출발   50

제3장 아브라함　　　　　　　　　　　　　55
[창세기 12:1-25:10]

1. 새 땅　　　　　　　　　　　　　　　　55
2. 세겜, 벧엘, 애굽, 벧엘(창 12:4~13:18)　　　58
3. 롯의 구출(창 14장)　　　　　　　　　　61
4. 소돔의 멸망(창 18:1~19:38)　　　　　　64
5. 계약　　　　　　　　　　　　　　　　67
6. 약속된 아기를 기다림(창 16:1~18:15)　　　68
7. 아비멜렉과 블레셋 족속(창 20~21장)　　　71
8. 이삭의 번제 명령(창 22장)　　　　　　　73
9. 사라의 죽음과 장례(창 23장)　　　　　　74
10. 이삭의 신부(창 24:1~25:11)　　　　　　75
11. 신앙의 사람, 아브라함　　　　　　　　77

제4장 이삭·야곱·요셉　　　　　　　　　79
[창세기 25:9-50:26]

1. 이삭(창 25:9~26:35)　　　　　　　　　79
2. 야곱(창 28:1~36:43)　　　　　　　　　84
3. 요셉(창 37~50장)　　　　　　　　　　93

제5장 애굽에서의 체류와 출애굽 연대기　　105

1. 애굽에서의 체류 기간　　　　　　　　　105
2. 출애굽의 연대　　　　　　　　　　　　112

제6장 애굽에서의 생활   141
[출애굽기 1-14장; 시편 105:17-39; 사도행전 7:15-36; 히브리서 11:22-29]

1. 애굽통치의 4기간   141
2. 애굽 사람의 생활   144
3. 애굽에서의 야곱의 후손   146
4. 압박(출 1:8~22)   147
5. 모세(출 2:1~10)   150
6. 모세의 선택(출 2:11~25; 행 7:23~29; 히 11:24~27)   154
7. 애굽으로 돌아온 모세(출 3:1~4:31)   157
8. 바로 왕과의 투쟁(출 5:1~12:36)   159
9. 애굽에서의 출발   167

제7장 이스라엘의 광야생활   177
[출애굽기 15:22-40장; 레위기 8-10장; 민수기 1-4장;
 10:11-14:45; 16-17장; 20-27장; 31-36장; 신명기 1-4장; 34장]

1. 이스라엘의 여행한 경로   177
2. 시내 산까지의 여행(출 15:22~18:27)   179
3. 율법을 주심(출 19:3~24:18; 32:1~34:35)   186
4. 율법   193
5. 성막(출 25~31, 35~40장)   196
6. 백성들의 수   201
7. 시나이에서 가데스 바네아까지(민 10:11~17; 33:16~19)   203
8. 37년 6개월 동안의 방황(민 15~19장; 33:19~36)   208
9. 가데스 바네아에서 요단까지(민 20~21장; 33:37~48; 신 2:1~3:14)   209
10. 요단에 머무름(민 22~27, 31~32장; 신 31, 34장)   214
11. 신명기   217

제8장 정복　　　　　　　　　　　　　　　　　219
[여호수아 1-24장]

1. 가나안 땅　　　　　　　　　　　　　　　　　219
2. 땅으로 들어감(수 2:1~5:12)　　　　　　　　　222
3. 중앙 팔레스틴의 정복(수 5:13~9:27)　　　　　226
4. 남방과 북방의 정복(수 10~12장)　　　　　　　234
5. 땅의 분할(수 13~22장)　　　　　　　　　　　243
6. 제도　　　　　　　　　　　　　　　　　　　　250

제9장 사사 시대　　　　　　　　　　　　　　263
[사사기 1-21장; 룻기 1-4장; 사무엘상 1-8장]

1. 배경 문제　　　　　　　　　　　　　　　　　264
2. 완전한 땅 정복의 실패(삿 1:1~3:7)　　　　　　271
3. 메소포타미아 압박 시대(삿 3:8~11; 17~21장)　273
4. 모압의 압박 시대(삿 3:12~31)　　　　　　　　277
5. 가나안의 압박 시대(삿 4~5장)　　　　　　　　280
6. 미디안의 압박 시대(삿 6:1~10:5, 룻 1~4장)　　283
7. 암몬의 압박 시대(삿 10:6~12:15)　　　　　　289
8. 블레셋의 압박 시대(삿 13~16장)　　　　　　　292
9. 사무엘(삼상 1~8장)　　　　　　　　　　　　　299

제10장 사울 왕　　　　　　　　　　　　　　　311
[사무엘상 9-31장]

1. 기름부음 받은 사울(삼상 9~12장)　　　　　　312
2. 사울의 통치　　　　　　　　　　　　　　　　317
3. 사울의 배척(삼상 13~15장)　　　　　　　　　319
4. 사울과 다윗(삼상 6~20장)　　　　　　　　　　323
5. 사울의 말년(삼상 22:6~19; 28:1~25; 31:1~3)　328
6. 망명자 다윗(삼상 21~27, 29~30장; 삼하 1장)　333

제11장 다윗 왕   341
[사무엘하 1-24장; 열왕기상 1:1-2:11; 역대기상 12-29장]

1. 헤브론에서의 다윗(삼하 1:1~5:5)   341
2. 다윗이 이스라엘 왕국을 세우다(삼하 5:6~8:18; 10:1~19)   347
3. 다윗의 행정부   358
4. 중요한 행적   362
5. 다윗의 말년(삼하 13~20장, 왕상 1:1~2:11, 대상 22, 28~29장)   366
6. 이스라엘의 가장 위대한 왕   375

제12장 솔로몬 왕   377
[열왕기상 2:11-12:43; 역대기하 1-9장]

1. 왕으로 세워지다(왕상 2:12~46; 3:4~28, 대하 1:1~17)   378
2. 솔로몬 왕국   380
3. 외국과의 관계   385
4. 건축사업(왕상 5:1~9:9, 대하 2~7장)   388
5. 문학 시대   391
6. 영적인 쇠퇴와 징벌(왕상 11장; 대하 9:29~31)   393
7. 왕으로서의 솔로몬   396

제13장 북방 왕국   399
[열왕기상 12-22장; 열왕기하 1-17장]

1. 반란(왕상 12:1~24; 대하 10장)   400
2. 초기 시대(주전 931~885, 왕상 12:25~16:20)   401
3. 오므리 왕조(885~841, 왕상 16:23~22:53, 왕하 1~8장)   407
4. 예후 왕조(841~753, 왕하 9:11~10:36; 13장; 14:16~29)   424
5. 이스라엘의 쇠퇴(752~722, 왕하 15:13~17:41)   435
6. 앗수리아의 속국   440
7. 요약   441

제14장 유다 왕국   443
[열왕기상 14:21-15:24; 22:41-50; 열왕기하 8:16-29; 11-25장;
역대기하 10-36장]

1. 이스라엘과의 투쟁 기간(931~870, 왕상 14:21~15:24; 대하 10~16장)   443
2. 이스라엘과의 동맹 시대   451
   (873~835, 왕상 22:41~50; 왕하 8:16~29; 11:1~16; 대하 17:1~23:15)
3. 하나님께 합당한 왕(835~731, 왕하 12~15장, 대하 23:16~27:9)   458
4. 앗수리아 점령 시기(743~640, 왕하 16~21장, 대하 28~33장)   467
5. 바벨론의 지배(640~586, 열왕기하 22~25장, 대하 34~36장)   481

제15장 포로기와 귀환   493
[열왕기하 25:22-30; 역대기하 36:22-23; 에스라;
느헤미야; 에스더; 예레미야 40-44장; 다니엘 1-6장]

1. 유다 말기(왕하 25:22~26; 렘 40~44장)   493
2. 바벨론 포로 시기(605~539)   497
3. 유다의 포로생활   501
4. 페르시아 시대   508
5. 첫번째 귀환(스 1~6장)   514
6. 두번째 귀환(스 7~10장)   518
7. 세 번째 귀환(느 1~13장)   522
8. 에스더 이야기(에 1~10장)   531
9. 엘레판틴 집단   536
10. 구약 역사의 종말   538

필독 도서 목록   540
연대기   546

*A Survey of
Israel's History*

제1장

서언

 국가로서의 이스라엘의 시작을 출애굽에 두어야 하겠지만, 그 역사에 대한 언급은 아브라함으로부터 시작해야 한다.[1] 이스라엘이, 다른 국가들이 염두에 둘 정도의 규모와 주체를 갖게 된 것은 애굽 국경을 넘어선 때였다. 그러나 이스라엘은, 애굽에 거주한 때로부터 그의 조상 아브라함, 야곱에까지 거슬러 펼쳐지는 역사를 이미 가지고 있었다. 야곱에게서 열 두 지파의 머리가 태어났고, 아브라함에게는 이런 독특한 후손에 관한 약속이 주어졌었다.

1. 근원 자료

 이스라엘 역사의 근원 자료는 구약성경에서 주로 발견된다. 이런 많은 자료가 담겨 있기에 이스라엘 역사는 그 주변 나라들보다 더 자세하게 쓰여질 수 있는 것이다. 사실 이런 이점을 가지고 있는 지역이 당시 위대한 나라들보다 위에 존재하고 있는 것이다. 왜냐하면 고고학적

---

1) 자유주의 학자들은 보통 이스라엘의 역사를 출애굽에서 시작하고 있으며 조상시대에 관해서는 엉성한 언급을 줄 뿐이다. 예를 들면, M. Noth, *NHI*, 또는 B. Anderson, *Understanding the Old Testament* (Englewood Cliffs N. J. : Prentice-Hall, Ine., 1957)가 있다.

인 연구가 그들 이야기를 상당히 자세하게 채운다 해도 구약성경에 비길 만한 자료는 없기 때문이다. 이 귀중한 책은 이스라엘 조상의 배경에 대해 말하고 있다. 즉, 애굽이라는 외국 땅에서의 형성 시대, 약속의 땅에서 각 지파의 시작, 이 지파들이 한 개의 왕국으로 연합된 일, 왕국을 다스린 왕의 이름, 통치 기간, 주요 활동, 죄로 인해 동방나라의 포로 형태로 나타난 하나님의 징계, 또한 계속적인 경험을 겪으며 포로로부터 돌아오는 많은 백성들에 관하여 말하고 있다. 여기에는 역사뿐 아니라 율법, 철학, 보고서, 설교 등도 포함되어 있다. 우리는 백성들의 행한 것뿐 아니라, 그들이 어떻게 생각하고, 말하고, 행동했는가 하는 것을 배운다. 이로 인하여 우리는 그 행동뿐 아니라, 행동을 한 사람들과도 익숙해지게 된다.

구약성경의 주목적이 역사를 기록하는 데 있는 것은 아니지만, 역사에 대한 풍부한 자료는 제공하고 있다. 구약성경은 일반적인 역사책이 아니다. 구약성경의 목적은 하나님이 죄악된 인간에 관심을 갖고 그의 구원섭리를 예비하신 것을 나타내려는 것이다. 대표적인 인간 아담이 에덴 동산에서 죄를 지었을 때 그러한 섭리의 필요성이 생겨난 것이다. 구약성경은 예수 그리스도에서 절정에 달한 그 섭리를 하나님이 어떻게 예비하시고, 어떻게 역사하시는가 하는 것을 특별히 이스라엘 나라를 통해 나타낸 하나님의 기록이다. 여기에 포함된 역사가 구약성경에서 이야기되고 있는 것이다. 따라서 이 준비에 적당한 역사적 자료는 포함되었고 적당하지 않은 것은 보통 제외되고 있다. 이런 이유로, 비록 이 역사가 여러 면에서 상당히 완전하다 해도 빠진 부분들이 생겨나게 된다.

다행히 이 제외된 부분을 채워주는 다른 자료가 있어서 일반적 배경을 보충해 주는데, 이 자료가 고고학적 연구이다. 성경에 대한 고고학자들의 끊임없는 연구는 오랫동안 계속되어 왔으며, 이 연구는 해마다 많은 결실을 거두고 있다. 이렇게 제공된 자료는 상당히 가치가 있는 것으로 우리는 그것을 계속 사용해야 할 것이다.

2. 이스라엘의 중요성

이스라엘은 기독교 이전 시대에 작은 나라들 중의 하나였다. 그러나 그 역사는 세계에 큰 영향을 끼쳤다. 이보다 더 큰 영향력을 가지고 있던 나라는 없었다고 하는 것이 옳겠다. 이스라엘과 같은 규모나 상황을 가진 나라에게 적합하고 온전한 법령으로서 하나님 자신의 선언이 모세를 통해 주어진 이스라엘의 율법 속에 내려진 것이다. 그 이래로 준수되고 있는 기본원리들은 법률가들에게 지침을 제공해 주었다. 당시 가장 위대한 철학자들이나 저술가들은 이스라엘의 예언자들 속에 끼어 있었다. 이들 저술에 필적할 만한 것으로 『이푸-웨르』(Ipu-Wer)[2], 애굽의 『네펠-로후』(Nefer-rohu)[3], 메소포타미아의 마리의 『예언자』와 『그의 왕과의 대화』,[4] 또는 앗수리아의 『아벨라의 연설』[5]에서 찾을 수 있다. 그러나 실지로 그 종류나 다양성, 영향력에 있어서는 찬란한 이스라엘의 대표적 저술들과 견줄 만한 것이 없다. 이스라엘의 지혜문학

---

2) 제 12왕조가 생기기 전인 주전 2000년경의 작품. 그는 왕 앞에 서서 왕을 탄핵하고 사회적 결점을 지적하며 개선할 점을 요구한다. J. Breasted, *The Dawn of Conscience*(New York: Chas. Scribner's Sons, 1935), pp. 197~98; 원문으로는 ANET, pp. 441~44를 참고하라.

3) 역시 주전 2000년경의 작품. 그는 현 정권의 멸망과 다음 정권의 이름까지도 예언한다(참고, Breasted, *op. cit.*, ANET, pp. 444~46). 최근 Van Seters는 (*The Hyksos*, 1966, p. 103) Ipu-Wer와 Nefer-rohu의 연대를 제13왕조로 잡고 있다.

4) 원문으로는 A. Lods, "Untablette inedite de Mari, interessante pour l'histoire ancienne du prophetisma Semitique," *Studies in Old Testament Prophecy*, ed. H. H. Rowley (Edinburgh: T. & T. Clark, 1950), pp. 103~110 을 보라.

5) A. Guillaune의 *Prophecy and Divination among the Hebrews and Other Semites* (London: Hodder & Stoughton, 1938), pp. 42~43에는 히브리 예언서와 마찬가지로 여제사장들은 Ishtar를 대신해서 연설할 첫 사람을 고용했다. '두려워 말라'라는 문구의 빈번한 삽입, 도움에 대한 약속, 왕의 적을 타도하겠다는 약속, 그리고 여신의 위대성에 대한 단언 등은 모두 히브리 예언서를 연상시키는 것들이다."

에서는, 하나님과 세계, 삶에 관한 이 독특한 백성들의 관점이 보다 철학적인 뼈대를 갖추고 나타난다. 여기에서 사고뿐 아니라 감정이나 의지에 대한 호소와 함께 대화, 극, 시, 격언 등이 발견된다. 지혜서와 예언서에서는, 하나님과의 언약의 삶을 최고 자리에 두는 것과 사회 정의에 대한 메시지가 그 시대 이래 계속 중요한 의미를 지녀오고 있다.

구약성경의 영속적 가치는 주로 종교적, 도덕적인 데 있지만, 그 예술적 특징도 간과되어서는 안된다. 구약성경은 그 시대의 가장 훌륭한 문학 작품들을 담고 있다. 사실 욥기나 시편 또는 이사야서는 어느 시대에나 가장 훌륭한 것에 속한다. 이 글들은 그 시대 이래 어디에서나 작가들의 영감을 불러일으켰다. 작가들만이 이런 영감을 경험한 것이 아니라 음악가, 미술가, 조각가, 그리고 거의 모든 분야의 예술가들이 감격을 받았다. 얼마나 많은 음악, 미술, 조각들이 구약성경에서 그 주제를 찾았던가? 로마시대 이후 기독교의 역할은 지배적이었고 이 역할을 이끌어오는 데 구약성경은 거대한 영향을 끼쳤다.

3. 이스라엘의 전략적 위치

이스라엘이 중요하게 된 데에는 또한 그 전략적 위치 때문이었다. 서쪽으로는 지중해, 동쪽으로는 아라비아 사막을 끼고 있는 이스라엘은 그 좁은 60마일로서 남북 교통의 유일한 통로를 제공해 주었다. 남쪽으로는 나일 강을 의존하여 구약시대를 통해 큰 힘을 행사한 애굽이 차지하고 있었다. 해마다 넘쳐흐르는 나일 강은 사막에 물을 제공하고, 농경에 필요한 기름진 토양을 만들었다. 나일 강은 또한 백성들과 상인 모두에게 편리한 교통을 마련해 주었다. 나일 강 덕택으로 애굽은 번영했으며, 북쪽 나라들과 폭 넓은 무역을 일으켰다.

북쪽으로는 소위 "초생달 모양의 기름진 땅"(Fertile Crescent)이라고 불리우는 나라들이 놓여 있다. 이 지역은 유브라데스 강과 티그리스 강을 의존하고 있는데,[6] 이 두 강은 알메니안 산맥에서 시작하나,

---

6) 이 지역 이름은 "강 사이에 있는 땅"이라는 의미를 가진 그리이스 단어

어느 지점에서는 450마일이나 간격을 두고 있으며, 각기 다른 통로로 남동쪽으로 흘러 차츰 가까워져 페르시아 만 근처에서 합류하게 된다[7] 유브라데스 강보다 짧은 티그리스 강은 급격히 흘러내려 가는데 앗수리아의 수도 앗수르와 나중에 수도가 된 니느웨는 모두 이 강에 의존하고 있었다. 유브라데스 강은 좀더 완만하게 흐르면서 서쪽으로 바벨론, 앗수리아, 알메니아, 그리고 미타니로 가는 주요 길을 제공하였다. 이 나라들은 남쪽의 번영한 애굽과 무역을 하고자 하였다. 이 상인들은 북방 가나안 상인들, 심지어는 머나먼 북방 아나돌리아 상인들과 합동하여 이스라엘의 긴 땅을 여행 통로로 이용하였다.

4. 팔레스틴의 지리

"팔레스틴"(Palestine)[8]이라는 이름은 "블레셋인이 사는 땅" (Philistine)이라는 뜻을 지닌 "필리스티아"(Philistia)에서 유래한다. 필리스티아는 본래 블레셋인이 살았던 땅인 남서쪽만을 포함했었다. 그러나 이 이름은 좀 변형된 형태로 이스라엘 모든 땅에 적용되게 되었다. 팔레스틴은 큰 나라가 아니었다. 이것은 동 지중해 연안의 남쪽부분을 차지해 남북으로 150마일, 동서로 60마일 조금 넘게 펼쳐 있었다. 자연히 세 면으로 제한을 받았는데, 동쪽으로 수리아 - 아라비아의 거대한 사막, 남쪽으로는 사막과 비슷한 지역 네게브, 서쪽으로는 대지중해가 놓여 있다. 농경지역은 북쪽으로만 연결되있는데, 이곳에는 지중해 연안의 페니키아와 내륙쪽의 아람 - 다마스커스 두 나라가 놓여 있었다. 페니키아는 해상 권력을 잡고 있었는데, 이스라엘과의 평화적 관계를 지속함으로 무역의 혜택을 받게 되었다. 반면, 아람 - 다마스커

메소포타미아로 나타난다.

7) 이 두 강은 아브라함시대에는 각각 페르시아 만으로 들어갔다고 여겨진다. 그러나 이 두 강이 운반한 거대한 침적토는 그 당시부터 페르시아 만을 덮어 현재 합류하는 거리 안에서 100마일이 넘는 모래사장을 형성하고 있다.
8) 지리 연구로는 Y. Aharoni, *LB*, pp. 3~57을 참고하라.

스는 대부분 황무지로 이루어진 가난한 나라여서 당연히 더 나은 지역을 차지하고자 자주 이스라엘과 전쟁을 하게 되었다.

(1) 요단 계곡

팔레스틴 지형학에서 가장 두드러진 특징은 땅 표면이 유난히 갈라져 요단 계곡을 형성하고 있는 것이다. 이 거대한 틈을 통해 평균 10마일의 넓이로 요단 강이 흐르고 있는데 이것은 헤르몬 산 기슭의 300피트 높이에서부터, 지구상의 가장 낮은 장소인 해저 1,200피트 지점인 사해로 떨어지고 있다. 이 계곡은 가파른 경사로 이어져 있으며 가끔 날카로운 절벽을 이루기도 한다.

요단 강은 4개의 작은 지류[9]로 형성되어 있는데, 이것들은 수면이 210피트 높이에 있는 메마른 훌레(Huleh) 호수[10] 북쪽에서 합쳐진다.

요단 강 남쪽 10마일은, 길이 13마일, 넓이 7마일, 깊이 630마일 되는 갈릴리 바다로 흘러 들어간다. 이 갈릴리 호수는 유별나게 푸른 색을 띠고, 성경 당시의 때와 같이 오늘날에도 고기가 많으며, 잔잔한 수면이 끓는 솥과 같이 급변하는 폭풍우로 유명하다. 요단 계곡은 갈릴리로부터 사해까지 대략 70마일 펴져 있다. 요단 강은 평균 넓이 90~100피트, 평균 길이 3~10피트로 이 거리를 구부러져 흐른다. 그러나 이 강은 홍수철이 되면, 1마일의 넓이로 강둑이 넘치게 된다. 최근의 광범위한 관개사업으로 인하여 물의 범람은 현저히 줄어들었다.[11]

사해는 세계에서 가장 독특한 물 중의 하나이다. 이 바다의 농축된

---

9) The Bareighit, the Hasbany, the Laddan, the Banias. 이 지류들은 길이가 5.5마일로부터 24마일까지 다양하다.

10) 1957년 요단 강을 곧게 하고 깊게 만드는 작업이 완성되어 넓은 늪 지대뿐 아니라 훌레 호수가 배수되었으며 많은 땅을 비옥한 농경지로 회복시켰다.

11) 요단과 이스라엘 모두 물을 제공받는다. 요단은 특히 물이 요단 강으로 흐르기 전에 야르묵(Yarmuk) 강에서, 이스라엘은 갈릴리 바다에서 직접 물을 얻게 된다.

화학물질은[12] 큰 부력을 제공하지만 어떠한 생물도 살 수가 없게 하고 있다. 여기에서 축출된 칼륨은 오늘날 이스라엘의 중요한 소득이 된다. 이 사해는 대략 길이가 47마일, 넓이가 6내지 9마일 되는데, 북쪽의 3분의 2는 매우 깊어 1,200피트까지 달한다. 사해는 리산(Lisan)에 의해 두 부분으로 나누어지는데 이 리산은 2.5마일의 간격을 남긴 채 동쪽으로부터 뻗어나온 장화 모양의 반도이다. 수 세기 동안 이 간격을 가로질러 건너는 얕은 여울로 사용되었다.

사해 남쪽에는 아라바[13]라고 불리우는 큰 계곡이 이어진다. 이것은 아카바 만까지 110마일 거리로 펼쳐 있다. 서쪽의 네게브 산맥과 동쪽의 에돔 산 봉우리에 의해 밀폐된 이 좁은 계곡은 이따금 비가 내릴 뿐 매우 뜨겁고 마른 지역이다. 이곳은 특히 솔로몬 시대 이후 구리 광산으로 경제적 중요성을 갖게 되었다. 솔로몬은 이곳을 개발해 효과적인 제련소를 건축하였다. 그리고 아카바 만 근처의 에라스(Elath)항구를 이용하여 광석을 실어 날라 남쪽 나라들과 무역하였다.

(2) 트랜스요단(Transjordan, 요단 동편 지역)

요단 계곡의 동쪽에는 트랜스요단이 있다. 이곳은 고원 지대로 초원으로 알려져 있다. 이곳은 봄, 가을에 뜨거운 바람(siroccos)이 농사를 태워버리고 겨울에는 차거운 사막 바람이 거침없이 덮치기 때문에 농사는 거의 되지 않는다. 그러나 요단 계곡으로부터 펼쳐지는 높은 산마루는 공기를 차갑게 해 상당한 분량의 강우량을 가져오게 한다. 이 물은 4개의 주요 강을 통해 다시 요단 강으로 흘러 들어간다. 즉, 갈릴리 바다 바로 밑에 있는 야르묵(Yarumk) 강, 갈릴리와 사해의 대략 중간 쯤에 있는 얍복 강, 사해로 직접 흘러가는 아논 강, 그리고 사해

---

12) 이 농축도는 25%이며, 소금, 칼륨, 마그네슘, 칼슘, 염화물, 브롬화물로 이루어져 있다.

13) 이 이름은 오늘날 계곡의 남쪽 부분만을 가리킨다. 그러나 성경은 갈릴리 바다 같은 북쪽 계곡을 언급하는 데 이 이름을 사용하고 있다(참고, 신 3:17; 수 3:15; 삼하 2:29).

의 최남단에 있는 제레드(Zered) 강이다.

야르묵의 북쪽 지역은 바산으로 알려져 있는데 이곳은 비옥한 지대로 이스라엘과 아람-다마스커스 사이에 수 년 동안 논쟁의 근원이 되었던 곳이다. 길르앗은 바산에서 남쪽으로 모압까지 펼쳐 있다. 이 지역은 얍복 강 북쪽과 남쪽 모두 고도 3,000피트 이상 달하는데, 이 얍복 강이 이곳을 양분하고 있다. 고대에는 이 경사진 절벽이 좋은 숲으로 덮여 있었다. 길르앗 남쪽에 있는 모압은 가끔 제레드와 아논 강 사이를 지칭하지만, 그러나 빈번히 위도상으로 사해 북쪽까지를 포함하기도 한다. 아논 강 북쪽은 평균 2,000 내지 2,400피트 높이의 땅이 있지만 남쪽은 4,000피트 이상의 높이까지 올라간다. 제레드 강 남쪽에는 길고 좁은 에돔이 펼쳐 있는데, 이는 세일(Seir) 산(털이 있는 산)이라고 불리우는 아라바의 동쪽 구릉 지대를 주로 가리킨다. 이 산들은 붉은 뉴비아 모래돌로 이루어져 있으며 5,000피트가 넘는다. 이들 가운데 자리잡은 구 페트라(old Petra)는 세계에서 가장 특이한 도시로 절벽으로 깎아져 있으며 식(Sik)으로 불리우는 길고 좁은 골짜기를 통해서만 들어 갈 수 있다.

(3) 중앙 산맥들

요단 서쪽은 소위 팔레스틴 본토의 등뼈라고 불리우며 3구획으로 이어진다. 북쪽 구획은 갈릴리라 부르는데, 구약시대와 오늘날에 비옥한 농경 지대인 광대한 에스드렐론 골짜기에 의해 중간 구획과 구별된다. 갈릴리 높은 지역은 3,000피트까지 달하며, 반면 낮은 지역은 2,000피트 가량으로 봉우리들은 농경에 적합한 계곡에 의해 넓게 구별된다. 중간 구획은 처음에 에브라임 산으로 나중에는 사마리아로 불렸다. "에브라임"이라는 이름은 이 남쪽 반을 차지했던 에브라임 족속에서 나왔다. 북반부의 산맥들은 남반부만큼 높지 않고 다시 골짜기에 의해 구별된다. 여기 중간에 주요 도시 세겜을 두고 있는 두 산맥 에발(Ebal)과 그리심(Gerizim)은 특히 중요하다. 남쪽 구획은 유대였다. 이곳의 경사는 가파르지만 구약시대를 통해 계단식 용법에 의해 잘 경작되었다. 그러나 사해 쪽으로 가면서 이 경사진 땅들은 메마르고 황폐되어 소위 말하는 유대 사막을 형성한다. 엔게디(En-gedi) 오아시스와 몇몇 사소한 정착지를 제외하면 이 광야는 영구적인 거주지로 적합치 않았다. 소위 말하는 사해 사본이라는 귀중한 문서가 발견되어진 곳은 사해 근처인 바로 이 지역에서였다.

(4) 해변 지역

팔레스틴 본토 산맥들과 지중해 사이에는 해안 평야가 놓여 있다. 해안선 자체는 변하기 쉬운 모래 언덕이 특징이나, 내륙으로 조금만 들어가면 좋은 농경 지대가 있다. 해안 평야는 지중해에 이르기까지 갈멜 산마루에 의해 잘려지는데, 이 산마루는 갈릴리 바다와 대략 같은 위도상에서 지중해 쪽으로 돌출되어 있다. 이 산마루 북쪽에는 황홀한 에스드렐론 골짜기가 동서로 각을 지고 펼쳐 있다. 남쪽으로는 현대의 텔아비브에 이르기까지, 아름다운 샤론 평야가 펼쳐 있는데 이 곳은 오늘날 좋은 과수원이 흩어져 있다. 샤론 평야 밑에는 블레셋인에 의해 오랫동안 점령되어 온 아주 좋은 땅이 있다. 여기서 지중해가 서쪽으로 펼쳐지기 시작하여 평야를 더 넓게 만들고 있는 것이다. 또한 질 좋은 충적토가 대부분 이곳을 차지해 풍성한 수확을 가능하게 하고 있다. 강우량은 남쪽으로 가면서 점점 적어지지만 그래도 "가사"(Gaza) 지역에서는 농경에 충분한 양이 된다. 구 가사 지역은, 약간 북쪽에 있는 주요 항구 아스글론과 함께 이 지역 도시 문화권을 형성했던 것으로 보인다. 해안 평야와 중앙 산맥들 사이의 접점 높아지는 지대는 세블라(Shephelah)라 불리운다. 이곳 역시 농사에 적합하다.

지중해는 서쪽 팔레스틴의 전 지역에 뻗어 있지만, 우리가 생각하듯 팔레스틴 사람들 생활에 결코 영향을 끼친 적이 없다. 그 이유는 자연 항구의 부족에 있다. 해안은 유난히 일직선을 이루고 있어, 아스글론(Ashkelon), 욥바(Joppa), 돌(Dor), 악고(Acco)에서만 약간의 하역이 이루어지는데 이것마저 제한되었다. 약간의 어업과 해상무역이 이스라엘인에 의해 이루어졌는데, 이 이스라엘인들은 두로(Tyre), 시돈,

비블로스(Byblos)에 좋은 항구를 가지고 있었던 북쪽 페니키아인에 의존하고 있었다.

(5) 기 후

팔레스틴은 아열대 지역에 속한다. 예를 들어, 이 기온은 밀감류, 오렌지, 레몬, 포도 열매 등을 재배하는 데 적절하다. 1년은 우기와 건기로 나누어지는데 11월에서 4월까지가 우기이다. 처음 11월에 비가 내리기 시작하여 12월, 1월, 2월에 보다 많은 겨울비가 내리고 3월과 4월 초에는 점점 줄어든다. 우기가 끝날 즈음에는 강한 사막 바람(열풍)이 불기 시작하여 이후 6개월 동안 비가 오지 않을 그 땅을 빠른 속도로 건조시킨다. 식물은 곧 갈색으로 변한다. 강우량은 지역에 따라 다양하다. 해안 지역과 북쪽 고원 지대에 비가 가장 많이 온다. 많은 개울들은 우기에만 물이 흐른다. 단지 야르묵 강, 얍복 강, 아논 강, 제레드 강, 얄루드(Jalud) 강들만이 연중 요단 계곡으로 흐르고, 또 야르곤(Yarkon) 강은 텔아비브 쪽에 있는 지중해로 흐른다. 이런 강들조차 건기에는 조금씩 밖에 흐르지 않는다.

5. 역사 구분

이스라엘의 역사는 일곱 개의 시대로 구분될 수 있다. 첫째, 아브라함부터 각 부족의 머리되는 야곱의 열 두 아들에 이르기까지의 족장 시기, 둘째, 야곱이 애굽으로 갈 때부터 출애굽까지의 애굽시기, 셋째, 광야 시대와 팔레스틴 정복시기, 넷째, 하나님을 믿는 보편 신앙, 조상들의 유산과 실로(Shiloh)의 중앙 성소에 의해 통합된 전혀 다른 실제로서 살았던 사사시대, 다섯째, 사울로부터 솔로몬까지의 단일 왕국시대, 여섯째, 분할왕국시대 — 이스라엘은 주전 722년 사마리아의 멸망으로, 유대는 주전 568년 예루살렘의 멸망으로 끝나게 된다. 일곱째, 4세기까지의 포로시대와 포로이후 시대이다.

제2장

족장의 배경

1. 역사적 정확성

고고학 연구의 증거는 많은 자유주의 학자들로 하여금 구약성경의 역사적 정확성에 대한 그들의 견해를 바꾸게 하였다. 이 사실은 다른 어느 것보다도 족장시대에 관해서는 더욱더 그러하다. 최근에까지 아브라함, 이삭, 야곱의 행적뿐 아니라 인간으로서의 그들의 존재[1]까지 의심되었다. 오늘날 후자는 쉽게 받아들여지고 있으며 그들의 행적도 창세기 서술에 나타난 것과 많은 부분이 일치한다고 믿어지고 있다.[2] 이런 새로운 견해를 불러일으킨 증거는 광범위하다. 여기서는 한 부분만을 다루기로 하자.

---

1) J. Wellhausen의 *Prologomana to the History of Israel*, trans. Black and Menzies (Edinburgh: A. & C. Black, 1885), pp. 318f.

2) 참고. Bright, *BHI*, pp. 82~83. Albright, *ARI*, pp. 145~176. 구약성경 연구의 최근 경향에 도움되는 것으로 H. H. Rowley, ed, *The Old Testament and Modern Study*(Oxford: At the Clarendon Press, 1951). 최근 좀 상반되는 연구로 간주되는 것은 Van Seters, *JBL*, 87 (Dec. 1968), pp. 401~408을 참고하라.

(1) 이 름

한 가지 증거는 창세기에 사용된 이름들이 고대 자료에 나타나 있는가에 관계하고 있다. 한 예로, 야곱이라는 이름은 북부 메소포타미아의 차가-바자르(Chaga-bazar)에서 나온 주전 18세기 자료에 사람을 지칭하는 "야콥-엘"(Ya'qob-el) 형태에서 나타나며, 또한 투트모스 3세(Thutmose III)의 명단에는 팔레스틴의 한 장소를 지칭하는 것으로 나타났다. 한편 힉소스 왕의 이름으로서 야콥-할(Ya'qob-har) 형태로 나타나기도 한다.[3] 아브라함이라는 이름은 주전 16세기 바벨론 자료에서 아밤람(Abamram) 형태로, 마리(Mari)자료[4]에서는 또 다른 형태로 발견되었다. 마리 자료는 하란 근처의 도시 이름으로서, 아브라함의 형 이름인 나홀을 나쿨(Nakhur) 형태로 사용하고 있다. 마리 자료는 바나-야미나(Bana-yamina, 베냐민)[5]라고 부르는 사람들을 언급하고 있으며, 갓, 단, 레위(Gad, Dan, Levi), 이스라엘과 같은 어근으로 이루어진 이름들을 사용하고 있다. 후기 앗수리아 자료들은 두 도시인 틸-투라키(Til-turakhi)와 사루기(Sarugi)에 대해 말하고 있는데 이것들은 아브라함의 아버지와, 전 조상인 데라(Terah)와 스룩(Serug)에 해당하는 것이다. 이런 이름들과 더 첨가할 수 있는 다른 이름들은 모두 주전 1,500년의 자료에서 나타난다. 구체적인 성경의 이름과 지명을 나타내는 증거가 부족하긴 하지만 이것들은, 창세기 기록에 사용된 이름들이 당시의 술어들이라는 것을 나타내준다.[6]

---

3) 참고, Albright, *JAOS*, 74(1954): p. 231; R. De vaux, *RB*, 72 (1965), p. 9.

4) 이러한 세 가지 자료로는 G. Barton, *AB*, pp. 344~45 을 참고하라. 마리 자료에서의 일반적인 이름에 관해서는 H. B. Huffmon, *Amorite Personal Names in the Mari Texts* (1965)를 참고하라.

5) Gelb, *JCS*, 15(1961), pp. 37~38, H. Talmore, *JNES*, 17 (1958), p. 130, n. 12를 참고하라.

6) 좀더 자세한 내용의 참고로는 M. Unger, *AOT*, pp. 127~28; J. Bright, *BHI*, pp. 70f; C. H. Gordon, *ANE*, pp. 113~33; K. A. Kitchen, *AOOT*, pp. 48f., 153f를 보라.

(2) 관 습

다음 증거는 그 시기의 관습에 관한 것이다. 조상들의 몇몇 행적들은 모세 율법과 그 후의 율례에서 벗어난 것으로 보이지만, 누지(Nuzi) 자료[7]에서 특히 나타난 것처럼 주전 2,000년대의 관습에서 본다면 이해될 수가 있다. 한 예로 아브라함은 그의 종 엘리에셀이 아들 대신 그의 상속자가 될까봐 걱정했다(창 15:1~4). 창세기 기록은, 아들이 없을 때 상속에 대한 그러한 걱정은 정상적이었다는 것을 내포하고 있다. 누지 자료는 바로 이러한 경우를 보여준다. 누지 자료에 의하면, 자손이 없는 부모는 종을 아들로 입양할 수 있는데, 친 아들이 태어나지 않는다면 입양된 아들은 평생 그 부모를 섬기다가 임종 시 그의 상속자가 되는 것이다.[8] 또한 사라가 종 하갈을 아브라함에게 후처로 넘겨준 것도(창 16:1~4) 누지 자료에서는 그러한 율례가 그 당시에는 꽤 당연한 것으로 나타나고 있다. 역시 이 자료에서는, 그때에 아들이 태어난다 해도 종과 입양된 아들은, 집 밖으로 쫓아버릴 수가 없다고 지적하고 있는데 이것은 사라가 하갈과 이스마엘을 쫓아내라고 요청했을 때 아브라함이 마지 못해 한 것(창 21:9~11)[9]에 대한 이유를 제공하고 있다. 이후에 라헬과 레아는 그 종들을 야곱에게 같은 방법으로 넘겨주었다(창 30:1~13). 라헬이 아버지의 드라빔, 곧 집안의 우상을 훔쳐야 했던 것도 누지에서 설명을 찾을 수 있다(창 31:19, 34, 35). 그 우상은 상속권을 의미한 것이었다. 라반은 야곱이 가족의

---

7) 누지 자료는 주전 15세기부터 기록하고 있는데, 원 아모리 족속 때부터 많이 채택되었던 Hurrian 관습을 나타내고 있다(참고, C. H. Gordon, BA, 3(1940), pp. 1~12; G. E. Wright, BAR, pp. 43~44).
서로 상응되는 부분들이 15세기에서 조상들의 연대를 나타낸다는 Gordon의 가정은 적용되지 않는다. 왜냐하면 비슷한 상응 부분들이 18, 19세기 우르 자료에 있기 때문이다(참고, D. J. Wiseman, JTVI, 88(1956), p. 124).

8) 참고, 누지 서판, H. 60: E. A. Speiser, AASOR, 10(1930), p. 30.

9) 참고, 누지 서판, H. 67: ibid., p. 32.

일원으로 등장한 후에 태어난 자기 아들이 분명히 있었다(창 31:1). 라헬이 드라빔을 훔친 것은 주상속자로서의 야곱의 권리를 유지하려고 한 것이었다. 누지 자료는 또한 구두 축복이 계약으로 간주되었다는 것을 보여준다. 한 가지 발견된 법정 기록을 보면 법원이 계약을 거행한 것이었는데 그 속에는 아들에 대한 아버지의 축복이 포함되어 있다. 이것은 비록 야곱이 거짓말을 했지만 야곱에게 준 축복을 자기에게도 달라고 한 에서의 간절한 부탁을 이삭이 거절한 사실에 대해 설명해 준다. 이것 역시 노아(9:25~27)와 야곱(49:1~29)이 축복한 것처럼, 창세기에서 보통 나오는 축복에 탁월한 지위를 두려고 한 것이다.

(3) 팔레스틴의 상황[10]

세번째 증거는 족장시대와 같은 시기의 가나안의 상황에 관한 것이다. 아브라함은 목축에 필요한 땅을 사용하는 데 아무런 제한이나 간섭없이 장막을 치고 남다른 자유를 누리며 이동할 수 있었다. 그는 사라가 죽었을 때 장사하여 묻을 땅 막벨라(Machpehah)[11]를 살 때까지, 토지를 사야 할 필요를 느끼지 않았다. 한번, 목축에 필요한 땅을 조카 롯과 나눈 적이 있는데(창 13:5~12), 그러나 이것은 본 거주자의 압력에 의한 것이 아니었다. 이 내용은 북쪽 세겜으로부터 남쪽 브엘세바까지 아브라함이 이동한 지역에 인구가 거의 없었다는 것을 의미한다. 팔레스틴의 고고학 연구와 애굽의 저주(execration) 문헌[12]은 모두 아브라함, 이삭, 야곱이 살았던 정확한 시기[13], 곧 주전 22~19세기는 특히 그런 상황이었다고 증언한다. 또한 20세기의 *Tale of Sinuhe*[14]에서도 아브라함은 반 유목민의 형태로 많은 양떼를 거느리

---

10) 이 책 pp. 33~34를 참고하라.
11) 이 책 3장, pp. 74~75를 참고하라.
12) 이 책 p. 46의 주 28과 3장, p. 56의 주 5를 참고하라.
13) 이 책 pp. 30~41를 참고하라.
14) Text in *ANET*, pp. 18~22.

고 가나안 지역을 자유로이 이동한 사람으로 표현되고 있다. 더욱더 조상들 이야기에서 언급된 도시들(도단, 세겜, 벧엘, 예루살렘 등)이 모두 그때 존재했다는 것과 또한 롯의 이야기에서 나타난 것처럼(창 13:1~12), 사해 근처의 요단 계곡이 많은 도시지역이었다는 것은 고고학이 증거하고 있다.

(4) 광범위한 이동

마지막 증거는 족장시대의 근동 지역에서 광범위한 이동이 존재했다는 것이다. 이것은 조상들의 이야기에서 나타난 것과 똑같이 나타난다. 아브라함은 갈대아 우르에서 남쪽 가나안까지(창 11:31~12:9), 1,000마일 이상이나 여행하였다. 나중에 그는 그의 종 엘리에셀을 아들 이삭의 신부를 구하기 위해 북쪽으로 400마일 이상 되는 메소포타미아의 하란으로 보냈다(창 24:1~10). 야곱은 에서로부터 도망쳐 이 지역을 여행하다가 가족과 재산을 얻어 남쪽 가나안으로 돌아왔다(창 28~33장). 고고학 연구의 많은 자료들은, 이런 종류의 여행이 당시로는 꽤 흔한 일이었음을 보여준다. 마리 자료에서 나온 편지를 보면 사신들은 팔레스틴의 하솔(Hazor)에서 남쪽 메소포타미아, 또는 엘람(Elam)[15]까지 여행한 것으로 나타난다. 더 오래된 자료로 소아시아의 가니스(Kanish)에서 나온 카바도기아(Cappadocian) 자료는 앗수르와 힛타이트 — 성경에선 헷 족속이라 함 — 간의 광범위한 무역관계에 대해 언급하고 있다. 앗수리아 상인들의 무역중개소가 힛타이트 속에 있었으며, 거기에서 앗수리아 상품과 그 나라 상품이 교환된 것이었다.[16] 또한 남 메소포타미아에서 아카디아 시기의 사르곤(Sargon)과 그 손자 나림신(Narim-sin)은 멀리 지중해 연안까지 군사행동을 취했

---

15) 참고. K. A. Kitchen, *AOOT*, p. 50.
16) 이 자료는 주전 19세기부터 기록하고 있으나, 무역중개소는 주전 20세기 이전부터 존재하였다(참고. W. Albright, *BASOR*, 139(1955), p. 15). 이 집단의 행적을 표현한 것으로는 Kitchen, *AOOT*을 참고하라.

으며, 가끔 거기서부터 중앙 페르시아까지 이르는 곳에 통치권을 행사하기도 했다.[17]

2. 아브라함의 부름의 중요성

아브라함의 부름은, 하나님이 인간을 다루는데 있어 한 변법을 만들었다. 지금까지 하나님은 보편적인 방법으로 모든 인간을 대해 왔다. 다른 것과 구별해서 한 나라나 인물을 선택하지 않았다. 따라서 인류가 불순종했을 때 인류는 홍수로 벌을 받았다. 그러나 아브라함의 부름으로 이 세계적인 접근방식은 바뀌게 되었다. 이제 하나님은 보편적이 아니라 특정적으로 말씀하신다. 하나님은 오직 한 인간을 택하셨다. 하나님은 그를 다른 사람과 구별하여 개별적인 지시를 하셨다. 그 의도는 새로운 인간을 길러 아브라함을 조상으로 하여 나라를 선택하는 것이었다. 많은 인간들은 하나님의 방법을 거절하였고 그리하여 한 동안 그들의 기회를 상실하였다. 이제 하나님은 특별한 사람을 통해 구원계획을 효과적으로 역사하실 것이다. 이제 그들을 통해 성경, 곧 쓰여진 말씀이 생겨날 것이고, 그들을 통해 예수 그리스도, 곧 살아 있는 말씀이 때가 되면 태어날 것이다. 이런 방법으로써 세계가 사악함에도 불구하고 구원의 섭리는 실현될 것이다. 그러나 이 구원섭리가 준비되고 완성되는 때에는 모든 세계에 적용될 것이며 하나님은 다시 모든 인간에게 보편적으로 역사하실 것이다.

3. 아브라함의 연대

성경적 그리고 성경 외적인 자료 모두가 아브라함의 연대를 갖고 있다. 이 자료들을 평가하는 데 있어서 보수주의자와 자유주의자 사이에

---

17) 이 책 3장, pp. 59~61을 참고하라.

는 상당한 차이가 있다. 자유주의 학자들의 결론은 주전 15세기 후반[18] 부터 때로는 20세기[19]까지 다양하다. 보수주의 학자들은 그 이전 연대를 주장하여 아브라함의 출생을 22세기 중반부로[20] 보고 있다. 이 사실은 세 가지 결정에 의거한 것이다. 즉, 이스라엘이 출애굽한 연대와 이스라엘이 애굽에 머문 기간과 아브라함의 출생으로부터 야곱이 가족과 함께 애굽으로 내려간 사이의 기간이 그것이다.

(1) 성경적 증거

성경은 이 세 가지 문제에 대해 많은 것을 말해 주고 있다. 셋째 문제에 대하여는 전혀 의심없이 답해 준다. 아브라함은 이삭이 태어났을 때 100세였고(창 21:5), 이삭은 야곱이 태어났을 때 60세였으며(창 25:26), 야곱이 애굽으로 내려갔을 때 130세였으니(창 47:9), 총 290년이 되는 셈이다.

---

18) Cyrus Gordon 은 누지 관습으로부터, 야곱시대에 애굽을 "라암세스의 땅"이라고 부른 사실로부터(창 47:11), 요셉부터 모세까지 오직 4세대만 있었다는 그의 신념(창 15:16; 출 6:16~20)으로부터 모세의 연대를 주전 13세기로 잡고 있다(Gordon, ANE, pp. 115~116).
H. H. Rowley는 From Joseph to Joshna (London: Oxford University Press, 1948)에서 17세기로 주장하고 있다.
19) Albright는 아브라함이 가나안으로 이동한 것은 아모리족 이주의 한 부분이었으며, 야곱이 애굽으로 이동한 것은 힉소스 왕조가 그곳을 차지한 것의 한 부분이었다고 믿고 있다. Albright, AP, p. 83. N. Glueck, BA, 18(1955), pp. 4, 6~9; G. E. Wright, BAR, p. 50.
20) J. B. Payne은 출애굽의 초기 연대에서 이스라엘의 애굽 체류 기간 430년을 감안한 주전 2166년에 아브라함이 태어났다고 주장한다(Payne, OHH, pp. 34~36; 참고, M. Unger, AOT, pp. 106~107, 그리고 G. L. Archer, SOTI, pp. 203~205.
그러나 S. Schultz, OTS, pp. 30~31, 48~49에서는 이스라엘의 애굽 체류 기간이 430년 보다 적다고 믿는 Albright 의견에 기울고 있다. 또 K. A. Kitchen, AOOT, pp. 41~56에서도 여기에 동의하며 출애굽의 후기 연대에만 증거를 제시하고 있다.

① 출애굽의 연대

출애굽의 연대라는 첫 문제는 보수주의자[21]들에게 거의 확실한 대답을 주고 있다. 즉, 출애굽은 15세기 중반부 바로 다음에 일어났다고 하는 것이다. 보통 주전 1446년으로 보고 있는 이 연대는, 13세기 중의 어느 기간이라고 주장하는 "후기" 연대[22]와 대조하여 "초기" 연대라 불리운다. 이 책 뒷장에서 설명하겠지만[23] 성경과 성경 외의 광범위한 증거가 이 사실을 뒷받침한다. 이 초기 연대를 뒷받침하는 네 가지 사항을 간단히 적어보면, 첫째, 출애굽은 솔로몬이 성전을 짓기 시작한 때(주전 966)보다 480년이나 앞섰다고 진술한 열왕기상 6:1, 둘째, 사사기 11:26의 입다의 진술에서 이스라엘이 그날까지 300년 동안 땅을 소유했다는 사실, 셋째, 사사 기간은 후기 연대에서 잡고 있는 것보다 더 많은 기간을 필요로 한다는 분석에서 볼 때 넷째, 출애굽이 관련되어 일어난 일련의 애굽 역사 사건들은 13세기가 아니라 15세기의 성경 이야기와 일치한다는 사실이다.

② 애굽 체류 기간

둘째 문제인 애굽 체류 기간은 보수주의 학자들 사이에도 큰 의견차이가 있지만 여기서도 비교적 확실한 결론에 도달할 수 있다. 즉, 체류 기간은 430년 동안 지속되었다는 것이다. 이와 상반되는 견해는 215년

---

21) 여기에 반대되는 의견을 가진 보수주의자들도 있다. 한 예로 F. F. Bruce, *Israel and the Nations* (Grand Rapids: Wm. B. Eerdmans Publishing Co., 1963), pp. 13~14; C. Pfeiffer, *Egypt and the Exodus* (Grand Rapids: Baker Book House, 1964), pp. 174~77.

22) 가끔 라암셰스 2세의 통치 기간(주전 1304~1238, 참고, 5장)중으로 잡기도 한다(주전 1290). 메르넵타(Merneptah, 1238~1228)가 출애굽 당시의 바로였다는 주장은 팔레스틴에서 이스라엘을 패배시켰다고 한 메르넵타의 비석의 발견으로 인해 일반적으로 무효가 되었다. 그러나 Cyrus Gordon은 아직도 "13세기의 3·4분기"라고 주장한다. *ANE*, p. 115; 주전 1225년의 연대에 대한 것으로는 H. H. Rowley, "Israel's Sojourn in Egypt," *BJRL*, 22(1938), p. 263을 참고하라.

23) 이 책 5장, pp. 92~116을 참고하라.

으로 보고 있다. 이 문제에 대해서는 다음 장[24]에서 거론하겠지만 다시금 여러 가지 문제가 포함된다. 여기서는 430년을 주장하는 주요 사항들만 적기로 한다. 첫째, 기간이 430년 동안 계속되었다고 진술한 출애굽기 12:40, 둘째, 하나님이 아브라함에게 예언한 것으로(창 15:13) 그 자손들은 타국에서 "400년"(대략의 숫자) 동안 핍박을 받을 것이라는 것, 셋째, 스데반이 사도행전 7:6에서 400의 숫자를 언급한 사실, 넷째, 야곱의 가족이 실질적으로 430년보다 짧은 기간 안에서는 200만 백성의 국가로 증가할 수 없다는 사실이다.

이러한 세 가지 결정에서 비추어 볼 때 아브라함의 출생일은 쉽게 계산된다. 솔로몬이 성전을 건축하기 시작한 주전 966년에다가 열왕기상 6:1에 있는 출애굽 후의 간격 480년을 더한다. 여기에 이스라엘이 애굽에 체류한 430년을 더하고, 여기에 아브라함의 출생과 야곱이 애굽으로 내려간 사이의 기간 290년을 더하면 결과는 주전 2166년이 된다.[25]

(2) 성경 외적 증거

성경 외적 증거 또한 실질적인 증거를 제공한다. 여기에는 세 가지 면이 주목된다.

① 가나안의 상황

아브라함이 주전 2166년에 태어났다면 그가 가나안에 75세 때 도착했으므로(창 12:4) 가나안 도착 연대는 주전 2091년이 된다. 창세기에 나타난 가나안의 상황은 이 시기의 고고학적 연구가 제시하는 것과 일치하는가? 대답은 물론 일치한다는 것이다.[26]

---

24) 이 책 5장. pp. 105~112를 참고하라.
25) 이 연대는, 성경에서의 대략적인 숫자로 인해 몇 년의 변차가 가능하다고 몰아붙일 수 있다. 그러나 이 연대는 계속 22세기 중반부를 고수하게 된다.
26) 여기에 제시한 두 가지 외에 K. A. Kitchen은 고고학이 주장한 것으

한 예로, 그 당시 가나안에는 인구가 거의 없었다는 점에 일치한다.
아브라함 이야기는 이 상황을 나타낸다고 여겨지는데, 특히 아브라함이 세겜과 브엘세바 사이를 자유로이 이동하며 장막을 치고 목축을 할 수 있었다는 점에서 그러하다. 고고학은 특히, 아브라함이 통과해서 이동했던 내륙 지역에 대해 비슷하게 증언하고 있다.[27] 그러나 요단 서쪽의 많은 도시들은 19세기 중에 사람들이 다시 거하게 되었으므로[28] 인구가 희박했던 이런 상황은 오래 지속되지 않은 셈이다. 이것 또한 의미있는 사실인데, 왜냐하면 이삭과 야곱[29] 역시 그 땅에서 비교적 자유로운 이동을 할 수 있었고, 이것은 아브라함이 도시가 재건되기 전에 살았다는 것을 의미하기 때문이다. 위의 연대기에서 드러난 것처럼 21세기가 타당한 것이다.

또한 아브라함시대에 소돔과 고모라 지역[30]에 많은 인구가 존재했다는 점에 일치한다. 비록 아브라함이 팔레스틴 고지대 한산한 지역을 자유로이 이동했지만, 롯은 요단 평야에서 수많은 도시를 찾을 수 있

로서 "팔레스틴 남서 변경에 있는 네게브 지역에 계절에 따라 살던 흔적이 21~19세기에는 있었지만 천년 이전이나 800년 이후에는 없었다"는 문제를 언급하면서 Albright와 N. Glueck로부터의 참고문을 인용하고 있다.
Kitchen, *AOOT*, pp. 49~50. 아브라함과 이삭은 이 지역에서 살았다 (창 20:1; 24:62).
27) 이 책 3장, pp. 45~47를 참고하라.
28) 20세기보다는 19세기에 더 많은 팔레스틴 도시를 언급하고 있는 애굽 Execration 자료에 의해 증명되었다(참고, Wright, *BAR*, p. 47; Aharoni, LB, pp. 131~35). Van Seters, TH, pp. 9~19는 Kenyon 이 지은 *Archaeology in the Holyland*(New York: Praeger, 1960, pp. 158f)에서 확증을 찾으면서 최근에는 이 상황이 2200~1950년에 존재했다고 주장하고 있는데, 이것 역시 우리의 연대와 부합하고 있다.
29) 이삭은 대부분 남쪽(헤브론, 브엘세바, 게라)에 머물렀다. 그러나 야곱은 밧단아람에서 돌아온 후 세겜으로, 벧엘로, 그리고 더 남쪽으로 헤브론까지 이동했는데 여기에서 그의 아들들은 양떼를 몰고 북쪽으로 처음엔 세겜 그리고 도단으로부터 돌아왔다(창 35:1~8; 37:12~17).
30) 멸망에 대한 것으로는 3장을 보라.

었다(창 13:12; 14:2~7; 19:29). 그러나 Nelson Glueck의 연구[31]는 이 도시들이 20세기 또는 19세기에 멸망되었다고 보고하였다. 그는 지적하기를, 팔레스틴 본토에서 "아모리족"의 멸망이 이루어질 때 이 도시들은 요단 동쪽편 네게브와 같이 인구 중심지였으나 조금 지난 후 어떤 이유로 모두 파괴되었다고 한다.

이것은, 아브라함과 롯이 고지대가 멸망된 뒤나 요단 평야의 도시들이 멸망되기 이전 어느 기간에 살았다는 것을 의미한다. 다시 말해서, 주전 2100년과 주전 1900년 사이의 기간을 의미한다. 우리의 연대기에 따르면 아브라함은 주전 2091년에서 주전 1991년까지 가나안에 살았다.

② 애굽의 상황

두 번째의 증거는 19세기 초 애굽의 역사(주전 1876)가[32] 야곱이 그곳으로 건너간 성경 이야기의 상황과 부합하는가 하는 것이다. 대답은 역시 긍정적이다. 다음의 두 가지 내용을 주목할 필요가 있다.

한 가지는 가나안과 애굽 사이의 자유로운 이동 문제이다. 야곱의 아들들은 양식을 얻으려 두 번씩이나 애굽 국경을 건너는 데 아무런 불편을 겪지 않았고, 그 후 야곱은 그의 전 가족을 애굽으로 데리고 왔다(창 42~46장). 이 이전에 아브라함 역시 기근을 당하여 애굽으로 여행하였다(창 12:10~20). 이런 사건들은 당시 두 나라 사이의 이동이 흔한 일이었음을 암시하는 것이다. 고고학은 이와 비슷하게 증언하고 있다. 특히 중요한 것으로, 주전 1900년경의 애굽 무덤 벽화에는, 야곱과 아브라함의 경우처럼, 일단의 셈족인 반 유목인이 애굽으로 들

---

31) 참고, Glueck, "The Age of Abraham in the Negeb," *BA*, 18 (Feb. 1955), pp. 2~9; *The Other Side of the Jordan* (New Haven: American Schools of Oriental Research, 1940), p. 21. Van Seters는 이 멸망을 주전 1950년으로 보고 있다.

32) 야곱은 출애굽 430년 전에 애굽에 들어갔다(출 12:40). 주전 1446년(출애굽 연대)에 430년을 더하면 주전 1876년인데 이것이 야곱이 들어간 연대가 된다.

어가는 장면이 그려져 있다. 이런 벽화는 37개나 되는데, 애굽의 흰 평야와는 대조적으로 색깔 있는 옷을 입은 모습으로 그려져 있다.[33] 이런 식의 이동이 무덤에 그려진 것은, 이 사실이 애굽에 잘 알려져 있었음을 의미하고 있다.[34]

다른 한 가지는, 성경에서 표현하듯 "요셉을 알지 못한"(출 1:8) 바로의 존재 문제이다. 그는 요셉 후에 있었던 사람으로 이스라엘 백성을 노예화했다. 성경 이야기는 그가 누구이든 간에 이스라엘과 친교를 나누었던 전 왕조와는 다른 새 왕이었음을 암시한다. 이 시기의 애굽 역사는 그런 왕을 암시하는가? 대답은 물론 그렇다이지만 실제로 두 가지를 들 수 있다. 하나는, 외국인 셈족 지배자의 첫 왕통을 이은 힉소스(Hyksos)[35]이다. 이 침략자들은 주전 1700년(1730) 전에 본국 왕조를 몰아내고 새 왕조를 세웠는데 증가하는 이스라엘 백성에 대해 쉽게 새 조치를 취했을 것이다. 다른 하나는 제 18왕조의 첫 왕인 아모스인데 그는 다시 힉소스 왕조를 나라 밖으로 몰아내고 본국 왕조를 다시 세울 수 있었다. 이 아모스 또한 힉소스와 인종적으로 연관되는

---

33) 제 12왕조(참고 6장)의 크눔-호텝 3세(Khnum-hotep III) 무덤이 베니하산(Beni Hasan)에 있다. 그림으로는 *ANEP*, fig. 3을 참고하라.

34) G. E. Wright, *BAR*, p. 56는 아시아 사람이 쉽게 애굽으로 들어간 것은 수 세기 동안 계속되었음을 보여주는 13, 14세기 두 가지 비문을 인용하고 있다.

35) 애굽에 서서히 스며들어간 셈족은 마침내 정권을 잡았는데, 이들의 이름은 북서쪽의 셈족 배경을 암시하지만 아직 정확한 기원은 알려지지 않았다. 마네토는 말하기를, 힉소스는 "왕-목자들"을 뜻하는데 "히크"는 애굽 단어 "지배자"에 관련되고, "소스"는 후에 "목자"의 뜻을 가진 단어에 연관되어 있다. 그러나 이런 설명은 뒤에 생겨난 것이다. 이 이름은 "외국 땅의 통치자들"을 뜻하는 애굽말 "heku shoswet"(후에 "hyku shose"로 발음된다)에서 나왔을 법하다(참고, Steindorf and Seele, *When Egypt Ruled the East* ⟨2d ed., Chicago: University of Chicago Press, 1957⟩, p. 24; R. M. Engberg, *The Hyksos Reconsidered* ⟨Chicago: University of Chicago Press, 1939⟩; Van Seters, TH, pp. 18~90).

이스라엘 백성에 대해 새 조치를 취할 수 있었다고 본다.[36]

③ 바로 왕의 정체

세 번째 증거는 "요셉을 알지 못한" 이 바로 왕은 구체적으로 누구였나 하는 것이다. 우리는 바로의 보편적인 모습에 부합하는 두 통치자를 주시했지만, 이 둘 중에 하나를 선택하는 것이 가능한가? 이 선택을 가능하게 하는 요소가 있다. 왜냐하면, 이 둘 중 전 통치자인 힉소스일 가능성이 많은데 그렇게 되면 야곱이 애굽에 들어간 연대는 주전 19세기라는 증거가 제공되기 때문이다. 이것은 이 통치자가 일어난 것과 야곱이 애굽으로 들어간 것 사이에, 요셉이 죽기까지의 기간[37]을 염두에 두어야 하고 또 새 통치자가 그들을 노예화할 필요를 느낄 만큼 (출 1:8~11) 야곱의 후손이 증가하는 데 필요한 기간을 염두에 두어야 한다는 데에 따른 것이다. 야곱이 들어간 것과 힉소스의 즉위 사이에 존재하는 1세기 반이라는 기간은 이런 사건이 전개되는 데 필요한 것이며, 결코 많은 기간이 아니다. 반면, 힉소스를 애굽에서 몰아낸 둘째 통치자 아모스가 바로 왕이었다면, 야곱이 애굽에 들어간 것은 따라서 더 늦어져 힉소스 왕 기간중이었을 것이다.[38] 다음의 네 가지 요소가 모두 "요셉을 알지 못하는" 바로가 힉소스 왕조의 첫번째 왕[39]이

---

36) 19세기에 야곱이 애굽으로 들어간 것에 반대하는 이론은, 애굽인(제12왕조)들이 목자들을 "혐오"하였으므로(창 46:34) 목자인 야곱 가족에게 땅을 주지 않았을 것이라고 생각한다. 그러나 이것은 다음과 같은 데서 해결을 찾을 수 있다. 바로가 땅을 쉽게 준 것은 요셉이 기근을 잘 처리한 데에 대한 감사로써 촉진되었다. 더욱이 야곱의 가족이 숫자적으로 크게 증가한 때는 아직 아니었으므로 수여한 땅의 양은 그렇게 넓지 않았을 것이다.

37) 야곱이 애굽에 들어갔을 때 요셉은 39살이었으며(창 41:46, 53, 54; 45:6) 110세까지 살았다(창 50:22). 그러므로 그는 주전 1876년, 또는 주전 1805년에서 71년 후에 죽은 것이다.

38) 힉소스 왕조의 첫 왕의 연대가 주전 1730년이고 아모스가 주전 1584년이므로 애굽에 들어간 것은 1세기 반이나 후의 일이었을 것이다.

39) 참고, John Rea, "The Time of the Oppression and the Exodus," *BETS*, 3 (Summer, 1960), pp. 58~59; Archer, *SOTI*, pp. 205~208.

었을 가능성을 제시한다.

첫째, 바로를 위하여, 노예화된 이스라엘에 의해 세워진 애굽 도시 비돔과 라암셋(출 1:11)은, 아모스가 살았던 제 18왕조 전이나 후에 건축되었음에 틀림없다. 왜냐하면 고고학적 증거가 이 기간 중에 건축되지 않았다고 지적하기 때문이다. 구 라암셋(힉소스의 수도인 아바리스〈Avaris〉라고 추정됨)을 탐사해 보면 "제 18왕조의 단독 계획이 아니었다"라고 나타난다.[40] G. E. Wright는, 출애굽의 후기 연대에 대한 증거로 이 사실을 사용하고 있으며, 제 19왕조의 라암세스 2세(1304~1238)에 의해 이 도시가 건축되었다고 믿고 있다. 그러나 그것은 제 18왕조 전인 힉소스 때였음을 뒷받침하는 데에도 사용될 수 있다. 힉소스 왕들은 당시 수도인 라암셋을 건축하고 확장하는 데 분명히 관심을 두었을 것이다.

이 도시에서 제 18왕조의 아무것도 찾을 수 없었다는 사실은 그 도시를 지은 왕조가 아모스나 그 후계자들이 아니었음을 강하게 주장한다. 사실 Wright는 이 도시가 아모스에 의해 파괴되었으며,[41] 14세기 말까지 다시 사람이 거하지 않았다고 주시하고 있다.

둘째, 출애굽기의 "요셉을 알지 못한" 바로 왕이라는 말은 바로 왕이 제 18대 왕조의 한 왕이 아니라 힉소스였다고 할 때 쉽게 이해될 수 있다.

이 백성 이스라엘 자손이 우리보다 많고 강하도다 자 우리가 그들에게 대하여 지혜롭게 하자 두렵건대 그들이 더 많게 되면 전쟁이 일어날 때에 우리

---

40) G. E. Wright, *BAR*, p. 60(참고, J. Finegan, *LAP*, pp. 118~19).
라암셋을 타니스(Tanis)와 동일시 한 Wright의 주장은 널리 인정되고 있다. 콴틸(Qantir) 지역으로 보는 견해는 몇 사람에 의해 받아들여지고 있는데, 예를 들어 Hayes, *SE*, II, p. 339와 Van Seters, *TH*, pp. 128~49가 여기에 속한다. 그러나 제 18왕조의 유물은 이들 어디에서도 발견되지 않았다.

41) *BAR*, p. 60.

대적과 합하여 우리와 싸우고 이 땅에서 갈까 하노라(출 1:9~10).

한 가지 주목할 것은, 이 왕이 이스라엘에 대해 "우리보다 많고 강하도다"라고 말한 것이다. 이 말은 이스라엘이 출애굽 당시의 최종 숫자인 200만으로 증가하기 오래 전에 말해진 것이다. 이 말이 아모스가 한 말이라면, 전체 애굽인과 비교해서 한 말이므로 큰 과장이 되어 버릴 것이다. 그러나 힉소스 왕조의 첫 통치자가 한 말이라면, 그 말은 애굽에 그리 숫자가 많지 않았던 힉소스 백성들과 비교한 말이므로 과장이 되지 않을 것이다. 힉소스 왕조는 많은 숫자가 아니라 주요 요직만 잡고 있었다. 또 한 가지 문제는 이 통치자가 이스라엘 백성이 그들의 적과 합할까봐 두려워한 점이다. 이 말이 힉소스가 한 말이라면, 그들의 차지하고 있었으므로 이해가 가능하다. 그러나 아모스가 한 말이라면, 그는 적수인 힉소스를 애굽 밖으로 더욱더 팔레스틴 쪽[42]으로 쫓아낼 수 있었으므로 이해가 되지 않는다. 그 적은 완전히 패배하여 밀리 쫓겨났다.

셋째, 아브라함에게 하신 하나님의 말씀은, 이스라엘의 노예화가 뒤의 18왕조라기보다는 보다 일찍 힉소스 왕조 때 일어난 것이라고 해야 더 어울린다. 이 말씀은 "너는 정녕히 알라 네 자손이 이방에서 객이 되어 그들을 섬기겠고 그리고 그들은 400년 동안 고통을 당할 것이다"(창 15:13. 참고, 행 7:6)이다. 야곱이 애굽으로 내려갔을 때 첫 몇 년 동안은 고통당하지 않았다. 이 고통은 "요셉을 알지 못한" 바로가 왕위에 올랐을 때에 시작되었다. 그러나 이 바로 왕이 아모스라면, 노예상태는 1세기 하고 3분의 1밖에[43] 지속되지 않아 400년에서 훨씬 부

---

42) 아모스는 힉소스를 남쪽 팔레스틴의 사루헨까지 쫓아버렸고(참고, 수 19:6). 이 도시를 6년 동안 포위하다가 마침내 멸망시켰다. 이로 인해 힉소스와 애굽과의 관계는 결정적으로 끝났다. 이 사건의 직접적인 언급은 아모스 때의 해군장교에 의해 쓰여졌다(참고, *Ancient Records of Egypt*. II, secs. 1~16).

43) 이것은 출애굽이 주전 1446년인 초기 연대에 일어났다는 점에 기초한

족한 기간이 되므로 위의 말씀과 부합하지 않는다. 그렇지만, 힉소스 왕조의 첫째가 바로 왕이었다면, 이 노예상태는 300년 가까이 지속되므로 꽤 부합한다고 볼 수 있다.

넷째, 아시아족인 힉소스를 애굽에서 몰아내는데 있어서, 왜 제 13왕조는 아시아계 이스라엘 백성을 동시에 몰아내지 않았을까 하는 것이 이해하기 어렵다. 이스라엘을 노예화한 첫 왕조가 제 18왕조라고 믿는 사람들은 이 두 집단이 인종적으로 연관되어 있으므로 힉소스가 쫓겨난 다음에 이스라엘이 노예화되었다고 주장한다. 한 집단은 쫓겨났고 한 집단은 노예가 되었다. 그러나 두 집단이 쫓겨났다고 하는 것이 더 그럴듯 하지 않을까? 왜 아모스는 이스라엘 집단을(쫓아낸 집단보다 더 숫자가 많을텐데) 그 땅에 남겨둠으로써 새로운 반항자들에게 기회를 주려 했을까? 더욱이 이 두 집단이 우호적이었다면, 상호 결혼이 일어났을 것이고 그러면 각 집단을 따로따로 구별하기가 어려웠을 것이다. 그러나 두 집단이 적대관계였다면 — 노예화한 왕이 힉소스 왕조였다는 기초에서는 적대관계가 된다 — 이들을 분명히 구별하여 각각 처리한 것이 이해가 된다.

이스라엘을 노예화한 인물이 제 18왕조의 아모스였다는 주장과 함께, 그러한 행동은 관련된 민족인 힉소스에 의해서라기보다 외국 민족인 애굽인에 의해 취해졌다고 해야 더 이해할 만하다는 주장이 있다. 그러나 힉소스 또한 민족적으로 연관이 있든 없든, 그 당시의 상황에서는 이스라엘을 노예화하려 했을 것이다. 앞에서 지적한 대로, 힉소스 자신들은 숫자가 그리 많지 않았다. 결과적으로 그들은 가까운 친족인 이스라엘 집단이 따로 떨어진 고센 지방[44]에서 급성장하는 것에 위협을 느끼고 동시에 노예화한다면 강한 노동력의 힘을 발휘하리라

것이다. 이에 대한 증거로는 5장에서 다룰 것이다. 아모스가 주전 1584년에 즉위했으므로 138년밖에 간격을 두고 있지 않다.

44) 고센은 Wadi Tumilat 지역으로 인식되고 있는데, 나일 강으로부터 팀사 호수까지 30마일 길이로 퍼져 있는 계곡이다. 이곳은 오랫 동안 애굽의 가장 비옥한 농경지 중의 하나로 생각되어 왔다(참고, Wright, *BAR*, p. 56).

생각했을 것이다.[45]

4. 아브라함이 살던 땅

하나님이 아브라함을 처음 불렀을 때의 말씀은 "너는 네 본토와 친족을 떠나라"[46]는 것이었다. 하나님이 떠나라고 한 땅은 어떤 땅이었나에 대한 의문이 생겨난다. 이 부름은 갈대아 우르[47]에서 주어졌는데 이곳은 보통 남 메소포타미아 계곡[48]의 잘 알려진 우르로 인정되고 있다. 이곳이 북 메소포타미아의 우르일 것이라는 의견이 최근에 제기되었는

---

45) 야곱의 가족이 애굽에서 쉽게 받아들여진 것은, 애굽인에 의한 것이라기보다 인종적으로 연관된 힉소스에 의한 것이라야 이해가 더 잘된다는 반대 의견이 있는데, 이에 대한 해답으로는 앞의 각주 36을 참고하라. 이 반대의견은 애굽에서의 체류 기간을 215년으로 보고, 따라서 야곱이 그곳에 들어간 것은 힉소스 기간 중이라고 주장하는 사람들의 의견이다. 그리고 요셉시대의 바로는 힉소스 왕조가 아니라 애굽인이었다는 견해에는 다른 두 가지 요소가 있다. 첫째, 이 바로 왕은 온 제사장(Heliopolis)의 딸을 요셉에게 부인으로 주었는데(창 41:45), 이 제사장은 힉소스인들이 싫어하는 태양신 라(Ra)를 특히 섬겼다는 것(참고, Anderson, *The History and Religion of Israel* 〈London: Oxford University Press, 1966, p. 25〉)과 둘째, 요셉이 바로 왕 앞에 나가기 전 수염을 깎았다는(창 41:14) 데에서 이 바로의 자격은 애굽인으로 나타난다.
46) 사도행전 7:3. 이와 비슷한 창세기 12:1의 말씀은 하나님이 후에 하란에서 불렀을 때 주어진 것이다.
47) 갈대아인들이 남 메소포타미아에서 우세하여져 마침내 신 바벨론 제국을 세운 것이 주전 1000년 이후이기 때문에, 많은 학자들은 창세기의 갈대아 우르라는 이름이 시대착오인 것으로 생각하고 있다. M. Unger는 이것을 다음과 같이 설명하고 있다. "그것은 우르 지역이 완전히 멸망하여 나중에 남쪽 바벨론에 위치했던 그 후의 시대를 설명하기 위해 붙어진 기록상의 주석이다"(*AOT*, p. 108).
48) 우르에 대한 탐사는 1854년 J. E. Taylor에 의해 첫번으로 행해졌고, 1918년 H. R. Hall에 의해 보다 광범위하게, 그리고 1922~1934년 C. L. Wooley에 의해 자세히 행해졌다. 그 내용으로는 Wooley, *Ur of the Chaldees*(Penguin Books, 1940)을 참고하라.

데 그러나 뒷받침하는 증거가 미약하다.[49] 아브라함은 전통적으로 주어진 땅에서 온 것 같다. 그러므로 아브라함이 어른으로 성장하여 그 땅에서 살았던 주전 22세기 말을 중심으로 우르의 상황과 남 메소포타미아에 대해 살펴보자.

(1) 우르의 셋째 왕조

연구를 하는 데 있어서 다행히 우리는 성경 외 문헌으로부터 여기에 관련된 기간을 구할 수 있다. 이것은 우르의 셋째 왕조로[50] 알려진 정치 기간인데 108년이나 지속되었으며, 그때 우르는 전체 남 메소포타미아의 수도였다.

이 기간이 포함되는 시기는 우리가 관심을 갖고 있는 22세기 말을 포함하거나 또는 바로 그 뒤이다. 정확한 결론은 많이 논란되고 있는 함무라비 연대에 달려 있는데 이 함무라비 연대로부터 이 기간을 환산

---

49) Cyrus Gordon, "Abraham and the Merchants of Ura," *JNES*, 17(1958), pp. 28~31은 이 우르를 서 메소포타미아의 우라 근처로 주장한다. 우가릿(Ugarit)에서 나온 한 자료는 우라(Ura)에서 우가릿까지의 상인에 대해 말하고 있다. Gordon의 이유는 다음과 같다. 즉, 아브라함이 남 메소포타미아의 우르에서 가나안으로 이동했다면 하란은 그가 거쳐가는 길이 아니었는데 아브라함은 후에 하란 지역을 그의 본토로 말하고 있기 때문이다(창 24:4, 7, 10). 그러나 이 우라 역시 중간에 거쳐간 하란 지역일 수가 없다. 왜냐하면 그것은 하란보다 더 서쪽으로 떨어져 있어 우릿트 지역에 가깝기 때문이다. 거기에서 그는 가나안으로 곧장 갔을 것이다. 더욱이, 아브라함의 "본토"라는 말은 그의 살아 있는 형제 나홀의 가족이라는 관점에서 취해졌을 것이다. 나홀은 분명히 우르에서 하란으로 이동했다(창 24:10, 15: 28: 2). 아브라함의 관심은 특정한 왕이 아니라 부인을 찾을 수 있는 혈연관계에 있었다.

50) 이 기간에 대한 간단한 요약으로는 J. S. Schwantes, *A Short History of the Ancient Near East* (Grand Rapids: Baker Book House, 1965) 또는 Finegan, *LAP*, pp. 49~53을 참고하라. 문화적 상황에 대한 요약으로는 G. Childe, *What Happened in History* (rev. ed., Penguin Books, 1954), pp. 89~112을 참고하라.

할 수 있다. 함무라비가 집권을 시작한 연대에 대해 학자들은 세 가지 연대를 제기한다. 즉, 주전 1728년의 "늦은" 연대, 주전 1792년의 "중간" 연대, 그리고 주전 1848년의 "빠른" 연대가 그것이다.[51] 우르의 셋째 왕조 시작에 도달하려면, 이 연대에 약 340년을 더해야 한다. 그러면 이 기간은 늦은 연대를 기초로 할 때 1962년, 중간 연대를 기초로 하면 2130~2022년, 빠른 연대로는 2190~2082년이 된다.[52] 아브라함이 주전 2166년에 태어났고, 주전 2100년에[53] 이주했다고 하면, 이것은 늦은 연대를 기초할 때 이 기간이 시작되기 30년 전에 아브라함이 우르를 떠났다는 것을 의미하며, 중간 연대나 빠른 연대를 기초로 할 때 이 기간중에 살았으며 이주했다는 것을 의미한다. 어느 것이 가장 적합한가 선택하는 것은 쉽지 않다. 그러나 다행히 우리의 목적에는 그것이 필요치 않다. 왜냐하면 아브라함이 떠난 후 몇 년 뒤에 이 기간이 시작됐다 하더라도 이 기간에서 상황은 크게 변하지 않을 것이기 때문이다.

우르의 셋째 왕조 동안의 상황은 어떠하였나? 이때는 수메리안 문명의 고전 시기로 수메리안 문화가 최고조로 발전했던 기간이다. 수메리안 문화는 앞의 초기 왕조 기간[54] 동안 이 최고봉을 향해 발전해 왔으나 아가데(아카드) 도시와 셈족 문화의 위력으로 약 2세기 전에 빛을

---

51) 여러 가지 복잡한 증거로는 M. B. Rowton, "The Date of Hammurabi," *JNES*. 17(1958), pp. 97~111. 간단한 요약으로는 Archer, *SOTI*. p. 204을 참고하라. Rowton 자신은 중간 연대를 찬성한다.

52) P. Van Der Meer, *The Chronology of Ancient Western Asia and Egypt* (Leiden: E. J. Brill, 1963), p. 46는 이 기간의 시작 연대를 늦은 연대보다 더 뒤인 주전 2044으로 주장한다. Albright는 늦은 연대를 취해 2060~1950년으로 잡고 있다. *BASOR* 88(1942), pp. 29~33, 그리고 같은 책 144(1956), pp. 26~30.

53) 아브라함이 하란을 떠날 때 75세였고(창 12:4), 거기서 몇 년 이상을 더 오래 머물지 않았을 것이므로 다음과 같이 추론된다. 즉, 그가 우르를 떠났을 때는 적어도 70세였으니 그의 출발 연대는 다음 세기의 바로 직후이다.

54) 이 긴 기간 동안의 상황 연구로는 Bright, *BHI*. pp. 27~28 참고하라.

잃었다. 이 빛의 상실은 아카드의 통치자 사르곤이 에렉(Erech) 혹은 우룩(Uruk)의 왕인 강력한 루갈 자기시(Lugal-zaggisi)를 물리쳤을 때 일어났다. 그때 에렉의 왕은 남 메소포타미아를 통합하여 막 성공을 누리고 있을 때였다. 사르곤은 수메리아인과는 대조적으로 아카디아 왕의 명단에서 셈족의 영향이 있었음을 지적하는 몇 개의 셈족 이름이 발견되었다. 그러나 사르곤이 일어날 때까지 수메리아 문명이 대부분을 점령하였다. 그가 이룩한 기간은 1세기 이상이 되었다. 그가 점령한 지역은 한때 중앙 페르시아에서 지중해까지 이르러 역사상 최초의 진정한 제국이 되었다.[55] 이 아카디안 기간은, 자그로스(Zagros) 산으로부터 이 지역을 침범한 야만인 구티(Guti)에 의해 끝이 났다. 그 결과 암흑기가 되었으나, 우르의 셋째 왕조에서 수메리아 문화가 다시 재건되었다. 실제로, 구티의 정권을 무너뜨린 것은 에렉의 왕 우타 헤갈(Uta-hegal)이었으나, 우르의 왕 우르 남무(Ur-nammu)가 다시 그를 물리쳐 우리가 관심을 두는 이 기간이 시작되었다.

(2) 통치자

우르는 아가데만큼 많은 땅을 지배하지 않았다. 그러나 이 나라 왕들은 자신들에게 "수메르와 아카드의 왕들", "세계의 네 지역의 왕들"이라는 칭호를 붙이면서 사르곤 제국을 이어갔다. 그들은 북방으로 앗수르까지 그리고 남방 메소포타미아 전부를 지배한 것으로 보인다. 5명의 연속 통치자가 알려져 있다. 즉, 18년을 통치한 우르 남무(Ur-nammu), 48년을 통치한 술기(Shulgi), 9년을 통치한 아마르신(Amar-sin), 9년을 통치한 수신(Shu-sin), 25년을 통치한 이비신(Ibbi-sin) 등이다. 세력은 이비신 기간 중에 점점 줄어 마침내, 동쪽

---

55) 군사적인 원정은 더 멀리 뻗쳐 적어도 소아시아와 남방 아라비아 그리고 애굽까지 이르렀다. 무역은 동쪽의 인더스 계곡까지 연장되었다. 사르곤의 손자 나람신 역시 큰 세력을 다투었으며 승리의 석비(비문 새긴 돌기둥)가 수사에서 발견되었는데, 이것은 고도의 문화적 발전을 나타내는 아름다운 예술 작품이다.

제 2 장 족장의 배경   47

으로 내려온 엘람인(Elamites)에 의해 점령되었다.

첫 통치자인 우르 남무는 그의 훌륭한 법전으로 잘 알려져 있다. 이 법전은 가장 오래된 것으로, 더 완전한 것으로 알려진 함무라비 법전보다 더 오래된 것이다. 이 짧은 원문에는 법이 들어 있으며 우르 남무가 난나신에 의해 이 땅을 통치하도록 임명받았다고 기술하고 있다. 여기에서는, 그가 중량의 면에서 부정직한 법령을 제거하고 과부와 고아들이 부자들에게 착취당하지 않도록 관심을 보였다고 기술하고 있다. 대부분의 법 자체들은 명료하지 않아 읽기 어렵지만, 함무라비 법전[56]의 것들과 새겨진 모습이 비슷하다. 이들은 사회의 기본 문제와 정의를 이해하고 있는 것으로 보인다. 이러한 형태로 법을 기록하게 한 것은 그 법이 강조되었다는 것을 의미하는 것이다. 분명히 아브라함은 잘 통치된 사회에 살았었다.

(3) 종 교

아브라함 시대의 사회는 종교적인 사회였다. 훌륭한 종교 건축물들이 이것을 증명하고 있는데, 가장 잘 보존된 고대 신전(Ziggurat)의 표본은 이 시기에 세워진 것이다. 우르 남무의 이름과 표제가 이 벽돌에 새겨져 있는데, 이는 그가 이 건축의 대부분을 감독했음을 보여준다. 이 성전은, 이보다 먼저 세워진 작은 성전의 꼭대기에 세운 것으로 보이는데 그 윗 부분은 후의 신 바벨론 시대 나보니두스(Nabonidus) 작품이다. 완성된 성전은 가로 200피트, 세로 150피트, 높이 70피트로 측정되었는데, 당시 성전의 관례로 알려진 사각형의 피라미드 모습을 갖추었다. 발굴 당시에는 꼭대기에 신전이 없어진 상태였지만 그 부분을 덮었으리라고 여겨지는 몇 개의 푸른 수장 벽돌이 거기에 있었다. 이 육중한 성전을 밝히는 데 주로 활약한 C. L. Woolley는 성전의 여러 단계[57]에 나무들과 관목이 심어져 있었다고 믿고 있다. 이것은

---

56) 참고. S. N. Kramer, *Archaeologh.* 7(1954), p. 143f.
57) Woolley, *op. cit.*, pp. 114~29.

기술적인 걸작품이었으며, 당시의 고도 기술을 증거하고 있다.
　이 성전 주위에는 수많은 다른 성전들이 있었는데, 그 중 하나는 난나(Nanna)의 부인이며, 달신인 닌갈(Ningal) 성전이었고, 다른 것들은 성물을 위한 저장 장소와 사제들의 생활 터전을 제공하였다. 이것들은 성전 앞에 225피트에 걸쳐 벽돌이 깔려진 뜰을 둘러싸고 있었다. 이런 복합체 속에서 사제들과 참례객들이 바쁘게 오고 가는 모습을 우리는 상상할 수 있다.

(4) 생활 환경

　일반적인 생활 환경에 대해서는, 우르의 다른 통치자들보다도 구데아(Gudea)에 의해 남겨진 공예품 라가스(Lagash)에 있는 엔시(ensi)에서 더 잘 알 수 있다. 구데아는 분명히 중간 시기의 통치자보다 월등한 권력을 갖고 216,000명의 부하를 거느렸다. 그는 수메리아 언어가 최고조로 발전했음[58]을 보여주는 많은 송가와 기도문을 남겼다. 이 중 하나는, 닌기르수(Ningirsu) 신이 구데아에게 라가스(Lagash) 성전 에닌루(Eninnu)를 재건하라고 내린 지시에 대해 말하고 있다. 여기에 보면, 구데아는 곧 이 임무를 착수하여 멀리 북 수리아의 아마누스 산에서 나무를 가지고 왔는데, 이 지역은 후에 솔로몬이 예루살렘 성전을 위해 삼목을 운반해 왔던(왕상 5:6) 지역의 한 부분이다.[59] 또한 구데아는 둥근 판에 새겨진 많은 법령을 남겼는데 때로 자신에 대한 것도 있지만 이것들은 당시 기술의 놀라운 예술성을 드러낸다.
　이때는 대체로 번창한 시기였다. 광범위한 지역에서 발견된 10만 개의 사업용 서류들은 대부분 이 시기에 관한 것인데 여기에서 우리는 도움될 만한 힌트를 찾을 수 있다.[60] 곡물, 야채, 과일, 짐승, 노예,

---

　58) 이 기간이 지난 후 곧 아카드 언어가 일상언어로 등장했지만, 아카드 언어가 주후 첫 세기에 사라질 때까지 수메리아 언어는 계속 전 메소포타미아 지역의 고전어로 남아 있었다(참고, Cyrus Gordon, *ANE*, p. 17).
　59) 참고, *ANET*, pp. 268~69.
　60) 참고, *ANET*, p. 217.

그리고 다른 생활용품의 거래에 대해 이 서류는 가격과 사업 방법을 보여 주고 있다. 인플레이션은 알려지지 않았지만 경제적인 조건들은 주로 안정되었던 것으로 보인다. 여기에는 또한, 종교가 백성들의 생활에 많은 부분을 차지하고 있음에도 불구하고 주요 세력은 역시 종교지도자가 아니라 민간 통치자가 갖고 있었음을 보여준다. 문화적 진보와 번영의 증거는 훌륭하게 새겨진 상당수의 돌도장(질그릇)과 고대에서 야금술의 탁월함을 보여주는 다수의 세련된 금속장신구에서 나타난다. 아브라함이 하나님으로부터 부름을 받았을 때는 이러한 모든 것들이 그의 세계를 구성하고 있었다. 그것은 문화적 혜택이 현저한 진보된 세계였다. 예술가들은 재능이 있었고 건축가는 능숙했으며, 사업이 왕성한 좋은 시대였다. 달신 난나 숭배를 중심으로 종교는 극히 중요하였다. 저술은 비교적 흔했고, 이런 기술과 여러 과목을 가르치는 학교가 분명히 있었다.[61] 우리는 능력있는 아브라함이 교육적 기회를 잘 이용했으리라 믿는다. 그는 작문을 배웠을 것이고, 후에 모세에 의해 쓰여진 초기 이야기의 몇 부분을 기록할 수 있었을 것이다. 그가 문화적 수준이 더 낮은 곳으로 떠나가야 했을 때 분명히 그는 문화적 고상함에 대한 식견을 획득하였고 떠나기 전에 이런 특권으로부터 상당한 분량을 취할 수 있었을 것이다.

(5) 아브라함의 부름

이러한 모든 혜택은 아브라함으로 하여금 그곳을 떠나고 싶지 않게 만들었을 것이다. 창세기에 그려진 그의 모습은 쉽게 이동하는 모험적 기질의 인간이 아니었다. 그는 침착한 성격으로 행동하기 전에 앞 일을 계산하는 사려깊은 판단의 소유자였다. 그는 안락한 생활조건과 친구들이 있는 자기 환경에 남아 있고 싶었을 것이다. 그러나 하나님의

---

[61] 참고, J. P. Free, *ABH*, pp. 49~50. 학교가 세워져 있었던 장소가 나타났으며 설형문자를 배우는 데 필요한 진흙 서판이 발견되었다. 이 서판은 음악 과목에 쓰인 것으로 보이며 다른 것들은 구구단 산술에 쓰인 것으로 보인다.

50 이스라엘의 역사

부름에 응한 것은 그의 놀라운 신앙의 면을 보여주고 있는 것이다. 왜 하나님은 그에게 떠나도록 했을까 하는 의문이 생긴다. 가나안이 아니라 남 메소포타미아에서는 이스라엘 나라가 생길 수 없었을까? 이에 대한 대답은 세 가지 면을 포함하고 있는 것 같다. 첫째, 하나님께 대한 절대 충성을 방해할지도 모를 친구들과 환경으로부터 아브라함이 격리되어야 한다는 것이다. 둘째, 출발 자체는 앞으로의 신앙발전을 나타내는 첫 단계라는 것이다. 그가 우르를 떠남으로 하나님께 복종한다면, 역시 그는 후에 더 어려운 문제에 있어서도 그렇게 할 수 있을 것이다. 셋째, 이 역사적 주요 시기에 하나님 역사의 중심을 남 메소포타미아에서 전략적 위치의 가나안으로 옮길 필요가 있었을 것이다. 아브라함의 후손들은, 중동 무역의 교차로가 될 수 있는 이 좁은 땅에 거주해야 했었다.

5. 출 발

창세기 11:31에 "데라가 그의 아들 아브람을 데리고"[62], "갈대아 우르에서" 떠났다라는 말이 있는데, 이것은 출발을 주도한 사람이 아브라함이 아니라 그의 아버지 데라였음을 의미한다. 그러나 스데반(행 7:2)은 하나님이 아브라함에게 나타났다고 말함으로써 데라에 대해서는 언급을 하지 않고 있다. 아마도 아들이 아버지를 동행하도록 설득한 다음, 아버지는 가부장적 우선권에 따라 그 일간의 지도자가 된 것 같다. 아브라함이 우르를 떠날 때 그의 목적지를 알고 있었는가 하는 의문이 생긴다. 창세기 11:31에는 그 일행이 "가나안 땅으로 가려고" 떠났다고 되어 있다. 그러나 히브리서 11:8에는 아브라함이 "그가 가는 곳을 알지 못한 채" 우르를 떠났다고 말한다. 아마도 후자는 구체적인 장소에, 전자는 보편적인 지역에 대해 말하고 있는 것 같다. 아브라함은 가나안으로 가야 한다는 것을 알았지만, 그 당시 그는 지중해 근

---

62) 이삭의 탄생에 대해 하나님이 말씀하셨을 때 아브라함의 이름은 "아브람"(높은 아버지)에서 "아브라함"(열국의 아버지)으로 바뀌었다(창 17:4~5).

처 서쪽의 한 나라[63]라고 알았지, 그 지역의 정확한 장소는 몰랐다.

데라와 아브라함과 함께, 아브라함의 아내 사래, 아브라함의 형제인 하란의 아들 롯이 따라갔다. 아브라함은 하란과 나홀 두 형제가 있었으나, 하란은 이 출발 전에 죽은 것 같고(창 11:28), 나홀은 이 일행에 끼지 않았으며 나중에 북쪽 하란의 도시로 이주하였다(창 24:10, 15).

(1) 하란에서의 멈춤

네 명의 여행자는 가나안에 도착하기 전 중간에서 멈추었다. 하란은 700마일 되는 거리이며, 전체 거리의 3분의 2가 되는데 이곳에서 일행은 주거를 정하였다. 하란은 빌릭(Bilikh) 강에 있는 지역으로, 유브라데스 강과 합류하는 지역에서 북쪽으로 60마일 떨어져 있다. 하란이라는 이름은 "도로"를 뜻하는데, 이 도시는 다마스커스, 애굽과 동쪽의 도시들을 연결하는 주요 도로에 위치하였다. 이 도시는, 이곳을 점령한 많은 나라들에 의해 전략적 위치로 간주되었으며 따라서 당시의 서신이나 서류에 자주 등장하는 이름이다. 주후 1951년 이래 발굴된 유적들은 이곳이 적어도 주전 3,000년대부터 지배되었다고 나타낸다. 이곳은 우르와 함께 달신 숭배의 중심지였다. 아브라함은 데라가 죽을 때까지 여기에 머물렀다(행 7:4).

(2) 멈춘 이유

아브라함의 목적지는 가나안이었으므로, 유브라데스 강을 따라가는 그의 여행 노선에서 북으로 60마일 떨어진 하란은 그의 여행길[64]이 아

---

63) 이 지역에 대해서는 광범위한 말로써 표현하고 있다. 루갈 자기시(Lugal-zaggisi, 주전 2360년경)는 이 지역까지 원정했다고 주장했으며, 사르곤과 나람신은 밀리 지중해까지 통치하였다. 2장 P. 30과 3장 58~61을 참고할 것. 나람신은 이 지역을 "아모리족의 나라"로 부르고 있다(참고, Finegan, *LAP*, pp. 44, 47, 48: Bright, *BHI*, p. 30).

니었다. 그러므로 왜 아브라함이 이곳에 한동안 머물렀는가에 대한 의문이 생긴다. 보통 해답은 이러하다. 즉, 하란에는 그의 친척이 있고, 우르에서처럼 달신[65] 숭배가 행해졌으므로 그의 아버지는 여기서 여행을 중단하려고 아들을 설득했을 것이다. 아브라함의 신앙 또한 오랜 여행으로 인해 약해져 있었을 것이다. 이 설명은 데라가 달신인 난나를 섬겼다는 가정에 근거한다. 이 가정을 뒷받침하는 것으로, 여호수아 24:2에는 특별히 데라라고 부르면서 이스라엘의 "아버지들"이 "다른 신들을 섬겼다"고 되어 있다. 이 다른 신들 속에는 확실히 난나가 끼어 있었을 것이다.

그러나 이 설명도 의심되는 부분이 있다. 아브라함 자신은 야웨[66]를 섬겼는데 이는 그가 진정한 하나님에 대해 얼마간 가르침을 받아왔음을 의미하는 것이다. 그의 아버지가 거짓 신 난나를 섬겼다면 이것은 이해가 되지 않는 부분이다. 데라 자신도 아브라함이 섬기는 하나님께 충성하지 않았다면 문화적으로 진보된 우르를 떠나는 데에 아들 말을 듣지 않았을텐데 이것도 부합하지 않는 내용이다.

다른 설명이 요구된다. 성경 내용에 더 잘 부합하는 것으로, 데라가 여행 도중 병을 앓아 하란으로 갈 수밖에 없었다는 것이다. 아브라함은 하란이 우르와 종교적 연관이 있음을 알고 늙은 아버지에게 보다 익숙한 환경을 제공하기 위해서 원래 노선에서 60마일이나 방향을 바꾸었을 것이다. 거기에서 그의 아버지는 원기를 되찾거나, 또는 며칠 안남은 마지막 순간을 보내려 했을 것이다. 이런 설명을 뒷받침하는

---

64) 그러나 아브라함은 유브라데스 강보다는 티그리스 강 윗쪽으로 여행했을 수도 있다. 그렇게 되면 그는 직접 하란으로 이어지는 서쪽 길을 당연히 취했을 것이다.

65) 셈족이 사는 이 북쪽 지역에서는 달신의 명칭이 신이었는데 이는 수메리아의 난나에 해당하는 것이다.

66) 하나님에 대해 개인적 명칭은 포로 생활에서 돌아온 후 유대인들에 의해 발음되지 않았기 때문에, 본래 명칭이 어떻게 발음되었는지 아무도 확실히 모른다. 우리가 가장 잘 접근할 수 있는 방법으로서, 여호와보다는 야웨가 광범위하게 받아들여진다. 그래서 야웨라는 형태를 사용하였다.

것은 우르[67]를 떠날 때 데라가 매우 늙었고, 아브라함이 함께 하란에 있었을 때 — 그 곳에 도착한 지 오래 되지 않았을 때[68] — 그가 죽었다는 사실이다. 또한 이런 설명은 아브라함이 아버지와 함께 있어야 했던 이유를 제공하게 된다. 그의 아버지가 단지 난나 신전에서 경배하려 했다면 아브라함은 방향을 바꾸지 않았을 것이고 더더욱 오래 머무르지 않았을 것이다. 여호수아 24:2의 설명과 같이 데라는 일찌기 야웨뿐 아니라 난나 신이나 다른 신들을 섬겼지만 나중에는 바꾸었을 것이다. 그는 아브라함과 같은 유일 신앙에 이르지는 않았지만, 적어도 아들에게 야웨 신앙을 가르쳤을 것이고, 아브라함이 우르를 떠나자고 했을 때 이에 응했을 것이다.

이런 설명을 하면서 우리는 몇 달 동안 아버지와 함께 있는 아브라함을 생각할 수 있다. 그는 하나님이 명한 장소에 아직 이르지 않았음을 알면서도 아버지에 대한 자식으로서의 책임을 받아들였을 것이다. 그가 같이 떠나도록 아버지를 설득했을 때는 아버지도 옛날의 종교를 청산하고 야웨를 섬기는 곳에 함께 있는 것이 좋을 것이라고 생각하며 설득했을 것이다. 그러나 그는 지금 아버지가 임종하는 동안 지체해야만 했다. 아브라함은 걱정했을 것이나 당연히 거기에 머물렀다. 몇 달, 아마도 몇 년이 지났을 때 데라는 죽었고, 아브라함은 약속의 땅으로 가라는 하나님의 다음 명령을 들을 준비가 된 것이다.

---

67) 데라가 205살에 죽었을 때(창 11:32), 아브라함이 75세였으니(창 12:4) 아브라함이 태어났을 때는 데라가 130세였다(창 11:26의 70세라는 말은 하란과 같은 장자에게만 관련되는 것이다). 우르를 떠날 때 아브라함이 결혼한 성인이었으니, 이는 당시 데라가 거의 200살이 되었음을 의미한다. 결혼이 일찍 이루어지지는 않은 것 같다. 이삭은 40세 때(창 25:20), 야곱은 77세 때(창 47:9; 41:46, 47, 54; 45:11; 31:41; 30:25) 각각 결혼하였다.

68) 아브라함이 오랫동안 머물러 여행에 지장을 가져온 것 같지는 않다. 그러나 후에 하란 지역을 그의 본토라고 부른 것을 보면 적어도 여러 달 동안 어쩌면 몇 년 동안을 머물렀을 것이다. 이것은 여기에서 하나님이 아브라함을 다시 불렀다는 점에서도 일치하는 것이다(창 12:1~3).

*A Survey of
Israel's History*

제3장

아브라함

[창세기 12:1-25:10]

1. 새 땅

하나님이 아브라함에게 약속하신 목적지는 가나안 땅이었는데, 이는 이 지역에 정착한 함 자손의 이름을 따라 지어진 이름이다.[1] 보다 넓은 의미에서[2] 가나안은 창세기 10:19에 정의된 것처럼 시돈에서 남쪽 가사 지역까지, 동쪽 소돔과 고모라까지, 북쪽 라사(위치는 알려지지 않았음)에까지 퍼져 있는 수리아-팔레스틴을 포함하였다. 아마르나(Amarna) 서신에서는 (주전 14세기)[3] "가나안"을 애굽의 시로-팔레스틴 지역에 해당하는 것으로 언급하고 있는데 이곳 또한 시돈의 북쪽을 포함하고 있다고 생각된다. 그러나 아브라함이 도착한 땅은, 후에 팔레스틴이라 불리운 남쪽 가나안이었다.

---

1) 창세기 10:15~18. 그리고 Philo of Byblos에 의해 지켜진 본래 전통에 따른 것이다.
2) 좁은 의미로는 해안 지역 특히 페니키아 본토를 뜻한다(참고. 민 13:29; 수 5:1; 11:3; 삿 1:27~33).
3) 이 책 5장, pp. 134~138을 참고하라.

(1) 가나안

가나안에서 초기 청동기 시대로 알려진 주전 3,000년대는, 아브라함이 도착하였을 때 종말을 고하고 있었다. 가나안은 이전 수 세기 동안 번창하는 지역이었다. 발굴된 유적은, 초기 청동기인들이 도시국가 통치 형태로 놀라운 발전을 했었다고 보여준다. 므깃도, 벧산, 세겜, 아이, 여리고, 후에 성경 사건에서 중요하게 된 라기스 같은 도시들은 이미 존재하여 튼튼한 요새를 자랑하며 세워져 있었다. 주민들은 압도적으로 가나안인이었고 그들의 언어를 가지고 있었는데 이 언어에서 히브리 언어가 발전되었다.

그러나 주전 3,000년대 후기, 아브라함이 도착하기 훨씬 전부터 가나안은 이 땅으로 밀려오는 반 유목민에 의해 크게 변하였다. 초기 청동기 시대의 많은 도시들이(므깃도, 여리고, 아이 등) 주전 2200년경[4]에는 파괴되어졌다. 처음에 영향받은 도시들은 요단 서쪽이었으나 후에(주전 2000년 뒤) 동쪽에서도 똑같이 일어났다. 그리하여 도시는 숫자도 적고 인구도 희박하게 되었는데, 이것은 주전 20~19세기[5] 연대로 여겨지는 팔레스틴의 유적과 애굽의 저주문헌에 의해 증명되었다. 이런 변화를 일으킨 사람들은 그들의 도기와 이름에서 나타났듯이 분명히 아모리족이었다. 아모리족은 이 당시 중동의 다른 지역에도 이와 비슷하게 이동한 것으로 알려져 있다. 한동안 새 주민들은 그 지역에서 자유로이 이동하며 반 유목민 생활에 만족했으나 차츰 정착[6]하여 전에 파괴했던 많은 도시들을 다시 재건하였다.[7]

---

4) 참고, Wright, *BAR*, pp. 41~42: Albright, *FSAC*, pp. 118~20: Aharoni, *LB*, pp. 125~26.

5) 도기와 동상에 새겨진 이 자료들은 애굽 안에 그리고 팔레스틴을 포함하는 이웃 땅에서 바로의 실제적 이름을 포함하고 있다. 바로는 마술을 행하는 데에 있어, 이름이 새겨진 도기와 동상을 깨뜨리기만 하면 누구에게든지 액운을 가져오게 할 수 있었다는 내용이다. 이 땅에 대한 많은 정보를 암시해 준다(참고, Albright, pp. 82~83).

6) 이 이유로는 성경 구절에서 가나안인과 함께 아모리족이 일정하게 언급되고 있는 점이다(창 15:16: 48:22: 출 3:17: 수 24:15, 18).

7) 앞의 2장을 참고하라.

아브라함이 도착하기 전 팔레스틴의 문화 수준은 애굽과 아브라함의 본 고장 수메리아를 제외하고 세계의 다른 지역과 비교할 때 꽤 높은 편이었다. 아브라함이 도착했을 때, 아직 반 유목 상태에 있었던 아모리족은 마침 이 문화에 변화를 가져왔지만, 그래도 기본적으로는 수준이 낮아지지 않고 계속 유지되었다. 아브라함은 남아 있는 훌륭한 도시들을 발견했을 것이다. 도자기들은 세밀하고 빼어난 장식으로 수많은 형태와 크기를 나타냈을 것이고, 그가 만났던 가나안인들은 여러 가지 유적 중에서 성전과 제단[8]이 증거하고 있는 것처럼 매우 종교적이었을 것이다. 그러나 그들의 종교가 후에 우가릿(Ugarit)[9]에서 나타난 것과 같은 종류였다면, 그것은 기우제 행사에서 도덕적으로 기초역할을 한 종교였다.

(2) 애 굽

이 시점에서 또한 애굽을 주목해야 하는데, 그것은 족장시대에 가나안도 애굽의 영향을 받았고, 또 아브라함 자신이 애굽과 직접 관계를 했기 때문이다. 주전 3,000년대에 애굽도 놀라운 발전을 하였다.[10] 주전 2600년부터 2200년까지의 고왕국 시대는 제 3왕조에서 제 6왕조가 다스렸는데, 이때는 대형 피라미드가 보여주듯 애굽문화의 첫 황금기였다. 제 3왕조의 창시자 소제르(Sozer)가 첫번째인 계단 피라미드를 세웠고, 제 4왕조의 카프레(Khafre), 케프렌(Khefren), 멘쿠레(Menkure)가 가장 큰 셋째 피라미드를 세웠다. 제 5왕조와 제 6왕조

---

8) 한 예로, 직경이 26피트나 되는 대형 제단이 Megiddo에서 발견되었는데, 이는 주전 2500년에서 1800년까지 존재했던 것으로 적토층 17에서 14에 이르며, 주전 1950~1850년대는 적토층 15에서는 한번에 3개나 되는 성전이 있었다(참고, G. Loud, *Megiddo* II: *Seasons* of 1935~39(University of Chicago Press, 1948), pp. 70~85).

9) 9장을 참고하라.

10) 애굽의 고왕국과 첫 중간 시기에 대한 것으로는 Hayes, *SE*. Part I. pp. 58~131 또는 A. Gardiner, *Egypt of the Pharaohs* (Oxford: At the Clarendon Press, 1961), pp. 72~106.

때 세워진 다른 피라미드들은 이보다 작지만, 소위 말하는 피라미드 자료가 발견된 곳으로 유명하다. 이 자료는 바로의 미래의 삶을 보장한다는 마술적인 문구를 포함하고 있다.

그러나 애굽 역시 주전 2200년과 2000년 사이에 소위 첫 중간 시기(First Intermediate Period)라 불리우는 어려운 때를 당하였다. 왕권을 노리는 바로의 경쟁자가 나타났으며, 지방관리들은 영주가 되었으며 많은 도시들은 권력과 상관없이 독립적으로 행동하였다. 팔레스틴을 침범했던 사람들과 동일인으로 보이는 아시아의 반 유목민들이 이곳으로 몰려와 혼란을 가중시켰다. 경제적 궁핍과 기근이 퍼져 백성들에게 절망과 불안을 가져다 주었다. 그러나 이런 상황에서도 흥미를 끄는 문학작품이 나타났는데, The Eloquent Peasant, The Admonitions of Ipuwer, The Instruction for King Merikare[11]가 이에 속한다. 종교가 백성들 생활에 주 역할을 담당했지만 애굽 전반에 걸친 통일적 힘은 아니었다. 각 공동체는 특별한 지방신을 섬겼고 국가신은 정치적 변화에 따라 다양하였다. 사제가 큰 힘을 장악하고 보통 백성들은 이를 두려워하였다.

2. 세겜, 벧엘, 애굽, 벧엘(창 12:4~13:18)

(1) 세겜에 도착(창 12:4~9)

아브라함은 예루살렘에서 북쪽으로 35마일 떨어진 세겜[12]에 도착하

---

11) 이와 함께 다른 애굽 문학으로는 Erman and Blackmann, Literature of the Ancient Egyptians (1927)이 있다. ANET를 참고하라.

12) 세겜은 애발 산과 그리심 산 사이에 있었다. 동쪽을 향해 작은 평야가 펼쳐 있는데, 이곳은 후에 여호수아가 축복과 저주의 율법을 낭독했을 때 아브라함 후손들이 응했던 곳이며(수 8:30~35), 또한 이곳은 예수가 야곱의 우물에서 사마리아 여인을 만나 신앙으로 인도했던 곳이다(요 4장). Drew McCormic 탐사에 의해 이루어진 세겜에서의 중요한 발견물에 대해서는 G. Wright, Shechem: The Biography of a Biblical City (New York: McGraw-Hill Book Co., 1965)을 참조하라.

였다. 여기에서 하나님은 "네 후손에게 이 땅을 주겠다"(창 12:7)는 말로써 아브라함에게 목적지에 도달했음을 알려주었다. 그리하여 아브라함은 여행이 끝났음을 알게 되었다. 그는 하나님이 그를 위해 예비한 곳에 온 것이다. 그는 이 기쁜 소식을 재확인하며 제단을 쌓았다. 곧 그는 남쪽 땅으로 내려가 벧엘과 아이 사이에서 또 다른 제단을 쌓고 계속 남쪽으로 내려갔다.

(2) 애굽으로 내려감(창 12:10~20)

그가 도착한 후 곧 기근이 닥쳤으므로 그는 애굽으로 건너갔다. 우리는 그가 기근으로 인해 당황했으리라 믿는다. 바로 이 땅이 하나님이 그를 위해 예비한 땅이었을까? 애굽에 도착했을 때 그의 부인 사래에 대해 진실을 말하지 않고, 처음 우르를 떠날 때 고안했던 속임수(창 20:13)[13]를 사용한 것은 그 책임이 신앙의 긴장에 있었을 것이다. 그는 바로가 아름다운 사래를 탐하여 자기를 죽일까 두려워하였으므로 애굽인에게 자기 부인을 누이(실제로 사래는 아브라함의 이복 누이 동생이었다; 창 20:12)라고 하였다. 바로[14]가 이 사래를 취하려고 궁전으로 데리고 갔으나, 하나님이 대신 바로의 집에 병을 가져옴으로써 이를 간섭하셨다. 이로 인해 아브라함의 속임수는 통치자의 주목을 받게 되었으며 곧 그는 아브라함에게 땅을 선물로 주어 내보냈다.

이때의 아브라함의 행동은 비판을 받아야 한다. 그는 새 나라의 머리가 되게 하려고 우르에서부터 그를 이끌어온 하나님이 애굽인의 손에서 그를 보호하실 것이라고 믿었어야 했다. 더욱이 아브라함이 애굽

---

13) B. R. Laird Harris, *The Seminary Review*. 16(Fall, 1969). pp. 8~9는 Speiser를 따라서 아브라함의 행동을 후리조(Hurrian) 관습의 준수로 설명하고 있다. 이 관습에서는 남편이 누이를 아내로 취할 수 있다. 이런 행동은 쌍방에게 의미가 있으며, 후리족의 법이 인정되는 곳에서는 서로를 보호하도록 보장되어 있다. 그러나 당시 애굽에서는 그렇지 않았으며 그 후 그랄의 아비멜렉에게 있어서도 그렇지 않았다(창 20:1~13; 26:6~11).

14) 주전 2090년으로 이 의문의 통치자는 첫 중간 시기에서 나온 인물일 것이다. 강력한 제 12왕조는 이후 1세기 뒤에 권력을 잡게 되었다.

에서의 그런 상황을 두려워했다면, 그는 하나님이 그를 위해 준비해 주실 것을 믿으며, 가나안에 남아 있어야 했다(창 26:2).

(3) 롯과의 분리(창 13:1~18)

아브라함이 가나안으로 돌아왔을 때 새로운 문제가 그를 기다리고 있었다(창 13:1~18). 아브라함과 롯은 너무 많은 가축을 소유하고 있어서 충분한 목장을 찾기 어려웠다. 그들은 상당한 재산을 데라로부터 물려받았는데 이제 아브라함은 바로에게서 선물을 얻은고로 더욱 풍부하게 되었다(창 12:16). 곧 분리가 필요하게 되었고, 아브라함은 관대하게도 어느 땅을 선택할 것인가에 대한 첫 우선권을 조카에게 주었다. 롯은 당시 도시와 목축이 번성하였던 요단 강 지역[15]을 택하였다. 가장 좋은 지역으로 생각하고 그곳을 택한 롯은 사실 이기적이었다. 실제로 그는 선택을 잘못했을 뿐 아니라, 자기보다 연장자인 삼촌에게 첫 선택을 주었어야 했다. 그러나 자기만 좋은 것을 차지하려는 롯은 삼촌만큼 너그럽지 못했다. 나중에야 그는 자신이 어리석었음을 깨달았다. 그 지역은 번창했지만 사악한 사람들이 살고 있었는데 롯이 여기에서 영향을 받게 되었다(창 13:13). 그는 결국 그의 가족까지 잃게 되었다(창 19:14~38). 아브라함은 비교적 외부 영향에서 벗어난 고지역에 남아 계속 하나님을 섬겼다. 그는 마므레 평야[16]를 거주지로 택하였다.

---

15) 누구든지 오늘날 뜨겁고 메마른 남쪽 요단을 선택하지 않을 것이다. 그러나 N. Gluck 이 탐사한 바로는 주전 1900년까지 그곳에 수많은 도시가 있었다고 보여지는데(참고, 제 2 장). 이는 그곳이 당시 매우 매력적이었음을 의미한다(참고, Gluck, *The Other Side of the Jordon* 〈New Haven: American Schools of Oriental Research, 1940〉, pp. 114f).

16) 마므레는 나중에 헤브론이 세워진 곳이지만, 아직도 기럇아르바라고 불리우는 작은 도시로 남아 있었다(창 23:2; 35:27, 참고, 수 14:15; 삿 1:10). 민수기 13:22에는 헤브론이 "애굽의 소안보다 7년 전에" 세워졌다고 기록되어 있다. 소안은 힉소스의 수도 아바리스(Avaris)인데 힉소스는 주전 1730년 이를 다시 세웠다. 그렇다면 헤브론은 주전 1737년에 세워진 것 같다.

3. 롯의 구출(창 14장)

(1) 아브라함의 용감한 구출

롯은 그의 새로운 환경에서 몇 달을 지내지 못하여 아브라함의 도움이 필요하게 되었다. 남 메소포타미아에서 엘람 왕 그돌라오멜이 이끄는 네 왕의 동맹국이 소돔과 고모라, 그리고 그 지역의 다른 도시들을 습격하여, 롯과 그 가족을 포함한 많은 사람들을 포로로 만들었다. 이 소식이 곧 아브라함에게 전해 왔으므로 그는 그의 종 318명과 그의 이웃 마므레, 아넬, 에스골의 도움을 얻어 그들을 쫓아갔다. 이 작은 부대는 오히려 만회하여 접전한 적[17]을 단에서 물리쳤으며 포로들을 석방하고 많은 재물을 되찾아왔다. 아브라함은 이 행동에서 용기와 재량, 그리고 특히 하나님에 대한 신앙을 보여주었다.

(2) 성경 외의 증거

이 이야기는 족장 시대의 다른 어떤 것보다 더 최근까지 자유주의 학자들에 의해 역사적 가치를 도전받아온 이야기였다. 그것은 남 메소포타미아까지 멀리 있는 왕들이 이곳까지 군사적 원정을 하지 않았다는 생각에서였다. 그러나 고고학적 연구는 오늘날 이런 생각에 큰 변화를 가져오게 하였다. 이 이야기의 사실들은 아브라함 시대의 조건과 잘 부합하는 것으로 나타난다. 한 예로 앞에서 언급했지만[18], 사르곤과 그의 손자 나람신은, 아브라함보다 3세기 전에 지중해까지 정복하여 그 해안일대[19]를 장악하였다. 마차를 빌리는 조건에 대해 기술하고 있

---

17) 적군은 멀리서 왔으므로 숫자가 제한되었겠지만 그래도 아브라함 군대보다 훨씬 많은 숫자였다.
18) 앞의 2장을 참고하라.
19) 나람신은 마간(Magan, 후의 자료에서 애굽을 뜻함)까지 정복했다고 주장한다. 대부분의 학자들은 이것을 의심하고 있으나, 지중해 근처의 실재 땅을 점령했다는 데 동의하고 있다(참고, Wright, *BAR*, p. 34; Bright, *BHI*, p. 30).

는 한 아카드 자료는 특히 서쪽으로의 여행이 빈번했음을 나타내고 있다. 이 조건이란 마차를 "키팀(Kittim) 땅 안으로" 끌고갈 수 없다는 것이었는데, 이 키팀(Kittim)은 지중해 연안 땅[20]을 의미하고 있다. 더욱이 언급되고 있는 장소뿐 아니라 왕의 이름들도 당시 명명법에 잘 부합한다. 어떤 학자들은 적어도 두 왕이 바벨론 역사의 인물들과 동일 인물일 것이라고 제기하기도 하였다. 즉, 아므라벨(Amraphel)과 위대한 법 제정자 함무라비를, 그리고 아리욱(Arriwuk)과 마리 자료에 언급된 동시대의 아리욱을 같은 인물로 보고 있다.[21] 그러나 이 이름으로 정확히 같은 인물이라 하기는 어렵고 아브라함 시대를 초기 연대로 받아들인다면 시간적 차이가 생겨나게 된다. 그러나 이 이름들이 당시 명명법에 잘 부합한다는 것에는 논란의 여지가 없다.[22] 어떤 이들은 아브라함이 도망가는 왕들을 붙잡은 단이라는 장소가 이 시대에 맞지 않는 이름으로 예외에 속한다고 지적하였다. 사사기 때 단 자손이 이주할 때까지 라이스(Laish)단이라는 이름이 붙여지지 않은 것은 사실이다(삿 18:29). 그러나 여기에서는 또 다른 단을 지칭할 수도 있다. 사무엘하 24:6에 길르앗 지역의 다냐안이 언급되어 있는데, 이 동

---

20) 참고, Barton, *AB*, pp. 346~47.
21) 비교적 최근까지, 함무라비 시대를 20세기가 아닌 18세기로 보고 있는데 이는 Pinches, Hommel, Sayce, Clay 같은 많은 학자들에 의해 타당한 것으로 간주되었다. 여기에 엘람 왕 그돌라오멜(Chedorlamer)은, 쿠두르-라가마르(*Kudur-lagamar*)로 표기되는 엘람식 이름을 지녔다고 덧붙여졌다. 이와 비슷한 이름 쿠두르마부그(Kudurmabug)가 서쪽 엘람 왕 야무트발(Yamutbal)의 이름으로 나타났다. 즉, 쿠두르(*Kudur*)는 성을 나타내고 마부그(*Mabug*)는 신격을 나타내는 이름인 것이다. 따라서 라가마르(*Lagamar*)는 신격을 나타내는 이름이다. 더욱이 티달(*Tidal*)이라는 이름은 몇몇 힛타이트 왕 이름 투드쿨라(*Tudkhula*)와 동등한 것으로 여겨졌다(참고, T. G. Pinches, *The Testament in the Light of the Historical Records of Assyrio and Babylonia*〈3rd ed., London: Society for Promoting Christian Knowledge, 1908〉, pp. 209~33; Barton, *AB*, pp. 347~53).
22) 또한 잘 부합하는 장소의 이름으로, 아스드롯 가르나임과 함(창 14:5)이 당시에 존재했던 것으로 밝혀졌다(참고, M. Unger, AOT, p. 117).

부의 왕들이 고국으로 돌아갈 때 사용했던 길로 더 잘 알려진 단이 소재한 코엘레 수리아(Coele-Syria)[23]라기보다 이 길르앗 지역이었을 것이다. 이 지역이 멀리 떨어져 있음에도 불구하고 왕들이 원정하려 했던 그럴 듯한 이유는 오늘날 잘 알려져 있다.[24] 그것은 이 지역에서 귀중한 천연자원이 발견되었다는 것이다. 애돔과 미디안은 구리와 망간이 있는 지역이었다. 왕들은 또한 사해의 아스팔트에도 관심이 있었을 것이다. 역시 연관되는 것으로, 이 지역에 쉽게 도달하는 방법으로 "왕의 대로"(King's Highway)(민 20:17) — N. Glueck[25]에 의해 불려짐 — 라는 길이 있었는데, 이것은 길르앗의 동쪽 끝으로, 남쪽으로는 모압으로 통하고 아카바 만까지 펼쳐 있는 길이다. Glueck은 이 시대에 속했던 요단의 동편 많은 옆 도시들이 이 길을 따라 위치해 있었는데 동부의 원정 군대가 이 길을 택했을 것이라고 지적한다.

(3) 소돔과 살렘의 왕들(창 14:17~24)

아브라함이 이 놀라운 승리에서 돌아왔을 때 이 땅의 두 왕이 그를 영접하였다. 이 중 한 왕인 소돔 왕은 아브라함에게 말하기를 되찾아 온 물품은 네가 갖고 백성들은 돌려보내라고 촉구하였다. 그러나 아브라함은 이 세상의 왕이 아브라함을 부유케 하였다는 말이 날까 두려워 이 관대한 제안을 거절하였다. 그는 모든 영광을 하나님께 돌리고자 하였다. 또 다른 왕은 살렘(예루살렘) 왕 멜기세덱이었다. 그의 이름은 히브리서에 예수의 전형으로 나타나 있기 때문에 잘 알려져 있다. 이

---

23) 레바논 적대 지역이 또한 요인이 될 수 있는데, 그 이유는 여기에 언급된 도시가 더 잘 알려진 단이었다면 이 지역을 통과해야 했을 것이기 때문이다. 아브라함이 멀리 북쪽으로 더 잘 알려진 단까지 쫓아가지는 않았을 것이며, 거리상으로 보아도 더 잘 알려진 단이 길르앗 지역의 단이라고는 더욱 할 수 없을 것이다.
24) 그들이 정복한 도시들은(창 14:5~11) 모두 요단 동편 지역 안에 있었으므로 그들은 분명히 요단을 통과하지 않았다.
25) Glueck 은 이 용어를 성경에서 취하고 있다(참고. Glueck, op. cit., pp. 15~16, 114~25, 그리고 Finegan, *LAP*, pp. 152~53).

이름은 "의의 왕"을 의미한다. 멜기세덱은 떡과 포도주로 아브라함 군대를 영접하였고, 아브라함은 "가장 높으신 하나님의 제사장"인 그에게 물품의 10분의 1을 주었다. 이 행동은 분명히 아브라함이 나머지 물품을 소돔 왕에게 돌려주기 전에 취해진 것이었다. 이 행동으로 아브라함은 멜기세덱을 진정한 하나님의 제사장으로 인정하였는데, 이것은 하나님이 선택한 민족 외에도 이 세상에는 하나님을 섬기는 소수가 존재했다는 것을 나타내는 점에서 의미가 있다. 아브라함의 행동은 또한, 하나님께 바치는 적당한 기초로서 십일조 원칙이 일찌기 이 시대에 인식되었음을 나타낸다.[26]

4. 소돔의 멸망(창 18:1~19:38)

(1) 롯을 위한 아브라함의 중보

몇 년이 지나서[27] 롯은 또 다시 도움이 필요하게 되었다. 이 사건은 하나님이 소돔과 그 주위 도시들을 멸망시킨 것이었다. 아브라함이 마므레에서 그의 장막 문에 앉아 있을 때 "세 사람"이 나타났다. 이 이야기 뒤에서 지적된 것처럼 둘은 천사였고(창 18:22; 19:1), 하나는 "야웨의 천사"[28]였다. 직접 "야웨"로 표기된 야웨의 천사는 아브라함에게 앞으로의 멸망에 대해 말했으며, 이것은 아브라함으로 하여금 곧 중보

---

26) 또한 창세기 28:22에서 야곱의 약속을 주목해 보라. 후에 모세의 율법은 이 원칙을 명확히 세웠다(레 27:30f; 민 18:21f).

27) 롯이 소돔 쪽을 택한 것과 네 왕에 의한 군사적 공격 사이에 얼마나 오랜 기간이 있었는지 우리가 안다면 여기에서 몇 년이 경과했는지 정확히 알 수 있을 것이다. 우리는 아브라함이 99세 때(창 18:20; 21:5) 소돔이 멸망되었고, 롯은 아브라함이 76세 때(가나안으로 들어간지 약 1년 후) 소돔을 택한 것으로 안다. 네 명의 왕들이 패배한 때가 이 23년의 기간 중 아마도 전반부인 것이다(참고. 수 5:13~6:5; 삿 6:11~22; 13:2~21 등).

28) 이곳에서는 "야웨의 천사"라고 명하지 않았지만, "사람"(18:2)과 "야웨"라고 명한 다른 부분의 설명과 일치한다. 이것은 예수의 성육신 이전 모습인 것이다(참고. 수 5:13~6:5; 삿 6:11~22; 13:2~21 등).

에 끼어들게 하였다(창 18:23~33). 아브라함은, 소수의 의인이 있다면 ― 몇 명인가에 대하여 천사와 흥정하였다 ― 그 도시는 구원되어야 할 것을 요구하였다. 그는 오직 10명의 의인이 있더라도 그 요구를 들어줄 것을 확인받았다. 이러한 확인은 아브라함에게 위안을 주었으리라 믿는다. 왜냐하면 그 임기응변의 조처를 사용했다는 사실은 의인으로 구분될 만한 사람이 롯 외에도 몇 명이 더 있었으리라고 믿었다는 것을 나타내기 때문이다.

(2) 소돔에서 구출된 롯(창 9장)

아브라함이 이런 중보를 하고 있는 동안, 먼저 떠난 두 천사는 소돔으로 향하여 결국 롯의 집으로 들어가게 되었다. 그 날 밤 이후, 그 도시 사람들이 소돔의 심각한 사악성을[29] 나타냈으므로, 롯과 그 부인, 두 딸은 도시를 떠나도록 권유받았다.[30] 아브라함이 바랐던 10명의 의인이 없었으므로 그 도시는 멸망하게 되었다. 그러나 하나님은 적으나마 그들 네 명은 안전하게 이끄심으로 아브라함의 간청을 들어주셨다. 그 도시는 4명이 떠나자 멸망되었으며, 롯의 부인이 후회와 미련으로 뒤를 돌아다 보았을 때 하나님은 "소금 기둥"(창 19:26)으로 변하게 함으로써 죽게 하였다. 후에 롯의 두 딸은 소돔에서의 사악한 생활의 영향으로, 아버지와 근친상간을 범하게 되었는데 이로 인해 모압과 벤암미가 태어나게 되었다.[31] 당시 매력적으로 보였던 평야의 도시를 택한 롯의 결정은 사실 그의 마지막 생애에 후회를 가져오게 되었다.

---

29) 그 도시 사람들이 롯의 손님을 "알고자" 한 욕망의 정도는 몰려든 사람들의 숫자와 그들의 고집, 그리고 롯이 손님을 보호하기 위해 두 딸을 임시로 내어준 사실에서 강조된다(창 19:4~9).
30) 롯은 사위들을 설득하지 못했다. 히브리 원본은, 이들이 탈출한 두 딸과 오직 약혼만 한 것인지, 아니면 알려지지 않은 다른 딸들과 결혼했다가 역시 부모를 따라 나설 것을 거절했는지 분명하지가 않다.
31) 이들은 각각 모압 족속과 암몬 족속의 조상이 되었는데 후에 이스라엘의 적이 되었다.

(3) 소돔의 멸망(창 19:24~25, 27~28)

소돔의 멸망은 "유황과 불"이 비같이 내림으로 이루어졌다. 이 표현의 의미를 관찰하는 데 있어서 학자들은 지질학상의 근거가 없다고 하여 화산작용을 제외해 버렸다. 많은 학자들은 거대한 폭발[32]을 가져온 지진이었다고 믿고 있다. 이런 관점을 뒷받침하는 몇 가지 요인이 있다. 유황과 불은 폭발의 결과로서 도시에 퍼부어진 방화물질을 암시한다. 또 다른 표현으로 "뒤엎었다"(창 19:29)는 말이 있는데 이것은 지진이라는 개념과 부합한다. 아브라함이 그 도시 쪽에서 일어나는 연기를 본 것은 그것이 불이었음을 나타낸다. 이 지역에서는 발화하기 쉬운 아스팔트가 오랫 동안 알려져 있었다. 고대의 기록은 강한 유황 냄새에 대해 말하고 있는데 이는 과거에 이곳에 유황이 많이 있었음을 암시한다.[33] 더욱이 전체 요단 계곡은 지구 표면에 거대한 단층을 구성하고 있는데 이것 또한 지진의 조건으로 보인다. 그렇다면 하나님이 이때를 지진의 시간과 기적적으로 맞추었다고 볼 수 있으며, 많은 양의 가스, 소금과 혼합된 유황이 방출되었을 것이고 아스팔트 사이의 유출을 상당히 증가시켰을 것이다. 천둥은 모든 물질을 점화시켰을 것이고 그리하여 전 도시는 나타난 대로 멸망되었을 것이다. 하나님은 그의 목적을 달성하기 위해, 자연을 이용할 수 있을 때에는 그 방법을 동원하시기까지 한다는 것을 성경이 명백히 나타낸다. 하나님은 여기

---

32) 참고, J. Penrose Harlan, "The Destruction of the Cities of the Plain," *BA*, 6(Sept., 1943), pp. 41~52.

33) Harlan은 주전 첫 세기의 스트라보(Strabo)와 그 후계자 요세푸스(Josephus), 그리고 주후 100년경의 타키투스(Tacitus)를 인용하고 있다. 이들은 모두 강한 냄새, 아스팔트 유출, 그리고 지금은 사해의 남방 끝이라 불리우는 이 지역에서의 방화된 모습에 대해 증거하고 있다. Harlan은 이 지역을 "싯딤 골짜기"(창 14:8)로 보고 있으며 그 당시에는 침수되지 않았다. 타키투스는 다음과 같이 기록하고 있다. "호수(사해)에서 그리 멀지 않은 곳에 한 평지가 있는데, 전하는 바에 의하면 한 때 번영하여 큰 도시 지역이었는데 후에 천둥으로 황폐되었다 한다. 그리고 이 재난의 흔적은 아직도 존재하며 땅의 색깔이 탄 것 같이 보이고 그 땅은 생산성을 잃게 되었다고 한다"(*Histories*, Book V, chap. 7).

에서 그렇게 하셨을 것이다.

무슨 방법이 이용되든지 간에 하나님은 이 도시들을 멸망하게 만들었다. 그 결과는 아직도 잘 보여지는데[34] 누구든지 오늘날 사해 근처의 요단 계곡을 택하지 않았을 것임을 곧 알 수 있다. 황무지가 모든 방향으로 뻗쳐 있다. 이 큰 변화는 주전 2,000년이 막 시작된 후, 곧 아브라함과 롯의 시대[35]에 생겨난 것이다. 소돔과 고모라의 폐허 지역은 발견되지 않았지만, 사해의 남쪽 끝 습지대 밑에 깔려 있는 것으로 보여지며, 이 곳은 이 시대 이후 차츰 물이 고여 형성된 곳이다.[36]

5. 계 약

하나님은 아브라함에게 여러 번 약속을 하셨는데 이것을 종합하면 소위 아브라함 계약이 형성된다. 첫째, 아브라함이 약속된 땅에 도달하기전(창 12:1~3), 둘째, 아브라함이 롯과 결별한 후(창 13:4~17), 셋째, 아브라함이 네 명의 왕으로부터 롯을 구출한 후(창 15:1~21), 넷째, 소돔의 멸망 직전 곧 아브라함이 99세였을 때(창 17:1~22), 다섯째, 이삭을 바치라는 하나님의 명령이 지난지 몇년 후(창 22: 15~18)이다. 하나님이 다섯 번이나 말씀하신 것을 분석해 보면 약속을 세 가지 면으로 구분할 수 있다. 첫째, 아브라함의 후손이 큰 나라로 성장하여 하나님의 특별한 백성이 될 것이다(창 12:2; 13:16; 15:

---

34) Harlan은 오늘날 보여지는 황폐한 조건이 이 멸망 시기에 일어난 것이라는 데 동의하고 있다. Ibid., p. 52
35) 앞의 각주 15를 참고하라.
36) 참고. Harlan, "The Location of the Cities of the Plain," BA. 5(May 1942), pp. 17~32. 이 초기 논문에서 Harlan은 의문될 만한 요소들을 논의하고 있다. 한 예로, 사해가 해마다 2. 5인치에서 3. 5인치 융기하고 있다고 말하고 있으며, 한 로마의 길이 엘리산 반도에서 지금의 사해 서쪽 해변까지 한 때 연결되었다고 말하고 있다. 이 지역을 더욱더 연결시키고 있는 것은, 사해의 실재의 모습인 아스팔트 유출이 "역청구덩이"가 많았다고 하는 창세기 14:10의 설명과 부합한다는 사실이다.

2~5; 17:4~6; 22:17). 둘째, 하나님이 아브라함을 불러낸 이 땅이 그 나라의 본토가 될 것이다(창 13:14~17; 15:19; 17:8). 셋째, 그의 후손이 전 세계에 축복이 될 것이며, 그리하여 모든 나라들이 축복을 받게 될 것이다(창 12:2~3; 18:18; 22:18).[37] 창세기 15:6은, 아브라함이 "야웨를 믿었고 야웨는 이것을 그의 의로 여겼다"(롬 4:1~4 참고)라고 말하고 있다. 즉, 아브라함은 하나님이 그에게 약속하신 것을 이룰 것이라 믿었다. 이 약속이 위대한 것이었지만 아브라함의 신앙 또한 위대한 것이었다. 그는 하나님이 그에게 말씀하신 것을 이룰 수 있을 것이고 또 이루어 주실 것이라 믿었다. 여기에 첨가되는 요소 — 하나님이 이 신앙을 아브라함의 의로 여긴 것은 — 행위에 의해서가 아니라 오직 믿음에 의한 하나님의 구원 원칙이 이 당시에 작용되었음을 나타낸다. 아브라함이 하나님 앞에서 의로워진 것은 하나님의 약속 안에서 그의 믿음으로 이룩된 것이었다.

6. 약속된 아기를 기다림(창 16:1~18:15)

아브라함이 큰 후손을 갖게 될 것이라는 하나님의 약속은 그가 약속된 땅에 들어가기 직전 그의 나이 75세 때 처음 이루어졌다. 분명히 그는 아이가 곧 태어날 것이라 생각했다. 아브라함과 사래는 당시 아기가 없었으며 둘 다 모두 이미 나이가 많았고 사래는 아브라함보다 10살이 적을 뿐이었다. 그러나 아이는 태어나지 않았다. 10년을 기다린 후(창 16:3) — 오랜 기간임에 틀림없다 — 사래는 아브라함에게 하갈을 후처로 취하여 아이를 낳는 방안을 제안하였다(창 16:1~4). 아브라함은, 사래를 통해서는 아이가 태어나지 않았으므로 이것이 약속을 성취하는 하나님의 방법일 것이라고 생각하고 그 제안대로 하였다. 그러나 아브라함은 여기서 하나님의 뜻에 어긋난 것이었다. 왜냐하면

---

37) "내가 너를 축복하여 네 이름을 위대하게 하리라" 또는 "너를 축복하는 자는 축복하고 너를 저주하는 자는 저주하리라"와 같은 구체적인 면은, 이들 세 가지 주요 약속의 한 부분이다.

후손은 하나님이 정한 시기에 사래를 통해 올 것이기 때문이었다. 그러나 아브라함의 행동은 잘못된 것이긴 하지만 당시 관습의 면에서 이해되고 판단되어야 한다.[38] 아들 이스마엘이 이제 하갈에게서 태어날 것이나 하나님은 약속된 후손이 그를 통한 것이 아님을 지적하셨다(창 16:7~16; 17:20~21).[39] 이스마엘이 태어난 후 사래는 비참해져서 아브라함으로 하여금 하갈과 그 아들을 집 밖으로 쫓아내기를 바랐는데 이로 인해 아브라함은 심한 고충을 겪게 되었다. 그는 이미 범한 잘못을 무마시키고 싶지 않았다.[40]

아브라함은 이스마엘이 태어날 때까지 오랫동안 기다려왔다고 생각했으나 약속의 아들을 얻기까지에는 14년을 더 기다려야 했다. 마침내 아브라함이 99세였을 때(창 17:1), 하나님은 이삭에 대해 특별히 말씀하셨다(창 17:15~19; 18:10~15). 이때까지 너무 많은 세월이 흘렀으므로 아브라함(창 17:17)과 사래(창 18:12~15)는 둘 다 마음속으로 웃어버렸다. 분명히 그들의 신앙은 기울어졌다. 그러나 아브라함이 100세, 사래가 90세 때 실제로 이삭이 태어났다. 하나님의 첫 약속으로 부터 25년이 흐른 뒤였다. 하나님은 그들의 생애에서 이 사건을 기념하여 이름을 바꾸게 하였다. 아브람에서 아브라함(창 17:5)으로 사래에서 사라(창 17:15)로 바뀌게 되었다. 이제 아브라함은 진실로 "열국의 아비"(혹은, 많은 무리의 아비)로, 사라는 이 후손의 어미로 하나님 앞에서 "열국의 어미"(또는 여왕)가 되었다는 데에 그 의미가 있었다.[41]

---

38) 2장을 참고하라.
39) 이스마엘이 계약의 후손은 아니지만, 하나님은 하갈에게 많은 후손을 약속하셨다.
40) 하갈은 실제로 두 번 쫓겨났는데, 두 번째에는 이 행동에 대한 아브라함의 근심이 더 잘 나타나 있다(창 21:9~12). 앞의 장에서 언급한 대로 당시의 관습으로는 쫓아내지는 못하게 되어 있었으며 당연히 도덕적인 책임이 있는 것이었다.
41) 아브람은 "높은 아버지"라는 뜻이며, 아브라함은 "열국의 아비"라는 뜻이다(2장의 각주 62). 사래는 그 뜻이 모호한데, 어근 사라에서 파생된 "다투기 좋아하는"(contentions)이란 의미를 가지고 있는 것 같다. 사라는 "열국의 어미"라는 뜻이다.

이때 또한 하나님은 "아브라함과의 계약의 징표"로서 아브라함 집안의 모든 남자는 할례를 받을 것을 지시하셨다.[42] 이삭의 탄생은 계약의 여러 약속 중 첫번째의 뚜렷한 성취였다는 사실에서 이때에 징표를 세운 타당성을 찾을 수 있다. 말하자면, 이제 계약이 뚜렷한 형태로 나타나기 시작한 것이었다.

문제는 왜 아브라함이 이삭의 탄생을 위해 25년을 기다려야 했는가 하는 데 있다. 이 시간의 경과로서 무엇이 이루어졌는가? 이 질문에 대해 적어도 두 가지는 말할 수 있을 것이다. 하나는 이 시간 경과가 아브라함의 신앙을 시험한 것이었다는 대답이다. 아브라함은 오랜 시간 후에도 하나님이 그의 약속을 이루실 것이라 믿을 수 있었을까? 성경에 보면 하나님이 그의 자녀들의 신앙적 성장을 북돋우기 위해 이와 비슷한 시험을 자주 나타내보이셨음을 알 수 있다.[43] 여기서 아브라함이 하나님을 계속 믿었다면 그의 신앙은 새로운 도전을 만날 때마다 더 강해졌을 것이다. 앞에서 언급한 것처럼 그의 신앙은 어느 정도 기울어졌으나 전체적인 전개에서 볼 때 심한 격감은 없었다. 또 다른 대답은 이 시간적 경과가 아브라함으로 하여금, 아브라함 자신에 의해서가 아니라 하나님에 의해 이루어짐을 깨닫도록 하였다는 사실이다. 하나님은 사라가 아이를 생산할 수 없는 나이까지 기다림으로써 아브라함의 약속된 후손이 진실로 초자연적 기원이 될 수 있음을 보여주셨다. 이삭은 아브라함과 사라에게서 태어났지만 독특하게 하나님의 자녀가 된 것이다.

---

42) 할례는 이스라엘에게만 있는 독특한 것이 아니었다. 아라비아인들, 모압족, 에돔족, 암몬족, 그리고 애굽인들이 이것을 행하였다. 할례에 대한 무덤 벽화로는 G. L. Robinson, *The Bearing of Archaeology on the Old Testament* (New York: American Tract Society, 1941). 그러나 이 할례는 그의 백성과 맺은 하나님 계약의 징표로서 사용되었다는 점에서 독특하다.

43) 주된 보기로서 사단에 의해 하나님을 저주하도록 꾀임을 받은 욥을 들 수 있다.

7. 아비멜렉과 블레셋 족속(창 20~21장)

(1) 사라에 관한 두번 째 거짓말(창 20장)

이삭의 탄생에 대한 소식을 들은 후, 실제로 태어나기 전에 아브라함은 부인에 대해 또다시 거짓말을 범하였다. 이번에는 브엘세바의 서쪽 도시 그랄 왕 아비멜렉에게 거짓말을 한 것이다. 애굽에서 이와 비슷한 사건이 일어난 지 25년이 흘렀으므로 아마도 아브라함은 당시에 겪었던 책망과 비열에 대해 기억이 희미해졌던 것 같다. 일찌기 바로 왕이 그랬던 것같이 아비멜렉이 사라를 왕궁으로 불렀으나 하나님은 사라를 보호하기 위해 또다시 개입하셨다. 하나님은 아비멜렉에게 꿈을 통하여 사라가 아브라함의 아내임을 나타내 보이셨다.

(2) 초기의 블레셋 족속

창세기 21:32, 34에는 아비멜렉이 살았던 땅이 "블레셋 족속의 땅"으로 불리워지고 있다. 또한 후에 이삭이 이 지역에 관계했을 때 이 지역 사람들은 팔레스틴(블레셋) 족속으로 불리워진다(창 26:1, 8, 14, 15, 18). 실제로 이 사람들이, 후에 이스라엘이 정복한 같은 이름의 팔레스틴족의 조상이었을까? 자유주의 학자들은 보통 이 언급을 시대에 맞지 않는 것으로 보고 있다.[44] 그러나 적어도 부분적으로는 이것이

---

44) 예로서 Wrkght, *BAR*, p. 40: Burrows, What Mean These Stomes?(New Haven: American Schools of Oriental Research, 1951), p. 277. 시대에 맞지 않는 또 다른 항목으로 낙타의 언급을 들고 있는데(창 24:10, 11, 14, 19). "낙타는 그때까지 보통 길들여지지 않았다"고 주장한다(Wright, BAR, p. 40). 그러나 J. Free, *ABH*, p. 55(참고, 그의 논문 "Abraham's Camels," JNES, July, 1944, pp. 187~93: 또한 Kitchen, *AOOT*, pp. 79~80: 그리고 R. Devaux, Theology Digest, 12, 1964, p. 233)는 낙타가 아브라함 이전 애굽에서 잘 알려져 있었다고 말한다. 그는 그 증거로 "낙타 뼈, 낙타 두개골, 그리고 낙타털 끈"을 들고 있는데, 이것들은 모두 주전 7세기에서 주전 3000년 이전까지 해당하는 것이다.

사실이었다고 믿을 만한 이유가 있다. 주전 1190년경 애굽의 라암세스 3세에 쫓겨난 해상 백성으로서 많은 수의 팔레스틴 족속이 팔레스틴 땅에 들어온 것은 사실이다.[45] 그러나 이것은 몇 조상들이 그 이전에 와 있었을 가능성을 배제하지 않는다. 실제로 그랬다는 것은 고고학적 증거가 보여주고 있다. 팔레스틴 족속이 후에 팔레스틴 땅에 남기고 간 것과 같은 카프토리아(Caphtorian)식 옹기(그들의 초기 본토는 카프톨〈Caphtor〉 지역이었으므로)가 팔레스틴 본토와 주전 1500년경의 내륙쪽 도시 벧산, 여리고에서 발견되었다. 즉, 첫째로 하솔과 우가릿에서 중기 미노아 둘째 옹기의 발견으로 증명되었으며, 둘째로 하솔의 왕이 카프타라(Kaptara) 혹은 카프톨[46]에게 선물을 보냈다고 언급하고 있는 18세기 마리 자료에 의해 증명되었다. 몇 년 전에 Flinders Petrie는 팔레스틴족이 이미 있었다는 이론적 근거를 제시하였다. 즉, 이 근거는 자급자족이 되지 않는 본국에 곡물을 수출하려 했다는 것이다.[47] 이 초기시대에 팔레스틴 지역에서 낫이 발견된 것은 곡물을 재배했음을 보여주고 있다.

---

45) 해상 백성들은 적어도 5개의 인종으로 구성되어 있는데 이들은 에게해 지역 크레테에서 이주하여 다시 유럽 이주자들에 의해 밀려난 것 같다. Prst 집단이 블레셋(Philistines)족으로 여겨지는데 상형문자에서 "l" 대신 "r"을 사용하는 것은 보통 있는 일이다(참고, Albright, *AASOR*, 12〈1934〉, pp. 53~58; Wright, *BAR*, pp. 87~88; D. N. Freeman, *BA*, 26〈Dec., 1963〉, pp. 145~49).

46) C. Gordon은 주전 1200년의 팔레스틴 이주를, "주전 1500년 훨씬 이전 가나안에 다양한 카프톨(Caphtor) 민족을 형성케 한 일련의 기나긴 이주"에서 볼 때 단지 후기의 이주라고 부르고 있다(*ANE*, pp. 121~22). Gordon은 Caphtor이라는 명칭이 "에게와 미노아 지역" 전체에 대한 명칭으로 믿고 있다(*Ibid.*, p. 85).

47) F. Petrie, *Paiestine and Israel* (London: Society for Promoting Christian Knowledge, 1934), p. 62 (J. Free에 의해 재인용, *ABH*, p. 6).

제 3 장 아브라함 73

8. 이삭의 번제 명령(창 22장)

(1) 이삭이 태어남(창 21:1~21)

아브라함이 아비멜렉과 맞부딪친 바로 후 이삭의 탄생에 대한 놀라운 약속이 성취되었다(창 21:1~8). 오래 기다렸던 아이가 태어난 것이다. 이날은 아브라함과 사라에게 분명히 기념될 만한 날이었다. 그러나 사라는 하갈과 이제 14세가 된 이스마엘을 쫓아내라고 또다시 요청하게 되었다. "하나님의 사자"는 이 어머니와 아들이 광야에서 양식의 부족으로 고통당하는 것을 보고 그들의 요청을 들어주셨다(창 21: 9~21).

(2) 아브라함의 가혹한 시험(창 22:1~14)

몇 년 후[48] 하나님은 아브라함에게 가장 가혹한 시험을 내리셨다. 하나님은 그를 불러 이 약속된 아들을 바치라고 하셨다. 이보다 더 어려운 요구는 없었을 것이다. 이삭은 아브라함에게 있어서 기적적인 탄생으로 인한 개인적 애정은 말할 것도 없고 하나님의 약속의 성취라는 면에서 그 의미가 컸을 것이다. 이삭을 이제 번제로 드린다면 어떻게 국가가 그를 통해 형성된단 말인가? 그러나 아브라함은 여기에 복종할 수 있었다. 하나님이 그를 인도하고 축복한 대로 그는 신앙적으로 성숙해 있었으며, 이제 그는 이런 도전에 응할 수 있었다. 하나님은 번제의 장소를 모리아 산[49]으로 지정하셨고 아브라함은 사흘 걸려 그곳에 도착하였다. 이것은 그가 천천히 여행했음을 의미하는데 아마도 하나

---

48) 이 이야기에는 몇 년이라고 나와 있지 않으나 아마 이삭이 10세는 넘지 않았을 것이다. 그는 당연히 아버지를 따라가 자기 몸을 묶는 데 어떠한 저항도 하지 않았다. "번제할 어린 양은 어디 있나이까?"라는 그의 질문은 두 가지로 생각할 수 있다. 이삭이 판단할 나이는 되었으나 산에 도달하기 전에 이런 질문을 할 정도의 나이는 아니었다는 것, 또는 아브라함이 이삭에게 이 내용을 미리 말할 정도로 이삭이 판단할 나이가 되었을 것이라는 것이다.

49) 구약성경에서 "모리아"라는 지명은 단지 두 번 나온다. 여기서는 "모리

님이 반대의 명령을 내리실 것이라는 생각에서였을 것이다. 그러나 이삭이 묶이고 실제의 번제를 위해 아브라함이 칼을 들었을 때까지 아무런 변화도 없었다. 이때에 하나님이 개입하셨다. 하나님은 아브라함에게 이삭 대신 근처 수풀에 묶여 있는 수양을 번제로 드리라고 말씀하셨다. 하나님은 아브라함을 이 정도에까지 가게 함으로써 그의 신앙의 진실성을 나타내 보이셨다. 이보다 더한 시련은 생각할 수 없을 것이다. 아브라함의 신앙이 이보다 더 화려하게 빛날 때는 없었다. 히브리서에서는 아브라함은 하나님이 국가에 대한 약속을 성취하기 위해 이삭을 죽은 자 가운데서 능히 살리실 줄로 믿었다고 설명하고 있다(히 11:19).

9. 사라의 죽음과 장례(창 23장)

사라는 127세 때 죽었다. 이삭은 이때 37세였으며 아브라함은 이후에도 38년을 더 살았다. 사라는 갈대아 우르(창 11:29~31)에 있었을 때 아브라함과 결혼했었다. 사라는 아브라함의 이복 누이이며 아버지는 같았으나 어머니는 달랐다(창 20:12). 사라는 아브라함에게 순종을 잘했으며, 애굽의 바로와 후의 아비멜렉에게 누이라고 말하라는 그의 잘못된 요청을 따르기까지 했다. 그러나 사라는 하갈이 아브라함에게서 이스마엘을 낳았을 때 양심적인 기질을 나타내 보였다. 사라의 매장 장소로 아브라함은 에브론이라 불리우는 헷 족속(Hittite)으로부터 기럇아르바(Kirjath-arba, 헤브론)에서 막벨라(Machpelah) 굴을 샀다. 이 거래의 내용이 간단히 묘사되어 있는데(창 23:3~16), 이것은 에브론이 힛타이트(Hittite)의 법을 지키려 했었음을 나타낸

아 땅"이라고 되어 있고, 역대기상 3:1에는 솔로몬이 성전을 지은 산을 나타낼 때 "모리아 산"으로 되어 있다. 어떤 학자들은 브엘세바에서 솔로몬의 이 모리아까지의 거리가 아브라함이 사흘 걸려 여행할 정도로 긴 거리가 아니라고 반대를 제기하였다. 그러나 아브라함은 바쁜 상태가 아니었다. 이 확인은 거의 맞을 것이다.

다.⁵⁰⁾ 이 법은 땅의 소유자는 그것을 소유하고 있는 한 나라에 군사적 의무를 책임져야 한다는 것이었다. 아브라함이 막벨라 굴만을 사려고 했을 때 에브론은 그 굴이 속해 있는 전체 밭을 취하라고 하였다. 에브론이 그 소유의 한 부분을 팔기로 되어 있었을 때 분명히 그는 전체를 팔아 군사적 의무를 피하고자 하였다. 결국 아브라함은 전체 밭을 사게 되었으며, 400세겔을 달아 에브론에게 주었다.⁵¹⁾ 이 거래는 "헷 족속" 앞에서 공식적으로 이행되었다. 하나님이 아브라함에게 약속한 전체 땅에서 아브라함이 사들인 것은 이것 뿐이었다.

10. 이삭의 신부(창 24:1~25:11)

(1) 리브가를 발견함(창 24장)

사라가 죽은 지 3년 후, 이삭이 40세 되었을 때(창 25:20) 아브라함은 이 아들의 신부를 구하게 되었다. 그는 이삭이 가나안 족속의 딸과 결혼하지 않기를 바랬다. 하나님의 인도하심으로 그는, 가나안족과의 결혼은 — 지금은 그의 아들에 의해서 그리고 후에는 장차 세대에 의해서 — 혼합민족이 될 것이라는 것을 분명히 인식하였다. 아브라함의 후손이 구별된 나라로 발전하려면 어떠한 구별이 유지되어야 한다.⁵²⁾ 그

---

50) 참고. Cyrus Gordon. "Abraham and the Merchants of Ura." *JNES*. 17(1958), p. 29: C. Pfeiffer. *The Patriarchal Age* (Grand Rapids: Baker Book House, 1961), pp. 115~16.

51) 화폐 제도는 아직 시행되지 않았고 돈은 무게로 평가되었다. 최초의 화폐제도 증거는(철조각에 명칭과 무게를 나타내는 도장을 찍음) 주전 8세기 후반으로 소아시아의 리디아에서 유래한다. 7세기 후반까지 에게 지역에는 주조된 돈이 많았다. 아마도 고레스(Cyrus) 대제는 주전 540년경에 페르시아 세계에 이 화폐 시행을 도입한 것 같다.

52) 아브라함의 본보기는 이삭에게로 이어져 이삭은 야곱에게 아내를 다른 곳에서 취하라고 훈계한다(창 28:1~5). 가나안족 아내를 취하면 아버지를 노엽게 한다는 것을 안 에서는 이미 2명의 힛타이트 여인과 결혼했음에도 불구하고(창 26:34) 이스라엘의 딸과 결혼하였다. 이것은 "이삭과 리브가의 마음에 근심"이 되었다.

래서 아브라함은, 아버지 데라와 함께 머물렀던 메소포타미아[53] 북쪽에 사는 친족[54]을 생각하였다. 이삭의 아내는 여기에서 나와야 한다. 이렇게 결정한 아브라함은 하나님이 선택하시리라 믿으며(창 24:7) 그의 종 — 아마도 엘리에셀(창 15:2) — 을 먼 여행길에 보내었다. 이 종은 "나홀의 성"(아마도 하란)에 도달하였는데 이곳은 아브라함의 형 나홀이 이곳에 살고 있었으므로 그렇게 불리운 것이다.[55] 하나님의 축복과 인도로 그는 성 밖 우물가에서 물을 길르러 나온 나홀의 손녀 리브가를 만났다. 리브가는 물을 떠올려 이 종에게 뿐 아니라 그의 약대에게도 먹이는 친절과 호의를 나타내었으며, 이 행동으로 인해 종은 이 여인이 하나님이 선택한 사람이라는 확실한 증거를 얻게 되었다. 크게 용기를 얻은 종은 이 여인과 함께 성으로 들어가 아버지 브두엘과 오빠 라반(창 2:29~50)을 포함한 가족을 만났으며 그의 임무를 말하고, 이삭의 아내가 되기 위해 그를 따라가겠다는 리브가의 승낙을 얻게 되었다. 리브가는 쾌히 승낙하여 이삭을 만나러 그를 따라가게 되었다.

(2) 아브라함이 그두라와 결혼함(창 25:1~11)

아브라함은 이삭이 결혼한 후 35년을 더 살았다. 그는 그두라와 결혼 하였는데 이 이름은 그 전에 알려진 바가 없다. 이들에게서 6명의

---

53) 이 지역에 사용된 용어는 아람-나하라임(Aram-naharaim)(창 24:10)인데 신명기 23:4과 사사기 3:8에도 사용된다. 이것은 유브라데스 강과 티그리스 강을 뜻하는 "두 강의 아람"을 의미하며 곧 북 메소포타미아 지방 전체를 의미하는 것이다. 이 이야기에서 사용된 다른 용어는 밧단 아람인데 (창 25:20; 28:2; 31:18) 이는 "아람의 밭"을 의미한다. 이 용어는 하란 근처 지역을 더 구체적으로 지명한 것으로 보인다.

54) 여기에 살고 있는 사람으로 나홀의 가족이 나타나 있는데 특히 그의 아들 브두엘과 브두엘의 두 자녀 리브가와 라반이 지적되어 있다. 나홀은 이곳에 올 때 데라와 아브라함과 같이 동행했거나 또는 후에 우르에서 혼자 이곳으로 왔다.

55) 마리 자료에서는 이 이름을 가진 성을 언급하고 있으므로, 이것은 나홀이라고 불리우는 성을 뜻할 수도 있다(참고, 제 2 장). 이 성은 확실하게 판명되지 않았지만 보통 하란 근처 지역으로 믿고 있다(참고, Wright, *BAR*, p. 41).

아들, 곧 시므란, 욕산, 므단, 미디안, 이스박, 수아[56]가 태어났는데 이들은 모두 여러 아라비아 백성의 조상이 되었다. 이 기간 중에 아브라함의 생에 대해 알려진 것이 없다. 그는 후에 175세 때(창 25:7) 죽었으며, 이삭과 이스마엘은 그를 막벨라 굴의 사라 옆에 장사하였다. 아브라함이 이스마엘과 그두라의 여섯 아들에게 어떤 선물을 남겨 놓았다 해도 후계자로 지명된 것은 이삭뿐이었다.

11. 신앙의 사람, 아브라함

아브라함은 구약성경에서 실로 위대한 인물 중의 하나였다. 그는 뛰어난 신앙의 소유자였으며, 이는 지정되지 않은 땅을 향해 갈대아 우르를 떠난 그의 의지에서 잘 나타난다. 그는 롯에게 땅을 선택할 권리를 먼저 줄 정도로 관대하였다. 그는 또한 이기적인 선택을 한 롯을 용서하여 도와주려고 하였다. 그리하여 침략자들로부터 그를 구해냈고, 롯이 선택한 사악한 소돔성이 파괴될 것을 알고 그를 위한 중보 역할도 하였다. 그는 롯을 구출하기 위해 훨씬 힘이 강한 군대를 쫓아갈 정도로 용기가 있었다. 그의 한 가지 약점은 외국의 왕을 만날 때 아내와의 관계를 적당히 거짓말로 얼버무린 점이었다. 이 취약점을 어떻게 다루어 이해해야 하는가는 쉽지 않다. 이 점은 그의 삶의 양식과 부합하지 않는 내용이다. 그러나 이 결점으로 인해 그의 다른 훌륭한 특징을 덮어버려서는 안된다. 그는 하나님을 사랑한 사람이었고 이로 인해 하나님의 "벗"이라 하는 높은 칭함을 얻게 된 것이다(대하 20:7, 사

---

[56] 아브라함이 이전에 자기 몸이 "죽은 자" 같이 되었다고 했는데(롬 4:19) 여기에서 자녀를 생산할 수 있었다는 점을 설명하기 위해 Keil은 사라가 죽기 전에 아브라함이 그두라와 결혼했었다고 제기한다(*KDC, Genesis*, p. 261). 그러나 사라가 살아 있을 동안 아브라함은 하갈을 취하기를 주저했다는 점에서, 그리고 창세기의 명확한 암시 내용에서 볼 때 그러한 제기는 이해하기 어렵다. 이 내용은 이삭을 낳을 때 앞으로의 계속적인 회춘을 의미하는 것으로, 또는 그가 "죽은 자" 같이 되었다는 것은 자기 자신의 몸이라기보다는 사라가 더 이상 아기를 가질 수 없다는 내용으로 이해하는 것이 좋을 듯하다.

41:8, 약 2:23).

제4장

이삭 · 야곱 · 요셉

[창세기 25:9-50:26]

이 장에서 우리의 관심은 족장시대와 함께 아브라함의 세 후손 이삭, 야곱, 요셉을 중심으로 하게 된다. 이들은 아브라함 시기와 아브라함 후손이 애굽에 체류한 시기 사이에 존재하는 세 세대를 대표하게 된다. 이삭과 야곱은 약속의 계열 멤버로서 그들 세대를 살았다는 점에서 요셉과 다른 성격을 띠게 된다. 그럼에도 요셉은 이 형제들 중 특별한 관심으로 부각되는데, 그것은 그가 하나님의 특별한 총애로 선택받은 자이며, 따라서 성경 기록에도 더 많이 언급되어 있는 사람으로 의미가 있기 때문이다.

1. 이삭(창 25:9~26:35)

이삭[1]은 이 세 인물 중 가장 덜 알려져 있다. 창세기에는 야곱과 요셉에 관한 사항이 훨씬 더 많다. 이로 인해 우리들은 이삭을 그 자신의 개인으로 보다는 아브라함의 아들이나 야곱의 아버지로 곧 생각하게

---

1) 이삭이라는 이름은 "웃는 자"라는 뜻이다. 이 말은 아브라함과 사라가 그들 나이에 아이를 갖는다는 약속을 믿지 못하여 웃었다(창 17:17~19; 18:9~15)는 사실에 의한 것이다.

된다. 족장들 중에서 이삭이 가장 덜 눈에 띠었던 것은 사실이다. 그에게는 용감한 행적이나 특이한 공로가 주어지지 않았다. 그러나 그는 이스라엘의 조상 계열에서 중요한 맥을 형성하고 있으며, 성경 전체에서 아브라함이나 야곱과 동등하게 평가되고 있다.

우리는 먼저 아브라함을 다룰 때에 이삭의 생의 한 면을 주시하였다. 여기에서는 그의 아버지가 죽은 후의 일들을 뽑아보고자 한다.

(1) 야곱과 에서가 태어남(창 25:21~34)

맨처음으로 그의 쌍동이 아들 야곱과 에서가 태어날 때의 일이 기록되어 있다. 이들은 이삭이 리브가와 결혼한 지 20년 후, 그의 나이 60에 달했을 때(창 25:26)에 태어났다. 아브라함은 25년을 기다려 이삭을 얻었고 이제 이삭은 20년을 기다려 야곱과 에서를 얻었다. 이삭의 신앙도 아브라함과 같이 시험을 받았으나 그도 역시 계속 하나님을 믿었다. 이삭이 "그 아내가 잉태하지 못하므로 아내를 위해 여호와께 간구하였다"(창 25:21)고 기록되어 있다. 왜 하나님이 큰 후손의 약속을 성취하는데 그렇게 오래 기다리게 하셨는가는 이해하기 어려운 일이었다. 그러나 마침내 하나님은 이삭의 기도를 들으셨고 리브가는 임신을 하게 되었다.

쌍동이들은 태어나기 전에도 리브가의 태 속에서 서로 싸웠다. 리브가는 그 의미를 물었고 하나님은 이르시되, 이 둘은 각 후손에 의해 갈리워 앞으로 서로 싸우고 큰 자는 어린 자를 섬기게 될 표시라고 하셨다. 에서가 먼저 태어나고 야곱은 그의 발꿈치를 잡고 태어났다.[2]

자라면서 이 둘은 서로 닮은 바가 적었다. 야곱은 조용하고 집에만 거하므로 어머니의 사랑을 받았다. 에서는 거칠고 들 사람이 되었으므로 아버지의 사랑을 받았다. 하나님의 예언대로 그들은 드디어 충돌하게 되었는데(창 25:27~34), 그들이 장성한 어느 날, 야곱은 집에서

---

2) 야곱이라는 이름은 "발꿈치 잡은 자"라는 뜻으로 "약탈자"라는 개념에서 유래한 것이다. 에서라는 이름은 그가 태어날 때의 표현에서 유래한 것으로 "털 투성이"라는 뜻이다.

머물다가 에서에게 장자의 명분을 자기에게 팔라고 회유하는 기회를 얻게 되었다. 장자로 태어난 에서는 장자의 상속 권한을 즐거워하였다. 야곱은 이 권한을 갖고자 하여 자기가 마련한 음식 한 그릇과 장자의 명분을 바꾸자고 제의하였다.[3] 들에 있었던 에서는 배가 고팠으므로 야곱이 제안한 이 교섭을 어리석게도 받아들였다. 자기 것이 아닌 것을 탐낸 야곱은 비판을 받아야 하지만, 에서는 순간의 만족을 위해 장자의 명분이라는 일생의 가치를 포기하였다. 장자의 명분은 부모의 축복과 가신의 대부분을 차지할 상속권과 가장이 되는 권한을 보장하였다. 에서는 이 명분을 얼마나 소홀히 여겼는가!

(2) 블레셋과의 관계(창 26:1~33)

아브라함 때에 흉년이 들어 이동했던 것과 같이 이삭도 흉년을 만나 이동해야만 했다. 하나님은 그에게 애굽으로 가지 말고 하나님이 지시하는 땅으로 가라고 경고하셨다. 그 지역은 블레셋 사람[4]이 사는 그랄[5]이었는데 이곳은 전에 아브라함이 그와 같은 경우로 체류하였던 지역이었다(창 20:1~18).

여기에서 이삭은 그의 아버지가 두 번이나 범했던 것같이 아내에 대해 거짓말을 하게 되었다. 사라와 마찬가지로 리브가도 아름다왔으므로 이삭은 그의 생명을 두려워했다. 그는 리브가가 그의 누이라는 말을 퍼뜨렸는데, 이는 사라가 적어도 아브라함의 이복누이라는 점을 감안하면 아브라함의 거짓말보다 더 심각한 속임수였다. 이삭은 그의 아버지의 속임 방법으로 인해 영향을 받았다 할지라도 크게 비난받아야

---

3) 누지 자료에는 형제 사이에 상속권 거래에 관해 이와 비슷한 실례가 들어 있다. 그 중 하나를 보면, 한 형제는 상속받은 숲을 다른 형제에게 세 마리의 양을 받고 팔았다(참고, C. Gordon, *ANE*, p. 126; Wright, *BAR*, p. 43).

4) 3장을 참고하라.

5) 가사(Gaza)에서 남쪽으로 8마일 떨어진 Tell Jemmeh로 여겨졌는데 그러나 지금은 가사에서 남동쪽으로 11마일 떨어진 Tell Abu Hureira로 생각되고 있다. Albright, *BASOR*, 163 (1961), pp. 47~48.

한다. 얼마 후 그랄 왕 아비멜렉[6]은 이 사실을 알고 그 백성에게 리브가를 가까이 하지 말라는 경고를 했으며, 이삭으로 하여금 그 땅에 머물도록 관대한 허락을 내렸다.

이삭은 이 호의를 받아들였고 농사를 지어 큰 수확을 거두었다. 그는 점점 번창하여 거부가 되었으므로 아비멜렉의 백성이 시기하는 고로 마침내 아비멜렉은 그에게 떠나가도록 요청했다. 이삭은 요청에 따라 그곳을 떠나 근처 골짜기에 거하였다. 여기에서 그는 아브라함이 팠던 우물을 다시 팠는데 그것은 블레셋 사람이 그 우물을 메웠기 때문이었다. 이삭은 우물을 팔 때마다 그곳 사람들이 그것이 자기 우물이라 주장하는 바람에 마침내 그는 브엘세바로 옮겨갔는데 여기에 아비멜렉이 땅 권리에 관한 계약을 맺고자 찾아왔으며 곧 이 계약이 이루어졌다.

이 시기에 특이할 만한 면은 하나님이 아브라함과 언약하신 것처럼 이삭과의 언약을 확인하신 것이다. 사실 이 언약은 각각 다른 시기에 두 번 이루어졌다. 첫번째는 이삭이 그랄로 가기 직전이었는데 하나님은 애굽으로 가지 말라고 하시며, 그에게 큰 자손을 주어 그가 사는 땅을 소유케 하리라고 약속하셨다(창 26:2~5). 그리고 두 번째는 그랄에서 돌아온 직후였는데 하나님은 아브라함을 위하여 그와 함께 하고 그에게 복을 주어 그의 자손이 번성케 하리라고 약속하셨다(창 26:24).

(3) 도적질한 축복(창 27:1~46)

이삭은 137세 때[7] 장자에게 축복을 내리는 절차를 갖게 되었다. 두 아들이 태어날 때 큰 자가 작은 자를 섬기리라고 하신 하나님의 분명한 지시(창 25:23)에도 불구하고 또 에서는 이 축복받을 권리를 팔아 넘겼음에도 불구하고 이삭은 이 예식을 에서에게 행하기로 결정하였

---

6) 아브라함이 방문한 아비멜렉의 후손을 지칭한다.
7) 이삭은 180세 때 죽었으므로(창 35:28) 43년을 더 살 수 있었으나 그는 이 사실을 알 수 없었다. 여기에서 그의 나이는 야곱이 77세였다는 것과(뒤의 주 11 참고) 그가 60세 때 야곱을 낳았다는 근거에서 계산된 것이다.

다. 그러나 리브가는 야곱이 축복받기를 원했다. 리브가는 말이 없었던 야곱을 권유하여 축복을 받도록 변장시켰다. 리브가는 털 많은 염소 가죽으로 야곱의 손과 목을 꾸미고 형의 옷을 입혔다. 앞을 거의 보지 못하는 이삭은 촉각과 후각으로 판별해야 했으며, 그리하여 그는 속아 넘어가게 되었다. 에서라고 생각한 이삭은 그에게 축복을 내렸는데, 곧 풍성한 식량을 받을 것과 그 어미의 후손과 열국을 다스리는 권한을 부여받았다.

　에서가 축복을 받으려고 돌아왔을 때 아버지의 축복은 거의 남지 않았다. 이 아버지와 아들은 거짓이 행해진 것을 깨달았을 때 분노와 후회를 겪게 되었다. 그러나 이런 식으로 행해졌다 할지라도 이미 이루어진 것은 계약[8]이었으며 이삭이 에서를 위해 할 수 있는 일은 이차적인 축복이었다. 곧 물질적인 양식과 동생을 섬기리라는 말을 할 수밖에 없었다. 에서의 마음속에는 심한 증오심이 일어났고 그는 아버지가 죽자마자 야곱을 죽이기로 결심하였다. 따라서 리브가의 권유대로 야곱은 북쪽의 하란에 있는 어머니의 고향으로 도망하게 되었다.

(4) 이삭의 인간성

　이삭이라는 인간을 이해하기란 쉽지 않다. 그는 이스라엘 계열의 중요한 멤버로서 성경에서 높은 위치를 차지하고 있지만 그를 칭찬할 만한 기록은 비교적 적다. 그가 20년을 기다려 아이를 가질 때까지 하나님을 계속 믿었다는 점에서 높은 신앙을 나타냈다는 것은 사실이다. 그리고 일찍이 아버지의 희생제단 칼 앞에 비록 나이가 어려 무슨 말을 할 수 없었다 할지라도 순순히 응했었다. 그러나 이 외에 많은 그의 행동과 결점들은 비판을 불러일으킨다. 그는 아버지와 같이 아내에 대해 거짓말을 범하였다. 그의 두 아들은 종교적인 면에서 잘 교육받고 훈련된 것 같지는 않다. 즉, 야곱은 속이는 자로 알려지게 되었고 하나님의 위대성을 미약하게 이해하고 있는 것으로 나타난다(창 28:

---

8) 2장을 참고하라.

16~22). 또한 에서는 이방 여인과 결혼하였다(창 26:34; 36:1f). 이삭의 아내조차 축복을 도적질하려고 작은 아들과 계획을 꾸밈으로 하나님을 덜 두려워하고 남편을 덜 존경하는 것으로 나타났다.

분명히 이삭은 아브라함이나 야곱과 같은 행동의 인물이 아니었다. 그를 평가하는데 있어서 이 점을 염두에 두어야 한다. 어떤 주도권이나 신앙이 발휘되어야 할 상황이 그에게는 주어지지 않았다. 그는 아내를 선택하는 문제를 전적으로 아버지에게 맡겼으며 아내를 데려왔을 때 쉽게 받아들였다. 블레셋 사람들이 그가 판 우물을 계속 요구해 왔을 때 그는 큰 저항을 나타내지 않고 다른 곳으로 계속 이동하였다. 그는 그의 생 180년 동안 가나안 남쪽의 경계 밖을 여행한 것 같지 않다.[9] 또한 그는 하나님으로부터 아브라함과 같이 큰 신앙을 요청하는 행동을 하도록 부름 받지도 않았다. 이에 대한 한 가지 이유로, 그는 훌륭한 아버지에 의해 초기의 생이 지배되었고, 후에는 아브라함이 발휘한 위대성 안에 단순히 만족하고 있었을 것이다. 분명히 그는 바깥으로 공격을 나타내지 않는 은둔적인 성격의 소유자였는데 이것은 그 자체로 볼 때 칭찬할 만한 특징이다. 사실 선택한 아내 리브가를 그렇게 쉽게 받아들였다는 점에서, 또 큰 저항없이 적들에게 우물을 내어주었다는 점에서 이삭을 칭찬할 수도 있다. 확실히 온유함은 하나님의 은덕 가운데 높은 자리를 차지한다. 실로 이삭이 하나님의 위대한 인간이라면 이런 것보다 더 뚜렷한 증거, 특히 그 주위의 사람들에게 좋은 영향을 가져오는 증거를 기대하게 된다. 그가 하나님을 알고 족장의 계열의 한 멤버이긴 하지만 아브라함이나 야곱의 평가에는 미치지 못하였다.

2. 야곱(창 28:1~36:43)

셋째 조상인 야곱은 그의 아버지와 뚜렷하게 대조된다. 그는 아브라

---

9) 이삭은 야곱이 하란에서 돌아왔을 때 헤브론에 있었지만(창 35:27~29), 대부분의 언급들은 그가 브엘세바나 그랄 근처에 있었음을 보여준다(창 24:62; 25:11; 26:1, 23; 28:10).

함과 같은 행동의 인간이었다. 그러나 그의 행동은 특히 초기의 생애에 있어서 아브라함의 행동의 방법과 다르다. 그 당시 그는 속임수로 유명하였다. 앞에서 우리는 아버지와 형을 속이는 그의 음모를 주시한 바 있는데 그는 북쪽 땅에서 삼촌 라반에 대해서도 같은 음모를 행하였다. 그러나 후에 하나님은 그를 변화시켰으며 그는 실로 뒤바뀌게 되었다. 이삭보다는 야곱에 대한 기록이 훨씬 더 많은 부분을 차지하고 있다.

(1) 하란으로의 탈출(창 28:1~29:13)

야곱이 리브가의 고향으로 떠나기 전에 이삭은 그를 불렀다. 비록 야곱이 아버지에게 잘못을 저질렀지만 이삭은 그를 사랑했으며 마음속으로 큰 관심을 가지고 있었다. 이삭은 그에게 더한 축복을 내렸고, 가나안 사람에게서 아내를 취하지 말고 하란에 있는 어머니의 친족 중에서 아내를 취하라고 당부하였다.[10] 이 당시 야곱이 젊지 않았음을 알아야 한다. 성경을 비교해 보면 그의 나이 77세였음을 알 수 있다.[11]

야곱이 그곳을 떠나 벧엘까지 와서 밤에 유숙했을 때 사닥다리가 하늘에서 땅에 닿았고 천사들이 그 위를 오르락 내리락하는 꿈을 꾸었다(창 28:10~22).[12] 아침에 일어나 하나님이 그와 함께 하심을 잘 깨달은 야곱은 베개 하였던 돌에 기름을 붓고 그 장소를 벧엘(하나님의

---

10) 이삭이 야곱에게 북쪽 땅에서 아내를 구하라고 당부한 것은 에서로부터 피해 북쪽으로 도망가라고 한 리브가의 관심과 부합한다. 그를 보내는 주요 이유는 형으로부터의 도망이지만, 여기에서 이삭은 야곱이 아내를 구하기를 바란 것이었다. 에서가 그 지역 여인과 결혼하였을 때 리브가와 이삭이 서로 근심했다는 점에서(창 26:34~35) 나타나듯이 이 둘은 야곱을 탈출시키는 일에 동의하였다.
11) 야곱이 애굽에서 나왔을 때 130세였고(창 47:9), 요셉이 39세였으니(41:46, 47, 54; 45:11) 이는 야곱이 91세 때 요셉이 태어난 셈이다. 야곱이 하란에 도달한 지 14년 후에 요셉이 태어났으니(31:41; 30:25) 91에서 14를 빼면 77세가 된다.
12) 하나님이 내리신 이 꿈의 의미는 하나님께서 야곱과의 계속적인 교류를 지속하고 계심을 야곱에게 보여주기 위한 것이었다. 다른 말로 하면, 야곱은 하나님에게 중요한 인물이었고, 야곱이 하나님을 경외하면 하나님께서 그와 함께 계심을 알 수 있었다.

집)이라 불렀으며 하나님과 엄숙히 약속을 하였다. 돌에 기름을 붓는 행동은 그 장소에 종교적 중요성을 부여하는 상징적 방법이었는데, 이는 하나님이 야곱에게 그와 함께 하신다는 보장을 하셨기 때문이다. 야곱은 에서에 대한 행동으로 양심의 가책을 느꼈기 때문에 이런 보장이 필요하였다. 또한 그에 대해 알려진 모든 것을 종합해 볼 때 이 당시 그는 정신적으로 성숙해 있지 않았고, 집을 떠날 때 하나님에 대한 생각이 거의 없었다고 믿어도 좋을 것이다. 따라서 꿈에 대한 그의 반응은 놀라움과 감탄이며, 타당한 행동으로 보답하겠다는 결심이다. 이러한 새로운 사고는 거짓 신을 숭배하는 땅으로(창 31:19, 30) 들어가는 그에게, 그리고 그를 배반할 삼촌과 맞부딪치게 하는 장소로 들어가는 그에게 중요한 의미가 되었다.

야곱은 앞으로 아내가 될 라헬이 양떼에게 물을 먹이기 위해 하란 근처 우물가로 왔을 때 만나게 되었다. 야곱은 나중에 도착하여 목자들이 우물가의 아구 덮은 돌을 옮기기 위해 기다리는 것을 보았다. 여기서 그는 자신이 돌을 옮겨 라헬의 양떼에게 물을 먹이었다. 야곱은 분명히 육체적으로 건강하였고, 다른 사람이 하도록 기다리거나 지방 관습에 얽매이는 사람이 아니었다. 이 돌발적 행동에 아무도 반대하는 사람이 없었으며, 그리하여 라헬의 양떼는 그 날 일찌기 물을 먹게 되었다. 야곱은 라헬에게 자신이 누구임을 말했고, 라헬은 아버지 라반을 부르게 되어 곧 서로 인사하게 되었다. 여기에서 야곱은 20년이란 기간을 보내게 된다.

(2) 하란에서의 20년 (창 29:14~31:20)

① 야곱의 두 아내 (창 29:14~31)

야곱은 처음부터 라헬을 사랑하였으며, 이 결혼을 위해 7년간 라반을 섬기기로 동의하였다. 7년이 다 되었을 때 라반은 야곱을 속여, 라헬 대신 큰 딸 레아를 주었다. 라반은 큰 딸이 먼저 결혼하는 것이 그 나라의 관습이라고 설명하였다.[13] 라반은 이 사실을 7년 전에 말할 수

---

13) 이 관습은 다른 관례가 없는 것으로 보아 그 지방에만 있었던 것으로 보인다. 그러나 야곱은 이 관습을 분명히 인정하고 승낙하였다.

있었을텐데 그는 말하지 않았다. 이제 야곱은 자신이 사랑하는 라헬을 위해 또 7년간 일해야 했다. 7년간의 봉사를 속였다는 것은 적은 문제가 아니다. 야곱은 어쩔 수가 없었으며, 옛날 아버지와 형에 대해 이와 비슷하게 속인 사실을 기억해야만 했다.

그러나 야곱은 7년을 기다리지 않고 라헬을 얻게 되었다.[14] 그는 레아와의 결혼 잔치가 끝나는 기간인(창 29:27~28) 1주일만 기다렸다. 그때 그는 라헬과 결혼할 수 있었으나 또 7년을 일해야 했으므로 여기에서 7년을 또 보내게 되었다.[15]

② 야곱의 자녀(창 29:32~30:24)

150년 전[16]에 아브라함에게 하신 약속이 크게 성취되기 시작한 것은 이곳에서였다. 야곱은 이제 대가족을 거느리게 되었다(창 29:31~30:24). 야곱은 라헬을 사랑했지만, 하나님께서 야곱에게 장자와 대부분의 자녀를 주신 것은 레아를 통해서였다. 레아는 계속해서 르우벤(아들을 보다), 시므온(듣다), 레위(연합하다), 유다(찬송하다)를 낳았다. 아이를 낳지 못한 라헬은, 야곱에게 여종 빌하[17]를 통해 아이를 낳으라고 재촉하였다. 그리하여 야곱은 빌하를 통해 단(판단하다)과 납달리(경쟁하다)를 낳았다. 이에 레아는 여종 실바를 야곱에게 주어 갓(무리)과 아셀(기쁨)을 낳게 하였다. 여기에서 하나님은 다시 레아를 축복하였으므로 레아는 잇사갈(하나님께서 그 값을 주셨다)과 스불론(함께 거하다)을 낳았으며, 또한 딸 디나(판단)를 낳았다. 마침내 하나님은

---

14) 이것은 창세기에 나오는 이야기(창 29:27~30)에서 알 수 있지만 야곱의 자녀를 생산하는 일에서 처음부터 라헬과 레아 사이에 투쟁이 존재했다는 사실(창 29:31~30:24)에서도 증명된다.

15) 야곱이 또 다른 7년을 채우기 전에 블레셋을 떠났다면(라반의 속임수에 대한 당연한 반응이었을 것이다) 무슨 일이 일어났을 것인가는 명확히 나타나 있지 않다. 야곱이 빚진 것을 갚은 것은 그의 신용을 높인 것이었다. 가끔 야곱의 성격상 결점이 지나치게 강조되어 나타나고 있다.

16) 이삭이 태어날 때까지의 25년을 더하고 또 야곱이 태어날 때까지의 60년을 더하고, 여기에 야곱의 나이 77세를 더하면 162년이 된다.

17) 2장을 참고하라.

라헬에게도 임신을 하게 하셨고 라헬은 요셉(더하다)을 낳았다. 이로 인해 야곱은 열한 명의 아들과 한 명의 딸을 얻었다. 이 가족이 가나안으로 돌아온 후에(창 35:16~20), 열 두번째 아들 베냐민(오른손의 아들)이 또한 라헬에게서 태어났다.

③ 마지막 6년(창 30:25~31:21)
요셉이 태어나고 약속한 대로 14년의 봉사를 마친 후, 야곱은 라반에게 그 땅을 떠나게 해달라고 요청했으나 라반은 그로 하여금 더 오래 머물도록 설득하였다(창 30:25~34). 분명히 야곱은 훌륭한 일꾼이었으며 이 야곱을 고용함으로써 라반은 품삯을 줄일 수 있었을 것이다.

야곱은 자신의 새 품삯으로서, 라반의 양과 염소 중 현재 살아 있는 것과 앞으로 태어날 것을 포함하여 전부 희거나 전부 검은 것(또는 검은 갈색)을 제외한 나머지를 달라고 제안하였다. 얼룩무늬 있는 동물은 잘 태어나지 않음을 아는 라반은 이에 동의하였다. 야곱은 선택적 양육방법(창 30:40)과 임신 전에 영향을 주게 하는 수단[18]을 통하여 자기의 이익이 많도록 하였다. 야곱의 태도는 옳지 않으나 라반의 이전 행동에 비추어볼 때는 이해할 만하다. 야곱의 도덕적 결점에도 불구하고 하나님은 야곱을 번성하게 하였으므로 얼룩무늬 있는 동물들의 숫자가 크게 불어났다. 라반은 아마도 그 아들들의 압력[19]으로 후에 야곱이 진술한 대로 품삯을 열 번이나 변경하였다(창 31:7, 41). 그러나 야곱은 여전히 번성하였다. 그의 양떼들은 크게 불어나 6년 후에 집으

---

18) 창세기 30:37~39에는 그가 나뭇가지의 껍질을 벗겨 흰 무늬를 내고, 그가 기르는 동물들 앞에 이것을 세워놓았다고 기록되어 있다. 그는 이 방법이 얼룩무늬 새끼를 낳게 할 것이라 믿었다. 그 결과 많은 얼룩무늬 가축이 생겨났지만 이것은 하나님이 그 방법을 축복하셨기 때문에 가능한 것이다.

19) 창세기 31:1은 이것을 암시한다. 이 아들들은 야곱이 도착한 이후에 태어난 것 같다. 왜냐하면 이전에는 아들에 대한 언급이 없었고 또 야곱이 라반과 품삯 협정을 할 때는 그들이 너무 어려서 품삯 협정에 아무런 영향력을 행사할 수 없었기 때문이다.

로 돌아왔을 때는 형 에서애게 한번에 580마리의 동물[20]을 선물로 줄 수 있을 정도였다(창 32:13~16).

장인집에서의 야곱의 번영은 하란의 친척들에게 좋은 인상을 줄 수가 없었으며 이것을 깨달은 야곱은 곧 그곳을 떠나게 되었는데 이 품삯을 협정한 뒤 6년(총 20년)이 흐른 뒤였다(창 31:1~20). 떠나고자 하는 그의 욕망은 하나님께서 꿈에 직접 지시를 하심으로 더욱 강화되었다. 그의 아내들은 라반의 딸임에도 불구하고 반대하지 않았다. 야곱은 삼촌이 반대할까 두려워 또는 많은 재산을 요구할 때 기분을 상하지 않게 하기 위해, 라반이 양털을 깎으러 나갈 때까지 기다렸다. 야곱은 두 아내와 열 두 자녀, 종들, 많은 목축을 거느리고 집을 향해 떠났다. 라헬은 상속권[21]을 상징하는 집안의 우상을 야곱에게 알리지 않고 가져왔는데 이것은 야곱이 소유한 모든 것에 권리를 부여하기 위한 것이었다. 떠나면서 야곱은 하나님께서 자기에게 이롭게 하신 것을 깨달았다. 야곱은 한 개인으로 하란에 들어갔으나 20년 후 큰 가족을 거느린 거부가 되어 나오게 되었다(창 32:10).

(3) 가나안으로 돌아옴(창 31:21~33:20)

① 라반의 추적(창 31:22~55)

라반은 야곱이 몰래 떠났음을 알고 분노하였다. 곧 그는 야곱의 무리를 쫓아갔으나, 하란에서 적어도 275마일 떨어진 길르앗 산[22]에 이르러서야 만날 수가 있었다. 그는 라헬이 야곱에게 상속권을 넘겨주고자 훔쳤던 집안 우상을 도로 찾는 데에 특히 관심이 있었다. 사실 그가 그 먼 길을 애써 쫓아온 근본 이유가 바로 이것이었던 것 같다. 그러나

---

20) 대부분 양과 염소들이었다. 그러나 약대와 나귀, 소도 또한 포함되었는데 이것은 야곱이 라반에게서 이런 것들도 축적할 수 있었음을 나타내는 것이다.

21) 2장을 참고하라.

22) 이곳은 길르앗 산의 북쪽 가장자리인 것 같다. 7일 동안 이곳에까지 진행한 것은(창 31:23) 빠른 여행이다. 야곱은 3일 먼저 출발하여 빠르게 진행했는데 그것은 특히 그가 양과 염소들을 이끌고 가야 했기 때문이다.

이런 노력에도 불구하고 라반은 목적을 달성하지 못했다. 하나님께서 꿈에 그에게 나타나 야곱에게 심하게 굴지 말라고 경고하셨고, 그의 딸은 그 우상을 찾지 못하도록 거짓말을 하였다(창 31:32~35). 사건은 라반과 야곱 그 어느 누구도 서로 다시 해하지 않는다는 언약으로 끝을 맺었다.

② 씨름의 상대(창 32:24~32)
야곱은 그의 길을 진행하면서 에서와의 어쩔 수 없는 만남을 두려워하였다. 그러나 에서와 만나기 전에 그는 또 다른 중요한 만남을 경험하였다. 이것은 하나님의 사자와 씨름하는 형태로 나타났다. 야곱은 얍복 강의 북쪽에 홀로 남아 있었다. 그는 가족과 소유물을 미리 강을 통해 건네 보냈고 은밀한 기도의 시간으로 홀로 남아 있었다. 밤중에 하나님의 사자가 내려와 그와 씨름하기 시작하였다. 야곱은 이제 97세였으나 여전히 좋은 건강 상태였다. 씨름이 진행되는 동안 그는 그의 적수가 인간이 아님을 깨달았고 따라서 그는 축복을 요청하였다. 그는 20년 전 그 땅을 떠날 때의 꿈과 그 결과 그의 생의 은총을 기억하였다. 이제 그는 재 축복을 갈망하였다. 그는 하나님께서 계속 그와 함께 하신다는 보장을 받고 싶었다. 사자는 이러한 보장을 약속하였다. 사자는 눈에 띌 만한 증거로서 야곱의 이름을 이스라엘[23]로 바꾸었으며 환도뼈를 쳐서 절뚝거리게 하였다. 이제부터 야곱은 다리를 절뚝거릴 것이나, 그것은 하나님의 은총과 자신의 온당한 행적에 대한 책임을 계속 상기시켜 줄 것이다. 이제부터 야곱은 음모를 꾸미는 자나 속이는 자로 나타나지 않게 된다.

③ 에서와의 만남(창 32:1~23; 33:1~17)
다음날 야곱은 하나님께서 실지로 그를 축복하고 있다는 뚜렷한 증

---

23) 이스라엘이라는 이름은 "분투하다"는 뜻의 동사 sarah에서 온 것이고, 여기에서 또한 "왕자" "분투자"의 뜻을 지닌 명사 sar가 나왔다. 이름의 마지막 요소 el은 "하나님"을 뜻한다. 전체 이름은 "하나님의 왕자(분투자)"를 뜻한다.

거를 얻었다. 그가 에서를 만났을 때 아무런 노여움도 나타나지 않았다(창 33:1~17). 에서가 400명을 거느리고 그를 만나러 온다는 소식을 들은(창 32:3~6) 야곱은 특히 이 만남을 두려워하였다. 야곱은 형의 분노를 달래기 위해 세 가축떼를 선물로 보냈으나 그 선물은 필요치 않은 것이었다. 20년의 간격으로 인해 에서의 마음은 얼마간 누그러졌을 것이다. 에서 또한 물질적 부를 누렸으므로 처음에 야곱의 선물을 거절했으나 야곱이 받으라고 재촉하므로 선물을 받았다. 이 형제는 서로 얼싸안고 따뜻한 정을 나누었으며, 이전의 모든 장벽이 없어진 채로 헤어졌다. 야곱의 마음은 이제 훨씬 가벼워졌다. 에서는 사해 남쪽의 그가 선택한 세일 산으로 돌아갔으며, 야곱은 요단 건너 세겜[24]으로 돌아갔다.

(4) 가나안으로 복귀(창 34~36장)

세겜에 도착하였을 때, 그의 아들 시므온과 레위가 세겜 사람을 배반하여 죽이는 결과를 가져왔으므로(창 34:1~31) 야곱은 오래 머물 수가 없었다. 이 아들들은 여동생 디나에게 행한 과실에 복수한 것이었다. 세겜 도시의 지도자인 하몰의 아들 세겜이 디나를 취하여 강간하고 야곱에게 디나와의 결혼 승낙을 요청하였다. 야곱의 아들들은 복수하기 위해 계획을 고안하였다. 이 요청을 허락하려면 모든 세겜 사람들은 할례를 받아야 한다는 것이었다. 모든 세겜 사람들이 할례를 받고 고통하는 동안 육체적 방어능력이 없었으므로 그들은 시므온과 레위의 칼에 죽임을 당하였다. 디나는 곧 집으로 데려왔다. 야곱은 이 지역 다른 거주자들로부터의 보복을 두려워하여 남쪽 땅으로 급히 이

---

24) 여기서 야곱은 하몰로부터 땅을 샀다(창 33:18~20). 오늘날 구 세겜 밖에서 야곱의 우물을 볼 수가 있는데 이것은 야곱이 산 땅에 위치하고 있는 것으로 여겨진다. 예수는 여기에서 후에 사마리아 여인을 만났다(요 4장). 이 우물에 관한 것으로는 Wright, *Shechem* (New York: McGraw Hill Book Co., 1965), pp. 254~257을 보라. 이 우물을 판 시기는 알려져 있지 않으나 아마도 구약시대인 것 같다.

동하였다. 야곱은 이제 잊지 못할 꿈을 꾸었던 벧엘로 다시 왔다(창 35:1~10). 하나님께서 다시 한번 그에게 나타나 많은 후손과 가나안 땅 소유에 관해 아브라함과 이삭에게 하신 약속을 되풀이하셨다(창 35:11~13). 그는 남쪽으로 계속 내려갔다. 베들레헴에 가까이 왔을 때 라헬이 베냐민을 낳다가 죽었으므로(창 35:16~20), 야곱은 극진히 사랑했던 이 여인의 무덤[25]에 비석을 세웠다. 그리고 그는 아버지가 살아 계시는 헤브론으로 향했다. 여기서 야곱은 아버지 이삭과 마지막 생애[26]를 같이 보낸 것 같다. 이삭이 죽었을 때 에서는 장사하기 위해 야곱에게로 왔다(창 35:27~29).

이 시점에서 성경에는 에서의 후손이 열거되어 있으며, "에돔 족의 조상은 에서더라"고 끝을 맺고 있다(창 36:1~43). 후대에 에돔은 이스라엘의 연속적인 적이 되었다.

(5) 변화된 인간 야곱

야곱은 하나님의 능력으로 변화되었던 인간의 모습을 나타낸다. 처음에 그는 음모자요 속이는 자였으나 후에 하나님을 충실히 따르는 자가 되었다. 변화되기 전 그는 형의 장자 명분을 흥정했고 아버지의 축복을 속였으며 삼촌의 목축에 음모를 꾸몄다. 그러나 변화된 후 그는 조용한 명상의 생활을 했으며 아들의 나쁜 행동에 대해 슬퍼했고, 계약적 축복에 하나님의 계시를 잘 받아들였다. 야곱의 초기 나쁜 행동을 심하게 비판해서는 안된다. 왜냐하면 아버지를 속이는 일에서 그를 설득한 사람은 그의 어머니였으며, 하란에 있을 때 그의 삼촌은 보복을 당할 만한 심한 도발행위를 자행했기 때문이다. 오히려 야곱은 이런 일들에 잘 적응하였고, 형과의 첫번 흥정은 자기 혼자서 한 일이었

---

25) 이 무덤은 베들레헴 북쪽 교회에 회교도 사원에 의해 표시되어 있다. 그러나 아마도 실제의 위치는 더 북쪽인 것 같다(참고, 삼상10:2).
26) 이삭은 예상보다 더 오래 살았다(참고, 앞의 각주 7). 에서는 아버지가 죽으면 야곱을 죽이겠다고 20년 전에 말했었다(창 27:41). 그러나 이삭은 야곱이 떠났던 20년을 계속 살았고 그리고 180세가 될 때까지 23년을 더 살았다.

음을 기억해야 한다. 야곱의 생애에서 큰 변화는 두 번 일어났다. 첫째는 하란으로 가는 길의 벧엘에서였는데 여기서 그는 전에 경험하지 못한 하나님을 만났지만 그 후의 삼촌 집에서 여전히 잘못을 범하였다. 둘째는 북쪽에서 되돌아오는 길의 얍복 강에서 하나님의 천사와 씨름을 하였다. 이때에 야곱이 겪은 변화는 당시 성장하고 있는 아들들을 양육하는 데 중요한 영향을 미쳤다. 블레셋 땅으로 돌아온 후의 그의 생애는 크게 본받을 만하였다.

3. 요셉(창 37~50장)

이 내용은 요셉의 생애로 계속 이어진다. 요셉은 일찌기 야곱의 열두 아들 중 뛰어난 인물이었다. 그는 하나님을 봉헌하는 데 놀라운 감각과 재능을 가지고 있었다. 그는 아브라함의 신앙과 이삭의 유순함과 야곱의 용기를 지니고 있었다. 무엇보다도 그는 하나님께 복종하는 사람이었으며 구약성경에서 가장 칭찬할 만한 사람 중의 하나였다. 창세기의 마지막 장은 그의 행적을 주로 다루고 있다.

(1) 애굽으로 팔려감(창 37장)

요셉은 17세 때[27] 형들에 의해 애굽으로 팔려갔다. 형들이 그를 미워한 것은 아버지가 그를 사랑했기 때문에, 또한 그가 부모 형제들 보다 높은 위치에 있다고 예언한 꿈 때문이었다(창 37:5~11). 그의 모범적인 행동 또한 그들로 하여금 미워하게 만든 이유 중의 하나였을 것이다. 그들의 배반행위는 도단에서 일어났다. 아버지 야곱은 형들이 양떼를 먹이는 곳으로 요셉을 보냈다. 그들은 양떼를 먹이기 위해 북쪽으로 50마일 되는 세겜으로 갔으나 요셉이 그곳에 도착했을 때는 그들이 이미 15마일 되는 도단으로 이동하였을 때였다. 남쪽 가나안에는

---

27) 창세기 37:2. 요셉은 그의 아버지가 14년간 라반을 섬겼을 때 태어났으며(창 30:23~26). 아버지 야곱이 가나안으로 돌아왔을 때는 6세였다. 그러므로 가나안으로 돌아온 지 11년이 경과한 셈이다.

목초가 흔하지 않았다. 형들은 멀리서 요셉이 오는 것을 보고 곧 나쁜 음모를 꾸몄다. 대부분 그를 죽이고자 했으나 맏형인 르우벤과 지도자 격인 유다는 그의 생명을 구하기 위해 다른 방법을 제안했다. 그리하여 애굽으로 가는 미디안 상인[28]이 지나갈 때 요셉을 은 20개의 값[29]으로 팔아버렸다. 요셉은 외국 땅에 노예로 팔렸다는 것 뿐 아니라, 자신이 도와주고자 한 형들에 의해 배반당했다는 사실에 정신적으로 심한 충격을 받았을 것이다. 형들은 더욱더 아버지를 속여 요셉이 들짐승에 의해 죽임을 당했다고 했으며, 특별히 만든 요셉의 좋은 옷을 염소 피에 적시었다가 그 옷을 증거로 제시했다.

(2) 유다와 다말(창 38장)

여기서 요셉의 이야기는 잠시 중단되며, 유다가 그의 며느리 다말과 관계를 맺는 암울한 내용이 연결된다. 유다의 아들 엘이 자녀 없이 죽었을 때 엘의 아내 다말은 수혼(嫂婚, Levirate)의 원칙[30]대로 그의 아우 오난에게 주어졌다. 오난 역시 자녀 없이 죽었으므로 다말은 그의 아우 셀라가 장성하기를 기다려 그와 결혼한 후 아이를 갖고자 하였다. 그러나 유다는 다말에게 셀라를 주지 않았으므로 얼마 후 다말은 창녀로 둔갑하여 유다와의 관계에서 아이를 갖고자 했다. 다말의 계획은 성공하여 그녀에게 쌍둥이가 태어나게 되었다.[31] 다말의 행동에는 힛타이트법이 나타나 있는데, 그것은 수혼의 관습에서 남편의 형제

---

28) 미디안 사람과 이스마엘 사람 둘을 불렀다(창 37:28). 미디안 사람은 그두라에 의한 아브라함의 자손이었으며 이스마엘 사람은 하갈의 후손이었다(참고, 삿 8:1, 24).
29) 이 당시 노예의 평균 값은 20세겔이었다. 이전 세대에서는 이보다 값이 더 적어 10내지 15세겔이었으나, 15세기에 와서는 30내지 40세겔이었다. 이것은 이 이야기가 초기 이천년대에 일어난 것임을 확증하는 것이다(참고, Kitchen, *AOOT*, pp. 52~53).
30) 이 시대에 수혼의 관습이 인정되었음을 나타내는 것이다.
31) 이 쌍둥이 중 하나는 베레스인데 다윗의 조상이 되었으므로(룻 4:18) 암울한 이야기 자체에 역사적 의미를 부여하고 있다.

가 없을 경우 시아버지가 그 책임이 있다는 것이다.[32] 따라서 유다는 다말이 그를 속였음에도 불구하고 다말이 자기보다 더 옳다고 말했다 (창 38:26). 우가릿 자료는 이런 상황에서 장본인을 증명하는 세 가지 물품을 제시하는 관습을 증언하고 있는데, 여기에서도 다말은 쌍둥이의 아버지가 실제로 유다임을 증명하는 그의 도장과 끈과 지팡이를 제시해 보였다.[33]

(3) 애굽에서의 요셉(창 39~41장)

요셉의 시험은 그가 애굽에 도착했을 때에도 끝나지 않았다. 형들의 배반은 견딜 만한 것이었으나 또 다른 불의가 그를 기다리고 있었다.

① 애굽에서의 불의(창 39~40장)

요셉은 미디안 사람에 의해 바로의 신하 보디발[34]에게 팔렸다. 요셉은 보디발 집에서 일하는 동안 큰 어려움을 겪었다(창 39:1~20). 젊은 요셉은 새로운 주인을 만나 열심히 일했으므로 처음에는 신임을 받게 되어 가정 총무의 자리까지 올라갔다. 그러나 이 자리에서, 그에게 매혹당한 보디발의 아내가 그를 유혹했을 때 적당히 그리고 훌륭하게 거절했으므로 보디발의 아내는 그를 감옥에 넣어버렸다.[35] 고향에서 멀리 떨어져 있었고 또한 젊은 요셉이 유혹의 어려운 상황을 잘 넘긴 것은 높이 칭찬해야 한다. 더욱이 감옥으로 보내졌을 때에도 슬퍼하거나

---

32) Gordon. *ANE*. p. 136.
33) *Ibid*.
34) 어떤 학자들은 보디발이라는 이름이 후에 생겨난 것으로 보고 있다(참고. Wright. *BAR*. p. 54). 그러나 이러한 견해를 반박한 것으로는 Free. *ABH*. pp. 77~78을 참고하라.
35) 이와 비슷한 이야기가 "두 형제에 대한 애굽의 이야기"에 나타나 있다. 아우 비티스(Bitis)는 형 아누비스(Amubis)의 아내가 접근하는 것을 거절했다. 그러자 형의 아내는 보디발의 아내와 마찬가지로, 아우에게 희롱당했다고 고소했으며, 아우는 생명을 위해 도망해야 했다. 원본으로는 Barton. *AB*. pp. 365~67을 참고하라.

언짢아 하지 않은 점은 높이 사야 한다. 오히려 요셉은 다른 사람과 구별된 행동을 했으므로 다시 한번 신임을 얻게 되었다(창 39:21~23). 그러나 또다시 실망이 찾아왔다(창 40:1~23). 그는 바로의 신하 술맡은 자와 떡 굽는 자의 각 꿈[36]을 해석해 줌으로써 호의를 베풀었다. 술맡은 자는 요셉이 해석한 대로 복직되었으나, 감옥에서 구출해 달라는 요셉의 특별한 청탁에도 불구하고 곧 요셉의 은혜를 잊어버렸다.

② 애굽에서의 영광(창 41장)

그러나 여기에 하나님께서 개입하셨다. 바로 왕 자신이 꿈을 꾸게 되었으며, 이 꿈의 해석을 위해 술 맡은 자는 자신의 꿈을 해석해 주었던 요셉을 기억하게 되었다(창 41:1~37). 그가 바로에게 요셉에 대해 말하자 곧 요셉은 호출을 받게 되었다. 요셉이 해석한 바로의 꿈은 애굽에 7년 동안의 큰 풍년이 닥치고 7년 동안의 심한 기근이 올 것이라는 내용이었다. 요셉은 바로 왕에게 능력있는 관리자를 택하여 풍년 동안 많은 양식을 저장했다가 흉년에 대비해야 한다고 간언하였다. 바로 왕은 이 충고를 따라 곧 관리 자리에 요셉을 등용했는데, 이는 하나님께서 요셉에게 이런 정보를 주셔서 요셉이 이 중요한 과업을 수행할 수 있으리라고 옳게 판단했기 때문이다(창 41:38~44). 요셉은 바로 왕 다음가는 권력[37]을 갖게 되었다. 이것이 얼마나 높은 자리인가. 과거의 한 감옥수가 다음날 실제로 총리가 된 것이다. 물론 이 높은 자리는 하나님께서 수 년 전에 요셉의 꿈에서 예언했던 것이다. 다른 사람들 뿐 아니라 형제와 아버지까지도 이제 그 앞에서 절을 하게 된 것이다. 요셉은 아마도 특히 노예로 팔려간 후에 그의 꿈이 어떻게 실현될

---

36) 이 꿈의 해석은 술 맡은 자는 3일 안에 복직될 것이며, 빵굽는 자는 3일 안에 죽임을 당할 것이라는 내용이었다(창 40:12~23). 이 두 예언은 모두 실현되었다.

37) 이 권력이 어느 정도인가 하는 것은 요셉이 바로와 상의하지 않고 자유로이 결정할 수 있었다는 데서 나타난다. 한 예로 그는 백성들이 지불해야 할 식량의 값을 정하였는데 그들이 돈이 없었을 때에는 동물로, 후에 동물이 없을 때에는 땅으로 지불할 수 있다고 말할 정도였다.

것인가 의아했을 것이다. 그러나 이제 하나님께서 그에게 나타내보이셨다. 하나님은 그의 충실함에 대해 상상할 수 없을 정도로 보답해 주셨다. 요셉은 처음으로 애굽 이름 사브낫바네아(Zaphenath-paneah)[38]를 받았으며, 라(Ra)[39] 신의 제사장 딸 아스낫(Asenath)을 아내로 삼고 곧 새 임무에 착수하였다(창 41:45~57). 이 당시 요셉은 30세였다. 풍년의 7년 동안 그는 많은 양의 곡식을 저장하였다가 기근의 7년 동안 백성들에게 값을 받고 분배하였다. 이러한 양식 공급의 소식은 애굽 밖으로 전해졌으며 다른 나라 백성도 오게 되었다. 풍년 기간 동안 요셉의 두 아들 므낫세(잊어버리게 하다)와 에브라임(풍성하게 하다)이 아스낫에게서 태어났으며 에브라임은 후에 이스라엘 지파의 머리로서 요셉의 자리를 차지하게 되었다(창 41:50~52).

(4) 성경 외의 사항들

이 전체 이야기의 세부사항이 당시 애굽의 율례와 관습에 꼭 들어맞는 것을 보면 성경 기록이 얼마나 정확한지를 알 수 있다.[40] "술 맡은 자"와 "빵 굽는 자"의 제목이 창세기(40:2)와 현존하는 애굽의 자료[41]에 모두 나타나고 있다. 애굽에도 기근이 알려져 있었고 이 기근 동안 양식 분배의 임무를 맡은 사람의 내용이 무덤 비문에 새겨져 있다. 한 비문은 제 3왕조 때의 (주전 2700년경)[42] 7년 기근에 대해서도 말하고 있다. 로제타 돌에는 바로 왕이 그의 생일날에, 술 맡은 자에게 그랬듯이(창 40:20) 감옥수를 풀어주는 관습을 행했다고 나타나 있다. 요셉은 바로 왕에게 나아가기 전에 수염을 깎았는데(창 41:14), 이는 애굽의 독특한 관습이었다. 바로 왕은 요셉에게 인장 반지와 세마포 옷, 금

---

38) 이 뜻은 "땅의 생명을 공급하는 사람"이다.
39) 참고, 제 2 장, 각주 45.
40) 참고, Gordon, *ANE*, pp. 139f.
41) 참고, Wright and Filson, *The Westminster Historical Atlas to the Bible* (Philadelphia: The Westminster Press, 1945), p. 28b.
42) *Ibid.*

사슬을 주었는데(창 41:42), 이 세 가지는 애굽 자료에 비슷한 용도로 언급되어 있다. 어떤 학자들은 셈족인 요셉이 애굽에서 그렇게 높은 자리에까지 올라갔다는 내용에 반대해 왔다. 그러나 아마르나 (Amarna)시기의 한 서신이, 셈족 이름 두두(Dudu, 다윗)[43]를 가진 이와 비슷한 지위의 사람에게 쓰여졌음이 밝혀졌다. 또한 이 시대를 통치했던[44] 제 12왕조가 그 수도를 테베에서 북쪽 멤피스[45]로 옮겼다는 사실도 부합하는 내용이다. 그래서 요셉은 뒤에 계속되는 이야기이지만, 가나안에서 내려오는 그의 형들을 쉽게 만날 수 있었고 또한 야곱이 도착한 후 고센에서 살게 되는 그들을 쉽게 접근할 수 있었다.

(5) 야곱이 애굽으로 건너가다(창 42:1~47:11)

성경을 보면 하나님께서 가끔 인간이 이해할 수 없는 방법으로 그의 계획을 수행하심을 지적할 수 있다. 요셉이 애굽으로 팔려간 것, 계속되는 기근의 어려운 시절, 그리하여 형제들이 곡식을 구하려 애굽에 온 일, 이런 것들은 모두 야곱의 가족을 애굽으로 불러들이게 하였으며, 이곳에서의 체류로 말미암아 그 숫자는 나라의 규모로 증가하게 된 것이다. 이러한 각각의 사건 전개에서 그 좋은 의미를 발견하기란 정말 어려운 일이었지만 하나님께서는 이스라엘을 위한 그의 계획을 이루시기 위해 이 사건들을 한데로 모아 역사하신 것이었다(창 45:7~8).

① 요셉과 그의 형제들(창 42~45장)

애굽을 방문한 이야기는 자세히 기록되고 있다. 형들은 양식을 구할 수 있다는 소식에 200마일 이상 떨어진 이 나라를 두 번이나 방문하였다. 그들은 두번 다 요셉과 개인적으로 말할 기회가 있었으나, 그를 마지막으로 본 지 오랜 세월이 흘렀고, 그의 애굽 의상과 말씨, 그리고 그가 소유한 "불가능한" 지위로 인해 요셉을 알아보지 못하였다. 요셉

---

43) 참고, Barton, *AB*, pp. 368~69.
44) 2장을 참고하라.
45) 참고, Bright, *BHI*, p. 46

은 그들을 두 번이나 엄하게 대했는데 이것은 보복을 위한 것이 아니라 아버지와 아우 베냐민에 대한 그들의 현재 태도를 알아보기 위한 것이었다. 첫번 방문 때(창 42장) 요셉은 그들을 정탐꾼으로 몰아, 그들의 정직성을 증명하기 위해 베냐민을 데려오라고 하였으며, 그때까지 시므온을 인질로 잡아두겠다고 하였다. 그리고는 그들이 지불한 돈을 곡식 자루 아구에 넣어줌으로써 그들을 놀라게 하였다. 야곱이 처음에 저항했음에도 불구하고 베냐민을 데리고 왔던 두 번째 방문에서 (창 43~45장) 요셉은 그들을 집으로 초대해 나이별로 앉아 식사를 같이 하게 함으로써 그들을 더욱더 놀라게 하였다. 요셉은 그들이 베냐민을 데리고 왔으므로 시므온을 풀어주었고 집에 있는 아버지에 관해 물었으며 또다시 자루에 돈을 넣어 돌려 보냈다. 그는 또한 베냐민의 자루에 자신의 은잔을 넣었다. 그들이 다시 요셉 앞에 돌아왔을 때는 상대방 사이에 가책과 수치가 극도로 달하게 되었다. 마침내 요셉은 더 이상 자신을 억제하지 못했으며, 다시 한번 집에 계신 아버지에 관해 물어보았다. 그리고 기근을 당했으니 전 가족을 애굽으로 데려오라고 했다. 이 소식을 전해 들은 바로 왕은 기뻐했으며 그들이 싣고 갈 마차를 공급해 주기도 하였다.

② 야곱의 이주(창 46장~47:11)
블레셋 땅에서 야곱은 요셉에 관한 소식을 듣고 기뻐하였다. 그는 곧 요셉의 초청을 받고 애굽으로 떠나기로 하였다. 가는 도중 브엘세바에서 희생제를 드리니 하나님께서 나타나 애굽으로 가라고 하시며 200년전에 처음으로 아브라함에게 하신 언약을 되풀이하셨다. 이 재확인으로, 130세가 된 늙은 아버지는 전 가족[46]을 이끌고 애굽으로 계속 진행하였다. 애굽에서 요셉은 야곱을 바로에게 소개시켰고 야곱은 바

---

46) 창세기 46:27에는 그 숫자가 70명이라고 했으며, 창세기 46:8~27에는 각 이름을 소개하고 있다. 레아의 자손 32명(15절에는 야곱을 포함하여 33명으로 되어 있으며 이 계산은 12절에 있는 것처럼 딸 디나를 포함했으나, 이미 죽은 엘과 오난은 포함하지 않았다). 라헬의 자손 11명(22절에는 14명

로를 축복하였다. 바로 왕은 그 가족을 고센 땅[47]에서 살게 하였다.

야곱의 가족을 애굽으로 인도하신 하나님의 뜻은 명백하다. 애굽에서는 목자들을 가증히 여기는 고로, 목축에 종사하는 야곱과 그의 후손들은 구별된 백성으로 남아 있을 수 없었다(창 43:32; 46:34). 즉, 자연적으로 상호결혼의 장벽이 있게 된 것이다. 가나안에서는 이미 그곳 사람[48]과 상호결혼이 이루어졌는데 그곳에 계속 살게 된다면 더욱더 상호결혼이 증가하게 될 것이다. 그렇게 되면 구별된 백성이 아니라 가나안 족속과의 혼합 민족이 될 것이다. 더욱이 애굽에는 숫자적으로 증가하는 데 필요한 훌륭한 생활 조건이 있었다. 고센 땅은 비옥하였으며 나일 강의 정기적인 범람으로 충분한 식량을 공급할 수가 있었다. 또한 그때 애굽은 세계적인 문화발전[49]을 이룬 곳이었다.

으로 되어 있는데 이는 이미 애굽에 있는 요셉과 그의 두 아들을 포함한 것이다), 실바의 자손 16명(16~18절), 빌하의 자손 7명(23~25절) 이상 66명(26절)에 야곱과 요셉, 요셉의 두 아들을 합하면 70명이 된다. 사도행전 7:14에 스데반은 75명이라고 말했는데, 이는 창세기 46:27과 출애굽기 1:5의 70인역 성경(Septuagint) 해석에 따른 것으로 여기에서는 에브라임과 므낫세의 아들, 손자 5명을 포함시키고 있다(민 26: 28~37; 대상 7: 14~21).

47) 참고, 제 2 장 각주 44.
48) 창세기 46:10에 시므온의 아들 사울은 "가나안 여인의 소생"이라고 기록되어 있다. 창세기 38:2에는 유다가 가나안 여인 수아에게서 아이를 낳았다고 말한다. 그리고 세겜이 디나를 끝내 얻지 못했지만, 디나를 아내로 취하고자 했다면(창 34장), 다른 가나안 사람들도 똑같이 갈망했을 것이다. 반면에 창세기 46:10에서 사울을 가나안 여인의 소생이라고 단독으로 지적한 것을 보면 이러한 상호결혼이 흔하지 않은 것을 나타낸다. 상호결혼이 흔하지 않았다면 야곱의 대부분 아들들은 하란이나(야곱이 하란을 떠났을 때 가장 나이 많은 아들은 12살밖에 되지 않았으므로 이 아들들을 위해 되돌아갔을 것이다) 가나안 밖의 다른 지역에서 아내를 취했을 것이다.
49) 제 12왕조 아래서의 생활상으로는 Bright, *BHI*, pp. 46~47을 참고하라.

제 4 장 이삭·야곱·요셉 101

(6) 야곱과 요셉의 죽음(창 47:27~50:26)

야곱은 애굽으로 온 후 17년간 더 살고 147세 때(창 47:28) 죽었다. 아마 이때가 그의 생애에서 가장 행복한 기간이었을 것이다. 그의 가족이 다시 한데 모였으며 생활조건도 좋았다. 그는 이전에도 특별히 사랑했고 지금은 바로 왕 다음가는 권력을 가진 요셉에 대해 큰 자랑을 느꼈을 것이다. 그리고 요셉은 부와 권력으로 특별히 아버지를 부족함이 없도록 보살폈을 것이다.

어느 날 요셉은 야곱의 축복을 받기 위해 그의 두 아들 에브라임과 므낫세를 데리고 왔다(창 48:1~22). 요셉은 야곱의 큰 축복인 오른팔을 장자인 므낫세의 머리 위에 왼팔을 에브라임 머리 위에 얹게 하였다. 그러나 야곱은 하나님의 인도로, 오른팔이 에브라임에게 가도록 손을 어긋나게 얹었다. 요셉이 반대했으나 야곱은 실제로 아우가 둘 중에서 더 사랑 받을 것이라 말했다. 야곱은 각각 열 두 아들에게 축복하고 비슷한 선언을 내렸다(창 49:1~28). 여기에서 야곱은 하나님의 인도하심을 느꼈는데 이는 그가 앞으로 각각 될 일을 말했기 때문이다.

야곱이 죽자 아들들은 그의 몸에 향을 넣고[50] 이전에 야곱이 지시한 대로 막벨라 굴에 장사하기 위해 가나안으로 가지고 갔다(창 49:29~50:14). 요셉과 많은 무리들이 따라갔는데 이는 야곱을 존경하여 행한 것이다. 애굽으로 돌아오면서 요셉의 형제들은 이제 야곱이 죽었으므로 요셉에게 면책을 당할까 두려워했으나, 요셉은 그들에게 어떠한 보복행위도 하지 않겠다고 안심시켰다(창 50:15~21).

요셉은 야곱이 죽은 지 54년 뒤 110세 때 죽었다(창 50:26). 그의 시체도 향을 발랐으나 애굽에 남아 있다가 출애굽 때 이스라엘 백성이 가나안에서 장사지내고자 가지고 갔다(출 13:19).

(7) 성실한 인간 요셉

요셉은 아브라함과 같이 칭찬받을 사람이다. 그는 성실한 인간이었

---

50) 참고. Free. *ABH*. pp. 80~81.

다. 유혹적인 환경에서 그와 같이 옳게 행동한 사람은 성경에 그리 많지가 않다. 형들에게 배반당하여 팔렸으면서도 그는 슬퍼하거나 죄악의 생활로 빠지지 않았다. 애굽 여인에게서 유혹당했을 때 그는 옳다고 생각한 것으로부터 어긋난 행동을 하지 않았다. 그 여인에게서 억울하게 고소당하여 감옥으로 쫓겨났을 때에도 언짢아 하지 않았다. 또한 요셉은 능력이 있었다. 그는 애굽에서 높은 지위를 얻었을 뿐 아니라 그 지위를 잘 감당하고 분별있게 행동하였다. 그는 그의 마지막 생애에서도 분명히 높은 지위를 고수하였다. 이러한 축복의 주된 이유는 그로 하여금 야곱의 가족을 애굽으로 데려오게 하기 위함이었다. 요셉이 총리의 자리에 있지 않았다면, 야곱은 그 가족을 외국 땅에 데려오리라 생각도 하지 못했을 것이며, 바로 왕이 승낙할 리도 없으며, 좋은 고센 땅을 주지도 않았을 것이다. 요셉은 하나님께서 선택한 가족이 그 좋은 나라에서 국가의 규모로 성장하도록 하기 위해 미리 보낸 도구였다.

(8) 족장시대

요셉의 죽음과 함께 족장시대는 종말을 고하였다. 이 시기는 종교적으로 하나님에 대한 단순 신앙의 시기였다. 4명의 조상 아브라함, 이삭, 야곱, 요셉은 방법이나 정도에는 다를지라도 이러한 신앙을 나타내주었다. 이 네 사람은 특이한 인간으로 각각의 역할을 담당하고 있다. 하나님은 그들에게 꾸준하고도 훌륭한 삶을 요구하셨다. 이들은 제단을 쌓고 희생제를 드렸는데, 이는 모세 율법이 아직 나타나지는 않았지만 합당한 제사[51]에 대해 하나님께서 보편적인 지시를 내린 것을 의미한다. 가장은 가족에게 있어서 제사장 역할을 하였다.[52] 기도는 단순하고도 직접적인 방법으로 이루어졌다. 아브라함은 하나님의 천사와

---

51) 아벨이 희생제를 드린 것을 보면(창 4:4) 아마 그 이전에 어떤 지시가 있었음이 틀림없다.
52) 한 가지 좋은 예로서 욥이 그 자식들을 위해 희생제를 드린 것을 둘 수 있다(욥1:5). 욥은 요셉과 같은 시대 사람이다.

얼굴을 맞대고 이야기하였다(창 18장). 아브라함의 종은 이삭의 신부에 대해 직접 청탁을 함으로써 하나님께서 지시하시는 것이라고 느꼈다(창 24:12~24). 이들에게는 여러 가지 모양으로 계시가 주어졌다. 즉, 하나님은 목적을 이루시기 위해 꿈이나 환상, 그리고 하나님의 천사로 나타내셨다. 계약의 약속은 여러 가지 수단으로 아브라함, 이삭, 야곱에게 반복되었다. 십일조는 멜기세덱에 대한 아브라함의 행동에서 증명되듯이, 계속 이행되어 온 것 같다. 이런 모든 것에서의 주요한 요건은 하나님의 뜻에 복종하는 것이었다. 이웃 나라 사람들이 단순히 예식만 준수한 것에 반해 이 족장들은 타당한 윤리적 행동이 수반되어야 한다는 것을 알았다. 하나님은 이삭에게 "아브라함이 내 말을 순종하고 내 명령과 내 계명과 내 율례와 내 법도를 지켰으므로" 계약의 축복이 그 자손에게 이를 것이라고 말씀하셨다(창 26:5).

*A Survey of
Israel's History*

제5장

애굽에서의 체류와
출애굽 연대기

애굽에 있는 동안 야곱의 후손은 국가로 분류될 만큼의 규모로 크게 불어났다. 이 외국 땅에 있기 전, 아브라함과의 계약을 이루는 데 있어서 숫자적인 증가는 매우 느린 속도였다. 그러나 이 기간 동안에는 매우 빠른 속도로 증가하였다. 출애굽 시에 모세가 이스라엘을 이끌고 애굽의 국경을 넘었을 때는 그 인구가 2백만을 넘게 되었다.

이제 이 기간을 검토하는 데 있어서 우선 여기에 관련된 대략의 연대, 즉 이 기간이 시작되고 끝나는 때를 결정지을 필요가 있다. 이것은 성경의 역사와 애굽의 역사를 상호 연결시키기 위한 기본 작업이다. 이 결정은 두 가지 사실에 달려 있다. 즉, 야곱의 후손이 애굽에 얼마나 머물렀나 하는 것과 출애굽의 연대이다. 이 두 가지 문제는 아브라함의 연대를 검토할 때 이미 논의하였지만 이제 좀더 자세히 살펴보기로 하자.

1. 애굽에서의 체류 기간

애굽에서의 이스라엘 체류 기간에 관해서는 이미 앞에서 두 가지 견해를 지적한 바 있다. 즉, 430년 동안이냐, 혹은 215년 동안이냐 하는 것이다. 430년을 뒷받침하는 몇 가지 주요 이유는 지적하였지만, 215년을 주장하는 사람들의 증거는 살펴보지 않았다.[1]

(1) 430년을 뒷받침하는 증거

① 출애굽기 12:40

430년을 뒷받침하는 첫째 이유로 히브리어 맛소라 사본에서 출애굽기 12:40에 430년으로 기록하고 있기 때문이다. 그곳에는 "이스라엘 자손이 애굽에 거주한 지 430년이라"고 쓰여 있다. 그러나 사본상의 문제점도 있다. 70인역과 사마리아 오경(Samaritan Pentateuch)을 보면, 430년이라는 기간은 애굽에서의 체류 기간뿐 아니라 족장들이 가나안에서 살았던 기간을 포함한 것이라고 지적하고 있다.[2] 이 기록은 215년이라는 견해를 뒷받침하고 있는데, 그것은 430년에서 가나안에서의 활동 기간 215년[3]을 감해야 하기 때문이다. 그러므로, 어느 기록이 본래의 기간을 나타내는지 결정해야 한다. 사본 분석에 있어서 널리 알려진 한 규칙으로, 맛소라 사본은 다른 사본에서의 증거가 뚜렷하지 않을 때만 취할 수 있다는 것이 있다. 70인역과 사마리아 오경이 똑같은 근원을 나타내고 있지 않다는 점에서 볼 때, 그리고 더 중요한 수리아 역이나 벌게이트 역으로 인해 이들 사본이 취해질 수 없다는 점에서 볼 때, 이 경우 이들의 증거는 강도가 약해지게 된다. 430년이 끝나는 "바로 그 날에" 백성들이 애굽 땅에서 나왔다는 출애굽기 12:41의 말은, 애굽에서만[4]의 생활이라야 더 인상적으로 들릴 것이다. 이런 이유로, 히브리 번역을 택하는 것이 가장 좋을 것이다.

---

1) 앞의 2장을 참고하라.
2) 70인역(Codex Vaticanus)에는 "이스라엘 자손이 애굽 땅에 거주한 것과 가나안 땅에 거주한 것은 430년이었다"고 기록되어 있다. 사마리아인 5경에는 완전하게 말로 표현되지 않았지만 역시 같은 내용으로 되어 있다.
3) 아브라함이 가나안에 거한 지 25년 되었을 때 이삭이 태어났으며(창 12:4; 21:5), 이삭이 60세일 때 야곱이 태어났고(창 25:26), 야곱이 애굽으로 내려갔을 때는 130세였다(창 47:9).
4) Finegan, *LAP*. p. 72는 이와 비슷한 견해를 피력한다.

② 창세기 15:13

둘째 이유로, 하나님이 아브라함에게 예언하신 것을 보면 그의 후손은 "이방나라"에서 "객"이 될 것이며 그 나라는 "400년 동안 그들을 괴롭힐 것이라"고 되어 있다. 한 가지 주목할 점은 아브라함 후손이 객이 되는 땅은 "이방나라"인 것이다. 하나님 마음속에 가나안이 포함되었다면 이것은 맞지 않은 상황이 된다. 왜냐하면 아브라함은 그 당시 가나안에서 행복하게 살았고 또 가나안 땅이 후손들의 고향이 되리라는 하나님의 언약을 이미 받았기 때문이다. 또 한 가지 이 땅에서 괴로움을 당하리라 했는데 조상들이 가나안에서 괴로움을 당하지 않은 점이다. 오히려 그들은 외국인으로서 대접을 잘 받았고 자유로이 이동할 수 있었으며, 호의와 사랑을 받았다. 괴로움은 후에 에굽에서 생긴 것이다. 출애굽기 12:40에서의 정확한 숫자 430 대신 여기에서 사용된 400이라는 숫자는 성경에서 흔히 나타나는 대략의 숫자인 것이다. "4대"[5]만에 돌아오리라는 창세기 15:16의 말은 아브라함 입장에서 세대의 길이를 나타낸 것이라고 설명할 수 있다. 하나님께서는 이삭이 태어날 때 아브라함이 100세가 될 것이므로 그 후손이 애굽에서 얼마나 오래 머물 것인가를 강조하기 위해 네 번을 곱한 길이를 사용하셨다.

③ 사도행전 7:6~7

세번 째 이유로는 수 세기 후에 스데반이 산헤드린 앞에서 창세기의 내용과 비슷한 말을 한 적이 있는데, 여기에서 그는 이스라엘이 400년 동안 외국 땅에서 괴로움을 당하리라는 하나님의 경고를 인용하였다. 스데반은 근본적으로 창세기 내용과 같은 말을 했으므로 여기서도 비슷한 주장을 끌어낼 수 있다. "다른"(allotria) 땅이라고 한 외국 땅은, "종"이 되어 "괴로움"을 당한다는 말로 볼 때 가나안이 될 수 없는 것이다.

---

5) 몇몇 학자들은 이 말을 출애굽기 6:16~20에 열거된 4대와 연결시켜 215년보다 더 짧은 기간을 주장하는 증거로 삼아왔다.

④ 인구의 증가

네 번째 이유로, 실제로 430년보다 짧은 기간 안에서는 야곱의 가족이 2백만[6]이 넘는 국가의 형태로 증가할 수가 없다는 것이다. 야곱의 손자들은 애굽으로 내려갔을 때에 태어났다. 그들은 41명[7]이었는데 여기에는 레위의 자손이 포함되지 않은 것이다. 아내를 포함한다면 두 배인 82명인데 이 82명에서 2백만으로 증가한 셈이다. 이 82명에 많은 종들을 포함시켜야 하며, 나중에 이스라엘의 백성[8] 속에는 이 종들의 후손도 계산되었을 것이다. 야곱의 가족이 얼마나 많은 종들을 데리고 있었는지는 알려지지 않았지만, 모두 2,000명으로 추측한다 해도 천 배를 해야 2백만이 되는 것이다. 이 기간을 430년으로 본다 할지라도[9] 이런 증가율은 다른 역사에서는 찾아볼 수가 없다. 이 빠른 증가의 원인은 하나님의 독특한 축복이었다. 이스라엘 백성이 때가 되어 가나안으로 돌아올 때 어엿한 국가가 되기 위해서는 인구의 증가가 필요하였다. 따라서 하나님은 이렇게 증가시킨 것이다. 수학적으로 430년 동안의 이런 증가는 출생률을 높게 하고 사망률을 낮게 하는 하나님의 이런 축복 밑에서 가능한 것이다. 그러나 215년 동안에는 이렇게 증가할 수가 없다. 이 짧은 기간에서의 국가적인 증가는 생각할 수 없는 것이다.

⑤ "이스라엘 자손"이 체류함

다섯 번째 이유로는 "이스라엘 자손"(bene Yisra'el)이 430년간 체류했다고 한 출애굽기 12:40에서 찾을 수 있다. 215년을 주장하는 사

---

6) 7장을 참고하라.

7) 이 숫자에 대해서는 KDC, *Pentateuch*, II, pp. 28~29을 참고하라.

8) 부유하였던 야곱의 가족은 분명히 종을 데리고 있었으며, 이 종의 후손과 야곱의 후손 사이에 상호결혼이 있었을 것이다(특히, 애굽 사람들이 목자들을 증오하였다는 관점에서 볼 때). 어떤 학자들은 "수천 명"의 종이 있었을 것으로 보고 있지만 그 정도는 아닌 것 같다. 여기에 제시한 2천 명이라는 숫자도 꽤 많은 숫자이다.

9) 비유로 말하건대 만약 이스라엘 백성이 매 430년마다 1,000배로 계속 증가하였다면, 그 숫자는 다윗시대에 20억, 포로생활 때에 2조, 그리고 예수 시대에는 2천조가 넘게 되었을 것이다.

람들은 이 말을, 야곱의 자손이 태어나기 전의 아브라함, 이삭, 야곱 개개인을 지칭한 것으로 받아들여야 할 것이라 한다. 그러나 분명히 사마리아 오경 필사자들도 이 부분에서 어려움을 보았는데, 왜냐하면 그들도 이 부분을 "이스라엘 자손과 그들 조상의 자손이 거주한 지"[10] 라고 기록하고 있기 때문이다. 그렇지 않다면 이 문장은 뒷받침할 만 한 다른 증거가 부족하기에 제거되었어야 했다. "이스라엘의 자손"을 문자 그대로 받아들인다면, 야곱의 자손이 애굽으로 이주하기 전 가나 안에서 33년 이상은 살지 않았으므로 애굽에 거주한 기간은 430년에 서 기껏해야 33[11]을 뺀 기간이 될 것이다.

(2) 215년을 뒷받침하는 증거

① 4대

215년을 주장하는 사람들은 모세의 계보가 적혀 있는 출애굽기 6: 16~20에서 모세가 레위 증손자임을 지적한다. 여기에 나열된 이름은 레위, 고핫, 아므람, 모세이다. 이것은 앞에서 지적한 바 있지만 창세 기 15:16의 4대라고 보통 말해진다. 세대는 실지로 100년 동안 지속되 지 않기 때문에 여기 나열된 4대가 430년이 될 수 없다는 주장이다.[12] 여기에 대해 단순히 지적해 보고자 하는 것은 이스라엘의 계보가 흔히 그러하듯이[13] 이 계보가 완전하지 못하다는 것이다. 이것은 역대기상

---

10) 알렉산드리아 성경사본(Codex Alexandrinus)은 "그들과 그들 조상 이 애굽과 가나안에 거주하였다"는 비슷한 내용을 전달하고 있다.
11) 33년에 대한 증거: 요셉이 애굽에서 가족과 합칠 때는 39살이었고(창 41:46, 47, 54; 45:11), 야곱이 하란을 떠날 때 요셉은 6세였다(요셉은 그 의 아버지가 14년간 라반을 섬겼을 때 태어났으며〈창 30:23~26〉, 이들은 20 년 후에 가나안으로 돌아왔다).
12) 실제로는 215년보다 더 짧은 기간이라고 주장할 수 있을 것이다. 이 당시 정확한 평균 세대 길이는 결정하기가 어렵지만 분명히 50년보다 더 짧은 길이었다.
13) 한 예로 에스라(7:1~5)는 1000년이나 되는 아론까지 계보를 16대로 나열하고 있지만 이것은 적어도 그 두 배가 필요한 것이며, 마태복음 1:8에는 웃시야를 요람의 아들로 기록하고 있으나 열왕기하와 역대기하에는 그 사이에 아하시야, 요아스, 아마샤를 두고 있다.

7:22~27의 에브라임에서 여호수아까지 10세대나[14] 기록하고 있는 이와 동등한 계보와 비교해 보면 잘 알 수 있다.

② 교부들

터툴리안[15](Tertullian) 같은 초기 교부들은 가끔 215년의 견해를 주장하는 사람으로 인용된다. 그러나 히포리투스(Hippolytus)[16]는 430년을 주장한다. 요세푸스는, 어떤 곳에서는 215년[17]을 주장하는 것처럼, 또 다른 곳에서는 430년[18]을 주장하는 것처럼 말하고 있다. 이들에 의해 초대교회 뿐 아니라 오늘날까지에도 두 가지 견해가 모두 지지되고 있는 것이다. 그 당시 두 가지 견해가 있었던 이유로는 아마도 당

---

14) 또 다른 증거는 민수기 3:27~28에서 찾을 수 있는데 이곳을 잘 읽어 보면 출애굽기 6:20에 모세의 아버지로 기록된 아므람이, 출애굽기 6:18에 고핫의 아들로 기록된 아므람일라가 없는 것이다. 이 구절에는 고핫의 자손이 네 그룹으로 나뉘어지며(아므람 가족, 아스할 가족, 헤브론 가족, 웃시엘 가족), 그 숫자는 모세 때까지 남자가 소년을 포함하며 8,600명이나 된다고 하였다. 4분의 1인 2,150명이 아므람에게서 태어났을텐데 그러면 모세의 형제나 사촌이 2,150명이 되므로 이것은 불가능한 이야기이다. 다른 말로 하자면, 이러한 증가율을 설명하는 데에는 적어도 430년의 기간이 요구되는 것이다.

15) 터툴리안은 "앞에 언급한 조상들 후에 모세의 율법이 주어졌는데 이때는 잘 알려진 대로 출애굽 후이며 400년의 간격이 있은 후이다. 사실 모세의 율법이 주어진 것은 아브라함으로부터 "43년 뒤였다"라고 기술하고 있다. "An answer to the Jews," *Ante-Nicene Fathers*. III. p. 153.

16) 히포리투스(Hippolytus)는 "그것은 그들이 다른 나라에 노예가 되는 것을 의미하며 애굽에서 430년이나 바벨론에서 70년을 의미하는 것이 아니다…" 라고 말한다("Expository Treatise Against the Jews," *Ante-Nicene Fathers*. IV. p. 220).

17) 요세푸스는 "그들은 우리의 조상 아브라함이 가나안에 들어온 지 430년 후에, 야곱이 애굽으로 다시 이주한 지 215년 후에…애굽을 떠났다"고 말한다(*Antiquities*. II. XV. 2).

18) 그는 또다시 "그들은 이 고통 밑에서 400년간을 보냈다. 애굽인들은 노동으로써 이스라엘을 멸하고자 했으며 이스라엘인들은 그들 밑에서 끝까지 버티고자 함으로써 서로 투쟁하였다."라고 말하고 있다(*Antiquities*. II. ix. 1).

시 희랍 성경인 70인역으로 출애굽기 12:40을 읽었기 때문일 것이다.

③ 갈라디아서 3:17

215년을 주장하는 가장 유력한 증거는 갈라디아서 3:17에서 찾을 수 있는데, 여기에서 바울은 "하나님의 미리 정하신 언약을 430년 후에 생긴 율법이 없이 하지 못하여 그 약속을 헛되게 하지 못하리라"고 말하고 있다. 바울은 앞 절에서 아브라함에게 계약이 주어졌다고 말했으며 여기에서 그 율법이 430년 후에 생겼다고 말하는 것 같다. 이 계약은 아브라함이 가나안으로 들어갈 때 처음 주어졌고(창 12:1~3), 이때는 야곱의 가족이 애굽으로 내려가기 215년 전이므로 실제로 애굽에 머물렀던 기간은 215년이었던 것으로 보고 있다. 여기에서도 바울은 70인역의 출애굽기 12:40을 언급하는 것 같고 그리하여 간접적으로 그 사실을 인정하고 있는 것 같다.

그러나 바울이 70인역에도 익숙했지만 히브리 원본 또한 익히 알고 있었으리라는 점을 염두에 두어야 한다. 그는 예루살렘의 히브리 학교에서 교육을 받았다. 이것은 그가 두 사본간의 연대적 차이의 구절을 알고 있었으리라는 것을 의미한다. 그러므로 그가 430이나 645(430에 215를 더한 것) 어떤 숫자를 사용하든지 간에 그는 잘 숙고하여 주의 깊게 선택했을 것이다.

이 선택을 하는 데에는 다음의 사항을 염두에 두었으리라 생각된다.

첫째, 바울의 요점은 연대기에 있는 것이 아니었다. 그의 요점은 율법이 그 전에 생긴 계약을 폐할 수 없다는 것이었다. 실제로 그것이 오래 전인 이상 몇 년인가 하는 숫자는 그리 중요하지 않았다. 바울은 그의 주장을 좀더 명확히 하기 위해 구체적인 숫자를 포함시켰다. 둘째, 독자로 하여금 요점을 파악하는 데 있어 마음이 분산되지 않도록 해야 했는데 645라는 숫자를 쓴다면 70인역만을 아는 당시 독자들에게 지장을 초래하기 때문이었다. 셋째, 계약은 아브라함에게 뿐 아니라 이삭, 야곱[19]에게도 반복되었으며 실제로 마지막 계약은 야곱이 애굽으로 내

---

19) 중요한 것은, 그 전 구절 갈라디아서 3:16에서 바울은 약속이 아브라

려가기 직전에 주어졌다(창 46:1~4). 이로 인해 독자들은 연대기적 결정을 정확히 할 필요가 없게 되는데 그리하여 바울은 마음을 분산시키지 않으며 비교적 역사적으로 정확하다고 한 숫자를 사용하게 되었다.

2. 출애굽의 연대[20]

앞에서 아브라함의 연대를 논할 때, 출애굽의 연대로는 주전 1446년경으로 정하였다. 이 초기 연대를 뒷받침하는 주요 이유들을 나열하였지만, 약 2세기 뒤[21]의 후기 연대를 주장하는 사람들의 견해는 토론하지 않았다.

(1) 직접적인 성경의 증거

① 열왕기상 6:1

초기 연대에 대한 첫번째 이유로는 솔로몬이 성전을 짓기 시작한 때(주전 966년경)보다 480년 앞서서 출애굽이 일어났다는 열왕기상 6:1의 진술이다. 주전 966년에 480년을 더하면 주전 1446년이 된다. 이 증거와 맞비기어, 후기 연대를 주장하는 사람들은 40의(40은 한 세대를 대표하는 말이다)[22] 열 두 배인 480이라는 숫자가 열 두 세대[23]를

함에게 뿐 아니라 "그의 후손"에게도 주어졌다고 말하고 있는 것이다(참고, 시 105:9, 10). M. Kline, "Law Covenant," *WTJ*, 27(1964), p. 7. n. 11도 비슷한 견해를 보이고 있다.

20) 여기에 포함된 자료는 대부분 복음주의 신학 협의회(Evangelical Theological Society)의 연차회의 1968년 12월 26~28일에서 발표된 논문에 의존한 것이다.

21) 앞의 2장을 참고하라.

22) 구약성경에서 40이라는 숫자가 사용되는 것에 대해서는 여러 번 논의하였다. 예를 들어, 이스라엘은 40년간 광야생활을 했고, 모세는 40세에 미디안으로 도망하여 거기에 40년간 머물렀으며, 사울, 다윗, 솔로몬 왕들은 40년을 통치하였다. 그러나 이 외의 다른 숫자들도 이와 함께 많이 나타나는데, 이 숫자를 정확한 숫자로 받아들여야 한다는 주장에서는 동등하다.

23) 참고, Finegan, *LAP*, p. 121; Wright, *BAR*, pp. 84~85.

지적하는 것이며, 실제로 한 세대는 40년이 안되므로 480에서 200년[24] 정도를 줄일 수 있다고 주장한다.

그러나 큰 통찰력을 가지고 있는 사람은 이러한 설명을 거부할 것이다. 원문에서는 절대로, 열 두 세대라는 생각을 포함하고 있지 않다. 원문에서는 단지 480이라는 숫자를 말하고 있을 뿐이다. 세대에 대한 착상은 이 원문에 나와 있는 것이랴야 한다. 이 단순한 숫자가 이런 식의 분석으로 인해 과감히 줄여져야 한다면, 성경에 있는 다른 숫자도 똑같은 방법으로 조정될 수 있다는 것인데, 이는 성경의 숫자를 실로 불확실한 것으로 만드는 것이다.

② 입다의 진술

두 번째 이유로 입다의 진술을 들 수 있는데 그는 그날까지 이스라엘이 블레셋 땅에 300년간 거했다고 말하고 있다(삿 11:26).[25] 입다는 이스라엘의 여덟 번째 사사이다. 그 이후에 4명의 사사들[26], 곧 사무엘과 사울, 다윗 왕과 4년간의 솔로몬 시대가 이어지는데 이는 모두 성전 건축 이전이다. 입다의 연대를 계산하려면, 성전 건축 시기 주전 966년에다 이들 지도자[27]의 총 연수를 더해야 한다. 그러면 대략 주전

---

24) 이때에 감하는 정확한 양은 각기 주장하는 출애굽의 연대에 따라 다르다. 가장 최근의 학자들은 라암세스 2세의 초기 집권 시대(1304~1238)를 주장하나 H. H. Rowley 같은 이는 주전 1225년경을 주장한다(2장 주 22를 참고하라).

25) 그의 말은 "이스라엘이 헤스본과 그 향촌들과 아로엘과 그 향촌들과 아르논 연안에 있는 모든 성읍에 거한 지 300년이어늘"이다.

26) 사사기 12:8~15에는 7년간의 입산, 10년의 엘론, 8년의 압돈을 열거하고 있다. 이후에 20년간의 삼손이 이어지지만(삿 16:31) 그는 사무엘과 같은 시대 인물이었다.

27) 사울 왕과 다윗 왕 그리고 4년간의 솔로몬 왕 집권은 총 84년이 된다. 사무엘 시대는(삼손이 이와 동시대) 25년간으로 계산될 수 있다(참고, 9장 주 93). 세 명의 사사들은 중복이 되지만, 이들 기간에다 입다의 진술 이후 6년을 더하면 20년이 넘게 되는데(참고, 9장 주 63, 주 72) 그러면 총 129년이 넘게 되는 것이다. 정확한 연대 주전 1096년에 대한 것으로는 9장을 참고하라.

1100년경으로 산출되는데, 이는 지금 언급하고 있는 초기 연대를 근거로 한 정복시기 1400년보다 꼭 300년 뒤가 되는 것이다. 후기 연대로는 성경의 역사적 정확성을 부정하는 길 외에 또 입다의 진술과도 화합되지 않는다.

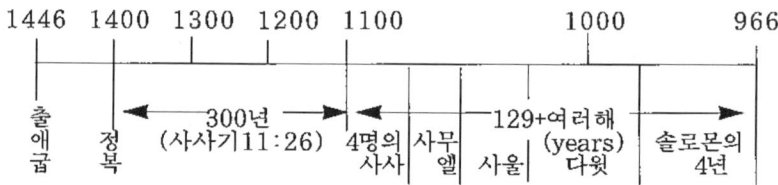

③ 사사시대의 길이

세번 째 이유로는, 사사시대의 길이를 분석해 보면 후기 연대에서 계산된 것보다 더 많은 길이가 요구된다는 것이다. 출애굽과 주전 1050년경의 이스라엘 왕국이 세워지는 사이에 대부분은 사사기가 차지하고 있지만 그것이 전부는 아니었다. 여기에는 광야시대, 여호수아 시대, 그리고 삼손이 죽고 사울이 즉위하기까지 그 사이의 기간이 포함된 것이었다. 즉, 총 61년이나 된다. 그러므로 출애굽과 주전 1050년 사이에는 이 61년과 사사기를 모두 포함하는 충분한 기간이 있어야 한다. 초기 연대를 근거로 하면 이 사사기[28]는 300년 하고도 3분의 1세기가 되지만 후기 연대를 근거로 하면 1.5세기밖에 되지 않는다. 이 기간에 사사들이 중복되거나 비어 있는 기간을 인정한다 해도, 초기 연대[29]에서 할당하고 있는 300년과 족히 들어맞는 것이다. 성경에 나타난 이 시대 길이와 후기 연대는 들어맞지 않는다.

---

28) 주전 1446년에서 주전 1050년까지는 396년인데 여기서 61년을 감하면 335년이 된다. 보다 자세한 것으로는 9장을 참고하라.

29) 모든 사사들이 비어 있는 기간을 모두 합하면 410년이 되는데 이는 초기연대를 기초로 한 335년보다도 75년이 더 많은 것이다. 성경의 사사기 자체에서 중복되는 기간의 힌트로는 9장을 참고하라.

제 5 장 애굽에서의 체류와 출애굽 연대기 115

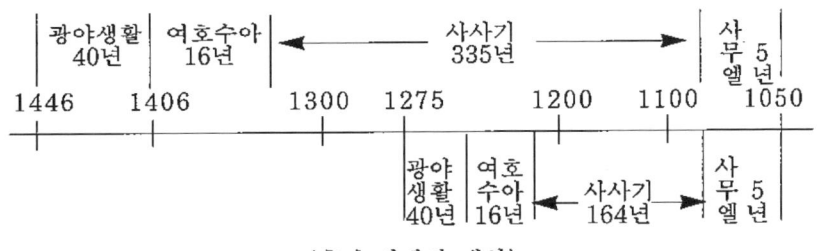

④ 역사적 상호관계

네 번째 이유로는, 성경의 사건과 초기 연대를 기초로 한 애굽 역사 사이의 상호관계에 있다. 성경에 나타난 출애굽이 15세기에 일어난 것이라면 애굽 역사와 잘 부합하지만, 13세기에 일어난 것이라면 부합하지 않는다. 이는 두 가지 면에서 특히 주목된다.

한 가지는 이스라엘 사람들을 노예로 삼아 비돔과 라암셋을 건축하게 한(출 1:11) 바로 왕의 명령에 관한 것이다. 후기 연대를 주장하는 사람들은 라암세스 2세(1304~1238)[30]가 이 명령[31]을 내린 인물이며, 또 출애굽 당시의 바로 왕이었다고 보고 있다. 이것이 사실이라면, 이 명령은 출애굽보다 기껏해야 30년[32]밖에 앞서지 않았을 것이다. 그러

---

30) 라암세스 2세의 연대는 제 18왕조와 제 19왕조로 결정된다. 그의 왕위 52년에 새 달을 언급한 것을 보면 그의 임직년은 천문학적 계산으로 주전 1304 또는 1290년이다. "Comparative Chronology at the Time of Dynasty XIX," *JNES* 19(Jan. 1960), pp. 15~22에서 M. B. Rowton은 그 전의 주장을 바꾸어 1304년으로 보고 있다. 그러나 E. Hornung, Untersuchungen zur Chronologie and Gesichete des Neuen Reiches (1964)은 나중 연대인 1290년을 계속 주장한다. 여기서는 1304년을 따랐다.

31) 이 명령을 내린 인물로는 가끔 라암세스 2세의 전임자 *Seti* I (1316~1304)를 들고 있지만 위에서 지적한 만큼의 시간적 차이가 되지 않는다.

32) 가장 후기의 연대를 주장하는 사람들은 출애굽을 라암세스 2세의 후계자 메르넵타(Merneptah, 1238~1228)가 가나안에서 이스라엘에 의해 쫓겨난 주전 1275년경 전으로 보고 있다(이 증거로는 Kitchen, *AOOT*, 1966,

116 이스라엘의 역사

나 성경의 내용은 더 긴 시간을 암시하고 있다. 성경에서 이 명령을 언급한 것은 애굽 사람이 이스라엘 사람을 처음으로 괴롭히는 장면을 나타내는 문맥에서였다.[33] 그들의 인구증가를 줄이려는 다른 방법들이 취해진 것은 이 명령 후의 일이었다. 즉, 첫째로 히브리 산파에게 히브리 남자 아기를 죽이라고 한 명령과(출 1:15~21) 후에 히브리 남자 아이를 나일 강에 던지라고 한 명령이(출 1:22) 이에 속한다. 그 다음 이러한 조치를 취한 때에 80년 이상을 더해야 하는데 그것은 모세가 마지막 명령에 태어났고 출애굽 때는 그가 80세였기 때문이다. 그러므로 여기에 포함되는 연수는, 두 도시 건축 명령을 내린 바로가 주전 1730년경의 첫 힉소스계 왕이었다는 2장[34]에서 내린 결론과 잘 부합하는 것이다. 그러나 후기 연대를 주장하는 사람들의 의견과는 부합하지 않는다.

또 다른 한 가지는 모세가 미디안에 있을 동안(출 2:23~25) 죽은 왕은 누구인가 하는 것이다. 성경의 기록에서 왕의 죽음을 언급한 근거는 왕의 죽음으로 모세가 애굽으로 돌아올 수 있었다는 것인데 이것은 죽은 왕이 40년 전에(출 2:15) 모세가 도망갔을 때의 왕과 동일인물인 것을 암시한다. 그렇다면 출애굽이 언제 일어났든 간에 적어도 40년간을 다스렸던 왕은 그때에 죽은 것이다. 초기 연대를 기초로 하면 우리가 주장하는 출애굽의 연대 주전 1446년보다 4년 전 주전

---

pp. 59~60). 이는 출애굽기 이때보다 광야생활 40년을 앞서야 함을 의미한다.

33) Kichen, *AOOT*, p. 57, n. 3은 후기 연대를 주장하면서, 출애굽기 1:7~14은 애굽의 전체 압박을 단순히 대략 요약한 것이며, 따라서 후에 나오는 사건들은 반드시 연대순으로 나오는 것이라 할 수 없다고 말한다. 그는 비돔과 라암셋이 언급되었다는 사실은 그것이 가장 잘 기억될 만큼 마지막에 일어난 것을 나타낸다고 믿고 있다. 출애굽기 1:7~14이 대략의 요약이라면 비돔과 라암셋 같은 구체적 사건이 왜 그 속에 언급되며 또 다른 사건들은 후에 기록되고 있는가? 그리고 비돔과 라암셋이 전체 이야기에서 가장 후기의 사건이라면, 왜 그 언급은 독자로 하여금 그렇게 이해하도록 마지막에 나오지 않고 첫 부분에서 이루어지고 있는가?

34) 2장을 참고하라.

1450년에 투트모스 3세가 죽은 것이다. 또한 그는 주전 1482년 이후로 홀로 다스려왔고 그 이전에는 그의 유명한 계모 핫셉수트(Hatshepsut, 1504~1482)[35]와 함께 다스렸으므로, 모세가 도망했을 때의 그 왕이 될 만큼 긴 기간을 다스린 것이다. 그러나 후기 연대로는 여기에 부합하는 오랜 통치자의 죽음이 없다. 세티 1세(Seti I)는 라암세스 2세를 곧바로 이은 통치자였지만 재임 기간은 12년이었다. 더욱이, 후기 연대를 주장하는 사람들은 출애굽을 보통 라암세스 2세[36]의 재임 기간 안에 두고 있는데, 이는 출애굽기 2:23의 논리에 부합시키기 위해 세티 1세의 죽음을 출애굽 여러 해 전에 두고 있는 것이다. 한때 후기 연대 주창자들은 라암세스 2세의 후계자 메르넵타(Merneptah, 1238~1228)를 출애굽의 바로로 규명함으로써, 모세로 하여금 애굽으로 돌아오도록 하고 죽은 왕이며, 또한 모세가 도망했을 때도 왕으로 있었을 만큼 오래 다스렸던 왕이 라암세스 2세라고 주장한다. 그러나 오늘날에는 소위 '이스라엘 비문'(Israel Stele)의 발견으로 이런 규정을 하는 사람이 거의 없다. '이스라엘 비문'은 메르넵타가 재임 5년(주전 1234년경)에 리비아를 점령한 승리를 기념하고 있으며, 또한 특히 이스라엘을 포함한 가나안 지역을 정복했다 하여 그곳의 백성들과 지명을 기록하고 있는 것이다.[37] 만약 이스라엘이 가나안에서 메르넵타에게 정복을 당했다면, 이스라엘은 적어도 40년 전[38]에 애굽을 떠났음에 틀림없는 것이다.

---

35) 이 특이한 인물은 모세를 나일 강에서 발견하여 양자로 삼은 왕의 딸인 것 같다. 이 인물에 대한 토론과 또한 이 인물과 투트모스 3세와의 공동 통치에 대한 것으로는 6장을 참고하라.

36) 비돔과 라암셋을 건축하라고 명령한 왕이 보통 인식되는 것처럼 라암세스 2세라면, 이 명령과 실제의 출애굽 사이에 몇 년의 간격을 둘 필요가 있다.

37) 이것은 테베에 있는 메르넵타가 매장된 성전에서 발견되었다. 이 석비는 좁은 간격으로 28줄을 기록하고 있다(앞의 주 32를 참고하라).

38) 이스라엘은 광야에서 40년을 보냈다. 그러나 Rowley는 이 40년을 감함으로써 출애굽을 메르넵타 때로 보고 있다(*From-Joseph to Joshua* 〈London: Oxford University Press, 1950〉, pp. 133f). 대부분의 학자들은 이 주장을 배격한다.

(2) 성경 외적인 고찰

성경의 권위와 정확성이라는 관점에서 볼 때, 많은 학자들은 지금까지 논의한 직접적인 성경의 증거들이 초기 연대에 대한 문제를 해결하는데 충분하다고 믿고 있다. 그러나 성경 외적인 또 다른 문제가 제기되고 있으므로 살펴볼 필요가 있다. 이 문제들 속에는 다른 학자들이 후기 연대에 대한 증거로 제시하는 것이 포함되어 있다.

① 비돔과 라암셋

첫번째로 살펴볼 것은 이스라엘이 노예가 되어 세운 비돔과 라암셋에 관한 것이다. 앞에서 언급한 바와 같이, 13세기의 애굽 역사와 성경기록을 조화시키는 데에 연대적 어려움이 있음에도 불구하고, 후기 연대 주장자들은 출애굽기 1:11의 건축 명령으로부터 그들의 증거를 찾고 있다. 오늘날 보통 텔 엘-레타바(Tell er-Retabeh)[39]로 밝혀진 비돔에서는, 여태까지 나타난 가장 오래된 궁전은 라암세스 2세에 의해 세워진 성전이라고 지적하고 있다. 그러므로 이스라엘이 이 도시에서 궁전을 세웠다면, 그것은 라암세스 시대 이전일 수가 없는 것이다.[40] 그리고 구 힉소스 왕조의 수도 아바리스(Avaris)를 피-라메세(Pi-Ramesse, 라암세스의 집)라고 붙인 왕도 이 통치자였다고 지적하고 있다. 따라서 출애굽기 1:11에서, 왕이 건축하라고 명한 도시 이름을 라암셋이라 한 것을 보면 이 사람은 분명 라암세스 2세였다.

이것은 라암세스에 관해서는 놀라운 증거이지만, 비돔을 텔 엘-레타바로 규명한 것은 확실치 않다. 고대 힉소스 왕조의 수도 아바

---

39) 1883년에 스위스 고고학자 Naville는 텔 엘-마스쿠타(Tell el-Mashkuta, 또는 텔 엘-레타바(Tell er-Retabeh)에서)가 비돔이었다고 제안하였다. Naville는 그곳의 어떤 비문에서 "툼(Tum) 신의 집"이라는 뜻을 가진 피-툼(Pi-Tum)이라는 단어를 발견하였다. 그러나 보통 텔 엘-레타바(Tell er-Retabeh)로 바뀌어 받아들여지고 있다.

40) Wtight, BAR, p. 58

리스[41]의 지역이 어디인지 간에 그곳을 피-라메세라고 처음 명명한 통치자는 라암세스 2세인 것 같고, 동시에 출애굽기 1:11의 언급에 부응할 만한 라암셋이라는 다른 구 애굽 도시는 없는 것 같다.

가장 그럴 듯한 설명은[42] 제 19왕조[43] 훨씬 전에 라암셋이라는 이름이 힉소스 왕들에 의해 이미 사용되었다는 것이다. 이스라엘로 하여금 비돔과 라암셋을 건축하게 한 사람은 힉소스 계통인 것 같다는 지적을 이미 앞에서 하였다.[44] 이들이 이 이름(비돔과 라암셋)을 사용하였으리라고 크게 뒷받침하는 몇 가지 사실이 있다. 즉, 제 19왕조와 그 이전의 이 힉소스 통치자들 사이에 어떤 연관이 있음을 보여준다. 한 예로, 제 19왕조는 그 조상이 힉소스 혈통[45]이었다고 알려져 있다. 그리고 앞에서 지적한 대로, 구 힉소스 도시 아바리스는 제 19왕조 때 북쪽에서 또다시 수도로 되었다. 라암세스 2세는 애굽 사람으로부터 힉소스 왕조에 의해 신으로 책정된 힉소스 신 셋(Seth)을 위해 이곳에 성전을 세웠다. 라암세스 2세의 아버지는 이 힉소스 신으로부터 그의 공직 이

---

41) 2장 주 40을 참고하라.

42) M. Unger의 설명은 그 이름이 후기 저자들에 의해 "고대 장소의 이름이 현대화된 것"이라는 것이다(*AOT*, p. 149). 이 후기 저자들은 본래 이 름이 후의 독자들에 의해 쉽게 귀명될 수 있도록 하였다. 가능한 이야기이지만 이런 설명은 출애굽기 1:11의 근거를 변형시키게 되는 것이다. 왜냐하면 창세기 47:11에서도 비슷한 이름이 사용되고 있지만 여기서는 "라암세스의 땅"이라는 구절이 고센으로 알려진 지역을 이르는 말로 사용되기 때문이다.

43) J. Rea, "The time of the Oppression and the Exodus," *BETS*, 3(Summer, 1960), p. 63. 그리고 G. Archer, *SOTI*, pp. 207~208.

44) 2장을 참고하라. 창세기 47:11에는 라암세스라는 용어가 힉소스 이전에 고센 지역에서 사용되는 증거를 보이고 있다.

45) Albright, *FSAC*, p. 223는 다음과 같이 말하고 있다. "라암세스 가는 실제로 그 조상이 힉소스 왕에게로 연결되는데 이 힉소스 왕의 시대는 타니스(Tanis)의 '400년 석비'에 기념된 연대보다 400년 전이라고 결정되었다. 라암세스 2세의 증조부는 힉소스 계열인 구 Tanite가에서 온 것이다. 왜냐하면 그의 이름은 세토스(Sethos, Suta)이었고…라암세스 2세는 타니스를 수도로 정하고 그곳에 거주하였으며…여기에서 그는 구 Tanite 가문의 신이며, 후에는 힉소스의 신이 된 셋(Seth) 신을 위해 큰 성전을 건축하였다."

름을 취하여 세티 1세라 불렀다. "라(Ra)를 낳음"이라는 뜻의 라암셋(애굽언어, Ra'amessu)이라는 이름은 적절한 힉소스 이름이었다. 왜냐하면 여러 힉소스 인명[46]에 라(Ra)부분이 나타난 것 자체가 증명하고 있듯이 힉소스인들은 셋(Seth)뿐 아니라 라(Ra) 신도 알고 있었기 때문이었다. 제 19왕조의 한 사람이 힉소스 신 셋(Seth)에서 이름을 취했다면, 다른 사람은 힉소스 신 라(Ra)에서 그의 이름을 취했을 것이다. 더욱 중요한 것은 수도에 대한 라암셋이라는 이름이 후에 뿐 아니라 이전에도 사용되었다는 것이다.

② 여리고

또 다른 문제는 여리고 성 함락 연대에 대한 것이다. 한때 대부분의 학자들은 여리고 성의 증거가 출애굽의 초기 연대를 뒷받침한다고 믿었다. 오늘날 상황이 달라졌지만 이 증거가 너무 쉽게 처리되는 것 같다. 이 문제를 주의 깊게 살펴볼 필요가 있다.

a. John Garstang의 결론

John Garstang은 리버풀 대학의 교수로 있는 동안, 대학의 고고학 연구회를 지휘하여 1930년부터 1936년까지 구 여리고(Tell es Sultan)를 탐사하였다. 그의 주된 결론은 다음과 같다.[47] 첫째, 여리고 성은 아멘호텝 3세(1414~1378)의 집권 때에 무너졌다. 그 이유로는 자기류와 부적들이 그의 시대에는 있었으나 그의 후계자 아케나톤(Akhenaton) 때에는 없었다는 것이다. 둘째, 14세기 말경의 한 건물에서 발견된 자기류들은 모압 왕 에글론(삿 3:12~14)이 잠시 점령했

---

46) "라암세스"라는 애굽 남자 이름은 아멘호텝 3세(14세기 경) 때부터 테베에 있는 무덤 벽화에서 실지로 발견되었다. *The World of the Bible* (Yonkers, N. Y. : Educational Heritage Inc., 1964). III. pp. 118~119.

47) John Garstang and J. B. E. Garstang, *The Story of Jericho* (2d ed.; Marshall, Morgan & Scott, Ltd., 1948), pp. 120~29. 177~80.

을 때의 것이다. 이 견해는 이와 똑같은 자기류가 근처의 무덤에는 없다는 사실로 뒷받침되는데, 이는 당시 그곳에 살았던 사람은 누구나 여리고 묘지에 매장되지 않았음을 보여준다. 셋째, 후기 청동기 II와 초기 철기 I 때로 여겨지는 그 이후의 몇몇 자기 조각들은(미케네〈Mycenaean〉식을 포함하여), 숫자가 몇 안되는 거류민들의 것이었다. 그 이유로 그 조각들은 매우 적은 숫자였으며 침략적인 성격을 띠고, 조사한 43개의 무덤 중 두 군데에서만 나타났기 때문이었다.

수 년 동안 학자들은 Garstang의 결론을 받아들였다.[48] 그러나 차츰 의문이 생기기 시작하였는데[49] 그것은 여리고의 증거를 낮게 평가해서가 아니라, Garstang이 말하는 여리고 성 함락의 연대가, 여호수아가 점령한 다른 도시들의 2세기 후로 여겨지는 파괴의 적토층과 일치하지 않기 때문이었다.[50] 이 두 가지 증거가 서로 일치해야 하는 것으로 믿었기 때문에 여리고에 대한 연구가 필요하다고 여겨졌다.

b. Katheleen Kenyon의 탐사와 결론

영국 고고학 연구소의 Katheleen Kenyon 여사는 1954년부터 1958년까지[51] 여리고 탐사를 지휘하였다. 그녀의 노력은 비교적 초기 여리고에 성과를 가져왔지만, 여호수아의 여리고의 탐사에 관한

---

48) 한 예로 Albright를 들 수 있다(참고. *The Archaeology of Palestine and the Bible*〈New York: Fleming H. Revell Co., 1933〉, p. 234. 또는 F. Kenyon, fathe of K. Kenyon, *The Bible and Archaeology*〈New York: Harper & Bros., 1949〉, p. 189).

49) 이 의문을 인식한 Garstang은 두 번째 판 *The Story of Jericho* 서문에 다음과 같이 쓰고 있다. "우리의 해석과 의견을 달리하는 여러 가지 견해가 출판되었음을 알고 있다." 그러나 그는 그 전의 주장을 변경시킬 만한 아무런 증거를 찾지 못했다고 말하고 있다.

50) 다른 도시들에 관해서는 뒤의 pp. 157f에 있는 라기스(Lachish), 데빌(Debir), 하솔(Hazor) 부분을 참고하라.

51) 대부분 주요한 임무는 이 일치하지 않는 점을 규정하기 위한 것이었다(참고. A. Tushingham, BA, 16〈Sept., 1953〉, pp. 49~60).

Garstang의 증거에 별다르게 더할 것은 없었다.[52] 그러나 그녀의 해석은 매우 다른 모습으로 다음과 같이 결론을 내리고 있다. 첫째, Garstang은 여호수아 앞에서 무너진 성이 "이중벽"[53]이라고 믿고 있었지만, 그 성은 이중벽이 아니라, 시기가 서로 다른 두 개의 성이었으며 이 두 성은 여호수아보다 500년 전 시대[54]의 것이었다. 둘째, 구릉을 제외하고는 후기 청동기 시대(즉, 주전 1500년 이후)의 모든 유적이 없어졌으므로, 이것을 그녀는 이 기간에 대한 증거의 힘이 약한 것으로 보고 있다.[55] 셋째, Garstang은 이 구릉 지대에서나 또는 무덤에서 발견한 자기들을 주전 1400년경의 아멘호텝 집권 때로 계속 이어진다고 보고 있지만, 실제로 주전 1550년경의 중간 청동기 II 때에 중단되었다. 이것은 자기류에서 Garstang이 발견한 재의 층이 여호수아의 파괴를 나타내는 것이 아니라 힉소스 추방[56] 직후에 애굽 사람들에 의한 영향이었을 것이다. 넷째, Garstang은 샘 위에[57] 있는 한 건물에서 발견한 몇 개의 자기 조각들을 모압 왕 에글론의 정복 때의 것으로 설명하고 있지만, 실제로 이것은 여호수아가 정복한 도시에 대한 유일한 증거이다. 그렇다면, 분명히 작았던 이 도시는 주전 1325년경[58]에

---

52) Kenyon, *Digging up Jericho* (New York: Frederick A. Praeger, ⟨1957⟩, pp. 51~10). 그녀의 보고서는 *PEQ*, 1952, pp. 62~82; 1954, pp. 81~95; 1954, pp. 45~63; 1955, pp. 108~117; 1956, pp. 67~82에 게재되어 있다.

53) Garstang은 여호수아가 그 도시를 정복할 때 그 앞에 무너진 성을 이중벽으로 믿었다. 이 벽은 여리고 성 함락 연대에 대한 그의 증거 속에는 실제로 안들어가지만 그는 이것을 약간 이용하였는데 Kenyon 여사는 이 잘못을 지적하고 있다.

54) Garstang, *op. cit.* pp. 112~114; Kenyon, *op. cit.*, pp. 45~46.

55) Kenyon, *ibid.*, pp. 44~47, 261~62. 이러한 벌거숭이 상태의 이유는 여호수아의 정복으로부터 아합 왕 시대까지(왕상 16:34, 참고, 수 6:26) 쓰이지 않은 구릉 지대 때문이었다.

56) Kenyon, *ibid.*, p. 229.

57) Kenyon은 근처에 있는 가옥에서 하나 더 발견하였다(참고, bid., p. 261).

58) Kenyon, *Ibid.*, p. 262.

파괴되었다. 다섯째, 두 개의 무덤에서 Garstang이 발견한 몇 개의 조각들은 여호수아가 함락시킨 도시의 자기들과 똑같은 시기의 것이며, Garstang이 생각하듯 후기 청동기 II 때나 초기철기 I 때의 것이 아니었다.

이러한 결론은 Garstang의 주장과 일치하지는 않지만, 이같은 결론 모두가 후기 연대를 뒷받침하지 않음도 주목해야 한다. 이같은 결론이 추구하는 바는 다음과 같은 것이었다. 14세기경 여리고에 약간의 주민이 있었으므로 약간의 증거가 남아 있는 것으로 미루어 보아 13세기경 여호수아가 함락시킨 그곳에도 — 증거가 거의 없다 할지라도[59] — 도시가 있었다고 보아야 한다. 그러나 Kenyon 여사의 주장은 다음과 같다. "후기 청동기 시대에 거주한 사실은 14세기의 3·4분기에 해당되므로"[60] 직접 13세기 견해를 다루면서, "여리고 함락과 13세기를 연관시키는 것은 불가능하다"[61]라고 말하고 있다.

c. 평 가

이 두 고고학자의 증거와 결론으로 평가가 요구되는데, 첫째, Kenyon 여사의 결론에서 첫째와 둘째 사항에 대하여는 분명히 그녀가 옳다. "이중 벽"에 관해 그녀가 수집한 증거는, Garstang이 옳지 않음을 확신시켜 주고 있다. 그 구릉 도시가 심하게 폐허가 된 것은 사실이다.

그러나 Garstang의 실제 증거에 관해서는 어떤 변화를 초래하지는 않는다. 성에 대한 잘못 계산된 연대는 중요한 내용을 다루는 부분에서 적절히 제거되었다. 또한 Kenyon 여사가 그랬던 것처럼 Garstang도 구릉 도시가 폐허가 되었음을 깨달았다. 이 두 사람은 샘 위의 구릉 지대에서 발견된 자료를 기초로 결론을 내린 것이다.

---

59) 한 예로 Finegan, *LAP*, p. 159. K. Kitchen은 Albright, *BP*, p. 100, n. 59를 따라서 다음과 같이 주장하고 있다. "주전 13세기에 주민이 존재했다는 강력한 증거는 미케네식 자기와 이와 비슷한 것들을 갖고 있는 무덤에서 찾을 수 있다"(*AOOT*, p. 63, n. 22).

60) Kenyon, *op. cit.*, p. 262.

61) "Jericho," *AOTS*, p. 273.

세 번째 항목에 있어서, Kenyon 여사는 Garstang보다도 더 후기 연대 주장자들과 맞서고 있다. 왜냐하면, 43개의 무덤 중 두 군데에서 발견한 몇 개의 자기 조각들을 14세기로 지정하면서 13세기에 대한 유일한 증거를 제거해 버렸기 때문이다.

네 번째 항목에 있어서는 Kenyon 여사의 설명보다 Garstang의 설명이 더 합당하다고 볼 수 있다. 이 항목은 샘 위의 한 건물에서 Garstang이 주로 발견한 몇 개의 자기 조각에 관한 것이다. Garstang과 Kenyon 여사는 모두, 이 조각들을 14세기 후반부[62]로 잡고 있다. 그러나 Kenyon 여사가 이것을 여호수아가 함락한 도시였다고 믿는 반면, Garstang은 모압 왕 에글론의 잠정적인 지배였던 것으로 보고 있다. Kenyon 여사의 이유는, 이 지배가 여호수아 때의 유일한 지배인데 주전 1550년에 끝났으므로 시간 간격이 있었다는 것이다. 당시의 작은 도시(분명히 벽이 없는)라는 생각은 성경 이야기와 맞지 않음을 그녀는 인정한다. 그러나 벽이 있는 보다 큰 도시에 대한 증거는 폐허로 인해 단순히 없어졌을 것이라고 주장하고 있다. 그러나 Garstang의 설명이 보다 더 낫다. 에글론은 이 소도시를 잠시 지배했으므로 크게 재건하지 않았을 것이다. 그리고 이 도시 무덤에서 자기류가 하나도 없는 것은 모압 왕이었던 에글론이 이 도시에 장사되지 않았을 것이라는 점에서 잘 부합한다. 가장 중요한 사항은 세 번째 항목이다. 이것은 샘 위의 구릉 지대와 무덤 양쪽에서 많이 발견되는 자기류[63]에 대한 것인데, Garstang은 주전 1400년까지 통치한 사실을 나타낸다고 주장하고 있으나, Kenyon 여사는 주전 1500년 전에 끝났다고 말하고 있다. 이 자기 밑에는 파괴를 나타내는 검게 탄 재의 층이 있는데, Garstang은 이것을 여호수아의 함락으로 보는 반면 Kenyon 여사는 애굽 사람의 것으로 돌리고 있다. 그녀는 후기 청동기 I의 자기가,

---

62) Albright와 Wright 모두가 이 연대에 동의하고 있는 점이 주목할 만하다(참고, Wright, *BAR*, p. 79).

63) Garstang은 8개 조각만을 후기 청동기 II와 초기 철기 I 때로 보고 320개의 조각들을 이 시대로 보고 있다(또한 419개를 중간 청동기 III로 1,012개를 중간 청동기 II로 봄). Garstang, *op. cit.*, p. 129, n. 3.

제 5 장 애굽에서의 체류와 출애굽 연대기 125

Garstang이 결론을 내렸을 때보다 오늘날에, 특히 므깃도(Megiddo) 탐사[64]에 관한 저술이 출판된 이후에, 더 잘 알려져 있다는 근거에서 자신의 주장을 변호하고 있다.

그러나 Garstang은 므깃도[65]에 관해서도 자신의 주장을 굽히지 않고 있는데, 여기에는 충분한 근거가 있다. 한 예로, 그는 주전 1400년경으로 본 자기류와 함께 부적들을 발견했는데, 이 부적들은 주전 1400년경의 아멘호텝 3세 때의 것이며 이때가 마지막 것이었다. 이에 대해 Kenyon 여사는, 부적들은 "가보가 될 수 있는 것이므로"[66] 연대를 가리킬 만한 충분한 증거가 아니라고 진술하고 있다. 일반적으로 볼 때 이런 진술을 부정하지는 않지만 이런 부적들이 초기 연대를 기초로 한 여리고 함락 바로 그때에 끝나버렸다는 점에 놀라지 않을 수가 없다. 게다가 만일 부적들이 가보라면, 그것은 1400년 이후이어야 할 것인데, 여기서 발견된 것들은 주전 1400년 이전 자기에만 연관되어 있는 것 같다.[67]

Garstang이 제시한 또 다른 증거는, 수입된 Cypriot 자기에 관한 것인데 — 이는 지금까지 정확한 것으로 평가되고 있다 — 특히 1400년경으로 추정된 것으로 자기의 조각으로 발견된 잘 알려진 창사골 (wishbone) 모양의 우유주발과 목이 긴 bilbils에 관한 것이었다. 이 똑같은 자기가 Kenyon 여사가 중요한 곳으로 여겼던 장소인 므깃도에서, 적토층 X과 VII에서 발굴되어졌는데, 특히 주전 1479~1150년[68]으로 추정되는 적토층 VIII과 VII에서 다량으로 발견되어졌다.

---

64) Kenyon, *op. cit.*, p. 260(참고, *Archaeology in the Holy land* 〈New York: Fredrick A. Praeger, 1960〉, p. 198).

65) Garstang. *op. cit.*, preface, p. xiv (므깃도 탐사를 끝낸 지 8년 후 1947년에 쓰여진 것).

66) Kenyon, *Digging Up Jericho* (New York: Frederick A. Praeger, 1957), p. 260.

67) Garstang은 14, 13세기의 몇 자기만을 보고하고 있으며, Kenyon 여사는 발굴한 무덤에서 "중간 청동기 말기" 이후의 것을 아무것도 발견하지 못했다고 진술하고 있으며(op. cit., p. 260), 단지 구릉 위에서 한 개의 자기 조각을 찾았다고 진술하고 있다(ibid., p. 261).

68) 참고, G. Loud, *Megiddo* II: *Seasons of* 1935~39, Vol. Plates

여리고는 므깃도에 비해 더 내륙쪽에 있으므로, 이 수입된 물품은 여리고에 더 늦게 도착했을 것이며, 아마도 이 수입된 물품이 므깃도에 풍부해진 후일 것이라고 기대되는데, 이것은 주전 1479년 이후를 의미한다.[69] 그렇다면 그것은 이 자기가 실제로 주전 1400년까지 연장되었다는 중요한 증거를 제공하는 것이다.[70] 그리고 이것이 사실이라면 이 자기 밑에 있는 재의 층은 여호수아에 의한 완전한 도시 함락 때문일

(University of Chicago Press, 1948), plates 45, 54, 58, 61, 65, 69, 72, 130, 133~134, 137~141. Garstang은 자신이 발견한 4가지 주요 모습의 사진을 포함시키고 있다.

69) Kenyon은 다음과 같이 말한다. "중간 청동기 동안의 Cypriot 수입품은 찾아보기 힘들다. 그러나 후기 청동기 동안 Cypriot 계통의 자기들이 본고장 자기들만큼 발견될 때까지 므깃도 적토층 IX이 보여주는 과도기에는 그 숫자가 점점 많아지는 것을 볼 수 있다"(*Archaeology in the HolyLand*, p. 200).

70) 여리고에 드물게 있는 이 독특한 자기는 Kenyon 여사가 결론을 내리는데 기초를 두고 있는 것인데, 물고기, 새, 동물들의 모습을 넣어 빨간 색과 검은 색 줄을 사용한 중크롬산 제품이다(참고, Epstein, *Palestinian Bichrome Ware*, Leiden, Brill, 1966). 이 자기는 아름답고 독특하여 어떤 이들은 이것을 순회하는 예술가들의 작품으로 보고 있다(참고, Kenyon, *op. cit.*, p. 200; Thomas, *AOTS*, p. 317. - 그러나 Epstein은 후리족 〈Hurrian〉이 이주함에 따라 팔레스틴에 도입되었다고 주장한다). 팔레스틴 북쪽과 남쪽 모두에서 발견되는 이것은 보통 중간 청동기와 후기 청동기의 전환점을 나타내는 것으로 받아들여지고 있다. 그러나 이 자기의 사용은 실제로 극히 제한되고 있으므로, 여리고에 이 자기가 드물다 하여 여리고에서 사용되지 않았다고 쉽게 결론을 내릴 수가 없는 것이다. 이 자기의 사용 기간은 일반적으로 한 세기를 초과하지 않은 것으로 생각되며(주전 1575~1475), 그 사용범위도 모든 지역에 퍼져 있지 않았던 것으로 여겨진다. 에스드렐론 골짜기 동쪽 므깃도에서 Ta'anach로, 북쪽으로는 하솔까지 퍼져 있었던 것 같으며 Tell el-'Aijul에서 수많은 도시로, 그러나 남쪽으로 유다의 동쪽 구릉까지만 퍼진 것 같다. 중앙 팔레스틴의 산 지역과 요단 계곡에서는 발견되지 않았다(참고, Epstein's map, *ibid.*, p. 188). 또한 이 자기가 발견되지 않은 지역 여러 곳에서 이것들이 있나 없나를 충분히 검토한 사실에 주목해야 한다. 심지어는 에스드렐론과 요단 골짜기에서 꽤 가까운 교차로에 있으며, 산은 여리고에서 북쪽으로 50마일 떨어져 있는 벧산에서도 중크롬산 제품이 나타나지 않고 있으며 이 기간 중에 계속해서 벧산에 사람이 거한 것으로 주장되고 있다(Epstein, *ibid.*, p. 118).

것이다(수 6:24).

③ 라기스, 드빌, 하솔

학자들이 여리고 함락 연대를 주전 1400년경으로 받아들이려 하지 않는데, 그것은 여호수아가 점령한 다른 도시들의 파괴 연대에 관해 실질적으로 그 증거가 들어맞지 않기 때문이다. 그러므로 이 문제에 대해 우리의 관심을 돌려보기로 한다. 세 가지 주요 도시는 라기스, 드빌, 하솔이다.[71] 여호수아는 남쪽으로 라기스와 드빌을 점령하였고(수 10:32, 38, 39), 북쪽으로는 하솔을 점령하였다(수 11:10).

a. 13세기의 멸망

라기스는 오늘날 텔 에드-두웨일(Tell ed-Duweir)[72]로 판명되었다. 여기에서는 라암세스 2세와 아멘호텝 3세의 부적들 외에 라암세스 2세의 후계자 메르넵타(주전 1238~1228)의 "4년"으로 추정되는 부서진 주발이 발견되었다. 이 옹기의 조각은 검은 재의 층에서 발견되었는데

---

71) 이 명단에 보통 벧엘과 에글론이 포함된다(참고, Wright, BAR, pp. 80~85). 그러나 벧엘을 포함하는 것은 여호수아 8장에서 여호수아가 점령한 도시를 아이라고 보지 않고 벧엘이라고 보는 데에 주로 의거한 것이다. 그러나 이스라엘이 점령한 아이가 "벧엘 동편"에 있었다는 여호수아 7:2 때문이라면 이것은(아이 문제에 대한 해결로서) 의심이 가는 일이다. 그러므로 벧엘의 검은 층은 13세기의 것으로 "요셉의 집"에 의한(삿 1:22~25) 점령만을 나타내는 것일 수 있다. 또한 멸망 당시 라기스와 드빌의 자기보다 월등히 나은 벧엘의 자기는 벧엘이 다른 시기에 멸망했음을 암시한다. 또한 벧엘을 텔 베이틴으로 보는 것은 오늘날 도전받고 있음을 염두에 두어야 한다. 에글론 역시 그 증거에 있어서 취약점을 갖고 있는데 그것은, 에글론을 텔 엘—헤시로 보는 것이 확실치 않고, 또 19세기에 Petrie와 Bliss에 의해 이미 발굴된 이 Tell의 멸망 연대가 확실치 않기 때문이다.

72) 스타키(J. L. Starkey)가 이끄는 Wellcome-Marston 고고학 탐사에 의해 1932~38년에 밝혀졌다. 라기스는 정식으로 텔 엘-헤시(Tell el-Hesy)로 추정되었다. H. Torczyner, *Lachish I:The Lachish letters*, 1935; O. Tufnell, et al., *Lachish II: The Fosse Temple*, 1940; *Lachish III: The Iron Age*, 1953; *Lachish IV: The Bronze Age*, 1957.

특히 13세기 후반기로 추정된다.[73] 드빌(Kiriath-sepher, 수 15:15)은 결정적인 증거가 없긴 하지만, 오늘날의 텔 베이트 미르심[74]으로 생각된다. 여기에서도 검게 탄 재의 층이 발견되었는데, 후기 청동기 자료가 끝나는 때에 발견되었으므로 같은 시대로 추정된다.[75] 텔 에드-두웨일과 텔 베이트 미르심에는 모두 주전 1400년경의 검은 재의 층이 나타나지 않고 있다.[76]

하솔은 갈릴리 바다에서 북쪽으로 9마일 떨어진 텔 엘-쾌다이(Tell el-Qeday)로 밝혀졌다.[77] 이 지역은 25에이커의 타원형 구릉 지대를 자랑하고 있으며 이 옆에 175에이커나 되는 꽤 넓은 고원이 있는데 이것은 하솔이 고대 팔레스틴 중에서 월등히 큰 도시였음을 나타낸다.[78] 이곳에는 13세기 중 격심한 파괴의 증거가 있는데, 즉 고원 위에는 거

---

73) 참고, J. Finegan, *LAP*, pp. 161~63. 그러나 여기서 발견된 라암세스 3세(주전 1195~1164)의 부적은 후기 연대 주장과 부합하지 않는 12세기로 암시하고 있다(참고, O. Tuffnel, *Lachish IV*, p. 97. 그리고 "Lachish." *AOTS*, p. 302).

74) M. G. Kyle과 W. F. Albright의 감독으로 Pittsburgh Xenia 신학교와 미국 동양연구학회의 합동 노력에 의해 1926년과 그 다음 해 발굴되었다. 이곳은 헤브론에서 남서쪽으로 12마일 떨어진 지역이다(참고, Kyle, *Excaavating Kiriath-Sepher's Ten cities*, 1934; Albright, *AASOR*, 12〈1930~31〉, 17〈1936~37〉, 21~22〈1941~43〉; 최근 연구로는 Albright, "Debir," in Thomas, *AOTS*, pp. 207~19을 보라).

75) 후기 청동기는 주전 1200년경에 끝났다. 그러나 이 도시는 수 년 동안 황무지로 놓여 있었기 때문에 연대를 정확히 잡을 수가 없다.

76) Thomas(*AOTS*, p. 215)는 1564년경 텔 베이트 미르심에서 시작된 비거주기(Non-occupancy period)가 1400년 이후에도 계속되었다고 믿고 있다. 그러나 다음의 C1 level은 1475년에 이미 시작된 것 같다(참고, Epstein, *op. cit.*, p. 185). 만약 그렇지 않더라도 텔 베이트 미르심이 고대 데빌일 가능성은 많지 않다(참고, Simops, *GTT*, p. 282).

77) 이 발굴은 Yigael Yadin의 감독 하에 1955년 시작되었는데 그는 *BA*, 19~22(1956~59)에 요약을 적고 있다. 이 주요 사업에는 200명의 노동자와 40명의 기술자가 참가하였다.

78) 200에이커나 되는 크기는 라기스가 18에이커, 므깃도가 14에이커, 여리고가 8에이커인 점과 비교해 볼 수 있다.

의 모든 거주가 끊겼고 중앙 구릉 지대에서만 가까스로 생명이 지속될 수 있었다. 이러한 변화는 큰 패배를 말해 주고 있는데 후기 연대 주창자들은 이곳의 파괴자를 이스라엘로 보고 하솔의 멸망과 라기스, 데빌의 멸망을 연결짓고 있다. 이 파괴 연대가 13세기 중 정확히 언제인가는 결정할 수 없으나 이 연대는 라기스 내용과 부합하는 것으로 추정된다. 이 증거에 관해 몇 가지 관찰을 해볼 필요가 있다.

b. 하솔에 있었던 초기 파괴

먼저 하솔에 관해, Yadin은 13세기 멸망에서 불탄 흔적이 없다고 하였다(고원에 있는 Stratum I). 반면 여호수아 11:11에는 여호수아가 멸망시킨 도시는 불살라졌다고 분명히 말하고 있다. 그러나 지층 III에서 Yadin은 탄 증거를 찾았는데, 이는 이 지층 III이 "불에 의해 파괴되었으며 아마도 새 왕국의 애굽 왕인 아메노피스 2세(Amenophis II)나 투트모스 3세(Thutmose III)에 의해 파괴되었음을 말하는 것이다.[79] 태운 흔적이 이 정도밖에 안되므로 그리고 아멘호텝 2세나 투트모스 3세의[80] 파괴가 여호수아의 파괴 연대보다 반 세기밖에 앞서지 않으므로 여호수아가 실제로 파괴한 것은 13세기 지층 I의 도시가 아니라 지층 III의 도시라고 제안할 수 있다. 또한 하솔은 후의 사사 드보라와 바락 시절에도 힘이 강한 것 같다. 드보라와 바락은 이 전쟁에서 시스라와 싸웠는데 이 시스라는 "하솔을 점령한 가나안 왕 야빈의" 군대장관이었다(삿 4:2, 17). 이것은 하솔이 그때까지도 북방의 주요 도시였음을 의미한다. 그렇다면 여호수아의 파괴는 13세기 전이고 당시 하솔은 거의 양도된 상태였다고 하는 것이 더욱 타당할 것이다.[81]

---

79) Yadin, *BA*(1957), p. 44.
80) 애굽 여러 왕 이름의 철자법은 Yadin의 인용부호에서 지적된 것처럼 학자들에 따라 다르다.
81) 이 결론에 반대를 제기하는 K. Kitchen, *AOOT*, pp. 67~68은 드보라와 바락의 전투에서 강조점은 하솔에 있는 것이 아니라 다른 곳에 있다고 말한다. 그러나 이 전투는 다른 곳, 즉 남쪽 므깃도 근처에서 일어났기 때문이었다.

c. 여호수아가 불사르지 않은 라기스와 드빌

하솔의 경우와 반대로 라기스와 드빌에 관해서 성경에는 이 도시들이 여호수아에 의해 불살라졌다고 나와 있지 않다. 이것을 하찮게 취급할 수 없는 것은 여호수아가 여리고(수 6:21)와 아이(수 8:28)를 불살랐을 때에는 그 언급이 나와 있기 때문이다. 더욱이 여호수아 11:13에는 "하솔만 불살랐고 산 위에 건축된 성읍들은 여호수아가 불사르지 않았다"고 구체적으로 나와 있다. 이 구절의 주요 언급은 북방 팔레스틴 도시에 관한 것이지만, 남방에서 이와 별다르게 행해졌다고 생각할 필요가 없으며 라기스와 드빌은 "산"[82] 위에 세워진 도시였다. 이 도시에 관해서 여호수아가 이들을 탈취("took"〈lakadh〉)하여 "칼날로" 쳐 죽였다고만 언급되어 있는데 이는 재물은 크게 다치지 않고 사람들만 완전히 진멸하였음을 의미한다. 결국 이스라엘은 이 도시들을 이용할 수 있었으므로 필요 이상 파괴하지 않았던 이유가 되는 것이다. 주목해야 할 점은 여호수아가 라기스와 드빌을 불사르지 않았다면 타버린 재의 층은 다른 파괴[83]를 나타내는 것이라는 점과, 1400년의 층이 없는 것은 초기 연대를 기초로 할 때에만 기대할 수 있는 것이라는 점이다.

---

82) 여기에 사용된 히브리 단어는 "tell"(구릉)인데 산에 대한 구체적 명칭으로 사용되게 되었다. 라기스의 태워진 층의 원인이 이스라엘이 아니었다는 점에 O. Tufnell도 동의하고 있다(참고, "Lachish," AOTS, p. 302).

83) 다른 파괴자를 찾는 것은 어렵지 않다. 흔히 있던 도시들간의 격투로 파괴됐을 수도 있다. 또는 주전 1234년경 이 지역을 침입한 애굽의 메르넵타가 불살랐는지도 모른다. 아마도 해상 백성들이 침략하여 이주해 오면서 파괴한 것 같다. 이들은 동쪽 지중해 연안을 덮쳐 내려와 우가릿에서 아스글론(Ashkelon)까지 도시를 파괴하였다(3장 주 45 참고). 이들은 애굽으로 계속 이동하여 한 집단은 재임 5년인 메르넵타에게(1234), 또 한 집단은 재임 5년 ~11년인 라암세스 3세에게(1190~1184) 격퇴당하였다. 이 이동 백성들이 다른 해변 도시들을 파괴했다면 라기스와 드빌 그리고 실제로 13세기 하솔도 파괴했을 것이다. M. Noth, NHI, p. 82도 다음과 같이 동의하고 있다. "이 파괴들은 주전 1200년경 팔레스틴의 도시국가 지역에서 호전적인 '해상 백성들'이 출현한 것에 기인하는 것 같다."

④ 요단 동편 지역에서 발굴된 증거

후기 연대를 주장하는 데에 자주 인용되는 또 다른 이유는 주전 1900년부터 1300년 사이에 요단 동편과 네게브 지역에 정착민이 없었다는 것이다.[84] 이에 대한 Nelson Glueck의 증거 제시는 잘 알려진 사실이다.[85] 성경에는 이스라엘이 에돔 왕으로부터 그 땅 통과를 거절 당한 이야기(민 20:14~21)와, 시혼과 옥 왕이 다스린 요단 동쪽의 큰 나라를 패배시킨 이야기(민 21:21~35)와 이스라엘을 "저주"하기 위해 발람 선지자를 부른 모압 왕 발락의 음모 대상이 된 사실(민 22~25장)이 적혀 있다. 이 모든 사건들은 요단 동편 지역과 네게브 지역에서 일어났는데, 이는 이스라엘의 광야시절에는 이 지역에 정착민이 있었음을 암시하는 것이다. 이로 인해 Glueck과 다른 학자들은 정착민이 존재한 1300년 이후에 이스라엘이 지역을 통과해 팔레스틴으로 들어갔다고 결론을 지었다.

그러나 이곳 지역에 정착민이 없었다는 Glueck의 주장은 오늘날 도전받고 있다. 학자들은 Glueck의 꾸준한 노고에 찬사를 보내지만 몇몇 학자들은, 그의 결론이 표면적인 탐사에 거의 의존한 것이었으므로 그의 결론 전체를 받아들이기를 보류했다. 최근 들어 이러한 보류가 현명했음을 보여주는 발견이 이루어졌다. 한 예로 Lancaster Harding은 힉소스 기간 중 암몬 지역에 정착민이 있었다고 지적했는데 이는 이곳에서 발견된 무덤 속의 매장물질이 그 당시 때부터 잘 보관되어 있기 때문이었다.[86] 그는 이러한 무덤이 "유목민의 것"이 아니라고

---

84) Glueck은 "제1철기 시대가 시작될 때까지" 요단 동편 지역에 사람이 살기 시작하지 않았다고 말하고 있다(BA, 18〈Feb., 1955〉, p. 9). 제1철기 시대의 시작은 보통 주전 1200년경이다. 그러나 Glueck과 다른 학자들은 요단 동편 지역을 계속 주전 1300년으로 주장하고 있는데 아마도 후기 연대를 기초로 한다 할지라도 이스라엘의 여행이 1250년 이후로 놓여질 수가 없기 때문인 것 같다. 그러나 여기에 고고학적 증거를 억지로 끌어들여야 할까?

85) Glueck, ibid., pp. 8~9; BA, 10(1947), pp. 77~84; *The Other Side of the Jordan* (New Haven: American School of Oriental Research, 1940), pp. 125~47.

86) *The Antiqnities of Jordan* (New York: Thomas Y. Crowell

주장한다. 그는 또한 암만(Amman) 비행장이 건설되는 동안에 발견된 작은 성전에 대해서도 말하고 있는데, 이 성전에는 상당한 자기류와 다른 물품이 들어 있었고, "주전 1600~1399년의 전형적인 애굽 돌항아리와 수입된 미케네식의 Cypriot 자기가 포함되어 있었다." 마지막으로 그는 "후기 청동기 말기에서 초기 철기 시대로" 추종되는 마다바(Madaba)에서 발견된 큰 무덤을 언급하고 있다. 이러한 항목에 비추어 Harding은 이 "비정착" 세기 중에 요단 동편 지역의 자기가 팔레스틴 본토의 자기와 사뭇 다르다는 것이 알려졌으므로 표면 탐사에서 발견된 파편들을 재검토할 것을 제기하였다.

⑤ 애굽의 수도 위치

후기 연대를 주장하는 또다른 이유는 애굽의 수도 위치에 관한 것이다. 초기 연대를 기초로 한 출애굽 당시의 제 18왕조 때에는 델타에서 남쪽으로 400마일 떨어진 기간 중에는 구 힉소스 왕조의 도시인 아바리스(Avaris)에 북방수도가 다시 세워졌다. 성경의 내용을 보면 바로 왕은 고센의 북쪽 지역에, 곧 전염병 기간 중 모세가 자주 교섭을 할 수 있는 지역이었으므로, 이 당시 수도가 북쪽에 한번 있었다면 그 연대는 제 19왕조 때였다고 주장한다.

그러나 제 18왕조가 수도를 남쪽에다 두었다 할지라도 몇 통치자들, 특히 투트모스 3세와 그 아들 아멘호텝 2세(이 두 사람은 초기 연대에 가장 많이 관련된다)는 북쪽에서 광범위한 활동을 했고 실제적인 기간을 그곳에서 거주했다는 좋은 증거가 있다. 투트모스 3세에 대해 말하자면, 그는 테베를 통치하는 고관 외에 북쪽 지역 헬리오폴리스(Heliopolis)에 한 고관을 임명했다고 알려져 있다. 이것은 그가 이런 식의 감독을 할 정도로 그곳에 특별한 관심을 가졌음을 의미한다. 더욱이 그는 자신이 헬리오폴리스[87]에 세운 두 개의 붉은 화강암 방첨탑

Co., 1959), p. 17. Glueck은 자신의 위치를 방어하면서 이 무덤들은 "유목민이나 반유목인의 것"이라고 최근 말하였다("Transjordan," AOTS, p. 444).

87) 참고, W. C. Hayes, SE, II, p. 118과 John Rea, "The Time

(Obelisk)을 "헬리오폴리스의 주인"이라고 칭하였는데, 이는 라(Ra) 신 숭배의 북방 중심지인 이곳에 특별한 애착을 가졌음을 지적하는 것이다. 또한 부적이 발견되었는데 이곳에는 그의 아들 아멘호텝 2세가 고대 북방 수도인 멤피스에서 태어났다고 되어 있다. 이것은 그 모친이 그곳에서 적어도 몇 달은 거주했을텐데 그 부친도 왕자의 출생에 관심을 가졌으리라는 추측을 할 때 특별히 의미있는 일이다. 실제로, 그의 아들을 고대 수도에서 태어나도록 허락했다는 것은 중요한 암시를 가져다 준다. 마지막으로 투트모스 3세가 힛타이트 사람들과 미타니 왕국에 대항하여 멀리 북쪽까지 광범위하게 원정을 한 것은 널리 알려진 사실인데,[88] 이는 그가 북방 애굽에 실질적인 공급기지를 설치했음을 뒷받침한다. 이러한 군사적 침략은 앞에서 주시한 다른 문제들의 주요 원인이 되었다. 투트모스 3세는 야심있는 이 아시아인들을 처리하기 위해 북쪽에 많은 배려를 해야 했다.

그의 아들 아멘호텝 2세에 관해서는 일찍이 1887~89년에 스위스 고고학자 Naville에 의해 부바스티스(Bubastis, 겔 30:17의 비베셋〈Pi-beseth〉)의 고대도시 텔 바스타(Tell basta)에서 발견되어진다. 두 개의 조각으로 된 붉은 화강암 석판에는, "페루네펠(Perunefer)에 거주하는"[89] Amon-Ra 앞에서 이 왕이 참배하는 모습이 나타나 있다. 아멘호텝 2세는 멤피스 근처 조선소인 페루네펠에서 계명을 받아야 할 젊은이로 지명되었으며, 그가 그곳에서 많은 시간을 보낸 증거가 존재한다. W. Hayes는 이 왕이 페루네펠(Perunefer) 근교에서 많은 소유를 유지했던 것처럼 보인다"[90]고 말했다. 이것은 그의 손자 아멘호텝 3

---

of the Oppression and the Exodus." *BETS*, 3(summer, 1960), p. 65. 두 개의 방첨탑 중 하나는 오늘날 뉴욕 시의 센트럴 공원에 세워져 있고 하나는 런던의 템즈 강 제방에 세워져 있다.

88) 투트모스 3세는 애굽 왕 중 가장 위대한 인물로 여겨진다. 그는 18번의 여름 기간 중 16번의 원정을 하여 애굽 국경을 유브라데스 강 건너편까지 밀고 감으로써 애굽 제국의 면모를 보여주었다.

89) John Rea, *Op. cit.*, p.65는 Naville, *Bubastis*(London:Kegan Paul, Trench, Trubner & Co., 1891), p.30.를 인용하고 있다.

90) *Op. cit.*, p.141.

세가 이곳에 세운 사원의 발견으로 더욱 입증되었다. 이러한 모든 것은 모세가 전염병과 관계하여 교섭을 벌일 당시에 초기 연대를 기초로 한 출애굽의 바로 아멘호텝 2세가 북쪽에 거주했었음을 나타내는 것이다.

⑥ 아마르나 서판

이제 검토해야 할 문제는 아마르나(Amarna) 서판[91]인데 여기에서는 하비루(Habiru)가 가나안을 침략했다고 언급되어 있다. 이것은 복합된 문제로 받아들여진다. 한때 이것은 출애굽의 초기 연대에 대한 좋은 증거가 된다고 믿어졌으나 최근 많은 학자들의 의견이 바뀌어졌다.

a. 증 거

서판은 주전 1400년부터 1367년 사이에 가나안족 도시 왕들이 아멘호텝 3세나 아케나톤(Akhenaton)의 애굽 법정에 보낸 편지들이다. 이 편지에는 가나안 통치자간의 계략, 대항책, 반박의 고소문 등이 혼돈상태로 나타나 있다. 특히 주목할 것은 하비루(Habiru)[92]라고 불리우는 사람들로부터의 문제거리가 자주 언급되어 있다는 점이다. "하비루"(Habiru)와 "히브리"(Hebrew, 'ibri)[93]는 그 이름이 서로 동등하

---

91) 첫 번 서판은 1887년 아케나톤(Akhenaton)의 수도 텔 엘-아마르나(Tell el-Amarna)에서 애굽의 한 농촌 여인에 의해 발견되었다. 전부 모으면 378개나 되는데 이 중 약 300개는 팔레스틴, 페니카아, 남방 수리아에서 가나안 율법학자들에 의해 쓰여졌다. 이것들은 통속적인 아카디어로 쓰여졌는데 가나안주의로 가득찬 것이다(참고, 전체를 다룬 것으로는 S. A. B. Mercer's two-volume work, *The Tell el-Amarna Tablets* 〈Toronto, 1939〉; 28개의 대표적 편지에 대한 Albright와 Mendenhall의 번역으로는 *ANET*, pp. 483~90; 최근의 간략한 논의로는 F. F. Bruce, "Tell el-Amarna," *AOTS*를 보라).

92) 특히 가나안에서는 아피루(Apiru)라고 불리우는데, 자주 나타나는 서명 SA. GAZ와 서로 바뀌어 사용된다.

93) 이름에 관한 논의로는 M. Greenberg, *The Hab/piru* (New Haven: American Oriental Society, 1955)을 참고하라. 또한 H. H. Rowley, *From Joseph to Johua* (Londod: Oxford University Press, 1950), pp. 46~56을 참고하라.

므로, 그리고 이 백성들에 의해 야기된 문제점들은 초기 연대를 기초로 할 때 대략 이스라엘의 정복 시기에 일어난 것이므로, 이 하비루를 여호수아의 침략 군대로 볼 만하다.

그러나 최근 이러한 견해는 상당히 감소되었는데, 그 이유는 "하비루"라는 말이 다른 사본, 즉 보가즈코이(Boghazkoi), 마리, 누지, 바벨론에서도 넓게 나타나며, 그리고 우르의 셋째 왕조에까지 연대가 거슬러 올라가기 때문이다. 또한 학자들은 이 편지에 "하비루"가 남쪽 뿐 아니라 북쪽 가나안 도시들(여호수아가 원정하지 않은 곳)에도 문제를 일으켰다고 기록된 것을 깨닫게 되었다. 더욱이 "하비루"라는 용어는 시민권이 없는 개인, 바람직하지 못한 이주자나 습격자 등의 민족적인 의미라기보다 사회적이고, 설명적인 의미를 가지고 있다는 것을 알게 되었다. 그 결과 오늘날 후기 연대 주장자들은 서판의 하비루와 여호수아의 히브리사이에 아무런 연관이 없고 출애굽 연대를 나타내는 편지도 없다고 믿고 있다.

b. 첫번째 가능한 설명: 히브리인은 하비루였다

많은 초기 연대 주장자들은 아직도 그들이 이에 대한 증거를 갖고 있다고 믿는다. 이 학자들 중 많은 사람들이 전에 알려진 것처럼[94] 하비루를 직접 히브리인과 동일시하고 있다. 즉, 이들은 남쪽 가나안에서의 하비루를 히브리인으로 보고 있다. 다른 시대, 다른 장소에서의 하비루는 히브리인이 아니었다. 그러나 남쪽 가나안을 침범한 하비루는 히브리인이었을 것이다. 왜냐하면 그 지역 도시 왕들은 나라 없이 가나안 땅을 소유하려고 한 여호수아 군대를 하비루 종류로 분류했을 것이기 때문이다. 이것은 가나안 인들이 처음에는 적어도 품위를 떨어

---

94) 참고, M. Unger, *AOT*, pp. 124~25, 145~46; G. Archer, *SOTI*, pp. 164 214, 253~59. 이러한 관점은 J. W. Jack, *The Date of the Exodus* (Edinburgh, 1925), p. 128의 다음과 같은 관찰을 타당한 것으로 여긴다. "남 팔레스틴의 침략자들은 누구였을까? 출애굽의 히브리인이 아니었다면 누구란 말인가? 여기서 우리는 그들이 그 땅에 들어가는 본래의 소견을 갖고 있지 않은가?"

뜨리는 상징적인 용어를 이름으로 사용했을 것이라고 보는 것이다.[95] 이러한 관점을 뒷받침하는 것은 남가나안 아마르나 서한들이 므깃도, 게셀(Gezer), 아스글론, 악고(Acco) 같은 후기에 점령된 도시들에서만 쓰여졌고 여리고, 벧엘, 기브온, 헤브론 같은 초기에 점령된 도시들에서는 쓰여지지 않았다는 사실이다. 편지들은 여호수아의 초기 정복 후의 연대이므로 이 관점이 옳다면[96] 그렇게 되어야 하는 것이다.

---

95) 그러나 이 용어는 항상 품위를 손상시키도록 사용되지 않았다. 한 예로 Alalakh에서 하비루는 도시 정부의 관직을 가지고 있었으며 마리안누(Marynnu, 가장 높은 병사 그룹)를 소유한 사륜 경마차를 탄 사람도 있었다. 아브라함은 이미 히브리인(창 14:13)이라고 불리었고 분명히 타락적인 의미가 아니었다. 이 이름은 정복 후에도 계속 사용되었으며(삼상 4:6, 9; 13:3, 7; 29:3 등 자주 사용되지는 않았지만) 품위 손상의 의미가 아니었다. 그러나 가나안인들은 그들의 땅을 빼앗겼을 때 그러한 의미로 사용했을 것이다.

96) 이 관점에 대한 반대론이 제기되었으나 이것은 잘 해결될 수 있다. 편지들에서는 하비루가 가나안에 거주하는 사람들로 표현되어 있고 가끔 가나안 왕들을 섬기기까지 했지만, 히브리인들은 침략자들이었다고 주장하고 있다. (Wright, BAR, pp. 75~76). 그러나 이에 대답을 하자면, 아마르나 편지들이 쓰여졌을 때에는 히브리인들이 이미 그 땅에 있었고 여호수아의 초기 원정은 끝났으며, 여러 부족들은 그들의 할당된 지역을 차지하고 있었다는 것을 깨달아야 한다. 또한 예루살렘의 통치자 아디-히바(Abdi-Hiba)의 편지에는 예루살렘이 하비루에게 빼앗길 위험에 있었으나 여호수아가 실제로 목표한 도시는 아니었다는 것이 나타나 있다고 지적되었다(Finegan, LAP, p. 118). 그러나 여호수아의 원정은 이미 과거가 되었으므로, 아디-히바의 관심은 이미 정복된 예루살렘 주위의 나라와 홀로 남은 그의 도시에 있었을 것이다. 세 번째, 편지에 있는 개인의 이름이 여호수아에 있는 이름들과 일치하지 않는다는 것인데, 한 예로써 아디-히바(Abdi-Hiba)로 불리우는 예루살렘의 왕은 여호수아 10:3에 아도니-세덱(Adoni-Zedec)으로 나와 있다. 그러나 여호수아의 명명법은 편지에서의 명명법보다 더 먼저의 일이고, 이 서한에서 나타난 것처럼 혼란의 시기에 지방 통치자의 흥망은 빠른 속도로 생겨났다는 것을 기억하여야 한다. 그러나 이름에 있어서 한 가지 상호관계가 존재한다고 볼 수 있는데, 즉 여호수아 10:3의 야비아는 라기스의 왕이라고 말해지고 있다. 또한 므깃도에서의 한 편지에는 베네미마(Benenima)와 야슈아(Yashuya)가 언급되어 있는데 이는 베냐민과 여호수아일 수도 있다.

c. 둘째 가능한 설명: 히브리인들은 하비루보다 먼저 있었다

하비루와 히브리인들 사이의 관계에 대한 둘째 관점은 Meredith Kline[97]가 주장한 것이었다. 이 관점은 이 둘을 동일시하지 않지만, 여호수아 정복이 하비루보다 수 십년 뒤의 일이었다고 보는 후기 연대 관점과 달리 여호수아의 정복을 하비루 바로 직전에 두고 있다.[98]

Kline는 이 둘을 동일하게 보지 않는 이유를 다음과 같이 제시하고 있다. 첫째, 히브리라는 용어를 구약성경에서 사회적인 의미로("하비루"라는 용어는 사회적인 의미가 있음) 사용하지 않고 오히려 아브라함의 조상 에벨(Eber)에게 되돌아가 보면 민족적인 의미로 사용하고 있다. 둘째, 어원학적으로 "하비루와 히브리"를 동일하게 보기가 어렵다(많은 후기 연대 주장자들이 찬동하고 있다). 셋째, 아마르나 편지에서의 하비루의 행적과 여호수아 정복에서의 히브리인의 행적을 완전히 일치시키기에는 약간의 어려움이 있다.

더욱이 Kline는 여호수아 정복이 하비루 언급보다 선행한다는 것을 나타내기 위해 그럴 듯한 역사적 재구성을 전개시키고 있다. 그는 하비루 습격자들이 남 가나안에 들어갔을 때 여호수아의 주요 원정은 이미 끝났다고 말한다. 그리고 이 남쪽 습격자들은 북 가나안에 이미 정착한 하비루 대 집단에 의해 보내졌으며 이들은 여호수아 백성들이 방금 도착한 남쪽으로 내려왔을 때, 아직 정착단계에 이르지 못했으므로 첫번에 여호수아 백성들을 알아보지 못하였다고 제시한다. 계속해서 그는, 후에 이들이 강해지자 여호수아 백성들을 알아보고 그들을 손아귀에 넣었는데, 이 사건이 메소포타미아의 구산-리사다임 손에 이스라엘이 압박당한 것이라고 제안한다(삿 3:8~10). 이 마지막 포인트는 Kline의 견해를 상당히 신빙성있게 해주는데, 그 이유는 이스라엘의

---

97) M. Kline, "The Ha-Bi-Ru-Kin or Foe of Israel?-II," *WTJ*, 20 (Nov., 1957), pp. 54~61.

98) 여호수아 정복이 주전 1406년경(1446년으로부터 40년 후)에 시작되었다면, 그 첫 단계는 첫 번 아마르나 편지의 연대인 주전 1400년경에 끝났을 것이다. 이 편지에는 주된 하비루의 위협이 20년 뒤에 생겨났다고 지적되어있다.

첫번 압박과 앞에서 언급한 하비루가 같은 연대이므로[99] 이 둘을 일치시키는 다른 방법이 없기 때문이다.

이 두 가지 설명 중 어느 것이 더 나은 것인가 선택할 필요는 없다.

아마도 현재로서는 두 번째 설명이 더 그럴 듯하다. 중요한 것은 한 가지 설명이 초기 연대 주장에 대한 만족할 만한 설명을 주고 있다는 것이다. 이 한가지 관점은 이스라엘의 초기 가나안 정착과 이 편지들을 동시대로 보고 있으며, 이 편지 속에서 이스라엘이 당한 상황에 대한 좋은 참고를 발견하고 있다.

⑦ 세티 1세와 라암세스 2세의 군사원정

마지막 문제는 애굽 왕 세티 1세와 라암세스 2세가 팔레스틴으로 군사원정을 한 것에 관계한다. 후기 연대 주장자들은 이 원정시기에 이스라엘이 팔레스틴에 있었다면(초기 연대를 기초로 한다면 이것은 사실일 것이다), 군사 행적을 주로 다루고 있는 사사기에 각각의 원정이 언급되어야 할 것인데 사사기에는 그러한 언급이 없으므로 이스라엘은 아직 그곳에 없었다고 말한다.

a. 증 거

세티 1세는 그의 첫 해에(주전 1316) 이미 북쪽으로 원정하여 북 팔레스틴 근방에서 적군과 부딪치게 되었다. 그 이후의 원정에서 그는 오론테스(Orontes) 강 위에 있는 가데스(Kadesh)까지 밀고 나갔으며 이곳에서 힛타이트 왕 무와탈리스(Muwatallis)[100]와 조약을 맺었다. 라암세스 2세는 그의 재임 5년과 25년에 또 다른 원정을 계속하였으며 마지막에는 힛타이트의 하투실리스 3세(Hattusilis III, 주

---

99) 첫 번 압박은 주전 1375~67년(참고, 9장)으로 8년간 지속되었는데, Habiru가 가장 활발히 활동한 것으로 보이는 아케나톤(주전 1384~1367)기간중이었다.

100) 참고, W. C. Hayes, SE, II, p. 327. 이 조약은 전 팔레스틴을 애굽 사람 지배 밑에 두었다. 세티 1세와 라암세스 2세의 주된 의도는 제국 시절의 북방 국경을 회복하는 것이었으나 여기에서 이들은 성공하지 못하였다.

전 1283)[101]와 그의 유명한 조약을 체결하였다. 이 각각의 원정에서 애굽의 군대는 팔레스틴 땅을 통과해서 행군하여야만 했는데 이 땅에 실제로 이스라엘이 있었다면 그들은 이스라엘과 관계가 있었을 것이다. 게다가 세티 1세와 라암세스 2세는 팔레스틴에서 실제 전쟁에 참가했던 것으로 보인다. 적어도 이 두 사람은 벧산[102]에 석비를 남겼으며 세티 1세는 이 근처에서 아피루(Apiru)와 충돌했다고 말하고 있는데 이는 "하비루-아피루"(Habiru-Apiru)라는 용어가 다시 사용된 것으로 보아 분명히 히브리인들을 지칭하는 것이다. 이스라엘이 그 당시 팔레스틴 땅에 있었다면 사사기에는 왜 이러한 팔레스틴의 행적이 기록되어 있지 않은가 하는 의문이 생겨난다.

b. 설 명

이에 대한 해답으로 두 가지 관찰을 할 수 있다. 첫째로, 메르넵타 (Merneptah, 주전 1238~1228)와 라암세스 3세(주전 1195~1164)[103]에 의한 후기의 군사적 침략은 사사기에 언급되어 있지 않으나, 이 각각의 원정들은 후기 연대를 기초로 한다 할지라도 이스라엘이 가나안으로 들어간 다음에 행해진 것이다. 이미 주시한 바와 같이[104] 메르넵타는 "이스라엘은 황폐해지고 그 자손은 그렇지 않다. 후루(Hurru)는 애굽을 위해 과부가 된다"[105]고 말하면서 팔레스틴에서 광범위한 대파

---

101) 이 조약의 사본들은 설형문자 형태로 보가스코이(Boghazkoi)와 카프낙(Karnak)에서 각각 발견되었다. 이 조약 후에는 우호적인 관계가 지속되어 라암세스 2세는 그의 재임 45년에 하투실리스(Hattusilis)의 장녀와 결혼까지 하게 되었다(Hayes, *SE*, II, pp. 344~45. 그리고 조약의 사본으로는 *ANET*, pp. 201~203 참고하라).
102) 각각의 원문으로는 *ANET*, p. 255. 벧산에서의 발견물에 대한 최근의 접근으로는 G. M. Fitzgerald, "Beth-Shean," *AOTS*, pp. 185~96을 참고하라.
103) 연대가 불확실한데 Albright, *FSAC*, p. 289는 라암세스 3세의 첫 해를 1175년으로 보고 있다.
104) 앞의 주 32를 참고하라.
105) 원문으로는 *ANET*, pp. 376~78을 참고하라. "하루"는 수리아인데 여기에서는 분명히 팔레스틴을 포함하는 것이다.

괴를 행했다고 주장한다. 제 20왕조의 라암세스 3세는 "Tjeker와 블레셋(Philistines)"을 재로 만들어버렸다고 자랑한다.[106] 메디네트 하부(Medinet Habu)에 있는 그의 유명한 사원벽에는 그가 팔레스틴에서 행한 원정의 장면들이 묘사되어 있다. 그는 세티 1세와 라암세스 2세와 같이 벧산 지역에 큰 관심을 가졌던 것으로 보이는데, 그것은 그가 훌륭한 사원을 포함하여 도시를 재건축하고 이 도시를 애굽의 국경지점으로 삼았기 때문이다.[107] 이 두 왕들은 세티 1세와 라암세스 2세가 그러했던 것처럼 팔레스틴을 단순히 통과한 것이 아니라 팔레스틴 지역 자체를 중점적으로 공격한 것이 분명하다. 그러나 사사기에는 이들의 행적 또한 기록되어 있지 않다. 이것으로부터 우리는 다음과 같은 결론을 얻을 수 있다. 즉, 이스라엘이 분명히 그 땅에 있었는데도 그들의 원정이 언급되지 않았다면 초기의 원정이 언급되지 않았다고 해서 그 당시 이스라엘이 그 땅에 없었다는 증거가 되지 않는 것이다. 또 다른 관찰은 초기 원정이건 후기 원정이건 간에 이 원정이 사사기에 기록되어 있지 않은 이유에 관한 것이다. 사사기는 그 당시의 역사를 기록한 것이 아니다. 이것은 오히려 이스라엘의 변절된 행동과 그에 따른 징벌을 기록한 것이다. 이러한 개념에 맞추어 볼 때, 징벌이나 회개의 수단으로 사용된 다른 나라와의 군사적 저촉들은 기록되어 있고 그렇지 않은 것은 생략된 것이다. 외부의 권세가 쳐들어와 이스라엘은 패망하고 압박의 시기를 겪은 다음 마지막으로 사사들이 가끔 일어나 위안을 가져오게 된 것이다. 몇몇의 외부 권세가 여기에 연관되었으나[108] 애굽은 여기에 속하지 아니하였다. 애굽의 군사적 저촉은 이스라엘에 대한 노예와 징벌로 이어지지는 않았다.

---

106) 원문으로는 ANET, p. 272 참고. "Tjeker"(tkr)는 블레셋 사람(prst)과 함께 팔레스틴에 자리를 잡은 해상 백성의 한 이름이다. 애굽 사람 웨나몬(Wenamon, 주전 1100)은 tkr가 갈멜 산 바로 남쪽에 있는 해변 도시 돌(Dor)을 지배했다고 말한다(ANET, p. 26, 주 5 참고하라.)

107) Wright, BAR, p. 95; ANET, p. 262. 주 21을 참고하라.

108) 메소포타미아(삿 3:8), 모압(삿 3:12), 가나안(삿 4:2), 미디안(삿 6:1), 암몬(삿 10:7), 블레셋(삿 10:7).

제6장

애굽에서의 생활

[출애굽기 1-14장; 시편 105:17-39;
사도행전 7:15-36; 히브리서 11:22-29]

1. 애굽통치의 4기간

주전 2,000년대의 애굽 역사는 4개의 통치 기간으로 구분된다. 첫째는, 주전 1991년경에서 주전 1786년까지[1] 지속된 강력한 제 12왕조였다. 봉건 영주의 분단된 기간을 지나서 이 기간중에는 나라가 안정되었고 왕은 다시 한번 최고의 권력으로 통치하였다. 하반부와 상반부의 애굽은 하나로 통일되어 있었다. 수도는 구왕국의 수도 멤피스의 남쪽에 있는 이드-타우이(Ith-taui)였다. 나라는 번영했고 대부분의 상황들은 백성을 기쁘게 했다. 이웃 나라에서 발견된 애굽의 자기는 무역

---

1) 이 연대는 R. A. Parker, *The Calendars of Egypt* (Chicago: University of Chicago Press, 1950), pp. 63~69에서 딴 것인데 Albtight, *BASOR*, 127(1952), pp. 27~30도 이에 동의하고 있다. 이와 약간 다른 것으로는, W. F. Edgerton, "The Chronology of the Twelveth Dynasty," *JNES*, 1(1942), pp. 307~14을 참고하라. 일반적인 논의로는 H. E. Winlock, *The Rise and Fall of the Middle Kingdom* (New York: The Macmillan Co., 1947)을 참고하라.

이 있었음을 나타내고 있다. 이 기간은 애굽이 국경을 넘어 세계에까지 그 영향력을 행사할 만큼 힘이 강했던 기간 중의 하나였다.[2]

둘째는, 외국 백성이 애굽에 들어와 왕권을 잡았던 힉소스[3] 왕조 기간이었다. 이들의 정확한 근원은 아직 수수께끼로 남아 있지만 18세기 후반기에 서서히 애굽에 침투한 아시아족임이 분명하다. 강한 제 12왕조는 짧았던 제 13, 14왕조[4]의 연약한 왕들에게 계승되었는데, 이때에 침투가 이루어졌을 것이다. 이 새 인물들은 1730년경에 북쪽 델타를 장악하여 아바리스[5]를 수도로 정하였으며, 1680년경에 주요 수도인 멤피스에서 애굽 통치자들을 제거하는데 성공하였다. 그리하여 그들의 통치는 애굽 전체에 퍼져 한때는 남쪽으로 누비아(Nubia)를 포함하기도 하였다.[6] 이 기간 중에 힉소스 왕조는 실제로 숫자가 많지 않았지만 요직을 차지함으로써 주된 힘을 행사하였다. 이들은 애굽의 방식[7]을 채택하여, 후에는 미움을 받았지만 처음에는 애굽 백성들로부터 인정

---

2) 이 기간은 애굽의 중간 왕국으로 알려져 있다. Sinube의 유명한 이야기는 이때에 생겨난 것이다. 그는 애굽을 빠져나와 동방을 통해 여행하고 돌아왔는데 이 이야기는 당시 생황에 대한 귀한 정보를 제공하고 있다(*ANET*, p. 418을 참고하라).

3) 이 기간은 둘째 중간기로 불리운다(R. M. Engberg, *The Hyksos Reconsidered*〈Chicago: University of Chicago Press, 1939〉; W. C. Hayes, *SE*, II, pp. 3~8; J. Van Seters, *TH*를 참고하라.

4) 마네토(Manetho)에 의해 지명된 이 왕조들은 같은 시대를 통치했음이 분명하다.

5) 이 사건은 새 왕국 석비에 기념되어 있는데 여기에는 제 18왕조의 마지막 왕인 호렘합(Horemhab)이 집권하기 400년 전에 이 사건이 일어났다고 되어 있다(Van Seters, *TH*, pp. 97~103을 참고하라).

6) 마네토는 1680년 멤피스를 장악한 통치자를 살루티스(Salutis)로 부르고 있으며, 동시에 이 살루티스와 함께 제 15왕조가 시작되었다고 말한다. 제 15왕조, 제 16왕조는 제 13왕조, 제 14왕조와 마찬가지로 동시대였던 것 같은데 마네토는 이 제 15왕조, 제 16왕조를 힉소스 왕조로 보고 있다.

7) 통치자들은 애굽의 칭호와 왕 이름을 사용하여 이것을 애굽 상형문자로 기록하였다. 이들은 애굽의 예술을 흠모하여 중간 왕국 시절의 동상, 조각, 그리고 다른 작품들을 복사하였다. 그들이 애굽의 신 셋, 라 등을 인계한 것을 보면 애굽의 종교까지도 받아들였다는 것을 알 수 있다.

을 받았던 것 같다. 그들이 이 나라를 정복한 때에도 큰 전쟁의 증거는 보이지 않는다. 그러나 이들은 거의 기록을 남기지 않아 확실히 알려진 것이 많지 않다.

셋째는, 제 18왕조[8] 기간으로 가장 강한 시기였다. 이 기간 중에 애굽은 세계적인 영향력을 행사하였다. 첫번 노력은 미움받는 힉소스 왕조의 땅을 없애는 일이었다. 이 일은 제 17왕조[9] 때 이미 시작되었으나 힉소스 왕조의 수도 아바리스를 탈환하고 외국인들을 멀리 북쪽 팔레스틴까지 쫓아버린 사람은 제 18왕조의 첫 통치자인 아모스(Ahmose, 1584~1560)였다. 이 아모스와 함께 본국의 통치는 강화되었으며 그의 손자 투트모스 1세(1539~1514)로부터 제국적인 애굽이 시작되었다. 이 왕의 군대는 멀리 남쪽으로 나일 강의 셋째 폭포에까지, 북쪽으로 지중해 해변을 따라 유브라데스 강까지 원정하였다. 후에 그의 손자 투트모스 3세(1504~1450) 대제는, 일반적으로 애굽에서 가장 능력있는 통치자로 추대되는데, 투트모스 1세를 능가하여 더 멀리 원정하였으며 안정된 국경을 세웠다. 투트모스 3세의 아들 아멘호텝 2세 또한 군사적인 수완을 타고났다. 이 당시 애굽의 군대는 세계에서 가장 강하였으며, 사륜마차의 군대가 선봉을 맡았다. 본국에서는 좋은 곡물이 생산되었고 이웃 나라와의 호혜적인 무역관계를 가졌으며 성공적인 원정으로 풍부한 전리품을 얻게 된 애굽은 극도에 달하는 번영을 하게 되었다. 또한 이 나라는 가장 훌륭한 교육적, 문화적 혜택을 누리었다.

넷째는, 세계적인 영향력에 있어 거의 제 18왕조에 가까왔던 제 19

---

8) 참고. Steindorff and Seele, *When Egypt Ruled the East*(rev. ed., Chicago: University of Chicago Press, 1957): Hayes, *SE*, II, pp. 42~325.

9) 제 17왕조는 주전 1660년경부터 시작된다. 이 왕조는 제 13왕조로부터 테베를 인계받았는데 이러한 것은 힉소스 왕조의 정복 이후 테베 지역에서 계속되어 온 것이었다. 제 17왕조의 마지막 통치자 카모스(Kamose)는 힉소스 왕조로부터 이미 많은 애굽 땅을 되찾았고 적어도 멀리 델타 지역까지 밀고 나갔다. 제 18왕조의 첫 왕 아모스는 그의 아우였다(참고, Hayes, *SE*, II, pp. 8~9).

왕조[10]의 기간이다. 이 기간은 109년이나 지속되었는데 이 중 66년은 라암세스 2세[11](1304~1238)의 지배 밑에 있었다. 이 왕과 그의 후계자 세티 1세는 투트모스 3세의 북쪽 국경을 재건하려 했는데 이 목표에 다다르지는 못했지만, 전 팔레스틴과 남방 수리아[12]를 다시 한번 총 지배 하였다. 라암세스 2세는 군사적 전략가이자 또한 건축가였는데, 이는 그가 애굽의 거의 모든 주요 도시에 세웠거나 증축한 건축물에 의해 증명된다.[13] 애굽은 제 19왕조를 통해 계속 번영하여 세계에서 중대한 힘을 발휘하고 있었다.

2. 애굽 사람의 생활

애굽 사람들은 나일 강에 크게 의존하여 이곳에 모여 살았다.[14] 이 수로는 해마다 범람하여 비옥한 새 땅과 많은 물을 가져다 주었으므로 훌륭한 농작물이 생산되었다. 나일 강이 없었다면 애굽은 단순한 사막에 불과했을 것이다. 이 나라는 길고 좁은 형태이므로 몇 마일 안되는 나일 강둑 안에 대부분의 사람이 살았다. 나일 강이 형성한 삼각주는 지중해 근처와 마찬가지로 수많은 지류에 펼쳐져 있어 넓은 농경지를 제공하였다. 야곱의 가족에게 주어졌던 고센 땅은 삼각주의 동편에 놓여 있었다. 오늘날 카이로는 지중해에서 100마일 떨어진 남쪽 끝에 놓여 있다. 삼각주 지역은 하반부 애굽, 남쪽 지역은 상반부 애굽이라고 불리었는데, 이는 나일 강이 남쪽에서 북쪽으로 흐르고 있는 것을 보고 붙힌 이름이다.

---

10) 참고, Hayes, SE, Ⅱ, pp. 326~434. 제 18, 19, 20왕조가 애굽의 새 왕국 시대를 구성하고 있음을 알아야 한다.
11) 이 연대에 대한 논의로는 앞의 5장 주 30를 참고하라.
12) 5장 주 100를 참고하라.
13) Hayes, SE, Ⅱ, p. 342.
14) 최근의 인기있는 연구로는 Bruce Brander, *The Nile River* (Washington D. C: National Geographic Society, 1966)를 참고하라.

종교는 애굽 사람의 생활에서 주요 역할을 차지하였다.[15] 백성들은 많은 신을 섬겼는데 가끔 새나 동물들도 섬겼다. 각 동물체는 특히 섬기는 신을 가지고 있었다. 이 신들은 삶의 결정들을 지배했는데 그 여러 방법에 따라 구분될 수 있는 것 같다. 지방신 외에도 이보다 높은 위치의 국가신이 있었는데, 국가신은 지방신만큼 개인 생활방식에는 실제로 영향을 끼치지 못했다. 송골매 신(The falcon god)인 호루스(Horus)는 하반부와 상반부 애굽이 메네스(Menes)왕[16] 때 처음으로 통합되었을 때 지방 신에서 국가 신으로 승격하였다. 구 왕국 기간 중에는 라(Ra) 신이 주요 신으로 추대되었다. 그러나 대부분의 2,000년대에는 아몬(Amon) 신(가끔 라 신과 아몬-라 신이 동일시됨)이 주요 신이었다. 테베는 이 신의 주요 숭배지역이었으며, 특히 카르낙(Karnak)과 룩소(Luxor) 같은 거대한 사원이 이곳에 세워졌다. 이 신의 제사장은 큰 힘을 행사하여 거대한 땅을 지배하였으며 이미 가난한 사람들로부터의 헌납을 요구하였다. 이 제사장들은 정치적으로도 광범위한 힘을 행사하였다. 제 19왕조의 아멘호텝 4세(1384~1367)는 그들의 세력을 꺾어 새 수도 텔 엘-아마르나(Tell el-Amarna)에서 아톤(Aton) 신에 대한(따라서 그의 이름을 아케나톤〈Akhenaton〉으로 바꾸었다) 혁명적인 유일신 제단을 세우려 하였다. 그러나 그가 죽었을 때 모든 것은 이전 상태로 되돌아갔다.

  애굽 종교의 주요 양상은 사후의 생에 대한 믿음이었다. 백성들은 그들 행실의 기록이 죽은 후에 평가되어 사후 생의 신분을 결정하게 된다고 믿었다. 백성들은 내세 존재에 대한 충분한 물질적 준비를 하고자 하였는데 자연히 장례에 역점을 두게 되었다. 시체에는 기름을 바르고 훌륭한 무덤을 세웠다. 구 왕국의 왕들은 그들의 매장 장소로

---

15) Hayes, *SE*. I. chap. vi. "The Religion and Funerary Beliefs in Ancient Egypt." pp. 75~83.

16) 마네토는 메네스(Menes)를 영구적으로 통합된 애굽, 즉 첫 왕조의 첫 왕으로 보고 있다(참고. Alan Gardner. *Egypt of the Pharaohs*〈London: Oxford University Press, 1961〉. pp. 66~67: Finegan, *LAP*. pp. 82~83).

서 거대한 피라미드를 세웠다. 초기에는 노예들까지도 죽여서 그 주인 시체 옆에 매장하였다. 가난한 사람들은 부유한 사람들 만큼 호화스럽게 준비하지 못했지만 그들이 할 수 있는 한 최대한 정성을 다 들였다.

3. 애굽에서의 야곱의 후손

앞의 장에서 설정한 연대기를 기초로 한다면 야곱과 그의 가족들은 2,000년대의 첫 통치 기간 중, 곧 제 12왕조 때에 애굽에 도착하였다. 도착 연대가 주전 1876년경[17]이므로 애굽 왕은 가장 호전적인 왕 중의 하나인 세누세르트 3세(Senusert III, Sesostris, 1878~1871)이었던 것 같다. 이 왕은 멀리 남쪽으로 둘째 폭포까지, 북쪽으로 전 팔레스틴을 정복하였다. 그는 삼각주에서 홍해까지 운하를 팠으며, 첫 폭포에서 또 다른 운하를 다시 팠다. 그의 선임자 세누세르트 2세(1894~1878)는 요셉이 꿈을 해석한 왕이었을 것이다.

비옥한 고센 땅을 받은 야곱의 후손들은 하나님의 특별한 축복을 받아 번성하였다. 하나님은 야곱에게 17년간의 번성을 주셨는데 초기 생애에서 많은 절망을 겪은 후였으므로 그는 그가 누린 만족에 감사를 돌렸을 것이다. 이스라엘 자손이 "그 땅에 가득찰 때"까지(출 1:7) 곡식이 번성하고 인구가 증대되었다. 이것은 그들이 하반부와 상반부 애굽 모두에 퍼져 있었다는 것이 아니다. 모든 목자는 "애굽 사람들에게 가증히 여김"을 받았다는(창 46:34) 이유로 인해 그런 일은 일어날 수가 없는 것이다. 애굽 사람들은 그런 식의 혼합을 허락지 않았을 것이다.

대부분 야곱의 아들들은 모여 살았으므로 고센 땅을 완전히 채우도

---

17) 앞의 2장 주 32를 참고하라. 제 12왕조의 후반부 특히 제 13왕조 때 많은 아시아계 노예들이 애굽에 살았다는 증거가 애굽의 파피루스 사본에 있는 것은 흥미있는 일이다. 그러나 이것은 이스라엘의 국가적 노예상태를 반영하는 것이 아니다. 왜냐하면 이스라엘의 노예상태는 힉소스 왕조 때까지 일어나지 않았기 때문이다. 몇몇의 이스라엘 사람들은 이보다 일찌기 노예가 되었을 것이나 아마도 대부분은 다른 혈통의 아시아인이었을 것이다(참고, Van Seters, TH, pp. 90~92).

록 그들의 소유가 증대되었다.

요셉은 그의 가족이 애굽으로 들어온 후 71년을 살았다.[18] 이것은 제 12왕조가 끝나기 대략 25년 전 아메넴헤트 3세(Amenemhet III, 1841~1797)의 재임중인 주전 1805년경에 죽었음을 의미한다. 분명히 요셉은 흉년 뒤에도 고위 관직을 계속 유지했는데, 그렇다면 그의 가족에게 많은 혜택을 주었을 것이다. 관개장비, 농경기구, 그리고 가정 필수품 등에 있어서 가장 좋은 것을 제공했으리라 쉽게 믿어진다. 요셉이 살아 있는 동안 이스라엘 사람들의 생활은 훌륭했을 것이다.

4. 압박(출 1:8~22)

"요셉을 알지 못하는" 왕이 일어난 것은 힉소스 왕조의 첫 왕이었다고 앞에서 이미 제시하였다.[19] 이 왕은 이들 통치자의 첫째 왕이었던 것 같고 초기 단계의 통치에서 북동쪽 애굽만을 다스렸으며 아바리스에 수도를 세웠다. 고센은 이 지역에 있었으므로 분명히 첫 단계 정복에 포함되었다. 그렇다면 연대는 주전 1730년경[20]으로 요셉이 죽은 지 75년 후였다. 75년 동안 이스라엘의 번영은 계속되었다. 애굽 왕들은 전과 같이 이스라엘이 살도록 허락했을텐데 이는 요셉을 기억하고 있었고 또한 변경할 만한 급박한 이유가 없었기 때문이었다. 아마도 요셉이 공급했던 특별한 혜택이 끊겼을 것이나, 이미 얻은 힘의 위치로 말미암아 그러한 혜택은 크게 필요하지 않았을 것이다.

(1) 노예화됨(출 1:8~14)

그러나 이제는 문제가 달라졌다. 고센 땅 거주자에게 가혹한 속박이

---

18) 앞의 2장 주 37 참고하라.
19) 앞의 2장을 참고하라.
20) 이 사람이 주전 1680년경 전 애굽을 장악한 힉소스 왕조의 살루티스(Salutis)였다는 또 다른 견해도 있다. 그는 아마도 더 한층 도전적인 인물이었다.

주어졌다. 출애굽기 1:8~10에 그 이유를 기록하고 있다. 첫째, 새 힉소스 통치자는 "요셉을 알지 못하였다." 즉, 그는 요셉에 대한 역사적 배경이 없었고, 요셉을 안다 할지라도 그를 존경할 만한 이유가 없었다. 그는 외국인 통치의 새 왕조를 세웠으므로 이전의 충성이나 의무 등은 별 상관이 없었다. 둘째, 이스라엘은 힉소스 왕조보다 "수도 많고 힘도 강하게" 나타난 것이다. 앞에서 지적한 대로, 힉소스 왕조는 많은 숫자가 아니었으므로, 이때에 야곱의 가족이 그들을 숫자적으로 쉽게 능가했을 것이다. 새 지배층은 힘이 세고 잘 통합된 외국 집단이 아무런 제지를 받지 않은 채 문제를 일으킬 만한 강력한 근원으로 지속되기를 원치 않았을 것이다. 셋째, 전 왕조와 군사적 동맹을 맺어 문제를 일으킬 것으로 보였기 때문이다. 쫓겨난 왕조는 이스라엘 집단과 우호 관계였으므로 이제 그들을 불러 구 신분을 다시 세우려 할 것이다. 따라서 이 백성들을 노예화하기로 결정하였다. 이동을 하거나 자기가 원하는 일을 하는 자유를 박탈함으로써, 문제의 근원을 제거할 수 있을 것이다. 더욱이 이 방법은 그들을 통제할 뿐 아니라, 비돔이나 새 수도 라암셋[21]같은 건축 목표에 귀한 노동력을 제공할 것이다.

힉소스 왕조는 노동력을 얻었고, 또한 쫓겨난 애굽 사람들과 이스라엘과의 어떠한 동맹도 방지하였다 — 실제로 그러한 가능성이 존재했다면 — 그러나 그들은 이스라엘의 인구증가를 줄이지 못하였다. 출애굽기 1:12에 "그들이 이스라엘을 더욱 괴롭히면 이스라엘은 더욱더 증가하였다"라고 말하고 있다. 출애굽 당시까지 이스라엘이 국가형태가 되려면 인구증가가 필요하였는데 하나님은 이 목적을 위해 그들을 축복하셨다. 빠른 증가율[22]은 전과 같이 계속되었다.

(2) 남자 아기를 죽이라는 명령(출 1:15~22)

이러한 증가를 제지하려는 또 다른 방법이 생겨났다. 즉, 모든 남자 아이를 죽이라는 명령이었다. 그러나 이 명령은 힉소스 왕조가 아니라

---

21) 앞의 2장 주 40을 참고하라.
22) 앞의 5장을 참고하라.

제 6 장 애굽에서의 생활 149

제 18왕조의 한 왕[23]이 내린 것이었다. 이것은 이 명령이 유효할 때 모세가 태어났다는 사실에 따른 것이다. 출애굽 당시(주전 1446) 모세가 80세였으므로[24] 모세의 출생연대는 제 18왕조의 셋째 왕 투트모스 1세(1539~1514)의 집권 시 주전 1526년경으로 계산된다.

이 명령은 몇 년의 간격을 두고 두 단계로 주어졌다. 첫 단계는 히브리 산파[25]에게 내린 명령으로 모든 히브리 남자 아이를 출생 즉시에 죽이라는 것이었다(출 1:15~21). 이것은 아마도 제 18왕조의 첫 두 왕 곧 아모스(1584~1560)와 아멘호텝 1세(1560~1539) 중 어느 한 사람이 내린 것이었다. 이것은 사악한 명령으로 잘 지켜지기만 한다면 매우 효과가 있었을 것이다. 그러나 용감한 산파들의 덕택으로 별 효과가 없었는데, 그것은 산파들이 도착하기도 전에 히브리 산모가 재빨리 분만을 해버렸다는 핑계를 한 것이다.

두 번째 단계는 애굽 제국을 처음 수립한 투트모스 1세에 의해 주어졌다. 이것은 모든 애굽 사람들에게 내린 명령으로 모든 히브리 남자 아이들을 나일 강으로 던지라는 것이었다(출 1:22). 이것은 공무원이 내린 명령 중 가장 비인간적인 처사 중의 하나였다. 그러나 어떤 면에서는 그 상황을 고려해 볼 때 이해할 만도 하다. 이스라엘은 350년 동안 급성장을 해왔으므로 수많은 인구가 되어가고 있었다. 투트모스 1세는 애굽의 국경을 확장하는 데 주력했으므로 대부분 그의 군대는 많은 시간을 국외에서 보냈을 것이다. 그는 이 외국 백성이 증가하여 자기의 국내 군대보다 더 커지는 것을 원치 않았다.

---

23) 애굽의 어느 왕조도 이제는 그러한 제지방안을 강구했을 것이다. 그 이유로는 첫째, 이스라엘과의 역사적 관련을 잊어버렸을 것이며, 둘째, 미움을 받고 쫓겨난 힉소스 왕조와 남아 있는 이스라엘이 아시아 계통의 친족임을 깨달았고, 셋째, 이스라엘 백성의 숫자가 이제는 힉소스 왕조 이전의 어느 때보다도 훨씬 많이 증가했었기 때문이다.
24) 출애굽기 7:7. 모세는 광야에서 40년을 보내고 120세에 죽었다(신 34:7).
25) 십브라 부아라고(출 1:15) 불리우는 두 명의 산파만 나와 있는데 이 두 명은 감독이었던 것 같다. 당시 살고 있었던 히브리 가족의 숫자를 본다면 2명 이상이 있었을 것이다.

5. 모세[26] (출 2:1~10)

새 명령은 첫번보다 더 강력했지만[27] 한 중요한 인물이 이스라엘 역사 속으로 들어가는 것은 막지 못했다. 이 사람은 모세였는데 만일 왕이 그의 운명을 알았더라면 그를 죽이는 데 큰 관심을 두었을 것이다. 그러나 그는 이스라엘의 위대한 구원자로 준비되었기 때문에 하나님의 특별하신 보호가 있게 되었다.

(1) 초기의 가정 (출 2:1~10)

모세의 아버지 아므람[28]과 어머니 요게벳은 모두 레위 자손이었다(출 6:16~20). 그들은 이미 3살 된 아론과 7살 가량 된[29] 미리암 등 두 자녀가 있었다. 모세가 그의 가정에서 초년만을 지냈음에도 불구하고 후에 애굽 궁전에서 계속 하나님의 교훈에 깊이 영향받은 것을 보면 그의 가정이 하나님중심이었던 것 같다. 당시 그는 자기 자신을 그의 백성과 동일시하여 "잠시 죄악의 낙을" 누리기보다는 "하나님의 백성과 함께 고난을 나누었다"(히 11:25). 요셉 이후 수많은 세월이 흘렀으므로 이스라엘 백성의 다른 가정들은 아마도 하나님에 대해 냉담해졌을 것이나 아므람과 요게벳의 가정은 그렇지 않았다. 하나님이 모세의 부모로서 그들을 택한 데에는 분명히 그들의 경건함이 한 요소가

---

26) 모세라는 이름은 히브리말과 애굽말 두 군데서 그 뜻을 찾을 수 있다. 히브리 말에서 Mosheh는 "건지어 내다"라는 뜻이고(출 2:10), 애굽말 모스(Mos)는 "아이"라는 뜻인데, 한 예로 "토트(Thot)의 아이"라는 뜻을 지닌 투트모스(Thutmose)에서도 이와 같은 요소가 발견된다.

27) 모세의 부모는 아이를 감추었다가 상자에 넣어 강에 띄우는 것이 적어도 더 낫다고 여겼다.

28) 모세의 아버지가 레위의 손자 아므람과 같은 인물이 아니었다는 증거(출 6:16~18)로는 앞의 5장 주 14를 참고하라.

29) 출애굽기 7:7에는 아론의 나이가 나와 있다. 모세가 강가로 띄워졌을 때 이를 지킨 누이가 미리암이었다는 것은 아마도 정확할 것이다. 그렇다면 미리암은 이 책임을 감당할 만한 나이가 되었을 것이다.

제 6 장 애굽에서의 생활   151

되었을 것이다.

　모세의 생명을 구하려는 그의 부모님의 간절한 욕망이 강화되어 나타난 사건에서 보면 모세는 "하나님"의 아이로 표현된다(출 2:2~10). 그의 부모는 왕의 명령에 거역하여 집에 석달 동안 감추었다가 더 이상 버틸 수가 없게 되자 갈대 상자에 그를 담아 강에 띄웠으며 그 누이로 하여금 이를 지키게 하였다. 하나님의 섭리적인 보호로 투트모스 1세의 딸이 목욕하러 나왔다가[30] 아기가 우는 것을 발견하였으며, 그 누이의 제안에 따라 젖을 뗄 때까지 요게벳을 유모로 고용하였는데, 물론 요게벳이 아기의 실제 엄마라는 것은 알지 못했다. 그리하여 요게벳은 이제 법적으로 안전하게 아기를 도로 갖게 되었으며, 유모 역할에 대한 돈도 지급받았는데 이 모든 것은 분명히 그녀의 마음속에 무한한 감사를 불러일으켰다. 그러나 4년 내지 5년 후에는[31] 아들을 궁전에 남겨놓아야 했으며 이곳에서 모세는 바로의 딸의 법적인 아들이 되었다.

(2) 바로의 딸 핫셉수트(Hatshepsut)

　이 딸은 얼마 있다가 자신이 애굽의 최고 통치자라고 선언한 명성있는 핫셉수트이었을 것이다. 당시에 여성으로서 그러한 지위를 감당한다는 것은 매우 드문 일이었으나 핫셉수트는 정말 비범한 인물이었다.[32] 그녀는 강한 개성과 놀라운 지도력을 가지고 있었는데 여기에 유리한

---

　30) 당시 수도는 테베이었으므로, 이 공주는 고센 지역 근처의 북쪽을 방문했을 것이다. 그러나 이러한 여행은 흔한 일이었다(5장을 참고하라).
　31) 모세는 이보다 더 어리지 않았을 것이다. 그 이유를 들자면, 후에 그가 그의 백성쪽을 선택한 데에는 분명히 초기의 가정교육으로부터 영향을 받았을 것이며, 또한 공주는 이보다 더 어린 모세를 돌보려 하지 않았을 것이다.
　32) 애굽 역사에서 이전에 두 명의 여왕이 최고의 위치를 감당하였지만 아무도 핫셉수트처럼 남성적인 태도나 복장을 취하지 않았다(참고. Gardner, *Egypt of the Pharaohs*(London: Oxford University Press, 1961), p. 183).

환경을 이용하여 왕위를 요청하였다.[33] 그녀는 상반부와 하반부 전 애굽의 통치자로 선언하였으며, 보통 왕의 칭호뿐 아니라 카라레(Karare)라고 하는 특별한 왕의 이름을 택하였다.

핫셉수트는 투트모스 1세와 그의 정식 부인 아모스[34] 사이에 유일하게 살아남은 아이였다. 4명의 자녀, 곧 두 아들 와드모스(Wadmose)와 아멘모스(Amenmose), 그리고 핫셉수트 외에 한 명의 딸 네프뤼비티(Nefruibity)가 태어났다. 그러나 다른 사람들은 어렸을 때 죽은 것이 거의 확실하다. 그리하여 핫셉수트는 왕위에 대한 유일한 법적 상속녀가 되었고 또한 모세를 발견한 바로의 딸로서 규명될 수 있는 유일한 사람이 되었다.[35]

핫셉수트는 남자가 아니었기 때문에 왕위를 직접 계승할 수 없었다. 투트모스 1세는 후처에 의한 아들이 있었는데 이 아들이 핫셉수트와 결혼하였으므로[36] 그녀의 법적 칭호가 그를 대신해서 작용할 수 있었던 것이다. 그는 투트모스 2세(1514~1504)라는 이름을 취하였다. 이 인물은 강직한 핫셉수트와 대조적으로 신체와 성격이 모두 연약하였다. 그는 그의 통치에서 그녀와 역시 강직한 여인인 장모 아모스에 의해 지배되었다. 여기에서 핫셉수트에게 유리한 것은 양쪽 부모가 모두 왕족이었으므로 백성들의 환심을 사게 되었다는 사실이었다. 투트모스 2

---

33) 왕이라는 애굽의 단어는 여왕이라는 단어와 똑같이 쓰여지기 때문에 그녀가 자기 자신에게 남성 용어를 사용했다고 확실히 말할 수는 없다. 그러나 그녀의 조각이나 동상에는 가끔 남성 옷을 입고 관례적인 수염을 착용한 것으로 표현되어 있다.

34) 참고. Steindorff and Seele, *When Egypt Ruled the East* (rev. ed., Chicago: University of Chicago Press, 1957), pp. 36~46; Hayes, *SE*, II, pp. 78~83.

35) 물론 이 딸도 후처의 소생이었던 것 같다. 그러나 모세에게 모든 특권을 줄 수 있었던 능력있는 한 사람이 바로 이때에 살았다는 것은 우연 이상인 것 같다. 또한 그녀의 능력으로 누군가를 택하여 왕의 명령을 거역하여 감히 히브리 아기를 구하고 궁궐에서 기르기까지 했던 것이다.

36) 오누이간의 결혼이 고대 애굽에서 받아들여졌는데 이곳에서는 오시리스(Osiris) 신까지도 그의 누이 이시스(Isis)와 결혼한 것으로 보인다.

세와 핫셉수트 사이에는 외동딸 네프루레(Nefrure)가 태어났고, 다시 후처에 의한 아들이 후계자가 되었다. 그 또한 양쪽 부모가 왕족인 이 딸과 결혼했을 것이다. 이 경우 확실한 증거가 발견되지는 않았지만[37] 이 후계자는 투트모스 3세(1504~1450)라는 이름을 취하였다. 핫셉수트가 감히 전 왕국을 지배하려는 수단을 취한 때는 투트모스 2세가 죽은 후 이 투트모스 3세가 10살 쯤 되던 때였다. 투트모스 3세는 분명히 그 이전에 왕위에 올랐었는데 아마 1년 쯤 집권하였다.[38] 그러나 이때 그녀는 왕권을 획득하였고 그녀의 인상적인 집권[39]에 뒤이어 그가 다시 왕위에 오른 것은 22년 후(1503~1482), 곧 그녀가 죽은 후였다. 그 결과 그는 그녀에 대해 큰 모멸감을 갖게 되었는데, 이는 그가 그녀의 이름이나 표현을 사원과 무덤에서 지워버린 사실로 증명된다.[40] 그는 분명히 백성들의 마음속에서 그녀의 기억을 망각시키려 하였다. 이 사람은 애굽의 가장 위대한 통치자[41]가 되기 위해 계속 질주하였다.

---

37) 참고. Hayes. *SE*. II. pp. 81~82, 105~106.

38) 이 기간 중 그녀는 죽은 투트모스 2세의 부인이라는 칭호만을 갖고서 공공건물에 그녀의 아들 뒤에 서서 나타나곤 했다.

39) 그녀의 집권중 애굽은 제 12왕조 이래 가장 높은 경제적 번영을 누렸다. 그녀는 다른 도시뿐 아니라 테베에 특히 그녀의 훌륭한 사원 데일 엘 바리(Deir el Bahri)를 건축하였다. 힉소스 왕조에 의해 무시되었거나 파괴된 성소가 다시 회복되었다. 그녀는 아몬 신에 충성하여 거대한 카르낙(Karnak) 사원에는 정원과 무도회장을 첨가하였고 또한 높이가 97피트나 되는 두 개의 높은 방첨탑을 세웠다. 그녀는 무역에 관심을 보였고 또한 시내 반도에 있는 구리, 터어키옥 광산을 개발하는 모험을 하였다.

40) 한 예로 데일 엘 바리에 있는 핫셉수트의 거대한 무덤에는 건물이 보존되었지만 핫셉수트의 이름이나 형상은 인위적으로 지워져 있었다. 또한 많은 조각과 200개가 넘는 동상, 지붕을 받치는 열주와 정원이 달린 스핑크스 등이 파괴된 것도 여기에 관련된 것이었다.

41) Hayes는 "논할 것도 없이 애굽 왕권을 지배한 가장 위대한 왕"으로 그를 기술하고 있다(*SE*. II. p. 116). Steindorft와 Seele는 "만약 어느 애굽 왕이 '대제'라고 지명받을 가치가 있다면 다른 누구보다도 그가 가장 걸맞는 적격자이다"라고 말하고 있다(op. dit., p. 66).

(3) 궁궐에서의 모세

그렇다면 모세는 이 놀라운 여성에 의해 길러졌을 것이라고 쉽게 생각할 수 있다. 강가에서 그를 발견하여 후에 양자로서 테베에 있는 궁궐로 그를 받아들인 바로 그녀였다. 아문(Amun) 신 숭배의 중심지로서 훌륭한 종교적 사원이 많았고 교육적 혜택은 세계의 최고 수준이었다. 지적인 능력을 타고난 핫셉수트는 그의 아들에 대해 최고의 수준이었다. 지적인 능력을 타고난 핫셉수트는 그의 아들에 대해 최고의 교육이 아니라면 만족하지 않았을 것이다. 그녀 자신의 딸 네프루레(Nefrure)는 어렸을 때 죽었으므로[42] 그녀의 관심은 모세에게 집중되었을 것이다.[43] 모세는 가장 훌륭한 선생을 제공받았을 것이며 그의 지적인 능력은 배운 것을 모두 소화할 수 있었을 것이다. 그가 큰 이득을 얻었다는 것은 후에 스데반이 한 말 "모세는 애굽의 학술을 다 배웠다"는 데에서(행 7:22) 증명된다.

6. 모세의 선택(출 2:11~25; 행 7:23~29; 히 11:24~27)

(1) 칭찬할 만한 결정(히 11:24~27)

이 일에 관해서 히브리서 11:24의 내용은 깊은 의미를 던져주고 있다. 즉, "모세는 장성하여 바로의 공주의 아들이라 칭함을 거절하였다."

그는 높은 지위에 대해 거절을 한 것이다. 이것은 특히 그가 40세였을 때 일어난 것이었다. 그는 속박되어 있는 자기 백성들의 곤경을 돕기로 결정하였다. 그렇지 않았다면 그는 애굽에서 높은 관직을 차지했

---

[42] 만약 이 딸이 투트모스 3세와 결혼했다며, 그것은 둘 다 10세나 그 미만이었을 때였다.

[43] 모세는 그 딸보다 나이가 더 많았다. 모세는 주전 1526년에 태어났으므로 주전 1504년 투트모스 3세가 왕이 되었을 때는 22살이었을 것이다. 핫셉수트는 아마도 1514년 투트모스 2세가 즉위하기 직전 그와 결혼하였는데, 따라서 그 당시 그 딸이 10세가 안되었을 것이다.

을 것이다. 어떤 이들은 핫셉수트와 쫓겨난 투트모스 3세의 악화된 관계에서 볼 때 그녀가 모세로 하여금 자기 뒤를 잇게 하려 했었다고 제안하였다. 그러나 그런 것 같지는 않다. 왜냐하면 투트모스 3세는 핫셉수트가 그런 추정을 하기 전에 이미 왕위에 올랐고 또 그는 자기의 권리에 강한 의지를 가지고 있었다. 그는 분명히 그러한 움직임을 방지하기 위해 가능한 한 모든 방법을 취했을 것이다. 핫셉수트는 모세가 히브리 혈통이라는 사실을 아마도 감추려 했을 것이며, 그는 이 사실을 투쟁의 무기로 사용했을 것이다. 그러나 능력도 있고 또 특권 위치에 있었던 모세에게 다른 관직이 주어졌을 것이다.[44] 그러나 그가 자기 백성 곧 노예화된 히브리족을 택했을 때 이 모든 특혜는 상실되었다. 핫셉수트는 분명히 이 결과를 경고했었고 그러나 모세는 이를 상관하지 않았다. 이러한 이유로 우리는 그를 칭찬할 수 있다.

(2) 어리석은 행동(출 2:11~22; 행 7:23~29)

그러나 모세는 칭찬받을 결정을 하였지만 그것을 현명하게 수행하지 못하였다. 그는 자기 민족 히브리인과 함께 밖에 있다가 감독이 히브리 인을 학대하는 것을 보고 그 자리에서 그 감독을 죽였다.[45] 그는 아무도 보지 않았다고 생각한 채 시체를 묻어버렸다. 그 다음날 그는 두 히브리인 사이의 분쟁을 해결하려고 하다가 거기에서 전날 자기 행동이 알려진 것을 깨달았다. 곧 그는 거의 40년 동안 이룩해 온 것을 포기하고 그 나라에서 도망하였다. 그 이유는 곧 쉽게 알 수가 있다. 계속 그 곳에 머무른다면 투트모스 3세로부터의 위협이 닥칠 것을 안 것

---

44) 실로 그는 여기에서 40세 때 이미 관직에 있었을지도 모른다. 왕위를 되찾은 투트모스 3세는 자신이 왕인 이상 그를 내버려두었을 것이다. 그때까지 모세는 백성들로부터 많은 환심을 샀을텐데 그를 내쫓는다면 필요없는 문제를 일으키게 될 것이다.

45) 이 사건 역시, 테베에 있는 모세의 집에서 북쪽으로 멀리 떨어진 고센 땅에서 일어나야 했을 것이다. 그러나 모세는 중요한 관직의 일로 이 북쪽에서 오래 머물렀을 것이다.

이다. 오랜 세월 동안 서로 경쟁을 느껴온 이 적수[46]는 이제 그를 죽이는데 필요한 모든 핑계를 갖게 될 것이고, 모세는 자신을 방어하지 못한 채 노예화된 외국인이라는 신분이 드러나게 될 것이다. 그는 가능한 한 빨리 도망치는 것이 안전하리라 생각하였다.[47]

모세는 동쪽 시나이 반도로 도망하여 미디안 제사장 이드로[48]의 집에 도달하였다(출 2:15~22). 그는 이 제사장의 딸 십보라와 결혼하였으며 양을 돌보면서 살았다. 애굽의 떠들썩한 궁정생활과는 반대로 조용함과 고독 속에서 40년이 흘렀다. 모세의 생활 지역은 아카바 만과 시내 산 근처이었던 것 같은데, 이곳은 앞으로 몇 년 후에 그가 이스라엘을 이끌고 통과해야 할 지역이었다. 이곳에서 얻은 지리적 정보가 분명히 훗날 큰 도움을 주었을 것이다.

(3) 투트모스 3세(Thutmose Ⅲ)

모세가 광야에서 거의 40년을 지냈을 때 마침내 위대한 투트모스 3세가 죽었다(출 2:23~25). 왕으로의 복귀 이래 이때까지 이 왕은 32년을 통치하였다. 이 기간 동안 위대한 업적이 이루어졌다.[49] 그는 정치적 행정가로 능하였고 당시 경마, 궁도, 그리고 모든 운동에 능하였다. 그는 예술 후원가였다. 그러나 그가 뛰어난 점은 군사적 전략가로

---

46) 투트모스 3세와 핫셉수트 사이의 증오감으로 인해 이 두 젊은이 사이에도 증오감이 있었을 것이다. 투트모스는 이제 한창 나이인 28세로 점점 강해지고 있는 반면 핫셉수트는 점점 노쇠해졌다. 그녀가 4년 후에 죽은 것이 오히려 이상할 정도이다.

47) 투트모스 3세도 역시 북쪽에 있지 않았다면 소식이 테베에 있는 이 젊은 통치자에게 도달하기 전에 모세는 도망칠 충분한 시간이 있었을 것이다.

48) 또한 르우엘(출 2:16. 참고. 3:1)이라고도 불리운다. "하나님의 친구"라는 뜻의 르우엘은 그의 개인적 이름이고 "훌륭함"이라는 뜻의 이드로는 그의 칭호였다.

49) Hayes. *SE.* Ⅱ. pp. 114f.; Steindorff and Seele. *When Egypt Ruled the East* (rev. ed.; Chicago: University of Chicago Press. 1957). pp. 53f.

서였다. 핫셉수트의 죽음 직후에 그는 북방 팔레스틴과 수리아에 의해 주요 반란을 겪게 되었다. 그는 므깃도에서의 찬란한 승리로써 이것을 결정적으로 제압시켰다. 후에 원정에서 그는 다시 한번 유브라데스 강을 넘어서까지 북방국경을 밀고 나갔는데 이것은 그의 할아버지보다 더 멀리 간 원정이었다. 그리고 나일 강을 따라 남쪽으로 행한 두 번의 짧은 원정은 넷째 폭포 밑의 나파타(Napata)까지 국경을 이루어놓았다. 애굽 국경은 이제 최대 한도에 다다라 그야말로 제국이 되었다. 금, 은, 그리고 귀중한 모든 상품들이 포획한 전리품의 형태로 그리고 무역상품으로 이 땅에 쏟아져 들어왔다. 애굽 역사에서 이처럼 번성한 때는 거의 없었다. 그러나 마침내 이 위대한 통치자는 죽었고 모세는 애굽으로 돌아올 수 있었다.

7. 애굽으로 돌아온 모세(출 3:1~4:31)

그러나 애굽으로 돌아가리라는 생각은 모세로부터 시작된 것이 아니었다. 그는 오히려 저항했다. 하나님은 모세가 호렙 산에서 양을 돌보고 있을 때 부르셨는데, 이 산은 후에 하나님께서 이스라엘의 율법을 주신 바로 그 산이다(출 3:1~4:17). 보증의 표시로서 타지 않는 떨기나무 불꽃을 사용하신 야웨의 천사[50]는 모세를 불러 애굽으로 내려가 오랜 속박에서 이스라엘을 인도해야 한다고 말씀하셨다. 그는 또한 모세에게, 이스라엘 백성에게 가서 말할 하나님의 이름을 주었다(출 3:13~14).[51] 그것은 "나는"(I am)이라고 번역되는데 hayah 동사("to be")의 제 일인칭이며 여기에 삼인칭을 써서 야웨라는 이름이 나온 것이다. 제 일인칭이건 삼인칭이건 간에 이 이름의 개념은 하나님은 스스로 있는 자로서 자기 자신을 포함한 모든 존재에 책임을 갖고 있다

---

50) 앞의 3장 주 28을 참고하라.
51) 야웨라는 이름은 족장들에게 알려져 있었으나 출애굽기 6:3에 따르면 그 전체 의미는 알려지지 않았다. 이 이름만이 사용되게 되었다고 주장하는 비판이 있으나 그러한 것은 배척해야 한다.

는 뜻이다. 하나님은 우연이라는 것을 모르기 때문에 무슨 약속을 하든지 반드시 지키실 것이다. 하나님은 모든 존재를 통치하시므로 아무도 그의 약속을 방해하지 못할 것이며, 하나님이 허락하지 않는 한 방해를 가져오는 것은 전혀 없을 것이다. 모세는 자기가 백성에게 돌아갔을 때 그들이 자기를 믿지 않을 것이라고 항의했는데 이때 하나님은 신임장으로써 두 가지 마법을 그에게 주셨다.[52] 또다시 말을 잘하는 능력이 없다고 항의하자 하나님은 아론이 그의 대변자로 활동할 것이라고 하셨다.[53] 모세는 장인에게 작별을 고하고 부인 십보라와 두 아들과 함께 애굽으로 떠났다(출 4:18~31). 가는 길에 한 아들의 할례에 대해 논쟁이 일어났으며, 할례 후에 십보라는 모세에 의해 두 아들과 함께 집으로 보내졌다.[54] 오랜 세월 후 모세가 이스라엘 백성과 함께 호렙 산으로 돌아와서야 가족이 다시 합류하게 되었다. 모세는 홀로 시내 산으로 가 그의 형 아론을 만났다. 모세는 형에게 하나님의 지시를 전했고 두 사람은 곧 이스라엘의 속박된 땅으로 떠났다. 그 땅에 도착하여 맨 처음으로 할 일은, 백성들의 대표적인 이스라엘 장로들을 모아 표징을 나타내보이며 그들에게 하나님의 말씀을 전하는 것이었다. 다행히 이들은 모세와 아론을 잘 받아들였고 그들의 말과 표징도 믿었다.

---

52) 그 첫번째는 그의 지팡이를 땅에 던짐으로써 뱀이 되는 것이었고, 두번째는 그의 손을 그의 옷에 넣어 문둥병이 되게 하였다가 다시 옷 속에 그 손을 넣음으로써 문둥병이 깨끗이 나은 것이었다(출 4:2~7).

53) 모세의 초기 궁정생활과 후기의 이스라엘과의 의사소통 능력을 고려해 볼 때 그의 언변이 심하게 둔한 것 같지는 않다. 외떨어진 40년간의 간격으로 인해 그는 바로 왕 만나기를 두려워했을 것이다. 아론은 언어소통을 쉽게 하는 사람으로 알려져 있다.

54) 이 경우 하나님은 모세를 "죽이려 하셨다"고 되어 있다. 분명히 모세는 한 아들, 아마도 둘째 아들인 엘리에셀(게르솜은 이전에 할례받은 것 같다)의 할례에 대해 헤이해져 있었다. 이 할례를 제안했던 십보라는 모세의 생명을 구하기 위해 자신이 직접 아들의 할례를 행하였다.

8. 바로 왕과의 투쟁(출 5:1~12:36)

모세와 아론은 애굽 왕, 곧 투트모스 3세의 아들인 아멘호텝 2세를 만나러 갔다. 용기와 힘을 가진 통치자 아멘호텝 2세는 뛰어난 그의 아버지로부터 잘 훈련받았다. 18살에 왕위에 올랐을 때 그는 경마에 큰 긍지를 느꼈으며, 다른 누구보다도 궁도에 조예가 깊었고, 뛰어난 항해사였음을 자칭하였다.[55] 그는 북쪽 수리아에 적어도 3번이나 성공적인 군사원정을 이끌어 그의 아버지가 점령한 지역을 유지하였고 애굽의 남쪽 국경을 넷째 폭포 근처 나파타(Napata)까지 끌고갈 수 있었다. 모세와 아론은 이 왕이 아직 젊었을 때인, 재임 초기에 만났을 것이다.[56]

모세는 처음 바로 왕에게 "사흘길 쯤 광야로 가서 야웨께 희생제를 드리게" 해달라고만 요청하였다(출 5:1~3). 분명히 모세는 백성들을 완전히 놓아달라고 요청하기 전에 왕을 시험하여 그의 반응을 관찰하려 하였다. 그 반응은 즉각적이며 이스라엘에게 더 심한 고통을 부과하였다. 이스라엘 사람들은 이미 많은 벽돌을 만드는 데 큰 수고를 해왔으나 이제는 짚을 공급받지 못하게 되었다. 그들은 자기 자신들이 곡식 그루터기를 거두어야 했다.[57] 이에 화가 난 이스라엘 사람들은 이러한 고통을 더하게 한데 대해 모세와 아론을 원망하였다(출 5:12~21). 바로 왕과 백성들의 분풀이가 모세와 아론에게 미친 결과는 심한 실망이었으며 하나님으로부터 새로운 계시가 필요하다고 느끼게 되었다.

하나님은 이 필요를 알고 계시를 내려 그 다음의 지시를 설명하셨다 (출 5:22~6:13; 6:28~7:9). 모세와 아론은 다시 힘을 얻고 지시받

---

55) Hayes. *SE*. II. pp. 140~41(참고, Steindorff and Seele. *op. cit..* pp. 67~71. 그리고 J. Breasted. *A History of Egypt* 〈New York: Chas. Scribner's Son, 1912〉. p. 326).

56) 주전 1450년 18세 때 왕위에 오른 그는 주전 1446년에는 22살로서 통치 4년째이었을 것이다.

57) 애굽에서 짚으로, 그리고 짚 없이 벽돌 만드는 방법에 대해서는 Free. *ABH*. pp. 91~92를 참고하라.

은 첫 방법을 수행하기 위해 바로 왕에게 돌아가 하나님께서 신임장으로 주었던 표징 — 곧 지팡이가 뱀으로 변하게 하는 것 — 을 행했다(출 7:10~13). 그러나 바로의 박수들도 똑같은 기적을 행하여 왕은 신임장[58]에 대해 불실했으며 이스라엘을 내보내라는 요청을 거절했다.

(1) 열 가지 전염병(재앙)

무력을 사용하지 않은 많은 기회를 왕에게 주었으나 이제 모세는 무력을 사용한 둘째 방법을 취하였다. 열 가지 극심한 재앙이 이 나라에 들이닥쳤다. 하나님은 각각의 재앙이 찾아올 때마다 그에 대한 특별 지시를 하셨다. 열 가지 재앙은 ①.물이 피로 변함(출 7:14~25), ② 개구리(출 8:1~15), ③ 이[59](출 8:16~19), ④ 파리(출 8:20~32), ⑤ 악질(출 9:1~7), ⑥ 독종(출 9:8~12), ⑦ 우박(출 9:13~35), ⑧ 메뚜기(출 10:1~20), ⑨ 흑암(출 10:21~29), ⑩ 장자의 죽음(출 12:29~33)등이었다.

이 재앙을 살펴보면 애굽 사람들을 괴롭히기 위해 그 강도가 점점 증가됨을 알 수 있다. 첫번 네 가지 재앙은 극히 불쾌한 것이었으나 큰 고통이나 물질적 손실은 가져다주지 않았다. 그러나 다섯 번째 재앙(악질)은 가축들이 죽어나가는 물질적 손실을 가져다 주었고, 여섯 번째 재앙(독종)은 인간에게 심한 고통을 겪게 했다. 일곱 번째(우박)와 여덟 번째 재앙(메뚜기)은 곡식 파괴라는 면에서 다시금 물질적 손실을 가져다 주었고, 아홉 번째 재앙(흑암)은 심한 심리적 타격을 주었다. 끝으로 열 번째 재앙(장자의 죽음)은 가장 극심한 것으로서 가족 후계자의 생명을 앗아갔다. 그리하여 하나님은 점점 그 강도를 크게 함으로써 바로 왕으로 하여금 모세의 청탁에 응하게 하였다.

---

58) 애굽에서 마술과 종교는 면밀히 연결되어 있었다. 마술을 후원하는 두 신은 도드(Thoth) 신과 이시스(Isis) 여신이었다. 인간과 인간이 포함되든 또는 신과 인간이 포함되든 간에 모든 신비의 영역에서는 해답과 종말을 얻기 위해 마술이 사용되었다. 마술가들은 그들의 기술에 큰 재능을 소유하였다.

59) 여기에 사용된 히브리 단어 Kinnam은 곤충 종류를 의미하는데 이, 각다귀, 모기, 또는 다른 것이었을 것이다.

(2) 바로 왕의 박수들

바로 왕의 박수들은 지팡이가 뱀이 되게 하는 표징에 덧붙여 첫번 두 가지 재앙[60]을 자기들도 되풀이할 수 있다고 바로 왕을 확신시킬 수 있었다. 그들은 강을 피로 변하게 하고 육지에 개구리 재앙을 가져오게 했다고 분명히 언급되어 있다(출 7:22; 8:7). 이러한 그들의 술법은 두 가지 방법 중의 하나로 설명될 수 있다. 한 가지는 속임수를 이용하는 방법이다. 고대 박수들은 고도의 속임 기술을 가지고 있었다. 아마도 그들은 뱀을 부동의 형태로 만들었다가 정상적인 기능으로 되돌림으로써 첫번 속임을 수행한 것 같다. 한 예로, 애굽의 코브라는 첫번 마술을 걸어 목덜미에 압력을 가함으로써 부동의 형태로 돌릴 수 있다고 알려져 있다.[61] 다른 한 가지는 악마의 힘에 의한 방법이다. 애굽의 술객들은 종교적인 사람들로서 사원이나 사신(邪神)에 바쳐진 사람들이었다. 이것은 그들이 쉽게 귀신 능력에 지배되었음을 의미한다. 역사서를 보면 거짓 종교를 선전하는 데에 이와 비슷한 "신령한 사람들"이 행한 놀라운 행적들이 기록되어 있는데 이것은 모두 데살로니가후서 2:9에 언급된 대로 사단의 거짓 기적형태인 것이다. 그러나 하나님과 비교할 때 이 술객들의 불충분함이 3가지 면에서 뚜렷이 나타났음을 주목해야 한다. 첫째, 모세와 아론의 뱀이 그들의 뱀을 삼켜버린 점(출 7:12), 둘째, 그들이 두 번째 이후 이(lice)를 가져오게 할 능력이 중단됨으로 기적을 행하지 못했고, 이것을 "하나님의 권능"이라고 인정한 점(출 8:18~19), 셋째, 그들 자신이 여섯째 재앙인 독종에 의해 괴로움을 당한 점(출 9:11) 등이다. 이 술객들의 이름이 디모데후서 3:8에 "얀네"와 "얌브레"로 주어진 것은 흥미로운 일이다.

---

60) 대부분의 재앙들은 애굽에서의 자연현상에 관계되고 있으나 그들도 역시 여러 면에서 기적적인 면을 보이고 있다. 즉, 첫째 자연현상이 강화된 점, 둘째, 각 재앙이 정확히 언제 일어날 것인가에 대한 예견, 셋째, 재앙이 일어난 장소에 대해 고센 지역과 다른 애굽 지역을 분간한 점, 넷째, 재앙에 관계된 전체의 계획과 목적 등이다(참고, Free, *ABH*, p. 95).

61) 참고, K. Kitchen, "Magic and Sorcery," *NBD*, pp. 769~70.

(3) 재앙에서 제외된 고센

넷째 재앙(파리)때 하나님은 고센과 애굽의 다른 지역을 구분하셨다. 이로 인해 하나님의 백성들은 큰 고통에서 면제되었지만 더욱 중요한 것은 이스라엘의 야웨가 실지로 이 재앙을 내렸다는 증거를 제공하였다. 앞에서 언급한 대로 셋째 재앙 때 술객들은 초능력을 가진 분이 존재한다고 인정했지만, 아직도 이 하나님이 야웨라는 것을 증명할 필요가 있었다. 넷째 재앙 때 구분이 이루어진 것이 이러한 증거를 나타내 보인 것이다. 또한 주목할 만한 것은, 다섯째 재앙 때(악질) 바로 왕은 이러한 구분이 실제로 존재하는지의 여부를 확인하기 위해 고센으로 사람을 보냈다는 사실이다(출 9:7).

(4) 서서히 변하는 바로의 마음

계속하여 재앙이 심해지자 바로 왕은 모세의 요청을 승낙하는 쪽으로 점점 기울게 되었다. 그는 백성을 내보내겠다는 일련의 약속들을 했는데 — 재앙이 제거될 때마다 깨어진 약속들 — 이 약속은 점점 모세의 간청쪽으로 기울어졌다. 둘째 재앙(개구리)에서 그는 개구리가 제거되면 백성을 내보내겠다는 약속을 하였다(출 8:8) — 후의 약속이 점점 구체화되는 것을 보면 이것은 크게 의도한 것이 아니었다. 셋째 재앙(이) 때는 약속을 하지 않았지만, 넷째 재앙(파리) 때 다시 약속을 하였는데(출 8:25~28), 이번에는 파리가 제거되면 가까운 곳으로 희생제를 드리도록 내보내겠다는 보다 구체적으로, 그리고 보다 심각하게 약속을 하였다. 다섯째(악질), 여섯째(독종) 재앙에는 다시 약속을 하지 않았으나, 일곱째(우박), 여덟째(메뚜기), 그리고 아홉째(흑암) 재앙 때에는 전보다 더욱더 기울어져 갔다. 그는 여호와께 대해 자기편이 범죄하였다고 두 번이나 인정하였다(출 9:27~28; 10:16). 그리고 여덟째 재앙에는 모든 이스라엘과 가축들이 가도 좋다고 약속하였으며(출 10:8~11), 아홉째 재앙에는 또다시 백성들만 떠나가라고 하였다(출 10:24). 이 의미는 그가 단호하게 약속을 지키지 않았다 해도 열 번째 재앙 때 전 약속을 들어주기 위해 마음을 심리적으로 조절했다는 것이다.

(5) 재앙의 기간

첫째와 나중 재앙 사이의 시간 간격을 결정하는 데에는 몇 가지 실마리가 있다. 확실한 결론에 이르지는 못했지만 그럴 듯한 시간은 6개월 미만이라는 것이다. 첫번째 실마리는 제한성에 관한 한 가지이다. 당시 바로 왕 아멘호텝 2세는 이 기간 중에 삼각주 지역에 있어야 했을 것이다. 그런데 수도는 멀리 남쪽 테베에 있었으므로 삼각주 지역에는 오랜 기간을 머물지 않았을 것이라는 점이다. 또 다른 한 가지는 이 기간이 두 서너 달이었다고 제안한다. 어떤 이는 재앙이 끝난 때, 곧 니산월(Nisan, 3~4월)의 14일인 유월절 시기에 관심을 두고 있다. 이때는 열 번째 재앙 시기이다. 두 번째 실마리는 똑같이 일곱째 재앙(우박) 시기를 밝혀내고 있는데 왜냐하면 그것이 수확기의 보리와 아마 생산을 해쳤기 때문이었다.[62] 이 곡식들은 유월절 되기 6~8주 전 2월 초순에 여물게 된다. 세 번째 실마리는 덜 확실하지만, 나일 강이 최고의 범람 단계였을 때 첫째 재앙이 일어났다는 것이다. 해마다 범람하는 나일 강은 9월에 최고 깊이에 이르다가 10월서부터 천천히 빠지기 시작한다.[63] 물이 온땅에 가득찼을 바로 그때에 피로 변하게 했다면 백성들에게 크나큰 인상을 주었을 것이다.[64] 네 번째 실마리는 둘째 재앙(개구리)의 첫째 재앙 7일 후에 왔다고 했으므로(출 7:25), 그리고 홍수가 빠지면서 생기는 진흙 상태가 이 재앙에 적합한 형태이므

---

62) 더 많은 곡식을 파괴하는 데 여덟째 재앙(메뚜기)이 필요하게 된 것은 밀이 보리나 아마보다 늦게 익기 때문에 우박에 의해 파괴되지 않았다는 점이다.

63) 나일 강은 그 수위가 5월에 가장 낮았다가 6월부터 천천히 오르기 시작하며, 실지 범람은 7~8월에 이루어져 9월에 최고 높이를 이룬다.

64) 그러나 이 재앙은 어떤 이가 제안한 것처럼 붉은 침적토에 의해 범람 수위만 붉게 물든 것 같지는 않다. 이러한 붉은 색은 물고기를 죽이지 못하며(출 20~21). 어느 날 모세의 명령으로 이루어진 것처럼 그렇게 갑자기 생기는 것은 아니다.

로, 첫째 재앙의 구체적 시기는 물이 최고 높이에 달했을 바로 직후인 것 같은데 이는 10월 중의 어느 때임을 의미한다.[65] 이 모든 것을 종합해 볼 때 재앙의 전 기간은 10월부터 시작하여 3월 말까지였다고 생각된다.

(6) 재앙의 목적

이러한 재앙에서 하나님의 목적은 바로 왕을 설득하여 이스라엘이 애굽을 떠나게 하는 것만이 아니었다. 그것이 중요한 일이었지만[66] 동시에 하나님의 실재와 권능을 이 외국 땅에 나타내 보이기 위함이었다. 모세가 처음 접근했을 때 바로 왕은 "야웨가 누구관대 내가 그 말을 듣고 이스라엘을 내보내겠느냐?"(출 5:2)는 의미있는 물음을 하였다.

이 질문은 당시 받아들여진 신에 대한 평가기준에서 볼 때 이해할 만하다. 야웨의 백성들은 그들의 땅이나 군대 그리고 독립적인 신분이 없었으므로[67] 바로 왕은 애굽의 신들이 가장 위대하다고 생각했다. 그러나 하나님은 이러한 사고방식을 그대로 내버려두지 않을 것이다. 즉, 바로 왕과 애굽 사람들은 이스라엘이 그 땅을 떠나기 전에 실지로 야웨가 누구인지를 억지로라도 깨달아야 했다. 하나님께서는 첫째 재앙이 내리기 전에 이러한 것을 모세에게 분명히 말씀하셨는데, 즉 하나님의 손을 애굽에 펴서 그가 야웨인 것을 나타낼 수 있도록 하기 위해 바로 왕은 그 청탁을 거절할 것이라고 예언하신 것이었다(출 7:4~5, 참고. 9:14). 후에 하나님께서는 자신의 능력을 나타내고 자신의 이름이 온 천하에 전파되게 하려고 바로 왕을 세웠다고 선언하셨다

---

65) 출애굽기 7:19에 여러 가지 형태의 물줄기가 언급된 것은(강, 하수, 운하, 못) 홍수가 줄어들기 시작하여 이런 물줄기로 통해 물이 빠지고 있음을 암시한다.

66) 이것이 유일한 목적이었다면, 하나님은 짧은 시간에 이룰 수 있도록 약간의 재앙을 사용하시든지 또는 전혀 다른 수단을 사용했을 것이다.

67) 백성들은 국가의 신이 그 나라의 먼 국경에까지 지배했다고 믿었으며 또한 국가의 크기나 군대의 승리, 번영의 정도 등으로써 신의 능력을 평가하였다.

(출 9:16).

이것은 바로 왕이 자신의 권위를 나타내지 않고 마음을 바꾸거나 약속을 어길 때마다 그가 하나님의 목적을 성취하는 데에 실제로 도움을 주었다는 것을 의미한다.[68] 열 가지 재앙이 이루어진 것은 하나님의 전체 계획에 의한 것이었으며, 그리하여 하나님 능력에 대해 큰 감명을 받은 것이다. 하나님의 이름이 외국 땅에 알려질 정도로 이 목적이 달성된 것은 다음 사실에서 중요한 증거를 찾을 수 있다. 즉, 400년 후 애굽으로부터 북쪽으로 멀리 떨어진 팔레스틴에서 블레셋 사람들이 이스라엘의 궤를 빼앗았을 때 그들이 이 재앙에 대해 다시 언급한 사실이다(삼상 4:7~9; 6:5~6).

(7) 열 번째 재앙(출 12:29~30)

열 번째이자 마지막 재앙은 애굽의 장자가 죽어나가는 것이었다. 니산월의 열네째 날 밤에 모든 애굽 가정의 장자 아이들[69]이 죽었다(출 11:5). 오직 이스라엘의 장자만 살아남았다.

바로 왕의 아들까지도 이 죽음 속에 포함되었는데 이것은 성경 외적인 자료에서 확인되는 흥미있는 사실이다. 이상한 "꿈" 비문이 아멘호텝 2세의 후계자인 투트모스 4세에 의해 남겨졌다. 아멘호텝 2세의 장자는 그날 밤 죽었을 것이므로 투트모스 4세는 장자가 아님에 틀림없다. 이 "꿈" 비문은 그가 실지로 장자가 아니었다고 암시한다. 이 비문은 기제(Gizeh)의 대형 스핑크스 발 사이에 있는 석비에 쓰여져 있는데, 그 내용은 이러하다. 이 스핑크스로 밝혀진 하르마키스(Harmakhis) 신은 꿈에 이 젊은이에게 만일 그가 사막에서 스핑크스를 발견하면 왕위가

---

68) 바로 왕이 자기 마음을 강퍅케 하여 거절한 것은 두 번으로 되어 있으며(둘째, 넷째 재앙), 하나님이 그의 마음을 강퍅케 한 결과로 거절한 것은 세 번(여섯째, 아홉째 재앙), 누가 특별히 강퍅했다는 언급 없이 단순히 강퍅케 된 결과로는 다섯 번(첫째, 셋째, 다섯째, 일곱째 재앙과 처음의 징표)이라고 되어 있다. 이것은 하나님의 뜻이 성취되는 데에는 인간 책임과 하나님의 주권이 함께 작용한다는 놀라운 예시이다.

69) 첫째 동물들까지도 죽었다(출 11:5).

그의 것이 될 것이라고 약속하였다. 이 의미를 생각하자면, 이 젊은이가 그러한 꿈을 꾸고 또 그것을 이렇게 기록할 정도의 정서적 상태였다면 그는 왕권을 얻지 못할까 두려워했음에 틀림없는 것이다. 그러나 그가 장자였다면 왕위 계승은 자동적인 것이므로 두려워하지 않았을 것이다.[70]

열 번째 재앙은 그 자체가 심각한 것이었으므로 바로 왕으로부터 조속한 결론이 내려졌다(출 12:29~36). 그는 그날 밤 모세와 아론을 불러 요청한 대로 이스라엘을 떠나게 하겠다고 말했다. 여기에는 어떠한 예외나 변명이 첨가되지 않았다.

민수기 33:3에 의하면 이스라엘은 그 다음날 곧 니산월의 열 다섯째 날에 떠날 수 있었는데, 이것을 보면 모세는 이스라엘에게 떠날 준비에 관해 미리 자세한 지시를 했었음을 알 수 있다. 짐 싸는 일과 마차에 싣는 일은 미리 다 했을 것이다.[71] 모세는 전령관들에게 이 소식을 전했고 그들은 다시 이것을 백성들에게 전했다. 그 다음날 온 이스라엘은 속박의 땅을 벗어나는 출발을 하게 되었다.

(8) 유월절(출 12:1~28)

마지막 재앙은 애굽 사람뿐 아니라 이스라엘 사람들에게도 중대한 것이었다. 그들은 당시 하나님께서 명하신 유월절을 지켰기 때문에 죽음을 면하였다. 모세는 며칠 전에 이 명령을 전달했는데(출 12:1~23) 이때 분명히 출발에 대한 지시를 했을 것이다. 모든 이스라엘 가정은

---

70) Hayes(SE. Ⅱ. p. 147)의 논평이 주목할 만하다. "이 우스운 이야기는 투트모스 4세가 분명히 아버지의 후계자가 아니었으나, 그 형의 성장하기 전의 죽음과 같은 예견 못했던 운명의 전복으로 인해 왕위를 얻었음을 암시한다."

71) 백성들은 또한 당시 많은 시간이 없었으므로 열 다섯째 날 전에 애굽 사람에게서 "구하는 일"(borrowiog, 출 12:35~36)을 마쳤을 것이다. AV에서 "borrowed"라고 번역되는 히브리 단어는 단순히 "구하다"(to ask, sha'al)라는 단어이다. 그들은 애굽 사람들로부터 물품을 구하였고 재앙 이후 그들을 높이 존경하게 된 애굽 사람들은 그들이 구하는 대로 주었다. 사실 애굽 사람들은, 이스라엘이 오랜 세월 동안 노예로 수고를 했으므로 이보다 훨씬 많은 빚을 지었다.

니산월의 열째날 흠 없고 1년 된 수컷 양이나 염소를 택하였다가 14일 저녁[72] 그것을 죽이기로 되어 있었다. 이 양의 피는 우슬초 가지로 주걱을 만들어 집문 좌우 설주와 인방에 발라야 했다. 그리고 그 고기를 불에 구워 무교병과 쓴 나물과 함께 온 가족이 먹어야 했다. 먹는 동안, 가족은 재빨리 떠날 준비를 해야 했는데 이는 행군할 명령이 언제 내려질지 모르기 때문이었다.

지정한 날이 이르렀을 때 이스라엘 사람들은 이 지시를 따랐고 그들의 장자는 살아 남았다. 그들은 양을 죽여 그 피를 문에 바르고 그 구운 고기를 먹었다. 애굽의 모든 가정에는 죽음의 통곡이 시작되었으나 바른 피로 구별이 된 이스라엘 가정은 큰 손해를 당하지 않았으므로 잠잠했다. 양들은 아들 대신으로 죽은 것이다. 하나님은 이 중요한 사건을 기념하여 해마다 유월절을 지키라고 지시하셨다(출 12:14~28)[73]

9. 애굽에서의 출발

(1) 애굽을 통한 경로

니산월의 15일 날 이스라엘의 집합 장소는 라암셋이었다(출 12:37). 라암셋을 보통 고대 타니스(Tanis)로 규명한 것이 정확하다면[74] 구 타니스는 고센의 북쪽 끝이었으므로[75] 백성들은 그들의 주요 거주지로부터 북쪽에 모였을 것이다. 그들은 라암셋을 떠나 숙곳에 이르렀는데(출

---

72) 히브리 말로는 "저녁 사이"(between the evenings, ben ha' arbayim)라고 하는데 해가 진 후 완전한 어둠 사이를 의미하는 것 같다.
73) 개념적인 것보다 더 중요한 의미가 있었다. 그것은 하나님의 어린 양이 때가 되어 죄인들을 위해 죽게 되는 것처럼, 죽은 양은 예수의 전형이었다는 점에서 또한 예언적인 의미가 있었다.
74) 그러나 어떤 이는 칸티르(Qantir, 참고, 2장 주 40)라고 주장하는데 이곳은 타니스에서 남서쪽으로 16마일 지역이며 북서쪽 방면에 있지만 역시 고센 지역 안에 들어 있다.
75) 이 사실 자체로 본다면 라암셋은 타니스라기보다는 칸티르라고 해야 할 것이다. 왜냐하면 남동쪽으로 길이 놓여 있는데 북쪽에 모인다는 것은 이론상 맞지 않기 때문이다. J. Simons, *GTT*, pp. 245~46, n. 209는 다음

12:37; 13:20). 이곳은 보통 텔 엘-마스쿠타(Tell el-Maskuta)로 여겨지고 있다. 이 텔 엘-마스쿠타는 이스라엘이 취했을, 경로상으로 볼 때 타니스에서 남동쪽으로 32마일되는 지역이다. 그 다음 에담에 이르렀는데 이곳은 알려지지는 않았지만 홍해 북쪽 끝 양쪽에 놓여진 지역 이름인 것 같다.[76] 여기에서 경로의 변화가 오게 되는데 그것은 하나님께서, "돌아서"[77] "바다와 믹돌 사이의 비하히롯, 곧 바알스본 앞"에 장막을 치라고 지시하신 것이었다(출 14:2). 이 지역 역시 알려져 있지 않다.[78] 이 지점에서 그들은 앞으로의 진행을 방해하는 거대한 수역을 만나게 되었다. 이 수역은 얌 숲(Yam Suph)이라고 불리우는데 문

과 같은 관찰을 하고 있다. 즉, 많은 백성들이 라암셋에서 출발했을 것이지만 이 행진에 합세한 주요 일부분은 고센 본토를 통해 진행했을 것이므로 타니스 또는 칸티르에도 해당될 수 있을 것이다.

76) 이스라엘이 홍해를 건넌 후 남쪽으로 삼일간 통과했던 지역도 에담으로 불리운다(민 33:6~8).

77) Wright, *BAR*, pp. 60~62는 에담에서 "돌아서"라는 말은 다시 북쪽으로 몇 마일 돌아가는 것이며, 그 결과 그들이 떠난 라암셋에서는 물 건너는 일이 그리 멀지 않게 되었다는 주장에서 Albright, *BASOR*, 109(1948), pp. 15~16를 따르고 있다. 이러한 주장은 주목할 만한 것이지만 애굽 사람들의 부당한 추적 행위에 대처한 행동이라고는 할 수 없다. J. Simons, *GTT*, p. 247는 그러한 북쪽으로의 회전이 적진을 향하는 것이었을거라고 논박하며 쓴 물 호수(Bitter Lakes) 근처의 남동쪽 노선을 주장한다.

78) 비하히롯과 믹돌은 모두 애굽의 비문에 나와 있지만 아직 판명되지 않았다. 페니키아인 편지에는 바알스본 신의 사원이 고대 타판헤스(Tahpanhes, 현대의 텔 데프네⟨Tell Dofneh⟩, 예레미야가 부름을 받은 장소⟨렙 43:7~9⟩)에 있었다고 지적되어 있는데, 이것을 근거로 하여 Wright, *BAR*, pp. 60~62는 여기에서 바알스본은 이 사원을 가리키는 말이라고 주장한다. 이것은 북쪽으로 되돌아가는 경로(참고, 주 77)에 대한 그의 논리 중의 하나가 된다. 그러나 성경의 언급이 이 도시 자체, 즉 타판헤스(Tahpanhes)가 아니라 사원이었다는 논리는, 특히 이 사원이 이단 신에게 바쳐진 사원이라는 점에서 볼 때 이해하기 어렵다. 바알스본은 이보다 더 남쪽에 있는 장소로 생각된다(참고, Albright, "Baal-Zephon," *Fastschrift-Alfred Bertholet* ⟨T bingen: J. C. B. Mohr, 1950⟩, pp. 1~14. 여러 가지 경로에 대한 언급으로는 C. de Wit, "Encampment by the Sea," *NBD*, pp. 368~69; J. Simons, *GTT*, pp. 234~41; Aharoni, *LB*, pp. 179~81).

자 그대로 "갈대의 바다"(출 13:18)라는 뜻이다. 홍해에는 갈대가 없다고 전하지만(이런 사실로 인해 얌돔이 홍해를 뜻하지 않는다는 주장이 가끔 있다)[79] 이 용어는 다른 곳에서 홍해를 지칭할 때 쓰이고 있으며 수에즈 만(출 10:19; 민 33:10~11, 서쪽)과 아카바 만(민 14:25; 신 1:40, 동쪽)을 언급할 때에도 쓰이고 있다. 그러나 다음 세 가지 사실은, 여기에 관련된 수역이 홍해(수에즈 만)가 아니었다고 주장한다. 첫째, 수에즈 만은 멀리 남쪽에 있으므로 이 나라를 빠져나가는 합당한 장소가 되지 않는다. 둘째, 성경의 기록에는(출 13:20~14:3; 민 33:6~8), 얌 숲이 기름진 애굽의 토양과 광야 사이를 갈라놓았다고 암시하고 있는데, 반면 백성들이 처음에 멀리 남쪽으로 수에즈 만까지 갔다면 그들은 이곳에 도착하기 전에 넓은 광야를 만났을 것이다. 셋째, 그들이 이 수역을 건넌 다음 "수르 광야"(출 15:22)에 있었다고 했는데 이 지역은 시나이 반도의 북쪽 부분이었으므로 남쪽 수에즈 만일 리가 없었다.[80] 얌 숲에 대한 보다 그럴 듯한 해명은 당시 연장이었던 쓴 물 호수로 보는 것이다. 이러한 해명은 이곳의 물 역시 깊기 때문에 물을 건너는 기적적인 성격에도 위배되지 않는다.[81]

(2) 백성들

애굽에서 이동한 사람들의 숫자는 상당히 많았다. 성경의 여러 군데에서는 20세 이상의 남자가 대략 60만이었다고 나와 있다(출 12:37;

---

79) 요나 2:5에는 "(해)초"라는 뜻으로 숲(Suph)을 사용하고 있는데, 분명히 홍해에는 이러한 해초가 많았다.
80) 수르는 구약성경의 다른 곳에서 다섯 번이나 언급되어 있으며, 항상 가나안 남쪽이나 애굽으로 가는 길에 있었다고 되어 있다(창 16:7; 20:1; 25:18; 삼상 15:7; 27:8).
81) 자유주의 학자들은 기적적이라는 말을 피하기 위해, 이 지역이 단순히 습지였다고 주장한다. 더 북쪽에 있는 팀사 호수(Lake Timsah)역시 깊으므로 이 호수일 가능성도 있다.

38:26; 민 1:46; 2:32; 11; 21; 26:51).[82] 이것은 전체 숫자가 2백만이 넘음을 의미한다.[83] 이들의 대부분은 야곱 가족의 후손이었다.

이들은 430년을 통해서 애굽 사람들과 구별되어 있었다. 이러한 구분이 유지된 데에는 적어도 세 가지 요인이 작용했을 것이다. 한 가지 요인으로, 이스라엘 사람들이 애굽 사람과 결혼하지 않는 것은 족장들로부터 내려온 개념이었으며 또한 그렇게 하는 것이 족장들에 대한 충성이었다. 많은 이스라엘 사람들은 단순히 순수한 혈통을 유지하려 했을 것이다. 다른 두 가지 요인으로, 애굽 사람들이 이스라엘 사람들과 결혼하기를 꺼려했을텐데, 첫째는 애굽 사람들이 목자를 가증히 여겼기 때문이고, 둘째는 이스라엘 사람들이 250년간 노예로서 멸시받아 왔기 때문이었다. 하나님의 백성들은 마지막 두 요인에 대해 불쾌할 것이지만, 이것은 적어도 선한 목적에 보탬이 된 것이었다. 또한 이스라엘 사람을 따라온 소수 집단이 있었다. 이들은 "중다한 잡족"('erebh rabh, 출 12:28; 'asaphsuph; 민 11:4)[84]으로 불리운다. 이들은 이스라엘 사람이 아니라 대부분 애굽 사람이었는데 두 가지 양상으로 구성되었다. 즉, 기적적인 재앙에 감명받아 하나님 백성을 따라나선 도움을 주는 집단과, 애굽에 흩어져 있다가 다른 곳에 더 좋은 무엇이 있나 해서 찾아나선 바람직하지 못한 비판적 집단이었다. 광야생활에서 많은 불평을 한 사람들은 분명히 이 둘째 집단이었

---

82) 각기 다른 문맥에서 60만이라는 숫자가 반복되어 나타난 것은 자유주의 학자들이 가끔 주장하듯이 기록자의 잘못이 아님을 나타내는 뚜렷한 증거이다. 이 숫자는 매우 큰 것이었고, 그리고 광야여행이었으므로 수많은 문제가 있었다. 그러나 증거의 관점에서 볼 때 이를 받아들여야 한다. 모세를 통해 역사하신 하나님은 이 문제를 해결할 수 있었다.
83) 이 60만 숫자는 여자를 포함한다면 두 배가 되어야 하고 또 이 숫자에 20세 미만의 아이들 숫자가 더해져야 한다(참고, 7장).
84) 'erebh라는 단어는 "혼합"을 의미한다. 느헤미야 13:3에는 바벨론으로부터 유대인에게 돌아온 이와 비슷한 집단을 말할 때에 이 단어가 다시 사용되었다. 예레미야 25:20; 50:37, 에스겔 30:5에는 "혼합 백성"으로 번역되며 그때마다 "외국인들"을 뜻하였다. 'asaphsuph라는 단어는 "모아진"(collected)이라는 뜻이다.

제 6 장 애굽에서의 생활   171

을 것이다(민 11:4). 이러한 규모의 대중은 특히 양떼와 가축이 있었으므로 빨리 여행할 수가 없었다(출 12:38). 얌 숲까지 약 60마일을 여행하는데 거의 일주일이 걸렸을 것이다. 그들의 길은 기적적으로 이동하는 구름에 의해 인도되었는데 이것이 밤에는 빛을 발하는 "불기둥"으로 되었다. 그들은 이것이 인도하는 방향을 따라서 같이 움직이고, 이것이 중단하면 그들도 중단하였다.

(3) 얌 숲에서의 곤경(출 14:1~12)

얌 숲에 이르렀을 때 그들은 심한 곤경에 빠졌다. 그들은 넓은 수역으로 인해 앞으로의 전진을 할 수 없었다. 더욱이 그들은 그들이 추적당하고 있음을 알았다. 그들이 택한 방향을 아는 바로 왕은 그들이 물에 봉착했으리라 계산하고 마음을 바꾸어[85] 특별병거로 하여금 그들을 쫓아가게 하였다(출 14:6~10). 이 병거단은 세계가 두려워하는 애굽 군대의 주요 요소이었으므로 아무런 방비 태세가 없는 이스라엘은 심히 두려움을 갖게 되었을 것이다(출 14:11~12). 죽음 아니면 다시 속박의 굴레로 돌아갈 것 같았다. 그들의 모든 준비와 지금까지의 여행이 수포로 돌아가는 것 같았다.

(4) 세 가지 큰 기적(출 14:14~31)

① 구름기둥을 옮기심

이 지점에서 하나님은 그의 백성들을 구하기 위해 세 가지 뚜렷하고도 인상적인 기적을 행하셨다. 첫째는, 백성들을 인도한 구름기둥의 위치를 옮기는 것이었다. 진 앞에 있었던 구름기둥은 이제 진 뒤로 옮겨졌다. 이것은 두 가지 성과를 이루었다. 즉, 이 구름기둥이 애굽 사람들에게 안개와 같이 내려 앉아 그들은 볼 수가 없었고[86] 이스라엘 사

---

85) 바로 왕은 전에도 이스라엘을 내보내는 데에 매우 주저하였고, 또 많은 재앙을 겪은 후에도 다시 마음을 변경한 것을 보면 이스라엘 백성들의 노동이 애굽에게 얼마나 귀중한 것이었나를 알 수 있다.
86) 애굽에서는 안개가 잘 알려져 있지 않다. 이 애굽 사람들은 이런 식

람들에게는 빛을 주었으므로 더 잘 볼 수가 있었다. 이 구름기둥의 빛 발산 영역은 당시 한쪽에만 제한되어 있었다. 그 광명은 백성이 물 건 널 준비를 하게 했으며, 하나님이 역사하신 두 번째 기적을 목격하게 했다.

② 물이 갈라짐(출 14:21~22)

두 번째 기적은 백성들이 맞은 편으로 건너갈 수 있도록 물을 가르는 일이었다. 우리는 기적의 일부분으로서 하나님이 "강한 동풍으로 밤새도록 물이 물러가게 하셨다"는 말을 듣는다(출 14:21). 이 바람은 쓴 물 호수(Bitter Lakes)에서 물의 수위를 바꾸는 데 특별한 효력이 있었다고 전하지만, 이 경우에 요청되었던 모든 일을 바람 혼자서 하지는 않았다. 하나님께서 여기에 덧붙여 초자연적 능력을 행사하셨다.[87] 애굽 사람들이 후에 이 수역에 빠져 죽었으므로(출 14:27~28) 이것은 단순히 습지가 아니라 깊은 물이었다. 더욱이 그 땅은 이스라엘 사람들이 마차를 끌고 갈 수 있도록 충분히 말랐다(출 14:22, 히브리 말로는 yabbashah). 또한 그 통로의 간격은 이백만이 넘는 이스라엘이 하룻밤 동안에 건널 수 있도록 1마일 정도로 넓어야 했다.[88] 한쪽으로 반 마일, 그리고 또 다른 한쪽으로 반 마일 가량 물러가게 하는 데는 실지로 전능한 하나님의 기적적인 힘이 필요했을 것이다. 공명한 불빛 밑에서 이스라엘은 그 통로가 열리는 것을 보았으며 그 넓은 통로 속으로 들어갔다. 물이 그들 좌우에 벽이 되었다는 말은(출 14:22), 큰

장애물에 익숙하지 않았는데 이 사실 자체가 그들을 실망케 하고 행동을 완전히 중지시키는 결정적인 역할을 하였다.

87) 성경의 기적을 살펴보면, 하나님께서는 그의 역사를 이루시는 데에 자연법칙을 쓸 수 있으면 그것을 사용하시고, 자연법칙이 불충분할 때에만 초자연적 힘을 사용하신다는 것을 알 수 있다. 자연적 법칙을 가져올 때에도 초자연적 개입 만큼이나 하나님의 많은 능력이 필요함을 알아야 한다.

88) 이 이백만 명의 행진은 각 줄 사이를 평균 5피트 간격을 두고 10열로 걷는다 해도 190마일의 길이가 될 것이며, 이 통로가 현대의 고가도로 만큼의 넓이였다면, 첫 줄에 있는 사람은 마지막 사람이 출발하기도 전에 가나안에 도착했을 것이며 오히려 도착해 몇 일이 경과한 후에야 출발했을 것이다.

물이 양쪽으로 물러가 있었다는 의미있는 말이 된다.

이 물을 건넜던 일이 정확히 어디에서 일어났는지 알 방법이 없기 때문에 이 기적적인 통로의 길이는 확실치 않다. 그러나 이 사건에는 세 가지 요인이 관련되어 있다. 첫째, 이 길이는, 백성들이 4~5일 동안에 여행할 수 있는 거리보다 더 길지 않았을 것이다. 구름기둥에서의 불빛이 필요한 것을 보면, 백성들이 들어가기 시작했을 때는 이미 어둠이 시작되었다. 모든 백성이 다 건넌 때는 "새벽"(출 14:24, 3시와 6시 사이)으로 이때 애굽 사람들은 이미 이 길로 쫓아오고 있었다. 둘째 요인은, 이 길을 통과한 많은 사람들이 몰려 그 넓이가 2마일 가까이로 확장되었을 것인데, 이는 이 통로에 들어가거나 또는 통과하는 데에는 한 두 시간이 소요되었음을 의미한다. 셋째 요인은, 양떼와 가축을 몰면서 마차를 끌고 갔으므로 그 진행은 느린 속도였을 것이다. 이러한 사실들을 종합하면 그 길이는 3~4마일을 넘지 않았으리라 추측된다.

③ 물이 합쳐짐(출 14:23~31)

셋째 기적은 물이 합쳐진 것이었는데, 이로 인해 뒤쫓아가던 애굽 사람들은 익사하였다. 마지막 이스라엘 사람들이 마른 땅으로 들어갔을 때, 구름기둥이 애굽 사람 앞으로 옮겨졌으므로 그들은 다시 한번 추적할 수 있다고 느꼈다. 그들은 이스라엘이 지나간 발자국과 바퀴자국을 발견하고 그것을 따라갔다. 그들은 이스라엘이 통과해 들어갔으므로 그들도 들어갈 수 있을 거라고 생각했다. 그러나 그들이 물의 벽 사이로 모두 들어 갔을 때 하나님께서 중간에 문제를 일으켰다. 병거의 바퀴가 벗겨지기 시작한 것이다. 그 이전 재앙을 기억하고 있는 애굽 사람들은 야웨가 또다시 그의 백성을 위해 싸우고 있음을 깨달았다(출 14:24~25). 그들이 뒤로 돌아 도망하려 했을 때, 하나님께서는 방대한 양의 갇힌 물을 풀어놓았고, 이 물은 큰 속도의 힘으로 그들을 뒤엎어버렸다. 이 결과 큰 소용돌이 속에서 아무도 살아날 수가 없었다. 구름기둥으로 준비된 불빛 속에서, 그리고 아침의 햇빛을 통해 그들은, 힘세고 두려운 애굽 군대가 완전한 파멸 속으로 들어가는 것을 보았다. 바로 왕 자신은 이 집단 속에 있었던 것 같지 않다. 성경에는 그러한 이야기가 없고[89] 또 아멘호텝 2세는 이 당시 죽지 않았다. 그는 이후 22년간을 살았으며, 그의 미이라는 다른 왕의 미이라와 함께 왕의 무덤 골짜기(Valley of the Tombs of the Kings)에서 발견되었다.[90]

④ 이러한 경험의 이유

하나님께서는 왜 이스라엘 백성을 물과 쫓아오는 애굽 사람 사이에 갇히도록 이 장소에까지 이끌고 왔을까 하는 의문이 생긴다. 약간 다른 경로를 취했다면 실제로 거리도 멀지 않고 쓴 물 호수를 아예 만나지 않았을 것이다.[91] 그 해답은 분명하다. 즉, 광야로 들어가는 길고 지루한 행진의 출발점에서 이러한 종류의 경험이 이스라엘에게 필요했기 때문이었다. 그들은 그릇된 신을 숭배하는 애굽 땅에서 오래 살았

---

89) 출애굽기 14:6에는 바로 왕 자신이 직접 군대를 모집하여 그들과 함께 출발하였다고 암시하고 있으나, 물이 합쳐진 곳에서 그가 있었다는 언급은 나와 있지 않다. 그에 대한 언급은 출애굽기 14:10 이후에는 나와 있지 않은데 익사 장면은 그 뒤의 26~27절에 와서야 묘사되고 있다. 시편 136:15에는 바로 왕이 이에 포함됨을 시적으로 나타내고 있다.

90) 그의 미이라는 1898년 Loret에 의해 발견되었다. 대부분 왕가의 무덤에는 미이라가 없고 그 미이라가 다른 곳에 안치되는데, 여기에서는 미이라가 특이하게도 그 자체의 관과 무덤에서 발견되었다. 그의 무덤의 옆 방에는 실지로 투트모스 4세, 아멘호텝 3세, 메르넵타의 미이라를 포함한 9개의 다른 미이라가 있었는데 이것은 그들의 무덤에서 이곳으로 옮겨진 것이었다(참고, Owen, Archaeology and the Bible 〈Westwood, N. J. : Fleming H. Revell, 1961〉, pp. 214~17).

91) 이스라엘이 이 수역에까지 오게 된 것은 다른 곳의 애굽 요새를 피하기 위한 것이었다는 제기가 있었다. 세티 1세는 카르낙에 있는 비문에서 애굽의 동편을 따라 요새가 있었다고 말하고 있다. 하나는 북쪽으로 Zilu(Thel)에 있었고, 또 하나는 쓴 물 호수의 남쪽 끝 부분에 있었는데 이는 제 18왕조 기간에도 그곳에 있었던 것 같다(참고, J. Simons, GTT, p. 248). 그러나 이들 "요새"(mktl)의 위치나 목적에 대해 확실히 결론 맺도록 알려져 있지 않다. 또 이 작은 요새가 이백만 백성을 중단시킬 만한 큰 일을 했는지 또는 이 작은 요새로 인해 길을 바꾸게 되었는지가 의심스럽다.

기 때문에 야웨의 위대한 능력에 대한 강한 인상이 필요하였다. 그들은 진정한 하나님의 능력이 실제로 얼마나 위대한지 잊어버렸다. 10가지 재앙에서 그 능력이 나타났지만 그 대부분은 의도적으로 애굽 지역에서만 발생한 것이었다. 이스라엘 사람들은 분명히 하나님 능력의 위대함을 들어서 알고 있을 것이나 그러한 구전은 직접적인 경험만큼 인상적이 못된다.

백성들은 자기 자신이 하나님의 능력을 볼 필요가 있었는데 여기에서 그것이 이루어진 것이다. 그들은 그들의 하나님이 자연의 힘을 지배하시고 그리고 그것을 사용하여 세계적으로 알려진 강력한 애굽 군대를 전복하신 것을 생생히 목격하였다. 이 기억은 앞으로 40년의 광야여행 앞에 놓여진 시험에 대비하여 이스라엘을 단련시켰을 것이다.

*A Survey of
Israel's History*

제7장

이스라엘의 광야생활

[출애굽기 15:22-40장; 레위기 8-10장;
민수기 1-4장; 10:11-14:45; 16-17장; 20-27장;
31-36장; 신명기 1-4장; 34장]

이제 이스라엘이 애굽에서 나와 얌 숲을 건넜으므로 남은 일은 가나안으로 가는 것이었다. 430년의 애굽 생활은 아브라함에게 하신 약속, 즉 번성하여 국가를 이룰 것이라는 약속을 이루는 데 기여하였다. 이제 약속한 땅을 주겠다고 하신 두 번째 약속이 성취될 때가 되었다. 가나안으로 가는 지름길은 북동쪽에 놓여 있었다. 현재 이스라엘이 있는 얌 숲의 동편에서 남 가나안까지는 대략 150마일이었다. 이들이 곧장 갔다면 한 달이 못 되어 그 땅에 도착했을 것이다. 그러나 하나님께서는 그 길로 인도하지 않았는데, 그 한 이유는 그들이 블레셋을 만나 이들과의 싸움으로 인해 지칠 것 같아서였다(출 13:17).[1] 하나님께서 택한 경로는 상당한 논의의 주제가 되어왔다.

1. 이스라엘의 여행한 경로

이스라엘이 지나간 길은(전통적으로 고수되어 왔고 또 오늘날 대개

---

1) 이 당시 이곳에 있었던 블레셋에 대해서는 3장을 참고하라.

학자들이 주장하고 있는)[2] 홍해를 따라 남쪽으로 100마일이 넘게, 그리고 내륙으로 50마일 가량 오늘날의 예벨 무사(Jebel Musa, 시내 산)를 향해 사선으로 뻗어 있다. 이스라엘이 1년 가량 머물렀던 이 지점에서 이 길은 가나안의 남극단에 있는 가데스 바네아까지 북쪽으로 뻗게 된다. 이 경로를 결정하는 핵심은 시내 산의 위치이다. 전통적인 관점으로는 시내 산을 남쪽 시나이 반도에 있는 예벨 무사로 보고 있다. 그러나 몇몇 학자들은 아카바 만의 동쪽 어딘가에 있어야 한다고 믿고 있다. 그들의 이론은 불, 연기, 구름, 그리고 어느 날 백성들이 그 밑에 있었을 때 있었던 소리(출 19:16~18) 등으로 보아 시내 산이 분명히 화산이었는데 시나이 반도에는 화산이 없다는 것이었다. 그곳에서 가장 가까운 화산은 아카바 만을 넘어서 있다. 이에 응답을 하자면 이스라엘이 두려움을 가지고 목격했던 이 현상은 초자연적인 기원으로 보아야 한다. 그리고 산 자체에는 그러한 배출물질이 있을 필요가 없는 것이다. 또 다른 관점은, 시내 산이 시나이 반도 북쪽에 있어야 한다는 것인데, 그 이유로는 아말렉이 그곳에서 이스라엘과 싸웠고 (출 17:8~16), 또 아말렉이 멀리 남쪽으로 예벨 무사에서는 발견되지 않기 때문이다(민 14:43~45; 삼상 15:7; 27:8). 이에 대한 응답으로는, 아말렉이 보통 북쪽에 있었으나, 이 경우 그들은 이스라엘을 약탈할 목적으로 이스라엘을 따라 남쪽으로 내려갔다고 지적할 수 있다(신 25:18). 방랑족은 기회만 있으면 어디든지 가서 약탈하며 살았다. 그리고 그들이 그들의 일상적인 지역인 곳을 떠나서 이스라엘을 따라간 것은 놀라운 일이 아니다.

몇 가지 사실이 전통적인 위치를 뒷받침하고 있다. 한 예로 그것은 수 세기 동안 정확한 것으로 받아들여졌다. 사실 초기 기독교 시대부터, 아니 아마도 그 이전부터 전통적으로 내려온 견해이다. 다음으로, 시내 산은 이스라엘의 출애굽 지점으로부터 얼마간 떨어져 있어야 하

---

2) 한 예로 Bright, *BHI*, pp. 114~15; Wright, *BAR*, pp. 62~64; *Westminster Historical Atlas to the Bible* (1956), pp. 38~39; Anderson, *Understanding the Old Testament* (Englewood Cliffs, N. J.: Prentice Hall, Inc., 1957), p. 46 등이 주장한다.

는데, 그 이유는 이 두 지점 사이에 몇 군데 머물렀던 장소가 나와 있기 때문이며(민 33:2~18). 이 중의 몇몇은 그 지점을 밝힐 수가 있다. 셋째로, 시내 산이 가나안 남쪽에 있어야 하는 이유는 그곳으로부터 가데스 바네아까지 11일이 걸렸으며(신 1:2), 후에 엘리야는 브엘세바에서 이곳까지 오는데 비록 천천히, 그리고 다른 곳에 들러 오기는 했지만 40일이 걸렸다(왕상 19:8).[3] 넷째로, 모세의 장인이 "쟁이"라는 뜻을 지닌 "Kenite"로 불리운다는 점이다. 예벨 무사 근처의 세라비트 엘-카딤(Serabit el-Khaddim) 구리광산으로 인해 쟁이들은 그 근교에 살았던 것 같다.

2. 시내 산까지의 여행(출 15:22~18:27)

(1) 마라, 엘림, 신 광야(출 15:22~16:36)

① 물을 예비하심(출 15:22~27)

얌 숲의 동편에서 애굽 군대의 전복을 지켜본 이스라엘은 잠시 쉬어 하나님께 찬양을 돌리고(출 15:1~21) 구름의 인도를 따라 남쪽으로 전진하였다. 그들은 사흘 동안 물을 발견하지 못하였다.[4] 마침내 "마라"로 불리우는 작은 오아시스에 이르렀으나 그 물은 쓴 물이었다. 마라는 보통 오늘날의 하와라(Hawarah)로 판명되었는데 그곳의 물은 아직도 쓰다.[5] 모세가 하나님의 지시대로 그 물에 나무조각을 던지니

---

3) 그가 호렙 산을 여행하였다고 하였으나 시내 산과 호렙 산은 동일한 것이었다. 다만 시내 산은 전체 산을 지칭하고 호렙 산은 그 산의 한 봉우리를 형성한 것 같다.

4) J. Simons, *GTT*. p. 251는 이스라엘이 여기서 약간 내륙으로 이동했을텐데, 만약 그렇지 않다면 그들은 하와라(Hawarah)에 이르기 전 홍해 근처에서 몇 군데 우물을 발견했을 것이라고 말하고 있다.

5) 넓이가 5피트, 깊이가 18인치의 웅덩이로 불쾌하게도 쓰고 짠 물이 들어 있다고 묘사되었다(참고. W. G. Blaikie, *A Manual of Bible History*. rev. C. D. Matthews 〈New York: The Ronald Press. 1957〉. p. 65: J. Simons, GTT. p. 252, n. 218).

곧 그 물이 달게 되어 마실 수가 있었다. 백성들은 계속해서 엘림으로 이동하였는데, 이곳은 하와라에서 남쪽으로 6마일 가량으로 오늘날의 와디 구룬델(Wadi Ghurundel)[6]로 믿어지며 많은 양의 단 물이 아직도 발견된다. 여기서 이스라엘은 열 두 우물과 60주의 종려나무를 발견했는데 이것은 물과 그늘을 제공하는 훌륭한 휴식처였다. 이 장소는 아직까지도 여행자들의 사랑받는 휴식처인데 이스라엘도 며칠 동안 머물렀을 것이다. 그들은 계속해서 "신 광야"(출 16:1)로 불리우는 지역으로 이동하였다. 이곳은 내륙의 지형이 울퉁불퉁한 것에 반해, 모래가 있고 쉽게 여행할 수 있는 평지가 홍해를 따라서 이어 있기 때문에 쉽게 판명된다. 그들은 "제 이월 십오일"(출 16:1)에, 즉 라암셋을 출발한 지 정확히 한 달만에 이곳에 도착하였다.

② 만나(출 16:1~36)

이스라엘의 식량이 다 떨어진 곳은 바로 여기였다. 백성들은 상당한 준비를 해왔지만 한 달 동안 다 소모되었다. 그들은 불안하게 되어 모세를 원망하였다. 이 사막에서 양떼와 가축 외에도 수많은 사람이 있었으니 그들의 걱정도 이해할 만하다. 이 황폐한 지역에서 어떻게 충분한 양식을 구한단 말인가?[7] 그러나 백성들은 얌 숲에서 기적적으로 그들을 구원하신 하나님께서 또한 그들의 이 필요를 채워주시리라 깨달아야 했을 것이다. 그들은 의심하기보다는 신뢰하여야 했었다.

하나님의 섭리는 "작고 동그란"[8] 형태의 양식으로 나타났는데 "깟씨 같고 희고 달다"고 했으며 그들은 그것을 "만나"[9]라고 불렀다(출 16:

---

6) *Westminster Historical Atlas to the Bible* (1956), pp. 38~39.

7) 비유로, 이백만 인구의 현대도시는 수 백 개의 시장이 요구된다. 이스라엘은 방대한 양의 양식이 필요하였다.

8) 이것은, 몇몇 학자들이 주장하듯, 시나이의 숲에서 수액을 빨아먹고 사는 깍지진디의 꿀물이 아니었다(Wright, *BAR*, pp. 64~65). 그러한 꿀물은 많은 사람을 충족시킬 수 없었을 것이고 또 그것은 계절적인 것이었다.

9) 히브리 단어 "man"은 "무엇?"이라는 뜻인데 "이것이 무엇이냐?"라는 백성들의 질문에서 "만나"라는 이름이 취해졌다.

14, 15, 31). 그것은 안식일을 제외한 아른 아침마다 놓여 있었다. 백성들은 한 날에 필요한 만큼 거두고 여섯째 날은 안식일을 위해 두 배의 양을 거두라고 지시받았다. 그들은 또한 보통날에 거둔 것 중 남은 음식은 썩을 것이나 여섯째 날에 거둔 것은 썩지 않을 것이라고 들었다.[10]

③ 메추라기(출 16:12~13)

만나가 나타난 첫째 아침 전날 저녁, 하루분의 양식이 주어졌다. 그것은 메추라기를 통해 공급된 고기였다. "메추라기가 날아와 진을 덮었다"고 되어 있다. 아마 메추라기들은 백성들이 쳐서 잡을 수 있도록 땅 가까이로 날았을 것인데, 이것은 약 1년 후 이와 비슷한 경우에 있어서도[11] 마찬가지였던 것 같다. 무슨 방법으로 잡았든지 간에, 백성들은 그날 밤 이 메추라기로부터 충분한 고기를 얻었다. 다음날 아침 처음으로 만나가 나타났다. 그 날 진에 있었던 사람은 아무도 굶주리지 않았을 것이다. 하나님께서 불가사의하게 공급해 주셨다. 만나의 공급은 이때부터 40년 후 요단 강을 건널 때까지 계속되었다고 보아야 한다(출 16:35; 수 5:11~12).

(2) 르비딤과 시내 산(출 1:71~19:3)

신 광야로부터 이스라엘은 내륙 쪽의 예벨 무사로 이어지는 와디 훼이란(Wadi Feiran)으로 이동하여 르비딤에 도착하였는데, 이곳은 가

---

10) 하나님께서는 물론 다음 날의 만나를 저장하실 수 있었겠지만, 그렇게 하지 않았는데 그것은 매일매일 하나님께서 공급해 주신다는 믿음의 경험을 하게 하기 위한 것이었다. 예수님은 제자들에게 "오늘날 우리에게 일용할 양식을 주시고"(마 6:11)라는 기도를 가르쳤다. 하나님의 백성들은 매일매일 준비해 주실거라고 믿어야 한다.

11) 두 번째 경우 메추라기는 땅으로부터 3피트 가량 높이에서 날았다(참고, Free, *ABH*, p. 116). Wright, *BAR*, p. 65는 이 두 가지 사건을 해마다 지중해를 넘어가는 메추라기떼와 연관시키고 있는데 이는 두 가지 이유에서 배격되어야 한다. 즉, 이스라엘은 어느 때에도 지중해 근처에 있지 않았고, 또 이스라엘의 이 사건은 봄에 일어난 것에 반해 오늘날 이 연례적인 이주는 9월과 10월에 오기 때문이다.

끔 와디 레파이드(Wadi Refayid)로 판명된다. 르비딤은 시내 산 근처에 있었는데, 그것은 하나님께서 모세에게 "호렙의 바위"를 때려 백성들에게 물을 공급하라고 말씀하신 곳이 바로 이곳이기 때문이다. 호렙은 시내 산과 동일시되거나 또는 적어도 그 일부분으로 여겨진다.

① 바위에서 물이 나옴(출 17:1~7)
르비딤에 이르렀을 때 백성들은 물이 떨어졌다. 이 지역에는 약간의 샘이 있었으나 이 해에는 분명히 물이 세차게 흐르지 않았다. 백성들은 모세에게 불평했고 모세는 하나님께 아뢰었다. 모세가 하나님의 지시대로 호렙의 바위를 때렸을 때[12] 큰 물이 솟아나게 되었다.[13] 이 물은 백성들이 시내 산에 있었을 때에도 내내 흘렀을 것이다.[14] 오늘날 예벨 무사에는 수원지들이 있지만[15] 르비딤에서 물이 부족했던 것을 보

---

12) 모세가 단순히 바위에 있는 물의 광맥을 열었다는 Wright, *BAR*, p. 65와 다른 이들의 주장은 배격되어야 한다. 그러한 소량의 물로 이백만 백성을 충족시킬 수 없을 것이다. 이것은 초자연적 일이기 때문에 모세가 바위를 때리는 행동은 실제로 물을 흐르게 하는 데 필요한 것이 아니었다. 이 행동의 유일한 이유는 죄인들에게 정신적인 생수를 제공하기 위해 갈보리에서 매를 맞게 될 전형적인 예수의 모습을 나타내기 위한 것이었다(고전 10:4, 참고, 민 20:8).
13) 시편 105:41에는 물의 양이 "강"(nahar)으로 표현되고 있다. 그렇게 많은 사람과 동물들의 갈증을 충족시키는 데에는 강만큼의 물이 필요했을 것이다.
14) 몇 가지 사실이 이것을 암시한다. 신명기 9:21에는, 모세가 금송아지를 태워 그 재를 시내, 곧 "산으로부터 흘러내리는 시내"에 뿌렸다고 나와 있다. 이것이 자연적인 시내라면 인용부호 속에 있는 설명적 구절은 필요치가 않았을 것이다. 또한 고린도전서 10:4에는, 르비딤에서 물이 나온 반석을 "저희를 따르는 신령한 반석"으로 표현하고 있다. 이것은 이 바위의 물이 자연적 경로에 의해 시내 광야에까지 그들을 따라왔음을 의미한다. 더욱이 백성들은 시내 산에서 초자연적으로 제공된 양식을 먹었으므로, 하나님께서 백성들로 하여금 초자연적으로 제공된 물을 마시게 하여 계속적으로 그를 의지함을 상기시키려 했다면 이 두 방법은 서로 조화가 될 것이다.
15) C. Conder, *ISBE*, IV, p. 2804는 다음과 같이 F. Holland, *Recovery of Jerus*, p. 524를 인용하고 있다. "물 공급에 관한 한, 전 반도에는 예벨 무사 근처만큼 잘 공급되는 지점이 하나도 없다. 여기서는 4개의

면, 특히 그 해에는 강수량이 적어 그러한 특별한 샘이 필요하였다. 르비딤과 시내 광야는 그리 멀리 떨어져 있지 않으므로, 르비딤의 물은 자연적인 경로에 의해 시내 광야의 장막에까지 공급되었을 것이다.

② 아말렉과의 싸움(출 17:9~16)

또한 이 르비딤에서 이스라엘은 아말렉이라 불리우는 유랑집단을 만나 싸우게 되었다. 이 집단은 에서[16](창 36:12)에게서 심지어는 에돔(창 36:1)으로부터 계승되었을 것이다. 아말렉은 다른 족속을 약탈하며[17] 이동하였으므로 당시의 보다 정착적인 많은 족속들과 구별되었다. 직접 언급되어 있지는 않지만, 아말렉은 분명히 이스라엘이 얌 숲을 건넌 이후 계속 그들 중의 약한 자들을 공격해 왔었다(신 25:17~18).

그러나 이제 아말렉은 때리고 도망가는 수법[18]에 대담해졌다. 따라

시내가 발견된다. 하나는 와디 레야(Wady Leja)에 있다. 둘째는, 와디 엣 티-아(Wady et Ti'ah)에 있는데, 3마일 이상의 길이를 가진 일련의 정원에 물을 공급하고 있으며, 저수지를 형성하여 나도 이곳에서 수영을 한 적이 있다. 셋째는, 에르 라하(er Rahah) 광야의 분수령 북쪽에서 일어나 서쪽으로 와디 엣티-아(Wady et Ti'ah)에 뻗어 있다. 넷째, 시내는 움 알라위(Umm 'Alawy) 산으로부터 와디 세바이에(Wady Sebaiyeh)의 동쪽까지 하수로로 연결되어 있으며, 예벨 엘 데일(Jebel ed Deir)을 마주보는 그 계곡으로 가는 좁은 협곡이 있다. 이 시내 외에도 수많은 샘과 우물이 있어 전 화강암 지역에 풍부한 물을 공급하고 있다."

16) 그러나 이러한 해석에는 한 가지 문제점이 있는데, 그것은 동쪽의 왕들이 이미 아브라함 시대에 "아말렉의 모든 나라"를 멸망시켰다고 하는 것이다(창 14:7). 만약 이것이 미리 예상하여 논박한 말이 아니라면 아말렉은 에서 이전에 존재했음이 틀림없다. 만약 그렇다면 에서의 후손은 아마 그들과 합세했을 것이다.

17) 후에 다윗 시대에 블레셋 도시 시글락을 공격한 것에서 분명히 증명된다.

18) 모세는 아말렉 본 거주지와 멀리 떨어지도록 남쪽 여행길을 택했을 때 그들이 계속 쫓아오지 않기를 바랐을 것이다. 그러나 싸움 당시 여호수아가 그들이 언제 어디서 공격할 것인지를 알았다는 것을 보면, 그들의 공격이 증가되었음이 분명하다.

서 모세는 신임하고 있는 여호수아[19]를 시켜 이 싸움에 참가할 사람을 선택케 하였다.

　백성들은 애굽의 속박에서 나온 지 얼마되지 않아 전쟁에 대해 훈련되어 있지 않고 무기도 없었으므로 여호수아 입장에서 볼 때는 쉬운 일이 아니었다. 분명히 여호수아는 이러한 환경에서, 특히 전쟁에 능한 적군을 앞에 두고 많은 지원자를 기대할 수 없었다. 그러나 여호수아를 존경하는 마음에서 약간 명이 지원하였다. 그 다음날 싸웠는데 하나님께서 아주 특이한 승리를 하게 하셨다. 모세는 가까운 산에 올라가 이를 지켜보면서 기원하는 모습으로 하나님을 향해 팔을 올렸다. 그런데 그의 팔이 올려져 있는 동안에는 여호수아의 군대가 전진하였다. 그러나 그의 팔이 피곤하여 내려졌을 때 그의 군대는 후퇴하였다. 마침내 모세 양 옆에 서 있던 아론과 훌[20]은 완전한 승리를 할 때까지 그를 도와 그의 팔이 올려지도록 하였다. 이렇게 하여 이스라엘은 자신의 능력에서가 아니라 하나님의 능력에 대한 믿음으로 승리를 거두었다는 강한 교훈을 받았다.

　③ 조직(출 18:1~27)
　이곳 르비딤에서 모세는 장인 이드로의 방문을 받았다. 이곳은 이드로의 본고장이었으며 그는 그리 멀지 않은 곳에서 살고 있었다. 그는 이전에 모세가 애굽으로 돌아갈 때 집으로 돌려보냈던 모세의 아내 십보라와 두 아들 게르솜과 엘리에셀을 데리고 왔다(출 4:24~26; 18:2). 이드로는 진에 도착하여 몇 가지 관찰을 한 다음 모세에게 충고하

---

　19) 성경에서 여호수아가 처음 언급된 것이 여기이다. 이제 모세가 그를 신임한 것을 보면, 여호수아는 벌써부터 능력이 있고 믿을 만한 인물이었음을 알 수 있다.
　20) 우리가 알듯이 아론은 모세의 형이었고, 훌은 요세푸스가 말했듯이 (Antiq. III. 2. 4) 그의 처남, 곧 미리암의 남편이었던 같다. 후에 훌은 모세가 율법을 받으러 간 동안에 아론과 함께 이스라엘을 감독하는 책임을 맡았다(출 24:14). 그러나 그는 다시 언급되지 않는 것으로 보아 이 일 후에 곧 죽은 것 같다.

였다.[21] 그는 모세로 하여금 이스라엘 무리를 감독할 보조자를 지정하도록 제안하였다. 모세는 이 충고를 따라서 "천부장과 백부장과 오십부장 그리고 십부장"을 지명하였다(출 18:25). 이것은 수 천 명은 아닐지라도[22] 적어도 수 백의 사람이 이스라엘 진에서 관리가 되었음을 의미한다. 이것은 의심할 것도 없이 모세에게 큰 가치를 나타내었다. 이 보조자들의 임무는 주로 재판하는 일이었던 것으로 나타나는데, 그것은 "어려운 일은 모세에게 가져오고", "작은 문제는 그들 스스로 재판하였다"라고 나와 있기 때문이다. 여기에다가 이렇게 형성된 백성들의 구분은 정보를 전파하고 규례를 수행하는 자연적인 조직체가 되었을 것이다.

④ 시내 산에 도착함(출 19:1~2)

다음에 도착한 곳은 시내 산이었는데 이곳은 길이가 2마일 넓이가 1마일 가량 되는 산 구릉의 한쪽 끝으로 판명된다.[23] 이 산의 남쪽 봉우리만이 예벨 무사(높이가 7,363피트)이고, 북쪽 봉우리는 라스 에스-사프사페(Ras es-safsafeh;6,540피트)라고 불리운다. 각 봉우리 앞에는 이스라엘이 진을 칠 만한 충분한 평지가 펼쳐 있지만 학자들은 일반적으로 예벨 무사 앞에 있는 것이 사용된 것이었다고 주장한다. 이스라엘이 이곳에 도착한 때는 셋째 달의 소위 "같은 날"이었다. 즉, 라암셋을 출발한 첫 달의 날짜와 이 셋째 달의 날짜가 같음을 의미하는데 그때는 15일이었다. 백성들이 이곳을 떠난 것은 그 다음해 둘째 달 20일이었으므로 이곳에는 열 한 달 5일 간 머문 셈이었다(민 10:11).

---

21) 여기서 이드로는 소리 높여 야웨를 찬양하고 번제까지 드렸는데(출 18:10~12), 이는 모세가 과거 40년 동안 그를 크게 감동시켰음을 의미한다. 그는 또한 "여호와가 모든 신보다 위대함을 이제 내가 아노라"라고 말했다. 모세가 이드로에게서 여호와를 배웠다는 자유주의 학자들의 견해는(참고, H. H. Rowley, *The Rediscovery of the Old Testament*, Phiadelphia: Westminster, 1946, Chap. 5) 배격되어야 한다.

22) 이 관리들이 다스렸던 구체적인 단위에 대해서는 충분한 자료가 없으므로 정확한 숫자는 밝힐 수가 없다. 그것은 아마도 가족단위였겠지만, 큰 가족 또는 작은 가족을 계산해야 한다.

23) 앞의 주 3을 참고하라.

이 기간 중에 중요한 율법이 주어졌고 장막(Tabernacle)이 세워졌다.

3. 율법을 주심
(출 19:3~24:18; 32:1~34:35)

이스라엘이 애굽에서 나와 시내 산에 이른 60일 동안, 수많은 백성들에게는 약간의 조직 명령이 있었을 뿐이었다. 이스라엘은 그 크기를 제외한다면 국가라고 부를 수가 없었다. 애굽에서의 노예생활로 인해 자치제도 같은 것을 이루기가 힘들었다. "장로"라는 직분을 가진 사람들은, 애굽 사람들에 의해 통치하는 데 이용되었다. 그러나 이스라엘이 애굽을 떠날 때는 그 자체의 법이라든가 조직된 백성으로서의 어떤 주체의식도 갖고 있지 않았다. 하나님에 대한 진정한 의식이나 그가 요구하시는 삶의 방식 등은 더더구나 없었다.

이러한 것은 약속한 땅에 들어가기 전에 수정될 필요가 있었다. 하나님은 이러한 수정이 시내 산에서 이루어지도록 계획하셨다. 사실, 시나이 반도를 통해 긴 회전을 하도록 한 주요 이유는 이 의도에서였다고 해도 과언이 아니다.[24] 시나이는 유익한 배경을 받지 않게 된다. 또한 이곳에서 백성들은 물과 양식같은 하나님의 물질적 준비에 전적으로 의지할 것인데, 이는 백성들로 하여금 하나님을 정신적으로 더 받아들이게 할 것이다. 그리하여 하나님은 그들을 진정한 국가로 결합시키기 위하여, 즉 그들에게 법과 조직을 주어 주체성과 임무를 가진 백성으로 통일하기 위하여 그리고 무엇보다도 하나님을 믿고 신뢰하는 백성으로 만들기 위해 이곳을 택하셨다.

(1) 십계명을 주심 (출 19:3~20:17)

시내 산에서 하나님과 이스라엘과의 첫 소통은 십계명에 관한 말씀

---

24) 이렇게 멀리 남쪽으로 간 것은 단순히 블레셋을 피하려는 약간의 이유가 있었다(출 13:17).

이었다(출 20:1~17). 백성들로 하여금 이 열 가지 원칙을 잘 받아들이도록 하기 위하여 하나님은 이틀 동안의 준비에 관해 지시하셨다(출 19:3~15). 백성들은, 이제 하나님께서 그들에게 주시려는 백성들을 불러 하나님께서 주시려는 율법을 기꺼이 준수할 것인가 하고 진술하였으며 백성들은 그렇게 하겠다고 응답하였다(출 19:3~8). 그리고 그는 산 밑에 경계선을 긋고, 백성이나 짐승들이 이 선을 넘어가지 못할 것이며 만일 그 선을 넘어가면 죽을 것이라고 하였다. 또한 그들은 육체적으로 깨끗이 하고 정신적으로 성결케 하여 "제 3일을 기다려야" 했다. 씻는다는 것은 오랜 세월을 먼지 속에서 걸어왔으므로 육체적인 청결을 위해 필요하였고 또한 정신적인 청결의 상징을 위해서도 필요했다. 정신적인 청결은 내면적인 깨끗함이었는데, 백성들이 이 경우에 알맞는 마음과 태도를 가지고 나오는 것을 상징하였다.

기다렸던 셋째 낮은 시내 산에서 두려움을 일으키는 효과로 시작되었다(출 19:16~25). 산 위에 빽빽한 구름이 있었고 이로부터 우뢰와 번개와 점점 커지는 나팔 소리가 들렸다. 마치 큰 화로에서처럼 연기가 솟아올랐다. 지진이 산을 뒤흔들었다. 이러한 효과는 백성들로 하여금 그 다음을 준비하게 하였다. 그들은 말씀을 하시려는 하나님의 큰 능력과 권위에 감명을 받았다. 이런 효과 중, 모세는 하나님의 명령에 따라 다시 한번 백성들에게 경계선을 넘어오지 말라고 지시했다.

다음 순간, 모든 사람이 들을 수 있도록 산으로부터 하나님의 말씀이 시작되었다.[25] 아마도 이 말씀은 나팔 소리를 대신하였을 것이지만, 다른 현상들은 분명히 두려운 배경을 만들기 위해 계속되었다. 두렵고 장엄한 배경 속에서 사람의 모습은 없고 목소리만 들렸으므로 백성들은 분명히 큰 감동을 받았다.

이때 전달된 것이 십계명이었다. 삶의 열가지 기본 원칙이 하나씩 묘사되었다. 백성들은 듣고 두려워하였다. 이 목소리가 끝났을 때, 백성들은 더 이상 이 두렵고 직접적인 목소리를 듣지 않도록 모세에게

---

25) 참고, 출 20:1, 19, 신 5:4, 22. 이 십계명의 기적적인 말씀과 그리고 돌판에 새긴 영원한 기록은 백성들을 크게 감동시켰던 것이다.

중개자 역할을 해달라고 하였다(출 20:19). 이후에 모세는 혼자만 듣기 위해 "하나님이 계신 어둠 속으로 가까이 갔고"(출 20:21) 하나님은 계속 말씀하셨다.

(2) 언약서(출 20:22~ 24:4)

이제 모세가 하나님으로부터 받은 것은 "언약서"라 불리운다(출 24:7). 그 기록은 3장 이상을 차지하고 있다. 이 모든 것은 분명히 같은 사흘째 날 그에게 나타났으며 모세는 백성에게 돌아가[26] 그것을 고하였다.[27] 백성들은 이에 응답하여 하나님께서 명령하신 것을 준수하겠다고 선언하였다. 이 응답은 하나님께서 요구하신 것에 만족한 것이므로 첫번 응답보다 더 의미있는 것이었다. 그 날 모세는 이 모든 말씀을 기록하였다(출 24:3~4). 모세는 매우 늦게 잠자리에 들었을 것이다.

(3) 비준식(출 24:4~8)

그 다음날은 이스라엘에게 가장 중요한 날이었다. 이 날은 하나님의 언약을 비준한 날이었다. 이스라엘이 진정한 국가로 된 특별한 날을 선택한다면 아마 이 날이 될 것이다. 그것은 이스라엘과의 하나님 언약이 정식으로 비준되어 효력이 발생되었기 때문이다. 모든 율법이 나타난 것은 아니었지만 ― 사실 전체[28]의 일부분만이 나타난 것이었다 ― 그러나 이것은 나머지를 대신할 만큼 충분한 것이었다. 나머지를 받는 데는 거의 석 달이 걸릴 것이므로, 그리고 비준에 대해 마음속 깊이 준비해온 것은 이때였으므로 가장 적합한 비준날이었다.

---

26) 이때나 또는 그 전에도 모세가 시내 산 꼭대기까지 올라갈 시간적 여유는 없었다. 이후에 그가 40일을 가 있었을 때는 아마 꼭대기까지 갔을 것이다.

27) 이것은 대단한 기억력이었다. 하나님께서 특별히 그에게 재능을 주셨거나 아니면 기록하라는 지시를 하셨을 것이다.

28) 그러나 도덕법이 포함된 전체 속에서 이것은 가장 중요한 부분이며 나머지 법도 이것에 기초를 둔 것이었다.

모세는 먼저 단을 쌓고 그 주위에 열 두 기둥을 세웠다. 이때 제단은 하나님을 나타내는 것이며 기둥은 이스라엘의 열 두 지파를 나타낸 것이었다. 그리고 청년들을 지정하여 소를 죽이고 화목제를 드리게 하였다. 이 피의 반은 용기에 담고 반은 단에 뿌렸다.[29] 그리고나서 모세는 전날 밤 기록했던 "언약서"[30]를 낭독하였고 백성들은 그대로 준수하겠다고 세 번째로 응답하였다.[31] 이 응답이 이루어진 후 모세는 용기에 있는 피를 취하여 그들의 죄를 덮는다는 뜻으로 백성을 향해 뿌렸다. 이렇게 하여 그들의 죄가 덮어졌고 하나님의 법을 지키겠다는 그들의 약속이 정식으로 선언되었으므로, 언약이 이루어져 이스라엘은 하나님의 귀한 나라가 되었다.

이러한 친밀관계의 표시로 모세와 아론, 아론의 두 아들 나답과 아비후 그리고 장로 70인이 그 날 시내 산에 올라갔다. 그들은 웅장한 광경으로 그들 앞에 상징되어 나타난 하나님 앞에서 먹고 마셨다(출 24:9~11).

(4) 율법이 깨짐(출 24:12~18; 32:1~34:35)

① 첫 번 40일(출 24:12~18)

이제 하나님은 모세를 불러, 산으로 올라와 40일의 계시 기간을 시작하라고 하셨다. 모세는 아론과 훌에게 진을 맡기고 여호수아를 데리고 갔다. 6일 동안 모세는 산으로 올라가는 한 지점에 분명히 여호수

---

29) 이 단을 완전히 덮을 충분한 피를 얻으려면 한 마리 이상을 죽였을 것이다. 이곳에 사용된 피는 속죄의 날에 "속죄소"와 단에 뿌렸던 피가 그랬던 것처럼 제단의 성결을 상징하였다(레 16:14~20). 이 제단은 하나님을 나타내는 것이므로 절대 순수한 것으로 상징되어야 했다.

30) 모세는 또한 하나님께서 구두로 말씀하신 십계명을 기록하였는데, 이는 그가 여기에서 출애굽기 20~23장에 있는 것을 읽었음을 의미한다.

31) 이 세 번째 응답은 앞의 둘보다 훨씬 중요하다. 첫번째 백성들은 하나님께서 명하시리라 생각한 것에 동의만 하였다. 두 번째는 이제 그들이 하나님께서 명하신 것을 알고 있었으므로 더 의미있는 것이었다. 그러나 이 세 번째는 준수하겠다는 굳은 약속을 완전한 예식을 갖춰 한 것이었다. 앞의 둘은 정식 약속을 하기 전에 생각할 여유를 주고 있는 보다 예비적인 것이었다.

아와 함께 있었으나 7일째 되는 날 하나님은 모세만을 부르셨다.[32] 그는 하나님께서 그에게 율법을 나타내셨을 때, 40일 동안 계속해서 하나님 앞에 있었다.[33] 이 기간 중 하나님 또한 두 개의 돌판에 십계명을 새겼다.

② 금송아지(출 32장)

40일째 날 하나님은 모세에게 백성들이 우상으로 금송아지를 만드는 죄를 범했다고 말씀하셨다. 모세는 곧 내려가 여호수아를 만나고 진에 도착하였다. 이곳에 도착한 모세는 의의 분노로서 백성들 앞에서[34] 두 개의 새겨진 돌판을 깨고 금송아지를 산산히 부수었으며 이러한 범죄를 응낙한 아론을 꾸짖었다. 그리고 레위인에게 범죄한 이스라엘을 죽이라고 지시했는데 그때 3천 명이 죽게 되었다. 그 다음날 모세는 하나님께 간청하여, 더 이상 죄값으로 이스라엘을 죽이지 마옵시고 만일 더 책망하시려면 자신의 이름을 하나님이 "기록한 책"[35]에서 지워달라고 하였는데(출 32:30~32), 이는 모세의 헌신적인 태도로서 칭찬할 만하다. 언약을 비준한 지 40일 이내에 왜 이스라엘이 그 언약을 깨뜨리는 심각한 죄를 범했는지는 설명하기 어렵다. 분명히 그들은 모세가 며칠 동안 나타나지 않으므로[36] 하나님의 두려운 모습에 산에서 죽었을 것이라 믿었다(출 32:1). 이렇게 믿은 그들은 지도자를 잃었다고 생각

---

32) 여호수아는 모세가 간 동안에 산에 있었는데, 그것은 모세가 돌아오는 길에 산에서 여호수아를 만났고(출 32:17), 또 여호수아는 백성들의 죄에 대해 모세보다도 더 알지 못했기 때문이다.

33) 그 다음 장에(출 25~31장) 장막에 관한 계획이 포함된 것을 보면, 이 첫 40일 동안은 주로 장막에 관한 계획으로 할애되었을 것이다.

34) 이러한 행동은 모세가 백성들 앞에서 하나님 계약을 깨뜨린 범죄를 상징적으로 나타낸 것으로서 모세 입장에서는 고의적인 행동이었다고 신명기 9:17에 암시되어 있다.

35) 이 "책"은 생명책이다(시 69:28; 단 12:1). 이러한 상징은 부족이나 공동체에서 인정된 사람들을 기록하는 당시의 관례에서 취해진 것이다.

36) 이 일 이전에는 모세가 전혀 그들에게서 떨어져 있지 않았던 것 같다. 그가 언약서를 받았을 때에도 하루 중의 일부분만 가 있었다.

하며 애굽으로 돌아갈 생각을 했을 것이다. 이로 인해 애굽 사람들의 송아지 숭배[37]를 기억해낸 그들은 송아지 우상을 생각하게 되었을 것이다. 아론은 이것을 방지하려는 생각에서, 우상 만들 재료로서 그들의 금 귀걸이를 헌납하라고 요구하였다가 그들이 이에 응하자 자신의 요구에 걸려들었던 것 같다. 내용이 어찌 되었든 간에 우상이 만들어졌고 그들은 큰 죄를 범하였다.

③ 모세의 훌륭한 정신(출 32:11~14; 30~33)

그러나 백성들이 심하게 저주를 받아야 한다면 이와 반대로 모세는 크게 칭찬받아야 한다. 산에서 백성들의 범죄에 대해 처음 모세에게 언급하실 때 하나님은 실제로 모세에게 선택권을 주셨다. 즉, 범죄한 이스라엘을 중개하지 않고 자신이 새 나라의 머리가 되는 방법, 또는 중개를 하여 그들을 구하는 방법인데 이는 자신에 대한 매력적인 평가가 무효로 되는 것이었다. 다른 말로 하면, 모세가 새 나라의 머리가 되는 데 필요한 모든 것은 이스라엘을 대신하여 중개하지 않는 것이었다.

그러나 모세는 중개하기로 결정하였으며, 그리하여 자신의 이익을 하나님과 백성들의 이익 밑에 둔 것이었다. 그리고는 진으로 돌아가 심한 꾸중을 하고, 다시 하나님께 간청하기를 이스라엘을 계속 책망하기보다 자신을 영원히 멸하게 해달라고 하였다. 예수를 제외하고, 이런 정도의 희생을 나타낸 다른 한 사람이 있다. 즉, "내 형제를 위해서 내 자신이 예수로부터 저주를 받는다 할지라도 내가 원하는 바노라"(롬 9:3)라고 기록한 바울 사도이다. 모세에 대한 하나님의 응답은 죄를 범한 사람만이 책망을 받을 것이라는 말씀이었다.

---

37) 애굽은 멤피스에서 아피스(Apis)소 숭배, 헬리오폴리스(Heliopolis)에서 므네비스(Mnevis) 소 숭배를 했지만 이 두 지역은 고센으로부터 얼마간 떨어져 있었다. 이보다 가까운 곳에는 호루스(Horus) 숭배와 연관된 소 제단이 있었는데 이것이 더 영향을 끼쳤을 것이다. 소는 번영과 힘의 상징이었다 (참고, Steindorff and Seele, *When Egypt Ruled the East* 〈Chicago: University of Chicago Press, 1957〉, pp. 140~41).

④ 두 가지 행동(출 33:7~23)

모세는 계속 율법을 받으러 산으로 돌아가기 전에 두 가지 행동을 더하였다. 첫째로, 그가 자기를 위해 진 밖에 장막[38]을 치고 그 안에 들어갔을 때 구름기둥이 그 문 앞으로 와서 서게 되었다. 이 목적은 하나님께서 얼마나 백성들을 기뻐하지 않는가를 그들에게 보이기 위함이었는데, 그것은 구름기둥이 그들에게서 떠나 모세가 있는 곳으로 이동하고 그들의 죄에 대해 하나님께 큰 회개를 하도록 했기 때문이었다. 더욱이 그것은 하나님께서 모세를 인정하셨고, 백성들이 축복을 받으려면 다시 그의 인도에 따라야 함을 나타내 보였던 것이다.

둘째로, 모세는 하나님께 그의 영광을 보게 해달라고 요청하였다. 이스라엘의 심한 불복종에 실망한 모세는 확인이 필요하였다. 하나님은, 하나님 "자신"이 분명히 모세와 함께 가겠다고 약속하셨지만 모세는 계속 뚜렷한 증거를 갖고자 하였다. 하나님께서는 친히 승낙하셔서 그의 종을 "바위 틈"에 숨기시고 그로 하여금 소위 하나님의 "등"[39]을 보게 하셨다.

⑤ 둘째 40일(출 34:1~35)

이제 모세는 두 돌판을 새기라는 명령을 받고 시내 산 꼭대기로 가게 되었다. 그는 그 다음날 아침 산으로 올라갔고 하나님은 40일 동안 그에게 율법을 나타내셨다. 이번에 모세가 내려왔을 때에는, 그의 얼굴이 하나님의 광채로 빛나 그는 다른 사람과 이야기할 수 있도록 얼굴을 수건으로 덮었다. 모세가 하나님이 산에서 말씀하신 모든 것을 기록한 것은 진으로 내려온 바로 직후로서 아직 마음속에 기억이 생생

---

38) 이 장막(tent)은 "회막"('ohel mo'edh)이라 불리우는데 후에 성막(Tabernacle)에 붙여진 이름과 같은 것이다. 그러나 그러한 구조로는 아직 세워지지 않았으므로 단순한 장막(tent)과 혼동하지 말아야 한다.

39) 이 말은 그야말로 신을 인격화한 언어이다. 하나님은 영이시므로(요 4:24) 육체적인 눈으로 볼 수 없다. 그리고 하나님을 본 사람이 있다면 그는 죽을 것이라고 친히 말씀하셨다(출 33:20). 그러나 모세가 본 것은 사실이었으며 하나님의 영광을 나타낸 것이었다.

할 때였을 것 같다.[40]

4. 율 법

모세율법에는 모든 백성에게 구두로 주신 십계명, 같은 날 이후 모세에게만 주신 "언약서" 그리고 시내 산에서 두 번 있었던 40일 기간 중 모세에게만 나타내신 길고도 자세한 규칙 등이 포함된다. 전체 내용은 도덕법, 민법, 예식법으로 구분될 수 있다.

(1) 도덕법

도덕법은 십계명을 말한다. 이것은 일반적으로 생을 살아가는 데 필요한 광범위한 도덕 규칙을 제공하고 있으며, 보다 구체적인 민법이나 예식법에 대한 기초를 나타내고 있다. 이것은 하나님께서 구두로 선언하셨고 또 돌판에 초자연적으로 기록하셨다는 데에 그 중요성이 있다. 이것은 두 부분으로 되어 있다.[41] 첫째는 하나님에 대한 인간의 의무인데, 즉 하나님의 존재, 그에 대한 예배, 그의 이름, 그의 날에 관한 것이다. 둘째는, 인간에 대한 인간의 의무로서 부모 공경, 살인, 간음, 도둑질, 거짓증거, 탐심에 관한 것이다.[42] 모든 사람들은 이 가르침을 암기하고 중요시여겼던 것 같다.

(2) 민 법

민법은 매일매일의 사회관계에 대한 구체적 지시를 담고 있다. 이것

---

40) 모세가 5경을 언제 기록했나에 관한 논의로는 본장의 11. 신명기를 참고하라.
41) 둘로 나누어진다는 이러한 구분은 예수님이 율법이 두 가지 큰 계명이라고 말씀하심으로써 인정되었다(마 22:34~40).
42) 또 다른 구분 방법은 처음의 두 가지(하나님의 존재와 예배)를 한데 묶고, 맨 나중 계명(탐심하지 말 것)을 둘로 나누는 것이다(이웃의 집을 탐하지 말 것과, 이웃의 소유나 아내를 탐하지 말 것).

은 사법, 행정, 재산권, 빈민구제, 아동교육, 형벌, 그리고 이 외에 많은 문제를 다루고 있다. 많은 부분이 개인적인 상호관계를 다루고 있는데, 즉 남편과 아내, 주인과 종, 아버지와 자녀, 타인에 대한 친절 등에 관한 것이다. "언약서"의 거의 대부분은 민법에 관한 것인데 당시 문화 배경에서만 이해될 수 있는 것이 많다. 애굽의 많은 풍습과 관례가 사용되지 않도록 특히 규칙들이 필요하였다.

(3) 예식법

예식법은 종교적인 일에 관계되는 것으로서 대부분은 장막에서의 제사장 역할에 대한 것이다. 장막 자체에 대한 것과 제사장과 레위인의 의복과 의무, 여러 가지 희생제물에 대한 설명이 기술되어 있다.[43] 해마다 큰 축제를 하라고 명령되었으며, 매년 중앙 성소에서 세 가지 주요 축제[44]를 기념하는 데는 수컷이 요구되었다. 이 예식법은 가장 긴 법으로 세 부분으로 되어 있다. 예식법과 민법은 상황이 타당할 때에만 유효한 것으로 일시적인 성격을 가지고 있는 반면 도덕법은 영원한 것으로 지정되었다.

(4) 다른 법과의 비교

모세법은 고대의 다른 법조문과 자주 비교된다. 여섯 개가 알려져 있는데, ① 주전 2050년경 우르(Ur)의 셋째 왕조 때의 우르-남무(Ur-Nammu) 법문 ② 주전 1925년경 에스눈나(Eshunna)의 빌라라마(Bilalama) 법문 ③ 주전 1860년경 이신(Isin)의 리피트-이스탈(Lipit-Ishtar) 법문 ④ 주전 1700년경 바벨론의 함무라비(Hammurabi) 법문 ⑤ 주전 1450년경 보가스코이(Boghazkoi)의 헷타이트(Hittite) 법문 ⑥ 주전 1350년경 앗수르의 앗수리아(Assyrian) 법문

---

43) 8장을 참고하라.
44) 봄에 있는 유월절(출 12:1~28; 민 28:16~25; 신 16:1~8), 그 이후 50일 뒤의 오순절(출 34:22; 레 23:15~22; 신 16:10), 그리고 가을에 있는 장막절(레 23:34~42; 민 29:12~40)이다.

등이 그것이다.⁴⁵⁾

이들 법문과 이스라엘 법을 비교해 보면 몇 가지 유사한 점이 나타나지만, 그 유사점은 공통된 필요와 상황이 요청하는 것에 지나지 않는다. 반면, 몇 가지 기본적인 차이점이 이스라엘 율법의 독특함을 나타낸다. 그 차이점은, ① 형태상에서, 이스라엘 법이 결론법(casuistic)과 필연법(apodictic)⁴⁶⁾ 두 가지로 구성된다.⁴⁷⁾ ② 일반적인 성격상에서 이스라엘 법이 종교적인 동기에서 시작된 반면 다른 법문은 법적이고 세속적이다.

③ 도덕적인 분위기상에서, 다른 법문은 정욕의 통제, 이기심의 제한, 자비심의 요구, 다른 사람을 파괴하는 원인으로서의 윤리적인 범죄 인식⁴⁸⁾ 등을 나타내고 있지 않다. ④ 사회적인 구분상에서 적어도 함무라비 법문은 사람에 대한 세 가지 계층, 즉 자유인, 반 자유인, 노예 등을 설정하고 있는 반면, 이스라엘 법은 이러한 것을 전혀 갖고 있지 않으며 단지 비특권 집단을 보호하는 목적하에서만 노예를 인정하고 있다.

---

45) Mendenhall, "Ancient Oriental and Biblical Law," *BA*. 17 (May, 1954), p. 23, n. 18. 이에 대한 논의로 그의 저서 *Law and Covenant in Israel and the Ancient Near East* (Pittzburgh: Biblical Colloquim, 1955)를 참고하라. 또한 그 원문과 논의로는 *ANET*. pp. 159~98을 참고하라.

46) "판례법"(judgments) 또는 "사례법"(case laws)이라 불리우는 결론법은 "만일"이라는 단어로 시작하여 구체적 상황을 설정하고 있다. "법령"(statutes)이라고 불리우는 필연법은 일반적인 행동영역을 포함한다. 십계명은 이 필연법의 좋은 사례이다.

47) Mendenhall은 Hittite 법문에서 극소수의 필연법을 지적하였다. "Ancient Oriental and Biblical Law," *BA*, 17(May, 1954), pp. 29~30: T. J. Meek in the Assyrian Laws, *ANET*, p. 183, n. 24.

48) A. Jeremias, *The Old Testament in the light of the Ancient Near East*, trans. C. L. Beaumont (London: Williams & Norgate, University of Wales Press Board, 1911), II, p. 112.

5. 성막(출 25~31, 35~40장)

하나님께서 모세에게 말씀하신 주요 내용 중의 하나는 성막(tabernacle)이었다. 애굽이나 다른 나라들이 많은 성전을 갖고 있는 것에 반해 이스라엘은 오직 하나의 예배 장소를 갖고 있었다. 광야 여행 기간 동안 그리고 팔레스틴 정복 후 수 년 동안 이들은 성막이라 불리우는 휴대용 성소를 갖게 되었다. 하나님께서는 모세에게 성막에 대한 계획을 말씀하셨는데, 이것은 수많은 정신적 상징을 갖고 있는 까닭에 그대로 따라 지어야 했다. 유다 지파의 브사렐과 단 지파의 오홀리압이 하나님의 신으로부터 특별한 은총을 받아 정교한 재주를 갖고 이 건축을 이끌어 가게 되었다(출 35:30~35). 건축에 필요한 자료도 많이 요청되었으나 백성들의 자원하는 예물로 곧 충족되었다(출 35: 4~29). 성막 구조의 중요성은 율법의 많은 부분을 차지함으로써 강조되었고 여러 지파의 위치 가운데 그 중앙 위치를 할당하도록 하였다. 중앙에 있는 것은 하나님의 성소로서 백성 가운데 하나님의 계심을 나타내는 것이었다.

(1) 설 명

성막은 직사각형의 뜰 안에 이동할 수 있는 건물로 구성되었다. 이 뜰은 가로 세로 150피트[49], 75피트인데 아카시아 나무 기둥에 은 막대기를 부착시켜 이곳에 은고리를 매달고 아마 커튼으로 이 뜰을 둘러싸게 하였다. 입구는 동쪽으로서 커튼으로 통하게 하였다. 이 뜰의 동반부에는 두 가지 물품이 있었다. 입구 가까운 쪽에는 제사장이 백성들을 위해 희생제를 드리는 구리 제단이 있었다(출 27:1~8; 38:1~7). 이것은 넓이가 7피트 반, 높이가 4피트 반으로서 청동으로 둘러싼 아카시아 나무로 만들어졌으며 네 모서리에는 고리가 있었다. 이 제단

---

49) 표준 규빗을 약 18인치로(정확하게는 17.51인치) 계산한 것이다(참고. R. B. Y. Scott, *JBL*, 78〈1958〉, pp. 210~12).

건너편에는 놋 대야가 있었다(출 30:17~21; 38:8; 40:30). 이것 역시 청동으로 만들어졌는데 제사장이 예식 전에 씻는 곳이었다.

뜰의 서반부에는 직사각형의 성막이 서 있게 되는데 가로 45피트, 세로 15피트, 높이 15피트로서 금으로 둘러싼 48개의 아카시아 나무[50] 뼈대로 구성되었다(출 26:1~37; 36:8~38). 이것은 두 간막으로 나누어지는데, 첫째는, 성소로서 이곳의 3분의 2를 차지하며 일곱 가지로 된 등 촛대, 빵을 놓는 상, 향제단 등을 포함하였다. 둘째는, 지성소로서 언약궤[51]를 담고 있는데 이 언약궤는 날개 뻗친 2개의 금천사를 뒷받침하고 있다. 이 성막은 4단계의 막이 있는데, 첫째는 아마, 둘째는 염소털, 셋째는 물들인 양의 가죽, 넷째는 듀우공(dugong)[52]의 가죽이다.

---

50) "뼈대"(frameworks, qurashim, 출 26:15f; 36:20f)라는 말은 KJV의 널판지(boards)라는 말보다 더 나은 표현이다. 그 이유는 ① 가로 세로 15피트 27인치의 판자는 극히 무겁고 구하기 어려운 반면, 이 크기의 뼈대는 더 가볍고 쉽게 구성될 수 있다. ② 이 뼈대로 인해서 그 안의 아름다운 뚜껑 커튼을 들여다 볼 수가 있다. ③ 히브리 단어를 잘 분석하면 "뼈대"라는 것을 알 수 있다(참고. A. R. S. Kennedy, "Tabernacle," HDB, pp. 559~661).

51) 이 언약궤는 가장 귀중한 물건이었다. 대제사장만이 1년에 1번 속죄의 날에 이 언약궤가 들어 있는 지성소에 들어가게 되었다. 이것은 아카시아 나무로 만들어졌고 안팎을 금으로 도금하였으며 견고한 금 접시로 뚜껑을 하였다. 속죄소라 불리우는 이 언약궤는 백성 가운데 하나님이 함께 하심을 나타낸 것이었다. 십계명은 하나님의 우상을 금지하였는데 이 언약궤는 어떤 면으로는 외형적인 모습을 시도하지 않고 하나님의 형상을 대신한 것이었다. 이 궤 속에는 언약을 새긴 두 개의 돌판과 만나를 담은 금항아리와 아론의 싹난 지팡이가 있었다(히 9:4, 민 17:1~13).

52) 듀우공은 평균 5~9피트 길이의 바다동물로서 애굽과 시나이 근처 바다에 살고 있다. 여기에 사용된 것은 오소리(badger)의 가죽이 아니라 이 동물의 가죽인 것 같다. 즉, 여기에 사용된 히브리 단어가 그러하고 또 오소리는 당시 그곳에 살았다고 알려져 있지 않다(참고. Free, ABH, pp. 106~107).

(2) 위 치

하나님께서는 광야 여행 중 진을 칠 때에는 성막을 각 지파의 한 가운데 놓으라고 지시하셨다. 동쪽으로는 유다, 잇사갈, 스불론 지파, 남쪽으로는 르우벤, 갓 지파, 서쪽으로는 에브라임, 므낫세, 베냐민 지파, 그리고 북쪽으로는 단, 아셀, 납달리 지파가 있게 되었다(민 2장)[53] 행진할 때 동쪽의 세 지파가 제일 먼저 가게 되었으며 그 뒤에 레위인 게르손 가족과 므라리 가족이 분해한 성막의 물품[54]을 들고 갔다. 그 다음 남쪽의 세 지파가 가고 그 뒤에 레위인 고핫 가족이 성막의 가구[55]를 들고 갔다. 그 다음 서쪽의 세 지파, 마지막으로 북쪽의 세 지파가 가게 되었다(민 3~4장; 10:11~28). 행진할 때에도 성막의 가구는

므낫세	아셀	단	납달리	잇사갈
에브라임		성 막		유다
베냐민				스불론
	시므온	르우벤	갓	

〈진칠 때의 위치〉

---

53) 이 집단은 모친의 혈통에 따라 취해진 것이다. 레아의 후손 르우벤, 시므온(제사장 지파로서 레위 지파는 제거됨), 유다, 잇사갈, 스불론은 동쪽과 남쪽에, 라헬의 후손 에브라임, 므낫세(요셉의 아들들), 베냐민은 서쪽에, 그리고 빌하(라헬의 여종)의 후손 단, 납달리는 북쪽에, 실바(레아의 여종)의 후손 갓과 아셀은 하나는 북쪽으로 하나는 남쪽으로 나뉘어졌던 것이다.

54) 게르손 자손은 4마리의 소가 끄는 두 수레에(민 7:7) 성막의 천(민 4:21~28)을 싣고 갔으며, 므라리 자손은 8마리의 소가 이끄는 4개의 수레에(민 7:8) 나무와 철 물품을 싣고 갔다(민 4:29~33).

55) 고핫 자손은 수레가 필요치 않았는데, 그 이유는 서로 지탱하도록 연결된 기둥으로 가구를 운반했기 때문이다.

중앙 위치를 유지하고 성막 자체는 이보다 먼저 갔는데, 이는 가구가 도착하여 배치될 수 있도록 성막이 미리 세워지게 하기 위함이었다(민 10:21). 다른 것보다 먼저 가는 한 가지는 언약궤인데, 이는 길을 인도

	유다	르우벤		에브라임		단
언약궤	잇사갈	성막물품 (게르손,므라리)	시므온	성막가구 (고핫)	므낫세	아셀
	스불론	갓		베냐민		납달리

〈행진할 때의 위치〉

하는 것이었으며, 제사장들이 앞에서 움직이는 구름기둥을 따라 이 언약궤를 들고 갔다.

(3) 예식을 거행함

이스라엘이 시나이에 머무른 약 1년 동안의 주요 임무는 이 성막을 세우는 일이었다. 이 일은 아마도 모세가 산에서 내려온 직후에 시작되었는데, 이는 백성들이 시나이에 처음 도착한 지 약 3개월 쯤[56] 된 후였다. 성막을 완성한 날짜는 제 2년 첫 달의 첫 날이라고 되어 있는데(출 40:17), 이는 5달 반 후임을 의미한다. 성막이 완성된 날에 백성을 인도하였던 구름이 성막에 덮이고 하나님의 영광이 성막에 가득 찼다(출 40:34).

다음 일은 아론과 그의 아들 나답, 아비후, 엘르아살, 이다말로 하여금 성막에서 제사장 직분을 하게 하기 위해 거룩하게 하는 것이었다(출 29:1~37; 40:12~15; 레 8:1~36). 이 다섯 사람은 물로 씻고 제사장 옷을 입고 기름부음을 받았다. 또한 죽인 양에게서 피를 취하여 이들의 오른 엄지가락과, 오른 귓부리와 오른 발 엄지가락에 바름

---

[56] 모세가 산에 머문 80일 외에 산에 올라가기 전 4일을 소비했었고 금송아지가 만들어졌을 때 중간에서 며칠을 보냈으므로 전부 합하면 거의 90일이 된다.

으로써 일련의 희생제를 하나님께 드렸다. 다음에는 제물을 흔들어 바쳤고 마지막으로 모세와 제사장들이 그 고기를 먹었다. 이 위임식은 7일 동안 반복되었다.

이 거룩한 일주일이 지난 후 제사장들은 그들의 직분을 시작하였다 (레 9:1~24). 이 취임의 날은 매우 인상적이었다. 제사장과 백성들을 위해 몇 가지 번제를 하나님께 드렸고, 아론은 모세의 안내로 일반적인 지도를 받기 위해 성막으로 들어갔다. 이 두 사람이 나왔을 때 제단에서 기적적인 불길이 생겨나 단에 있던 제물을 곧 태워버렸다. 그러나 이것은 처음에 점화시킨 것이 아니었으며 모든 제물은 제사장을 거룩하게 한 1주일 전에 이미 바쳐진 것이었다. 이 불은 8일째의 제전을 클라이막스에 이르게 했으며, 지금까지 행해온 모든 것과 앞으로 행할 것을 하나님께서 인정하심을 나타낸 것이었다.

(4) 나답과 아비후의 범죄(레 10:1~7)

그러나 아론의 두 아들 나답과 아비후가 저지른 심각한 범죄에 의해 이러한 뿌듯한 분위기는 슬픈 분위기로 되어버렸다. 그들은 방금 이스라엘의 제사장이 되는 높은 영광을 받았으나, 소위 "다른 불"로써 분향을 드렸다. 이것은 그들이 하나님께서 미리 정한 장소 곧, 놋제단으로부터 취하지 않고 다른 불을 사용했음을 의미하는 것이다. 놋제단의 불은 항상 꺼지지 않게 되어 있었는데(레 6:13), 이는 분향에 쓰일 불이 항상 있게 하기 위함이었다. 나답과 아비후가 분명히 이것을 알았다면, 얼마 전 기적적인 불길이 타올랐던 후였으므로 불 얻는 장소가 제단인 것을 특히 깨달았어야 했을 것이다. 그러나 그들이 소홀했던가 아니면 고의적으로 반역을 하여 다른 곳에서 불을 취하였다. 분명히 그들은 하나님이 명하시지 않은 시간, 곧 아침이나 저녁 번제 이외의 시간에 분향을 했을 것이다. 아마 그들은 그들의 새 지위로 인해 자만심이 생겨 명령을 주의 깊게 준수하지 않았거나 또는 포도주를 너무 많이 마셨을 것이다. 이후 하나님께서 아론에게 하신 경고, 즉 성막에 들어갈 때에는 포도주나 독주를 피하라고(레 10:9) 하신 것을 보면 그들이 포도주를 많이 마셨을 가능성도 있다. 이유가 어쨌든 간에 이 두 사람의 범죄는 심각한 것이었다. 이에 대한 심판으로 하나님께서는 불을 다시 내어 두 사람의 생명을 앗아갔는데, 이는 그들에 대한 징계이며, 동시에 명령 준수에 대한 경고였다.

6. 백성들의 수

백성들의 조직을 위해서는 인구조사를 할 필요가 있었다. 인구조사는 제 2년 2월 첫째 날, 즉 성막을 완성한 지 꼭 한 달 뒤에 이루어졌다(민 1:1).[57] 이십 일 후에 이스라엘이 진을 거둔 것을 보면(민 10:11), 인구조사는 시나이에서 행해진 마지막 일 중의 하나였다. 애굽은 인구조사에 대한 좋은 방법을 가지고 있었으므로, 모세가 애굽으로부터 얻은 지식은 이 인구조사에 큰 혜택을 주었을 것이다.

계산된 숫자는 군대에 사용될 20세 이상의 남자였다. 이 총 숫자는 603,550이었다(민 1:46). 이 외의 다른 사람은 계산되지 않았지만 대략 총집계를 할 수 있다. 이 군인의 숫자에다 같은 숫자의 여자를 더하면 120만이 넘게 되며 여기에다 20세 미만의 어린이 숫자를 더해야 한다. 이 마지막 집단은 측정하기가 어렵다. 미국에서 볼 때 이십 세 미만의 숫자는 이십 세 이상의 인구 숫자의 약 60%이다.[58] 이것이 이스라엘에 대한 비율이었다고 가정한다면 어린이 숫자는 72만이 되므로 총 집계는 192만이 된다. 그러나 애굽에서의 빠른 성장률을 감안한다

---

57) 이 인구조사는 실제로 9개월 전, 즉 성막을 짓기 위해 예물을 바칠 때 시작되어 이제 완성을 보게 된 것 같다. 이때 모든 남자는 1세겔 반을 내야 했고 참가한 숫자는 여기에서와 똑같다(603,550, 출 30:11f; 38:25~38). 이때 계산이 이루어졌으며 군대에 사용될 목적으로 정식 등록에 오르게 되었다.

58) 1960년 조사에는 20세 이상이 113,974,000이고 20세 미만이 66,009,000이 되므로 58%가 된다. 저자가 사는 도시 미시간 주 그랜드 래프즈(Grand Rapids)에는 125,804 중에 75,863이나 되어 60%이다. 높은 출생률을 가진 어떤 나라에서는 80%의 숫자를 나타내기도 한다.

면 이스라엘의 가족 크기는 더 컸으므로[59] 100만 이상의 어린이 숫자로 증가했을 것인데 그렇다면 총 집계는 200만에서 250만 사이의 숫자가 된다.

자유주의 비판가들은 이렇게 많은 숫자의 인구가 광야에 살았다는 견해에 반대하고 있다. Wright[60]와 Albright[61]가 이에 속하는데, 이들은 이렇게 큰 숫자는 실제로 후의 다윗 시대에 나온 숫자이며 기록상에서 그 위치가 잘못 놓여진 것으로 믿고 있다. 그러나 이렇게 잘못 놓여진 설명이 성경에 6군데[62]나 나와있고 다윗 시대의 인구조사는 제 위치에 기록되었고 그 숫자도 이보다 훨씬 많다[63]는 데에서 어려움을 겪게 된다. 이 조사에서 그 숫자는 정확한 것으로 받아들여야 한다. 그러나 여기에 많은 무리를 감독하는 모세의 크나큰 임무를 축소시켜서는 안된다. 그의 임무는 광야라는 특히 불리한 조건에서 40년 동안이나 그 많은 사람들을 한데 모아 통제하는 것이었다. 아마도 이보다 더 큰 책임을 감당한 사람은 없었을 것이다. 모세는 훈련을 잘 받아 시나이에서의 다음 해에 잘 조직된 지파를 거느렸고 구름기둥으로 여행 안내를 받을 수 있었으며 더욱 중요한 것은 하나님의 축복과 초자연적인 섭리가 항상 함께 했다는 것이다.

---

59) 그러나 이때까지 출생률이 감소했을 것인데 이것은 특히 광야여행 중에 인구가 실제로 줄었다는 견지에서 그리한 것이다(참고, 민 26장).

60) *BAR*, p. 66. Wright는, 60만 대군은 "순전히 숫자상으로도" 어느 적군을 격파시킬 수 있을 것이라 주장한다. 그러나 이 60만은 단순히 이용될 수 있는 남자의 숫자이지 실제 군대는 아니었다. 실제 싸움에 참가한 숫자는 적군의 숫자와 맞먹는 숫자였을 것이다.

61) Albright, *ARI*, p. 123.

62) 출 12:37; 38:26, 민 1:46; 2:32; 11:21; 26:51. 첫번 조사인 민수기 1:46의 숫자와 둘째 조사인 26:51의 숫자가 각기 다르며, 전 통계뿐 아니라 각 지파의 숫자도 상당히 다른 것이 있다는 것은 의미있는 일이다.

63) 이 인구조사에서는 군대 연령의 남자가 130만으로 나와 있는데 이것은 전 인구가 400만이 넘음을 의미한다(삼하 24:9).

7. 시나이에서 가데스 바네아까지
(민 10:11~17; 33:16~19)

시나이에서 11개월 5일이 지난 후(민 10:11) 구름기둥은 북쪽 가나안 방향으로 다시 이스라엘을 인도하게 되었다. 하나님과 백성들 사이에 언약이 이루어졌고 하나의 조직을 만들었으며 성막을 세웠다. 백성들은 약속된 땅으로 이동할 준비가 되어 있었다.

(1) 경로(민 10:12, 34, 35; 33:16~19)

북쪽으로 행한 길은, 가나안의 남쪽 끝에 위치한 도시 가데스 바네아[64]에 이르게 하였다. 이 지역의 위치는 비교적 잘 확인된다. 가까운 간격을 두고 위치한 두 지역 아인 쿠데이스(Ain Qudeis)와 아인 쿠디라트(Ain Qudirat)는 브엘세바로부터 남서쪽으로 50마일 펼쳐져 있는데 일반적인 위치와 물공급의 자격을 갖추고 있다. 이 첫 지역은 가데스라는 기본 이름을 갖고 있으며, 둘째 지역은 가장 좋은 수원지를 자랑하고 있다. 5마일밖에 떨어져 있지 않은 이 두 지역은 대형 진을 친 곳에 물을 공급했을 것이다.

그러나 이스라엘이 가데스로 온 그 길은 확실치 않다. 통과한 두 지역의 이름 기브롯 핫다아와와 하세롯(민 11:34~35; 12:16; 33:16~18)[65]만이 주어져 있다. 하세롯은, 시내 산에서 북동쪽으로 30마

---

64) 창세기 14장의 네 명의 동쪽 왕들은 일찍이 이 가데스에서 아말렉을 패배시켰다(창 14:7). 하갈은 술로 가는 도중 가데스와 베렛 사이에서 천사를 만났다(창 16:7~14). 가데스는 창세기 20:1에서 또한 술과 관련이 되어 있다.

65) 민수기 33:16~36에는 시나이와 가데스 사이에 21개의 지명이 나와 있다. 그러나 이것은 시나이에서 가데스로 가는 이 초기 여행의 지명뿐 아니라, 가데스를 떠나 마침내 다시 돌아오는 후기 방황에서의 지명도 포함되어 있다. 이것은 광야여행의 마지막 해를 기술한 민수기 33:36 이후의 지명과 사전에서 볼 때 확실한 것이다. 이 두 지역 사이에 쉬어간 장소 21개의 도시에서 가장 그릴 듯한 곳은 릿마(19절)인데 그렇다면 릿마는 가데스와 같은 장소가 되므로, 첫 여행의 쉬어간 장소 기브롯 핫다아와와 하세롯 두 이름만 남겨놓았을 것이다.

일 가량 떨어진 현대의 아인 후드라('ain hudrah)로 제기되었는데, 이는 이 둘 사이의 오아시스인 현대의 엘레베이리그(elebeirig)를 기브롯 핫다아와로 보게 되는 것이다.[66] 그러나 이러한 제안을 뒷받침하는 증거는 매우 약하며, 민수기 12:16에 하세롯 다음에 도착한 곳이 "바란 광야"(가데스를 포함함)로 나와 있는 것을 보면[67] 알 수 있다. 시나이와 가데스 사이에는 직접적인 경로가 아니라 동쪽으로 방향을 바꾸었음을 시사하는 두 가지 사실이 있다. 민수기 11:31에 메추라기가 "바다로부터" 왔다고 언급되었는데 이는 동쪽에 있는 아카바 만을 뜻하는 것 같다. 그리고 신명기 1:2, 19에 백성들이 얼마간 세일 산 근처에 있었다고 했는데 이 역시 동쪽을 의미하고 있다.

(2) 도중에서의 4가지 사건(민 11:1~33; 12:1~15)

이 부분에서의 여행 기간이 긴 것은 아니었지만[68] 여기에서 4가지 사건이 기록되어진다. 첫째는, 시나이에서 겨우 3일 여행한 후 백성들이 심한 불평을 한 때였다(민 10:33; 11:1~3). 그들이 어려운 사막 여행에 다시 적응하기란 분명히 힘든 일이었고, 사흘이란, 큰 불평을 가져오기에 충분한 기간이었다. 하나님께서 이를 징계하시어 진의 한 끝을 불로 태우셨다. 이 징계로 인하여 모세는 이곳을 "다베라"(tab'erah, burning)라고 불렀다.

둘째는, 이스라엘의 장로 70인을 지명하여 모세를 도와 "백성의 짐"을 담당하게 한 것이었다(민 11:4~30). 이러한 조처는 백성들의 불만으로 모세가 실망했기 때문에 취해진 것이었다. 이번에는 "섞여 사는

---

66) Simons, *GTT*, p. 255.
67) 기브롯 핫다아와 역시 메추라기를 먹었던 장소인데, 백성들이 적어도 3일, 아마도 그 이상 여행한 뒤에야 메추라기 사건이 없어졌다(민 10:33; 11:31~34).
68) 신명기 1:2에는 11일 간의 여행으로 나와 있다. 그러나 이 거리는 겨의 15마일이 되므로 이 기간 동안에 어떻게 여행했는지 의심스럽다. 11일이라는 것은 보통 여행할 수 있는 기간이지만 이스라엘은 훨씬 천천히 진행하였다. 오히려 3주간은 충분히 걸렸을 것이다.

무리"[69]들이 먼저 만나에 싫증을 느끼고 음식에 대한 불평을 하기 시작하였다. 그들은 애굽에서 먹었던 생선과 오이, 수박, 부추, 파, 마늘을 요구하였다. 모세가 이러한 백성들의 짐을 혼자 감당할 수 없다고 하나님께 울부짖었을 때 하나님께서는 장로 70인을 지명하여 그를 돕게 하였다. 하나님께서는 모세에게 "임한 신을 취하여" "장로 70인에게 부어" 그들로 하여금 직무를 수행할 능력을 주셨다.[70] 이와 동시에 장로 70인은 하나님을 찬양[71]하였다. 이 70인 중 엘닷과 메닷 두 사람이 다른 사람보다 더 오래 찬양하므로 이에 분개한 여호수아는 모세에게 그들의 행동에 대해 이의를 제기하였다. 그러나 모세는 그들의 행동을 인정하였다. 이 장로 70인과 이미 지정된 천부장, 백부장, 오십부장, 십부장(출 18:25)들과의 공적인 관계는 나타나 있지 않지만, 초기에 지명된 이들이 모세에게 문제를 가지고 오므로 더 높은 권위를 갖고 있었던 것 같다.[72]

셋째 사건은, 만나에 대한 불평으로 인해 또 다른 메추라기를 가져 오게 하신 것이었다(민 11:31~34). 하나님께서는 모세에게 백성들이 그들의 사악한 태도로 인해, 고기를 "코에서 넘쳐날 때까지 한 달 동안" 먹게 될 것이라고 말씀하셨다(민 11:20). 모세는 그런 일이 믿기 어려운 것이라 하였으나 하나님은 실제로 엄청난 숫자의 메추라기를 가져오셨다. 어떻게 그렇게 많은 메추라기를 잡을 수 있는가에 대해 주어진 내용을 해석해 본다면, 이 메추라기는 이스라엘이 쉽게 쳐서

---

69) 앞의 6장 주 84를 참고하라.
70) 성령은 특히 어떤 임무를 수행하게 할 목적으로 구약의 인물들에게 부어졌는데, 브사렐(출 35:30)의 경우, 그리고 후의 옷니엘(삿 3:10), 기드온(삿 6:34), 입다(삿 11:29), 삼손(삿 13:25; 14:6, 19; 15:14)과 같은 사사들의 경우와 마찬가지이다.
71) 본문에는 그들이 "예언하였다"고 했으나, 그들이 내용있는 말을 했다는 것은 이 사건과 부합하지 않으며, 또 역대기상 25:1~3에 의하면 "예언"(yithnabbe')에 대한 본래 의미는 "찬양"이므로, 여기에서는 가장 적합한 이 의미를 취하는 것이 최선인 것 같다.
72) 이 집단은 숫자상으로 훨씬 적고, 또 그들이 다른 사람과 구별되어 특히 성령을 받았다는 사실에 의거한 것이다.

206 이스라엘의 역사

잡을 수 있도록 땅에서 3피트 정도의 높이로 날게 되었을 것이다. 이 메추라기 잡는 일은 이틀 하고도 하룻 밤 동안 계속되어, 진 양 옆에 "하룻길"되는 양이 쌓였는데 그 결과 평균 10호멜 이상을 거두게 되었다.[73] 백성들이 전에 하나님께서 이처럼 충분히 공급한 적이 없다는 듯이 탐욕스럽게 먹기 시작하자, 하나님은 이들을 큰 "재앙"으로 쳐서 많은 사람을 죽게 하셨다.

넷째 사건은, 모세의 형과 누이인 아론과 미리암이 불복종의 태도를 취한 것이었다(민 12:1~15). 즉석의 반응을 일으킨 사건은 모세가 구스 여자[74]와 결혼한 것이었으나 진짜 이유는 시기심에서였다. 이미 명예의 자리를 누렸던[75] 이 두 사람은, 더 큰 권위를 탐하여 하나님께서 모세뿐 아니라 자기들과도 말씀하셨다고 주장하였다. 하나님은 이 세 사람을 성막으로 불러 구름기둥 가운데 나타나셔서 모세를 선택한 사실, 즉 모세는 다른 어느 선지자보다 더 높임을 받아 하나님과 "입과 입으로" 말할 특권을 누렸다고 말씀하셨다. 그리고 이 모함을 주도한 미리암에게 벌을 내려 1주일 동안 문둥병자가 되게 하셨다.

(3) 땅에 들어가기를 거절함(민 13~14)

백성들이 가데스에 도착했을 때 첫번으로 해야 할 일은, 앞으로 정복할 가나안 땅을 정찰하는 것이었다. 하나님은 이 목적을 위해, 각 지파에서 한 사람씩 뽑아 열 두 사람을 정탐자로 활동하게 하셨다. 이들은 식량생산 면에서의 땅과 방어능력 면에서의 그곳 사람들을 조사하

---

73) P. B. Y. Scott, BA, 22(1959), pp. 22~40는 호멜이 6.25 부셸과 같은 양이라고 말하고 있는데, 이로 보면 여기서 평균 수확한 양은 60부셸이 넘은 것이다. 이와 다른 논의로는 앞의 주 11을 참고하라.

74) 여기서는 십보라가 아닐 것이다. 십보라는 분명히 구스 여자였겠지만 40년 전에 이미 모세와 결혼하였다. 아마도 십보라가 죽어서 모세가 다시 결혼하였을 것이다. 이 결혼은 가나안 사람과의 결혼을 금지한 율법에 위배되지 않는 것이었다(출 34:16).

75) 미리암은 "여선지자"로 불리워지며, 이스라엘 여자 가운데 주도적인 위치를 차지한 것 같다(출 15:20). 물론 아론은 대제사장이었다.

도록 지시 받았다. 이 열 두 사람은 40일 동안 그 땅을 가로질러 북쪽으로 레홉(Rehob)[76]까지 정탐하였다. 이들의 보고에 모든 사람이 찬성하였는데, 즉 땅은 식량 생산에 좋으나 그곳 사람들이 강하고 도시가 성으로 둘러싸여 있어 정복하기가 매우 어려울 것이라는 내용이었다(민 13:27~28). 그러나 그들의 평가는 서로 달랐다. 열 사람은 장애물이 너무 크니 애굽으로 돌아가자는 주장이었고(민 13:31~33), 갈렙과 여호수아 두 사람은 이 어려움에도 불구하고 하나님이 승리를 주실 것이라 주장하며 그 땅에 들어가기를 거절함으로써 하나님께 반역하지 말자고 요청하였다(민 13:30; 14:6~9). 백성들은 안타깝게도 열 사람의 의견을 듣고 두 사람을 죽이겠다는 위협까지 하면서 필요하다면 새 지도자 밑에서[77]라도 애굽으로 돌아갈 계획을 하였다.

이 결과 하나님은 이스라엘을 멸하겠다고 하셨으나 다시 모세가 백성들을 위해 중개하였다[78](민 14:11~20). 이때 하나님은 내리실 징계의 내용을 규정하였는데 이것은 모세의 간구로 인해 나아지기는 하였지만 역시 가혹한 벌이었다. 즉, 전 백성은 그 땅에 들어가지 못하고, 정탐한 날짜에 비례하여 40년 동안 광야 사막에 있을 것이며, 여호수아와 갈렙을 제외한 20세 이상의 모든 이스라엘은(반역적인 결정을 한 책임으로) 약속한 땅에 들어가지 못하고 이 기간 중에 죽으리라는 것이었다(민 14:20~35). 뒤이어 믿음이 없었던 열 명의 정탐자는 곧 재앙으로 죽었다(민 14:36~38). 이 사실을 목격한 백성들은 생각을 돌이켜 곧 그 땅으로 진행하고자 하였다. 그러나 이것은 더 이상 하나님을 기쁘게 하지 못했고, 그들 자신이 들어가고자 시도했을 때에는 아말렉과 가나안인에게 완전히 패배하였다(민 14:39~45).

---

76) 라이스 근처에 위치한 도시로 후에 단으로 불리어졌다(삿 18:28~29).
77) 이러한 행동은 용납할 수 없는 것이었다. 여태까지 기적적으로 인도하고 예비하신 하나님이 인제 가나안 남쪽 끝에 와서는 본래의 목적을 이룰 수 없을 것이라고 백성들이 생각한 그 이유를 이해하기 어렵다.
78) 이스라엘이 금송아지로 범죄했을 때와 비슷한 경우이다(출 32:11~13).

8. 37년 6개월 동안의 방황
(민 15~19; 33:19~36)

이 시점에서 이스라엘은 시나이 사막에서 약 37년 6개월 동안[79]의 무익한 방황을 시작하게 되었다. 이 기간에 대해서는 거의 기록이 없는데, 그것은 불복종한 백성에게 어떤 이득이나 진전이 없었던 기간이기 때문이었다. 이 백성들은 축복의 땅에 들어갈 기회가 있었지만 그것을 거절하였다. 이제 이들은 20세 이상의 모든 사람들이 죽을 때까지[80] 아무것도 이루지 못한 채 불유쾌한 상황에서 방황해야 했다.

이 기간 동안에 백성들은 제한된 지역 안에서 가데스로부터 얼마간 이동하여 남동쪽으로 아카바 만 끝에 있는 에시온게벨까지 갔는데(민 33:36), 이곳은 85마일 가량 떨어진 장소였다. 열 여섯 군데의 쉬어간 장소가 나와 있는데 이들은 판명되지는 않았지만 아마도 이 두 극단 지역 사이에 있는 지명인 것 같다. 경치 구경 외에는 다른 곳을 여행할 만한 실제 이유가 없었으므로 아마도 대부분의 시간을 가데스에서 보냈다. 미리암이 죽은 지 40년 첫 달에 그들이 가데스에 있었으므로 그들은 이 기간이 끝났을 때 다시 가데스로 돌아왔다(민 20:1, 28; 33:38). 이 기간 동안 단 한 가지 사건이 기록되어 있다. 그것은 레위 자손 고라와 두 르우벤 자손 다단과 아비람이 이끄는 250명의 반란이었다. 여기서도 시기심이 그 원인이었던 것 같다. 이 주동자들은 모세와 아론의 권위를 함께 누리려 했거나 또는 그 권위를 차지하려 하였다.

---

79) 이 기간의 길이는 다음과 같이 계산된다. 가데스에서의 반역 때까지 여행한 시간은 18개월이 못되었다. 그리고 민수기 20:1부터 모든 사건은 40년의 방황에 관한 것이므로(민 20:1, 28; 33:38) 민수기 14장과 20장 사이에는 37년 6개월의 간격이 생기게 된다. 즉, 민수기 14장부터 20장은 이 기간에 관한 것이다.

80) 14,508일 동안(38년 6개월)에 120만 명(남, 녀 각기 60만)이 죽었다면 하루에 85명이 죽은 셈이다. 하루 동안 장례를 치룰 수 있는 시간을 최대로 12시간으로 계산한다면, 시간 당 평균 7번의 장례를 38년 6개월 동안 치룬 셈이 되니 그야말로 하나님의 징계를 계속해서 상기시켜 준 것이었다.

하나님은 그의 능력으로 모세와 아론을 변호하셨는데, 즉 땅을 갈라지게 하며 고라와 다단과 아비람을 그들의 가족과 함께[81] 삼키게 하였으며 불로써 250명의 지지자들을 소멸하였다. 또한 이러한 심한 처벌에 대해 많은 이스라엘 사람들이 불평하였을 때 진중에 재앙을 보내어 14,700명을 죽게 하였다(민 16:23~35, 41~50). 또한 하나님은 아론의 지위를 나타내기 위하여 하나님의 지시대로 성막에 둔 다른 지파의 지팡이와는 대조적으로 아론의 지팡이[82]에 싹이 돋게 하셨다(민 17:1~11). 그리고는 모세에게 아론의 싹난 지팡이를 성막 안에 계속 간직하라고 지시하셨는데, 이는 아론이 이스라엘의 종교적 지도자로 선택받았음을 계속 상기시키기 위한 것이었다(참고, 히 9:4).

9. 가데스 바네아에서 요단까지
(민 20~21장; 33:37~48; 신 2:1~3:14)

(1) 미리암의 죽음(민 20:1)

무익한 방황의 기간이 지나고 이스라엘이 마침내 가데스에 도달할 무렵 미리암이 죽었다. 이 연대는 "첫 달"로 나와 있는데 분명히 40년째 해였다. 5개월 후에 아론이 죽은 연도와 같은 해인데(민 20:23~29) 이는 40년째라고 분명히 지정되어 있기 때문이다(민 33:38). 미리암의 가족인 아론과 모세도 가나안을 얻기 전에 죽어야 했는데 이

---

81) 땅이 갈라져 죽은 사람들 중에 "고라에게 속한 사람들"(민 16:32)로 나타난 것은 고라의 종을 의미하는 것이었다. 왜냐하면 민수기 26:11에는 "고라의 아들들은 죽지 않았다"고 되어 있기 때문이다. 이것은 다단과 아빌바의 자녀들과는 대조되는 일인데 분명히 제사장 혈통을 일으키려는 목적에서였으며 후에 이들은 노래하는 찬양자가 되었을 것이다(대상 6:18~22; 9:19, 시 42, 44편 등).
82) 지팡이(matteh)는 어떤 종류라고 설명되어 있지 않은데 각 지파의 권위를 상징하도록 지파의 족장 이름을 새겨 두었다. 아론의 지팡이가 생명을 나타내는 싹이 돋았을 때, 이는 다른 사람 위에 최고의 위치로 임명하는 것을 나타낸 것이었다.

는 하나님이 이전의 징계 말씀에서 갈렙과 여호수아만을 제외했기 때문이었다(민 14:30). 그러나 이 세 사람은 방황이 끝나는 해까지 살았다.

(2) 바위에서 물이 나옴(민 20:2~13)

이즈음 가데스로 다시 돌아왔을 때 백성들은 또다시 물이 부족하게 되었다. 보통 이 지역은 좋은 수원지를 자랑하고 있으므로 백성들은 물을 다시 얻으려 했을 것이다. 그러나 이 수원지는 그 해에 분명히 물이 적었다. 백성들은 불평했고 모세는 이를 하나님께 고했다. 이 응답은 전에 르비딤에서와 같이(출 17:1~7) 바위에서 물을 얻으라는 것이었다.[83] 그러나 이번에 하나님은 바위를 때리라고 하지 않고 단순히 바위에게 "명하라"고만 하셨다.[84] 그러나 모세는 두 번이나 때리며 백성들에게 "우리가 너희를 위하여 이 반석에서 물을 내랴?"고 소리쳤다. 물이 솟아나오긴 했지만 모세의 행동과 말은 자신의 인간적 노력으로 인해 물이 솟아나온 것같이 만들었다. 하나님은 노여워하시며 모세에게 벌을 내려 그도 약속한 땅에 들어가지 못하리라고 선언하셨다(민 20:12; 27:12~14, 신 32:49~52). 이러한 선언은 앞에서 주목한 바와 같이 오래 전에 나타났었지만 여기서는 하나님의 특별한 이유[85]로 확실히 말해진 것이었다.

---

83) "바위" 앞에 관사가 사용된 것을 보면 이 바위는 가데스에서 잘 알려진 것임에 틀림없다. 그러나 이 바위가 르비딤에서 때렸던 것과 똑같은 것이라는 견해는 이후에 계속 내려온 것이지만, 정확하지가 않다(참고, KDC, Numbers, p. 131, n. 1).

84) 여기에 예표론(Typologh)이 관계된다. 반석(고전 10:4)이신 예수는 갈보리에서 한 번 매를 맞았다. 그 이후 누구든지 생명수를 얻기 위해서는 예수께 구하기만 하면 된다. 모세가 이 바위를 때렸을 때 그는 이 형태를 파괴하였다.

85) 분명히 모세는 그의 업적이나 지위에서 볼 때 여기서 범죄하지만 않았다면 여호수아와 갈렙과 함께 가나안에 들어가는 상을 받았을 것이다.

(3) 에돔 땅 통과의 요청(민 20:14~21)

가데스에 있는 동안 모세는 에돔 왕에게 사자를 보내어 그의 땅을 통과하게 해달라고 요청하였다. 이 계획은 사해 남쪽 끝 가장자리를 지나 북쪽으로 행진하여 가나안 서쪽으로 들어가려는 것이었다. 그러나 에돔은 사해 남쪽으로부터 아카바 만까지 좁게 펼쳐 있어 방해가 되었다. 모세는 "왕의 대로"로만 곧장 지나가겠다고 약속하였다. 많은 학자들은 모세가 이런 용어를 사용한 것을 보면 이 길은 고대의 잘 알려진 남북로였다고 믿고 있는데, 이 길은 최근에 판명된 것으로 북쪽으로 수리아까지 펼쳐 있다.[86] 이 길은 창세기 14장의 4명의 동쪽 왕들이 사용했던 길이며 후에 로마인에 의해 포장되었으며 오늘날은 요단 하이웨이와 가깝게 이어져 있다. 그러나, 모세가 "대로"에서 이탈하지 않겠다고 약속했음에도 불구하고 에돔 왕은 이 통과를 거절하였다. 이것은 전에 백성들이 잠깐 머물렀던(민 33:35) 에시온게벨까지(신 2:8)[87] 다시 남쪽으로 갔다가 에돔의 동편으로 돌아왔음을 의미한다.

(4) 아론의 죽음(민 20:23~29; 33:38)

이 중간에 아론은 123세의 나이로 호르 산에서 죽었다. 호르 산은 대략 동서쪽으로 가데스와 동등한 위치이고 에돔에 더 가까운 곳이므로[88] 아마 이때까지 모세는 에돔 땅을 통과하리라 기대했던 것 같다.

---

86) 앞의 3장 주 25를 참고하라. 그러나 이 길은 에돔 산을 통과하도록 동쪽에서 서쪽으로 연결된 것이 아니다. 이스라엘은 에돔을 가로지른 후에야 그곳에 도착할 수 있었을 것이다.

87) 예벨 마데이라(Jebel Madeira, 참고, 주 88)에서 남쪽으로 에시온게벨까지는 대략 90마일이다. 즉, 이스라엘은 이 거절로 인해 180마일을 더 걸었다.

88) 정확한 위치는 확실치 않지만, 대략 가데스와 동등한 위치에 있는 (약간 북쪽이긴 하지만) 예벨 마데이라(Jebel Madeira)이거나 예벨 엘-함라(Jebel el-Hamrah)일 것이다. 페트라(Petra)근처에 있는 전통적인 위치 예벨 네비 하룬(Jebel Nebi Harun, 선지자 아론의 산)은 배격되어야 한다. 왜냐하면 이곳은 아라바의 동쪽이며 너무 떨어진 지역이라 내용에 부합하지 않는다(참고, J. Simons, *GTT*, p. 258).

그가 호르 산에 도달할 때까지 에돔 왕으로부터의 응답이 오지 않았을 것이다. 아론은 미리암이 죽은 지 5개월 후인 40년 첫 달의 첫 날에 죽었다(민 33:38). 모세는 하나님으로부터 지시를 받고 아론과 그의 아들이자 후계자인 엘리에셀을 데리고 산 꼭대기로 올라가 아론이 죽기 전에 그의 옷을 아들에게 입혔다. 백성들은 호르 산에서 30일 동안 애곡하였다. 이곳에 있는 동안 간단한 전쟁이 일어났다(민 21:1~3). 남쪽 가나안 왕 아랏이 이스라엘을 공격해 왔다. 이스라엘은 처음에 패배하였지만 하나님께 도움을 청하여 적을 물리쳤으며 아랏의 성읍까지도 파괴하였다.

(5) 에돔 땅을 돌아감(민 21:4~20; 33:41~49)

이제 이스라엘은 멀리 남쪽으로 에돔 땅을 돌아가기 시작했다. 몇 군데 판명되지 않은 장소가 나와 있지만[89] 한 가지 사건만이 기술되어 있다. 식량과 음료수에 대한 불평으로 인해 하나님은 또다시 이스라엘을 징계하셨다(민 21:5~9).[90] 분명히 백성들은 남쪽으로 메마른 아라바 계곡을 통과할 때 물을 거의 얻지 못했으며 또한 만나에 싫증을 느꼈다. 하나님은 징계로써 "불뱀"을 백성 가운데 보내어 많은 사람을 죽게 하셨다.[91] 이로 인해 백성들은 회개하였고, 하나님은 모세에게 물린 자들을 치료하기 위해 놋뱀을 만들어 잘 보이도록 높은 장대에 매달라

---

[89] 몇 학자들은 이스라엘이 호르 산을 떠난 후 방향을 바꾸어 에돔의 남쪽이 아니라 북쪽 끝 주위를 통과했다고 믿고 있다. 이러한 견해는 부논과 오봇을(민 33:42~44; 21:10~11), 에돔의 동쪽이 아니라 서쪽에 놓여 있는 현대의 페이난(Feinan)과 엘-웨이베(el-Weibeh)로 판명한 것에 주로 의거한 것이다. 그러나 이러한 판명은 증거가 거의 없으므로 배격해야 한다. 신명기 2:8에는 아카바 만 꼭대기에 있는 엘랏과 에시온게벨에서 "돌았다"고 되어 있다. 이와 반대되는 견해로는 Aharoni, LB, p. 51을 참고하라.

[90] 38년의 기간 동안 많은 일이 일어났겠지만, 이 사건은 38년 전 메추라기 공급 이래로 처음으로 음식에 관한 불평이 기록된 사건이다.

[91] "불"(fire)이라는 단어는, 뱀의 색깔에 의해서 또는 물린 사람들의 격렬한 아픔에 의해서 나온 말이다. 붉은 색깔의 독뱀은 오늘날 아라바에 널리 알려져 있다.

고 하셨다.[92] 모세는 그대로 하였는데, 물린 자들이 그것을 쳐다볼 때 곧 완치되었다.[93]

(6) 북쪽으로 돌아 시혼과 옥을 물리침 (민 21:10~35)

에돔족과 다투지 말라는 하나님의 지시를 따라 이스라엘은 그들 지역의 동쪽 가장자리를 지나 다시 북쪽으로 향하였다. 그들이 모압의 남쪽 국경 세렛 시내[94]에 왔을 때 하나님은 또다시 모압과 다투지 말라고 하셨다(신 2:9). 이스라엘은 이에 복종하여 동쪽에 있는 길을 이용하였다.

그러나 다음에 만난 시혼 왕과의 충돌은 피할 수가 없었다. 시혼 왕의 땅은 이스라엘과 요단 강 사이에 있었다. 모세가 그 땅을 통과하게 해달라고 요청했을 때 시혼 왕은 에돔 왕과 같이 거절하였다(민 21:21~32). 시혼 왕은 야하스에서 그의 군대를 모았는데 모세가 이를 만나 격퇴시켰다. 그리고 이스라엘은 얍복 강까지 시혼의 모든 지역을 점령하였다.

이 승리로 인해 이스라엘은 얍복 강에서 북쪽으로 헤르몬 산까지 점령한 바산 왕 옥[95]과 그리 멀지 않게 되었다. 모세는 공격을 취하여 그의 땅을 점령하기도 전에 주요 도시 에드레이(민 21:33~35)[96]에서 이 강한 통치자를 물리쳤다. 이제 이스라엘은 남쪽으로 아르논 강(모압의

---

92) 나중에 백성들은 이 놋뱀을 숭상하였고 마침내 히스기야가 이것을 멸하였다(왕하 18:4).

93) 예수는 죄인이 어떻게 구원을 받나 하는 보기로서 이 사실을 이용하였다. 즉, 이스라엘이 뱀을 쳐다본 것같이 신앙 안에서 예수를 바라볼 때 구원이 가능한 것이다(요 3:14~15).

94) 세렛은 사해 남동쪽에서 남쪽 끝으로 흘러들어가는 작은 시내이다. 신명기 2:14에는 가데스에서의 반란 뒤 38년 직후 이스라엘이 이 시내를 건넜다고 되어 있다.

95) 이 사람은 아마도 아브라함 시대에 언급된 르바임 족속의 후손으로서(창 14:5; 15:20) 길이가 18피트, 넓이가 6피트 되는 철 침상을 가지고 있었던(신 3:11) 매우 키가 큰 인물이었다. 그의 나라는 많은 도시를 자랑하였는데 그 중 60개의 도시가 성읍이었다(신 3:4~5).

96) 모세가 여기까지 군대를 이끌고 온 것은, 후에 요단 강을 건넌 장소에서 북쪽으로 60마일 떨어진 곳이다.

북쪽 국경)에서부터 북쪽으로 헤르몬 산까지 130마일 가량 되는 땅의 대부분을 점령하였다. 이러한 승리는 사실상 정복의 시초였는데 그것은 하나님께서 이스라엘 백성으로 하여금 요단 강 양편에 살도록 하신 것이었다. 또한 이러한 승리는 요단 강 건너편에 있는 가나안족에게 하나님이 인도하시는 이스라엘의 능력이 매우 크다는 인상을 주었다는 점에서 중요한 것이었다(수 2:9~11; 9:8~10).

10. 요단에 머무름
(민 22~27, 31~32장; 신 31, 34장)

(1) 발람과 모압 자손(민 22~25, 31장)

이러한 승리를 마치고, 모세는 여리고 건너편 요단 강 근처에 진을 치게 되었다. 이에 모압 왕 발락은 이스라엘이 그의 나라에 위협적인 존재임을 간파하고[97] 미디안 장로들과 합동하여 북쪽으로 유브라데스 강에 있는 브돌[98]에 사자를 보냈다. 이것은 멀리 남쪽에까지[99] 명성을 떨쳤던 발람 선지자를 불러 이스라엘에게 저주를 내리려 한 것이었다(민 22~24).[100] 처음 발람 선지자는 사자와 동행하기를 거절하였으나 두 번째에는 승낙을 하였다. 그러나 일단 발락에게 간 발람 선지자는

---

97) 발락은 이곳 아르논 국경 북쪽에 있었다. 시혼이 이스라엘에게 패전했다는 소식을 듣고 그는 시혼에게 빼앗겼던 땅을 다시 점령하리라 생각했다(민 21:26).

98) 브돌은 메소포타미아에 있었는데(신 23:4) 갈그미스(Carchemish)에서 남쪽으로 12마일 되는, 앗수리아 자료의 pitru(참고, *ANET*, p. 278)로 보통 간주되고 있다. 이 사자들은 편도 400마일 이상 되는 길을 여행하였다.

99) 발람은 이상한 선지자이자 예언가였다. 그는 하나님과 교통할 수 있을 정도의 영적 상태였으며, 이스라엘과 예수에 관해 놀라운 예언까지 하였다(민 24:17~19). 그러나 발람은 제멋대로 자기 길로 가고자 했으며 마침내 이스라엘에게 큰 손해를 끼쳤다. 그는 성경에서 심하게 저주를 받고 있다(벧후 2:15, 유 11절, 계 2:14).

100) 이러한 저주는 저주받은 사람을 연약하게 할 것이라 생각되었다(참고, Egyptian execration texts, *ANET*, pp. 328~29).

이스라엘을 저주하기는 커녕 이스라엘을 축복하여 모압 왕을 크게 실망시켰다. 발락은 그를 세 군데의 각기 다른 요지에 데리고 가 이스라엘의 진을 보게 함으로써 그의 선언을 바꾸고자 하였으나 허사였다. 각기 장소에서 발람은 하나님이 원하시는 축복의 말을 하였다. 그리고 발락에게 해고된 후에도 발람은 네 번째 메시지를 말했는데(민 24: 14~25), 즉 앞으로 오실 메시야와 장래의 이스라엘 축복에 관해 놀라운 예언을 한 것이었다. 그러나 마침내 이 이상한 선지자는 모압 편을 위해서 일하였다. 그는 이스라엘 남자들을 꾀어 바알브올의 부정한 제단에 참가[101]하게 하도록 조언[102]을 주었다(민 25:1~18). 그리하여 회의가 열렸고 이에 많은 이스라엘 사람들이 유혹에 빠졌으므로 하나님께서는 염병을 보내어 이스라엘 사람 24,000명을 죽게 하셨다. 대제사장 엘르아살의 아들 비느하스가 공공연히 이스라엘 회막으로 짝지어 들어오는 이스라엘 남자와 미디안 여인을 죽였을 때 이 염병이 그쳤다. 이때 모세는 12,000명의 군대를 파송하여 처음부터 모압 족속과 짝이 되어 이 유혹을 이끌어온 미디안 족속을 치게 하였다. 미디안 족속은 완전히 패배하였고 "모든 남자"와 "미디안 왕들"과 발람 선지자 자신도 죽임을 당했다(민 31:1~54). 후에 모든 결혼한 여인들도 죽임을 당했으며 이스라엘은 많은 양의 전리품을 나누어 가졌다.

(2) 요청이 허락됨(민 32장)

요단 동쪽 땅을 정복한 후 그곳이 목축에 적합한 곳임을 안 르우벤, 갓, 그리고 므낫세 지파들은 많은 가축을 거느리고 있었으므로 그곳 땅을 자기 본토로 삼게 해달라고 요청하였다. 모세의 첫 반응은 그리

---

101) 이러한 유혹에는 다른 지파보다도 시므온 지파가 더 많이 관련되었다고 암시하는 두 가지 사실이 있다. 첫째, 이름이 알려진 한 남자는 시므온 족장이었다. 둘째, 이 일 직후에 취해진 인구조사에는 마치 그때 염병에 의해 죽은 것같이 시므온족의 숫자가 크게 줄었다는 사실이다(민 26:14, 참고, 1:23).

102) 이러한 조언이 발람에게 나왔다는 것은 후에 모세가 군대를 보내어 적을 공격할 때까지 지적되어 있지 않다(민 31:8, 16).

좋지 않았다. 그러나 이 지파들은 자기들의 장병들이 요단 서쪽 땅을 정복할 때 다른 지파와 함께 싸울 것이며 임무를 완수할 때까지 가족에게 돌아가지 않을 것이라고 모세를 설득시켰다. 마침내 모세는 이를 승낙하고 반드시 그 약속을 지켜야 한다고 밝혔다. 그리하여 서로 협정이 이루어져, 이 지파 사람들은 장병들이 떠나간 동안에 성읍을 수리하고 가축의 우리를 짓기 시작하였다(민 32:34~42).

(3) 앞을 내다본 정책(민 26~30: 33:50~36:13)

모세는 이제 곧 이스라엘이 약속의 땅에 들어가게 될 것을 예상하고 몇 가지 일을 단행하였다. 첫째로, 다시금 인구조사를 시행하였다(민 26장). 시내 산에서의 인구조사 이후 39년이 경과했으며 120만 명이 죽었다. 이제 가나안의 도전을 만났으므로 이스라엘의 현재 병력을 알 필요가 있었다. 이전에 조사한 20세 이상의 남자 숫자가 603,550명(민 1:46)[103]인데 반해 이번에는 601,730명이었다.

둘째는, 슬로브핫이 아들 없이 죽었는데 그 딸들이 상속권을 제기한 것이었다(민 27:1~11). 하나님께서는 만일 아들이 없다면 그 딸이 아버지의 유산을 상속받게 하여 가족의 요청이 유지될 수 있도록 하셨다. 셋째는, 매우 중요한 것으로 새 지도자를 임명하는 것이었다. 모세는 요단 강을 건너는 데에 이미 배척당한 인물이므로 누군가를 선택하여 그 자리를 채워야 했다. 여호수아와 갈렙은 그 땅에 들어갈 수 있는 유일한 연장자였는데, 그것은 그 나이의 다른 모든 사람들은 그때까지 이미 죽었거나 죽을 것이기 때문이었다.[104] 여호수아는 아말렉과의 전

---

103) 일곱 지파는 증가하였고(유다, 잇사갈, 스불론, 므낫세, 베냐민, 단, 아셀) 다섯 지파는 줄어들었다(르우벤, 시므온, 갓, 에브라임, 납달리). 가장 많이 증가한 지파는 므낫세인데 2만 명이 증가했으며(32,200에서 52,700), 가장 많이 줄어든 지파는 시므온으로 37,000명이 줄었다(59,300에서 22,200).
104) 38년 6개월 전에 20세 이상은 이미 죽었으므로, 강을 건널 때 다른 사람은 58세 이상이 되지 않을 것이다. 이 당시 갈렙은 79세였고(수 14:7), 여호수아는 아마도 이보다 나이가 많았다. 여호수아는 갈렙보다 통솔력이 더

쟁을 이끌어왔다(출 17:8~14). 그는 모세 율법을 받을 당시 시내 산으로 가는 일부분을 모세와 동행하였다(출 24:13). 그는 이스라엘이 금송아지 범죄로 인해 회개한 후에 모세를 보조하였다(출 33:11). 그는 가나안의 열 두 정탐자 중의 한 사람이었으며 갈렙과 함께 그 땅으로 진출할 것을 촉구하였다(민 13:8; 14:6~9). 이런 모든 일에서 그는 책임감과 통솔력을 발휘하여 훌륭하게 감당하였다. 또한 이러한 경험을 통하여 앞으로 맡겨질 큰 임무에 대해 준비한 셈이 되었다. 하나님은 여호수아를 선택한 것을 모세에게 나타내셨고 모세는 백성들에게 이를 선포하고 새 지도자에게 적당한 임무를 넘겨주었다. 마지막으로 모세는 백성들이 그 땅에 들어가서 필요하게 될 최종 훈계를 전달하였다. 민수기 28~30장에 의하면 이것은 규칙적인 예물, 정기적인 축제, 맹세의 준수에 관한 것이었다. 또한 민수기 33:50~36:13에는 우상숭배하는 가나안 주민의 파괴, 땅의 경계에 대한 설명, 각 지파 중 땅의 분할을 결정할 사람, 6개의 도피성을 포함한 48개의 레위인 성읍의 건설, 그리고 상속권에 관한 문제 등이 포함되어 있다.

11. 신명기

모세는 임종이 가까와 오자[105] 신명기의 큰 메시지를 구두로 전달하고 이를 책으로 기록하였다. 그는 새 세대를 위하여 시내 산에서 받은 율법의 개요를 포함하여 애굽을 떠난 이래 하나님께서 그의 백성을 어떻게 인도하셨나 하는 것을 적었다. 그리고 그는 가나안에 곧 들어갔을 때에 관계되는 조항, 그리고 그곳에서 겪게 될 정착생활에 관한 규정을 하나님으로부터 받아 적었다.

많았으며, 여호수아가 "나이가 많아 늙었다"고(수 13:1) 기록된 것에 반해 갈렙은 자기 자신을 강하고 힘세다라고 말하고 있다. 당시 여호수아는 90세 이상이었을 것이다(참고, 9장).
105) 신명기 1:3에 의하면, 모세는 40년 11월 첫날에 이 메시지를 시작하였는데 이것은 요단 강을 건너기 두 달 10일 전이었다.

모세가 5경[106] 중의 처음 네 권을 쓴 것은 이보다 약간 전의 일이었다. 얼마 전인가 하는 것은 말할 수 없지만, 모세가 처음 여행할 단계부터 아마도 매일의 기록과 같은(민 33:2) 어떤 종류의 책을 쓰고 있었다는 것은(출 17:140 분명하며, 아마도 이것을 보다 정상적인 편찬의 역사적 기초로 이용했을 것이다. 또한 그는 언약서를 받은 직후에 그것을 기록하였는데(출 24:4~7), 마찬가지로 시내 산에서의 두 번의 40일 기간에 관한 보다 광범위한 규정에 대해서도 기록했을 것이다. 그러나 창세기, 출애굽기, 레위기, 민수기라는 형태의 자료는 신명기의 메시지가 전달되기 바로 직전까지 기록되지 않았다.[107] 그러나 이것들을 전달하고 기록할 때까지 신명기는 분명히 완성되었으며, 이 신명기가 완성됨과 동시에 오경이 이루어진 것이다. 그리하여 이스라엘은 요단 강을 건넜을 때의 여러 사건에 대비한 중요한 안내서를 갖게 되었다. 통솔과 기록의 임무를 마치고 새 지도자를 임명한 모세는 이제 120세가 되어 하나님의 부름을 받을 준비가 되었다. 모든 역사상에서 모세와 같이 그렇게 풍부한 경험을 한 인물이 거의 없을 것이며 또한 하나님께서 그렇게 사용하신 인물도 적을 것이다. 그는 당시 다른 사람이 못미칠 재능을 타고났고 훈련을 받았으며, 어느 시대의 누구보다도 큰 임무를 맡았다. 이제 그의 임무는 완성되었다. 하나님의 지시에 의하면 그는 "여리고 맞은편 비스가 산 꼭대기"에 올라가 약속의 땅을 관찰하고, 하나님으로부터 이곳이 실지로 오래 전에 약속했던 땅이라는 말씀을 듣고 죽었다. 그는 근처 계곡의 알려지지 않은 무덤에 매장되었다(신 34:1~7).

---

106) 그러나 여기서는 연결된 하나의 자료로서 5경을 말한다.
107) 많은 비판가들의 주장과 달리, 모세가 오경을 썼다는 증거가 있다. ① 서체는 수준 높은 것이었으며 모세가 사용한 알파벳도 존재한다. ② 교육적인 면에서나, 필요한 자료를 쉽게 구할 수 있는 면에서 모세는 그 능력을 갖춘 사람이었다. ③ 오경 속에는 모세가 그 일부분을 기록했다고 여섯 번이나 나와 있다. ④ 오경을 제외한 나머지 구약성경은 오경의 저자가 모세임을 여러 가지 방법으로 증언하고 있으며, ⑤ 예수와 신약성경 저자들도 이것을 분명히 증거하고 있고, 모세라는 이름과 구약성경의 율법서(오경)를 동등히 여기고 있다.

제8장

정복

[여호수아 1-24장]

1. 가나안 땅

(1) 이스라엘의 정복 임무

이스라엘이 진 친 곳으로부터 요단 강 건너편에 있는 가나안은 도시국가의 땅이었다. 중앙통치가 없었고 많은 도시들은 각기 자기의 왕을 갖고 있었다. 이 땅을 정복하는 것은 각 도시를 차례로 멸망시키는 것이었다. 애굽은 대군주라고 하지만 사실 이름뿐이었다. 모세의 큰 원수이자 애굽 제국을 건설한 투트모스 3세는 이 지역을 애굽의 지배하에 두었다. 출애굽의 바로 왕인 그의 아들 아멘호텝 2세도 엄격한 지배를 계속하였다. 그러나, 이스라엘이 광야생활을 했을 때의 바로 왕인 그의 아들 투트모스 4세는, 미타니(Mitanni)[1]의 왕 아르타타마 (Artatama)의 아시아계 딸과 결혼하였는데, 외국 세력에 호의적이었

---

1) 16세기에 늦게 세워진 미타니(Mitanni) 왕국은 대부분의 북 메소포타미아 건너편까지 확장되었으며, 수도는 와수가니(Washugani, 지역이 확실치 않음)이었다. 인구는 주로 후리족(Hurrian)이었으나 통치자는 인도-아리안계(Indo-Aryan)이었다. 그들 세력이 최고에 이른 때는 대략 이때 쯤이었다. 이 왕국은 약 200년 후에 없어졌다.

으며, 군사적 점령에 관심이 적었다. 그런데 지금의 왕인 그의 아들 하멘호텝 3세는 외국 통치에 주의를 기울이지 않고 본국의 이익보다는 자기 자신에 관심을 두었다. 그는 정복한 것을 자랑했지만 이것은 거의 무의미한 것이었다. 왜냐하면 Hayes가 표현한 대로 "그가 아시아 지역을 소홀히 여긴 것은 애굽의 북쪽 제국 멸망에 길을 놓아준 것"[2] 이기 때문이었다.

텔 엘-아마르나(Tell el-Amarna) 편지는 그에 대해 말하기를, 침략자들에 대한 가나안의 도움 요청에 귀를 막아버렸다고 표현하고 있다.[3] 가나안의 각 도시들은 이스라엘의 정복 상품처럼 각기 내버려져 있었다. 그러나 이것은 이스라엘의 임무가 용이하다는 말이 아니다. 39년 전의 정탐자들은 가나안 백성들이 힘이 세고 그 도시는 강한 성으로 둘러싸였다고 보고하였다. 이 백성들은 자기들끼리 그리고 외부의 적들과 자주 싸웠는데 이로 인해 그들의 병사는 노련하였다. 이 성읍은 한번에 몇 달 동안의 포위[4]를 견딜 수 있도록 지어졌다. 또한 성읍들은 후에 여호수아에 대항하여 남쪽(수 10장)과 북쪽 연맹(수 11장)을 이룬 것처럼 공동의 적에 대해서는 함께 연합할 수가 있었다. 더욱이 이곳은 산이 많은 땅이었다. 일단 여리고를 통과한 다음 이스라엘은 대부분 울퉁불퉁한 산지를 맞게 되어 전쟁 책략에 어려움을 느낄 것이다.

(2) 진보된 가나안 문화

가나안은 물질문화가 진보하였다. 성읍은 잘 펼쳐 있었고 가옥은 훌륭한 설계와 건축을 나타내 보였다. 건물의 바닥은 포장되었거나 회반죽이 발라져 있었다. 배수 시설도 발달되었다. 노동자들은 구리, 납,

---

2) Hayes, *SE*, II, p. 233(참고, Steindorff and Seele, *When Egypt Ruled the East* 〈2d ed., Chicago: University of Chicago Press, 1957〉, pp. 72~75).
3) 앞의 5장 후반부를 참고하라.
4) 사마리아는 14개월 이상 동안 앗수리아의 포위를 견디었다(왕상 17:5). 그리고 가사는 주전 332년에 알렉산더 대제를 5개월 동안 견디었다.

금을 사용하는 기술이 있었다. 자기류는 세계에서 가장 훌륭한 것에 속하였다. 애굽, 북방 메소포타미아, 그리고 구브로를 포함한 외국 나라들과 광범위한 무역을 하였다. 기술적인 지식에 있어서 가나안은 광야에서 40년을 소비한 이스라엘보다 훨씬 앞서 있었다.

이러한 문화적 불균형으로 인해 이스라엘에게는 슬픈 현실을 가져다 줄 심각한 위험이 놓여 있었다. 역사를 살펴보면 덜 발달된 문화는 보통 진보된 문화에 흡수되어 버린다. 다음에 이어진 시기에서 이스라엘은 가나안에 흡수되지는 않았지만 커다란 영향을 받았다. 이러한 영향이 단지 자기 제조, 도시 건설, 농경방법과 같은 물질문화에만 관련된 것이었다면 오히려 혜택을 입었을 것이다. 그러나 이것이 사고방식이나 개념, 특히 종교적인 신앙이나 예식을 포함하는 것이었을 때 그 피해는 대단한 것이었다. 많은 사람들은 실제로 여호와보다는 가나안의 바알 숭배를 받아들이게 되었다. 그 매력은 바알이 비와 좋은 수확의 신으로 여겨졌기 때문이었다. 분명히 가나안 사람들은 이 새로운 이웃에게 풍성한 수확을 보장하는 데는 기술만으로 부족하고 올바른 신을 숭배하는 것이 더 중요하다고 충고했을 것이다. 본래 거주자들의 이러한 충고는 새로 이주해 와 많은 수확을 얻으려 한 이스라엘에게 큰 영향을 끼쳤을 것이다. 의심할 것도 없이 하나님께서 모든 가나안 사람을 멸하고 그 땅에서 쫓아내라고 명하신 것(민 33:51~56; 신 7:1~5)은 이러한 위험을 피하려고 하신 것이었다. 그곳에서 쫓겨난 가나안 사람들은 이러한 충고를 줄 수가 없었다. 이스라엘이 이에 응했더라면 모든 것이 잘 되었을텐데 이스라엘은 그렇지 않았다. 많은 가나안 사람은 그곳에 남도록 허락되었고 이스라엘은 그들로부터 큰 영향을 받아 그 결과 하나님의 중요한 축복을 잃게 되었다(삿 2:11~15).[5]

(3) 공격 계획

모세의 가나안 공격 전략은 분명히 하나님으로부터 받았는데, 그 땅의 대략 중간지점을 동쪽으로부터 공격하여 남과 북으로 나눈 다음 각

---

5) 9장을 참고하라.

부분을 따로따로 정복하는 것이었다. 아마도 모세는 이러한 생각을 여호수아에게 전했을 것이며, 새 지도자 여호수아는 백성들이 요단 강 건널 준비를 할 때 이 계획을 마음에 품고 있었다.

2. 땅으로 들어감(수 2:1~5:12)

(1) 여리고 정찰(수 2:1~24)

여호수아는 정복의 임무를 계획하면서 첫번의 주요 목적은 여리고임을 깨달았다. 여리고는 강한 도시로 안전히 통과할 수가 없었다. 그것은 이제 곧 맞부딪치게 될 도전이었다.

그는 이 도시를 더 알고자 하여, 자신이 주요 역할을 한 39년 전의 비슷한 책략을 기억하고 두 사람의 정탐꾼을 보냈다. 이 두 사람은 요단 강을 건너 성읍에 사는 기생 라합의 집에서 보호를 받게 되었다.[6] 이들이 조사를 받게 되자 라합은 그들을 지붕 위에 있는 삼대 밑에 숨겨놓고 쫓아온 사람으로 하여금 다른 방향으로 돌아가게 하였다. 여리고가 이스라엘에게 무너질 것을 확신한 라합은 이 은혜에 대신하여 자신과 가족을 안전하게 보호해 줄 것을 요청하였다. 이들은 그렇게 약속하고 그녀의 계속적인 도움으로 여호수아에게 돌아오는데 성공하였다. 그러나 이들의 정탐이 곧 여리고에 알려져 그들은 도시를 더 이상 자세히 관찰할 수 없었겠지만, 백성들이 이스라엘을 크게 두려워한다는 것을 라합을 통해 알게 되었다. 시혼과 옥의 승리 소식이 가나안에까지 도달한 것이었다. 그리하여 여호수아는 용기를 얻게 되었다.

(2) 요단 강을 건넘(수 3~4장)

정탐꾼이 돌아온[7] 그 다음날 아침, 여호수아는 백성들에게 요단 강둑

---

6) 여기에 그들이 온 뒤 곧장 조사를 받지 않았을 것이며, 성에 위치한 그 집은 필요할 때는 쉬운 도피처를 제공하였다.

7) 정탐꾼들은 쫓아온 사람들을 피하기 위해 어쩔 수 없이 산에서 3일을 숨

으로 이동하라고 명령하였다. 그들이 진을 쳤던[8] 싯딤[9]은 강 바로 근처가 아니었으므로 강을 건너는 첫 단계는 그곳으로 이동하는 것이었다. 이 강은 봄철이면 홍수 단계에 이르곤 한다.[10] 이 강둑에서 최종 준비와 지시로 3일을 소비하였다. 이 3일 동안 이스라엘 백성들은 어떻게 그들이 모두 이 큰 물을 건널 수 있을 것인가 의심했겠지만 곧 알게 되었다.

모든 준비가 되어 제사장들이 언약궤를 메고 강으로 나아갔을 때 백성들은 하나님의 명령대로 3,000피트의 거리를 두고 쫓아갔다(수 3: 4). 이것은 많은 숫자의 사람들로 하여금 앞을 인도하는 표징으로서 언약궤를 보게 하기 위함이었다. 제사장들의 발이 물에 닿았을 때 놀랍게도 물이 갈라졌다. 그들 앞에 흐르던 물은 댐으로 막혀진 것같이 "한 곳으로 쌓여서 섰다." 그리고 다른 곳의 물은 백성들이 건널 수 있는 공간을 남겨놓고 사해로 계속 흘렀다. 백성들이 강을 건너는 그 시간 동안 물은 강 위로 약 15마일 가량 떨어진 아담 읍까지 물러가 있었다.[11] 백

어 있어야 했으므로 예상보다 오래 머물렀을 것이다. 여호수아는 다소 초조했을 것이고 그리하여 그들이 돌아온 뒤 즉각 행동을 취했다.

8) 민수기 33:49은 그들이 이곳에서 처음 도착한 것을 언급하고 있다. 여기에 있는 동안 모세는 아마도 신명기 메시지를 포함한 그의 마지막 지시를 전달하였을 것이다. 모세는 제 11월의 첫날, 즉 강 건너기 두 달 이상 전에 이 지시를 전달하기 시작하였다.

9) 싯딤이라는 이름은(관사와 함께 쓰여 문자적으로는 "The Acacias") 마을이라기보다는 작은 지역을 뜻하는 것 같다. 그 정확한 위치는 자주 제기되지만 아직 알려져 있지 않다.

10) 여호수아 3:15과 4:18에는 요단 강이 "강둑으로 넘쳤다"고 말하고 있다(' al-kol-gedhothaw). 이것은 물이 강둑을 넘치지 않고 단순히 "강둑 위"에까지 차 있음을 의미할 것이다. 그러나 이사야 8:7에서 사용되고 있는 같은 구절은 "강둑을 넘침"을 의미한다. 이것으로 보아 그리고 문맥상으로 요단 강은 홍수 단계에 와 있었다.

11) 아담은 사해에서 20마일 떨어진 에드 다미에(ed Damieh)로 판명된다. 이스라엘은 사해에서 5마일 떨어진 여리고 앞으로 요단 강을 건넜으므로(수 3:16) 그들은 아담으로부터 15마일 가량에 있었다. 아담 근처에서 바위 사태가 일어나 요단 강을 일시적으로 멈추게 했던 일이 일어났으므로(주후 1267년, 1906년, 그리고 1927년 7월에 한 번 일어남), 하나님께서 이 수단을 사용하셨다고 가끔 제기된다. 이것은 가능한 얘기이지만, 본문의 내용을 보면 물이 제사장 앞에서 곧 갈라졌다고 암시되어 있다.

성들이 지나갈 때 언약궤를 맨 제사장들은 중간 지점(강 북판)에 서 있었다. 이것은 언약궤로 상징되는 하나님이 강을 건너도록 물을 물러가게 하셨다는 것을 각 사람에게 증언하게 하였다. 전날 강변에 서서 의심했던 백성들은 이제 능력이 나타나신 것을 이해하게 되었다. 이 강을 건넌 것에 대해 두 기념비가 세워지게 되었는데 하나는 요단 강 가운데, 또 하나는 강 건너 백성들이 진을 칠 길갈에 세우게 되었다(수 4:1~24). 각 지파에서 한 사람씩 뽑힌 열 두 사람은 언약궤를 맨 제사장이 섰던 근처 요단 강에서 각기 돌을 취하여 진을 친 장소로 가지고 왔다. 여호수아는 다시 방금 돌을 가져온 그 장소, 곧 "요단 강 가운데에 열 두 돌을 기둥으로 세웠다." 이 두 가지 행동은 백성들이 강을 건넌 후, 언약궤를 맨 제사장들이 백성들이 기다리는 곳으로 이동하기 직전에 취해진 것이다. 모든 사람들이 물을 건너자마자, 강은 뒤로 물러가 있었던 물로 인해 전보다 더 큰 힘으로 다시 흐르기 시작했다. 백성들이 길갈에 도착했을 때 여호수아는 요단 강에서 가져온 열 두돌을 취하여 두 번째 기둥을 세웠다. 이 두 기둥은 하나님께서 요단 강을 기적적으로 갈라 그의 백성으로 하여금 약속의 땅에 들어가게 하셨다는 것을 장차의 세대에 기억시키려는 것이었다.

(3) 길갈에 진을 침(수 5:1~12)

길갈은 이제 이스라엘의 활동 중심지가 되었다. 그 정확한 위치는 아직 확실치 않으나[12] 요단 강과 여리고 사이에 있는 요단 계곡에 있었다(수 4:19). 여기에서 여리고와 아이는 곧 점령되었다. 후에 기브온 사람들은 평화조약을 맺으러 길갈까지 찾아왔다(수 9:6). 여호수아는 기브온 사람들을 도와 남쪽의 동맹들에 대항하기 위해 길갈에서 그의 군대를 이끌고 갔다(수 10:6~7). 또한 그는 여기에서 북쪽의 동맹을 대항하기 위해 북쪽으로 갔다(수 11:6~14). 그리고 여기에서 지파의

---

12) Muilenburg, *BASOR*, 140(1955), pp. 11~27는 그 위치를 키르베트 엘-메프지르(Khirbet el-Mefjir)로 제기하고 있는데, 아마도 가장 그럴 듯하다. 반면, Simons, *GTT*, pp. 269~70는 이것을 거부하고 있다.

제 8 장 정 복   225

땅을 처음으로 할당하였다(수 14:6). 군대가 싸우러 간 동안에 백성들은 본거지인 길갈에 남아 있었다.

이곳에 진을 친 다음, 세 가지 중요한 일을 겪게 되었다. 첫째는 모든 남자에 대한 할례였다(수 5:2~9). 현재 이스라엘 사람들은 새로운 세대였고 또 광야여행중 어린아이들은 할례를 받지 않았으므로 이러한 대대적인 예식이 필요하였다. 하나님께서는 이 예식을 명령하셨고, 그의 백성과 이웃 나라 사람들을 구별하는 표징으로서 이 예식이 행해지기를 원하셨다. 따라서 하나님은 이 규율을 명령하셨고, 후에 여기에서의 할례는 애굽에서의 치욕을 제거하는 것을 상징했다[13]고 말씀하셨다. 길갈에서의 두 번째 사건은 유월절의 준수였다(수 5:10). 이것은 세 번째로 지켜진 유월절이었을 것이다.[14] 즉, 적어도 시내 산에서의 경우이래 유월절을 지킨 사람이 아무도 언급되지 않았다(민 9:1~5). 그러나 이제 이 땅에 도착하여 모든 남자들이 할례를 받았으므로, 백성들은 절기에 대한 하나님의 명령을 기억하고, 지정된 날 곧 니산월의 14일에 유월절을 지켰다. 이것은 애굽을 떠난 후 정확히 40년째의 유월절(지켰던 안지켰던 간에)이었으며, 가나안 정탐꾼들이 소비한 날짜에 비례하여 그 햇수만큼 방황하리라는 가데스에서의 하나님의 선언과 일치한 것이었다(민 14:33~34). 하나님께서는 14일의 유월절을 준비할 수 있도록 백성들로 하여금 니산월의 10일날에 요단 강을 건너게 하였다(수 4:19). 애굽을 떠난 지 꼭 40년 후[15] 이 새 땅에서 유월

---

13) 이러한 상징으로 인해 길갈이라는 이름이 취해졌다. "길갈"은 "굴러가다"라는 뜻의 히브리 어근 *galal*에서 나온 것이다.

14) 첫번째는 애굽에서, 두 번째는 시나이에서였다. 유월절을 지킨 사람에 대한 언급이 없는 것은 단순히 기록에서 빠졌기 때문일 것이다. 그러나 할례가 지켜지지 않았고, 출애굽기 12:48에 의하면 할례는 유월절 예식을 금지한 유일한 이유였으므로, 유월절도 지키지 않았다고 믿는 것이 좋을 것이다.

15) 학자들은 이 40년이 세대를 상징하는 대략의 연수라고 주장한다. 그러나 이 40년은 정확한 것이다. 아론은 40년의 첫 달 첫 날에 죽었고(민 33:38), 백성들은 한 달 동안 애곡하였다. 모세는 시혼과 옥의 정복을 뒤이어 11월 첫 날에(신 1:3) 신명기의 메시지를 시작하였으므로 이스라엘은 이 두 곳의 원정과 나머지 여행을 하는 데 5개월을 소비하였다. 이것은 여호수아가 새

절을 지키는 데에는 요단 강의 홍수라도 방해가 될 수 없었다.[16]

길갈에서의 세 번째 주목할 만한 일은 만나가 정지된 것이었다. 하나님은 일찍이 여행의 첫 해부터 계속하여 기적적인 식량을 제공하였다(출 16:14~22). 이러한 특별한 공급이 거의 40년 동안 진행되었으나 약속의 땅으로 들어간 백성들은 이제 더 이상 필요가 없게 되었다. 유월절을 지킨 다음 날 백성들은 더 이상 땅에서 만나를 찾지 않았다. 대신 "땅의 수확"을 먹을 수 있게 된 것이었다.

3. 중앙 팔레스틴의 정복(수 5:13~9:27)

(1) 여리고의 멸망(수 6:13~27)

그 땅에 들어가 예비적인 일을 마친 여호수아는 군사정복이라는 주요 임무에 관심을 돌렸다. 정탐꾼들에 의해 이미 예상된 대로 첫번 목표는 여리고였다. 여리고는 길갈에 계속적인 위험을 가져올 정도로 가까이 있었으며, 주목한 대로 가나안의 본거지로서 중요한 곳이기 때문에 어떤 경우에라도 그냥 지나칠 수 없는 곳이었다.

① 여리고

구약성경의 여리고는 사해에서 북쪽으로 7마일, 요단에서 서쪽으로 5마일 떨어진 텔 에스-술탄(Tell es-Sultan)으로 판명된다. 광범위한 침식작용에도 불구하고 구릉 지대는 8에이커 가량 펼쳐 있는데, 여호수아가 얼마만큼 점령했는지는 확실치 않다. 그러나 5장에서 내린 결론이 정확하다면[17] Kenyon 여사가 말하는 여호수아가 정복한 도시는 주전 1550년경에 애굽 사람에 의해 점령되었으며, 그렇게 되면 그것은

지도자가 되어 이 첫 날 10일까지 요단 강을 건너는 데 소요되는 두 달 10일을 남겨놓게 되는 것이다.

16) 요단 강이 홍수였을 때 강을 건너게 한 것은, 또한 가나안 사람들에게 하나님의 능력을 나타내 보이려는 이유도 있었다.

17) 5장을 참고하라.

대부분의 구릉 지대를 포함한 것이었다. 이것은 14에이커의 므깃도, 18에이커의 라기스, 또는 특히 200에이커의 하솔 같은 큰 지역보다는 작지만 당시 평균 크기였음을 의미한다. 얼마 만한 크기였든지 간에 성경에 자주 언급되는 것을 보면[18] 그 땅이 중요한 곳이었음을 알 수 있다. 이 성벽에 대한 Kenyon 여사의 설명은 그 의미가 있다.[19] 이 성벽은 실제적으로 직접적인 공격이 불가능하게 만들어진 형태였다. 상대방 적은 가까이 접근함에 따라 11피트 높이의 돌 받침대를 만나게 되는데 이것의 뒤와 위에는 수직 35피트 위에 있는 중앙 벽과 35°의 경사로 이어져 있다. 가파르고 매끄러운 경사로 인해, 벽을 파괴하거나 또는 방화를 일으킬 수 없게 되었다. 벽을 무너뜨리지 않는 한, 군대는 그 경사를 올라가기가 힘들었고 사닥다리를 이용한다 하더라도 밑받침을 구할 수가 없었다. 이런 도시를 점령하기 위해 적들은 보통 포위하는 수법을 사용했지만, 몇 달 안에 전땅을 지배해야 했던 이스라엘은 그럴 시간이 없었다.

② 정 복

그러나 하나님께서는 여리고를 정복하는 좀 다른 계획을 가지고 계셨고 이것은 여호수아에게 독특한 방법으로 계시되었다(수 5:13~6:5).

어느 날 여호수아가 이 도시를 어떻게 점령할까 생각하면서 이 도시에 가까이 왔을 때 "여호와의 군대장관"[20]이라는 사람을 만나 이 계획을 듣게 되었다. 이 계획은 "용사"[21]들로 하여금 언약궤를 멘 일곱 제

---

18) 예를 들면, 민수기 22:1; 26:3, 63; 31:12; 33:48~50; 34:15; 35:1; 36:13, 신명기 32:49; 34:1, 3, 여호수아 4:13 등이다.

19) Kenyon, *Digging up Jericho* (New York: Frederick A. Praeger, 1957), pp. 214~20. 그녀는 이 성벽을 주전 1550년경으로 잡고 있다. 그러나 이와 반대되는 결론으로는 5장을 참고하라.

20) 여호와의 사자로서 구약성경에 나타난 예수의 모습. 이 "장관"은 불타는 숲에서 모세에게 했던 것처럼(출 3:5) 그 땅을 "거룩하다"고 했으며(수 5:15), 여리고를 여호수아의 손에 준다고 할 때 개인적인 대명사 "나"(I)를 사용하였다.

21) 이백만 모든 백성이 여리고 성을 돌지 않았다. 이백만 백성이 돈다는

사장들의 인도를 받아 엿새 동안 하루에 한 번씩 그리고 칠일째 되는 날은 일곱 번 성 주위를 돌게 하는 것이었다. 마지막 열 세 번째 회전 후에는 제사장들이 나팔을 불면 백성들이 큰소리를 쳐야 한다. 그들이 이렇게 하면 성벽은 무너질 것이고 군대가 들어갈 수 있을 것이다.

계획은 앞에서 주어진 대로 실행되었다. 매일 성 주위를 도는 행진 가운데에는 언약궤를 멘 사람이 차지하였다.[22] 성을 열 세 번 돌고 난 다음 나팔을 불고 백성들이 소리쳤을 때 성이 무너졌다. 군대는 쉽게 성을 차지했는데 분명히 여리고 성 주민이 마음속에 생긴 큰 공포로 인해 더욱 용이했을 것이다. 정탐자들이 방문하였을 때에 이미 이곳 주민은 두려워했다고 라합이 증언하였는데, 이스라엘의 이상한 성 주위 회전은 이러한 감정상태를 더욱 가중시켰을 것이다. 정탐자들의 약속대로 라합[23]과 그 가족은 살려두고 성의 모든 주민은 죽임을 당했으며 그 성은 불로 진멸되었다. 그러나 탈취물은 이스라엘 백성에게 허락되지 않았다. 이 성에 금지령을 내린 하나님은 이것이 여호와께 "바쳐진"[24] 것이라고 선언하였다(수 6:17~18). 귀중한 철물이나 금, 은, 동 등은 하나님의 곳간에 들여졌다. 또한 여호수아는 이 성을 건축하는 사람에게도 저주를 내렸는데, 실제로 후에 아합 왕 집권 시 벧엘 사람 히엘이 그 화를 당하게 되었다(왕상 16:34).

것은 불가능했을 것이라는 비판가들의 견해는 옳다. 이 "용사"들은 다른 사람들을 대표한 것이며 이들이 언약궤를 멘 제사장들과 동행하였을 때 그 숫자는 많지 않았을 것이다.

22) 성 주위를 행진하는 데에 있어서 중요한 물건은 하나님을 상징하는 언약궤였다. 앞에서 언약궤가 요단 강물을 물러가게 했던 것처럼 이제 언약궤는 여리고 성을 무너뜨릴 것이다.

23) 여기에서 살아난 라합은 다윗과 예수의 족보에 포함되었다(마 1:5)

24) 히브리 단어로는 헤렘(Cherem חרם)인데 여호수아 6:17~18에서 다섯 번이나 사용되었다. 가끔 이 단어에 "저주"라는 뜻이 붙여지는데 이것은 하나님 외에 다른 곳의 사용을 금지한 것에만 타당한 것이다.

(2) 아이에서의 실패와 승리(수 7:1~8:29)

① 실 패

그러나 여리고에서의 승리는, 곧 바로 이후 아이에서의 실패를 가져오게 되었다(수 7:1~26). 아이 성은 이스라엘 앞에 놓여진 다음의 목표였다. 여호수아가 보낸 정찰대는 자만심으로 인하여 아이 성의 위력을 쉽게 보고, 이 성을 정복하는 데는 "이삼천 명"이면 충분하다고 조언하였다. 여호수아는 많은 숫자로 삼천 명을 보냈으나 이들은 아이 사람들에게 패하고, 도망할 때에 36명이 죽임을 당하였다.

그러나 패배의 원인은 이스라엘 군인이 적었기 때문이 아니었다. 그것은 이스라엘 진에서 범죄가 일어났기 때문이었다. 유다 지파의 아간이 여리고에서의 "바쳐진" 물품에 대한 하나님의 명령을 무시하고 자기를 위하여 바벨론 옷과 은 이백 세겔과 오십 세겔의 금덩이 하나를 취하였다.[25] 아이 성에서의 실패 이후 하나님은 여호수아에게 이러한 범죄가 일어났음을 제시하고 범죄한 사람을 조사하라고 명하셨다. 곧 조사가 이루어져[26] 아간으로 지목되었다. 아간은 이 물품을 취하여 그의 장막에 감추었음을 고백하였다. 이 물품을 찾은 다음 아간과 그의 가족과 그 소유물을 돌로 쳐 죽이고 후에 불살랐다. 이 징벌은 큰 범죄라는 점과 또 이스라엘에 대한 경고로서 필요한 것이었다.

② 승 리

죄악을 징벌한 이스라엘은 이제 아이를 정복할 수가 있었다(수 8장).

밤에 여호수아는 복병을 보내어 아이와 근처 벧엘에 숨게 하였다. 그 다음날 여호수아는 또 다른 군대를 이끌고 먼저 패배했을 때와 비슷한 수법으로 성을 공격하였다. 그러나 이번에는 아이 사람들이 반격

---

[25] 보통 세겔은 4/10온스가 되므로 여기에서 은은 80온스, 금은 20온스 가량된다.

[26] 이 조사로는 아마도 우림이나 둠밈(출 28:30; 민 27:20) 같은 공적인 판결법을 사용했을 것이다. 이 계시적인 방법은 대제사장에 의해서만 사용될 수 있었다.

하기 위해 성에서 나오고 이스라엘 군대는 패배하는 척하며 후퇴했을 때, 복병들이 일어나 뒤에서 아이 군대를 점령하였다. 이때 여호수아의 군대가 되돌아와 적은 포위되었다. 그 결과 아이 성의 남자 거인 12,000명[27]이 죽임을 당했고, 그 왕은 목이 잘려졌으며, 그 도시는 진멸되었다. 이번에는 하나님께서 이스라엘로 하여금 탈취품을 갖도록 허락하셨다. 여호수아는 이 도시의 두 번째 공격 때 더 많은 군대를 사용하여 복병에만 3만 명을 투입시켰다(수 8:3).[28] 여호수아와 백성들은 죄악의 대가와 자만으로 인한 실패라는 두 가지 교훈을 얻게 되었다.

③ 위 치

아이의 정확한 위치는 아직 확실치 않다. 전통적으로 알려진 지역으로는 벧엘의 서 남동쪽으로 1.5마일 떨어진 에트-텔(et-Tell)[29]인데 1933~35년 Mme. Judith Marquet-Krause, 그리고 1964년 Joseph A. Calloway에 의해 발굴되었다. 그러나, 이들의 연구는 주전 2200년과 1000년 사이에, 즉 여호수아 시대에 이 구릉에 주민이 살지 않았다고 발표하였다. 이에 대한 여러 가지 해석이 제기되었으나[30]

---

27) 벧엘 사람은 이 중에 속했거나, 아니면 여기에 더 첨가되었을 것이다. 벧엘 사람은 여호수아의 유인 집단을 쫓아 아이 사람과 함께 갔다고 기록되었다(수 8:17).

28) 3절의 삼만 명과 12절의 오천 명 사이의 관계는 명확치 않다. 아마도 삼만 명은 전 군대를 가리키는 것 같고 오천 명은 복병에 쓰인 사람을 가리키는 것 같다. 그렇다 하더라도 삼만 명은 첫번 공격 때의 열 배 숫자이다.

29) 에트-텔이라는 이름은 "언덕" 또는 "황폐의 무더기"(수 8:28)를 뜻하는데 아이(ha'ay)의 의미인 것 같다. 에트-텔로 판명한 이유는 그 의미가 현대에까지 전해 내려왔을 것이라는 가정에서 취해진 것이다. 그러나 Simons (GTT, p. 270)는 오늘날 여러 군데 지역이 에트-텔이라 불리워진다고 지적하며, 또한 아이라는 이름은 "파괴"의 의미를 나타낸 것이 아니라 "돌무더기"라는 뜻이라고 지적하고 있다.

30) Albright는 Wright (BAR, p. 80)의 의견을 따라 아이 성의 함락은 실제로 벧엘 정복에 관한 이야기인데, 후에 벧엘 근처의 계속적인 파괴를 설명하기 위해 아이에 소속되었다고 믿고 있다. 그러나 이것은 성경의 정확성에 일치하지 않는 것으로서 배격되어야 한다. 보다 그럴듯한 것은 아이가 벧엘의

가장 그럴듯한 해답은 에트-텔이 옳은 위치가 아니라는 것이다. 이런 해석을 뒷받침하는 데에는 몇 가지 사실이 있다. 한 예로, 에트-텔은 벧엘에서 멀리 떨어져 있는데 반해, 여호수아 12:9(참고, 7:2)에는 아이가 벧엘 "옆"(mitsad)에 있었다고 나와 있다. 또한 에트-텔은 벧엘에서 멀리 떨어져 있는데 반해, 여호수아의 정찰대는 아이의 주민이 적었다고 표현하였다.[31] 장차 보다 깊은 발굴이 이에 대한 조명을 가져다 줄 것이다. 적어도 아이는 벧엘 근처에 있었고 벧엘은 여리고에서 북서쪽으로 14마일 가량 떨어진 곳에 있었으므로(보통 텔 베이틴으로 판명한 것이 도전받고 있는 중이지만) 여호수아의 군대가 이 전쟁에 참가하게 된 것이다.

④ 벧 엘

여호수아 시대에 벧엘의 정복에 관해서는 아무런 설명이 나와 있지 않다.[32] 벧엘의 왕은 여호수아 군대에 의해 죽임을 당했다고 나와 있으나(수 12:16) 이 성을 직접 공격한 기록은 없다. 그 이유는 아마도 아이 성이 함락될 때에 벧엘의 세력도 없어졌기 때문인 것 같다. 논리적으로 추리해 보면, 벧엘은 다음에 적과 겨루게 될 것을 예상하고 아이를 도와 적과 대항했던 것 같다. 여호수아 8:17에는 직접 그렇게 되었

군사적인 전초지대가 되었었고 영원한 잔유물을 남기지 않았다는 Vincent의 설명이다. 그러나 Wright는 여호수아 8장에 "아이 왕"이라고 나와 있는 것을 주목함으로써 이 견해에 반격을 가하고 있다.

31) Simons는 두 개의 다른 문제점을 제기하고 있다. 즉, "에트-텔은 정복 이후 시대에는 파괴되지 않았는데 반해 여호수아는 아이가 파괴되었다고 지적하고 있다"(8:18). "에트-텔의 북쪽에는 큰 골짜기가 없는데 반해 여호수아 8:11에는 아이 근처에 골짜기가 있었다고 나타나 있다"(summarized in "Archaeological Digest" of the American Journal of Archaeology, July-September, 1947, p. 311; Free, *ABH*, p. 134에 인용됨). 또한 주민이 적은 것에 관해 여호수아 8:25의 만 이천 명은 벧엘의 주민이 포함되었을 것이다(참고, 주 27).

32) 성경에도 나와 있지 않고 발굴에서도 나와 있지 않다. 발굴된 것을 살펴보면, 여호수아 시대 이후인 13세기에 텔 베이틴(벧엘?)의 파괴가 나타나는데 아마도 사사기 1:22~26의 파괴인 것 같다.

다고 기록하고 있다. 이때에 아이의 왕이 죽임을 당했다고 나와 있는데(수 8:23, 29) 벧엘의 왕도 이 당시 죽임을 당했을 것이다. 두 번째 공격 시 여호수아가 많은 군대를 투입한 것은 벧엘이 아이와 합세할 것이라는 기대에도 일부분 이유가 있었을 것이다.

(3) 세겜에서의 예식(수 8:30~25; 신 27:1~26)

여리고와 아이, 벧엘을 지배한 다음, 여호수아는 하나님의 지시대로(신 27:1~26) 언약을 새로이 세우기 위해 백성들을 북쪽 세겜으로 이끌고 갔다. 이 의도는 40년 전 시나이에서 정식으로 언약을 비준할 때의 일을 재현하기 위함이었다(출 24:4~8).[33] 많은 세월이 흘러 새 세대가 생겨나고 이제 백성들은 실제로 이 땅에 왔으므로, 하나님의 명령을 다시 기억하고 백성들의 약속을 새롭게 할 필요가 있었다. 세겜 근처 에발 산[34]에서 여호수아가 제단을 쌓고 제사장들이 번제와 화목제를 드렸다. 여호수아는 미리 준비한 돌에 "모세의 율법"[35](수 8:32)을 기록하였는데 이는 백성 가운데 하나님의 법이 구체적으로 나타난 것을 상징하였다. 그리고 지파의 반은 그리심 산쪽으로 이동하고 반은 에발산 근처에 남아 여호수아가 율법의 축복과 저주를 읽을 때에 차례로 각기 응답하였다. 이 예식은 매우 인상적이었을 것이며 백성들은[36]

---

33) 앞의 7장을 참고하라.
34) 에발 산과 그리심 산은 동쪽의 양 끝 사이에서 세겜으로부터 각기 북쪽과 남쪽으로 뻗어 있다. 세겜 앞에 동쪽으로는 평야가 펼쳐 있는데 이 가운데에 서서 여호수아는 양편에 서 있는 백성들에게 율법을 낭독했을 것이다.
35) 모세 율법을 기록하는 데에는 시간이 오래 걸렸을 것이므로 그 전부가 아니었을 것이다. 기록한 내용에 관해서는 여러 가지 견해가 있는데, 첫째, 십계명만, 둘째, 십계명과 여호수아가 읽은 축복과 저주, 셋째, 신명기의 법적인 부분, 넷째, 613개의 계명인 전체 율법(유대인들의 계산에 따른 것), 다섯째, 전체 율법의 핵심 등이다.
36) 길갈에서 약 40마일 되는 세겜까지 데려온 이스라엘 숫자는 결정하기가 어렵다. 여호수아 8:35에는 남자 외에 여자, 어린아이, 그들과 동거하는 객들이라고 말하고 있다. 요단 강 건너편에 있는 두 지파 반의 여자와 어린아이들은 이곳에 없었으므로 이백만의 다른 사람들이 이곳으로 왔다고 생각하기는 어렵다. 대표되는 집단만 왔다면 적어도 모든 연령의 남자와 여자 대표 집단이 왔을 것이다.

후에도 이것을 잘 기억했을 것이다.

한 가지 잘 알려지지 않은 것은 세겜이 주요 도시로 되어 있는 이 북쪽의 중앙 지역을 이스라엘이 정복했나 하는 것이다(창 12:6; 33: 18~20). 성경은 이스라엘 백성이 북쪽으로 그곳까지 큰 어려움 없이 이동할 수 있었다고 말하고 있으나, 어떻게 이것이 가능하게 되었는지는 설명하지 않고 있다. 세겜은 아이에서 북쪽으로 30마일 이상 떨어져 있었고, 그곳 사람들은 단순히 남쪽의 도시가 함락되었다 해서 자신들이 이스라엘의 지배 속에 들어갔다고 생각하지 않았을 것이다. 가장 그럴듯한 설명은 이스라엘 군대가 아이를 함락시킨 후 미리 이 지역을 정복하기 위해 북쪽으로 이동했었다는 것이다. 이것을 뒷받침하는 몇 가지 사실이 있다. 한 가지는 에발 그리심 산의 계약예식(수 8: 30)의 내용이 "때에"(then, 단순한 접속사 waw가 아니라 'az)라는 단어로 시작되고 있는 것인데, 이는 이 중간 정복에 필요한 충분한 시간의 경과를 의미할 수 있는 것이다. 두 번째는 여호수아 11:19에 기브온(수 9장)외에는 이스라엘에게 순순히 항복하지 않았다고 나와 있는데 이는 세겜이 무력으로 탈취되었음을 의미한다. 셋째로, 여호수아 12:17, 18, 24에는 이즈음 이곳에서 여호수아 군대에 의해 죽은 세겜 지역의 왕들을 열거하고 있다. 성경 기록에는 전체적인 정복의 자세한 내용이 나와 있지 않다는 것을 알아야 한다.

(4) 평화적인 충성(수 9장)

길갈로 돌아왔을 때 이스라엘 사람들은 중앙 팔레스틴의 몇몇 중요한 거민들로부터 예기치 않은 평화적 충성을 받게 되었다. 이들은 히위 사람[37]들로서, 예루살렘으로부터 북서쪽으로 약간 떨어진 4개의 주

---

37) 그 당시 가나안의 일곱 민족 집단(가끔 여섯만 열거됨), 즉 아모리, 브리스, 가나안, 헷, 기르가스, 히위, 여부스(신 7:1; 수 3:10; 24:11)들 중의 하나이다. 이 족속이 호리테스(Horites)와 같은 족속이라는 몇몇 증거가 있는데 만일 그렇지 않다면 이들의 기원은 거의 알려져 있지 않다. 이들은 여러 군데의 장소에 살고 있는 것으로 나타나는데(창 34:2; 36:2; 수 11:3; 삿 3: 3 등) 이것은 동족이 아니라는 것을 암시한다.

요 도시, 즉 기브온, 그비라, 브에롯, 기럇여아림을 대표하는데 가끔 기브온의 네 도시로 불리운다. 이스라엘의 성공 소식이 내륙으로 퍼지게 되자(수 9:1), 이들은 평화적인 항복을 강구하였다. 내륙 본토에서 듣기로는 호전적인 이스라엘이 승낙하지 않으리라 의심하면서 이들은 꾀를 내어 다 헤어진 옷을 입고 곰팡이 난 빵을 예비하여 먼 나라에서 온 것처럼 꾸몄다. 그들은 이스라엘에게 평화조약을 맺자고 요청하여 허락을 받았다. 그러나 이것은 하나님의 지시(출 23:32; 34:12; 신 7:2)에 위배되는 것으로, 비록 속은 것이긴 하지만 "여호와"께 묻지 않았으므로(수 9:14)[38] 이스라엘에게 책임이 있었다. 사흘 후 이 계략이 알려지게 되자 여호수아와 장로들은 조약을 맺고(이미 이루어진 일이므로 타당한 것이었다. 참고, 삼하 21:1~19), 기브온 사람들로 하여금 "온 회중 가운데 나무를 패고 물 긷는 자로" 봉사하게 하였다(수 9:21). 이것은 범한 죄를 용서하는 것은 아니지만, 이스라엘로 하여금 큰 노력 없이 중앙 지역의 땅을 획득할 수 있게끔 도움을 주었다.

4. 남방과 북방의 정복(수 10~12장)

여기에서 이스라엘은 땅을 분단하는 일에 성공하였다. 여리고, 아이, 벧엘, 브에롯, 기브온, 그비라, 그리고 기럇여아림은 남방의 팔레스틴을 가로질러 약간 구부러진 연속선을 형성하게 되었다. 그리고 앞에서 주목한 대로 세겜에서 평화적으로 모일 수 있었다는 사실은 북방에서도 주도권을 획득했음을 지적하는 것이다. 이제 남방과 북방으로 나뉘어져 각기 정복하게끔 되었다.

(1) 남방 동맹의 패배(수 10:1~11)

히위족의 네 도시와 조약을 맺은 후 곧 남쪽에 접하게 되었다. 항복

---

38) 이것은 하나님께서 주신 우림과 둠밈의 방법을 말하는 것인데, 여기서는 그것을 사용하지 않았다.

한 이 네 도시 중 기브온이 가장 주도적인 세력을 과시하였다(수 10: 2).³⁹⁾ 이러한 기브온의 소식이 전해지자 예루살렘 왕은 이에 대응하여 동맹을 형성하기 시작하였다. 네 개의 주요 도시, 즉 헤브론, 야르뭇, 라기스, 에글론이 이에 합세하였다.⁴⁰⁾ 이들 동맹은 이스라엘에게 저항을 하기 시작했는데 우선 이스라엘에게 충성을 하고 있는 기브온을 쫓아내기 위해 기브온을 공격하였다. 기브온이 곧 길갈에 있는 여호수아에게 소식을 전하자, 여호수아는 하룻밤 동안에 24마일이나 떨어진 기브온에 군대를 이끌고 왔다. 여호수아는 이들을 쫓아내어 서쪽으로 벧호론까지 추격하였다.⁴¹⁾ 이 도망하는 군대는 벧호론 근처에서 본고장으로 가기 위해 남쪽으로 방향을 바꾸었으나⁴²⁾ 도중에 여호와가 보낸 돌덩이 폭풍(우박 같은 것)을 만나게 되었다. 그리하여 많은 사람들이 이스라엘의 칼보다 우박으로 인해 죽게 되었다. 함께 있었던 이 다섯 왕은 아세가⁴³⁾와 막게다 근처까지 도망하여 굴에 숨게 되었다. 쫓아가던

---

39) 1956, 57, 59년 동안의 기브온(예루살렘에서 북서쪽으로 7마일 가량되는 엘-집⟨el-Jib⟩) 탐사는 이 동맹을 나타냈다(참고, J. B. Pritchard, *Gibeon Where the Sun Stood Still* ⟨Princeton: Princeton University Press, 1962⟩).

40) 이 다섯 도시는 지역적인 상호관계로 인해 대략 정삼각형을 형성하였다. 예루살렘과 헤브론은 동쪽으로 20마일 가량의 남북 다리를 형성하였다. 남쪽으로는 라기스가 남쪽 다리의 동쪽 끝에 있는 애글론으로부터 7마일의 동서 다리를 형성하며 야르뭇은 에글론과 예루살렘 사이에서 직각삼각형의 밑변 반 쯤에 놓여 있었다. 이 모든 도시들은 에글론을 제외하고 판명이 가능하다.

41) 벧호론의 윗쪽은 기브온에서 약간 북쪽이며 서쪽으로 5마일 가량 떨어져 있었다. 벧호론의 아래쪽은 2마일 가량 더 멀리 있었다. 여기서는 단순히 일반적 지역을 의미한다.

42) 이 적들은 처음에 다섯 동맹도시 중 가장 가까운 예루살렘을 향해 남쪽으로 도망하지 않았으므로, 여호수아가 이 길을 절단한 것임이 분명하다. 그러나 이 적들은 분명히 피곤해진 여호수아의 군대를 앞질러 벧호론에서 남쪽으로 갈 수가 있었다.

43) 아세가는 후에 다윗이 골리앗과 싸운 엘라 골짜기에 있었으며(삼상 17:1) 벧호론에서 남서쪽으로 15마일 가량 된다. 동맹도시의 하나인 야르뭇은 이곳에서 서쪽으로 3마일밖에 안된다. 막게다에 관해서는 다음의 주 48을 참고하라.

이스라엘은 왕들이 굴에 숨은 것을 발견했으나 입구를 돌로 막아놓고 도망하는 군인을 계속 추격하였다. 여호수아는 이 왕들이 안전하게 빠져나와 그들의 성읍으로 돌아가기 전에 군대가 이들을 찾아내어 죽이기를 바랬다. 이것은 주요 부분에 가서 달성되었으며(수 10:18~20), 그리하여 이 걸려든 왕들에게로 다시금 관심이 집중되었다. 여호수아는 군대장관들에게 명하여 왕들의 목을 발로 밟아 죽이게 하였는데 이는 분명히 앞으로의 싸움에 대비해 마음을 담대하게 하기 위함이었다. 그리고 왕들의 시체를 나무에 매달아 해질 때까지 보게 하였다(수 10:21~27).

(2) 낮이 연장됨(수 10:12~14)

같은 날 이보다 일찍 여호수아가 기브온 근처 언덕에 올라가 도망하는 적이 그의 군대를 앞지르는 것을 보고 시적인 목소리로 "태양아 너는 기브온 위에 머무르라 달아 너도 아얄론 골짜기에 그리할지어다"(12절)[44]라고 부르짖었는데 이 표현이야말로 상당한 논란을 불러 일으켰다. 이 표현은 전통적으로, 그날이 기적적으로 연장되었음을 의미하는 것으로 받아들여졌다. 그러나 몇몇 보수주의 학자들을 포함하여 많은 학자들이 이러한 관점에 대해 예외를 표명하고 있다. 소수의 학자들은 여호수아가 단순히 자신과 군대에게 힘을 더해 달라고 호소한 것이라고 생각해 왔다. 또 다른 이들은 기적적인 빛의 굴절현상이 일어나, 지구에 대한 태양 자체의 위치는 변하지 않았으나 마치 그런 것 같이 되어 실제로 낮이 얼마간 연장되었다고 믿어왔다. 또한 어떤 학자들은 여호수아가 한낮 태양의 뜨거운 열기를 감해 달라고 요청하여 이

---

44) 이 시적인 구절의 첫 부분과 "태양이 하늘 가운데(chatis, "half") 머물렀다"고 한 13절을 보면, 그때는 태양이 여호수아가 선 기브온에 직접 내리쬐는 정오였음을 알 수 있다. 또한 "달아 너도 아얄론 골짜기에 그리할지어다"라고 한 뒷 부분을 보면, 당시 달은 이 골짜기 지평선에 가까이 있었음을 암시한다. 이 골짜기는 기브온에서 서쪽으로 북위 17° 가량 되므로 때는 7월로 계산되며, 태양과 달의 상대 위치는 달이 공전 때로 반달이었음을 나타낸다.

에 하나님께서 구름과 폭풍을 보냈다[45]고 제기하였다.

그러나 이러한 설명들은 원문의 언어를 정당하게 나타낸 것이 아니므로 전통적인 견해를 받아들여야 한다. dum이라는 동사는(여호수아의 목소리에서 "머무르다"로 번역됨) 본래 "잠잠하다"는 뜻이므로 이동이 지연되었다기보다는[46] 다른 방법으로 잠잠했음을 뜻할 수 있다. 그러나 'amadh 동사가 사용되었는데(13절에서 두 번) 이는 분명히 이동현상의 변화를 나타내는 것이다. 더욱이 13절은 "속히 내려가지 아니하였다"는 표현으로 끝을 맺고 있는데, 여기에서 "속히"(' uz)라는 단어는 움직임을 말하는 것이고 "내려가다"(labho')라는 구절은 태양이 질 때 보통 쓰는 말이다. 또한 14절에서 이 날은 역사에서 독특한 날이었다고 말하고 있는데, 이는 날이 연장된 것과 같은 주요 기적이 일어났음을 암시하는 것이다. 또한 연장된 정도를 판단할 수 있다. 여호수아가 부르짖었을 때는 정오였고, 해가 "종일토록"(keyom tamim) 내려가지 않았다고 했으므로, 해질 때까지의 오후 시간이 보통의 두 배 정도로 연장되었던 것 같다. 다른 말로 하면, 총 낮의 길이가 보통 날의 한 배 반이었다.[47]

여호수아 입장에서는 이 날이 연장되기를 바랄 만한 좋은 이유가 있었다. 다섯 왕은 공공연히 이스라엘과 싸우기 위해 그들의 군대를 성읍

---

45) 이 관점에 대한 요약으로는 B. Ramm, *The Christian View of Science and Scripture* (Grand Rapids: Wm. B. Eerdmans Publishing Co., 1955) pp. 156~61을 참고하라. Ramm 자신은 "구름이 덮은" 견해를 주장하지만 이에 대한 논박으로는 Payne, *BBTS*, 4(1960), p. 95를 참고하라.

46) 예를 들면 한 가지 설명이 주장하듯이 뜨거운 열기가 내리쬐는 것이 잠잠해졌다는 것.

47) 어떻게 이런 일이 일어날 수 있는가에 관해서는 13절의 "종일토록 속히 내려가지 아니하였다"는 말을 살펴보면, 태양과 지구의 위치가 정지된 것이 아니라 단순히 천천히 움직였음을 알 수 있다. 이것은 단순히 지구가 그 축에서 회전하는 속도가 보통보다 약 반이 느려졌음을 의미한다. 이것은 또 다른 설명을 주장하는 사람들의 비판에서 자주 언급되는 것처럼 태양계 주위의 이동 속도에는 영향을 끼치지 않았다.

으로부터 이끌고 나왔다. 그들은 아마 여리고와 아이의 성이 아무런 도움을 주지 않았으므로 이번에는 새 방법을 쓰는 것이 나으리라 생각했을 것이다. 그러나 그들은 좋은 방어수단을 잃게 되었고 여호수아는 그것을 알았다. 여호수아는 될 수만 있다면 그들이 다시 성으로 돌아가는 것을 원치 않았다. 그러나 적은 도망가고 자신의 군대는 피곤해졌으므로, 적이 도망하지 못하도록 붙잡는 데에는 나머지 낮의 길이보다는 더 많은 시간이 필요하였다. 따라서 그는 하나님께 충분한 시간 공급을 요청했고 하나님은 이 종의 훌륭한 신앙에 응답하여 그렇게 하신 것이다.

(3) 남방 도시의 정복(수 10:28~43)

이 중요한 전쟁에서 승리를 한 여호수아는 남쪽 전체 지역의 도시를 정복하는 데 박차를 가했다. 이것은 그가 중앙 팔레스틴 정복에 뒤이어 계획했던 것이긴 하지만, 주요 도시의 군인들이 많이 죽었으므로 지금이 가장 순조로운 기회였다.

첫번 공격은 막게다였고 다음은 립나였는데, 이 둘은 왕들이 죽임을 당한 굴에서 가까운 곳이었다.[48] 각 도시는, 왕과 많은 사람이 죽었으므로 큰 어려움 없이 정복되었다. 그러나 이 도시에는 큰 외적인 손상을 입히지 않은 것 같은데[49] 이후 남쪽의 원정에서도 같은 방식이었다. 여호수아는 계속해서 남쪽으로 라기스, 에글론, 헤브론의 세 동맹도시로 내려갔다. 야르뭇은 막게다를 점령할 때에 매우 가까이 있었고 또 다른 왕과 함께 그 왕도 죽었으므로 언급을 요할 정도의 큰 싸움 없이 정복된 것 같다. 아세가에서 남서쪽으로 10마일 되는 라기스[50]는 이 셋

---

48) 각 도시는 확실하지 않지만, 막게다는 엘라 골짜기 입구에 있는 아세가에서 북동쪽으로 2마일 되는 키르베트 엘-케이슘(Khirbet el-Kheishum)으로 판명되며, 립나는 서쪽으로 4마일 되는 텔 에스-사피(Tell es-Safi)로 판명된다.

49) 적어도 파괴에 대한 언급이 나와 있지 않다. 이 의미에 대한 토론으로는 앞의 5장을 참고하라.

50) 18에이커나 되는 큰 도시. 이에 대한 탐사와 참고될 만한 것으로는 앞의 5장 주 72를 참고하라.

중 가장 힘이 센 것 같고, 첫번으로 공격하였다. 이 성읍은 싸움 둘째 날에 무너졌고 백성들은 막게다와 립나에서처럼 죽임을 당했으나 왕은 이미 막게다 근처 굴에 피신하였다. 이때에 게셀 왕[51]이 라기스에 어떤 호의를 느꼈는지는 몰라도 북쪽으로 20마일이나 되는 데도 불구하고 라기스를 도우러 군대를 이끌고 왔다. 그러나 그와 군대는 여호수아 앞에서 모두 패망하였다. 여기에서 여호수아는 게셀을 정복하러 나섰음직 한데 그의 진행방향이 아니었기 때문인지 그렇게 하지 않았다. 댜산 남방의 세 동맹 도시 중 가장 서쪽 끝인 에글론[52] 그리고 동쪽 끝인 헤브론[53]으로 옮겨갔다. 이 두 도시는 라기스와 같이 점령되었다. 이러한 주요 정복을 마친 후 여호수아는 그 땅의 아랫 지역을 점령하기 위해 계속 남쪽으로 내려갔다. 그의 군대는 광야생활에서 많은 시간을 소비했던 가데스 바네아까지 도달하였다. 드빌[54]은 남쪽 아래 지역에서 가장 중요한 정복이었다. 마침내 여호수아는 처음 점령을 시작한 기브온으로 돌아오게 되었다.

이러한 광범위한 원정을 하는 데에는 몇 개월이 소요됐을 것이다. 여기에 포함된 거리는 상당히 긴 거리였고 수많은 도시를 점령하였다.

도시들이 비교적 쉽게 무너지지 않았다면 물론 더 많은 시간이 걸렸을 것이다. 사실 여호수아는 몇 개의 원정을 단행했을 것이다. 이러한 한 번의 큰 노력으로 전 지역을 정복할 수 있었다는 것은 이 도시들이

---

51) 텔 예셀으로 판명됨. 1902~1905, 1907~1909년에 R. A. S. Macalister에 의해 발굴되었다(참고, 그의 보고서 *The Excavations of Gezer*, 1912). Hebrew Union Collage가 1964년에 탐사하기 시작함(참고, *BA*, 30〈Feb. 1967〉, pp. 47~62).

52) 확실하지는 않지만 보통 텔 엘-헤시(Tell el-Hesi)로 판명된다(Albright, *BASOR*, 17〈1925〉, p. 7).

53) 헤브론은 구 유다(Judea) 언덕 중간 지점 가장 높은 곳(3,000 피트 가량)에 아직까지 중요한 도시로서 남아 있다. 성경에 나오는 이 도시의 정확한 지점은 아마도 게벨 에르-루메이디(Gebel er-Rumeidi) 동편에 있다.

54) 텔 베이트 미르심(Tell Beit Mirsim)으로 판명된 것이 정확하다면, 이곳은 헤브론에서 남서쪽으로 13마일 가량 펴져 있다. 이 탐사에 관한 것으로는 5장 주 77을 참고하라.

오랜 기간의 포위를 겪지 않고 항복했었음을 보여주는 것이다. 이렇게 저항이 거의 없었던 주요 이유는 거민들 마음속에 생긴 큰 공포 때문이었다. 그들은 처음, 이스라엘이 요단 강 건너편에 있었을 때의 승리를 전해 들었고, 강을 건넌 후 여리고와 아이의 승리, 그리고 이제 다섯 명의 동맹왕들을 정복한 소식을 들었다. 그들은 또한 많은 동맹군대를 죽인 특이한 폭풍(우박)과 기적적으로 낮이 연장된 것에 감명을 받았다. 이러한 역사를 수행하신 하나님은 실로 위대하지 않은가! 이러한 하나님께 대항해도 소용이 없다고 생각한 그들은 곧 평화를 청구해 왔고 그리하여 여호수아는 한 번의 큰 원정으로 전 땅을 덮칠 수가 있었다. 그러나 하나의 도시는 점령되지 않았다. 그것은 다섯 동맹의 하나인 예루살렘[55]이었다. 이곳은 여호수아가 도망하는 적을 남쪽으로 추격할 때에 노선 밖에 있었고, 아마도 그의 군대는 다시 돌아와 어려운 임무를 시도하기에는 너무 지쳐 있었기 때문일 것이다. 이곳은 이스라엘 지역에 합동되지 않은 작은 섬이었다가, 후에 다윗이 이곳을 점령한 뒤에는 수도로 되었다.[56]

(4) 북방 동맹의 멸망(수 11장)

여호수아의 놀라운 남방 정복 소식이 북쪽으로 전해져 하솔 왕 야빈의 귀에까지 이르게 되었다. 하솔[57]은 대도시로서 자동적으로 북방에서 주도적인 왕국이 되었다. 이 지역으로 똑같이 공격해 올 것을 두려워한 야빈은 동맹을 형성하였다. 그는 남방의 동맹보다 더 큰 군대를 모집함으로써 더 나은 계획을 세웠다. 그가 모집한 왕들을 나열해 보면 북방 팔레스틴의 모든 지역을 포함하는데, 즉 하솔 위에 있는 북방 산지, "긴네롯 남쪽"의 평지[58], "낮은 땅"(아마도 에스드렐론 골짜기),

---

55) 참고, 여호수아 15:8, 63; 18:28. 예루살렘은 이 동맹을 주도하였다.
56) 참고, 사무엘하 5:7. 예루살렘은 한때 유다에게 점령되었으나 이것은 분명히 일시적인 것이었다(삿 1:8).
57) 5장을 참고하라.
58) 긴네롯은 아마 갈릴리 바다를 의미한다. 이 평지는 많은 도시가 있었던 요단일 것이다.

서방돌 지역[59], 마돈, 시므론, 악삽[60]으로 언급된 새 도시 등이었다. 이 동맹은 가나안 사람, 아모리 사람, 헷 사람, 브리스 사람, 여부스 사람, 그리고 히위 사람을 포함한 것이었다. 이들이 모인 곳은 메롬 물가[61]였고 그 숫자는 "해변의 모래" 같았다(수 11:4).

여호수아는 하나님의 지시대로 이 엄청난 적을 접전하기 위해 전쟁에 지친 그의 군대를 이끌고 왔다. 그는 주저없이 공격하였고 아마도 이곳에서 놀라운 요소를 발견하였다. 하나님은 이 적은 군대가 완전한 승리를 이루도록 하셨다. 이 거대한 적군은 격파되어 멀리 서쪽으로 쫓겨났다. 여호수아는 뒤이어 "왕들의 모든 성읍과 그 모든 왕을 취하여" "칼날로" 쳐 진멸하였다(수 11:12). 그리고 하솔로 돌아와서 불살랐는데, 이것은 다른 도시에는 행하지 않은 것이었다. 5장에서 언급한 대로 많은 도시들은 장차 이스라엘이 사용할 목적에서인지 대부분 남겨졌었다. 그러나 하솔은 불살라질 수밖에 없었고, 다른 도시들이 불살라지지 않은 것은 이스라엘이 일부러 그렇게 한 것이었다.

이러한 사실은 여호수아가 남방에서 행한 것같이 북방에서도 똑같이 시행했음을 분명하게 해준다. 사실상, 야빈이 이스라엘에 대항하기 위해 동맹을 만든 사실은 남방의 동맹도 그러했지만, 여호수아로 하여금 모든 정복을 이룩하는 데 도움을 주었다. 만일 여호수아가 북방의 동맹을 한번에 멸망시킬 수 없었다면, 각각의 도시를 따로따로 정복하는

---

59) 돌은 지중해에 놓여 있는데 후의 가이사랴(Caesarea)에서 북으로 8마일 된다.

60) 이 세 도시는 각각 나열되었는데 아마도 가장 힘이 센 것 같다. 그러나 이들에 관해서는 거의 알려져 있지 않다(참고, 수 12:20; 19:15〈스불론 지파의 시므론〉, 19:25〈서쪽으로 아셀의 악삽〉). 마돈은 불확실하기는 하지만 가끔, 디베랴 서편에 있는 현대의 케렌 하틴(Qeren Hattin)으로 판명되는데 이곳은 고대의 이름을 유지하고 있는 키르베르 메드쟌(Khirbet Madjan)과 가까이 있다.

61) 메롬 물가는, 최근에 말라버린 후레(Huleh) 호수를 지칭하는 것 같다. 그러나 어떤 이들은 이 장소가 서쪽으로 그리고 약간 남쪽으로 10마일 떨어진 현대의 메이론(Meiron) 마을 근처에 있는 큰 샘물로 판명된다고 믿고 있다.

데 더 많은 시간이 소요됐을 것이다. 사실 북방 원정은 남방 원정보다 더 시간이 적게 들은 것 같다.

(5) 정복의 줄거리

여호수아 11:16~23에는 이스라엘의 전체 정복에 대한 요약이 나와 있다. 여호수아는 "세일로 올라가는 할락 산"[62] 근처의 남쪽 끝에서부터 "헤르몬 산 아래 레바논 골짜기"의 북쪽 끝까지 차지하였다. 공격당하지 않고 평화조약을 맺은 사람들은 기브온의 네 도시인 히위 사람들이었다. 죽임을 당한 사람들 가운데에는, 몇년 전 정탐자들이 특히 두렵다고 한 거인들 곧 아낙 자손도 있었다(민 13:33). 죽은 왕의 총 수는 31명이며 이들 도시의 이름이 여호수아 12:10~24에 나와 있다.

이것은 여호수아가 북방 원정으로부터 길갈로 돌아왔을 때 주요 지역의 군사력이 이미 파괴되었음을 의미한다. 요단의 동편으로는 남쪽의 사해 밑에서부터 북쪽의 다시 헤르몬 산까지, 그리고 서편으로는 남쪽의 사해 밑에서부터 북쪽의 다시 헤르몬 산까지의 지역이 포함되었다. 도시들이 정복되고 지도자를 포함한 많은 거민이 죽임을 당하였다. 여호수아가 이 도시들의 요새를 남겨놓았다는 기록은 없지만(아마도 남겨놓을 만한 충분한 인원이 부족했을 것이다), 이 도시들의 방어력이 이미 깨졌으므로 여호수아 입장에서도 각 지파들의 실제 점령이 어렵지 않으리라는 믿을 만한 이유가 있었다.

여호수아의 능력이 닿지 않은 주요 지역이 있었는데 그곳은 지중해 해변이었다(수 13:1~6). 이곳에서도 가사는 여호수아의 존재에 대해 얼마간 영향을 받을 것으로 언급되어 있으며(수 10:41), 북쪽의 돌 왕은 격파되어 북방 동맹들과 함께 죽임을 당하였다(수 12:23). 그러나 내륙 지역에서만 전투가 일어났으므로 대부분 해변 지역은 그대로 남아 있었다. 여호수아의 생각은 각 지파들이 자기 지역을 지배할 때 그

---

62) "할락 산"은 매끄럽거나 벌거숭이 산을 의미한다. 이것은 민수기 34:3, 4에 언급된 언덕을 뜻하는 것 같고, 여호수아 15:2, 3에는 아그랍빔 비탈로 표현되었다. 이곳은 사해의 남동쪽에 있다.

지역에 속한 해변을 점령할 수 있으리라는 것이었다[63](그러나 그것은 후에 다윗 시대까지 이루어지지 않았다).

5. 땅의 분할 (수 13~22장)

각 지파가 땅을 점령하기 전에 지역을 분할할 필요가 있었다. 일찍 점령을 시작하면 주요 원정으로부터의 심리적, 물질적 혜택이 주저되기는 하지만 가능한 한 빨리 지역을 분할하는 것이 현명하였다. 이것은 여호수아가 길갈에 있는 백성에게로 돌아왔을 때 자신이 착수한 임무였다. 분할 방법은 백성들이 요단 동편에 있을 때 이미 지시된 것으로서 제비뽑기인데, 이것은 인간이 아니라 하나님과 함께 그 결정이 이루어지는 것이다(민 26:55~56; 33:54).

(1) 요단 동편의 분할 (수 13장)

르우벤, 갓, 그리고 므낫세 반 지파는 이미 그들의 몫을 할당받았다. 모세는 요단 강을 건너기 전에 이 일을 지시하였다(민 32:1~42; 신 3:13~17; 수 13:8~33). 이때 지정한 땅은 북쪽 아르논 강에서부터 헤르몬 산까지 뻗어 있는데 실제로 야르묵(Yarmuk) 강 북쪽을 얼마만큼 지배했는지는 확실치 않다.[64] 남쪽 지역을 할당받은 르우벤과 중간지역을 할당받은 갓 지파의 경계선은 사해 북쪽 끝에서 동쪽으로 뻗어 있으므로 꽤 분명하다. 그러나 갓 지파와 북쪽의 므낫세 반 지파의 경계선은 분명하지 않다. 주된 경계는 분명 얍복 강이었는데 왜냐하면 이 강은 시혼의 북방 경계였고 갓 지파와 르우벤 지파가 나누어 가진 왕국이었기 때문이다(수 13:27). 그러나 얍복 강 건너 북쪽으로

---

63) 여호수아 13:1에는 하나님께 개인적으로 여호수아에게 해변 지역을 점령하라고 지시하지 않은 데에는 여호수아의 나이가 한 요소로 암시되어진 것 같다. 여호수아가 지금까지 잘 이끌어왔지만 이제는 너무 지친 것 같다.

64) 그술과 마아갓 국가는 야르묵(Yarmuk) 북쪽으로 많은 지역을 차지하였으며, 둘 다 므낫세 지배에 들어가지 않았다고 기술되어 있다(수 13:13).

두 개의 연장선이 존재한 것 같은데, 하나는 북쪽으로 라못 길르앗까지 뻗어 있는 광야 근처였다(수 13:24~28; 20:8).

(2) 유다, 에브라임, 므낫세, 지파의 할당(수 14:1~17:11)

요단 서편의 땅을 분할하고 있을 때에 여호수아 다음으로 나이가 많은 갈렙이 나아와 놀라운 요청을 하였다(수 14:6~15). 그는 수 년 전에 정탐했을 때 거인 아낙 자손이 살았던 헤브론 지역을 허락해 달라고 요청하였다. 여호수아가 남방 원정 때 이곳 사람들의 힘을 분쇄했으나 분명 몇 사람이 남아 있었을 것인데 갈렙이 이것을 끝까지 성취하고자 하였다. 갈렙은 여호수아에게 모세가 그 지역을 자기에게 약속했다고 상기시켰다(참고, 신 1:36). 이때 갈렙은 85세였는데 보통 사람들 입장에서는 쉬운 임무를 맡아야 할 나이였다. 그러나 갈렙은 어려운 과업을 요청했고, 오래 전부터 갈렙을 흠모하던 여호수아는 이 요청을 승낙하였다. 갈렙은 곧 이 도전적인 업무에 착수하여 자기에게 주어진 그 땅에서 아낙 자손을 몰아냈다(수 15:13~19).

갈렙 지파인 유다 지파는 처음으로 제비뽑아 땅을 할당받았는데 이에는 갈렙에게 이미 허락한 땅도 포함된다. 이 땅은 상당히 넓었다(수 15:1~12). 이 동편 경계는 사해였고, 서편 경계는 지중해였다. 남편 경계는 가데스 바네아가 포함되도록 사해에서 남쪽으로 기울어져 있고, 북편 경계는 사해 서편의 북쪽 끝에서부터 예루살렘 남쪽 어깨에 이르는 지중해까지 불규칙적으로 뻗어 있다. 이곳의 주요 도시는 여호수아 15:20~63에 길게 나열되어 있다.

다음으로 여호수아 지파인 에브라임 지파가 제비를 뽑았다(수 16:1~10). 유다와 에브라임이 가장 유력한 두 지파였는데 추방[65] 때까지 그 힘이 계속되었다. 이 두 지파는 솔로몬 집권에 뒤이어 분단된 각 왕

---

65) 유다는 형제들 가운데서 통솔력을 맡았으며(창 43:3; 46:28), 야곱으로부터 그 지파의 머리가 되리라고 약속받았다(창 49:8~12). 에브라임은 요셉의 아들로서 할아버지 야곱으로부터 축복받을 때 므낫세보다 더한 축복을 받았는데 여호수아는 이 지파에 속하였다.

국의 머리가 되었다.⁶⁶⁾ 에브라임은 유다보다 적은 지역을 받아, 유다의 북쪽과, 베냐민 땅 사이에 남겨진 공간을 할당받았다. 세 번째로 므낫세의 나머지 반 지파가 제비를 뽑았다(수 17:1~11).⁶⁷⁾ 이 부분은 에브라임 북쪽과 경계를 이루고 있으며, 유다와 에브라임같이 요단에서부터 지중해까지 뻗어 있다. 그리하여 요셉의 자손 두 지파는 땅의 중앙을 나란히 차지하게 되었다. 므낫세의 북방 경계는 에스드렐론 골짜기의 남쪽 끝이었다.

(3) 분할이 중단됨(수 17:12~18:9)

여기에서 분할이 중단되었다. 몇 가지 이유로 인해, 백성들은 남은 일곱 지파에게 땅을 분할하기 전에 길갈에서 실로로 옮겨 이곳에서 성막을 세웠다(수 18:1). 그들은 여호수아가 원정하는 동안 길갈에서, 6,7년을 있었다.⁶⁸⁾ 그들은, 이미 정복하여 에브라임에게 분할된 이곳으

---

66) 에브라임은 미디안과 싸울 때에 자기 백성을 부르지 않은 것에 대해 기드온에게 항의할 정도로 사사 시대에 이미 영예의 지위를 담당하였으며(삿 8:1~3), 얼마 후 이와 비슷하게 입다에게도 항의하였다(삿 12:1~6). 유다와의 경계심은 사울의 아들 이스보셋이 에브라임과 북방의 지파를 다스릴 때에 터졌으며 다윗은 유다를 다스리게 되었다(삼하 2:1~11). 그리고 후에 다윗이 압살롬의 반역에 뒤이어 예루살렘으로 돌아왔을 때 다시 한번 터졌다(삼하 19:41~43). 왕국분열 후 에브라임은 자주 10지파와 동일시되었다(사 7:2, 5, 8, 9, 17; 11:13; 렘 7:15; 31:9, 18, 20; 겔 37:16; 호 7:8).

67) 민수기 26:28~34, 여호수아 17:1~3과 역대기상 2:21~23을 비교해보면 므낫세의 분열 경위는 다음과 같이 나타난다. 요단 서편에 정착한 반은 마길을 통한 므낫세의 손자, 곧 여섯 아들의 아버지 길르앗의 후손이었다. 길르앗의 손자 슬로브핫은 딸만 있었는데, 특별한 결정에 의하여(민 27:1~11, 참고 7장) 이 딸들도 아들과 함께 유산을 받을 수 있었는데 그 결과 서편의 므낫세에게는 열 분깃, 딸들에게는 다섯 분깃이 돌아갔다(수 17:3~6). 요단 동편에 정착한 반은 분명히 므낫세의 두 손자의 후손인데, 하나는 마길과 마아가의 결혼을 통한 후손(대상 7:15~16)이고, 하나는 마길을 통한 므낫세의 손녀(그 어머니는 알려져 있지 않음)와 헤스론의 결혼을 통한 후손이다. 이 후자의 결혼에서 요단 동편지역에 살았다고 되어있는 야일이 생겨났다(대상 2:21~23).

68) 이 시간의 길이는, 가데스 바네아에서 40세였고 지금은 85세라고 말한

로 옮겨왔다.

　분할이 중단된 한 가지 이유는 백성들이 다음 장소에 가능한 한 빨리 성막을 세우고자 원했기 때문이며, 이러한 소망은 실로가 속해 있는[69] 에브라임 땅의 할당으로 실현되었다. 그러나 여호수아 원정의 힘이 다 빠지기 전에 이러한 분할이 중단될 필요가 없었으므로 여기에는 또 다른 이유가 있었을 것이다.

　본문의 내용을 살펴보면 한 가지가 암시되어 있다. 나머지 지파는 갑자기 그들의 땅을 분할받는 일에 관심이 없어지게 되었다. 이러한 변화는 에브라임과 므낫세 지파가 그들의 할당에 불만을 나타낸 데에 기인한 것 같다.[70] 이 두 지파는 그들의 할당이 너무 적고 특히 많은 산지[71]가 포함되어 있으며 그곳의 가나안 사람들을 쫓아내기가 어렵다고 불평하였다(수 17:12~18). 여호수아는 이에 대해 그들이 나무를 자르고 가나안 사람을 쫓아내어 각자의 문제를 해결해야 한다고 했으며, 또한 가나안 사람이 힘이 세든 간에 능히 할 수 있는 문제라고 응답하였다. 이들의 불평은 잘못된 것이긴 하지만 분명히 다른 지파에 영향을 끼쳐 남은 지파들이 할당받기를 주저하게 만들었다. 즉, 그 땅

갈렙의 진술(수 14:7, 10)과 백성들이 가데스에 있을 때까지는 광야 40년 중 1년 이상이 경과하였다는 사실에 근거한 것이다. 여호수아가 행한 모든 것을 비추어 볼 때 이런 긴 시간이 사용된 것은 놀라운 일이 아니다. 여호수아가 북방 원정을 마쳤을 때 그 자신의 나이는 아마 100세가 넘을 것이다(참고, 9장).

69) 어떻게 해서 실로를 택하게 되었는지는 언급되어 있지 않다. 아마 유다 지역은 모든 지파가 예배드리기에는 너무 남쪽에 떨어져 있어서 배척되었을 것이며, 다음으로 중요한 지역은 에브라임이었다. 창세기 49:10의 긴 내용과 약간 관계가 있는 것 같으나 이것도 분명치 않다.

70) 여기에서 여호수아는 할당받은 각 지파에게 지시하기를 다음 지파를 할당하기 전에 그곳으로 곧 가서 차지하라고 하였다. 여호수아는 이 일이 이루어질 수 있도록 시간표를 작성한 것 같으며 적당한 시간에 이 과정을 완성하였다.

71) 오늘날 이 지역에는 나무가 거의 없지만 당시에는 분명히 나무가 많았다(참고, 왕하 2:24). 중앙의 큰 산림지대는 이 산에 사람들이 거의 살지 않았음을 나타내는데(가나안 사람들은 골짜기에 살았을 것이다) 여호수아는 이전에 이런 지역에서 거의 싸움을 한 경험이 없었다.

을 차지하는 것이 그렇게 어려우면 차라리 익숙해져 있는 반 유목생활을 유지하는 것이 더 낫다고 생각한 것이었다. 분명히 이 심각한 상황을 깨달은 여호수아는 실로로 이주하는 동안 이 지파들에게 생각할 시간을 주기로 하였다.

그러나 실로에 도착하자, 여호수아는 더 이상 기다리지 않고 다시금 분할방법에 대한 구체적 명령을 내렸다(수 18:2~9). 그는 나머지 일곱 지파에서 각각 3명씩 대표가 짝을 이루어 할당받은 땅을 조사하도록 지시하였다. 각 팀은 땅을 그린 도형을 가지고 오게 되어 있는데 이것은 다음 할당의 기초가 되었다. 이 도형으로부터 깊은 숲의 위치, 토양의 성질, 가나안 인구의 정도를 결정할 수가 있었는데, 이것은 땅을 적당히 분할하는 데 도움이 될 뿐 아니라 또한 백성들로 하여금 그들이 차지할 땅을 미리 알게 하는 데 도움이 되었다. 이렇게 지시한 다음 어느 지파가 어느 지역을 받게 될 것인가 하는 결정은 여전히 제비뽑기로 하였다. 여호수아의 지시가 이루어진 다음 다시 한번 제비뽑기가 시작되었다.

(4) 나머지 일곱 지파의 분할(수 18:10~19:51)

이제 첫 번으로 땅을 받을 지파는 베냐민이었다(수 18:10~28). 베냐민은 남쪽의 넓은 유다와 북쪽으로 요셉 자손의 지파 사이의 좁은 땅을 할당받았다. 더욱이 이 땅은 요단에서 지중해로 가는 길의 절반을 차지하였다. 이곳에는 주요 도시인 여리고와 예루살렘이 포함되었다.

다음의 할당은 시므온 지파였다. 이번에는 어떤 구역이 아니라 유다의 넓은 땅에 있는 도시들만 배당되었다. 열 일곱의 도시가 나와 있는데(수 19:1~9), 이것은 근처의 희박한 인구 지역을 포함하였다.[72] 이렇게 할당이 변화된 한 가지 이유는 유다가 필요 이상으로 많은 땅을 차지했기 때문이었다(수 19:9). 또 다른 이유로는 시므온이 두 번째

---

72) 2절에 나와 있는 브엘세바와 세바는 분명히 같은 도시이다. 그렇지 않다면 6절에 있는 전체 숫자에 하나를 더 더해야 한다. 또한 역대기상 4:28~31의 이와 같은 명단에도 세바는 따로 언급되지 않았다.

248 이스라엘의 역사

인구조사에서 22,200명[73]으로 가장 적은 지파였기 때문이었다. 세 번째 가장 중요한 이유는 이 지파의 조상 시므온이 레위와 함께 야곱으로부터 "축복"을 받을 때 이스라엘 가운데 흩어지리라는 예언을 받았는데[74] 이는 오래 전에 이 두 형제(시므온, 레위)가 속임수를 써서 세겜의 주민을 잔인하게 죽인 결과였다.[75]

다음으로 스불론이 할당받고(수 19:10~16), 뒤이어 잇사갈이 할당받았다(수 19:17~23). 이 두 지역은 베냐민 만한 크기의 작은 지역이지만 대부분 에스드렐론 골짜기 같은 옥토로 구성되었다. 그러나 이 지역의 가나안 사람들은 강력했기 때문에 이들을 쫓아내는 데에는 용기가 필요했다. 이 두 지파는 오랜 기간 동안 이들을 쫓아내지 못하였다. 스불론은 잇사갈의 북서쪽과 경계를 이루었다.

다섯 번째로 에셀이 넓은 지역을 할당받았다(수 19:24~31). 이 땅은 남쪽 므낫세로부터 북쪽으로 이스라엘의 국경까지 지중해를 따라 놓여 있었다. 여섯 번째는 북방 지파의 마지막인 납달리였다(수 19:32~39).

이 지역 또한 에셀을 옆에 두고 북쪽에서 남쪽으로 넓게 퍼져 있으며, 북방 지역은 에셀과 나누어 갖고 있다. 납달리는 남쪽으로 스불론, 잇사갈과 경계를 이루었다.

마지막으로 단 지파가 할당받았는데 역시 남쪽 땅이었다(수 19:40~48). 이 지역도 베냐민과 같이 유다와 에브라임 사이에 끼어 있으며 동쪽으로 경계를 두고 있다. 많은 인구를 가지고 있는 열 여덟 개의 도시가 나와 있는데 이는 그들로 하여금 정착하는 데 어려움을 주었다.[76]

---

73) 참고, 7장 주 102.
74) 레위는 모든 지파를 통해 개개의 도시만 할당받음으로써 흩어지게 되었으며(물론 이것은 제사장 지파이기 때문이었다. 수 21:1~41), 시므온도 이 도시들을 할당받았다. 후에 많은 시므온 사람들이 북쪽으로 에브라임과 므낫세 근처로 이동하였는데(대하 15:9; 34:6) 이것으로 인해 북방 왕국에는 본래 지리적으로 9지파만 소재했고, 10지파 왕국으로 불려지게 되었다.
75) 창세기 34:1~31(참고, 4장).
76) 후에 많은 수의 가나안 사람들이 근접 해안으로 이동하기에는 블레셋 사람들에 의해서도 압력을 받았을 것이다(참고, 수 19:47; 삿 1:34; 18:1).

단 지파는 숫자적으로 가장 큰 지파 중의 하나였고[77] 또한 정착하는 데 어려움이 있었으므로 많은 사람들이 하나님의 허락 없이 곧 이주하였다.[78] 그들은 북쪽으로 라기스까지 갔는데 여기에서 그들은 그 도시를 단이라고 다시 이름 붙였다(수 19:47; 삿 18장).

(5) 간신히 싸움을 면함(수 22:1~34)

르우벤, 갓, 므낫세 반 지파의 남자들이 그들의 고향으로 돌아갔을 때, 비극적인 전쟁을 간신히 모면하였다. 7년 전 모세의 지시에 의해 (민 32:16~32), 이 사람들은 정복이 완성되고 땅이 분할될 때까지 요단 서편의 진과 함께 충성스럽게 남아 있었다. 그리고 이제 그들의 분할된 땅으로 돌아갔다. 가는 길에 그들은 요단 강에 기념 제단을 쌓았다. 이것이 다른 지파 사람들에게 이상하게 보였다. 이 제단이 실로의 제단을 대신한 번제의 장소로서 세워진 것이라 생각한 그들은, 이 당돌한 불순종으로 인해 모든 지파에게 닥칠 하나님의 징벌을 두려워하면서[79] 크게 반대하였다. 그러나 현명하게도 요단 동편 지파들과 싸움을 시작하기 전에, 그들은 대제사장 엘르아살의 아들과 동행인을 보내어 상대방의 행동에 대한 설명을 듣기로 하였다. 요단 동편 지파들은 이 제단이 번제로 세운 것이 아니라 기념적인 목적이었다고 설명했다. 요단을 사이에 두고 다른 지파들과 떨어져 있는 이 동부의 지파들은, 자기의 후손들이 자기 자신을 요단 서편에 있는 이스라엘보다 더 열등한 존재로 생각하는 것을 원치 않았으며 이 기념적인 제단이 도움을

---

77) 첫 번 인구조사에서 62,700명(민 1:39), 두 번째에는 64,400명으로 (민 26:43) 유다 다음가는 큰 지파였다.

78) 모든 사람이 이주한 것은 아니었다. 사사기 18장의 내용에는 후에 많은 사람이 따라갔겠지만 처음에 600명만이 땅을 점령하러 갔다고 되어 있다. 삼손의 가족은 단 지파였는데 할당된 지역에 계속 살았고(삿 13:2), 다른 사람들도 마찬가지였을 것이다.

79) 이 사건은 제단을 아무렇게나 세울 수 없다는 명백한 증거가 된다. 제단은 성막과 달라서 백성들이 보통 제물을 바치는 데 사용되는 것이 아니라 특별한 종교적 상황(삿 6:24; 삼하 24:25; 왕상 18:30)에서만 사용되었다.

줄 수 있으리라 믿었다. 비느하스와 동행인들은 이 대답에 만족하여, 서쪽 지파들의 동요된 마음을 안정시키기 위해 돌아갔다.

6. 제 도

(1) 정부제도

이스라엘의 열 두 지파는 땅에 정착하였을 때 최소의 통치형태를 가졌었으나 왕이나 중앙 통치기관은 없었다. 각 지파는 그 자체대로 살았다. 지파 자체도 중앙 행정기관을 갖지 않았다. 백성들이 복종해야 하는 어떤 형태의 관리가 거의 없었다.

그러나 이러한 상황은 하나님의 계획에 따른 것이었다. 하나님은 그의 백성이 직접 자기 자신에게 복종하기를 원했다. 하나님이 그들의 통치자가 되는 것이다. 그리고 그들이 하나님의 지시대로 살기만 한다면 그들은 많은 지상 관리를 필요로 하지 않을 것이다. 하나님은 백성들로 하여금 그가 원하는 것을 알게 하기 위하여 구체적인 율법을 나타내셨다. 그들이 이 율법에 순종한다면 그들은 평화적으로 모여 살 수 있을 것이다. 동시에 인간 통치를 유지하는 비용도 들지 않을 것이다. 무엇보다도 그들은 하나님을 기쁘시게 할 것이며, 하나님은 그들의 지상적 추구를 번창하게 하실 것이다.

물론 세목들을 관할하는 데에는 약간의 통치가 필요하였다. 이것은 주로 지명된 장로들로 구성되었다. 이 장로들은 지역사회의 재판을 담당하였다. 장로들은 애굽 시대 때부터 이 책임을 수행하여 왔는데(출 3:16~18; 19:7; 24:9; 민 11:16~17), 이 업무는 아직도 계속되었다.

이들은 사람 죽인 자를 심판하고(신 19:12), 검시를 행하며(신 21:2), 가족문제를 청종하고(신 21:18f), 결혼문제를 해결하며(신 22:15; 25:7), 성문에서 논쟁사건을 해결하였다(룻 4:2)라고 되어 있다.

또한 많은 지방법원과 한 개의 최고법원이 있었다. 각 지역사회는 그 지방법원에 "재판장과 유사"를 가지고 있었다. 이들은 성문에 앉아(신

16:18) 장로들과 함께 사건을 담당하였다.[80] 지방법원에서의 "너무 어려운" 사건은 최고법원으로 보내졌다(신 17:8f). 최고법원은 실로의 중앙 성소에 있었으며 제사장들과 당시 재판장들로 구성되었다.

재판장은 조사를 행하고(신 19:18), 제사장들은 법의회로 봉사하였다. 법원의 판결은 적어도 두 명의 증인이 필요했다(신 19:15). 만일 한 증인이 위증으로 판명되면, 그는 피고가 죄인으로 판명될 때의 피고가 받을 징벌을 받았다(신 19:16~19). 징벌은 지체없이 시행되기도 하고(신 25:2f), 심지어는 관리들 자신에 의해서도 시행되었다(신 22:18). 만일 돌 사형이 내려지면 많은 사람들이 이에 참가했고(민 15:36; 신 22:21), 증인이 첫 돌을 던지게 되어 있었다(신 13:9).

(2) 중앙 성소

신정의 개념에 발맞추어, 하나님을 주 통치자로 모시고, 지파들을 통합하는 주요 기구는 실로의 중앙 성소 곧 성막이었다. 광야에서와 마찬가지로 성막은 백성 가운데 하나님의 존재를 상징하였다. 이 중앙 성소는 어떤 특정 지파를 선호함이 없이 각 지파의 모든 백성들을 위한 것이었다. 에브라임 지파 가운데 성막이 놓여 있지만, 에브라임은 에셀이나 르우벤 또는 다른 멀리 떨어진 지파를 지배하는 우월성이 있는 것이 아니었다. 모든 사람이 성막에 올 수 있고, 경사 때에는 종교적인 표현으로 모든 사람이 오도록 되어 있었다.

성막은 번제의 장소가 되었다. 여기에서 제사장과 레위인이 율법에서 명한 예물과 예식을 관할하였다. 예물은 매일 바쳐졌으며 안식일에는 좀더 많이, 그리고 축제의 날에는 더 많이 바쳐졌다. 모든 번제는 성막에서 이루어져야 했으며, 특별한 종교적 상황[81]을 제외하고 개인적

---

80) 라기스 오스트라카(Ostraca)가 라기스 성문에서 발견되었는데, 이는 성 파괴 당시 진행된 심문에서 증거의 일부분이었다(참고, 신 21:19; 잠 22:22; 암 5:15). 오스트라카에 대해서는 H. Torczyner, The Lachish Letters, 1935; DOTT, pp. 212~17을 참고하라.

81) 참고, 주 79.

252 이스라엘의 역사

인 제단에서는 금지되었다. 또한 이 성막에서 명해진 연례 축제를 기념하였다. 각 지파의 모든 남자는 적어도 일 년에 세 번 실로에 와서 축제에 참석해야 하였다(신 16:16).

이 열 두 지파가 중앙 성소에서 하나의 통합된 유대를 맺는 것은 후에 그리이스와 이탈리아의 연맹에서 그 유사함을 찾을 수 있다. 그리이스는 이 연맹을 부족동맹(amphictyony)[82]이라고 불렀다. 더 잘 알려진 것으로는 Delphic League와 Estuscan League of Voltumna가 있는데 이 둘은 모두 열두 도시국가로 구성되었다. 대부분의 연맹은 열둘이나 여섯 멤버로 구성되었다. 중앙통치가 구성원 국가를 결속하는 것이 아니라 이스라엘과 같이 중앙의 종교적 성소가 있을 뿐이었다. 그러나 보통 각 개별국가는 이스라엘의 각 지파보다 더 많은 자치기구를 갖고 있었으며, 중앙 성소에서 예배하는 그들의 신 개념은 이스라엘의 여호와 신앙과는 크게 다른 것이었다.

(3) 제사장과 레위인

하나님이 이스라엘에게 지시하신 예배방법에는 종교적인 기원이 중요하였다. 하나님은 하나의 전 지파, 곧 레위 지파[83]로 하여금 이 일을 담당하게 하였다. 이 지파는 첫 유월절 밤에 살아난 처음 난 남자와

---

82) 이러한 부족동맹의 존재는 많은 자유주의 학자들로 하여금 이스라엘이 진정한 중앙 성소를 소유했다고 인식하도록 영향을 끼쳤다. M. Noth의 저술은 특히 중요하다(참고, *NHI*, pp. 87f). 창세기 22:20~24; 25:13~16; 36:10~14에서의 열 두 후손과 창세기 25:2의 여섯 후손을 기초로 하여, Noth는 아람 자손, 이스마엘 자손, 그두라 자손에게도 각각 이와 비슷한 조직이 있었을 거라고 제기한다.

83) 여기서 한 지파가 빠지게 될 때 열 두 지파를 유지하기 위하여 요셉 지파를 에브라임과 므낫세 두 지파로 나누었다. 몇몇 자유주의 학자들은 레위인이라는 용어가 가족을 나타내는 것이 아니라 단지 관직을 지정하는 것이라 믿고 있다(참고, Oesterley and Robinson, *Hebrew Religion*(New York: Macmillan Co., 1930), p. 164). 그러나 자유주의 학자인 T. J. Meek, *Hebrew Origins* (New York: Harper & Bros., 1950), p. 121은, "레위인이 본래 지파라는 것은 구약성경의 명확한 증언이다"라고 말하고 있다.

기타 하나님이 주장하신 다른 것[84](출 13:1~15; 민 3:40~51)을 대신하는 것이었다. 레위인은 정복 당시에 한달 이상된 남자가 23,000명이었다.[85] 이들 중 아론의 자손은 제사장으로 선언되었고[86], 이 가족의 장자는 대제사장으로 지명되었다.[87] 제사장과 레위인이 성막의 예식을 관할하였다. 제사장은 번제를 드렸고 레위인이 이를 도왔다. 다윗 시대까지 제사장과 레위인의 숫자는 너무 많게 되었으므로 24반차로 나누어 차례로 일주일씩 담당하게 하였다(대상 24:1~31). 이와 비슷한 구분은 사사 시대에 레위인 가운데 이미 이루어졌을 것인데 이때에도 너무 숫자가 많아 모든 사람이 한번에 참가할 수가 없었다.[88]

---

84) 시내 산에서 모세가 한 달 이상 된 첫 남자 아이를 세웠을 때(22,273) 레위인(22,000)보다 273명이 많았으므로 이 넘는 수를 속하기 위해 5세겔씩 지불하였다(민 3:40~51).

85) 몇몇 학자들은 제사장이 되기 위해서는 꼭 레위 자손이어야 했는지에 대해 의문을 제기하고 있다(참고, G. B. Gray, *Sacrifice in the Old Testament* ⟨Oxford: Clarendon Press, 1925⟩, p. 240). 이 질문은 주로 삿 17:5; 삼하 6:17~18; 왕상 3:4; 8:62~64 그리고 특히 삼하 8:18에 근거를 둔 것이다. 그러나 이 본문을 해석해 보면 제사장은 레위인이어야 한다는 전통적 관점과 충분히 부합하게 된다(참고, 출판되지 않은 논문, L. J. Wood, *The Relationship of the Priests and Prophets in Pre-Exilic Israel as to Their Respective Teaching Functions*, pp. 146~49).

86) 에스겔 당시까지 제사장과 레위인 사이에 구별이 없었다는 많은 비판가들의 관점은 배격되어야 한다. 이들은, "제사장"이라는 용어가 사독의 후손에게만 제한된다는 개념을 에스겔이 제창했고 후의 저자들이 그 조상을 아론이라고 함으로써 숫자를 늘렸다고 보고 있다(참고, S. R. Driver, *Introduction to the Literature of the Old Testament* ⟨Edinbrugh: T. & T. Clark, 1894⟩, pp. 146~50).

87) 아론의 두 큰 아들 나답과 아비후는 부당한 예식을 행함으로 시나이에서 죽었다(자녀가 없었다. 민 3:4). 그리하여 엘르아살과 이다말이 제사장직을 행하였는데 엘르아살이 나이가 많으므로 대제사장이 되었다. 다음으로 그의 장자인 비느하스, 그리고 그의 아들 아비수아가 차례로 대제사장이 되었다. 실로에서의 예배가 시작되었을 당시 제사장을 도울 수 있는 엘르아살과 이다말의 다른 아들이 몇 명이었는지는 알려져 있지 않다.

88) 한 달 이상 된 숫자가 23,000명이라면(민 26:62), 예배를 드릴 수 있는 25세 이상은 적어도 10,000명이었을 것이다(민 8:24). 이것을 24분으로 나눈다 해도 한 주일에 400명 이상이 될 것이다.

① 레위인 도시

제사장과 레위인은 특별히 지정된 도시에서 살았다. 이들은 지파의 의미가 없이 예배를 위해 지명되었으므로 땅을 할당받지 않았다(수 13:14; 21:1~3). 이 특별 도시는 각 지파당 평균 4도시로 똑같이 나뉘어져 전부 48도시가 되었다(민 35:1~8; 수 21:1~41).[89] 이 48개 중에서 6개는 "도피성"으로 지정되었다.[90] 이 성에는 살인자가 도피해 와 그의 혐의에 대한 판결이 날 때까지 제사장이나 레위인으로부터 보호를 받을 수 있었다(민 35:9~28; 수 20:1~9). 만일 혐의가 없다고 판결되면, 그는 당시의 대제사장이 죽기까지 그 성에서 보복자로부터 안전하게 거할 수 있으며, 그 후에 집으로 돌아갈 수 있었다.

② 교 육

제사장과 레위인은 성막보다도 주로 그들의 성읍에 대부분 살았고 또 백성들의 십일조로 부양이 되었기 때문에(민 18:20~28), 육체 노동에서 벗어나 또 다른 종교적 주요 사업을 할 수 있었다. 그것은 백성들에게 모세 율법을 가르치는 일이었다. 모세는 율법을 받아 기록했었다.

십계명이 새겨져 있는 두 돌판은 언약궤와 함께 소장되어 있었고(출 25:16, 21; 신 10:1~5), 전 율법의 사본이 성막 안에나 근처 어디에 분명히 간직되어 있었다. 이 율법은 이스라엘과 여호와의 언약관계에 대해 말하고 있으며, 백성들이 살아갈 때 필요한 민법이나 종교적 법칙을 포함하였다. 하나님께서는 은혜롭게 이 중요한 법칙을 계시하셨

---

89) 유다, 시므온, 베냐민으로부터 제사장에게 지정된 도시는 13개였으며(수 12:13~19). 이 모든 도시는 얼마간 시간이 흐를 때까지 필요치 않았고 제사장의 숫자는 더욱 많아지게 되었다. 그리고 다른 지파에서 레위인에게 지정된 도시는 35개였다(수 21:20~41). 유다와 시므온 사이는 9개 도시였으며 납달리는 3개 도시만 할애하였다.

90) 요단 서편에는 납달리 지파의 가데스, 에브라임 지파의 세겜, 유다 지파의 헤브론이며, 동편에는 르우벤 지파의 베셀, 갓 지파의 라못, 므낫세 지파의 골란 등 6개이다. 이 도피성을 요단 양편의 북쪽과 중앙, 남쪽에 배치함으로써 이 땅의 어느 장소도 이 도피성으로부터 30마일 이상 떨어진 곳이 없었다.

으며 백성들이 이에 응하기 위해서는 전역으로 전하여질 필요가 있었다. 가르치는 사람들이 필요하였는데 제사장이나 레위인이 이 역할을 하였다. 하나님은 이들에게 그러한 필요를 충족시키도록 시간과 기회를 주셨다(레 10:11; 신 33:10).

③ 우림과 둠밈(Urim and Thummim)
이 율법 외에 하나님께서는 제사장과 레위인에게 하나님으로부터 정보를 받을 수 있는 특별 방법을 제공하셨다. 이것은 우림과 둠밈인데 분명히 물품으로서(아마도 두 개), 제사장이 에봇 앞에 입은 주머니형[91]의 린넨 "가슴흉패"에 담겨져 있게 되었다(출 28:30; 레 8:8; 민 27:21; 신 33:8; 삼상 28:6; 스 2:63). 하나님께서 이 물품으로 계시를 나타내는 정확한 방법은 언급되어 있지 않다.[92] 어쨌든 이것이 사용될 때 우림과 둠밈은 "가", "부"의 형태로 제한된 소통방법이기는 하지만[93] 하나님의 뜻이 나타나는 방법을 제공하였다. 질문이 발언되면 하나님께서는 이 수단을 사용하여 해답을 주실 것이다. 대제사장만이 이것을 사용할 수 있었는데 이는 부당한 사용을 방지하기 위함이었다. 이 방법이 사용된 데에는 그럴 듯한 이유가 있었다. 율법이 이스라엘 사람 생활의 많은 면을 이끌어주었지만 모든 부분에 관여할 수는 없었다. 가끔 국가적인[94] 그리고 지역적인 중요성을 띤 문제가 일어났는데 이는

---

91) 출애굽기 28:15~16에는 이 "흉배"가 린넨으로 "사각형의⋯이중"(Kaphal의 과거분사)으로 만들어졌다고 설명되어 있다. 천을 강하게 하기 위해 이중으로 할 필요는 없으므로 이것은 주머니 같은 지갑을 이루려 한 것이었다.
92) 이 방법에 대한 논의로는 L. J. Wood, "Urim and Thummim," Theology(winter, 1964), pp. 25~32 참고하라.
93) 제한된 방법이긴 하지만, 반복된 질문을 발언함으로써 상당한 정보를 얻을 수 있었다. 한 예로 아간의 경우나(수 7:16~18) 후에 사울의 경우(삼상 10:17~24) 이 방법으로 실제로 판명이 이루어졌다. 그러나 어떤 학자들은(예를 들면, Payne, Theology of the Older Testament, Zondervan, 1962, p. 48) 하나님이 대제사장의 마음과 직접 소통하였다고 믿고 있다.
94) 예를 들면, 이스라엘 사람과 조약을 맺고자 한 기브온 사람들의 청탁에 관한 것(수 9:14)이 이에 속한다. 이때 질문을 했어야 했는데 그렇지 못했다.

율법에서 그 해답을 찾을 수 없는 것이었다. 하나님으로부터 직접적인 계시를 받을 수 있는 어떤 방법이 필요하였다. 이것은 이스라엘의 통치형태가 신정이라는 데에서 더욱 그러하다. 중요한 문제에 관해서는 왕이신 하나님으로부터 대답을 들을 필요가 있었다. 지역적인 성질의 문제에 관해서는 제사장이나 레위인이 이를 듣고, 충분히 중요한 문제라 생각되면 문의를 하도록 대제사장에게 가져오게 되었다. 하나님께서는 이 질문에 대답을 안하실 수도 있다. 사울 왕은 블레셋과의 절박한 마지막 싸움에 관해 질문을 했을 때 거절당했다(삼상 28:6). 이것은 하나님이 우림과 둠밈 문의에 관해 충분한 명령을 해두셨음을 의미한다. 하나님은 단순히 인간이 질문을 했다고 해서 계시를 나타낼 필요가 없었다. 그러나 우림과 둠밈은 하나님의 백성에게 적어도 문의가 시작될 수 있는 방법을 제공하였으며 이때 하나님께서는 응답을 하심으로 왕의 역할을 수행하실 것이다.

(4) 예 물

율법은 성막에서 다섯 가지 형태의 예물을 드리도록 규정하였다. 각각의 예물은 독특한 종교적 진리를 상징하였다. 어떤 예물은 정기적으로 백성이 공동으로 드리는 것이었고 어떤 것은 경사 있을 때 개인 자신이 드리는 것이었다.

① 번제물(레 5~17장: 6:8~13)

번제물은 하나님 앞에 생명을 완전히 봉헌하는 것을 상징하는 것으로 제단에서 완전히 태워졌다. 이것은 백성들이 공동으로 드리는 정식 예물이었으며 개인이 바치기도 하였다. 공동 예물일 때는 매 아침과 저녁에 양 한 마리, 안식일에 양 두 마리, 축제 날에는 더 많이 바쳤다(출 29:38~46; 민 28:3~29:39). 개인이 드릴 때에는 양, 염소, 숫소, 또는 숫양이 사용될 수 있는데, 단순히 하나님께 봉헌한다는 행동으로써 가지고 왔다. 이 번제물이 요구되는 특별한 상황이 있었는데, 곧 제사장이 임명될 때(출 29:15; 레 9:12), 여인이 깨끗하게 될 때

(레 12:6~8), 문둥병자가 깨끗이 될 때(레 14:19), 유출병이 제거될 때(레 15:14~15, 30), 그리고 나실인의 서약이 깨질 때(민 6:11, 14)이다.

② 소제물(레 2:1~16; 6:14~23)
   소제물은 개인이 소유한 물질을 하나님께 전부 봉헌하는 것을 상징하였다. 이것은 동물과 관련되지 않아 피가 없다는 면에서 다른 예물과 다르다. 대신 곡식은 여러 가지 형태로 바치게 되는데 항상 기름과 유향과 소금을 더하였다. 소제물은 정기적으로 번제물을 수반하였으며 또한 완전히 태워졌다. 이것은 번제물과 같이 개인이 드릴 수도 있는데, 이때에는 제사장이 태우는 데 필요한 한 줌의 곡식만 쓰고 나머지는 성막의 용도를 위해 보존되었다. 모든 소제물에는 포도주 예물이 수반되었다. 번제물, 소제물, 포도주 예물은 가장 자주 바쳐지는 예물이었다.

③ 속죄제물(레 4:1~35; 6:24~30)
   속죄제물은 부지중에 지은 죄[95]를 대속하는 것이었다. 지정된 축제날에는 공동의 속죄제물을 정기적으로 바쳤다. 개인이 바치는 속죄제물은 아무때나 가져오도록 되어 있었다. 지정된 동물의 형태는 부분적으로는 신분에 따라(지위가 높으면 더 가치있는 동물을 바침), 그리고 죄의 성질에 따라 다양하였다. 가장 가치 있는 동물로 지정된 것은 어린 숫소이었으며 적어도 어린 비둘기, 그리고 극히 빈곤한 경우에는 "에바가루의 10분의 1"로 대치될 수 있었다.

④ 속건제물(레 5:1~6:7; 7:1~7)
   속건제물은 속죄제물과 비슷한 목적으로 생긴 것인데, 속죄제물이 죄

---

95) 부지중에 지은 죄는 고의의 의도 없이 저지른 죄였다. 고의적으로 지은 죄는 건죄 또는 고범죄로 불리우는데 이 범죄를 저지른 사람은 "그의 백성 중에서 끊어지게 되었다"(민 15:30~31).

인 자체에 중점을 더 둔 것이라면 속건제물은 특별한 범죄를 사하기 위한 것이었다. 속건제물이 요구되는 특정한 범죄가 열거되어 있는데(레 5:15, 17, 6:1f; 14:12; 19:20~22; 민 6:12). 이것은 보통 상대방에게 금전적인 보상을 첨가하도록 돼있다. 지정된 동물은 보통 숫양이었다. 속건죄물은 항상 개인적인 제물이며 공동의 제물이 아니었다.

⑤ 화목제물(레 3:1~17; 7:1~34; 19:5~8; 22:21~25)
화목제물은 세 가지 형태가 있는데, 즉 특이한 축복을 경험함으로 인해 드리는 감사의 예물, 맹세할 때 드리는 봉헌 예물, 단순히 하나님께 사랑을 표현할 때 드리는 자유의 예물이다. 절기 때에는 공동으로 화목제물을 드리는 것이 관례였는데(삼상 11:15; 삼하 6:17), 특히 오순절에는 이 화목제를 드리라고 지정되었다(레 23:19). 개인적으로 드리는 화목제물은 자발적으로, 여러 동물 중 어느 것이나 가져올 수 있었다. 주요 양상은 제단 식사였는데 이는 죽인 동물의 일부분을 먹음으로써 하나님과 개인 사이의 교제를 상징하였다.

(5) 세 가지 큰 절기

이스라엘 달력에는 세 가지의 주요 축제가 요구되었다. 모든 남자는 이 절기 때 실로에 오게 되어 있었다.

① 유월절과 무교절(출 12:1~13:10; 신명기 16:1~8)
이 중의 절기는 연중 첫번째이며, 가장 중요한 것이었다. 이것은 유월절의 준수와 함께 니산월(Nisan)의 14일(첫 번의 종교적인 달, 3월/4월)에 시작됐으며, 이때 애굽에서의 첫 유월절을 기념해 지정된 음식을 먹었다. 그리고 먹은 떡의 이름을 따라서 무교절이 7일간 계속되었다. 유월절에 중요한 일은 첫 번 유월절과 마찬가지로 나흘 전에 택한 흠없는 양을 죽이는 것이었다. 다음의 7일 동안은 매일 수많은 희생물을 바쳤으며, 첫날과 7일째 날은 백성들이 함께 모여 안식하는 날이었다.

② 칠칠절(출 23:16; 레 23:15~22; 민 28:26~31; 신 16:9~12)
이 절기는 보리 추수가 끝날 때 오는데(그리하여 가끔 맥추절이라 불리운다. 출 23:16). 이때 추수한 곡식으로 만든 첫 떡을 바쳤으며 (이로 인해 첫 요제라 불리운다. 레 23:17). 유월절에서 꼭 50일 후이다(이로 인해 오순절이라 불리운다. 레 23:15~16; 신 16:9). 이 절기는 하루만 지켰는데 아무 노동도 하지 않았고, 새 곡식으로 만든 두 개의 떡을 포함하여 많은 예물을 바쳤다.

③ 성막절(초막절, 출 23:16; 레 23:34~43; 신 16:13~15)
이 절기는 일주일간 계속되었는데, 이 기간 동안 백성들은 애굽에서 나와 광야에서 살았던 방식을 기념하여 초막이나 장막에 거하였다. 이 절기는 추수기가 끝날 때(이로 인해 수장절이라 불리운다. 출 34:22), 곧 일곱째 달인(9월/10월) 티슈리월(Tishri)의 15일에 시작되었다. 이 때에는 다른 절기보다 더 많은 동물을 매일 바쳤는데 숫소 71마리, 숫양 15마리, 양 105마리, 염소 8마리나 되었다.

(6) 이 외의 종교행사

세 가지 주요 절기 외에도 또 다른 종교행사를 지켰다.

① 안식일(출 20:8~11; 민 28:9~10; 신 5:12~15)
가장 중요하고 빈번한 것은 매주 일곱째 날인 안식일이었는데, 이는 하나님께서 창조 후 7일째에 안식한 것을 따라 취해진 것이며, 또한 하나님이 이스라엘을 애굽으로부터 구출한 것을 기억하면서 지켰다. 이때에는 아무 노동도 하지 않았고 아침 저녁으로 두 번 제단을 쌓았다.

② 월삭(new moon, 민 10:10; 28:11~15)
월삭에는 나팔을 불고 예물을 더 증가하였다.

③ 나팔절(Feast of Trumpets, 레 23:23~25; 민 29:1~6)
7월(Tishri, 9월/10월)의 초일에는 나팔을 불고 희생제물의 숫자를 더욱 늘려서 특별히 기념하였다. 이 날은 또한 새로운 한 해의 시작으로 표시되었다.

④ 속죄의 날(레 16:1~34; 23:26~32; 민 29:7~11)
이 날은 같은 7월의 10일로서 연중 가장 중요한 날 중의 하나였다. 성막에서의 정교한 예식은, 죄를 속해야 할 필요성을 상징적으로 나타내었다. 이 날 대제사장은 제사장 직분, 성막 자체, 그리고 백성 전체를 속죄하는 예식의 일부분으로서 1년에 한 번 이때에만 지성소에 들어갔다. 아무도 노동을 할 수 없고, 모든 사람은 금식을 하게 되었다.[96]

⑤ 안식년(출 23:10~11; 레 25:1~7; 신 15:1~11)
매 7년 되는 해에 백성들은 땅을 쉬게 하고 포도원을 다스리지 않게 되었다. 이때의 소산은 가난한 사람, 종, 객들에게 나누어주도록 되었다. 이스라엘 사람에게 진 빚은 면제되었다.

⑥ 희년(레 25:8~55; 27:16~25)
안식년이 계속하여 일곱 번 지난 후(49년)에는 특별히 희년(50년)을 지켰다. 이때에도 땅은 쉬게 되었는데 이는 계속하여 2년을 쉰 셈이며(49년과 50년), 하나님께서는 이전 6년째 해에 모든 필요가 충족되도록 풍성한 수확을 거둘 것이라 약속하셨다. 이 해에 모든 가족의 기업이 회복되었고 자유롭기를 원하는 종들은 해방되었다.

(7) 선지자
이스라엘의 종교적 인사는 제사장과 레위인 외에 선지자도 포함되었

---

96) "금식한다"는 것은 분명히 "자신을 괴롭게 하는" 뜻이다(레 16:29; 참고, 시 35:13; 사 58:3). 속죄의 날은 연중 금식이 명해진 유일한 날이었다.

다. 선지자는 중앙 성소나, 예물, 절기[97] 등에 관해서는 지정된 책임이 없었으나 나름대로의 중요한 임무를 갖고 있었다. 이들의 임무는 설교하는 일과 계시를 받아들이는 두 개의 기본 역할로 이루어졌다.

① 설교가

제일 먼저, 그리고 무엇보다도, 그들은 하나님의 메시지를 전달하는 설교가였다. 앞에서 주시한 대로 제사장과 레위인 역시 전달자였지만 그들은 "교훈에 교훈을 더하여"(사 28:9~13) 백성들에게 하나님의 법을 가르치는 교육자의 역할에 더 충실하였다. 선지자들은 메시지를 백성의 마음과 의지에 호소하는 설교가였다. 제사장과 레위인은 백성들에게 하나님이 원하시는 것이 무엇인가를 가르쳤다. 반면 선지자들은 하나님의 규례에 따를 것을 촉구하였다. 제사장이 가르친 것을 백성들이 잘 따르려 하지 않았을 때, 이들의 설교는 자주 개혁을 일으키는 역할을 하였다.

② 계시의 수령자

그들은 또한 하나님의 계시, 즉, 모세 율법에 첨가되어 기록된 계시의 수령자였다. 모세 율법에서 정식으로 선지자를 인정한 한 대목은 (신 18:9~22)[98] 바로 이 역할에 중심을 둔 것이다. 이스라엘 사람은 영적 교류를 위해 다른 나라에서처럼 술객에 의존하지 않고 하나님의 말씀을 입에 담고 있는 선지자에게 찾아가도록 되어있다. 이러한 선지자적 계시와 우림, 둠밈을 통해 주어진 계시 사이에는 차이가 있었다. 후자는 앞에서 지적한 대로, 인간적인 도구로 계시를 시도하는 방법이

---

97) Haldar, *Associations of Cult Prophets Among the Ancient Semites* (Uppsala: Almquist and Wiksells Boktrycheri, 1945). Johnson, *The Cultic Prophet in Ancient Israel* (Cardiff: University of Wales Press Board, 1944)은 선지자가 종교적인 인사였다고 주장하는데 이것은 성경적 근거가 없는 것으로 배격되어야 한다.

98) 율법은 선지자를 인정했지만, 제사장이나 레위인처럼 정식으로 합법적 지위나 규례를 제공하지 않았다.

었으며, 단지 가, 부의 해답형식에 그친 것이었다. 이와 대조적으로 선지자는 하나님이 말씀하기만 기다리다가 계시가 오면 충분히 제시된 메시지를 받았다. 이렇게 주어진 메시지는 선지자가 설교한 것의 기본적 내용으로 구성된 것이다.

③ 봉사자로 부름받은 자

선지자는 또한 가계의 계승으로 직무를 받지 않고 특별히 하나님의 부름을 받았다는 데에서 제사장이나 레위인과 구별되었다. 따라서 선지자는 제사장이나 레위인보다 숫자가 적을 뿐 아니라 비범한 재능과 투시력, 헌신을 갖고 있는 사람으로 특별히 뽑혔다. 이들은 하나님의 임무로 인해 가끔 어렵고 위험하기까지 한 장소와 상황으로 가기도 하였다. 그들은 기력있고 용감하며 특히 신앙인이 되어야 했다.

④ 숫 자

선지자의 숫자가 제사장이나 레위인처럼 많지는 않았지만, 아마도 이스라엘은 선지자 없이 존재하지 않았고, 대부분의 경우 실질적인 숫자의 선지자를 가지고 있었으리라는 단서가 성경에 있다. 이것은 사사시대에서도 사실이었다. 드보라는 여선지자로(nebhi'ah, 삿 4:4) 불리우고 있으며, 기드온이 부름받기 바로 직전 백성들의 죄악을 경고하기 위해 한 이름없는 선지자가(삿 6:8~10) 왔다고 표현하고 있다. 각 선지자를 언급하는 이러한 방법은 이들이 당시 살았던 유일한 선지자가 아니었음을 암시한다. 더욱 중요한 것은 이들이 "선지자"로 불리어지기 이전에 "선견자"로 불리어졌다고 하는 사무엘상 9:9의 지적이다. 이렇게 명칭이 발전된 이유에는 분명히 당시 많은 대리자들이 살고 있었기[99] 때문이었다. 모세 시대 때부터 이스라엘은 선지자를 갖고 있었으며, 초기 왕국 시대와 특히 분단된 왕국 시대에는 그 숫자가 많아진 것 같다. 그들이 이스라엘에게 끼친 훌륭한 영향이 결코 축소되어서는 안된다.

---

99) 또한 신명기 19장의 모세의 약속은 당시 설명된 과업을 수행하는 데 많은 선지자가 항상 이용될 수 있었음을 암시한다.

제9장

사사 시대

[사사기 1-21장; 룻기 1-4장; 사무엘상 1-8장]

약속의 땅이 정복되고 이를 각 지파에게 분배하고나자, 이제 하나님의 선택한 백성들에게는 오랫동안 기다렸던 날이 다가왔다. 600년 전에 하나님께서는 아브라함 자손이 국가를 형성할 것이고 땅을 정복하리라는 약속을 하셨는데, 이제 그 약속이 성취된 것이다. 백성들이 애굽에 있을 동안에는 그들의 땅을 소유하게 될 날을 기다렸었다. 애굽에서 그들은 타국인이었고 게다가 노예였으며, 광야에서는 불안한 방랑객이었다. 그러나 이제 그들은 땅의 소유자가 된 것이다. 그들은 미래를 설계하고 자신들의 삶의 방식을 추구할 수 있게 되었다.

그것은 또한 위대한 약속의 날이었다. 이스라엘이 하나님의 손에 들어올려져 그의 특별한 백성이 되었고, 하나님이 그의 백성으로 하여금 그 영광의 참증인이 되기를 원하셨다는 사실 속에 이스라엘의 성공과 번영이 예견되는 이유가 있었다. 하나님은 진실로 분명하게 독특한 축복을 약속하셨다. 곧, 그 백성들이 하나님을 신실히 따른다면 그들은 세계 공동체 안에서 "머리가 되고 꼬리가 되지 않을 것이며" 또 "위에서만 있고 아래에는 있지 않을 것"이라는 내용이었다(신 28:1~14; 30:1~10). 이스라엘이 해야 할 일은 단지 하늘의 통치자에게 복종만 하면 되는 것이었고, 그러면 국가가 누릴 수 있는 가장 좋은 미래가 기다리고 있게 되었다.

그러나 백성들이 이 조건을 따르지 못했기 때문에 이 거대한 미래는 펼쳐지지 않았다. 그들은 하나님께 계속 신실하지 못했고 그 율법은 준수하지 않았다. 그리하여 이 놀라운 축복은 금지되었다.

1. 배경 문제

(1) 사사기

사사기는 지금 우리가 다루려고 하는 소위 사사 시대에 관한 정보를 갖고 있는 주요 자료이다. 그러나 누군가 이 주어진 정보를 옳게 평가하려면, 이 책의 기본 성격을 이해하여야 한다. 역사로서의 이 기록은 특별한 관점에서 쓰여졌다. 곧 이 관점은 당시 이스라엘의 실패와 결함과 죄악상에 대한 것이다. 두 번이나 쓰여진 중심 구절은(삿 17:6; 21:25) "사람이 각각 그 소견에 옳은 대로 행하였다"라는 것이다. 이 책은 어떻게 이것이 비극적인 사실이 되었는가를 보여준다. 이러한 형태의 역사 기록에 대한 이론적 근거는, 이스라엘이 왜 하나님으로부터 받을 수 있는 축복을 받지 못했는가 하는 설명을 할 필요에서 발견된다. 훌륭한 미래를 갖고 있었던 그들은 하나님께 복종하지 않았기 때문에 그것을 실현시키지 못했다. 이 책은 그들이 실패한 여러 가지 모양을 기술하고 있다.

1장은 가나안 백성을 그 땅에서 쫓아내지 못한 이스라엘의 실패를 기술하고 있다. 2장은 결과적으로 가나안의 바알 숭배를 받아들이는 것을 말하며, 3장에서 16장까지는 그 심판으로 주어진 것으로서 메소포타미아 사람, 모압 사람, 가나안 사람, 미디안 사람, 암몬 사람, 블레셋 사람들에 의한 계속적인 압박 시대에 관해 표현하고 있다. 각 시대는 이스라엘이 범죄하고, 침범당하여 심히 압박받은 후 하나님에 의해 들어올려진 사사에 의해 구원받는 내용으로 반복되었다. 마지막 17장에서 21장까지는 보통 그 시대를 특징지우는 불순한 행동방식의 두 가지 예화를 표현하고 있다.

이러한 실패의 주제가 이 책의 주류를 이룬다고 해서, 자주 자유주의 신학자들이 주장하는 것처럼 표현된 삶의 방식을 표준이나 합법적인 것으로 받아들여서는 안된다. 한 예로, 어떤 한 레위 사람이 에브라임 사람 미가에게 고용되어 거할 곳을 찾아 길을 떠났다고 해서(삿 17:7~13) 일반적으로 레위인은 일시적인 기회주의자였다고 결론지어서는 안된다. 물을 것도 없이, 대부분의 레위인은 그들의 지정된 성읍에서 살았으며 단지 몇몇 반항자들이 그러한 빗나간 생활방식을 추구한 것이었다.

(2) 압 박

① 주변 적들에게 당함

사사기의 대부분의 기록들과, 이에 관련된 대부분의 시기는, 여섯 차례의 계속적인 타민족 압박에 관한 것이다. 이것들은 모두 그 시대의 강대국에 의한 것이 아님을 주시해야 한다. 사사 시대는 세계사에 있어서 강대국들이 이 지역에 크게 참가하지 않았던 때였다. 아멘호텝 3세 이후 애굽의 제 18왕조 통치자들은 모두 그보다 약했고 가나안 정복에는 더 이상 관심이 없었다.[1] 초기 제 19왕조에서 세티 1세와 그 아들 라암세스 2세는 헷 족속에 대한 북진정책을 단행했지만, 대부분의 경우 팔레스틴의 해안 지역을 통과하는 것에 그쳤다.[2] 벧산은 이 두 통치자에게 점령당했으나 이 성읍이 펼쳐 있는 계곡은 아직 가나안 지배하에 있었고 이스라엘은 거의 영향을 받지 않았다. 이 두 통치자 이후 제 19왕조는 다시 약해졌고, 단지 메르넵타와 그 후 제 20왕조의 라암세스 3세가 이 지역에 일시적인 침략을 가했을 뿐이다.[3]

북쪽의 거대한 나라들은 이 시대 동안 남쪽 가나안을 전혀 침략하지 않았다. 헷 족속은 힘이 강했지만 특히 애굽과 대항하여 전쟁했기 때문에 그 전쟁으로 인해 제지당하고 있었다. 북 메소포타미아의 미타니 왕국은 여호수아 시대에도 여전히 강했으나, 수필류리우마(Shuppilu-

---

1) 8장을 참고하라.
2) 5장을 참고하라.
3) 왜 이 침략이 사사기에 언급되지 않았나 하는 논의로는 5장을 참고하라.

liuma)⁴⁾의 영도 아래 헷 족속이 일어남으로 그 힘은 상당히 축소되었다. 앗수리아와 바벨론 두 국가는 동쪽으로 뻗어 있었고 이 당시 서쪽에서는 중요한 역할을 하지 않았다. 그리하여 남 가나안은 그 자체대로 조용히 남아 있었다. 이스라엘의 적은 그들과 비슷한 그 지역의 소수민족이었다.

② 가장 심각한 존재, 블레셋

이 지역의 적들 중 가장 심각한 위협은 이 시대 동안에 뒤늦게 부딪힌 블레셋이었다. 이들은 앞에서 주시한 대로⁵⁾ 아브라함 시대에 소수가 내륙에 있었으나 사사 시대에는 아주 거대한 숫자가 되었다. 이들은 대이동을 했던 해상 백성의 한 부분이었고, 그 중 소수는 이미 매르넵타(1238~1228)에게 쫓겨났었으나, 라암세스 3세(주전 1195~1164)⁶⁾의 재임 5년에서 11년 사이에는 애굽에 대항하는 큰 숫자가 되었다. 그들은 애굽에 침투할 수 없었으나, 남 가나안 해안 지역으로 물러가 그곳을 차지할 수 있었다. 블레셋은 그곳에 5개 도시를 세웠는데 이는 이미 유다 지파와 단 지파에게 할당된 지역이었다. 이 다섯 개의 주요 도시는 아스글론, 가사, 아스돗, 에그론, 그리고 가드 등이었는데 각각의 통치자(seren)를 갖고 있었다. 가나안 문화와 종교에 적응하고 많은 동화의 시기를 거친 후, 블레셋은 용맹스러운 전투 행위로 그들의 존재가 알려졌는데, 그 결과 이스라엘의 여섯 번째 압박을 낳게 되었다. 블레셋의 군사적 성공의 주요 원천 중 하나는 철 생산을 독점한 것으로서(삼상 13:19~22). 이 비법은 헷 족속으로부터 배웠을 것으로 여겨진다.⁷⁾

---

4) Shuppiluliuma (주전 1375~1340)는 헷 왕조 발흥의 주된 요인이 되었다. *Hittite* 〈Penguin Books, Inc., 1925)〉.

5) 3장을 참고하라.

6) 연대는 부정확함(5장 주 103을 참고하라).

7) 일찍이 주전 3000년에 운석철이 알려졌으나 철제련 기술은 헷 족속에 의해 발견된 것으로 보인다. 따라서 이것은 2,000대의 대부분을 통해 독점을 유지하였다. 구리보다 강한 이 철은 독점국가에게 적과 대항할 때 크게 유리하였다(참고, Albright, *AP*, p. 110).

(3) 사사들

사사기는 이 시대에 하나님이 백성 가운데 선택하여 지도권을 준 사람들로부터 명명된 것이다. 사사기 2:16에는 여호와께서 "사사를 세우사 그들을 건져내게 하셨다"라고 기록되어 있다. 이 사람들의 대부분은 몇 년 동안 "이스라엘을 다스렸다"라고 기록되어 있다. 이 영예로운 무리속에는 보통 12명이 포함된다.

이 름	압박 민족	참고 구절
1. 웃니엘	메소포타미아	3:7~11
2. 에훗	모압	3:12~30
3. 삼갈		3:31
4. 드보라와 바락	가나안	4~5장
5. 기드온	미디안	6~8장
6. 돌라		10:1~2
7. 야일		10:3~5
8. 입다	암몬	10:6~12:7
9. 입산		12:8~10
10. 엘론		12:11~12
11. 압돈		12:13~15
12. 삼손	블레셋	13~16장

이 명단에는 가끔 아비멜렉, 엘리, 사무엘이 첨가된다. 그러나 아비멜렉은 기드온의 아들로서 3년 통치 기간 동안 사사라기보다는 차라리 패역한 왕이었고, 엘리와 사무엘은 그들이 이스라엘을 다스린 것으로 얘기되지만(삼상 4:18; 7:15~17), 각각 대제사장이며 선지자였다.

대부분의 사사들은 실지로 전투도 하고 또 백성을 감독하였다. 모두가 전투에 참가하지는 않았지만, 성경의 많은 부분이 이에 대해 기록하고 있으므로 사사들이 잘 알려지게 된 것은 전투 부분이었다. 이 중 6명의 전투행위에 있어서는 자세한 설명이 주어지고 있다. 이 이야기는 이 장의 마지막에 가서 언급될 것이다. 반면 4명의 사사에 관해서는(야일, 입산, 엘론, 압돈) 전투에 관해 아무런 언급이 없으며, 2명의 사사에 대해서는(삼갈, 돌라)[8] 짧은 언급이 주어지고 있다. 그러나 열두 명 모두가 각기 다양한 기간 동안[9] 감독행위를 한 것으로 보인다. 이 감독 행위는 분명히 전투행위의 결과로서 일어난 것으로 백성들은 새로운 지도자에게서 지도력을 인정하고 그에게 일반 행정을 기대하였다. "사사"[10]라는 이름은 이러한 행위의 일면에서 나온 것이다. 재판직무가 율법에는 규명되어 있지 않지만 이는 하나님이 인정하신 일이었다. 통례적으로, 그들은 하나님에 의해 "세워졌고"(삿 3:9,15), 적어도 4명[11]은 특히 성령에 의해 이루어진 것이라고 되어 있다.

(4) 연대기적 문제

사사기는 연대기에 있어서 문제를 제기한다. 이 책에 나타난 연대, 곧 많은 압박과 평화 시대의 숫자는 삼손 시기를 포함하여 총 410년[12]

---

8) 삼갈에 대해서는 단지 600명의 블레셋인을 죽인 것과, 돌라에 관해서는 그가 일어나 "이스라엘을 구했다"는 기록만 있을 뿐이다.
9) 7명의 사사에게는 기간이 언급되어 있다. 즉, 돌라 23년, 야일 22년, 입다 6년, 입산 7년, 엘론 10년, 압돈 8년, 그리고 삼손 20년이다. 그 이외 사람에 대해서는 확실한 언급이 없지만 대략 다음과 같다. 즉, 옷니엘 40년, 에훗 80년, 드보라 40년, 기드온 40년이다. 삼갈에 관해서는 주어진 숫자가 없다.
10) 이 이름은 "다스리는 사람"이라는 뜻의 동사 shaphat의 분사형태이다. 보통 법정에 관련된 문제뿐 아니라 일반 행정문제도 재판되었다.
11) 옷니엘(삿 3:10), 기드온(6:34), 입다(11:29), 삼손(13:25; 14:6, 9; 15:14).
12) 메소포타미아의 압박 8년(삿 3:8), 옷니엘의 구원과 안정 시기 40년(3:11), 모압족의 압박 18년(3:14), 에훗의 구원과 안정 시기 80년(3:30), 가나안의 압박 20년(4:3), 드보라와 바락의 구원과 안정 시기 40년(5:31), 미디안의 압박 7년(6:1), 기드온의 구원과 안정 시기 40년(3:28), 아비멜렉의 지배 3년(9:22), 돌라의 감독 시기 23년(10:2), 야일의 감독 시기 22년(10:3), 암몬족의 압박 18년(10:8), 입다의 구원과 안정 시기 6년(12:7), 입산의 감독 시기 7년(12:9), 엘론의 감독 시기 10년(12:11), 압돈의 감독 시기 8년(12:14), 블레셋의 압박 40년(13:1), 삼손의 행적 20년(15:20)을 총합하여 410년이다.

이 된다. 그러나 출애굽을 초기 연대로 본다 하더라도, 410년을 허락하기에는 불충분한 기간이다.[13] 열왕기상 6:1에 출애굽과 솔로몬이 성전을 짓기 시작한 그의 재임 4년 사이에는 480년이 경과된 것으로 나타나 있다. 그러면 70년이 남게 되는데 이 기간 동안에 다음과 같은 사건을 포함하고 있다. 즉, 광야생활 40년, 여호수아의 통치기간 16년, 삼손의 죽음과 사울 왕 취임 사이 5년, 사울의 통치 40년(행 13:21), 다윗의 통치 40년, 그리고 솔로몬의 첫 4년간, 이 모든 것을 합하면 145년이 된다. 다른 말로 하면, 410년으로 나타나는 사사기 기간의 총합은 75년이나 더 긴 기간을 포함하고 있다.

그러나 사사기 자체가 이에 대한 해결을 제시하는데, 그것은 몇몇 사건들이 시간적으로 겹치는 것을 의미한다. 예를 들면, 사사기 3:30~4:1에서 에훗이 모압 족속으로부터 백성을 구원한 후의 80년간 평화 시대는 삼갈이 다스린 것을 의미한다. 사사기 10:7에서도, 요단 동쪽의 암몬 족속을 점령한 입다와 서쪽 지방의 블레셋과 관련된 삼손의 행위가 동시대에 일어난 것을 암시하고 있다. 덜 중요시되는 사사들의 경우는 특히 그러하다. 왜냐하면 그들은 따로 떨어진 특정한 지역에서 활동했으므로 같은 시기에 일을 했을 것이기 때문이다. 한 예로 잇사갈을 다스렸던 돌라(삿 10:1~2)와 요단 건너편 길르앗을 다스렸던 야일(삿 10:3~5)의 경우가 그러하다. 자세한 검토를 해보면 원본에 부당한 행위를 하지 않고도 이 문제를 해결하는 데 적합한 충분한 연대가 나타난다.

(5) 가나안의 종교

이스라엘이 여호와를 기쁘게 하지 못하고 그리하여 약속된 풍요로운 축복을 상실하게 된 주요한 영역은 종교 문제이다. 많은 이스라엘 백성들은 가나안의 종교 행위를 채택하기에 이르렀다.

가나안 사람들의 가장 중요한 신은 바알이었는데, 그것은 바알이 비

---

13) 5장을 참고하라.

와 폭풍을 다스렸기 때문이었다. 가나안 사람들은 풍성한 수확과 거대한 목축의 경계적 풍요는 바로 이 신을 기쁘게 하는 데에 달려 있다고 믿었다. 이론상으로는 엘(El)[14] 신이 주된 신이었지만, 바알이 보다 큰 존경을 받았다. 라스 샴라(Ras Shamra)에서 발견된 광범위한 서사문학은 많은 다른 신[15]을 설정하고 있지만 항상 바알을 중요시 하였다. 죽음의 신 모트(Mot)는 매년 바알의 죽음을 가져오게 하는 신으로 묘사되지만, 바알의 반려자이자 남매인 전쟁의 여신 아낫(Anath)은 그의 부활을 일으키곤 하였다.[16] 라스 샴라(Ras Shamra)에서 엘 신의 부인으로 나타난 아세라(Asherah)는 가나안 사람에게 있어서 바알의 반려자로 나타난다. 그리고 그녀의 모습이 새겨진 기둥이 바알 제단 옆에 서 있다고 구약성경에 언급되어 있다(삿 6:25~28, 왕상 15:13).[17] 풍요와 사랑과 전쟁의 여신 아스다롯(Ashtaroth) 역시 구약성경에서 바알과 자주 관련된다(삿 2:13; 10:6; 삼상 7:3~4; 12:10). 아낫, 아세라, 아스다롯 이 세 여신의 개념은 다른 신으로 변하거나 합병되는 유동적인 것이었으며 항상 명확한 구분이 주어지지 않았다. 이러한 신들의 예배형식은 종교적 매춘과 관련된 것으로서 그 신화는 극도의 잔인성과 비도덕성을 포함하고 있다. 어린이 제물과 뱀 숭배도 역시 지켜졌다. 이 종교는 퇴폐적이었고 이스라엘 백성들은 이에 매혹됨으로써 큰 죄를 범하였다. 그 유혹은 기본적으로 경제적인 것이었다. 이스라엘은 그들의 새로운 농경작물이 풍요롭기를 바랐고, 어리석게도

---

14) 엘 신은 가나안 신으로서 구약성경의 엘 신과 이름이 같지만, 구약성경의 신은 아니다.

15) 참고, Wright, *BAR*, pp. 106~16: Albright, *ARI*, chapters III and IV; Unger, *AOT*, pp. 168~77.

16) 그러나 C. Gordon은 이러한 일반적 견해를 반박하고 이 죽음-부활의 반복을 부정한다(참고, 그의 *Ugariti Literature* 〈Rome: Pontifical Bible Institute, 1949〉, pp. 4, 5; *ANE*, p. 40).

17) 몇몇 학자는 이것이 그 여신의 형상이라고 믿고 있으나, 다른 이들은 단순히 그녀의 상징이라고 믿고 있다(참고, Albright, *ARI*, pp. 77~79: M. Burrows, *What mean these Stones?* 〈New Haven: American Schools of Oriental Research, 1941〉, pp. 212~13).

그들은 바알 제단에 매달림으로써 이것이 성취된다고 믿었다(참고, 호 2:5, 8).

2. 완전한 땅 정복의 실패 (삿 1:1~3:7)

이 전쟁에서는 여호수아가 가나안의 세력을 꺾었으나, 개개의 지파들은 각기 할당된 영역을 점령해야 했다.[18] 이 시대의 첫 실패는 바로 이 책임에서 생겨났다. 자신에게 할당된 전 지역을 점령하는 데 어느 지파도 성공하지 못했다.

시므온의 할당된 성읍은 유다 영역 속에 있었는데, 유다는 이 시므온의 도움을 얻어 첫번째로 공격을 감행하였다. 후의 다른 지파들과 비교해 볼 때 그들이 매우 잘 하긴 했지만, "골짜기의 거민들은 철병차를 갖고 있었으므로 그들을 쫓아내지는 못하였다"(삿 1:19). 여기서 말하는 "골짜기"는 이제 블레셋이 곧 처들어올 지중해를 향해 있는 평지를 뜻하는 것 같다. 이곳의 가나안 주민은 여전히 강했고, 이 평평한 지역에서 효과적인 무기인 병거차[19]를 이용하였다. 베냐민 역시 "예루살렘에 거하는 여부스 사람을 쫓아내는 데"(삿 1:21) 실패하였다. 베냐민은 정복 노력을 펼 만한 많은 땅을 갖지 못하였으며 요새인 예루살렘도 탈취하지 못하였다. 베냐민 지파 바로 서편에 있는 단 지파도 유다 지파와 같이 고원 지대에 머무를 수밖에 없었고 보다 좋은 낮은

---

18) 자유주의 학자들은 이 점에 있어서 여호수아서의 기록과 사사기의 기록이 불일치한다고 단정하는데, 즉 여호수아서에서는 정복이 빠르고 완전하다고 제시되었는데 사사기에서는 그것이 느리고 부분적인 것으로 나타난다고 말하고 있다. 그러나 자유주의 학자인 Wright는 *BAR*, p. 69에서 다음과 같이 말하고 있다. 즉, 여호수아 역시 13장에서 첫 번 성공 이후에도 점령해야 할 많은 땅이 남아 있었다고 지적한 점을 인정할 때 "이제 일반 학자들의 견해를 수정해야 할 필요가 있다."

19) 아마도 이전에 제국건설에 병거차를 효과적으로 사용했던 애굽 사람으로부터 얻었으리라(참고, 6장). 남 가나안은 애굽의 영향이 미치는 범주 안에 속해 있었다.

땅엔 들어가지 못했다. 그 결과 전 장(章)에서 살펴본 대로[20] 많은 지파가 납달리 땅 북쪽으로 이주하였다(삿 18장). 이미 땅을 분배할 때 할당에 대해 불평했던 에브라임도 서편의 게셀 땅을 취하지 못하였다(삿 1:29). 에브라임이 실패한 장소가 게셀만이라면, 여호수아의 첫 번 권고에서 이득을 얻어 상당히 잘 대처한 것이었다(수 17:14~18). 그러나 게셀은 그 주변의 광활한 땅, 즉 더 좋은 평지의 분할된 땅에 자리잡은 것이다. 바로 옆 북쪽의 므낫세도 평지에서 곤란을 겪었다. 므낫세는 벧산, 다아낙, 돌, 이블르암, 므깃도 등의 각 자기 지역을 취하지 못하였는데(삿 1:27), 이 땅들은 모두 지중해 근처나 에스드렐론 혹은 요단 골짜기에 속해 있었다. 잇사갈과 스불론 모두 그들의 할당 지역이 에스드렐론 골짜기에 있었는데 이곳은 가나안이 점령한 지역이었다. 이상하게도 잇사갈의 운명에 대해서는 사사기에 언급이 되어 있지 않은데 아마도 역시 곧 몰락했던 것 같다. 에스드렐론 골짜기의 성읍들은 이때 이스라엘의 점령 증거가 없는데, 오히려 애굽 왕 세티 1세와 라암세스 2세가 100년도 지나지 않아서 벧산 동쪽 끝까지 침범한 흔적이 보여진다. 이는 분명히 이스라엘에게 큰 혼란을 가져오지 않았다.[21] 스불론은 기드론과 나할롤(삿 1:30)을 취하지 못하였는데, 이 둘은 확실히 규명되지는 않았지만 아마 이 골짜기에 있었던 것 같다. 아셀은 악고, 시돈, 악십, 그리고 아빅을 취하지 못하였는데 이는 모두 지중해 근처로 판명되었으며, 역시 알랍, 헬바, 르홉도 취하지 못하였는데 이들도 아마 평지에 있는 것으로 미흡하나마 확인되고 있다(삿 1:31~32). 마지막으로 언급되는 납달리는 가나안 주민을 벧세메스 또는 벧아낫(Bethanath)으로부터 쫓아내지 못하였는데, 후자의 도시는 납달리의 서쪽 끝 현재의 엘바네(el-Ba'neh)로 판명되고 있다.

종합해 보면, 각 지파들은 고지대에서는 비교적 성공을 거두었지만 보다 매력적인 평지에서는 성공을 거두지 못하였다. 이 지역에서는 가

---

20) 8장을 참고하라.
21) 므낫세와 잇사갈 경계에 있었던 벧산은 이 두 애굽 왕에 의해 점령당했을 것이다(5장을 참고하라).

나안의 인구가 더 많았을 것이고 반격도 심했을 것이다. 이스라엘은 덜 중요한 고원지를 취하고 골짜기는 원주민에게 남겨두었다. 이것은 하나님의 특별 명령에 정반대되는 것이었다(신 7:1~4). 가나안 사람들은 이스라엘 백성이 여호와를 멀리 떠나 거짓 신을 섬기지 못하도록 멸종되어야 했다. 그런데 그러한 행위가 많은 지역에서 일어났다. 따라서 하나님의 불신앙에 대한 엄한 질책이 일찍이 사사 시대 때부터 "여호와의 사자"(삿 2:1~4)에게서 오게 되었다. 잠시 회개의 태도가 있긴 했지만, 이러한 질책이 그들의 가는 길에서 돌이킬 만한 중요한 변화는 일으키지 못하였다. 결과적으로 단련의 도구로서 타민족의 심한 압박이 필요하게 되었다.

3. 메소포타미아 압박 시대
(삿 3:8~11; 17~21장)

첫번째 징계로서의 압박자는 멀리 북쪽의 메소포타미아에서 왔다. 이 압박자로부터 발생한 고통과 구원을 고찰하는 데 덧붙여, 사사기 끝에 나오는 두 가지 대표적 이야기를 살펴볼 필요가 있는데 그것은 이 이야기가 대체로 이와 같은 시기에 일어났기 때문이다.

(1) 압박과 구원(삿 3:8~11)

① 구산 리사다임(Cushan Rishathaim)의 정체

메소포타미아인 침략의 지도자는 구산 리사다임이라고 불리운다. 그의 나라는 "두 강의 아람(Aram)"이라는 뜻을 가진 아람 나아라임(Aram Naharaim)이라고 불리우는데 이는 티그리스 강과 유브라데스 강 사이에 놓여 있는 메소포타미아의 명칭이다. 그렇게 먼 땅에서 온 압박자로서는 유일한 존재였고, 또 이 외에 당시 남쪽의 이스라엘과 다른 군사적 접촉이 없었으므로 이 왕의 신분에 관해서 상당한 논의가 있었다. 어떤 학자는 그의 조국 "Aram"('rm)이 철자를 "Edom"('dm)에 대한 복사자의 실수로 보고, 따라서 이 침입은 실제로 주변 남쪽 나라에서부터 온 것으로 생각해 왔다. 특히 이 적과 대항한 사사 웃니엘이 남쪽 유다지파의 한 사람이었으므로 그렇게 생각한 것이다.[22] Garstang은 의견을 달리하여 구산 리사다임은 미타니를 정복하고 후에 이 당시 남쪽 팔레스틴까지 침입하여 벧산과 여러 곳[23]에 흔적을 남겨놓은 헷 족속 왕이었다고 보고 있다. 그러나 5장에서 살펴본 대로[24] M. Kline의 의견이 그럴 듯하다. 그는 구산 리사다임이 주로 가나안 사람을 정복시키기 위해 이 땅에 들어온 하비루(Habiru) 지도자였는데, 이제 이스라엘이 강해짐을 보고 역시 이스라엘까지도 굴복시키기 위해 침입한 것으로 보고 있다.

② 정복과 구원
사사기의 기록은 이 정복이 어떻게 진행되었는지, 또는 얼마나 많은 지파가 관련되었는지에 대해 말하고 있지 않다. 다른 압박들도 모든 지파에 영향을 끼치지 않았으므로 이것도 역시 모든 지파에 영향을 주지는 않았을 것이다. 그러나 기간은 8년으로 주어지고 있다. 이 기간의 마지막에 이르러 백성들은 하나님께 부르짖었고, 하나님은 유명한 갈렙의 동생 웃니엘을 통해 구원하셨다. 웃니엘은 이미 데빌(Kiriath Sepher)을 탈취하는 데서 이름이 나 있었는데, 이때 그의 삼촌은 전투에서 승리하면 자기 딸 악사(Achsah)를 부인으로 주겠다고 약속하였다. 아마 이때의 능력이 기억되어, 이제 그는 메소포타미아를 대항할 지도자로 불리워졌다. 그가 어떻게 승리를 했는지에 대해서는 기록이 없다. 그러나 승리를 거두는 데 있어서 "여호와의 사자가 그에게 임했다"고 의미있게 진술되어 있다. 승리 후 이 땅은 다음 압박이 오기 전까지 40년의 안정 시기를 유지하였다.

---

22) 참고. G. Ricciotti, *The History of Israel* (2nd ed.; Milwawkee: The Bruce Publishing Co., 1958), II, p. 244.
23) Garstang, *Joshua, Judges* (London: Constable & Co., LTD., 1931), p. 62
24) 5장을 참고하라.

③ 연 대

이 첫번째 압박은 14세기의 2·4분기로 추정된다. 이는 여호수아가 죽은 뒤 바로 뒤에 일어난 것이 아니다. 왜냐하면, 사사기 2:7에 쓰여진대로 여호수아가 살았던 때와 여호수아보다 더 오래 산 장로들의 기간에는 백성들이 하나님을 섬겼기 때문이다. 불신앙으로 인하여 압박이 허락되었으므로 장로들이 죽고 그 후 타락이 생겨날 시간을 감안하여야 하는 것이다. 여호수아는 주전 1390년[25] 이전에 죽었다고 할 수 없으므로, 이 압박은 15년 후인[26] 주전 1375년 훨씬 전에는 일어날 수가 없는 것이었다.

(2) 두 개의 대표적인 이야기(삿 17~21장)

사사기 마지막에 있는 두 개의 대표적 이야기는 이 시대에 속한 것이다. 하나는, 단 지파가 그들의 분배될 영토로부터 납달리 북쪽 지역으로 이동한 내용이다(삿 17~18장). 다른 하나는 기브아 사람들이 어떤 레위인의 첩에 대해 행음한 것과 그 결과로 베냐민 지파와 다른 지파와의 싸움이 일어난 내용이다(삿 19~21장). 첫째 이야기는 여호수아서에(19:47) 단 지파 이동에 관한 내용이 있고, 또 여호수아서는 여리고에서 구원받은 라합이 살아 있을 동안에(수 6:25) 쓰여졌으므로, 사사 시대의 처음 부분에 놓여져야 한다. 두 번째 이야기도 이 시대에 놓여져야 하는데, 이는 엘르아살의 아들 비느하스가 정복 시기와 그 이전에 활동했는데(민 25:7, 11; 수 22:13, 31f) 아직 대제사장이었기 때문이다(삿 20:28). 이 두 이야기는 모두 이 땅에서의 타락 내용을 나타내고 있는데 이는 분명히 여기에 포함되었을 다른 많은 것들을 대표하는 것이다.

---

25) 그는 110세까지(삿 2:8) 살았는데, 주전 1406년 요단 강을 건널 때에 90세를 많이 넘지 않은 것 같다.

26) 15년은 좀 짧은 기간인 것 같지만 장로들이 모두 죽기 전에 타락이 시작되었을 것이므로 충분한 기간이라고 볼 수 있다.

① 단 지파의 이동(삿 17~18장)
이 이야기는 이 당시의 심각한 종교적 변질을 나타내고 있다. 에브라임 지파의 미가는 어머니에게서 받은 돈으로 개인 신당을 만들었고 그의 아들을 제사장으로 삼았다. 그때 레위인의 성읍에 활동하고 있어야 할 즈음 다섯 명의 단 지파 사람들이 그들 지파를 위해 또 다른 덜 위험한 땅을 찾아다니다가 우연히 미가 집에 들러 사적인 종교 운영을 보고 매혹당하였다. 이후에 600명의 단 지파 선발대가 이미 선택한 새로운 북쪽 땅을 차지하기 위해 지나가다가 다시금 미가의 집에 들러, 이 레위인으로 하여금 그들과 동조하도록 촉구하였다. 분명히 기회주의자인 이 젊은 레위인은 이 요청을 수락하고 미가의 몇 가지 종교적 물품을 취하였다. 미가의 강력한 항의도 이 젊은이의 도둑질에는 소용이 없었다. 이 예화는 율법에 어긋나는 몇 가지 요소를 포함하고 있다. 실로만이 인정되었을 때에 미가는 자신의 신당을 만들어 잘못을 범했다. 그 레위인은 허락된 도성에서 살지 않고 사적인 당파와 함께 불법적인 제사장 직분을 행하였다. 단 지파는 그들의 할당된 영역에서 이동하고, 사적인 신당을 세우며 남의 영역을 탈취함으로써 잘못을 범하였다.

② 기브아의 분노(삿 19~21장)
두 번째 사건은, 대부분 바알 제단의 영향으로 인해 생긴 도덕적 타락의 내용을 나타낸다. 한 레위인이 그의 첩과 함께, 베냐민 지파 기브아에게서 하룻밤 머물게 되었다. 밤중에 성읍 남자들이 그가 머문 곳에 들어와 불순한 관계를 요구하였다. 레위인은 대신 그의 첩을 내놓았고 그 첩은 그들에게 농락을 당하였다. 다음날 아침 첩이 문지방에 죽어 있는 것을 발견한 레위인은, 놀람과 분노 속에서 그 시체를 열 두 조각내어 각 지파에게 하나씩 보내고 이 행위에 대해 기브아에게 보복할 것을 요청하였다. 다른 지파들이 베냐민에게 그 범인을 소환할 것을 요청했으나 베냐민은 이를 거절하였다. 이에 분쟁이 일어나게 되었고, 베냐민의 힘이 훨씬 약함에도 불구하고[27], 베냐민이 두 번이나 승

---

27) 다른 지파들은 400,000명으로(삿 20:17) 이중 2/3는 싸울 수 있는 노

리를 거두었다. 그러나 세 번째에서 패함으로 기브아는 초토화되고, 모든 베냐민 사람은 죽임을 당했으며 단지 600명만이 림몬(Rimmon) 바위로 피신하였다. 넉 달 후에 다른 지파 사람들은 이 600명에게 부인을 제공하지 않으면 한 지파가 멸종되리라는 것을 깨닫게 되어 비정상적인 방법을 강구하였다.[28]

이 경우의 주된 범죄로는 첫째, 기브아 사람들이 레위인 자신에 대한 욕망과, 둘째, 그의 첩에 대한 욕망으로 범한 도덕적 타락이었다. 이것은 롯 시대의 소돔 성과 마찬가지로 하나님 백성 가운데 심각한 타락이 생겨난 것을 보여준다. 이러한 큰 범죄가 여호수아 시대 직후에 일어났으므로 압박을 통한 하나님의 계속적인 징벌의 필요성이 쉽게 이해 된다.

4. 모압의 압박 시대(삿 3:12~31)

(1) 압박과 구원(삿 3:12~30)

두 번째로 압박한 나라는 그 가까이 있는 모압이었다. 모압은 유다로부터 바로 사해 건너편에 있었다. 이들의 왕은 바락이었는데, 이 왕은 수년 전에 이스라엘이 요단 동쪽에 진을 치고 있었을 때, 이스라엘을 저주하려 했던 이상한 예언자 발람을 데려온 인물이었다.

이제 모압 쪽은 부분적으로 암몬족과 아말렉의 도움을 얻어 요단 강을 건너 여리고를 차지하였다. 여호수아가 이 성을 건축하는 자에게 저주를 내렸으므로(수 6:26), 그리고 열왕기상 16:34에 그러한 건축은

동력이었다(민 26:51). 베냐민은 26,000명으로(삿 20:15) 이중 전쟁 노동력은 2/3가 약간 안되었다(민 26:41. 참고, KDC, *Joshua, Judges Ruth*. pp. 449~51).

28) 첫째, 400명의 미혼 여성을 야베스 길르앗(Jabesh-gilead, 이 성읍은 전쟁 때 군인을 보내지 않았다)에서 빼앗아 이들에게 주고, 둘째, 이들 중의 일부는 실로의 딸들이 모여 춤추는 곳 근처에 잠복했다가 이들 중에서 아내를 취하였다.

오랜 후 벧엘 사람 히엘에 의해 이루어졌다고 했으므로, 이 당시 모압 족이 쫓아내야 할 거주민은 없었던 것 같다. 아마도 이 침입자들은 단순히 비어 있는 지역에 들어와 일시적 목적[29]으로 약간의 건축을 하고, 그 지역의 이스라엘을 다스렸을 것이다. 비대한 인간 에글론이 그들의 왕이었다. 그는 여리고를 중심으로 삼아 18년 동안 이스라엘을 노예로 삼았다.

마침내 이스라엘은 다시금 하나님께 부르짖었고 하나님은 두 번째 구원자, 베냐민 지파의 에훗을 일으키셨다. 이곳에서의 연대는 베냐민 지파와의 동족상잔 전쟁 이후 오랜 시간이 지나지 않았으므로, 이 새로운 구원자는 아마도 림몬 바위로 피신했던 600명의 베냐민 사람 중의 한 사람이었을 것이다. 에훗의 구원은 전쟁을 통해서가 아니라 속임수를 써서 에글론 왕을 살해함으로써 이루어졌다. 에훗은 에글론에게 이스라엘의 공물을 바치러 왔다고 소개한 뒤 선물을 전해주고난 후 모든 신하가 방에서 물러갔을 때, 왕에게 접근하여 칼로 찔러 살해했다. 칼날이 그의 비계 덩어리에 덮여 있도록 두고, 그는 조용히 방을 나와 문을 잠근 후 탄로가 나지 않을 동안에 재빠르게 빠져나왔다. 그리고 에훗은 이스라엘 사람들을 모아, 모압족이 퇴진할 때 건너리라 예상되는 요단 강 마루에서 기다렸다. 모압족이 퇴진하자 에훗의 군대는 그들 중의 10,000명을 죽였다. 이후 80년간의 긴 평화 시대가 계속되었다.

(2) 80년의 평화 시대(삿 3:30)

사사 시대에서 가장 긴 80년이라는 평화 시대가 계속된 이유는 이 기간 중 다시 새로와진 애굽의 활동에서 찾아볼 수 있다. 이 80년은 13세기의 중반을 넘어가는 시기이다.[30] 연대의 상호관계를 연구해 보

---

29) Garstang의 계산에 의하면(그에 의해 이름이 붙여짐), 샘 위에 있는 "중간 건축"(Middle Building)은 당시 세워진 주요한 건축일 것이다.
30) 메소포타미아 압제 후의 40년 평화는(1375~1367), 모압의 압제 기간을 약 1327~1309년으로 이 80년 평화 시기를 약 1309~1229년으로 책정하게 한다.

면 이 기간은 애굽의 강력한 제 19왕조의 통치 기간에 해당된다. 즉, 이때 애굽의 세력이 특히 세티 1세(1316~1304)와 라암세스 2세 (1304~1238)에 의해 팔레스틴과 남방 수리아에 다시 뻗치게 되었다. 이 두 왕은 헷 족속과 대항하여 팔레스틴을 통해 북쪽으로 광범위한 원정을 감행했고 이로 인해 북방 팔레스틴[31]도 일부 점령을 당했다. 이러한 힘의 과시는 이 지역 약소국가들에 의해 잘 주시되었을 것이며, 이들은 상대적으로 관심을 불러일으킬 수 있는 지나친 활동을 삼가했을 것이다. 모든 국가들은 애굽의 비위를 거슬리려 하지 않았을 것이다. 결과적으로, 애굽이 이 지역에 있는 동안에는 국부적인 싸움은 일어나지 않았을 것인데 이로 인해 평화 시대가 된 것이다.[32]

(3) 삼갈(삿 3:31)

세 번째 사사인 삼갈이 살았던 시기는 아마 80년의 기간이었을 것이다. 그의 간략한 이야기는 위의 내용 바로 직후에 기록되어 있으며, 그 다음 사사인 드보라도 그녀의 승리의 노래에서(삿 5:6) 적어도 삼갈이 자신보다 앞서 있음을 언급하고 있다. 그는 "아낫(Anath)의 아들"이라고 불리우는데, 이는 그의 고향이 유다의 남쪽 도시인 벧스아낫인 것을 암시한다(수 15:59). 그는 후에 남쪽의 블레셋과 싸웠는데 이는 그가 북쪽 납달리에 있는 이름이 비슷한 성읍 출신이 아님을 암시한다. 삼갈은 사사(judge)라고 불리우지 않고 있으며, 그러한 일을 하나도 하지 않은 것으로 전해진다. 그러나 그는 블레셋과 싸움에서 놀라운 승리를 거두어 이스라엘을 구원하였으며, 그리고 그의 이야기가 다른 사사들과 동등하게 기록되었으므로 사사 중의 한 사람으로 족히 취급된다. 그의 승리는 개인적인 승리로 표현되는데, 600명이나 되는 블레셋 사람을 소를 모는 막대기 하나[33]로 죽인 사실은 그의 놀라운

---

31) 5장을 참고하라.
32) Garstang, *op. cit.*, pp. 51~56은. 애굽의 활동과 사사 시대의 이스라엘의 모든 평화 시기 사이에 상관관계가 있었다고 믿고 있다. 그러나 그는 이 상관관계를 세우는 데 어려움을 안고 있다.
33) 이 소를 모는 막대기는 끝이 구리로 입혀진 단순히 단단한 막대기로서

힘과 용기를 나타내주고 있다. 이 나무 막대기가 그의 유일한 무기였다는 사실은, 다른 자료에서도 알 수 있는 것처럼 그 당시 이스라엘에 철기가 부족한 것이 사실이었음을 반영한다.[34]

5. 가나안의 압박 시대(삿 4~5장)

(1) 압박과 구원(삿 4~5장)

①압박(삿 4:1~3)

세 번째 압제는, 팔레스틴 땅 안에 있는 가나안족, 즉 수년 전에 이스라엘이 그 땅에서 몰아냈어야 할 가나안 사람들로부터 왔다. 하솔의 왕 야빈[35]이 지도자였고, 시세라[36]가 그의 군대장관이었다. 170년 전[37]에 여호수아에게 패했던 하솔 성읍은 이 땅에서 다시 강력하게 되었다. 시세라는 900승의 철륜마차[38]를 이끌고 기손(Kishon) 강가의 므깃도(Meggido)에서 북서쪽으로 11마일 떨어진 하로셋(Harosheth)[39]

소가 일을 하도록 부리는 데 사용되었다.

34) 특히 사무엘상 13:19~22과 앞의 주 7을 참고하라.
35) 여호수아가 패배시켰던 왕과 같은 이름이다. 그러나, 몇몇 자유주의 학자들이 주장하는 것처럼, 이 이야기와 여호수아서 11장의 이야기가 혼합된 내용이라는 것을 뜻하지는 않는다(참고, Myers and Elliott, *Interpreter's Bible*, II, pp. 12~24).
36) "시세라"라는 이름은 몇몇 학자들로 하여금, 야빈과 동맹을 맺은 북쪽 지방에 기원을 둔 장관으로 생각하게 하였다(참고, Simpson, The *Composition of the Book of Judges* ⟨New York: The Macmillan Co., 1957⟩, pp. 12~24).
37) 여호수아의 승리는 약 주전 1400년경이고 여기에서의 연대는 약 1230년이다.
38) 가나안 사람들은 얼마간 이 마차를 사용했었다(참고, *ANET*, p. 237). 그러나 주로 산악 지대에 둘러싸인 이스라엘은 이를 거의 사용하지 않았다. 이스라엘이 사용한 첫번째 언급은 사무엘하 15:1의 압살롬에 의한 것이다.
39) 아마도 현재의 텔 엘-하르바즈(Tell el-Harbaj)일 것인데, 이는 갈멜 산기슭에 있는 기손 강 남쪽 제방의 6에이커 지점일 것이다.

을 그의 활동 중심으로 삼았다. 그는 이스라엘을 송두리째 손아귀에 넣고 20년간을 지배할 수 있었다.

② 드보라와 바락(삿 4:4~9)
이때의 이스라엘의 주요 구원자는, 열 두 사사 중에서 독특한 여자 사사 드보라였는데, 그녀는 여자라는 사실 이외에도 이 승리의 전쟁 이전에 사사로 이미 활동하고 있었다. 그녀는 여선지자(nebbi'ah)로 불리웠으며, 백성들은 상담을 하기 위해 그녀에게 나아갔다고 했는데 이는 분명히 재판의 결정을 포함한 것이었다. 그녀는 라마와 벧엘 사이에 있는 종려나무 밑에서 백성들을 받아들였는데, 이는 시세라와의 전투를 했던 곳으로부터 60마일 가량 남쪽이었다. 이미 통솔력을 인정 받은 그녀는 가나안 사람으로부터 구원을 시도할 만한 타당한 인물이었다. 그녀는 여자인고로 전투에 앞장 서기를 원치 않아 바락으로 하여금 이 일을 하게 하였다. 그는 저 멀리 북쪽 납달리의 게데스(Kedesh)[40]에 살았다. 그는 그녀가 도와준다는 조건 아래 이를 승낙하였다. 그녀가 허락하자 그는 스불론과 납달리로부터 10,000명의 군대를 모집하였는데, 분명히 이 두 지파가 가장 많이 핍박을 받았을 것이다.

③ 구원(삿 4:10~5:31)
바락은 그의 군대를 남쪽으로 다볼(Tabor) 산에 집결시키고 기손 강변에 있는 므깃도 서쪽에서(삿 5:19) 시세라와 전투를 벌였다. 후에 드보라의 노래(삿 5:21)를 보면, 싸움 도중 기손 강이 넘쳐 시세라의 병거차가 수렁에 빠졌음을 알 수 있다. 이로 인해 드보라와 바락의 승리가 가능해졌고 그들은 도망가는 적을 하로셋까지 뒤쫓았다. 그 동안 시세라는 분명히 하솔로 가기 위해 혼자 북쪽으로 도망하였다. 가는 도중 그는 바락의 고향 게데스에 사는 겐(Kenite) 사람 야엘(Jael)의 천막에 피신하였는데(삿 4:11), 그녀는 도와주는 척하다가 그의 머리

---

40) 말라버린 훌레 호수로부터 북서쪽인 텔 카데스(Tell Qades)로 판명된다.

에 말뚝을 박아 죽였다. 이후 40년의 평화 시대가 계속되었다.

(2) 메르넵타와 라암세스 3세의 침공

이때 애굽의 팔레스틴 침공이 두 번 있었는데 사사기에는 언급이 없지만 눈여겨 볼 필요가 있다. 첫번째는 메르넵타(Merneptah, 1238~1228)의 재임 5년[41]에, 두 번째는 라암세스 3세(1195~1164)[42]에 의해서였다. 메르넵타의 주요 활동은 지중해 근처였는데 여기서 그는 아스글론, 게셀, 야노암(Yanoam)[43]을 정복했다고 주장하였다. 그러므로, 그는 "이스라엘은 황폐하게 버려져 있었다"고 일반적으로 묘사하고 있지만, 주로 접촉한 사람들은 가나안 사람들이었다. 그러나 이 말은 아마 자만으로 한 말이고, 그가 이스라엘 성읍을 약탈했다는 기록은 없으며, 또 그가 이스라엘을 언급할 때는 지역이 아닌 백성을 명기하고 있었다.[44] 이 점에서 볼 때, 그가 이스라엘 백성을 패배시키긴 했지만 그들 땅의 주요 부분을 점령하지 않은 것 같다.

라암세스 3세의 전투 역시 블레셋 지역에 한정되었던 것 같은데 후에는 사해 밑에 있는 이스라엘 지역 남쪽에서 전쟁이 이루어졌다.[45] 적어도 그는 이스라엘 지역 본토에서 싸웠던 전투에 관해서 기록을 하지 않고 있다. 그는 요단 골짜기에 있는 벧산에 이르러 건축물을 세웠으나, 그 과정에서의 이스라엘과의 어떤 갈등도 언급하고 있지 않다. 벧산의 정복은, 이전 세티 1세와 라암세스 2세[46]의 요새이었던 것에 비해

---

41) 참고, 5장.
42) 참고, 5장.
43) *ANET*, p. 278. 야노암은 북방 팔레스틴에 있었다.
44) 그렇지 않으면, 이 비문에서 그는 정복인을 언급할 때 땅을 명기하고 있다. 이 결정의 변화에 대한 다른 해석으로는 *ANET*, p. 378 주 18을 참고하라.
45) 그는 블레셋에 관해서, "Tjeker와 블레셋"을 재로 만들어버렸다고 자랑하고 있다(참고, *ANET*, p. 262, 5장 주 106). 에돔 지역에 관해서는 *ANET*, p. 262, n. 21을 참고하라.
46) 참고, 5장.

비교적 평화로왔던 것으로 보인다.[47] 분명히 그는 블레셋을 물리친 후 북쪽으로, 그리고 에스드렐론 골짜기부터 벧산[48]에 이르기까지 큰 마찰 없이 진군하였다.

이 두 침략은 사사 시대의 연대와 다음과 같은 관련을 갖고 있다. 약 주전 1234년으로 추정되는 메르넵타의 원정은 80년의 평화 시대 마지막에 있었을 것이며, 이는 모압족으로부터의 에훗의 구원 이후이며 가나안의 압제 이전이었다. 우세한 애굽의 제 19왕조는 초기에 80년의 평화 시대를 유지하게 하였으며, 이러한 애굽의 영향은 말기에 이르러[49] 이 평화 시대를 연장하는 데 공헌했을 것이다. 라암세스 3세의 침략은 가나안의 압제 다음에 일어났고 이는 그때 생긴 40년의 평화 시기에 해당하는 것이다. 이는 이 안정의 기간을 연장하는 데 한 몫을 담당했을 것이다. 사사기에 왜 이 침략에 관한 언급이 없는가에 대해서는 5장에서 논의했다. 이스라엘의 빗나간 행동과 그 결과로서의 징벌을 나타내려는 이 책에서, 이스라엘에게 압박의 징벌을 가져다 주지 않는 외국군대의 원정은 언급할 필요가 없기 때문이었다.

6. 미디안의 압박 시대
(삿 6: 1~10; 룻 1~4장)

40년의 평화 시기가 끝날 무렵 미디안 사람이 블레셋에 벌떼같이 침입했다. 이 결과 생긴 압제와 함께, 뒤이어 패역한 왕 아비멜렉이 통치

---

47) 참고, Wright, *BAR*. pp. 95~96.
48) 벧산은 현재의 텔 엘-호슨(Tell el-Hosn)으로서, 투트모스 3세로부터 라암세스 3세에 이르기까지 애굽의 거의 끊임없는 지배를 암시하고 있다. 므낫세가 이 벧산을 분할 받았으나 점령하기에는 너무 어려운 지역이었다(수 17:16; 삿 1:27). 그렇다면 애굽 지배에 대한 항거는 이스라엘 사람에서가 아니라 가나안 사람에게서 나왔을 것이다(참고, C. C. McCown, *The Ladder of Progress in Palestine* 〈New York: Harper & Bros., 1943〉, pp. 151~70).
49) 연대로는 앞의 주 30을 참고하라.

한 비극의 3년을 고찰해 볼 필요가 있다. 또한 아비멜렉을 뒤이은, 덜 중요시되긴 하지만 두 명의 사사 돌라와 야일에 관해, 그리고 이 시대 동안 일어난 룻의 이야기는 언급할 필요가 있다.

(1) 압박의 구원(삿 6~8장)

① 압박(삿 6:1~6)

네 번째 압제는, 아말렉 사람과 "동방사람"[50]으로부터 도움을 받은 미디안 사람들에 의해 주어졌다. 이 연합군들은, 이스라엘의 풍성한 수확지대, 그 중에서도 주로 에스드렐론 골짜기와 지중해 연안의 멀리 남쪽 가사(Gaza, 6:4)에까지 별 저항없이 이 지역의 가축과 농산물을 해마다 수탈해 갔다. 이스라엘 사람들은 심히 두려워 동굴로 피신을 하였다.

② 경고(삿 6:7~10)

백성들이 부르짖었을 때, 하나님은 무명의 선지자를 보내어 그들의 죄악을 경고하게 하였다. 선지자를 이용했다는 사실은 사사 시대에 선지자들이 실제로 활동하고 있었다는 것을 암시한다.[51] 이러한 경고가 회개를 불러일으켰는지에 대해선 증거가 거의 없지만, 그렇다 할지라도 하나님께서는 자비하셔서 기드온이란 구원자를 예비하셨다. 하나님께서는 거룩한 여호와의 사자의 모습을 통해 기드온을 이 일에 부르셨다.

③ 구원자 기드온(삿 6:11~7:6)

기드온은 므낫세의 마을 오브라(Ophrah)에 살고 있었는데, 이곳은 미디안의 공격 중심지인 에스드렐론 골짜기[52]에 위치하고 있었던 것 같다. 오브라 사람들은 바알 신을 완전히 받아들여 그들 자신의 바알 신

---

50) "동방사람"이라는 용어는, 오늘날 "아랍인"이라는 용어와 마찬가지로, 사막 지대에 사는 부족들의 일반적 명칭이었던 것 같다.

51) 참고, 8장.

52) 오브라의 위치는 불확실하지만 벧산에서 북서쪽으로 8마일 되는 현재의 엣-타위베(et-Tayibeh)인 것 같다. 에스드렐론 골짜기는 드보라와 바락이 가나안 사람을 물리친 후 분명히 이스라엘의 지배가 상승하고 있었다.

제 9 장 사사 시대 285

당과 아세라 상[53]을 세우고 있었다. 하나님이 기드온에게 내린 첫 번 명령은 이러한 우상을 파괴하는 것이었는데, 그는 신변의 위험을 무릅쓰고 행함으로써 참용기와 신앙을 나타내었다(삿 6:25~32). 이러한 행동은 처음에는 너무 이상히 여겨져 마을 사람들이 그를 죽이려 할 정도였는데, 후에는 이 일로 인해 그를 지도자로 받아들이게 되었다.[54] 그가 침입자 미디안 사람[55]들과 싸울 군대를 소집하자 므낫세, 아셀, 스불론, 납달리로부터 32,000명이 모여들었다.

기드온은 적의 무리가 135,000명(삿 8:10)이 됨을 헤아리고 32,000명의 그의 군대가 너무 적은 숫자라고 믿었다. 그는 곧, 잘 알려진 양털 표적의 방법으로 하나님께 재확인하였다(삿 6:33~40). 하나님께서는 자비롭게도 그에게 재확인을 주셨는데 그러나 32,000명의 숫자가 적은 숫자가 아니라 너무 많다고 하셨다. 기드온은 승리했을 때 그 영광이 하나님께 돌려질 수 있도록 병력을 줄여야 했다. 기드온은 이에 복종하여, 우선 두려워하는 사람을 모두 돌려보내고 다음으로 개울로 데려가 전투할 태세로 물을 마시는지에 대해 시험하였다. 이렇게 하여 단지 300명만이 남게 되었는데 이는 135,000명에 대항하리라고는 믿기 어려운 적은 숫자였다. 분명히 기드온의 신앙은 이러한 점에서 도전받았을 것이다. 하나님은 줄이라고 명령하셨고 이제 기드온은 대항할 준비를 하였다. 그러나 전투에서 어떻게 승리할 수 있을까 하고 분명히 의심했을 것이다.

④ 구원(삿 7:7~8:32)

적들은 남쪽의 길보아 산과 북쪽으로 모레(Moreh) 산 사이에 있는

---

53) 참고, 앞의 주 17.
54) 기드온이 바알로부터 아무런 해를 입지 않자(삿 6:31) 그는 바알을 이긴 승리자로 부상되었고, "바알로 하여금 쟁론하게 하라"는 뜻을 지닌 여룹바알이라는 이름을 갖게 되었다.
55) 연대는 주전 1169년경이며, 가나안의 압제는 20년간 지속되어 1229~1209년이며, 평화 시대는 1209~1169년으로 40년이다. 앞의 주 30을 참고하라.

에스드렐론 골짜기에 진을 치고 있었다. 기드온은 병사들을 길보아 산마루의 하롯(Harod) 샘 근처에 진을 쳤다. 기드온의 병사들은 이상한 무기, 즉 나팔과 횃불을 든 빈 항아리[56]로 무장시켰다. 그리고는 세 패로 나누어 밤중에 적을 공격케 하였다. 모두가 동시에 나팔을 불고 항아리를 깨뜨림으로 횃불이 드러나게 하였다. 적들은 놀람과 공포 속에서, 수많은 무리가 그들에게 몰려온다고 생각하고는 도망치기 시작했다. 그들은 요단 강과 그들의 본토를 향해 달아났다.

기드온은 그들을 전멸시키기 위해 에브라임 사람에게 전갈을 보내 요단 강에서 그들의 퇴각로를 차단케 하였다. 에브라임 사람들이 이에 응하여 두 명의 미디안 방백 오렙(Oreb)과 스엡(Zeeb)을 죽일 수 있었다(삿 7:24~25).[57] 이때에 전에 집으로 돌아갔던 기드온 군사들이 몰려와 함께 그들을 쫓았다(삿 7:23). 기드온은 그들의 고향까지 쫓아가 완전한 승리를 거두고 두 명의 지도자 세바(Zebah)와 살문나(Zalmunna)를 살해하였다. 쫓아가던 중, 기드온은 얍복 강 남쪽의 숙곳 사람들(창 33:17)과 브누엘(Penuel) 사람들에게 병사를 위해 음식을 청하였으나, 이들은 적의 보복이 두려워 이를 거절하였다(삿 8:6~8). 기드온은 마지막 승리를 거두고 돌아오는 길에 이 두 도시를 징벌하였다.

고향에 돌아온 후 기드온은 왕권을 수락하라는 부탁을 받았으나, 하나님께서 모든 통치를 예비하셨을 것이라 생각하고 이를 잘 거절하였다. 그러나 그는 대제사장이 달고 다니는 "에봇"[58]과 같은 것을 만들기

---

56) 아마 두 가지 이유에서 이를 택한 것 같다. 첫째로 그것은 적들을 놀라게 하기 위한 무기였고, 둘째는 적들의 7년간 통치로 인해 일반적 무기가 거의 없었을 것이다.
57) 미디안 사람들은 가축 떼와 양 떼를 몰고 천천히 이동했을 것이므로, 이것은 시간상으로 가능한 일이었다. 그들이 도망간 요단 강 근처, 벧 싯다(Beth-shittah)와 아벨 므홀라(Abel-meholah)는, 에브라임 영토 근처인 본래의 전투지 남쪽이라고 확인되었다. 에브라임 사람들은 그들을 차단하기 위해 멀리까지 갈 필요가 없었다.
58) 이것은 어떤 학자들이 주장하듯이 한 형상은 아니다. 하나님이 그의 뜻을 자기를 통하여 제시한 것을 안 기드온은 계시를 위해 진짜 에봇을 사용

위해 금귀걸이를 받아들이는 잘못을 범하였다. 그는 대제사장의 특권 계급에 들어가는 시늉에서 죄를 범하였고, 후에 백성들이 이 물건을 숭배하게 되었으므로(삿 8:24~27) 잘못은 더욱 가중되었다. 이 나라는 기드온이 살아 있는 40년간 평온하였다.

(2) 패역한 왕 아비멜렉(삿 9장)

기드온이 죽자 평온이 깨어졌는데 이번에는 외부의 적에 의해서가 아니라, 자신을 왕으로 자칭한 패역한 이스라엘 사람 아비멜렉에 의해서 3년간의 모반과 유혈극이 있게 되었다. 그는 세겜에 있는 첩에 의해 태어난 기드온의 아들이었으나(삿 8:31), 자기 아버지의 평화애와 인간애는 물려받지 않았다. 대신 그는 왕권을 차지하려 하였다. 그는 세겜에 있는 어머니 가족의 도움을 받아, 자기의 적수라 생각되는 그의 70형제 중 한 사람만 제외하고 모두 살해하였다. 막내 요담만이 이를 모면하였다. 아비멜렉은 세겜 사람들에 의해 왕관을 수여받았는데, 그들은 자기 가문에서 왕이 나오게 됨을 기쁘게 생각하였다. 그는 3년간 군림하였지만, 그의 실제적 통치내용은 극히 한정된 것이었다. 3년 후, 그의 방종한 행동을 많이 경험한 세겜 사람들은, 반란을 일으켜 방랑무리 중의 우두머리인 가알(Gaal)에게 지도자가 되기를 요청하였다. 이로 인해 생겨난 싸움에서 아비멜렉은 세겜의 가알 군대를 전멸시킬 수 있었고, 바알베리스[59](삿 9:23~49)로 도망간 많은 사람들을 산 채로 불태워 죽였다. 계속 저항하는 무리를 죽이기 위해 데베스(Thebez)[60]로 갔을 때 그는, 한 여인이 맷돌[61]을 그의 머리에 떨어뜨

하는 제사장들의 부족함을 깨닫고, 이제 이 "외투"가 자기 자신을 위한 것이라고 잘못 생각했다.

59) 기드온 이후, 애석하게도 백성들은 이전의 바알 숭배로 되돌아갔다(삿 8:33~34).

60) 고대 세겜에서 벧산 쪽으로 북방 10마일 지점인 현대의 투바스(Tubas)이다.

61) 아마도 맷돌의 윗 부분인 것 같은데, 이것은 곡식을 갈 때 좀더 큰 아래 맷돌 위에서 앞 뒤로 움직인다. 보통 10인치의 길이로 손에 쉽게 잡힐 수 있는 크기이다.

림으로 살해되었다(삿 9:50~57).

(3) 돌라와 야일(삿 10:1~5)

두 명의 사사 이야기가 이어지는데 이 둘은 아마 동시대[62]였던 것 같다. 이 두 사사는 각각 멀리 떨어진 장소에서 활동했고 따라서 상호소통은 없었던 것 같다. 잇사갈 지파인 돌라는 에브라임 산지 샤밀(Shamir)에서 23년간 다스렸다. 야일은 요단 강 건너 길르앗 땅의 알려지지 않은 성읍에서 22년간 다스렸다. 두 사람에 대해선 알려진 바가 거의 없다. 돌라는 아무런 설명 없이 이스라엘을 방어한 것으로 되어 있고 야일은 어린 나귀 30을 타고 30개의 성읍에 살았던 30명의 아들이 있었다고 되어 있는데, 이는 그가 흔치 않은 지위와 부를 누렸던 인물임을 암시한다.

(4) 룻 이야기(룻 1~4장)

유명한 룻의 이야기는 12세기 후반기에 일어난 것으로 기드온 사사 기간중이다. 일반적인 연대는, 헤브론에서 주전 1010년에 통치를 시작한 다윗의 증조 할머니가 바로 이 룻이라는 사실(룻 4:17)에서 확인된다. 그녀는 모압 사람이었는데 이스라엘 사람 엘리멜렉과 나오미의 집안으로 결혼하게 되었다. 이들은 기근으로 인해 유다-베들레헴으로부터 모압으로 이주하였다. 엘리멜렉은 그 아내 나오미, 두 아들 말론(Mahlon)과 기룐(Chilion)을 남기고 모압에게 죽었다. 룻은 말론과 결혼했으며(룻 4:10), 다른 모압 여자 오르바(Orpah)는 기룐과 결혼하였다. 그런데 이 두 아들이 죽자 세 명의 미망인만이 남게 되었다. 이 지점에서 나오미는 베들레헴으로 돌아갔다. 두 며느리가 나오미와 함께 떠났으나 룻만이 맹세하기를 나오미를 절대 떠나지 않고 나오미의 백성을 자기 백성으로 받아들이겠다고 하며 계속 따라왔다. 베들레

---

[62] 사사기 10:3의 "그 후에"라는 말은, 돌라가 일어난 후에 야일이 시작한 것을 의미하며, 꼭 돌라가 일을 끝낸 후를 뜻하지 않는다.

헴에서 룻은 엘리멜렉의 부유한 친척 보아스의 밭에서 이삭을 줍다가 후에 그와 결혼하였다. 이 둘 사이에 오벳이 태어났고, 오벳은 이새 (Jesse)를 낳았고, 이새는 다윗을 낳게 되었다.

7. 암몬의 압박 시대(삿 10:6~12:15)

네 번이나 다른 민족의 압박 밑에 징벌을 받았으나, 이스라엘은 여전히 그들의 길을 돌이키지 않았다. 사실 그들의 죄악은 더욱 증가되어 그들은 가나안의 거짓 신뿐 아니라 수리아와 시돈, 모압, 암몬, 그리고 블레셋의 신들도 섬기게 되었다(삿 10:6). 그 결과 하나님께서는 동시에 두 진영이, 즉 요단 동쪽의 암몬족과 멀리 서쪽으로 블레셋이 압제하도록 하였다(삿 10:7). 이 연대는 주전 1096년[63]이다. 성경에는 암몬의 압제가 먼저 기술되어 있다.

(1) 압박과 구원(삿 10:6~11:33)

암몬 족속의 압제는, 서편의 유다, 베냐민, 에브라임에도 얼마간 영향을 미쳤으나, 주로 요단 강 동편에서 행해졌다(삿 10:9). 이 당시 하나님의 구원자는, 길르앗 사람 길르앗과 기생 사이에서 태어난 입다 (Jephthah)였다(삿 11:1~3). 길르앗의 본처에서 태어난 어린 형제들은 그들의 이복 형을 서자라는 이유로 내어 쫓았는데, 그 이후로 입다는 군사적인 능력을 발휘하여 길르앗 북쪽의 돕(Tob)[64] 땅에서 방랑 무리[65]들의 우두머리가 되었다. 이제 암몬족이 그 땅을 침입하자, 입다의 고향에 있는 장로들이 그를 찾아 대항하여 싸울 것을 요청하였다.

---

63) 주전 1169년에 시작된 미디안의 압제 이후 73년이 경과하였다. 즉, 미디안 압제 7년, 기드온 밑에서 평화 40년, 아비멜렉 3년, 돌라와 야일의 23년.

64) 갈릴리 호수의 동쪽 지역. 이곳에서 후에 이스라엘과 암몬이 다툴 때에 군인들이 암몬족에 의해 고용되어 다윗에 대항하여 싸웠다(삼하 10:6~8).

65) 아마도 이후에 생긴 약탈자로부터 백성을 보호했던 다윗의 무리모형인 것 같다.

그는 암몬족을 물리친 후에도 계속 지도자가 될 것을 약속받고 이를 수락하였다. 그 전에 쫓겨났던 입다는 또다시 모욕당하기가 싫은 것이었다. 처음에는 입다는 암몬 왕과의 협상을 통해 해결하려 하였으나 실패하였다. 이 외국 왕은, 300년 동안 이스라엘이 그 땅을 소유하였으니 당연히 이스라엘의 소유라고 하는 입다의 주장을 받아들일 수가 없었다. 그러자 입다는 특히 여호와의 성령에 힘입어, 므낫세와 길르앗으로[66]부터 군대를 모집해 공공연한 전투를 준비하였다. 길르앗의 미쓰바(Mizpah)에 진영을 세운 그는 암몬 군대로 진척하여 결정적인 승리를 거두었으며, 이전에 르우벤에게 할당되었던 지역에서 민닛(Minnith)과 아로엘(Aroer)[67] 사이의 20개 성읍을 점령하였다.

(2) 입다의 맹세(삿 11:30~31, 34~40)

전투에 임했을 때 그는 하나님의 인정을 얻기 위해 맹세를 하였는데, 즉 만약 그가 승리한다면 돌아올 때 대문에서 처음 그를 맞이하는 사람을 하나님께 바치겠다는 것이었다. 그가 돌아왔을 대 처음으로 맞이한 사람은 그의 하나밖에 없는 딸이었다. 입다는 이러한 결과를 심각하게 숙고하지 않은 것에 대해 깊이 슬퍼하였다. 그러나 그는 이 맹세를 지키면서 이를 해결하였다. 그가 취한 방법은, 많은 사람이 제시하듯이 딸의 생명을 인간 제물로 취한 것이 아니라, 장막에서 계속적인 금욕생활을 함으로써 그녀의 나머지 생을 하나님의 사업을 위해 바치게 한 것이었다. 이러한 것에는 몇 가지 이유가 있다.

첫째, 입다에게 있어 그의 딸을 인간 희생제로 바치는 것은 모세의 율법(레 18:21; 20:2~5; 신 12:31; 18:10)과 이스라엘의 관습에 둘 다 어긋나는 것이었다. 사악한 왕 아하스의 집권 이전이나 그 후의 므낫세(삼하 16:3; 21:6) 때에도, 바알을 섬긴 큰 범죄자들에게서조차

---

66) 길르앗은 갓의 북쪽 땅까지도 포함하였지만, 므낫세(요단 동쪽의 반 지파)가 여기서 특별히 언급되었으므로 길르앗은 이 경우 주로 갓 지방을 뜻한다.
67) 아로엘은 사해 동쪽 14마일 부근 아르논 강의 북쪽 제방으로 확인된다. 민닛은 사해 북쪽 끝에서 곧바로 북쪽에 있었던 것으로 여겨진다.

인간 희생제의 기록을 찾아볼 수가 없다. 둘째, 입다는 하나님을 경외하였으므로 율법과 이스라엘 관습에 어긋나는 행동을 하지 않았을 것이다. 그의 하나님 경외는 길르앗 장로와의 계약을 맺는 그의 태도와 맹세를 하고자 한 사실에서 잘 나타난다. 셋째, 만약 그가 그의 딸을 번제로 드렸다면, 성막같은 적당한 번제장소에서 행하는 경건함을 나타냈을텐데, 그렇다면 어느 제사장도 이에 관계하려 하지 않았을 것이다. 만약 그가 자기 고향에서 번제를 드리려 했다면 그곳의 장로들이나 일반 백성들이 분명히 강력하게 반대했을 것이다. 넷째, 입다가 그 딸로 하여금 두 달 동안 그의 처녀성을 위해 애곡하도록 허락하였다는 사실은(삿 11:37~38), 곧 그녀가 평생 금욕생활을 함으로 하나님께 바쳐진다는 견해와 잘 부합한다. 다섯째, 그 딸이 "남자를 알지 못했다"는 말은(삿 11:39), 입다가 그의 맹세를 행한 결과로 주어진 것이라 볼 때 그녀의 제물이 금욕과 관계된다고 한다면 이는 특별한 의미를 지닐 수 있는 말이 되는 것이다. 여섯째, 하나님께 바쳐진 여인들의 그러한 행위가 중앙 성소에 있었다는 사실이 출애굽기 38:8, 사무엘상 2:22, 누가복음 2:36~37에서 발견된다. 일곱째, 사사기 11:31에 있는 입다의 중요한 진술, 곧 "그를 여호와께 돌릴 것이니 그리고(and) 내가 그를 번제로 드리겠나이다"라는 구절은 접속사 "또는"(or)으로 번역할 수 있는데, 그러면 전반부는 그를 처음 영접한 이가 사람이면 여호와께 돌린다는 뜻이고, 후반부는 만약 동물이라면 번제로 드리겠다는 뜻이 된다.

(3) 에브라임 사람들의 불평 (삿 12:1~7)

암몬족에 대한 입다의 통쾌한 승리 이후, 에브라임 사람들은 도움 요청을 받지 않은 사실[68]에 대해 불평하였는데, 이는 그들이 첫번째의 중요한 지파[69]가 자기 자신이라고 생각하고 있음을 보여주는 것이다.

---

68) 이것은, 미디안 사람을 격퇴했을 때 기드온에게 행한 첫번째 불평에 이어 두 번째 불평이었다.

69) 참고, 8장 주 66.

입다는 이들을 무력으로 입다에게 보여주려 하였다. 그들은 요단 강 동편에서 입다와 대항하였다. 그러나 그들의 군대는 결정적인 승리를 거두었을 뿐 아니라 재빨리 이동하여 에브라임 군대가 퇴각으로 사용할 요단 강 여울목을 차단하였다. 승리자들은 이 강을 건너가고자 하는 사람들로 하여금 십볼렛(Sibboleth)이라는 단어를 발음하게 하여 "쉬"(sh) 대신에 "시"(s)라고 발음하는 사람들을 에브라임 사람으로 간주하고 죽이었다.[70] 모두 42,000명이 전투장 또는 요단 강 이곳에서 살해되었다. 이 사건이 마무리된 후 입다는 사사로서 6년을 계속하였다. 길르앗 장로들의 약속이 이행된 셈인데, 이는 백성들이 암몬족에 대한 승리 이후 그를 지도자로 인정했기 때문이다.

(4) 입산, 엘론, 압돈(삿 12:8~15)

입다에 이어서 3명의 사사가 있었는데 이들도 역시 동시대 인물[71]이었을 것이다. 입산은 7년 동안 베들레헴을 다스렸고 30명의 아들과 30명의 딸이 있었다. 엘론은 에브라임에서 8년을 다스렸다. 압돈의 부귀와 지위는 그가 40명의 아들과 30명의 손자를 갖고 있었다는 데에서 증명된다.

8. 블레셋의 압박 시대(삿 13~16장)

(1) 압박(삿 10:7; 13:1)

여섯 번째이자 마지막 큰 압박은 블레셋 사람으로부터 주어졌다. 사사기 10:7에 의하면, 이때는 대략 암몬족의 압제와 동시대로 나타난다.[72]

---

70) 분명히 에브라임 사람들은 "쉰"(shin)이라는 글자를 "사멕"(samech)같이 발음하는 데 익숙해 있었다. "십블렛"(shibboleth)은 "흐르는 강"의 뜻으로 여기서는 요단 강을 의미한다.
71) 다음에 고찰할 블레셋의 압제가 이 세 명의 사사와 동시대이기 때문에, 이들 사사가 동시대인지 아닌지는 전체 연대기에서 볼 때 별로 중요하지 않다.
72) 이 동시대성은 다른 요소와도 잘 부합한다. 사울이 주전 1050년에 왕

블레셋 사람들은 12세기의 첫 25년 동안 무력으로 이 땅에 들어왔는데, 이는 가나안족에 대한 드보라의 승리 이후 40년간의 평화 시대 기간이었을 것이다. 이제 대략 100년이 지났는데 블레셋인들은 강력하게 되었고 견고한 성곽을 쌓게 되었다. 이스라엘 땅에 대한 그들의 의도는 주로 일시적 약탈의 면에서 생각되어진 이전의 압제자들과 다른 것이었다. 그들은 영구적인 점령을 갈망하였다. 다른 족속들은 그 지역에 오래 살고 있던 집단의 한 구성원이었으나, 블레셋 사람들은 새로 들어온 이들로, 모든 것을 포획하는 데 있어 구 거주민들에게 도전할 준비가 되어 있었다. 그들은 약탈하며 이동하는 해상백성의 한 분파로 호전적인 전통을 가지고 있었으며, 길고도 강력한 도전을 할 지식과 기질도 준비되어 있었다. 가나안 백성도 이스라엘 백성과 똑같이 그들의 정복대상이었는데[73] 그럴 만한 이유는, 블레셋 사람들이 한때 가나안 백성으로부터 땅을 빼앗아 북쪽으로 에스드렐론 골짜기까지 이르렀고, 또 골짜기를 통과해 동쪽으로 요단 강까지 갔었기 때문이다.[74] 이제 블레셋 사람들은, 다른 압제 중에서도 가장 긴 40년 동안이나 이스라엘을 지배할 수 있었고, 그 후 이스라엘의 첫 왕 사울의 재임 기간에도 주기적으로 공격을 계속하였다.

(2) 삼손(삿 13:2~16:31)

블레셋 사람과 도전할 하나님의 사람은 삼손이었다. 그의 아버지는 단 지파 사람 마노아(Manoah)였는데, 그는 그 지파 사람들과 같이 북쪽으로 이주하지 않은 것이 분명하다. 중요한 점은 하나님의 사자를

의 자리에 올랐으므로, 미쓰바 전투는(삼상 7:7~14) 주전 1055년 후에 일어날 수 없을텐데, 이는 곧 40년의 블레셋 압제(삿 13:1)가 주전 1095년에 시작 되었음을 의미한다. 암몬족의 지배는 주전 1096년에 시작되었다(참고, 앞의 주 63).

73) 이로 인해 가나안 사람과 이스라엘 사람이 동맹을 맺었을 것이고, 이것이 바로 가나안 사람을 그 땅에서 완전히 몰아내라는 하나님의 본래 명령의 또 다른 이유가 되는 것이다.

74) 이후의 주 95를 참고하라.

통하여 삼손의 출생이 예고되었다는 데 있다(삿 13:3~23). 태어날 아들은 나실인(Nazarite)이 될텐데, 이는 다른 모든 것 중에서도 그의 머리가 잘려서는 안된다는 것을 강조한다(민 6:1~13). 삼손은 블레셋 땅과 이스라엘 땅 사이의 경계선에 위치한 소라(Zorah)에서 태어났다. 삼손이 적과 해후하는 방법은 다른 사사들의 방법과 다른 것이었다. 그는 군대를 이끌고 전쟁터로 가는 대신에 블레셋 사람 가운데 홀로 가서 엄청난 힘으로 대파괴를 선사하였다. 이 힘은 유별나게 거대한 체구에서 나온 것이 아니라(성경에는 이러한 방법에 대해 적어도 아무런 암시도 주어져 있지 않다) 하나님의 영[75]의 특별한 권능을 받아서 가능한 것이었는데, 이는 특별히 삼손의 자르지 않은 머리로 상징되었다. 이 힘을 통해 그는 많은 적을 죽일 수 있었는데, 이스라엘 편에서의 그의 가장 큰 공헌은, 한 개인에게 그렇게 큰 힘을 부여할 수 있는 이스라엘 하나님의 위대성을 블레셋 사람에게 보여주었다는 것이다. 삼손의 공적에 관해 수많은 이야기가 있는데 이는 더 첨가될 수 있는 그와 같은 많은 것들의 대표일 뿐이다.

(3) 삼손의 힘의 업적(삿 14~15장)

① 삼손의 첫번째 힘의 과시는 딤나(Timnah)[76]의 블레셋 여인과의 결혼에 연유되어 일어났다. 그는 그 여인과 결혼하고자 하여 자기 부모들의 반대에도 불구하고[77] 그들을 설득하여 결혼을 주선하도록 하였다. 한 번은 그녀를 찾아가는 길에서 사자를 만났는데 맨손으로 죽여

---

75) 이것은 네 번이나 언급되어 강조되어 있다(삿 13:25; 14:6, 9; 15:14). 다른 사람들에게 있어 이와 비슷한 언급은 한 번 이상 주어지지 않았다.

76) 이 도시는 소라(Zorah)에서 남서쪽 4마일 지점에 있는 키르벳 텀네로 판명되었다. 본래 단 지파에게 분배되었었는데(수 19:43), 이 당시는 블레셋 사람 손에 있었고 그 후 한 번 이상 주인이 바뀌었다(왕하 28:18).

77) 이스라엘 사람들의 결혼은 가나안 사람하고만 금지된 것으로 표현되었지만(신 7:3~4), 이 금지의 이유들은 블레셋 사람에 대해서도 사실인 셈이었다. 그러므로 이 결혼을 부적당한 것으로 생각한 삼손의 부모들은 올바른 견해를 가진 셈이다.

버렸다. 후에 그는 그 사자의 시체 속에 벌집과 꿀이 있는 것을 발견하고, 이로부터 그의 결혼을 위한 7일 축제 동안에 블레셋 축하객에게 수수께끼를 내게 되었다. 그들은 삼손의 신부로 하여금 삼손을 속여 답을 알아내고 그 답을 그들에게 전하게 함으로써 수수께끼를 해결하였다. 그들이 한 짓을 깨달은 후, 삼손은 미리 약속했던 보상으로 아스글론[78]에서 블레셋 사람 30인을 죽여 그들의 겉 옷을 취하여 주었다.

② 밀 추수 때의 공적

두 번째 과시는 일 년도 안되어 밀 추수 기간에 일어났다(삿 15:1~19). 삼손은 그의 첫번째 분노를 억누르고 신부에게로 돌아왔으나 그녀가 다른 사람에게 주어졌다는 대답을 들었다. 그는 이를 보복하기 위해 800마리의 여우를 잡아 한 쌍씩 꼬리를 횃불로 묶고 놓아서 블레셋 곡식을 다 태워버렸다. 블레셋 사람들은 삼손의 장인을 불태워 죽임으로써 앙갚음을 하였다. 삼손은 다시금 적들을 살해함으로써 보복하였다. 그리고나서 그는 이스라엘 땅으로 돌아와 "에담(Etam) 바위 꼭대기"[79]에 자리를 잡았는데, 여기에서 곧 3,000명의 자기 백성에 의해 붙잡히게 되었다. 이 백성들은 자신들이 군주로 여기고 있는 블레셋 사람들에게 압력을 받아 이 일에 가담한 것이었다. 이 백성들은 삼손을 해하지는 않겠다고 약속한 사람들이므로, 삼손은 이들과의 투쟁을 원치 않아 자신의 몸을 결박한 채 레히(Lehi)[80]에 있는 블레셋 사람에게 넘겨지도록 허락하였다. 그러나 일단 그들 가운데 있게 되자, 그는 가볍게 결박된 줄을 끊고 "나귀의 새 턱뼈"를 사용하여 1,000명의 적을 죽였다. 그리고나서 극도로 목이 말랐을 때, 그는 그가 서 있던 바위에서 기적적으로 물이 솟아나오는 것을 보고 하나님의 은혜로

---

78) 이 지역은 블레셋 5대 도시의 하나인 항구도시로서 덤나에서 서남쪽 23마일에 위치하였다.

79) 이 지역은 알려지지는 않았지만 아마도 후에 르호보암(왕하 11:6)에 의해 다시 세워진 "에담"과 같은 지역일 것이다. 서방 유다임에 틀림없다.

80) 레히의 위치는 알려져 있지 않지만 분명히 에담과 블레셋 본토 사이에 있었다.

운 섭리를 경험하였다.

③ 20년간의 사사

이런 일 이후 삼손은 보다 평화로운 생활방식에 만족하여 20년 동안 이스라엘의 사사로 봉직하였다(삿 15:20). 이 기간은 아마도 헤브론에서 보냈을 것이고(삿 16:3), 미쓰바 전투(삼상 7:3~11)[81] 이전의 사무엘의 사사 기간[82]과 분명히 동시대였을 것이다. 방금 살펴본 사건에서 나타난 것처럼 블레셋 국경 근처의 그의 백성에게는 인정을 못받았지만 그의 업적은 멀리 떨어진 헤브론 지역에서는 과히 영웅이 되도록 할 만한 것이었다. 분명히 그곳 백성들은 사사로서의 그와 상의할 용의가 있었다.

④ 마지막 사건

20년 기간이 끝나갈 무렵, 삼손은 블레셋 지역을 다시 찾아가 가사(Gaza)[83]에 들렀는데, 여기에서 그는 욕망의 노예가 되어 기생과 더불어 죄를 범하게 되었다(삿 16:1~3). 한밤중에 일어나 그 성읍이 블레셋인들에게 포위되어 있는 것을 알아챈 그는 가사의 수비성곽을 뜯어내어 이를 헤브론으로 돌아오는 길의 언덕 근처로 갖다놓음으로써 심한 모욕을 주었다.

얼마 지나지 않아서 다시금 욕망에 사로잡혀 데릴라라고 하는 간교한 블레셋 여자에게 매혹되었다. 그녀는 그가 태어난 소라에서 그리 멀지 않은 소렉(Sorek) 골짜기에 살고 있었다. 데릴라는 블레셋 방백

---

81) 미쓰바는 예루살렘으로부터 북쪽으로 8마일 지점인 텔 엘-나스베로 판명된다. 사무엘의 영역은 북쪽인 이 지역 근처를 중심한 것 같고 삼손은 헤브론 지역을 중심한 것 같다.

82) 삼손의 20년간의 사사 활동은, 아펙 전투와(삼상 4:1~11), 20년 후(삼상 7:2)의 미쓰바 전투(삼상 7:7~14) 사이의 역사와 잘 부합한다. 뒤에 나오는 사무엘에 관한 논의를 참고하라.

83) 헤브론에서 서쪽으로 40마일, 아스글론에서 남쪽으로 12마일 되는 텔 엘-아줄(Tell el-'Ajjul)로 확인되었다. 삼손은 아마, 아낙(Anak)의 후손인 어떤 거민과 싸우러 이곳에 왔었던 것 같다(수 11:22; 삼하 21:15~22).

들로부터 보상을 약속받고, 삼손의 힘의 비밀을 알아내기 위해 그를 유혹하였다. 그는 세 번이나 거짓 대답을 하였으나 마침내 그의 긴 머리카락에 대한 진실을 말하고 말았다. 그녀는 그가 잠든 동안에 머리카락을 잘라버렸고, 블레셋 사람들은 그의 두 눈을 빼어내어 가사의 옥중에서 노동하게 함으로 마침내 그를 지배하고 말았다. 그러나 그의 머리가 다시 자라게 되자 그는 그의 마지막 복수를 하게 되었다. 운집해 있던 블레셋 사람들을 즐겁게 하기 위해 다곤 성전에 이끌려 왔을 때, 그는 하나님을 불러 그의 힘의 회복을 요청하였다. 그리하여 그는 성전을 버티고 있는 두 개의 중심기둥을 뽑아 무너뜨릴 수가 있었고, 이전에 죽인 수보다 더 많은 적들을 자기의 죽음 그 순간에 죽일 수가 있었다.

(4) 삼손의 평가

① 특 징

삼손은 구약성경의 수수께끼 같은 인물 중의 하나이다. 그에 관해 수많은 칭찬할 만한 일들을 주목할 수 있겠으나 어떤 것은 매우 비난받을 만하다. 칭찬을 불러일으킬 만한 것은 다음과 같다. 첫째, 사사들 중에서 오직 그의 출생만이 바로 여호와의 사자[84]에 의해 예언되었는데, 이는 그에 관해 하나님의 특별한 은총이 있었음을 의미한다는 점이다. 둘째, 성경기록에 있어 기드온을 제외하고는 어느 사사보다도 많은 지면이 할애되어 있는 점이다. 셋째, 성령에 의해 특히 가능해졌다는 언급이 네 번이나 반복되는 것에 반해 다른 사사에게 있어서는 한 번 이상 주어지지 않았다는 점이다. 넷째, 그는 하나님께 초자연적 섭리를 두 번이나 요청했는데, 하나님께서는 각 경우마다 이를 기뻐하시고 들어주셨다는 점이다(삿 15:18~19; 16:28~30). 그리고 마지막으로는, 히브리서 11장(32절)에서 숭앙받는 믿음의 대열에 포함되어 있다는 점이다. 비난받을 만한 그의 특징 중에서 가장 두드러진 것은

---

[84] 사실 삼손은 여기에서 이삭(창 18:1~16)과 세례 요한(눅 1:5~25)과 함께 나란히 숭앙되고 있다.

여성에 대한 욕망이다. 이러한 약점 속에서 그의 나실인의 위치가 파괴되고 하나님을 향한 냉정한 마음이 파괴된 것이다. 그러나 이러한 나약함을 설명하는 두 개의 주요 예화가 그의 마지막 생애에, 즉 20년의 사사 생활 마지막[85]에 있었다는 점을 기억해야 한다. 사사로서의 대부분의 생애는 이러한 사건이 없는 생애였을 것이다.

② 하나님의 과제

하나님께서 자기로 하여금 블레셋과 싸우도록 하셨다는 사실을 삼손은 처음부터 알고 있었음이 분명하다. 천사는 그의 어머니에게 그렇게 지시하였고(삿 13:5) 분명히 그 어머니는 이러한 사실을 아들에게 전달하였을 것이다. 또한 블레셋 여인과의 결혼이 잘못된 것임에도 불구하고, 삼손이 이 일을 통하여 블레셋 사람과 싸울 구실을 찾았다는 것이 직접적으로 기술되어 있다(삿 14:4).[86] 그리고 블레셋 사람과의 계속적인 그의 접촉은 이와 비슷하게 계산된 것이었고(현명하지는 못했지만) 단순한 감정의 폭발이 아니었음이 계속되어 나온다. 그가 다른 사사들 같이, 적을 패배시키기 위해 군대를 이끌지 않은 데에는 이중적인 이유가 있다. 첫째는 하나님이 그로 하여금 그렇게 하도록 지시하지 않은 것인데, 이는 삼손이 단지 이스라엘을 구원하기 사작하리라"(삿 13:5)라고 그 어머니에게 전한 천사의 말에서 보면 뚜렷하다.

---

85) 그는 아마 40세 쯤 되어 죽은 것 같다. 그의 출생 예고는 블레셋 사람들이 압박을 시작한 이후에(삿 13:5) 주어졌을 것이고 이 압박은 40년간 계속되었다(삿 13:1). 그러므로 20년간의 사사활동 직전에 결혼하였을 때는 20세였다.

86) 사사기 14:4이 의미하는 바는, 몇몇 학자들이 주장하듯이 여호와를 위해서(그 구절이 지적하듯이 여호와를 기쁘시게 하기 위함과도 잘 부합하지만)라기보다 이러한 구실을 삼손이 찾았다는 뜻이다. 이러한 해석은 tao'anah의 사용에서 뜻하는 "싸움"(quarrel)의 개념을 따른 것이며, 또한 삼손이 수수께끼를 냄으로써 직접적으로 이 싸움을 촉진시키려 했다는 데에서 따른 것이다. 분명히 삼손은 결혼에 대해 이중적인 목적을 마음에 품고 있었는데, 즉 하나는 매력적인 여자와 결혼하는 것이었고 또 하나는 싸움의 구실을 찾는 것이었다.

둘째는 이스라엘 사람들이 적을 우세하게 만드는 공존정책을 받아들였으므로 블레셋 사람과 싸울 의사가 없었다(삿 15:9~13).

③ 영 향

 삼손이 죄에 빠졌음에도 불구하고 그의 전반적인 행위는 이스라엘에게 이로운 것이었다. 그는 여호와의 백성에 대한 블레셋 사람들의 계획을 상당히 혼란시키고 또 저지시켰다. 블레셋 사람의 계획은 무너졌고 그 대중들은 한 인간에게 그렇게 많은 힘을 부여할 수 있는 하나님을 경외하게 되었다. 그들은 이 한 개인에 대한 수수께끼를 해결하기까지 이스라엘의 완전 정복을 계속할 수가 없었다. 다곤 신전에 있어서 그의 마지막 블레셋인 살육은, 이 직후 미쓰바에서 블레셋을 패배시킨 사건(삼상 7:7~14)과 직접적 관련을 가진 것이었다. 더욱이 반 세기 가량 이후 나타난 블레셋의 영웅 골리앗의 출현은, 이 이스라엘의 영웅을 기억하여 보복적인 시늉을 보인 것이라 할 수 있다. 삼손이 욕망의 포로가 되지 않았다면 그는 분명히 더 많은 일을 성취할 수 있었을 것인데, 이 점에서 본다면 그는 크게 비판받아야 한다. 이 점에서 그는 다른 사람에게 강력한 경고의 교훈을 주고 있다. 그러나 이 약점으로 인해, 그의 훌륭한 점을 잊어버리거나 이스라엘 사람에게 가져다 준 혜택을 간과해서는 안된다.

9. 사무엘(삼상 1~8장)

 삼손의 사사활동과 블레셋 사람 속에서 업적을 이룬 전 기간 동안[87]에 이스라엘 본토에서는 이스라엘의 한 위대한 인물이 활동하고 있었는데 그가 바로 사무엘이었다. 그의 일반적 연대는 주전 1050년 사울이 집권을 시작하기 전에 그의 아들들이 브엘세바에서 사사로 활동할 만큼 나이가 들었다(삼상 8:1~2)는 사실로서 결정된다. 이렇게 볼 때

---

87) 또한 이 기간 동안에는, 요단 강 건너 입다의 암몬 사람에 대한 활동과 그 후 6년간의 사사활동이 포함되었다.

사무엘의 출생연대는 주전 1100년 이후일 수가 없는데,[88] 이때는 암몬 족과 블레셋의 압제가 시작되기 전이요, 삼손의 출생 바로 직전이다.[89]

사무엘 역시 그 이전의 다른 사람들과 마찬가지로 사사로 불리고 있지만(삼상 7:15~17), 그는 사사 이상이었다. 그는 단(Dan)에서 브엘세바까지의 이스라엘 사람들에게 인정되었듯이 주로 선지자였으며(삼상 3:20), 제사장 역할을 담당하기도 하였다(삼상 9:12~13; 13:8~13).

이러한 역량을 가지고 그는 이스라엘의 어려운 시기에 중대한 필요를 채워주었다. 가장 중요한 그의 일은, 종교적인 악습을 고쳐주고, 주요재난에 직면해서 국가적인 사기를 유지시켜 주며, 하나님 안에서의 신앙의 복귀를 촉진하여, 나아가 새로운 이스라엘 왕국을 건설하는 일이었다.

(1) 어린 시절(사무엘상 1~3장)

사무엘은 라마다임소빔(Ramathaim-zophim, Ramah)[90]의 레위인 엘가나(Elkanah)의 아들이었다. 사무엘의 어머니는, 엘가나의 두 명의 부인 중 하나인 한나였는데 사무엘을 낳기 전에는 자식이 없었다. 그녀는 아들을 위해 기도하면서 만일 기도가 이루어지면 그 아들을 하나님께 바치기로 약속하였다. 따라서 사무엘은 젖을 떼고난 후 하나님을 봉헌하기 위해 성막에 거하게 되었다.

당시 성막의 상황은 좋지 않았을 뿐 아니라 점점 더 악화되어 가고 있었다(삼상 2:12~17). 이다말(Ithamar)[91]을 통한 아론의 자손 엘리

---

88) 이 사실은, 사울 시대의 대제사장 아히멜렉이 그 당시 사악한 제사장 중의 하나인 비느하스(Phinehas)의 손자였다는 사실과도 부합한다.

89) 삼손은 주전 1095년 블레셋의 압제가 시작된 직후에 태어났다(앞의 주 72와 85를 참고하라).

90) 라마(Ramah)는 베냐민 지파의 예루살렘에서 북쪽으로 5마일 되는 엘람으로 판명된다. 엘가나는 그의 가족이 전에 에브라임에 살았으므로 에브라임 사람이었으나(삼상 1:1) 계보로 따라서는 레위인이었다(대상 6:33~35).

91) 대제사장의 가족은 정식으로 엘르아살(Eleazar)의 자손이었는데(민 20:25~29), 이제 엘리로 말미암아 이다말의 자손에 변화가 생긴 것이었다(참고, 삼하 8:17; 왕상 2:27; 대상 24:3).

가 대제사장이었다. 그의 두 아들 홉니와 비느하스는 제사장이었다. 엘리 자신은 여호와를 신실히 따르는 사람이었으나 나이가 들어 그의 두 아들이 예식을 대행하였다. 이들은 사악하여서 가나안 사람 성전에서 행해지던 방탕과 비슷하게 의식을 악용하고 성전을 더럽혔다. 이 결과 백성들은 예배드리러 성전에 나가는 것을 증오하였다. 하나님은 이러한 아들의 방탕을 허락한 엘리 제사장에게 책임을 돌려 꾸짖었다. 이러한 질책은 처음에 무명의 선지자를 통해서, 후에는 소년 사무엘을 통해 이루어지게 되었다(삼상 2:27~3:18). 그를 통해서 질책이 나왔다는 사무엘의 경험은 감사할 만한 것인 동시에 두려운 것이었다. 하나님은 밤중에 음성으로 말씀하심으로써 사무엘을 높이 세웠고, 사무엘은 그 다음날 아침 자신의 스승인 엘리 제사장에게 이 중대한 소식을 전해야 했다. 분명 이는 어린 소년이 감당하기에는 성숙된 사건이었다. 그가 전한 소식은 엘리 가문의 엄한 징벌에 관한 것으로 이것은 약 15년 동안[92]에 뚜렷한 형태로 이루어졌다.

(2) 비극적인 아벡 전투(삼상 4장)

징벌은 블레셋과의 비참한 전투를 통해 오게 되었다. 20년간의 블레셋 압제가 경과되었으므로,[93] 이스라엘은 이것을 직접적인 전쟁으로서 끝내려 하였다. 이 접전은 샤론 평야에 있는 블레셋 지역의 북쪽 아벡(Aphek)[94]에서 이루어졌는데, 이는 적들이 해안 지방의 가나안[95] 사람으로부터 이미 상당한 획득을 하였음을 의미한다. 이스라엘은 이 전투

---

92) 이 당시 사무엘이 10살이라 한다면, 연대는 주전 1090년경으로서 아벡 전투(주전 1075)로부터 15년 전이다.
93) 압제가 주전 1095년에 시작되었으므로(참고, 앞의 주 72) 여기서의 연대는 주전 1075년이 된다. 이 압제는, 사울이 왕이 되기 5년 전 주전 1055년이 될 때까지 40년 동안 지속되었다(삿 13:1).
94) 이는 후대의 안티파트리스(Antipatris)로 판명되는데, 실로에서 서쪽으로 23마일 되는 현대의 라스 엘-아인(Ras el-'Ain)이다.
95) 종국적인 블레셋의 점령은, 북쪽으로 에스드랠론 골짜기와 그 평야 남쪽으로 가까운 요단 골짜기까지 포함하였다.

에서 참패하여 4,000명의 군인을 잃었다.

 싸움터 앞에 여호와의 궤를 가져다놓으면 승리하리라[96]고 잘못 생각한 백성들은 패역한 홉니와 비느하스가 이에 동의하자 실로에 있던 궤를 23마일 떨어진 진중으로 가져왔는데 이는 하나님 뜻에 어긋난 일이었다. 그래서 하나님은 그러한 사악한 불순종 앞에 은혜를 베풀 수 없었고 그들은 다시 패배하였다. 이로 인해 홉니와 비느하스를 포함하여 30,000명의 이스라엘 사람이 거꾸러졌고 가장 중요한 궤를 빼앗기게 되었다. 이러한 대파국의 소식이 전해지자 혼란이 일어나게 되었는데, 즉 늙고 비육한 엘리 제사장이 의자에서 뒤로 넘어져 목이 부러져 죽었다.

 발굴 탐사에 의하면, 블레셋 사람들은 곧 이스라엘 본토, 심지어 그들이 파괴했던 실로에까지 들어갔다(렘 7:12; 26:6)[97]고 드러난다. 아마도 이때 또한 그들은 처음으로 지역 수비대를 상주케 하였고(삼상 10:5; 13:3) 자신들의 철 독점을 보호하기 위해 이스라엘이 소유했었을 철생산 공장을 파괴하여 이스라엘로 하여금 완전히 그들에게 의존하도록 만들었다(삼상 13:19~22).

 분명 이 당시 이스라엘의 사기는 극도로 약화되었을 것이다. 잘못된 종교적 상황으로 인해 이전의 사기도 상당히 하락했을 것이지만 이 전투로 말미암아 사기는 더욱더 낮아져 절망의 상태까지 가게 되었다.

 이스라엘은 두 번이나 참패해 많은 군사와 궤까지도 잃었다. 블레셋 사람들은 광대한 지역을 다스리게 되었다. 분명 많은 사람들은 이스라엘의 독립이 끝장났고, 이 외국세력이 그들을 완전히 삼켜버릴 것이라고 생각했을 것이다.

---

96) 이들은, 실제의 형상이 신의 임재를 보장한다는 이웃 백성의 신앙에 영향을 받았다. 이스라엘은 이렇게 하여 하나님의 임재가 보장된다고 잘못 생각하였다.

97) 실로는 1926~29년과 1932년에 덴마크 발굴대에 의해 탐사되었는데, 분명히 당시 11세기 동안에 무너졌음이 나타났다(참고, Albright, *BASOR*, 9(Feb., 1923), pp. 10f).

(3) 인간 사무엘(삼상 7장)

 사무엘이 25세쯤 되어 이스라엘의 지도자 위치로 들어가게 되었을 때 그가 당면한 상황은 바로 이러한 것이었다. 지금까지는 엘리의 감독 밑에 있었으나 이제 대제사장과 두 아들 모두 죽었다. 사무엘은 이미 백성 가운데 하나님의 선지자로 명망이 나 있었으므로(삼상 3:32) 지도자로 나서는 것을 기대할 수 있었다. 나라의 운영은 극히 절망적인 것이었으나 이러한 혼돈 속에서 질서를 회복하는 것이 바로 그의 사명이었다.

① 착실한 준비
 하나님은 이 사명을 위해 사무엘을 잘 준비시켰다. 어렸을 때 훌륭한 어머니의 영향과 박식한 엘리 제사장의 세심한 지도가 있었으며 그 중에서도 특히 엘리 제사장은 자기 아들의 방탕으로 인해 사무엘에게 더 큰 관심을 보여왔을 것이다. 또한 성막의 부패한 환경에서 자라난 사무엘은 백성들의 열렬한 종교적 필요성을 알고 있었다. 그는 분명히 어디에나 퍼져 있는 저하된 사기를 알고 있었을텐데, 그것은 실로가 그러한 정보의 중심지였기 때문이었다. 그리고 사무엘은 천부적으로 부여받은 용기와 신앙을 가지고 있었다. 많은 강력한 사람들이 이 임무를 포기했음에도 불구하고 사무엘은 능력과 힘으로써 수행해 나갔다.
 그의 노력이 현저하게 성공적이었다는 것은 분명하다. 곧 20년 후 이스라엘은 블레셋의 신하인 연약하고 비참한 백성이 아니라, 압제자를 크게 패배시킬 수 있는 용맹한 백성이 된 것이다(삼상 7:3~14). 이러한 변화는 응분의 원인이 없이는 일어나지 않았을 것인데, 이것을 성취할 수 있는 유일한 인간도구는 거대한 노력을 들여 성취한 인간 사무엘이었다.

② 일의 형태
 성경에는 사무엘이 어떻게 이 일을 성취하였는가에 대해 말하지 않고 단지 그 결과만 기록하고 있다. 그러나 꼭 필요한 활동들이 있으므

로 추측을 가능케 하고 있다. 궤가 빼앗겼고 실로가 파괴되었으므로 성전 재건에 관심을 두었을 것이다. 실제로 그는 다가오는 적으로부터 그 건축물을 보호하기 위해 이 점에 대한 즉각적인 행동을 취했을 것이다. 그것은 놉(Nob)[98]으로 옮기는 일이었다. 일단 여기에서는 홉니와 비느하스의 악습 이후 올바른 희생제와 예식을 다시 수립했을 것이다. 그리고 제사장과 레위인들은 각기 할당된 여러 성읍에서 다시 교육의 임무에 착수했었을 것인데, 이 임무는 분명 엘리 제사장 밑에서 느슨해져 있었다. 제사장과 레위인들은 백성들을 직접 소통하여 사태를 변화시키고 사기를 앙양[99]시킬 수 있었기 때문에 그들의 주의 깊은 지시는 매우 중요하였다. 우리는, 사무엘이 많은 곳을 다니면서 필요한 교섭도 하고 어디를 가든지 백성들의 신앙부흥을 촉구했으리라 생각한다.

③ 훈련학교

사무엘은 또한 이러한 노력에 결부시켜 새로운 착상, 곧 젊은 선지자를 위한 훈련학교를 개척한 것 같다. 우리는 이러한 학교에 대해 단지 이후 사울 시대에서 나온 언급으로(삼상 10:5~12; 19:19~24)[100] 알 뿐이지만 이 학교들이 얼마 동안 존재했었다는 것은 분명하다. 사무엘이 왜 이런 학교를 시작했나 하는 것은, 위기의 시대에 협력자를 필요

---

[98] 참고, 사무엘상 21:1~9. 사무엘이 놉(Nob)에 있는 성막과 관계했다고 언급되어 있지는 않다. 그러나 그가 실로에 있는 성전을 구하기 위해 이와 같은 장소로 옮기는 등 가능한 모든 일에 관계하지 않았다는 것은 생각할 수 없는 일이다.

[99] 이 당시 피했어야 할 주된 경향은, 백성들이 블레셋 적과 대항하기 위해 가나안 사람과 결탁하는 일이었다. 이런 자연적 경향을 없애는 데에는 강한 훈계가 필요했을 뿐 아니라 수반되는 위험들의 자세한 검토가 요구되었을 것이다.

[100] 이 구절에서 "훈련학교"라는 용어는 보이지 않고 단지 "선지자의 무리"(company of prophets)라는 용어가 쓰이고 있다. 그러나 이러한 무리는 이전에 언급된 적이 없고, 사무엘은 "그들의 우두머리"로 되어 있다(삼상 19:20). 이것은 공식적이지는 않았지만 적어도 비공식적으로 훈련상황이 있었음을 암시한다.

로 했다는 데서 잘 설명된다. 그는 자기 자신이 모든 곳을 다닐 수가 없었으므로 조력자들이 필요하였다. 이들이 잘 훈련되기만 한다면,[101] 그가 갈 수 없는 많은 지역을 다니면서 그의 노력을 증가시킬 수 있을 것이다. 그들을 가르친다는 것은 상당한 시간이 소요되겠지만 사무엘은 여행을 다니면서 이 일을 수행했을 것이다.[102]

(4) 미쓰바 전투의 승리(삼상 7:5~14)

20년간의 이런 노력 끝에(삼상 7:2),[103] 이스라엘은 마침내 블레셋에 대해 결정적인 승리를 할 수 있었다. 백성들은 또 다른 접전에 용기를 가질 만큼 사기가 앙양되었다. 그러나 무엇보다 중요한 것은, 하나님에 대한 신앙이 재생되어 여호와께서 그들을 승리하도록 축복하신 것이었다. 사실, 이 전투는 백성들이 신앙의 회복을 위해 미쓰바에 모였을 때 일어났다. 블레셋 사람들은 이 모임의 소식을 들었고 분명 전쟁을 위한 것이라 생각하여 직접 그들을 공격한 것이었다. 처음 이스라엘 사람들은 적이 접근해 온다는 소식을 듣고 두려워하였으나 사무엘이 하나님께 도움을 요청하자 하나님께서 이를 들어주셨다. 격심한 천둥 폭풍이 내리자 블레셋 사람들의 마음에 두려움이 일어났고 이때 이스라엘이 승리할 수 있었으며 그 후 벧갈(Beth-car)[104]까지 추격하

---

101) 이 선지자들이 열광자(ecstatics)였다는 자유주의적인 견해는 배격되어야 한다. 사울이 그들과 같이 한 이상스런 "예언행위"와 그때 옷을 벗고 밤새 누워 있었다는 기록은(삼상 19:24), 그러한 열광 속에 동조한데 기인한 것이라 볼 수 없다. 참가자가 된다는 것은 그러한 상태를 야기시키는 노력 외에 적절한 마음의 준비와 갈망이 요구되는 것이다. 그러나 사울은 파견대의 불찰로 인해 화가 나서, "선지자의 무리"가 있는 곳에 도착하기도 전에 "예언"을 시작했다. 이 태도에서 그가 밤새도록 누워 있었다는 것은 사무엘이 인정한 무리 속에 다윗이 있음을 보고 절망한 감정적인 행동으로 설명된다.
102) 라마에 있는 나욧(Naioth)이 본부였을 것이다. 나욧이란 말은 "거주"(habitation)를 뜻하는데 사무엘은 여기에서 젊은 선지자들의 수령으로 있었다(삼상 19:18~24).
103) 앞의 주 82를 참고하라.
104) 벧갈(beth-car)은, "벧갈 아래"에 이르기까지라는 말로 보아 높은 곳에 위치했음이 틀림없다. 그러나 이 위치는 알려져 있지 않다.

였다. 앞에서 지적했듯이, 이 승리에 있어 삼손의 노력이, 한 역할을 담당했다고 보아야 한다. 이 전투 직전에 일어났었던 다곤 신전에서의 3,000명 살육은 블레셋 사람 가운데 이스라엘 하나님에 대한 경외심을 불러일으켰을 것이고 이것이 천둥 속에서 공포심을 조장했을 것이다.

이 승리 이후, 블레셋의 이스라엘 침입은 사울이 왕이 된 이후까지 (삼상 13장) 중단되었다. 이 전투로 말미암아 사사기 13:1에 언급된 40년의 압제는 끝이 난 것이다.

(5) 언약궤의 복귀(삼상 5~6장)

성막의 궤는 20년 전 아벡 전투에서 붙잡혔었다. 하나님께서는 블레셋 사람에게 일련의 재앙을 일으켜 빼앗긴 지 7개월만에 다시 이스라엘로 돌아오게 하셨다. 첫째, 언약궤를 다곤 상[105] 옆에 두었었는데, 이 다곤 상은 궤 앞에 두 번이나 엎어져 있었다. 다음으로 독종이 백성 가운데 일어나 어떤 경우는 죽음을 가져오기도 하였다. 마지막으로 그 땅은 쥐로 가득차게 되었다.[106] 이 문제의 언약궤를 어떻게 본국으로 보낼까 결정하는 중에, 블레셋 제사장들은 속임수를 써서 그들의 면목을 유지하려 하였으며 그리하여 궤는 마차에 실려 보내지게 되었다. 그러나 하나님께서는 이에 간섭하시사, 송아지를 떼어놓은 암소가 수레를 끌게 하여 부서지지 않고, 놀랍게 곧바로 이스라엘 영토 벧세메스[107]로 가게 하셨다(삼상 6:1~18).

---

105) 다곤(Dagon)이라는 이름은 "물고기"를 뜻하는 "dagh"에서 온 것일 수도 있지만 "곡식"을 뜻하는 "daghan"에서 유래했을 확률이 더 크므로 곧 농업의 신이다. 마리(Mari), 우가릿(Ugarit), 벧산(Bethshan) 등에서 발견된 다곤 신전은, 이 신이 가나안 사람에게 빌려온 신임을 보여준다.

106) 쥐 재앙은 설명되어 있지 않으나, 블레셋 사람들이 독종의 형상뿐 아니라 쥐의 형상도 만들었다는 데에서 이러한 개념이 포함되어 있는 것이다.

107) 오늘날의 텔 엘-루메일레(Tell er-Rumeileh)로 확인되는 벧세메스는 블레셋 땅으로 연결되는 동서 골짜기에 있었으며 이스라엘(유다) 영토 안에 있는 첫번째 도시였다.

그러나 그 땅에 돌아온 궤는 아직 놉에 있는 성막으로 보내지지 않았다. 벧세메스에서 사람들이 호기심으로 그 속을 들여다 보았을 때,[108] 그것은 신성 모독이었기 때문에 하나님은 징벌로써 많은 사람의 생명을 앗아가셨다(삼상 6:19~20). 벧세메스 사람들은 이를 성막으로 돌려보내는 대신에 기럇여아림(Kirjath-jearim)[109] 사람들을 불러 이를 가져가게 하였다. 이 사람들이 아무런 해를 당하지 않은 것으로 보아 분명 궤를 적절히 다루었지만 여전히 성막으로 돌려보내지 않았다. 궤는 다윗이 예루살렘으로 가져오기까지 70년 이상[110]을 그들과 같이 있었다. 왜 사무엘이 그것을 성막으로 가져오도록 하지 않았는지에 대해 의문이 생긴다. 그렇게 중요한 사건이 비밀로 지켜질 수 없는 것으로 보아 사무엘은 분명 궤가 그 땅으로 돌아온 것을 알고 있었을 것이다. 그는 아마 이것이 계속 백성을 격려하는 수단이 되기를 원했을 것이다. 그가 궤를 옮기지 않았으므로, 우리가 말할 수 있는 것은, 성경에는 기록되지 않았지만 그렇게 결정할 만한 어떤 중요한 요인이 있었을 것이라는 내용이다.

(6) 백성들이 왕을 요청함(삼상 7:15~8:22)

미쓰바 승리 이후, 제사장과 레위인들이 다시금 효과적으로 각기 일을 수행하게 되자 사무엘의 활동은 상당히 줄어들게 되었다. 기록된 바 그의 사사활동은 벧엘, 길갈, 미쓰바 그리고 자기 고향 라마만을 순회하면서 비교적 적은 범위에 머물게 되었다(삼상 7:16~17). 브엘세바 근처 남쪽에서는 그의 아들 요엘(Joel)과 아비야(Abiah)를 사사로

---

108) 궤는 백성 가운데 하나님의 임재를 나타냈으므로 중시되어야 한다. 이스라엘 사람들은, 이것이 호기심의 대상 그 이상이라는 것을 알고 그렇게 다루었어야 했다.
109) 텔 아이브(Tell Aviv)로 가는 길의 예루살렘에서 서쪽으로 9마일 되는 쿠리엠 엘-'에납(Kuriet el-'Enab, Abu Ghosh)으로 판명된다. 이곳은 기브온 사람의 도시였다(수 9:17).
110) 아벡 전투는 주전 1075년에 일어났으며, 다윗이 주전 1003년에 예루살렘에서 통치를 시작한 직후 궤가 옮겨졌다.

두어 돕게 하였다. 그러나 이들은 홉니와 비느하스 경우처럼 아버지의 훌륭한 본보기를 따르지 않고 뇌물을 취하여 부패한 판결을 하였다.

그들의 못난 행위는 백성들로 하여금 사무엘에게 요청을 하게 했는데 사무엘은 이 요청으로 인해 크게 실망을 하였다. 그들의 요청은 왕을 갖게 해달라는 것이었다(삼상 8:4~6). 그러나 그 아들들의 실패가 이러한 요청의 주요 이유는 아니었다. 즉, 백성들은 현 행정제도 밑에서 거의 완전한 파멸에까지 이른 과정을 목격한 것이다. 그리고 이제 그 상황이 호전되자 변화를 원하게 되었다. 블레셋이나 또는 다른 적[111]이 다시 공격할지도 모른다고 생각했을 것이다. 그들은 "다른 모든 나라와 마찬가지로" 조직된 군대를 가진 왕을 원하게 되었다.

그러나 사무엘은 이 요청을 개인적인 모욕으로 받아들였다. 그는 이스라엘을 위해 열심히 일했고, 이제 이 나라는 비교적 강력한 상태가 되었다고 올바로 믿었다. 이러한 요청이 자기에 대한 신뢰의 부족을 나타내는 것이라고 생각했다. 하나님께서는 사무엘에게 이르기를 너에 대한 모욕이 아니라 실제로 하나님 자신에 대한 모욕이라고 하셨다. 즉, 백성들은 이제 하나님께서 주신 신정형태를 더 이상 원하지 않은 것이었다. 이때 사무엘은 하나님께서 백성들을 꾸짖고 그 요청을 거절하라고 하실 줄 기대했으나 하나님께서는 그렇게 하지 않으셨다. 대신 백성들의 요청에 따르라고 하셨는데 이는 그들이 원하는 것이 실제로 최상[112]의 것임을 의미하는 것이었다. 백성들이 하나님의 율법을 준수했다면 하나님께서 처음 의도한 것의 최상의 것이 될 수 있을 것인데, 백성들이 불순종한 것이었다. 또한 하나님께서는 사무엘로 하여금 백성들에게 경고하라고 지시하셨는데, 그 내용은 그들이 요청한 왕과 함께 나아간다면 신정 밑에서 경험하지 못한 심한 세금부담을 받게 될 것이라는 경고였다. 그들이 하나님의 길을 따른다면, 하나님을 기쁘시게 할 뿐 아니라 그들 자신을 위해서도 훨씬 좋은 일일 것이다. 그러나

---

111) 그들의 마음속에는 암몬 왕 나하스를 염려했던 것 같다(참고, 삼상 12:12).

112) 앞으로 올 왕국에 대해 이미 언급이 주어져 있었음을 깨달아야 한다 (창 49:10; 민 24:17; 신 17:14; 삼상 2:10).

이제 그들이 하나님의 길을 따르지 않았으므로, 많은 손해에도 불구하고 다른 나라와 같은 형태의 국가가 되는 것이 최상의 일이었다.

*A Survey of
Israel's History*

제10장

사울 왕

[사무엘상 9-31장]

이스라엘 왕국 시대의 팔레스틴 땅은 사사 시대에 비해 외세의 침입을 덜 받았다. 사울 왕, 다윗 왕, 솔로몬 왕 시대에는 애굽마저도 간섭하지 않았다. 라암세스 3세(약 1195~1164) 이후의 애굽 왕들은 솔로몬의 아들 르호보암 시대[1]에까지 팔레스틴 국경을 넘어온 적이 없었다.

앗수리아의 세력이 부상하고 있었으나 아직 이스라엘 영토까지는 진출하지 못하였다.[2] 왕국 시대 이전, 앗수리아가 서쪽으로 영토 확장한 일이 있었으나 다른 관심 때문에 계속 지탱하지 못하였다. 이후 2세기 동안[3] 어떤 통치자도 이곳에까지 진출하지 않았다. 이것은 이스라엘의 첫 왕이 대제국의 영향을 거의 받지 않았음[4]을 의미하며, 다윗 왕의

---

1) 애굽의 22대 왕조를 창설한 시삭 1세(Shishak, Sheshonq I)는 르호보암 5년(왕상 14:25~26)에 국경을 넘어왔다. 그는 이전에 솔로몬으로부터 도망온 르호보암에게 피난처를 제공하였다.
2) 앗수리아는 살만에셀 3세(Shalmaneser III, 859~824)의 초기에 침입하였다(참고, 13장). 몇 년 전에 아합 왕은 칼칼에서 이 앗수리아에 대항하는 동맹을 맺었다(역시 13장을 참고하라).
3) 참고, 13장.
4) 주전 1240년 이후 헷 족속들은 민족이동의 물결(해상백성) 속에 휩쓸려 망하게 되었다. 그들의 수도였던 보가스코이(Boghazkoi)는 완전히 폐허가 되었다. 이전에 헷 족속들은, 강력한 수필루리우마(Shuppiluliuma, 1375~1340)의 영토 아래 자신의 제국을 건설하면서 지중해 세력들을 꺾어버렸다.

영토 확장에 부분적으로 공헌한 셈이다.

사울이 왕위에 올랐을 때 그의 주된 과업은 여러 지파들을 하나의 참된 국가로 통일시키는 일이었다. 사무엘의 노력이 크게 공헌했다고 볼 수 있는데, 이는 그가 완전한 재난 속에서 부족들을 구하고 사기를 회복시켰으며 하나님에 대한 신앙을 재생시켰기 때문이다. 그러나 각 부족들은 아직도 뿌리 깊은 차이점을 가지고 있는 별개의 존재였다. 과거에 있었던 시기심과 지파 사이의 투쟁들은 쉽게 잊혀질 수가 없었다.

더욱더 심각한 것은 궤의 분실과 실로의 파괴, 그리고 이에 필요한 성막의 이전이었다. 중앙 성소는, 백성들이 함께 모여 예배드리고 그들의 공통된 유산을 상기시키는 장소, 곧 주요한 통합의 요인으로 의도된 것이었다. 그러나 실로는 이제 그런 장소가 아니었다. 궤가 없는 성막은 원래 의도된 중앙집중적인 영향을 거의 발휘하지 못하였다. 지파 사이의 상이점들이 잊혀지려면 강한 영도력이 필요하였다. 오랫동안 굳혀진 이 열 두 지파를 한 나라로 용접하는 사울의 과업은 쉬운 일이 아닐 것이다.

1. 기름부음 받은 사울(삼상 9~12장)

(1) 라마에서 기름부음 받다(삼상 9:1~10:16)

① 사무엘로부터 기름부음 받다(삼상 9:1~27)

하나님께서는 사무엘에게 지파들이 왕을 필요로 한다는 말씀을 하신 뒤 얼마 지나지 않아 왕이 될 인물을 지명하셨는데, 곧 베냐민 지파의 기스(Kish)의 아들 사울이었다. 베냐민 지파의 한 사람이 이러한 영광을 얻은 것은 의미있는 일이었다. 유다와 에브라임은 그 사이에 베냐민을 끼고 있는 우세한 양 지파였다. 베냐민 지파에서 한 사람이 선택되었다는 사실은 통일의 필요성에서 중요시되어야 할 과제, 즉 이 두 지파의 상호 시기심을 방지할 것이다.

사울은 키가 크고 놀라운 용모를 갖춘 사람으로 이스라엘 중에 아무도 "그보다 더 준수한 사람"이 없다고 했다(삼상 9:2). 부름받기 전 그의 모습은 분명히 비천하였다. 그의 하인으로부터 여러 번 종용받고 난 후에야, 잃어버린 암나귀에 대해 라마에 있는 선지자 사무엘의 충고를 구하게 된 것을 보면, 적어도 그는 소심한 인간이었다. 사무엘은 그에게 먼저 동물을 찾았다고 말하고나서, 곧 그가 실제로 이스라엘의 첫 왕이 되리라는 놀라운 사실을 말해 주었다. 이 젊은이에게 일어난 사건은 무엇이었을까! 그는 주저하면서 잃어버린 동물의 위치를 알기 위해 와서 모든 지파의 통치자가 된다는 소식을 듣게 된 것이었다. 사무엘은 그 다음날 아침 이 영광의 상징으로 그에게 기름을 부은 것이다.

② 확정의 징표(삼상 10:1~12)

사울이 집으로 떠나기 전, 사무엘은 그에게 여행중 겪게 될 세 가지 확정적인 징표에 대해 말하였다. 그는 두 사람을 만날 것인데 이들은 그에게 이르기를 잃어버린 암나귀는 찾았으나 이제 그의 아버지가 그 때문에 심히 걱정한다는 것이었다. 그리고, 염소와 빵과 포도주를 갖고 있는 세 사람을 만날 것인데 그들이 두 조각의 빵을 줄 것이라는 내용이었다. 세 번째로 가장 중요한 것은, 악기를 연주하며 하나님께 찬양드리는[5] 선지자 무리[6]를 만날 것이라는 내용이었다. 그는 이 무리들과 같이 찬양하며 "여호와의 영"이 자신에게 임함을 경험하게 될 것이었다. 이러한 사건들은 사무엘이 예언한 대로 일어났는데, 이는 의심할 바 없이 사울은 마음속으로 사무엘의 놀라운 발언을 확인하게 되었다. 사울이 사무엘을 떠나가면서 그렇게 훌륭한 미래가 어떻게 자기에게 펼쳐질 수 있을까 하고 분명히 의심했을 것이므로 이러한 확인이 필요했을 것이다. 이러한 사소한 사건들이 예언한 대로 일어났을 때, 이보다 더 큰 사건을 믿기가 쉬웠을 것이다. 예언한 대로, 그가 실질

---

5) 본문에는 그들이 "예언하였다"(삼상 10:10)라고 되어 있다. 그러나 이것은 구두로 나타낸 메시지가 아니었다. 이들이 예언하였다는 것은 역대상 25:1~3 레위인이 "예언하기를 여호와께 감사하여 찬양하였다"는 의미의 용어로 쓰인 것이다. 사무엘의 제자들은 높은 곳에서 내려오면서 여호와께 노래로 찬양하고 있었다.

6) 이들은 사무엘의 젊은 제자들(훈련생도들)같이 여겨진다(참고, 9장).

적으로 믿게 되자 곧 선지자들과 같이 찬양에 참가하게 되었다. 그를 알고 있는 사람들은 그의 행동에 놀랐는데, 이는 소심한 사울이 그러한 공개적 행동을 하는 것을 본 적이 거의 없기 때문이었다. 그는 사무엘이 예언한 대로 그들에게 새로운 사람으로 보였다. 그가 효과적인 왕이 되려면 이러한 방법으로 품성이 변화될 필요가 있었다. 그 후에는 전과 같은 소심한 인간이 아니라 진취적인 지도자[7]가 될 수 있었다.

(2) 미쓰바에서 왕으로 뽑힘(삼상 10:17~27)

이스라엘의 첫 왕이 지명되고 난 후 사무엘에게 있어서는 백성들에게 밝히는 일만 남게 되었다. 사무엘은 아직 이스라엘의 기억 속에 생생히 남아 있는 사건, 곧 블레셋을 크게 이겼던 장소에서 이를 행하게 되었다. 그는 각 지파의 대표들을 이곳에 불러모았다. 그는 하나님께서 택하신 것처럼 묻는 형식으로, 아마도 우림과 둠밈의 방식[8]으로 진행시켰다. 사무엘은 중간 인물인 자신을 통하기보다는 백성들로 하여금 직접 하나님의 선택을 목격하도록 한 것이다. 수년 전 아간(Achan)과 관련되어 시행한 것(수 7:16~18)과 비슷한 판명절차를 하게 되었다. 먼저 사울의 지파 베냐민이 판명되고, 다음 사울의 가족 마트리(Matri), 그리고 사울이 최종으로 판명되었다. 사무엘이 분명히 사울에게 참석하도록 미리 지시했을텐데, 백성들이 그를 찾았을 때 그는 보이지 않았다. 그 다음 문의를 해보았을 때 마차집 속에 숨어 있다가 나타났는데, 이는 그의 천성적인 소심함을 또한 보여주는 것이었다. 이제 사울이 소환되어 왕의 모습으로 나타나게 되었고 모인 사람들의 환호로 수락되었다.

---

7) 이것은 "그가 새사람으로 변했다"(삼상 10:6)는 말에 대한 해석으로 몇몇 학자가 주장하는 광신자가 되었다는 해석보다 더 나은 것이다. 사무엘은 가나안 종교로부터 온 열광적인 행위에 참가하지 않았다.

8) 우림과 둠밈 방식이 본문에는 언급되지 않았지만 이러한 환경에서 보통 취해진 문의방법이었다(참고, 민 27:21; 8장).

(3) 왕으로 세워짐(삼상 11~12장)

① 기다림의 기간

대표들로부터 인정을 받는 일과 대중 백성들에게 수락되는 일은 별개의 일이었다. 왕으로서의 사울의 즉위는 이제 자연적으로 따라오는 것이 아니었다. 백성들은 자발적인 수락을 해야 하는데 사울은 아직 백성들에게 잘 알려져 있지 않았다. 수락 전에 공개적인 노출이 필요하였다. 또한 각 지파들은 아직 자치적인 하나의 단체로 있는 상태였고, 앞으로의 통치자가 누구이든지 간에 이러한 모험에 가담하기를 주저했을 것이다. 더욱이 수도나 궁전, 신하 또는 행정기구도 없었다. 사울은 모든 사람에게 받아들여지고 찬탄받을 수 있도록 그리고 이로 인해 앞으로의 다른 장애를 제거하는 노력이 가능해지도록 하기 위해 자신을 증명할 기회가 필요하였다.

② 야베스 길르앗에서의 뛰어남(삼상 11:1~15)

이러한 기회는 미쓰바에서의 왕으로 뽑힌 직후에 일어나게 되었다.

40여년 전 입다에게 패배했던 암몬 사람들이 나하스 왕의 영도 아래 요단 강을 건너 야베스 길르앗[9]을 공격하여 왔다. 사울이 왕으로 추대된 사실을 알지 못한 이 성의 주민들은 각 지파에게 도움을 요청하였다. 그들의 요청이 사울의 관심을 끌게 되었는데, 곧 사울은 이 요청을 자신이 해야 할 책임인 동시에 자기가 필요로 하는 기회인 것을 즉각 깨달은 것이다. 그는 극적인 거동으로 소의 멍에를 벗겨 이를 쪼개서 각 지파에게 하나씩 보냈다. 이를 전하는 사자들은 사울과 함께 야베스 길르앗의 요청에 응답하지 않는 사람들은 그들의 소가 이런 식으로 처해질 것이라 선언하였다. 이에 대한 호응은 아주 훌륭하였다. 유

---

9) 확실한 판명은 이루어지지 않았지만, 비교적 그럴 듯하게 주장하고 있는 Glueck은 *BASOR*, 89(Feb., 1943)와 91(Oct., 1943)에서 요단 강으로부터 2마일, 벧산으로부터 9마일 지점에 있는 와디 야비스(Wadi Yabis)의 텔 아부-카라스(Tell Abu-Kharaz)로 보고 있다.

다 사람이 3만, 그 외 이스라엘이라 불리우는[10] 다른 지파에서 30만이 모여들었다. 사울은 이 무리 가운데서[11] 세 대표단을 뽑아 암몬과 대항하여 큰 승리를 거두었다. 이 결과는 사울이 원하던 그대로였다. 이스라엘 사람들은 그를 좋아하게 되어 이제 왕으로 섬기게 되었다. 공식적인 예식이 사무엘의 주도 아래 길갈에서 행해졌다. 사울은 화목제와 환호 속에서 첫째 왕으로 옹립되었다.[12]

③ 사무엘의 권면사(삼상 12:1~25)
즉위식에 이어, 사무엘은 백성들에게 이별의 권면사를 전달하였다.[13] 위대한 선지자이자 은퇴하는 지도자로서 감동적인 순간이었다. 그는 하나님의 지시에 따라, 왕을 세워달라는 백성들의 요구에 응하였고 이제 자발적으로 사울의 즉위를 추진하였다. 열심히 일한 사무엘, 그리고 백성들에게 그렇게 많은 은혜를 끼쳤던 사무엘은 이제 뒤로 물러나고 있는 것이었다. 그러나 사무엘은, 이전의 통치제도를 실패하게 했던 그 죄가 또다시 새 통치제도에 나타날 것을 감지하였다. 통치제도의 변화보다 심경의 변화가 더 중요하다는 것을 백성들이 깨달아야 하기 때문에 권고의 말이 필요한 것이었다.

사무엘은 백성 앞에서 자신의 올바른 행위를 인정할 것을 호소함으로 시작하였다. 그리고 과거 그들의 과오를 상기시키면서 하나님의 율법에 복종할 것을 촉구하였다. 하나님의 축복을 받으려면 이것은 당연

---

10) 이러한 두 갈래는, 유다와 다른 지파 사이의 갈등이 일찍부터 있었음을 암시하는데 결국 솔로몬 이후 완전히 갈라지게 된 것이다. 아마도 시므온의 대표들은 유다에 속했을 것이고 나머지는 이스라엘에 속하였을 것이다.

11) 이 33만이 모두 군대였다고 생각할 필요는 없으며, 단지 사울의 행동에 찬성하여 응답해 모인 사람들로 보면 좋을 것이다. 사울은 이 중에서 실제로 싸울 군단을 뽑았다.

12) 연대는 주전 1050년이다. 사울은 40년간 다스렸고(행 13:21), 일반적으로 1010~970년을 다윗의 통치 기간으로 인정하고 있다.

13) 이후 사무엘이 몇 년을 더 살았고 또 행정에 영향력을 계속 발휘했지만 (때로 다윗에게 기름을 붓기까지 하였다. 삼하 16장) 이것이 우두머리로서의 마지막 행위였다. 이후부터는 왕이 주요 지도자가 될 것이다.

히 해야 하는 것이었다. 더 나아가 자신의 말의 중요성을 나타내기 위해 건기[14]인 밀 추수 그 당시에 우뢰를 내려달라고 하나님께 간구하였다. 여호와께서 이에 응답하시자, 백성들은 천둥이 치고 비가 내릴 때에 두려워 떨며 소리쳤다. 그는 이에 덧붙여 그들을 위해 계속 기도할 것을 약속하며 간단한 권고의 말로 끝맺었다.

2. 사울의 통치

(1) 단순과 검약

사울이 세운 국가는 간단하였는데 분명히 이는 의도적인 것이었다. 사울에게는 준비 기간이 있었지만, 백성들이 정교한 국가를 세우는 일에 별 관심이 없음을 분명히 깨달았다. 경험이 없는 백성에게 엄격한 규율을 부과하는 일은 쉽지 않았을 것이며, 또한 사무엘이 세금에 대해 경고를 했지만, 백성들이 그것을 받아들이는 데에는 분명히 시간과 교육이 요청되었을 것이다. 따라서 국가는 단순하고 검약하게 유지되었다. 사울은 그의 고향인 기브아[15]를 수도로 정하였다. 아마도 그는 지출을 줄이기 위해 자기 땅에 궁전을 지었을 것이다. 궁전 자체는 단순한 모양이었다. 탐사에 의하면,[16] 번화한 거주지라기보다는 요새이었을 것이라고 한다. 자신이 정한 수도에 어떤 특권을 주었다는 암시는 없는데, 만약 그렇게 했다면 왕에게 충성하는 일에 익숙치 않은 백성들 사이에서 원성이 일어났을 것이다. 더욱이 정교한 궁궐의 정원도 없었다. 사실 성경의 기록에는, 단 한 명의 관리, 곧 군대장관이자 사

---

14) 건기는 4월 중순부터 11월 초까지 계속된다. 밀 추수기는 6월에 해당한다.

15) 현재의 예루살렘에서 북쪽 외곽에 위치한 텔 엘-풀(Tell el-Ful)로 판명된다. 사사 시대에 동족상잔 전쟁을 유발케 한 중대한 범죄가 일어난 곳이 바로 여기이다.

16) 1922~23년 W. F. Albright에 의해 탐사되었다. 최근의 연구 L. A. Sinclair, "An Archaeological Study of Gibeah(Tell el-Ful), *BASOR*, 34(1960); Wright, *BAR*, pp. 122~24를 참고하라.

울의 사촌인 아브넬(Abner)[17]만이 나와 있다(삼상 14:50). 새 달이 떴을 때 모였던 월례회의는 문제를 토의하고 책략을 세우기 위해 정했던 것 같다(삼상 20:24~27).

(2) 기본적인 변화가 거의 없음

또한 사울은 백성들의 생활양상을 눈에 띄게 변화시키는 정책을 거의 세우지 않은 것이 확실하다. 예를 들어, 옛 지파의 경계선이 그대로 유지되었다. 사울은 백성들이 자기 자신을 따로 떨어진 별개의 존재로 더 이상 생각하지 않는다 할지라도, 통합을 이루는 수단으로서 이 지파들을 없애거나 변경시키려 하지 않았다. 분명히 사울은, 어떤 새로운 중앙집권의 통치형태라도 그것이 자발적인 충성에 의해 이루어질 때 진정한 것이 될 수 있다고 믿었다. 전통에 거슬리는 명령은 반역을 불러일으킬지도 모르는 것이었다.

아마 백성들도 사울의 이러한 통치방법을 좋아하였다. 그들은 다른 나라와 같이 왕이 있는 것과 개인생활이 아직 큰 간섭을 받지 않는 것에 만족하였다. 극단적인 새 법이나 조직, 제도 등은 아직 부과되지 않았고 세금도 크게 불어나지 않았다.[18] 오랫동안 계속된 압박 이후 중요한 것으로 여겨진 것은 전쟁이었는데, 주 통치자가 이 전쟁의 책임을 맡고 있다는 것은 좋은 일이었다. 또한 그들을 대신해 싸울 상비군이 있다는 데에 안정감을 얻을 수 있었다. 그들은 과거의 두려운 침입만 피할 수 있다면 기꺼이 군대 징집에 응하였다. 사울은 이러한 모든 것을 분명히 깨닫고, 이에 따라 조처를 취하였다. 초기의 그의 통치방법은 지혜와 통찰력을 보여주었다.

---

17) 성경의 기록에 단지 아브넬, 사울 자신, 그의 아들 요나단, 군대를 지휘한 그의 사위 다윗만이 나타난 것으로 보아, 아마 사울은 의도적으로 군사적 총수를 자기 가족에게만 제한시킨 것 같다.

18) 성경에는 이러한 법이 제정되었다는 암시가 전혀 없고 오히려 없었다는 것이 더 강하게 암시되어 있다.

3. 사울의 배척(삼상 13~15장)

그러나 사울의 계속적인 통치방법은 예전과 같은 좋은 평판을 받지 못하였다. 물론 처음부터 강력한 국가를 세우지 못한 데에는 여러 이유가 있었지만, 그는 여러 해가 지나기 전에 통일을 향한 정책과 방법을 수립했어야 했다. 각 지파들이 하나의 국가가 되려면 이러한 것이 필요하였다. 그러나 사울이 그런 일을 하기 위해 어떤 시도를 했다는 기록은 없다. 이러한 문제에 있어서 사울이 행한 판단의 결함은 부분적으로 두 가지 이유에 기인한다. 첫째로, 앞으로 더 많이 나타날 자기 통제의 개인적 결함이다. 둘째로 그의 중대한 잘못인 하나님에 대한 반역의 마음이 생겨난 점이다. 이러한 문제들로 인해 하나님은 사무엘을 통하여 왕인 사울을 배척하셨다. 이러한 배척은 공간적으로 좀 떨어진 두 개의 군사작전과 관련되어 나오게 되었다.

(1) 첫번째 배척(삼상 13~14장)

첫째는 믹마스(Michmash)에서 일어난 블레셋과의 투쟁이다. 블레셋 사람들은 미쓰바에서의 심한 패배 이후 잠잠했으나 이제 사울의 즉위 2년만에(삼상 13:1)[19] 다시 침입하여 수도인 기브아[20]에서 북동쪽으로 4마일 지점인 믹마스[21]에 진을 치게 되었다. 그들은, 요나단이 그 땅에 남아 있는 블레셋 수비대를 공격한 것의 보복으로 온 것이었다(삼상 13:2~3). 그들의 군단은 3만의 병거[22]를 포함하여 6,000명의

---

19) 미쓰바 전투와 사울의 즉위 사이에 5년이 경과했으므로, 7년 동안 그 땅이 잠잠했음을 의미한다.

20) 보통 블레셋 사람들은 그들의 마차를 최대한 사용할 수 있는 평지에서 싸우고자 하였다. 그러나 그들은 요나단의 승리에 보복하기 위해 그리고 가능하다면 사울의 수도를 점령하기 위해 온 것이었다.

21) 여리고로 가는 길의 벧엘 동쪽에 있는 와디 수웨이니트(Wadi Suweinit)에서 북쪽 구릉지대, 오늘날의 무크마스(Mukhmas)이다.

22) 많은 학자들은, 이 숫자가 너무 많아 원본이 수정된 것으로 보고 있다 (참고, *KDC*, Samuel, p. 127).

기병과 수많은 보병으로 구성되었다. 이렇게 많은 군대의 출현으로 인해 근처의 이스라엘 사람들은 두려움으로 동굴과 숲속으로 도망하였고 또는 요단 강을 건너기까지 하였다. 사울은 길갈에서 그들에게 대항할 군대를 긴급히 모집하여, 임박한 전쟁에 임하기 직전 희생제를 드리기 위해 사무엘을 기다렸다. 그가 그의 첫번째 배척을 촉진시킨 특정한 범죄를 저지른 것이 바로 이 지점에서였다. 7일을 기다린 후 참을성 없는 사울은 제사장 직분을 대신하였으며, 여기서 다시 자랑과 자만, 그리고 반역의 마음을 갖게 되었다. 이 점에서 볼 때 그가 처음 기름부음을 받은 이후 성격에 상당한 변화가 일어난 것 같다.

그러나 하나님은 사울의 아들 요나단을 통하여 사울이 승리하도록 하셨다. 요나단이 국부적이기는 하지만 멋진 승리를 하기 전까지 이스라엘의 전망은 암울하였다. 이스라엘의 군단은 블레셋에 비해 숫자도 훨씬 적었고, 또 사울과 요나단만이 칼을 소지하였다.[23] 또한 사울의 군대는 매일매일의 이탈병에 시달렸음이 분명한데(삼상 13:15, 참고, 13:2), 반면 블레셋 군대는 약탈병을 동시에 세 방향으로 보낼 만큼 능력이 남아 있었다(삼상 13:16~18). 이때 요나단의 과감한 승리가 있었다. 그는 단지 병기든 소년을 수행하고, 와디 수웨이니트(Wadi Suweinit)의 남쪽에 있는 게바(Geba)[24]에서 북쪽으로 믹마스까지 가파른 구릉을 오르내리면서 공격을 가하여 전 블레셋 수비대를 패배시켰다(삼상 14:1~14). 이러한 용감한 공적의 소식은 이스라엘 사람들에게 희망을 불러일으키며 재빠르게 퍼졌고 그 결과 많은 이탈병들이 다시 돌아오게 되었다. 이때 또한 하나님께서 지진을 일으키심으로 적들에게 더 큰 혼란을 안겨주었다. 사울은 이 기회를 재빨리 포착하여 공격함으로써 공포에 질린 블레셋 군대를 격파시키고 아얄론(Aijalon)까지 쫓아버렸다.

그러나 사울은 이 승리의 과정 속에서 자신의 군대를 멸할 뻔하였

---

23) 블레셋의 철 독점으로 인한 것이다(참고, 9장 주 7).
24) 구 믹마스의 맞은 편에 위치한 현대의 예바(Jeba)로 판명된다. 게바는 남서쪽 3마일에 있는 사울의 수도 기브아와 구별되어야 한다.

다. 그는 어리석게도 군대에 명을 내려 하룻 동안 아무 음식을 못 먹게 하였다(삼상 14:24~46). 그는 분명 좀더 추적을 하기 위한 자극과 시간을 주려 했지만, 그가 한 일이라곤 추격에 필요한 기본적인 영양공급을 뺏어버린 것이었다. 게다가 이 명령으로 인해 그의 아들의 생명을 잃을 뻔하였다. 즉, 이 명령을 듣지 못한 요나단은 음식을 먹었고, 아들을 희생해서라도 그의 명령이 지켜져야 한다고 믿은 사울은 그를 죽이려고 했으나 백성들의 탄원으로 그만둔 것이었다.

(2) 두 번째 배척(삼상 15장)

두 번째 불복종의 사건은, 약 20년 후[25] 사울이 아말렉과 싸울 때 일어났다. 이 동안에 사울은 군사적 행동을 해왔었고 비난을 받지 않았다. 그의 적들 중에는 계속 투쟁해 온 블레셋 이외에 모압, 암몬, 에돔, 소바(Zobah)[26] 등의 나라도 있었다. 그는 비교적 성공적이었다. 이때 아말렉과의 전투가 벌어졌다. 사무엘은 이에 관해 사울에게 특별 지시를 주었다. 사울은, 수년 전 광야여행 시 아말렉이 행한 이스라엘을 치고 도망하는 수법에 대한 보복(출 17:8~14)[27]으로 이에 접전해야 하며 모든 사람과 가축을 전멸해야 하였다. 사울은 이 임무를 수행하여 적을 멸하고 대부분의 사람과 가축을 살해하였다. 그러나 그는 아각(Agag) 왕과 가장 좋은 양과 암소 몇 마리를 남겨두었다. 사무엘

---

25) 이 20년의 기간은 다음과 같이 결정된다. 다윗은 아말렉과의 전투 직후에 기름부음을 받았다(삼상 16:1~13). 그가 주전 1010년 나이 30에 즉위했으므로 주전 1040년에 태어난 셈이 된다. 그가 기름부음 받았을 때가 적어도 15세였다고 본다면(그는 혼자 양을 지키도록 남겨졌었다), 주전 1025년이 되며, 이전의 믹마스 전투는 사울의 즉위 2년 후 주전 1047년에 일어났다.
26) 다메섹 북쪽에 위치한 넓은 나라로서 사울의 진영에서 볼 때 다른 적들보다 더 멀리 떨어져 있었다.
27) 하나님은 다른 어떤 적보다도 아말렉에 대해 강경하게 말씀하셨다. 하나님은 출애굽기 17:14에서 전멸을 약속하시고, 신명기 25:17~19에서 모세는 이 약속을 백성들에게 상기시키고 있다. 여기에서 사울이 이것을 수행한 것으로 말해지고 있다. 심한 비난을 야기시킨 것은 분명히 그들의 공격방법이었다(이스라엘의 약점을 이용하여 치고 달아나는 방법).

이 그 이유를 물었을 때 그는 하나님께 드릴 예물이라고 설명하였다. 그러나 사무엘은 준엄하게 응답하기를, 하나님은 예물보다 복종을 원하신다고 하였다. 사무엘은 왕을 꾸짖고, 하나님이 그를 이스라엘의 왕으로 배척하셨다고 다시 한번 말하였다. 그리고는 사무엘 자신의 손으로 아각 왕을 죽였다. 이스라엘의 첫 왕은 하나님의 눈에 미흡하였다. 그는 하나님의 명령을 준수하지 않은 것이다. 하나님께서 백성에게 왕을 주신 것은, 왕의 뜻대로 따르라는 것이 아니라 하나님의 중간 사자 역할을 하라는 뜻이었다. 사울은 시작은 좋았으나 우두머리 노릇에 심취하여 하나님이 최고머리 되심을 잊어버렸다. 또한, 이 두 가지 심각한 사건은 그가 행한 유일한 불복종이 아니라 반역적인 많은 태도 가운데 대표적인 것이라고 볼 수 있다. 이 사건이 구체적으로 지적되었으므로 오직 이에 대한 공식적 배척이 생겨나게 된 것이다.

이 두 사건 사이에 존재하는 20년의 기간에 대한 타당한 이유는 다음과 같다. 첫번째 배척은 최종 발언이라기보다는 하나의 경고[28]였다.

다시 말하면, 그가 경고에 주의를 기울였다면 자신의 행동을 고쳤을 것이다. 이 때문에 그는 다른 전투에서 계속 승리할 수 있었다. 그러나 그는 경고를 잘 받아들이지 않고 아말렉 전투에서 결정적으로 드러난 것처럼 불복종을 계속하였다. 이로써 여호와의 능력의 신이 그를 떠나게 되고 그는 배척을 받게 되었다(삼상 16:14).[29]

---

28) 사무엘이 사울에게 첫 번으로 한 말이 최종발언처럼 들리는 것은 사실이지만, 회개의 여지가 없었던 것은 아니다. 니느웨 성에 대한 요나의 외침도 최종 외침인 것처럼 들리지만 하나님은 회개의 빛이 보일 때에는 이를 변경하려 하셨다(욘 3:4, 10).

29) 야베스 길르앗 전투 이전 여호와의 신이 사울에게 임한(삼상 11:6) 이래로 여호와의 신에 대한 언급이 없다. 따라서 그 이후 여호와의 신이 남아 있어 22년 후의 이 사건 때까지 통치할 수 있도록 했다고 가정하는 것은 옳은 것이다.

4. 사울과 다윗(삼상 16~20장)

(1) 하나님이 다윗을 택하심(삼상 16:1~13)

이제 사울이 하나님으로부터 배척을 당하게 되자, 그의 자리를 메꿀 사람이 필요하였다. 따라서 하나님은 곧 새사람을 지명하는 절차에 관해 사무엘에게 지시하였다. 이는 베들레헴[30]으로 가서 이새의 아들에게 기름을 붓는 일이었다. 사무엘은 베들레헴으로 가서 이새로 하여금 그의 아들들을 데려오게 하였다. 7명의 아들을 데려왔으나 모두 하나님께 거절당하였다. 여덟째 아들이자 가장 어린 다윗은 양을 돌보기 위해 남아 있었다. 사무엘은 그를 데려오도록 고집하였고 하나님은 바로 그를 지적하셨다. 그의 아버지와 형들이 지켜보는 가운데 사무엘은 아마 15세쯤 되었을 이 젊은이를 이스라엘의 둘째 왕으로 기름부었다. 다윗이 실제로 몇 년 간을 다스리게 된 것이 아니지만, 이 당시 이미 여호와의 신이 다윗에게 임하여 특별한 권능을 주셨다(삼상 16:13). 언급되어 있지는 않았지만, 사무엘은 아마도 가족들에게 사울의 보복으로부터 다윗을 보호하기 위해 이 기름부은 사실을 대중에게 공개하지 않도록 부탁하였을 것이다.[31]

(2) 사울의 심리적 불안

사울은 육중한 체구에 용기가 많은 사람이었지만 심리적으로 불안하였다. 이러한 약점은 왕으로서의 두 번째 배척 이후 드러나기 시작하였다. 하나님의 영이 그에게 임하여 특별권능을 부여하는 한 자제를 할 수가 있었다. 그러나 하나님의 영이 떠나가자 심한 우울감이 그에

---

30) 사무엘의 고향 라마에서 10마일밖에 떨어지지 않은 거리에 위치하였다. 9장 주 90을 참고하라.
31) 이러한 기름부음에 관해 다른 사람이 알고 있었다는 암시가 없는 것으로 보아 비밀은 지켜진 것 같다. 형제들이 다윗을 질투했지만 그들은 자기보다도 훨씬 영광스럽게 된 그에 관해서 다른 사람에게 말하고 싶지 않았을 것이다.

게 닥쳐왔는데 이는 주로 하나님의 배척으로부터 야기된 것이었다.[32] 이 결과, 이때의 왕의 마음을 안정시킬 궁중 음악가를 찾게 되었다. 하나님의 섭리로 여기에 뽑힌 사람은 하프를 잘 타는 다윗이었다. 그의 음악이 도움을 주었지만 치료는 안되었다. 사울은 곧잘 질투를 하게 되었다. 처음 왕의 총애를 받았던 다윗은 백성들이 왕보다 그에게 더 많은 칭찬을 보내자 이러한 질투를 곧 겪게 되었다. 사울은 때때로 극히 노하여 미칠 지경에까지 이르기도 하였다. 이러한 상태에서 그는 두 번이나 다윗을 창으로 찔러 죽이려 하였다. 더욱이 사울은 자기 주위의 사람이 자신을 죽이려 한다는 편집광에 빠지게 되었다. 이로 인해 한 때는 85명의 선량한 제사장을 죽이기까지 했다(삼상 22:7~19). 이러한 왕이 백성들의 존경을 받을 수는 없었다. 그의 빈번한 비정상적 행동이 알려지게 되자 백성들의 신임을 잃게 되었다. 초창기에 그가 이룩한 신용의 공든 탑은 말년에 들어서 여지 없이 무너져버렸다.

(3) 다윗의 부상(삼상 16:14~18:7)

다윗은 기름부음을 받은 후 곧바로 왕이 되지는 않았지만 하나님의 축복 속에서 그 땅에 곧 알려지게 되었다. 첫 번 단계는 우리가 살펴본 바와 같이, 사울의 궁중 음악인이 된 것이었다. 다윗은 다재다능한 사람으로 음악적인 재능은 그 중의 한 부분이었다.[33] 또한 곧바로 궁중의 병기든 자가 된 것을 보면 왕 앞에서 군사적인 능력을 나타냈음에 틀림없다(삼상 16:21).

다음 단계의 큰 행위는, 블레셋의 거인 골리앗을 굴복시킨 것이었다

---

32) 이 기간은 사울을 괴롭히는 "여호와의 사악한 영"의 결과였다. 하나님께서는 즉각적인 해임이 아니라 그의 배척을 나타내는 방법으로 분명히 이렇게 하신 것이었다.

33) 그 만한 사람이 거의 없었다. 즉, 믿음직한 양의 목자였고, 하프에 재능이 있었으며, 많은 시편을 쓸 정도로 뛰어난 시인이었다. 돌팔매의 선수였고, 맨손으로 사자와 곰을 죽일 정도로 힘과 용기와 재주를 갖고 있었으며, 전투에서 져 본 적이 없는 전략가이었고, 왕이 되었을 때는 뛰어난 정치가였으며 그리고 무엇보다도 하나님을 믿는 위대한 신앙의 소유자였다.

(삼상 17:1~58).[34] 블레셋 사람들은 엘라 골짜기를 통해 유다 산벽으로 침입하려 하였다. 이들은 소고(Shochoh)와 아세가(Azekah)[35] 사이에 진을 쳤다. 다윗이 무슨 이유로 해서 집에 있을 동안 사울이 군대를 끌고 이에 접전하였다. 40일 동안, 9피트가 넘는 골리앗이라는 블레셋 장수가 나와 자기와 단 둘이 투쟁해 전체 전쟁의 승패[36]를 결정하자고 위협하는데 이에 아무도 나서는 자가 없었다. 이 40일 마지막에 다윗은, 이곳 전쟁터에 군인으로 있는 형들의 안전을 알아보라는 아버지의 부탁을 받고 이 진영에 오게 되었다. 모욕적인 상황을 깨달은 다윗은 자진해서 이 장수와 겨루겠다고 나섰다. 사울은 맨 처음 다윗의 지혜를 의심했으나 그의 정직함과 신앙을 보고 가도록 허락하였다. 다윗은 갑옷을 거절하고 항상 사용해 온 끈과 다섯 개의 돌을 무기로 택하였다. 골리앗은 머리부터 발 끝까지 갑옷을 입고 창을 들고 나왔다. 골리앗은 처음에 다윗이 다가오는 것을 보고, 상대도 안되는 적수에 자신이 모욕을 당한다 생각하며 다윗을 경멸하였다. 그러나 다윗은 자신의 힘으로가 아니라 이스라엘의 하나님 여호와의 이름으로 나간 것이었다. 다윗에게 필요한 것은 돌맹이 하나뿐이었다. 이 돌맹이가 골리앗의 약한 부분인 이마를 때리자 그는 기절하여 땅에 쓰러졌다. 다윗은 재빨리 그에게 달려가 골리앗의 칼을 빼어 그의 목을 베었다. 이 위대한 용기와 신앙으로 인해 사울과 이스라엘에게는 빛나는 승리가

---

34) 사무엘상 21:19에는 다윗의 신하 엘하난(Elhanan)이 골리앗을 죽인 것으로 되어 있다. 그러나 역대상 20:5에는 엘하난이 골리앗의 아우 라흐미(Lahmi)를 죽였다고 나와 있다. 이러한 모습은 사무엘서에 있는 원문착오의 용어로 해결될 수 있다. 역대기 저자가 의도적으로 진실을 왜곡하여 다윗에게 영광을 안겨주려 했다는 몇몇 학자들의 견해가 있는데, 이는 원본의 결함을 가정하는 것이므로 배격되어야 한다.

35) 이 전쟁터는 벧세메스(Beth-shemesh)로부터 남쪽으로 4마일 되는 지점이거나, 또는 현대의 와디 에스-산트(Wadi es-Sant)에 있는 예루살렘에서 남서쪽으로 17마일 되는 지점이다.

36) 두 명의 전사가 싸우는 이런 식의 대항은 고대사회에서는 알려지지 않았다. 몇 가지의 예는 그리이스 로마 시대로부터 관련되어 있다. 근동에 있어서 한 예는 "Story of Sinuhe"에서 발견된다(참고, *ANET*, p. 20).

안겨지게 되었다.[37]

이러한 공적의 소식은 삽시간에 백성들 사이로 퍼져나갔다. 다윗은 곧 널리 알려지게 되었고 곳곳에서 칭송을 받았다(삼상 18:1~7). 백성들은 그를 찬양하는 노래를 불렀고, 사울은 다윗이 아직 어린 나이임에도 불구하고[38] 그를 군대의 장으로 앉힘으로 포상하였다. 또한 이때에 사울의 유능한 맏아들 요나단은 다윗과 깊은 우정을 맺게 되었다.

이 둘 사이의 상호존경과 사랑은 그들이 사는 동안 지속되었으며 성경 가운데 아름다운 이야기 중의 하나로 나타나고 있다. 다윗은 군대의 장으로서 계속 뛰어난 공적을 세웠으며 점점 더 그의 명성이 더하게 되었다.

(4) 사울의 질투(삼상 18:8~20:42)

곧 다윗이 사울보다 더 많은 칭송을 받게 되자 사울의 정서적 결함은 극도의 시기심으로 나타나게 되었다. 그는, 다윗이 죽인 사람은 "만만"이요 사울이 죽인 사람은 "천천"이라는 백성들의 노래를 받아들일 수 없었다. 그는 여러 번 여러 방법으로 다윗을 죽이고자 하였다.

① 다윗을 죽이려 시도하다(삼상 18:8~19:24)

사울이 두 번이나 다윗을 창으로 찔러 죽이려 한 것을 보아 초기의 시도는 매우 노골적인 것이었다(삼상 18:8~11). 이러한 시도는 다윗이 왕 앞에서 하프를 켜는 동안에 생겼다. 다윗이 두 번이나 이 공격을 피할 수 있게 되자 사울은 더욱더 간접적인 방법을 강구하였다. 다윗

---

37) 이러한 공적 이후, 사울이 다윗의 신분에 관해 물었으므로(삼상 17:55~58) 어떤 학자들은 다윗이 이 일 전에 궁정 음악인이 아니었을 것이라고 믿고 있다. 그러나 사울이 그 전에 다윗을 알고 있지 않았다면, 골리앗과의 싸움에 내보냈을지 의심스럽다. 아마 이 질문은 그전에는 그리 중요치 않았던 그의 가족과 배경에 관한 것이었을 것이다(참고, 삼상 17:25). 성경사전의 순서는 유지되어야 한다.

38) 다윗이 30세 때 헤브론에서 통치를 시작했으므로(삼하 5:4), 아마 20대 초반이었을 것이다.

의 공로[39]에 대해 그럴 듯한 보상으로 사울은 그의 딸 미갈(Michal)을 부인으로 주겠다고 약속했다. 그러나 그는 다윗에게 결혼 패물로서 블레셋 사람 100명의 양피를 제공하라고 요청했는데, 이는 그것을 획득하는 과정에서 다윗이 죽기를 바란 것이었다. 그러나 다윗은 200개의 양피를 갖다 바쳤다(삼상 18:20~27). 그 다음 사울은 그의 신하들에게 다윗을 죽이라는 명령을 내렸는데 요나단이 중간에서 이 명령을 변경시켰다(삼상 19:1~7). 이 일 직후 다윗이 블레셋을 쳐 이겼다는 소식이 있자 다시금 단창으로 죽이려 하였으나 다윗은 또다시 이것을 피하였다. 사울은 곧 신하들에게 다윗의 집으로 쫓아가 그 다음날 죽이라고 명령하였으나 미갈이 아버지의 명을 거슬려서 다윗을 창문 밖으로 놓아주었다(삼상 19:8~17). 다윗은 궁정을 빠져나와 사울의 적의가 극심함을 깨닫고 2마일 북쪽으로 라마(Ramah)에 있는 사무엘을 찾아갔다. 사울은 세 무리를 보내어 다윗을 잡아오게 하였다. 이 세 무리가 모두 실패하자 사울 자신이 쫓아왔다. 그러나 그는 사무엘의 무리와 젊은 선지자들 사이에(이전에 사울이 보낸 세 무리 이외에도 모든 사람들이 하나님께 찬양을 돌리고 있었다)[40] 다윗이 있었으므로 붙잡지 못하고 절망에 빠져 혼수상태에서 밤새 누워 있었다(삼상 19:18~24).[41]

② 다윗이 왕궁에서 도피하다(삼상 20:1~42)
 이러한 계속적인 죽음의 위협 속에서 다윗은, 왕궁에서 사는 것이 매우 위험하다는 것을 깨달았다. 사울이 라마에서 창피를 당했다할지라도, 곧 잊어버리고 다시 죽이려고 한다고 믿는 데에는 그럴 만한 이유가 있었다. 다윗은 요나단에게 조언을 구하여 왕이 계속 그를 죽이

---

39) 골리앗을 죽이는 자에게는 자기 딸을 주겠다고 약속했으므로(재물과 세금 면제 혜택 이외에. 삼상 17:25), 다윗은 사울의 장녀 메랍(Merab)과 (메랍에 대해 사울이 다윗에게 말했었는데 그 딸을 다른 사람에게 주었다. 삼상 18:17~19) 이 보상을 패물 없이 받았어야 했다.
40) 참고. 앞의 주 6.
41) 참고. 9장 주 101.

러는 의도가 있는지 시험해 보기로 하였다. 이 시험은 다윗이 참석하기로 되어 있는 새 달의 정기적 축제[42]에 관련되어 이루어졌다. 다윗은 의도적으로 나타나지 않고 그의 부재에 관해 왕이 나타낸 태도를 요나단이 보고하기로 하였다. 축제 둘째 날 사울이 전과 다름없는 태도를 보이자, 요나단은 이를 충실하게 다윗에게 전했다. 두 사람은 다윗이 왕궁을 떠나야 한다는 것에 동의하고 슬픈 마음으로 헤어졌다. 다윗에게는 피난의 생활이 시작되었다.

5. 사울의 말년
(삼상 22:6~19; 28:1~25; 31:1~3)

(1) 계속된 타락 행위(삼상 22:6~19)

다윗이 떠나간 후, 사울이 얼마간 더 살았는지는 분명치 않다. 결정적인 단서는 나와 있지 않다. 그러나 다윗의 피난생활이 기껏해야 4,5년 이상을 지속하지는 않은 것 같다. 분명히 사울 집권의 대부분은 이 때에 이미 경과했었다.[43]

남은 기간을 끊임없는 좌절과 쓸데없는 노력으로 보냈다. 계속해서 다윗을 잡으려는 데에 대부분의 시간을 보냈던 것 같다. 다윗을 죽이려는 사울의 주요 동기는, 다윗이야말로 하나님이 정한 왕위 후계자임을 그가 인정했기 때문이었다. 사울은 베들레헴에서 다윗이 정식으로 기름부음받았다는 사실을 듣지 않고도 이러한 것을 깨달을 수 있었다.

---

42) 이 축제는 이틀간 계속되었으므로(삼상 20:5, 27) 중요시되었다. 새 달은 종교적인 축제 시기였다. 그러나 궁정에서의 이 축제는, 시민 각료가 모인 데에서(삼상 20:25) 열렸으므로 또 다른 의미가 첨가되었다. 이는 아마 정사를 결정하기 위해 새 달에 모이기로 계획된 월례회의였을 것이다.

43) 다윗이 기름부음을 받은 때부터 22년 이상이 경과되었는데(참고, 앞의 주 25). 이는 다윗이 궁중에 들어와 음악인으로 활동하고, 군대장관으로서 백성들로부터 칭송을 받으며 그리고 사울이 행한 수많은 생명의 위협을 겪는 데 13년간이 소비되었음을 의미한다.

백성으로부터의 보편적인 인정뿐 아니라 이 젊은이에게 내린 하나님의 명백한 축복 또한 의미심장한 것이었다. 사울은, 가능하다면 무력으로라도 이 하나님의 계획을 수정하고자 했으며 끝까지 갖은 노력을 다하였다. 이 점에서 하나님을 배반하는 마음이 명백하게 나타난 것이다. 한때 사울은 아무 죄도 없는 제사장 85인을 죽였다(삼상 22:6~19). 다윗은 기브아에서 도망쳐 음식과 무기와 조언[44]을 구하기 위해 당시 성막 장소인 놉(Nob)[45]에 들렀다. 당시 대제사장 아히멜렉[46]이 이에 협조[47]하였는데 그 당시 옆에 있었던 사울의 신하 도엑(Doeg)이 이를 목격하였다. 얼마 지나지 않아서 왕의 환심을 사고 싶어하는 기회주의자 도엑은 자기가 본 것을 사울에게 고하였다. 사울은 곧 아히멜렉과 놉에 있는 제사장들 85인을 불러 다윗을 도와준 사실을 물었다. 아히멜렉의 대답을 들은 사울은 옆의 신하들이 죽이기를 거절하자 도엑에게 명하여 아히멜렉과 모든 제사장 85인을 죽이게 하였다. 도엑이 제사장들을 죽이고 난 후 사울은 또한 여자와 아이들, 모든 동물들을 포함하여 놉 성읍 자체를 멸하게 하였다. 분명 이것은 가장 비열한 사울의 행위 중 하나였다.

---

44) 위치는 불확실하지만, 분명히 예루살렘에서 보이는 거리 안에 있었다 (사 10:32; 느 11:32). 가장 그럴 듯한 주장은 예루살렘의 북동쪽 스코푸스 산 동쪽 기슭에 있는 라스 움 에트-탈라이다. 이것이 옳은 지점이라면, 다윗은 남동쪽으로 2마일만 가면 그곳에 도착할 수 있었을 것이다.

45) 조언을 주었다는 내용은 이 이야기 가운데 나타나 있지 않지만(삼상 21:1~9), 이후 도엑(10절)과 아히멜렉(15절)이 보고한 내용 가운데에는 나타나 있다.

46) 아히멜렉은 이다말의 후손으로서, 아히둡의 아들이며, 사악한 비느하스의 손자였고 엘리의 증손자였다. 이전에 아히멜렉은 믹마스 전투에서 사울을 도와 문의하는 일에 참가하였다(삼상 14:3; 36~42. 여기에서 그는 아히야〈Ahijah〉로 불리었다).

47) 다윗이 사울로부터 도망쳐 왔다는 사실을 아히멜렉에게 말하지 않았다 할지라도, 사무엘상 21:1에 있는 그의 질문내용과, 사울 앞에서 다윗을 변호한 내용(삼상 22:14~15)을 보면 아히멜렉이 그러한 사실을 의심하였다는 것은 확실하다. 그는 다윗을 도와줄 기회를 포착하였는데 그의 용기는 칭찬받을 만한 것이다.

(2) 블레셋과의 마지막 투쟁(삼상 28:1~25; 31:1~13)

다윗이 사울로부터 도망하자 가장 유능한 군 지도자를 잃게 되었다. 블레셋 사람들은 다윗이 대항하는 한 제지당하고 있었는데 사울은 이제 그를 대신할 만한 능력의 인물을 찾을 수 없었다.[48] 다윗이 떠난 후 한동안 블레셋 사람으로부터 소식이 없지만, 그들의 침입은 두가지 구체적 사건에서 나타나듯이 점점 드러나게 되었다. 한 가지는, 피난한 다윗이 베들레헴의 남서쪽 유다 산지에 위치한 그일라(Keilah) 마을[49]에 가서 블레셋의 공격을 도와주었을 때 일어났다. 이 사건에서 사울은 그에게 속한 땅을 방어하려 하지 않았다(삼상 23:1~5). 또 다른 한 가지는, 얼마 지나지 않아서 사울이 블레셋의 침입 소식을 듣고 다윗을 추격하는 일을 그만두고 방어를 했을 때였다(삼상 23:27~28). 이때 블레셋과 대항한 최종의 결정적 전투는 길보아(Gilboa) 산에서였다(삼상 28:1~25; 31:1~13). 블레셋이 처음 집결한 곳은, 약 65년 전[50] 이스라엘을 크게 이긴 장소 아벡(Aphek)이었다. 그리고는 에스드렐론 골짜기를 통해 행군하여 길보아 산 근처 수넴(Shunem)[51]에 진을 쳤다. 사울은 이에 대항하고자 나아가 길보아 산에 본부를 설치하였다. 그는 앞으로의 접전이 두려워 하나님으로부터 결과의 소식을 구하려 했으나 "꿈으로도, 우림으로도, 선지자로도" 대답을 얻지 못하였다(삼상 28:6). 그는 죽은 사무엘과의 의논을 그리워했으며, 절망에

---

48) 아브넬(Abner)이 군대의 장관이었지만 그는 승리로 이끈 적이 없다. 요나단은 승리를 했지만(믹마스 전투) 아브넬은 승리한 적이 없었는데, 그는 군사전략가라기보다는 행정가였을 것이다(참고, 삼상 17:55~57; 20:25; 26:5, 7, 14, 15; 삼하 2:8, 12~31; 3:6~37).

49) 키르벳 킬라(Khirbet Qila)로 판명되는데 이곳은 현대의 베이트 구브린(Beit Guvrin)에서 동쪽으로 6마일, 예루살렘에서 남서쪽으로 18마일, 아둘람(Adullam)에서 남쪽으로 3마일 지점이다.

50) 9장 주 93을 참고하라.

51) "작은 헤르몬"(모레〈Moreh〉언덕, 삿 7:1)의 동쪽 기슭에 있는 잇사갈 지역 안의 현대 솔렘(Solem)으로 판명되는데, 사울이 길보아 산에 진친 곳으로부터 약 8마일 지점이다. 후에 수남 사람(Shunammite)이 엘리사에게 특별 방을 제공해 준 곳은 분명히 이 마을이다.

빠져 엔돌(Endor)⁵²⁾에 있는 신접한 여인을 찾아감으로써(삼상 28: 7~25) 모세의 계명(레 20:27)과 자신의 규례(삼상 28:9)를 범하게 되었다. 그 결과로 초자연적인 사무엘의 형상을 통하게 되었는데, 이로 인해 신접한 여인 자신도 두려워했으며 사울은 그 다음날의 비극적인 패배에 대해 듣게 되었다.

전투가 시작되자 이 예언은 그대로 실현되었다(삼상 31:1~13). 이스라엘은 크게 패하였고 사울의 세 아들 요나단과 아비나답, 멜기수아가 살해되었다. 사울은 중상을 입었으나 포로로 잡히기를 원치 않아 자기 칼에 쓰러져 죽었다.⁵³⁾ 블레셋 사람들은 왕가의 네 시체를 찾아 사람들이 볼 수 있도록 벧 산 성읍 근처에 있는 벽에 걸어놓았다. 야베스 길르앗 사람들은 이 비극의 소식을 듣고 사울로부터 받은 은혜를 기억하여(삼상 11:1~13), 밤새도록 행군하여 그 시체를 가져다가 장사지내었다. 몇년 후 다윗도 마찬가지로 요나단의 뼈뿐 아니라 사울의 뼈까지도 야베스 길르앗에서 사울의 고향 베냐민으로 옮겨 영구적인 매장을 해줌으로써 그의 선임자에 대한 친절을 베풀었다(삼하 21: 12~14).

(3) 사울의 평가

이스라엘의 첫 왕의 종말은 실로 슬픈 것이었다. 그는 시작은 좋았으나 부끄러운 종말을 고하였다. 길보아 산에서의 그의 비극적 죽음은 그의 말년 통치 기간 중의 타락한 행동에 타당한 것이었다. 사울은 하나님을 순종치 않는 유망한 인간에게 일어날 수 있는 본보기였다. 그는 훌륭한 잠재력을 소유하였고 그의 임무를 위해 하나님으로부터 선택받기까지 하였다. 그는 매력적인 용모의 소유자였다. 그가 하나님의

---

52) 엔돌(Endor)은 현대의 엔-둘(En-dur)로서 사울이 진친 곳으로부터 곧바로 북쪽으로 9마일 지점에 있다. 블레셋 사람들은 수넴에서 멀리 동쪽에 있었으므로 사울이 이 도시에 접근할 수 있었다.

53) 이후에 아말렉 사람이 다윗에게 말하기를 자기가 사울을 죽였다고 한 이야기는(삼하 1:2~10) 아마 조작이었을 것이다. 그가 기껏 한 일이라곤 사울이 이미 자기 칼에 쓰러진 것을 완전히 끝내주는 일이었을 것이다.

뜻을 따르기만 했다면 하나님의 축복을 분명히 받았을 것이다. 그러나 그의 집권은 거의 끊임없는 좌절 속에 무너지고 말았다. 이스라엘 사람들이 처음에 왕을 요청할 때에는, 적의 공격에 대항할 수 있는 강력한 국가로 이끌 수 있는 사람을 원하였다. 그러나 사울이 40년의 통치 이후 죽었을 때 이 나라는 실제로 처음보다 더 약한 나라가 되었다.

사울은 처음부터 정서적인 문제로 괴로워하였다. 그는 아마 소심함을 극복하기 위해 끊임없는 노력을 했을 것이다. 한 예로, 백성들을 통합하는 강한 규제를 부과하지 못한 정책은 처음에는 현명했을지 모르나 지속되지 말았어야 했는데, 여기에는 천성적으로 자신감이 부족한 그의 성격이 작용했을 것이다. 그러나 사울의 주된 문제성은 그의 자만과 하나님을 배반하는 마음이었다. 그는 분명 명성으로부터 영향을 받은 나머지 자신의 행동을 규제하지 못하였다. 그는 하나님이 백성의 머리가 된다는 것을 잊어버렸다. 이런 이유로 그는 하나님께 배척을 받은 것이다.

아마 이 나라는 그가 취임했을 때와 마찬가지로 그가 죽었을 때에도 통합되지 못하였다. 그가 초년에 이룩한 것이 있다면, 그것마저 말년에는 다 잃게 되었다. 인간으로서 사울의 자신감이 기울게 되자 이것은 곧바로, 그가 상징하는 나라 전체에 자신감이 소멸되는 결과로 이어지게 되었다. 길보아 산에서의 사울의 마지막 패배는, 백성들 편에서의 이러한 불신감이 분명히 중요 역할을 한 것이었다. 군대를 소집했을 때 응하는 사람이 거의 없었으므로 블레셋의 도전에 대항할 능력이 없게 된 것이었다. 이런 이유로 두려움을 느끼게 되자 엔돌에 있는 신접한 여인을 찾게 된 것이었다.

그리하여 블레셋은 가볍게 승리를 거둘 수 있었다. 무력한 나라를 적 앞에 남겨놓은 채 이스라엘 군대는 전멸하고 왕이 살해되었다. 이제 블레셋이 강력한 힘으로 진출했으리라는 데에는 의심할 여지가 없다. 이것은 사울의 아들이자 후계자인 이스보셋(Ishbosheth)이 기브아가 아니라 요단 건너편 마하나임에 수도를 정했다는 사실에서(삼하 2:8~9) 반영된다. 또한 이것은, 길보아에서의 패전소식이 전해졌을 때 기브아 사람들이 나타낸 공포감에서도 잘 반영된다. 이 공포감은 한 예로 요나단의 아들 므비보셋의 유모가 놀라서 그를 안고 뛰어가다가 그를 떨어 뜨렸을 정도였다(삼하 4:4). 사울이 자기 칼에 쓰러져 죽을 때에는 이러한 상황이 도래하리라고 깨달았을 것이다. 죽어야만 하는 상황을 상상해 보라! 그가 젊었을 때는 많은 촉망을 받았으나 아무런 결실없이 끝나버렸다. 한 때 많은 사랑을 받았던 그가 큰 기회를 놓친 것이었다.

6. 망명자 다윗
(삼상 21~27, 29~30장; 삼하 1장)

(1) 다윗의 상황

다윗이 사울로부터 도망을 하자, 왕과의 관계 변화는 많은 어려움을 갖다주었다. 한 예로, 또 다른 삶에 봉착하였는데 이에 필요한 심리적인 적응은 쉬운 것이 아니었다. 그는 이스라엘 군지휘관으로 그 땅에서 많은 사랑을 받았으며 모든 이로부터 칭송을 받았었다. 이제 그는 망명자로서 법적으로는 왕에게 쫓김을 받는 추방객이었다. 이러한 적응은 힘든 것이지만, 다윗이 자기의 새로운 사명을 밝히 알고 있었다면 견디어내야 하는 것이었다.

다른 문제는, 장차 왕으로서 사무엘에게 기름부음을 받은 그와 백성들과의 관계에 대한 것이다. 이러한 새 생활은 백성들이 그에 대해 갖는 인상에 어떤 영향을 끼칠 것인가? 지금까지 그는 좋은 평판과 심지어 왕의 딸과 결혼했을 정도로 훌륭한 촉망을 받아왔다. 이 새로운 생활은 그에 대한 평가에 변화를 가져올 것인가?

또한 세 번째 문제는 사울로부터 자기 자신을 보호하는 문제이다. 분명히 왕은 그를 추격할 것이고 그는 어느 곳엔가 피난처를 찾아야만 한다. 어떻게 피난처를 구하고 또 어디로 갈 것인가? 그 앞에는 두 가지 가능한 방법이 놓여 있었다. 한 방법은 사울이 쫓아올 수 없는 국외로 나가는 것인데, 자신이 이스라엘 군대의 지휘관이었으므로 쉽게 발각되는 위험을 수반할 것이다. 다른 방법은 이 땅에 남아서 실질적인 방비군단을 모집하여, 추격이 어려운 한적한 지역에 머무는 것이었다. 그러나 이 방법은 양식과 거주 조건의 약점을 갖고 있으며 또 사울의 군대에 대항할 만한 충분한 군대를 모집하기 어려울 것이다. 앞으로 살펴볼 사건들은, 그가 두 가지 방법을 꾀하려 했음을 보여준다.

(2) 다윗의 활동 경로(삼상 21~26장)

다윗이 요나단과 작별을 고하고 수도 기브아를 떠났을 때 앞에서 살펴본 대로 그는 처음에, 아히멜렉이 성막[54]에서 대제사장으로 봉직하는 놈을 찾아갔다. 여기에서 다윗은 양식으로서 약간의 거룩한 떡과, 무기로서 골리앗의 칼, 그리고 가장 중요한 것으로 아히멜렉을 통하여 하나님의 뜻을 받게 되었다(삼상 21:3~9; 22:10~15).[55] 그리고 다윗은 몇 명의 개인 부하[56]를 데리고 블레셋 도시 가드(Gath)[57]로 발길을 돌렸는데 이는 분명 제일 먼저 외국으로 나가는 방법을 시도한 것이었다. 그러나 곧 아기스(Achish) 왕의 신하들에게 발각되었고, 재빨리 미친 척하여 위험을 모면하였다.

다음으로 다윗은 둘째 방법을 시도하였다. 그는 본국으로 돌아와 아

---

54) 이 성막은 아마 궤가 없는 상태로 그대로 두었던 것 같다. 이것은 이후 기브온에 있을 때에도 양호한 상태이었던 것 같다(대하 1:3).

55) 어떤 교류방법을 사용했는지에 대해서는 나타나 있지 않고 단지 교통했다고만 나와 있는데 아마 우림과 둠밈의 방법을 사용한 것 같다. 우리가 가히 추측할 수 있는 것은 그의 탈출을 시인했다는 것이다.

56) 다윗이 혼자였다는 아히멜렉의 발언은(삼상 21:1), 이상하게도 다윗이 아무런 군대를 데리고 있지 않았다는 뜻에서 한 말이다. 그러나 그곳에 몇몇의 수행원이 있었다는 것은 분명하다(삼상 21:4~6).

57) 가끔 텔 엘-아레이니로 판명되지만, 기브아에서 남서쪽으로 23마일 되는 텔 에스-사피로 더 잘 알려져 있다(참고, A. F. Rainey, "Gath of the Philistines," *Christian News From Israel*. 17〈Sept. 1966〉, pp. 31~38).

둘람[58] 근처의 동굴에 거주하면서 방비군단을 모집하기 시작하였다. 그의 고향 베들레헴에서 10마일 안에 있었으므로, 그의 아버지와 형제들도 방문할 수 있는 거리였다. 그는 아마 자기 가족의 도움을 힘입어 사람을 모집한다는 그의 요망을 알렸을 것이다. 400명이 이에 호응하였는데, 환난당한 자와 빚진 자와 원통한 자들이라고 기술되어 있다(삼상 22:1~2; 대상 12:8~15). 이 중 많은 사람들이 변덕스런 사울로부터 도망친 다윗과 비슷한 상황의 정치적 망명자들이었을 것이다. 다윗이 사악한 범죄자들을 수용하지는 않은 것 같다.

군대가 모아지자 다윗은 또다시 외국의 방편을 시도하여 동쪽인 모압[59]으로 이주하였다. 이번에는 사울로부터의 보복을 두려워하여 그의 부모를 모시고 갔다. 그러나 다윗의 군대에 합세한 선지자 갓(Gad)이 그 나라를 떠나라고 간언하였다. 그리하여 다윗은 유다 땅으로 다시 돌아와, 오늘날 알려져 있지 않은 "헤렛 수풀"이라는 곳에 거하게 되었다. 아히멜렉의 아들 아비아달(Abiathar)이 사울로부터 도망쳐 다윗이 있는 이곳에 오게 되었다.(삼상 22:20~23). 이때는 사울이 놉에 있는 85명의 제사장을 살해한 직후였는데 아비아달은 그곳에서 도망쳐 온 것이었다. 그의 아버지가 살해된 직후였으므로 그는 당시 대제사장이었다. 그는 하나님께 문의하는 우림과 둠밈[60]을 포함하여 제사장의 에봇을 가지고 왔다. 다윗은 그 잔악한 행위의 소식을 듣고 비통했겠지만, 동시에 아비아달이 특히 우림과 둠밈을 가지고 자기에게 돌아올 수 있었다는 사실에 기뻐하였을 것이다.

얼마 지나지 않아서 다윗이 이 거룩한 문의수단을 사용할 기회가 찾아왔다. 그는 블레셋 사람들이 그일라(Keilah)[61] 주민들을 약탈하면서

---

58) 현대의 텔 에쉬-세잎 마두쿨(Tell esh-sheikh Madhkur)로 판명되는 아둘람은 가드(Gath)에서 동쪽으로 9마일 가량 되며 가드와 베들레헴의 중간 지점이다.

59) 모압이 수 년 전에 사울에게 패배했으므로(삼상 14:47), 다윗은 아마 그들이 사울로부터 피난온 사람에게는 우호적일 것이라고 추측하였다. 또한 다윗의 조상 룻이 모압 출신이었으므로 다윗에게는 자연적인 유대가 있었다.

60) 참고. 앞의 주 8.

61) 참고. 앞의 주 49.

가능하면 우호조약을 맺어 그 백성을 도와주려 한다는 소식을 듣고, 그들에게 원조할 것인가에 대해 하나님의 뜻을 구하였다(삼상 23:1~13). 이 문의의 응답이 긍정적이었으므로 다윗은 그일라를 도와 블레셋을 멸하게 하였다. 그러나 이 은공에도 불구하고, 그 다음의 문의에는 그일라 주민들이 다윗을 등지고 사울에게 향하는 행동으로 나타났으므로 다윗은 이곳을 곧 떠났다.

여기에서 다윗은 남쪽으로 내려가 헤브론 밑에 있는 십(Ziph) 지대와 마온(Maon) 지대[62]에 거하였다. 십 주민들이 다윗의 위치를 사울에게 고하자 사울은 처음에 다윗을 잡으려 하였다. 그러나 그는 여기에서 블레셋과 싸우러 되돌아가야 했으므로(삼상 23:14~28) 성공하지 못하였다. 다윗이 동쪽으로 이주하여 사해 연안에 있는 엔 개디(En-gedi)[63]에 거하자, 사울은 블레셋 전투 후에 또다시 그를 추격하였다(삼상 24:1~22). 다윗이 처음으로 사울의 목숨을 살려둔 곳이 바로 여기였다. 다윗이 숨은 동굴에 사울이 들어왔을 때 다윗은 그를 죽일 수 있었으나, 자신이 가까이 있었다는 증거로서 그의 옷자락만을 잘라 버렸다. 후에 다윗이 그 자른 옷자락을 멀리서 보여주었을 때 사울은 그가 자기 목숨을 살려둔 것을 깨닫고 큰소리로 통곡하여 울며 다윗의 계속적인 자비를 요청하였다.

다윗은 마온(Maon) 지대로 다시 이동하였다. 그는 이 근처에 사는 부유한 지주 나발(Nabal)로부터 자기 군대의 양식을 얻고자 하였다(삼상 25:2~42). 다윗의 군대가 베두인(Bedouin) 도적으로부터 나발의 가축을 보호해 왔었으므로(삼상 25:7, 14~17), 다윗은 그러한 도움을 얻을 만하다고 믿었다. 그러나 나발이 무뚝뚝하게 이에 응하지 않자 다윗은 그를 벌주려 하였다. 이에 나발의 아내 아비가일(Abiga-

---

62) 현대의 텔 시프(Tell Zif)로 판명되는 십(Ziph)은 헤브론에서 남동쪽으로 3.5마일이며 그일라에서 남동쪽으로 14마일 된다. 크리베트 마인(Khribet Ma'in)으로 판명되는 마온(Maon)은 십에서 남쪽으로 5마일 된다.
63) 엔 게디(En-gedi)는 신선한 샘물의 이름을 따라 아직도 같은 이름으로 불리운다. 이곳은 십(Ziph)에서 동쪽으로 16마일 지점이다.

il)이 중간에서 필요한 양식을 제공하였다. 10일 후 나발이 죽었는데, 이는 아마 부인으로부터 다윗이 계획한 것을 전해 듣고 충격을 받은 데 기인한 것 같다. 다윗은 아비가일을 그의 아내로 취하였다.

얼마 후 십 주민들은(Ziphites) 또다시 사울의 환심을 사고자 다윗이 숨은 장소를 알려주었다(삼상 26:1~25). 사울이 쫓아왔을 때 다윗은 그를 죽일 수 있었는 데도 불구하고 두 번째로 목숨을 살려주었다. 아비새(Abishai)[64]를 동반한 다윗은 아브넬과 군대의 보호 아래 잠자고 있는 사울에게로 가 그의 창과 물병을 가지고 왔다. 그 다음날 다윗이 그 물품을 보여주자, 사울은 또다시 통곡하며 다시는 그를 추격하지 않겠다고 약속하였다.

(3) 시글락에서의 다윗(삼상 27, 29~30장; 삼하 1장)

① 시글락으로 가다(삼상 27:1~4)

두 번째로 사울의 목숨을 살려준 사건 이후, 다윗은 사울의 시도를 항상 모면할 수는 없다고 생각하며 또다시 블레셋 땅으로 갔다. 이 이동에는 분명히 또 다른 이유가 있었는데 그 중 하나는, 나발에게 양식을 요청한 사건에서 암시되어 있다. 다윗의 군대는 이제 500명을 헤아리게 되었고(삼상 27:2; 참고, 대상 12:1~7, 19~22) 이들에게 양식을 공급하기가 쉽지 않았을 것이다. 블레셋 사람들은 당시의 많은 나라들과 마찬가지로,[65] 용병 군대를 고용하였는데 만일 이들이 다윗의 군대를 이같이 고용한다면 이 문제는 해결이 될 것이다. 사울은 또한 다윗을 이곳까지 추격하지 않을 것이다. 이러한 잇점을 염두에 둔 다

---

64) 아비새(Abishai)는 요압의 형이었는데 다윗의 장군이 되었다. 이 형제들은 다윗의 누이 스루야(Zeruiah, 아마도, 이복동생, 참고, 대상 2:16, 삼하 17:25)의 아들들이었다. 이것이 그들에 대한 첫 번 언급인데 아마 이들은 이 당시 다윗과 먼저 연관되어 있었을 것이다.

65) 용병 군대는 당시 흔한 일이었다. 잇대(Ittai), 가드(Gittite, Gath)는 600명의 군단을 가지고 있었으며(삼하 15:18~22), 후에 압살롬의 반역 시 다윗에게 합세하였다. 암몬 왕 하눈(Hanun)은 이스라엘과 싸우기 위해 수리아인 2만과 마아가 사람(Macathites) 1천을 고용하였다.

윗은 다른 불리한 점을 무릅쓰고 가드(Gath) 왕 아기스(Achish)에게 나아갔다. 아기스는 그의 적 사울로부터 다윗이 망명했다는 사실에, 또한 다윗이 끌고온 600명을 자기가 유용하게 쓸 수 있다는 것에 매력을 느껴 다윗을 받아들였다. 그는 블레셋 지역의 남쪽에 있는 시글락[66]을 다윗에게 주어 활동기지로 삼게 하였다.

② 시글락에서의 불안정한 활동(삼상 27:5~12)
다윗은 시글락에서 이중 역할을 하였다. 그는 용병으로서 아기스를 섬기는 척하면서, 이스라엘에게 끊임없는 적이었던 남방의 외국 지파들, 특히 그술 사람(Geshurites), 기르스 사람(Gerzites), 아말렉[67] 사람(Amalekites)을 공격하였다. 그는 아기스로 하여금 자기가 남방 유다를 괴롭히는 것으로 믿게 하여 관계를 계속 유지하였으며 동시에 한편으로는 전리품을 남방 유다 성읍에 나누어주었는데(삼상 30:26~31), 이는 자기가 왕이 될 때 그들의 도움이 필요하다고 생각하여 호감을 사기 위한 것이었다. 이러한 노선은 불안정한 것이었지만 다윗은 이를 잘 해냈다. 그러나 이것이 하나님께서 기뻐하셨다는 뜻은 아니었다. 다윗이 블레셋 사람 가운데 체류한 시절이 고상한 위치가 아니었다는 것은 분명한 것 같다.

③ 이스라엘과의 투쟁을 모면하다(삼상 28:2; 29:2~11)
이러한 생활이 14개월 지속된 후, 사울과 대항하는 블레셋의 마지막 전투가 가까이 오자 다윗은 곤란에 처하게 되었다. 그는 분명 자신의 위치를 손상시키지 않으려면 이에 가담하지 않을 수 없는 그러한 정도

---

66) 임시적으로 텔 알-쿠와일파(Tell al-Khuwailfa)로 판명되었는데, 이는 가드(Gath)에서 남쪽으로 곧장 23마일, 브엘세바에서 북동쪽으로 12마일 된다. 시글락은 시므온에게 할당된 성읍이었으나(수 19:5), 블레셋 활동 중심지에서 멀리 떨어져 있었음에도 불구하고 블레셋이 점령했었다.

67) 그술 사람은 수리아에 있는 그술이 아니라(삼하 15:8) 블레셋 땅 남쪽에 있는 그술 사람이었다(수 13:2). 기르스 사람은 알려져 있지는 않지만 북방의 게셀(Gezer) 사람은 아니었다. 아말렉 사람은 북방 네겝(Negeb) 거주민으로 잘 알려져 있다.

로 아기스와 관계를 맺었다. 따라서 그는 블레셋 사람 계획에 따라나
서겠다고 하였다. 그러나 그가 아기스를 따라 집결장소인 아벡에까지
가긴 했지만 실제로 가담하고 싶어했다[68]는 것은 생각할 수 없는 일이
었다. 그러므로 다른 블레셋 사람이 이를 반대하여 다윗이 시글락[69]으
로 돌려보내졌을 때 그는 크게 안심했을 것이다.

④ 아말렉 접전(삼상 30:1~25)

다윗이 시글락으로 돌아왔을 때 대파국이 그를 기다리고 있었다. 아
말렉 사람들이, 아마도 다윗의 초기 습격에 대한 보복으로 이 마을을
습격하여 많은 물품 외에 다윗의 부인과 군인들의 부인을 끌고 가버렸
다. 평상 시 다윗에게 충성했던 부하들은 이제 거의 폭동을 일으키려
할 정도였다. 아마 이들은 이전에 블레셋 정책에 관해 다윗과 다른 의
견을 갖고 있었는데 이제 그것에 대해 다윗을 비난한 것 같다. 그러나
다윗은 재빨리 활동을 개시해 잃은 것을 찾으러 나섰다. 병으로 인해
뒤떨어져 있던 애굽 사람을 잡아 그들로부터 아말렉의 위치를 알아낸
다윗은 그 진영을 습격하여 부인들과 물품을 모두 찾아왔다. 이로 인
해 부하들의 상한 감정이 완화되었고 다시 평화가 회복되었다. 그가
가져온 물품은 잃어버린 것보다 더 많았으며 다른 곳에 분배할 수 있
을 정도였다. 그는 최근에 정성어린 원조를 받았던 장소이며, 동시에
왕이 되었을 때 친근관계를 계속 유지하기를 바라는 유다의 13마을에
이를 분배하였다(삼상 30:26~30).

---

68) 다윗이 아기스에게 한 말은 자신이 가고 싶어한다는 것을 직접적으로
나타낸 것이 아니라 다만 아기스가 그렇게 생각하도록 하기 위해 주의 깊게
선택한 용어였다. 다윗이 꼭 가야 할 필요성을 느꼈다면 블레셋 장군의 의심
을 받더라도 사울을 돕기 위해 탈주했을 것이다. 분명 그는 하나님이 기름부
은 사울에 대항하여 싸우지 않았을 것이다.
69) 아벡에서 시글락까지는 곧장 남쪽으로 48마일 가량이며, 다윗이 그곳
에 가는 데 3일이나 걸린 거리이다(삼상 30:1).

⑤ 사울의 사망소식(삼하 1:1~27)

길보아 산에서의 이스라엘의 처참한 패배와 사울과 그의 아들의 사망 소식을 들은 것은, 이 회복작전에서 돌아온 지 사흘되는 날이었다. 이 소식은 그곳에서 도망쳐 온 사람에 의해 전해졌는데 그는 이제 이스라엘의 다음 왕으로부터 호감을 얻을 수 있으리라 생각하며 자신이 사울 왕을 죽였다고 주장하였다. 그가 전한 내용인즉 전투에서 패배하게 되고 적이 쫓아오리라고 깨달은 사울 왕이 젊은이를 불러 자기를 죽여달라고 요청하였는데, 아말렉 사람인 이 젊은이는 자기가 그 일을 해냈다고 말하였다. 그는 자신의 이야기를 뒷받침하는 증거로 사울의 왕관과 팔찌를 가지고 왔다. 그의 증거[70]를 의심할 아무런 이유가 없는 다윗에게 이 이야기는 그럴 듯한 것이었고 다윗은 이에 응하여 그날 저녁에까지 울며 금식하였다. 그리고는 이 젊은이에게 다시 나타나, 그가 예상한 대로 상을 주기는 커녕, 오히려 여호와가 기름부은 사람에게 손을 대었다는 이유로 그를 죽이라고 명령하였다. 이러한 행동은 왕의 생명에 손을 대지 않았던 다윗의 그 이전 행위와 부합하는 것이었다. 사울과 요나단에 대해 진실하고도 감동적인 비탄의 내용은 사무엘하 1:17~27에 기록되어 있다.

다윗의 통곡은 마음속에서 우러나온 것이었지만, 동시에 그는 이 소식이야말로 자신이 이스라엘로 돌아가야 할 때를 나타내는 것임을 알았다. 다윗은 사울의 죽음을 가져오는 데 아무런 역할을 하지 않았지만 동시에 그것은 오래 전 개인적으로 기름부음을 받은 이래 계속 기다려왔던 것이었다. 이제 남은 일은 본국으로 돌아가 왕위를 받는 것이었다.

---

70) 왕관과 팔찌는, 적어도 사울의 죽음 직후 그 젊은이가 그 근처에 있었음을 증언하는 것이었다. 그러나 그것은, 그가 실제로 사울을 죽였다고 증언하는 것이 아니며, 또 사무엘상 31:4~5의 내용을 볼 때 아마도 그가 죽인 것은 아니었다(참고, 앞의 주 53).

제11장

다윗 왕

[사무엘하 1-24장; 열왕기상 1:1-2:11; 역대기상 12-29장]

사울의 통치와는 대조적으로 다윗의 집권은 왕국의 발전과 통합을 이룩하였다. 그는 지파를 통합하고 효율적인 정부를 수립하였으며, 제사장직을 조직하고, 전쟁에서 거의 진 적이 없는 군대를 유지케 하였다.

그는 분단되고 전쟁으로 쪼개진 땅을 이어받아 죽을 때에는 제국을 남겨놓았다. 다윗은 전임자와는 대조적인 왕이었으며 동시에 이스라엘 역사상 가장 강력한 왕이었다. 그는 다른 사람을 평가하는 척도였다. 다윗과 같은 왕이 된다는 것은, 그 이후의 왕들이 가질 수 있는 가장 높은 영광이었다.

1. 헤브론에서의 다윗(삼하 1:1~5:5)

사울이 죽었다 할지라도, 다윗은 몇 년 동안 열 두 지파를 모두 통치할 수 없었다. 그는 유다 왕으로 기꺼이 받아들여졌지만 북방 지파에 있어서는 문제가 달랐다. 그들은 사울의 남은 아들 이스보셋을 왕으로 추대한 것이었다. 이러한 왕권의 분열로 인해 앞에서 이미 주시한[1] 바와 같이 백성간의 분리가 불가피하게 되었는데 이는 솔로몬 이

---

1) 사울이 야베스 길르앗을 위해 암몬 족속을 대항하여 싸울 지원병을 모집했을 때에 관한 것이다(참고, 앞의 10장 주 10).

후에 그 결실이 나타나게 되었다. 다윗은 7년 반 동안 유다를 다스리고 후에 33년 동안 전 이스라엘을 다스려 전체 재임기간은 40년 반이 된다(1010~970. 삼하 5:5).

(1) 다윗이 유다의 왕이 되다(삼하 2:1~4)

사울이 죽을 당시 다윗은 다른 어느 지파보다도 유다 사람들에게 더 잘 알려져 있었다. 그는 유다의 베들레헴 출신인데다 대부분의 그의 활동 중심지는 사울의 수도 기브아의 남쪽이었다. 이것은 남서쪽의 블레셋을 대항하여 사울의 군대를 이끌었을 동안과 피난 시절에 있어서는 특히 사실이었다. 그러므로 그가 자기 백성[2]에게 돌아가 먼저 유다의 주요 도시인 헤브론을 찾아간 것은 당연하거니와, 그곳에 있는 백성들이 그를 왕으로 선언한 것도 당연한 것이었다. 그는 오랫동안 그들의 승리자였고, 그의 재능과 사랑이 그 성읍에 널리 퍼져 있었다. 더욱이 그 이전 왕권과 비교할 때 특히 전쟁에 있어서 통솔력을 과시했었다. 기회가 왔으므로 기뻐하였다. 따라서 다윗이 그의 가족과 여기에 덧붙여 600명의 부하들을 이끌고(삼하 2:3) 헤브론에 도착했을 때, 유다 사람들은 재빨리 집합하여 그를 "유다 족속의 왕"으로 기름부었다.

(2) 이스보셋이 이스라엘의 왕이 되다(삼하 2:8~10)

다윗을 잘 알지 못하는 다른 지파들[3]에게 있어서는 상황이 달랐다. 다윗이 사울의 군대장관으로 있을 때, 블레셋과 대항한 그의 용맹에 관해서는 이들에게도 잘 알려져 있었을 것이다. 그러나 왕으로부터 망명한 이후, 그는 그들의 관심으로부터 아마 멀어졌을 것이다. 결과적

---

2) 시글락에서 돌아올 때(참고, 10장 주 65). 북동쪽으로 17마일만 가면 도착할 수 있었을 것이다.
3) 성경에서 이후부터는 이스라엘이라는 용어가 유다의 북방 지파를 뜻하는 말로 계속 사용되는데 그 예가 사무엘하 2:9, 10, 17이다. 결국 다윗이 열두지파를 다스리게 되었을 때 "모든 이스라엘과 유다"를 다스리게 되었다고 나와 있다(삼하 5:5).

으로 그들이 사울의 죽음 소식을 들었을 때, 사울의 남은 아들 이스보셋[4]을 우선 생각하게 된 것은 당연한 일이었다. 세 아들은 사울과 함께 죽었고 이 아들만이 두 딸 메랍(Merab)과 미갈(Michal)과 함께 살아남았다. 이스보셋은 길보아 산에서 살아남은 아브넬(Abner)의 힘을 얻어 왕이 되어 요단 강 건너 마하나임(Mahanaim)[5]을 새 수도로 정하였다. 이 수도변경은 길보아에서의 참패 이후 블레셋의 이스라엘 지배로 인해 생긴 것이었다. 강 서쪽에 있는 사람들에게 혜택을 주거나 책임을 질 정도가 의심스러움에도 불구하고, 이 젊은이는 마하나임에서 요단 강 양쪽부분의 왕으로 선포되었다. 강 서쪽에 있는 사람들의 주요 관심은 블레셋의 위협적인 존재였다.

각각 자기 지파를 다스리는 다윗과 이스보셋의 왕위에 대해 블레셋의 반응은 어떠했을까? 위험한 적으로 간주했을까, 아니면 자기에게 도움을 주는 봉주국으로 여겼을까, 또는 무관심했을까? 그들은 이스라엘 왕에 대해서는 아마도 무관심했었다. 그의 영향은 기껏해야 그들이 관심을 가지고 있는 요단 서쪽에 한한 것이였을 것이다. 다윗에 관해서는 아마 아직도 그들의 봉신으로 생각했을 것이다. 그는 지금까지 그들 가운데 있어왔고 아기스 밑에서 잘 봉헌해 왔으므로 작은 유다의 통치자인 그를 지배하는 것은 어렵지 않을 것이다. 이스라엘이 분단된 것에 대해 분명 그들은 기뻐하였고 이제 곧 전 이스라엘을 차지할 수 있을 것이라 생각하였다.

---

4) 이스보셋은 정식으로 이스바알이라 불리운다(대상 8:33; 9:39). 이와 마찬가지로 기드온의 후기 이름 여룹바알(삿 6:32)은 이후에 여룹보셋으로 바뀌었다(삼하 11:21). 어미 "바알"은 "주인" 또는 "소유자"를 뜻하였는데 외국신 바알로 인해 불명예를 뜻하게 되었다. 이 대신 쓰여진 어미 "보셋"은 (참고, 삼하 9:6의 므비보셋) 수치스런 바알에 연관되어 "수치"를 뜻하게 되었다.

5) 마하나임의 위치는 확실치 않다. 보통 얍복 강에서 북쪽으로 12.5마일 되는 킬벳 마네(Khirbet Mahneh)로 판명되지만 갓(Gad)의 북방 경계에 있었으므로(수 13:26~30) 얍복 강에서 더 가까이 위치한 것 같다. 사무엘하 2:29로 볼 때는 요단 강에서 동쪽으로 약간 떨어진 거리이다.

(3) 다윗과 이스보셋의 투쟁 (삼하 2:12~4:12)

① 초기의 갈등

유다와 이스라엘간의 갈등은 처음부터 거의 불가피한 것이었다. 이것은 처음에, 예루살렘에서 북동쪽으로 6마일 되는 베냐민의 기브온[6]에서 사소한 문제로 시작되었다(삼하 2:12~32). 이곳 기브온의 물가[7]에서 아브넬은 다윗의 대장 요압(Joab)[8]을 만났다. 처음에는 양쪽의 열 두 사람만 싸웠으나 이 다툼이 확대되어 작은 전쟁이 생겨나게 되었다. 마침내 다윗의 군대가 승리를 거두었다. 이 투쟁 이후 요압의 아우 아사헬(Asahel)이 싸움터에서 도망하다가 아브넬에게 살해되었는데 이는 요압에게 있어 잊지 못할 사건이었다.

② 다윗의 세력이 증가하다

날이 감에 따라 다윗의 통치가 계속 강력해진 반면 이스보셋은 점점 쇠퇴하게 되었다. 마하나임에서 처음부터 집권의 대표였던 아브넬은 마침내 자기 왕과 싸우고 다윗을 섬기겠다고 제의하였다(삼하 3:7~16). 이것은 아브넬이 앞으로의 피할 수 없는 결과를 인정한 것이었다. 그는 오래 전 사울 밑에서 둘이 함께 활동할 때부터 다윗의 능력을 흠모하였다. 이제 다윗이 결정적으로 강력한 위치에 임하게 되자, 아브넬은 앞으로의 장래가 다윗 쪽에 있음을 깨달을 수 있었다. 그는 다윗에게 사자를 보내어서 자기 자신의 안전과 높은 지위를 조건으로 모든 이스라엘을 다윗의 손에 넘겨주는 데 동의하였다. 이에 다윗은 먼저 자기의 전처 미갈(Michal)을 돌려보내 달라고 하였다. 미갈은 다윗이 망명자가 된 이후 발디엘(Phaltiel)과 결혼하였는데 다윗이 이제 그녀

---

6) 참고, 8장 주 39.
7) 아비새(Abishai)는 요압의 형으로 이전에 언급되었으나(참고, 10장 주 64) 요압 자신에 대한 언급은 이것이 첫번째였다. 아사헬은 이 셋 중 가장 나이가 어렸다.
8) 이 물가로 판명되는 구덩이가 발굴되었다. 이것은 밑으로 내려가는 계단이 달린 바위에서 35피트의 깊이로 파진 웅덩이였다. 물구덩이에 연결되는 또 다른 40피트의 하향계단이 발견되었다.

를 다시 원한 것이었다. 그녀에 대한 다윗의 사랑은 줄지 않았으며 더욱이 이 결혼은 사울의 집과 결속되는 것이므로 북방 지파의 충성을 획득하는 데 도움을 주었을 것이다. 아브넬이 이에 응하여 미갈을 데려왔는데 그녀의 현 남편은 큰 슬픔을 못이겨 아브넬이 허락하는 지역에까지 울며 따라왔다. 아브넬은 또한 여러 지파의 장로들에게 다윗 쪽으로 충성을 돌리라고 촉구하였는데 분명히 얼마간은 성공을 거두었다. 그러나 이러한 충성의 변화를 실제로 일으키기도 전에 그는 요압에게 살해되었다(삼하 3:17~27). 이 무모한 행위는 요압이 자기 지위에 위험을 느낀 것도 한 연유가 되겠지만 아사헬의 죽음을 보복하기 위해 저지른 것이었다. 북방 지파의 환심을 얻고자 하는 다윗은, 이 행위와 자신을 분리시키기 위해 이 사건에 대해 진정한 유감을 표시하며 갖은 노력을 다하였다(삼하 3:28~39).

③ 이스보셋이 죽임을 당하다

아브넬의 통솔이 없어지게 되자, 그 밑에 있던 이스보셋의 두 장군이 다윗의 환심을 사기 위해 자기 왕을 살해하고 그 머리를 다윗에게 가져왔다(삼하 4:1~12). 그러나 사울의 죽음 소식을 전한 사자의 경우와 같이 다윗은 즉시 이 두 사람을 죽임으로써 예기치 않은 행동을 취하였다. 이러한 행동에는 아마 두 가지 이유가 작용하였을 것이다. 첫째는, 이스라엘의 왕으로서 공히 기름부음을 받은 사람에 대한 다윗의 존경인데 특히 그가 사울의 아들이었다는 점에서 그렇게 행동했을 것이다. 그리고 둘째로는 북방 지파들로부터 미움을 사게 될지도 모르는 행위로부터 자신을 분리시키고자 함이었다. 자기 목적달성을 위해 음모를 꾸미고 살인을 한 사람의 이미지는 바람직한 것이 못되었다. 다윗은 그러한 행동에 대해 개인적인 반감을 가지고 있었고, 또 그러한 감정을 가지고 있는 사람으로 알려지기를 바랐다. 이전에 사울과 그 아들들의 고귀한 매장을 시행한 야베스 길르앗 주민들에게 다윗이 감사의 뜻을 표했는데 이것 또한 이와 비슷한 생각에서 이루어진 것이었다(삼하 2:4~9).[9]

---

9) 다윗은, 헤브론에 도착한 직후 야베스 길르앗 사람들에게 이러한 친절을

(4) 다윗이 온 이스라엘의 왕이 되다(삼하 5:1~5: 대상 12:23~40)

다윗이 전 이스라엘의 왕으로서 정식으로 기름부음을 받았을 때는, 헤브론에서의 7년 6개월 통치가 경과한 후였다.[10] 백성들은 이때까지 끊임없이 그를 원하였다. 모든 지파의 지도자들이 상당한 군대를 이끌고[11] 정식 요청과 협정을 하기 위해 헤브론으로 왔다. 성경에 구체적으로 이 당시 "언약"(covenant)이 맺어졌다고 기록되어 있는 것으로 보아 어떤 협정이 이루어진 것 같다. 백성들은 다윗에게 왕을 요청했지만 다윗은 그 대가로 진정한 중앙정부를 보장하는 어떤 약조를 원했을 것이다. 그는 사울의 통치 기간 중 헤이해진 상황을 보아왔으므로 통합을 이루기 위해서는 규제나 조직, 세금 등이 필요하다고 깨달았을 것이다. 그는 또한, 이러한 약속을 얻는 기간은 통치가 시작되기 전이라는 것도 분명히 인식하였다. 또한 이곳에 참석한 유다와(시므온도 포함, 대상 12:24~25) 북방지파들 사이에도 협정이 필요하였을 것이다. 유다 백성들은 그들의 왕을 공동으로 소유하게 하는 양보에 동의해야 하고, 또 다윗이 다른 지파들에게 요구하는 똑같은 규제를 수락하는 일에 동의해야 했을 것이다. 이러한 요구를 저울질하는 모든 지

베푼 것으로 말해지고 있다. 몇 년 후 그는 더 나아가 사울과 요나단의 뼈를 기브아로 옮겨 매장해 주었다(삼하 21:12). 여기서는 베냐민이 아직 그의 통치 밑에 있지 않았으므로 그렇게 할 수 없었다.

10) 사무엘하 2:10에는 이스보셋이 이스라엘을 2년간 다스렸다고 되어 있는데 이는 다윗이 유다를 다스린 것보다 5년 반이 적은 숫자이다. 이러한 차이는 다음과 같이 설명될 수 있다. 혼돈된 통치와 블레셋의 지배로 인해 아브넬은 이스보셋을 왕으로 선언하기까지 수 개월을 기다렸을 것이다. 또한 이스보셋의 죽음 이후 북방 지도자들이 함께 모여(또한 아브넬의 죽음으로 인해 지도력을 발휘할 수 없었다) 다윗에게 통치를 요청할 때까지 얼마간의 시간이 경과하였다. 그리고 그들의 요청 이후 다윗이 실제로 예루살렘으로 옮기기까지 수 개월이 경과하였는데, 이 기간 사이에 다윗은 계획을 세워야 했고 블레셋과의 두 번 전투를 겪어야 했다.

11) 이 군대의 숫자는 역대기상 12:23~40에 기록되어 있다. 총 숫자는 339,600명이나 된다. 만일 이 모든 사람이 왔다면, 이것은 다윗에게 이스라엘 왕위를 수락하라는 상당한 열정의 과시였을 것이다.

파들의 생각이 어떠했나 하는 것은 쉽게 추측할 수 있다. 그들은 왕 중에서도 강력한 왕이 필요하였는데, 실제로 다윗이 사울의 군대장관이었을 때 보여준 그러한 능력을 가진 왕이 필요하였다. 다윗이 블레셋의 현 예속상태에서 그들을 인도해낼 수 있다면 그리 과하지 않은 어떤 조건도 감당해낼 수 있을 것이다. 협정이 이루어지고 조건이 수락되어[12] 다윗은 자기 생애에서 세 번째로 기름 부음을 받게 되었다.[13]

2. 다윗이 이스라엘 왕국을 세우다
(삼하 5:6~8:18; 10:1~19)

다윗의 천재적인 통치는 처음부터 명백하였다. 그의 첫 번 문제는 블레셋이었다. 북방 지파들이 그를 왕으로 수락하였지만 그곳에는 아직도 블레셋이 우세하였다. 다윗이 완전히 통치를 하려면 이들의 지배에서 먼저 벗어나야 했다. 다윗은 놀랍게도 이 과업에 성공하였다.

(1) 블레셋과의 투쟁 (사무엘하 5:17~25)

이 문제에 있어 블레셋 사람들 자신이 군사적 행동을 먼저 개시하였으므로 다윗은 문제가 닥칠 때까지 오랫동안 숙고할 필요가 없었다.

그들은 다윗이 단지 유다의 왕이었을 때에는 잠잠했었으나 이제 왕국이 통일되자 정책을 바꾸었다. 다윗이 이제 더 이상 그들의 봉신이 아닌 것은 분명한 일이었다. 그가 다시 주요 적이 되었으므로 그와 같이 대적해야만 했다.

① 첫 번 전투
블레셋은 예루살렘 바로 남쪽인 르바임(Raphaim) 골짜기에서 공격

---

12) 그들이 이 조건을 수락했다는 증거는, 사울의 통치와는 반대로 다윗이 강력한 통치를 이룩했다는 데에서 나타난다.
13) 첫번째는 장래를 예상하고 사울에게 받은 것이며, 두 번째는 75년 전 유다 백성에게서 받은 것이고, 이제 전국의 왕으로 기름부음을 받은 것이다.

을 하였다. 그들의 전략은 명백하다. 그들은 길보아 산에서의 승리 이후 베들레헴에 요새를 세워놓았었는데(삼하 23:14), 다윗이 통합을 이룩할 수 없도록 이 요새를 보수하여 나라를 분단시키고자 하였다. 다윗은 이 의도를 깨닫고, 망명 시절 처음 군대를 모집하였던 헤브론의 북동쪽 아둘람 굴[14]에 진영을 설치하였다(삼하 23:13~14). 그의 군대는 아직도 망명 시절 모집한 주로 충성된 무리로 구성되었다. 이것은 그들의 지도자가 적진 뒤에 있는 샘의 물을 원한다고 했을 때 자기 목숨을 감수할 정도로 잘 짜여진 군대였다(삼하 23:15~17). 하나님께서 다윗에게 승리를 보장하시자 다윗은 바알브라심(Baal-Perazim, 지역 미상)에서 공격하여 자기 군대의 숫자가 훨씬 적음에도 불구하고 블레셋을 패배시켰다. 이 승리는 완전한 것이어서 적들이 공포에 질려 도망할 때 자기 신의 형상을 놓고 갈 정도였다. 다윗은 이 형상을 불태워 버렸다.[15]

② 두 번째 전투

그러나 블레셋은 전멸되지 않았다. 이들은 큰 군대로 다시 모여 비슷한 수법으로 이 골짜기를 또다시 공격하였다. 이번엔 공격의 방향을 바꾸어 하나님께서 뽕나무 근처에서 소리를 내실 때 뒤에서 엄습하라고 지시하셨다. 이 수법은 적을 놀라게 하기 위한 수가 적고 잘 훈련된 다윗 군대의 운동성을 이용한 것이었다. 이 공격은 또다시 결정적인 승리로 이끌었고 다윗은 멀리 게셀[16]까지 블레셋을 추격하였다.[17] 몇 년 후 블레셋 땅에서 또다시 접전하였는데 이는 비교적 덜 중요한 사

---

14) 참고, 10장 주 58.
15) 다윗이 이 형상을 불사른 것은, 수 년 전 아벡 전투에서 궤를 잃었을 때(삼상 4:11) 블레셋의 행동과 정반대되는 것이었다. 그들은 승리의 상징으로 궤를 들고 행진하였으나 다윗은 이 형상을 멸시하여 태워버렸다.
16) 참고, 8장 주 51. 블레셋 지역의 북동쪽 경계인 게셀(Gezer)은 이 전투 지점에서 적어도 15마일이나 되었다.
17) 다윗은 블레셋 사람과 같이 싸웠으므로 그들의 수법을 알고 자기의 전략을 세우는 데 도움을 받았다. 이것은 또한 그들의 철 독점을 분쇄하는 데도 도움을 주었다.

건이었다(삼하 21:15~22; 대상 18:1; 20:4~8).

그리하여 다윗의 왕으로서의 첫 출발은 아주 경사스러운 일이었다. 그는 이 두 번의 접전에서 적은 군대로 블레셋 문제를 해결하였다. 이 위협적인 적에게 오랫동안 시달려온 북방 지파들의 감명은 대단하였을 것이다. 이 지파들은 특히 다윗이 이 압제를 제거시켜 줄 것이라고 생각해서 그를 왕으로 요청하였는데 그는 벌써 이를 쉽게 해치운 것이었다. 진정한 왕으로서 그들에게 규제와 조직을 부과해야 할 그의 임무는, 이 성과로 인해 쉽게 이루어질 수 있었다.

(2) 새 수도(삼하 5:6~12; 5:6~7:29; 대상 13, 15~17장)

블레셋의 위협이 없어지자 다윗은 적당한 수도[18]를 생각하게 되었다. 헤브론은 유다에서 볼 때 중앙이지만 전 나라를 치리하는 데는 너무 남쪽에 치우쳐 있었다. 세겜같은 성읍은 이스라엘에게는 중앙이지만 유다 쪽에서는 너무 북쪽이었다. 사울의 수도였던 기브아는 블레셋 사람에 의해 진멸되었고 역시 좋은 위치는 아니었다. 샘물의 흔적이 전혀 탐사에 나타나지 않은 것을 보면,[19] 분명 저수지로 물을 공급했었다.

① 예루살렘을 수도로 정하다

다윗은 아직 여부스 사람[20]이 차지하고 있는 예루살렘을 수도로 택하였다. 이곳은 유다와 이스라엘의 경계에 놓여 있었으며 기혼(Gihon)

---

18) 사무엘하 5:6~9에는 다윗의 예루살렘 수도를 블레셋 전투 이전으로 기록하고 있지만, 이 수도 변경이 먼저 일어났다고 나타내려는 의도는 아닐 것이다. 사무엘하 5:17에는 블레셋이 이스라엘의 통합 소식을 전해 들은 직후에 전투가 일어났다고 되어 있다. 또한 다윗이 이미 예루살렘을 수도로 정하였다면, 나라를 분단시키기 위해 블레셋이 르바임을 공격했다는 논리가 타당하지 않을 것이다. 더욱이 사무엘하 23:13~14에는 다윗이 아둘람 굴을 본부로 설치했다고 지적되어 있는데, 그가 이미 예루살렘 요지를 차지했다면 이것 또한 이치에 닿지 않는 말이 될 것이다.

19) 참고, 10장 주 16.

20) 여부스 사람은 예루살렘에 계속 살고 있었던 가나안족이었다. 예루살렘은 여부스라는 또 다른 이름(수 18:16, 28; 삿 19:10)도 가지고 있었다. 사

의 샘[21]에서 좋은 물 공급지를 가지고 있었고 쉽게 방어할 수 있는 위치였다. 이곳을 차지하면 변경 안에서 가나안의 요지를 제거하는 셈이 되므로, 다윗은 이곳을 큰 어려움 없이[22] 포획하여 방어공사를 하였다. 그가 이전 주민을 멸했다는 언급이 나타나 있지 않은데, 이는 성읍의 다수 인구가 한동안은 외국인이었을 것을 의미한다.[23]

② 종교적인 수도 역할을 겸하다

다윗은 또한 예루살렘을 종교적 수도로 삼으려 하였다. 그리하여 70년 동안[24] 기럇여아림에 있었던 궤를 곧 이 성읍으로 가져오려 하였다(삼하 6:1~11; 대상 13장). 그러나 다윗은 하나님께서 명하신 기둥을 사용하지 않고 수레를 이용하여 옮기었다. 그 결과 궤가 있었던 아비나답의 집에서 그 아들 웃사(Uzzah)가 수행원이었는데, 궤가 마차에서 떨어지는 것을 막으려 하다가 죽음을 당하게 되었다. 그러자 다윗은 오벳에돔(Obed-Edom)의 집 근처에 궤를 놓았는데 이로 인해 그 집이 큰 복을 받게 되었다. 3개월 후 다윗은 다시 돌아와 이 직무를 완수했고, 이번에는 하나님의 지시대로(삼하 6:12~23; 대상 15:1~29) 행하였다. 그는 예루살렘에서 준비한 장막에 궤를 두고 큰 기쁨으로

무엘하 5:7에는 시온(Zion)이라는 이름이 소개되고 있는데 이는 아마 도시가 서 있는 구릉을 칭하는 것 같다. 이 구릉은 후에 도시가 성장함에 따라 점령한 많은 다른 구릉 중의 하나이었다(참고, 8장 주 56).

21) 예루살렘 동쪽 기드론(Kidron) 골짜기에 있는 훌륭한 샘인데, 이후 히스기야가 이 샘으로부터 수로를 차단하였다.

22) 사무엘하 5:8에는, 이 성읍을 차지하는 데 수구에 관련된 어떤 전략이 사용되었다고 암시되어 있다. 여부스 사람들은 기혼(Gihon)의 샘에 연결된 수로를 이미 소유하고 있었으므로 다윗의 군대가 사용한 수로는 아마 이 수로였을 것이다.

23) 이 지역에 여부스 사람이 계속 살았다는 것은, 다윗의 후기 시절 아라우나(Araunah)의 마당에 재앙이 그쳤다고 했는데 이 아라우나가 여부스 사람이라는 사실(삼하 24:16f)에서 또한 나타난다. 그가 이전의 해임된 왕이었다고 하는 믿을 만한 이유도 있다(삼하 24:23).

24) 참고, 9장 주 110.

번제를 드렸다.

다윗은 이 궤를 위해 훌륭한 성전을 짓고자 하였으나 하나님께서 이를 허락지 않으셨다(삼하 7:1~17; 대상 17:1~15). 이러한 금지는, 다윗의 재임 시 계속 활동해 온 선지자 나단(Nuthan)을 통해 전해졌다. 나단은 다윗에게 이르되, 하나님께서 그를 크게 축복하실 것이며 그의 가족이 왕위를 다른 이에게 넘겨주지 않을 것이나, 그가 전쟁의 사람이므로 자신이 성전을 지어서는 안된다고 말하였다. 그의 아들은 평화의 사람이 되어 이 일을 이룩하게 될 것이다. 이 말씀에 대해 다윗의 훌륭한 반응은 하나님께 드린 복종과 감사의 기도로 표현되었다(삼하 7:18~29; 대상 17:16~27). 그리고 그는 아들이 성전을 짓게 될 그날을 위해 실질적인 재료수집에 착수하였다(대상 22:1~5, 14~16).

궤와 성직에 대해 다윗과 사울이 보인 대조적인 태도는 백성들의 주의를 끌지 않을 수 없었을 것이다. 사울은 단지 궤를 소홀히 했을 뿐만 아니라 많은 제사장까지도 살해하였다. 반면 다윗은 오랫동안 추방되었던 궤를 그의 재임 초기에 새 수도로 옮겨왔다. 더 나아가 아비아달(Abiathar)과 사독(Zadok)[25]을 제사장으로 세워 궤 앞에서 레위인과 함께 봉직하게 하였다(삼하 8:17; 15:24~36; 대상 15:11). 제사장과 궤에 대한 다윗의 관심은 백성들을 기쁘게 했을 것이며, 백성들은 더욱더 그를 사모하게 되었을 것이다.

(3) 다윗의 정복(삼하 8~10장; 12:26~31; 대상 18~20장)

① 지파의 통합

성경에는, 다윗이 이스라엘 지파들을 하나의 중앙정부로 통합한 내

---

25) 사독이 여기에서 처음으로 언급된다. 그는 헤브론에 있는 다윗에게 나아온 사람으로서 다른 사람과 같이 언급되어 있는데, 그 족속의 열 두 장군의 머리였다(대상 12:28). 그는 아론의 셋째 아들 엘르아살(Eleazar)의 후손이며, 아비아달은 넷째 아들인 이다말의 후손이었다(왕상 2:27; 대상 24:3). 그는 다른 사람과 같이 북방 지파에서 왔으므로 거기서 대제사장으로 인정받은 것이 분명한데, 이는 사울이 놉(Nob)에서의 살인 이후 아비아달이 도망간 데 이어 그를 임명했었음을 암시한다.

용에 관해서는 거의 기록되어 있지 않다. 외국과의 전쟁에 관한 진술이 훨씬 많은 부분을 차지한다. 그러나 강력한 본국의 배경 없이 이러한 전쟁을 할 수 없었을 것이므로, 그가 사울이 이룩하지 못한 진정한 통합을 달성한 것은 확실하다. 이 통합에는 몇 가지 요인이 작용했을 것이다. 우선 다윗은 앞에서 주목한 대로 규제와 조직에 관해 백성들과 처음부터 협정을 하였다. 다른 요인으로, 그는 특히 블레셋에 대한 초기 승리로 인해 백성들로부터 공신력을 얻었는데, 이는 상당히 중요한 일이었다. 또한 그는 백성들과 함께 일하며 자기의 생각을 백성들로 하여금 동의하도록 하는 능력을 가지고 있었다. 게다가 다른 사람들이 따를 만한 신념과 확신의 소유자였다. 이러한 사람들이 백성들로 하여금 그의 통합계획을 수락하게 하였으며, 사울의 집권 밑에서 얻은 경험뿐 아니라 그 자신의 탁월한 판단력으로 훌륭한 조처를 취했을 것이다.

　이러한 지파의 통합은, 본래 할당된 땅뿐 아니라 전혀 점령하지 않은 땅을 획득하는 데도 연관이 되었을 것이다. 지금까지 이스라엘은 주로 구릉 지대에 한정되었었고, 블레셋과 가나안 사람들이 더 좋은 평지를 소유하였다. 그러나 이 상황 또한 변경되었다. 탐사 결과 성경의 내용[26]을 확증하였는데, 즉 지중해를 따라 북쪽으로 에스드렐론 골짜기를 건너 요단 계곡까지의 가나안 땅이 이제 이스라엘 지배 밑에 오게 된 것이다. 블레셋 사람이 그 땅에서 이스라엘의 남서쪽으로 완전히 쫓겨난 것은 아니었으나, 상당히 한정된 지역으로 밀려나게 되었다. 이제 비점령지가 없었으나(블레셋 지방 이외에), 다윗은 북쪽의 갈릴리 바다로부터 남쪽의 브엘세바까지 그리고 요단 강의 양쪽을 계속해서 통치하였다. 그 결과 이스라엘은 그들이 진정한 국가가 되었다는 것을 처음으로 알 수 있었다. 각 지파들은 그들의 분할된 땅을 거의 모두 다스리면서 그야말로 통합되었고 그들이 자랑할 만한 훌륭한 왕을

---

　26) 얼마 후 다윗의 인구조사에서 취해진 연속적인 경로에서 증명되며(삼하 24:5~8), 또한 이후에 솔로몬에게 전달된 땅 설명서에 의해서도(왕상 4:7~19) 증명된다.

소유하게 되었다.

② 다윗의 군대
본래 국경을 넘어서 광범위한 정복을 하기 위해서는 강력한 군대가 필요하였다. 이 구성요소에 관한 내용 역시 정보가 거의 없지만 여러 가지 암시로부터 어떤 사실을 찾아낼 수 있다. 일반적으로 군대는 세 가지 지류로 구성되었다. 즉, 다윗의 망명 시절에 구성된 블레셋 군대의 충성된 600명인데 이 중 약간의 보충과 추가가 있었을 것이다. 다음으로 백성의 세금으로 운영되는 회전식의 상비군대 그리고 외국용병이 있다. 이들의 핵심은 항상 이 600명이었는데 이는 마치 사무엘하 15:18에 언급된 가드 사람(Gittites) 그리고 몇 군데에서 "용사"(mighty men)로 언급된 깁보림(gibborim)[27]과 같은 종류였다. 이 용어가 그들에게 사용된 것 같은데, 예를 들어 압살롬으로부터 도망할 당시 다윗과 함께 한 무리가 언급될 때(삼하 16:6), 세바의 반역 당시 다윗의 후원자를 열거할 때(삼하 20:7), 아도니야(Adonijah)가 반역을 시도할 당시 솔로몬의 후원자로서 열거될 때(왕상 1:8, 10), 그리고 이후 다윗의 마지막 권고 당시 참석자들을 열거할 때(대상 28:1) 등이다. 지휘관으로 만들기 위해 이 특별 "용사"를 선택한 것은(삼하 23:8~39; 대상 11:10~47) 아마도 이 600명 중에서 뽑은 것이었다. "30명"의 기록된 명단은 각 20분단을 다스리는 두목일 것이고, 또 다른 5명은 이들 위에서 봉직했을 것이다.[28]

---

27) 깁보림이란 용어는 다윗의 군대가 아닌 다른 군대에 사용되었는데 이 때에는 거의 항상 "용맹"이라는 뜻의 *hayil*이라는 말이 덧붙여졌다. 다윗의 무리에 관해서는 그렇지가 않았다. 또한 이 용어가(특히 왕상 1:8, 10과 대상 28:1에서처럼) 다윗의 군대에 사용될 때에는, 다른 때처럼 일반적인 의미가 아니라 특정한 의미를 가지고 있는 것 같다.
28) 이 다섯 명의 엘리트는 두 계층으로 나와 있다. 즉, 첫째는 야소브암, 엘르아살, 삼마이며, 둘째는 아비새(요압의 형인데 요압 자신은 나와 있지 않다)와 브나야가 각각의 공적과 함께 열거되어 있다. "30명"(실제로는 32명이 나와 있는데 아마 후에 두 사람이 추가된 것 같다)의 이름은 공적 없이 기록되어 있다. 역대기상 11:41~47에는, 이후에 추가된 16사람의 이름이 덧붙여 기록되어 있다.

이 군대의 대인물은, 각기 설명된 공적으로(삼하 23:8~39) 그리고 헷 사람 우리아(Uriah)의 모범적인 행위로 잘 표현되어 있다. 이 우리아는 다윗에게 불리워 전쟁으로부터 돌아왔을 때 집으로 돌아가려 하지 않았는데, 이는 군인으로서 의무에 벗어난 행위가 되기 때문이었다(삼하 11:11; 23:39).

다윗은 또한 한 달에 한 번씩 순번을 바꾸어 24,000명의 상비군을 유지케 하였다(대상 27:1~15). 이는 비상 시 즉시 응할 수 있도록 288,000명의 훈련된 군인이 준비되었음을 의미한다. 압살롬의 반역 때에는 이 군인들이 다윗에게 대항하였는데, 그 숫자가 "바다의 모래" 같았다고 기술되어 있다(삼하 17:11).

그리고 다윗은 개인적인 호위병으로 그렛 사람(Cherithites)과 블레셋 사람(Pelethites)[29]으로 구성된 외국 용병을 유지하였다(삼하 8:18; 15:18; 20:7; 왕상 1:38, 44). 이들은 상비군과 같이 자주 전쟁에 참가하지 않고 왕의 신변보호를 위해 남아 있었다.

③ 외국 정복

본국이 견고하게 통합되고 효율적인 군대를 소유하게 되자 다윗은 필요할 때에 외국과의 전쟁에 참가할 수 있었다. 그러나 그가 의도적으로 정복을 꾀하여 제국을 건설했다는 암시는 없다. 대부분 그는 단순히 전쟁이 일어났을 때 참가하여 승리로 이끌려 했다. 그가 승리를 한 결과 이 나라의 국경은 계속 확장되었다.

a. 모압과 에돔

첫 번 전투는,[30] 사해 동쪽에 있는 모압과의 투쟁이었다(삼하 8:2;

---

29) 이름을 비교해 볼 때 그레데인과 블레셋인으로 여겨진다. 이들은 압살롬의 반역 시 다윗에게 계속 충성하였다(삼하 15:18; 20:7). 이들은 솔로몬이 왕으로 기름부음을 받을 때 같이 있었다(왕상 1:38, 44). 다윗이 이 군대를 어떻게 구했는지에 대한 암시는 나타나 있지 않다.

30) 사무엘하 8:1과 역대기상 18:1에는, 이 이전에 블레셋과의 전쟁이 있었다고 기록하고 있다. 그러나 이것은 몇 성읍만을 점령한 미소한 전쟁이었다.

대상 18:2). 이곳은 다윗이 사울에게 쫓김을 받을 당시 은신했던 곳이었으나 이제는 이곳 나라에 완전한 패배를 안겨다 준 것이었다. 전쟁의 원인은 나와 있지 않지만, 다윗이 혹독한 방법을 쓴 것을 보면 상당히 도전을 받았던 것 같다. 이 결과 모압은 왕권을 지탱하는 대신, 공물을 바쳐야 하는 봉신국이 되었다.

얼마 후 다윗은 사해 남쪽에 위치한 에돔과 싸워 승리를 거두었다 (삼하 8:13~14; 대상 18:12~13). 여기에서도 극히 적은 설명만이 주어져 있다. 이 전투는 "소금 골짜기"[31]에서 일어났으며 또다시 심한 보복을 가하여[32] 이스라엘의 요새가 설치되었는 바, 이는 에돔 역시 봉신국이 되었음을 의미한다. 이 두 승리로 인해 다윗은 사해의 동부와 남부로부터 아카바 만까지 다스리게 되었는데, 이는 중요한 무역수로였다.

b. 다메섹, 소바, 하맛

북쪽에서 다윗은 강한 소바(Zobah)[33]로부터 승리를 거두었는데, 이 나라 왕 하닷에셀(Hadadezer)로부터 병거 1,000개와 마병 700명, 보병 20,000만 명을 사로잡았다(삼하 8:3~12; 대상 18:3~11). 다윗은 병거 100승의 말만 남기고 모두 죽였다. 분명 다윗은 자기 군대에서 더 이상은 사용하지 않으리라 믿었는데, 이는 아마 대부분의 전투가 병거를 필요로 하지 않는 산지에서 이루어졌기 때문이었다. 이 전투

---

31) 브엘세바 근처에 있는 와디 엘-밀(Wadi el-Milh, 소금 골짜기)이 아니라 아라바(Arabah)의 일부분을 의미한다. 이 에돔과의 전쟁이 그렇게 멀리 이스라엘 영토에까지 와서 이루어지지는 않은 것 같다.

32) 이 격심함은 열왕기상 11:15~18에 특히 나와 있는데, 여기에서 요압은 에돔 군대의 남자를 의미하는 "모든 남자"를 죽였으며, 그렇게 하기 위해 여섯 달을 그 땅에 유하였다고 한다. 역대기상 18:12에는 18,000명이 살해되었다고 지적하고 있다. 왕족 역시 살해되었고 하닷과 몇몇 부하만이 애굽으로 피하였다.

33) 다메섹 북쪽과 반 레바논 산지의 동쪽에 위치한 아람인(Aramaean)인데 북쪽으로 유브라데스 강까지의 유목민을 지배하였다. 이 당시 아랍국 중에서 가장 우세하였다.

후에 다메섹의 아람 사람들이 소바를 도우러 오자 다윗은 이들도 격파하고 공물을 요구하여 받았다. 또한 멀리 북쪽으로 오론테스(Orontes) 강에 있는 하맛(Hamath)이 자진하여 공물을 보내왔다. 이러한 공물 교환에 대한 자세한 내용은 언급되어 있지 않다. 다윗은 모압과 에돔의 경우 같이 다메섹에도 요새를 설치하였는데 이러한 지배가 다메섹의 북쪽 어디까지 연장되었는지는 분명치 않으나 이것 역시 봉신국을 의미하는 것이었다. 분명한 것은 유일하게 다윗의 주권을 인정한 하맛까지는 미치지 않았다는 것이며, 다메섹과 하맛 사이에 있는 소바의 신분 역시 확실치 않다. 지중해의 해변 지역에 관해서는, 다윗이 이미 다윗 궁전 건축에 필요한 재료와 노동력에 관해 두로(Tyre) 왕 히람(Hiram)과 조약을 맺었었는데, 이로 인해 이 지역에는 정복보다는 평화적인 관계가 생겨나게 되었다.

c. 암몬과 소바

동쪽의 암몬과 다시 전쟁을 하게 되었는데, 이는 좀더 자세히 기술되어 있다(삼하 10장, 대상 19장). 연대기적으로 볼 때 이 전쟁은 바로 이전에 살펴본 북방의 전투보다 나중에 기록되어 있지만, 그 이전에 일어난 것이었다.[34] 다윗은 암몬의 새 왕 하눈(Hanun)에게 친절을 표시했는데 이것이 오해가 되어 다윗의 사자들이 모욕을 당하였다. 암몬은 이 일로 인해 다윗의 보복이 두려워 즉시 전쟁준비를 하였다. 하눈 왕은 아랍국들로부터 용병을 모집하여 벧르홉(Bethrehob, 단의 북쪽 Coele-Syria에 있음. 참고, 삿 18:28) 사람과 소바 사람과 마아가 사람(헤르몬 산 남쪽)을 고용하였다.[35] 다윗은 이 연합군에 대항하기 위해 이스라엘 군대와 요압을 보냈는데 요압은 놀라운 능력을 발휘하

---

34) 이 때에는 소바 역시 포함되었으므로 실제로 이스라엘과 대항해 싸웠지만 반면 북방 전투에서는 완전히 정복을 당하여서 암몬이나 다른 나라가 도움을 요청했다 할지라도 더 나설 형편이 아니었다.

35) 각각의 위치에 관해서는, M. Unger, *Israel and the Aramaeans of Damascus*(London: James Clark & Co., Ltd., 1957), pp. 42~45을 참고하라.

여 결정적인 승리로 이끌었다.

요압이 예루살렘으로 돌아오자, 이전에 패한 소바 왕 하닷에셀이 자기 군대의 명목을 세우고자 새 군대를 이끌고 다시 돌아왔다. 다윗의 군대는 요단 강 건너편 헬람(Helam)[36]에서 이에 대항하여 또다시 승리를 거두었다. 적군은 이제 숫자가 감소되어, 이스라엘의 우월성을 인정하며 뒤로 물러났다.

그리고 요압은 이전 암몬 사람에 의해 시작된 전투의 계속으로 암몬의 수도 랍바(Rabbah)[37]를 포위하였다(삼하 12:26~31; 대상 20:1~3). 다윗이 밧세바(Bathsheba)와 더불어 죄를 범하고 그녀의 남편 우리아를 죽게 하기 위해 가장 심한 전투지에 보낸 것은, 바로 이 포위 기간중이었다(삼하 11:1~27). 마침내 랍바가 점령되자 다윗은 암몬의 왕위를 떠맡아 이 나라를 합병하고 자기 왕국의 일부로 삼았다.

④ 다윗 제국

이것이 다윗의 정복내용이었다. 그의 권력은 이제 상당히 넓어졌다. 왕국의 본토는 본래 열 두 지파에게 분할된 모든 땅을(블레셋 지방 제외) 포함하게 되었고 여기에 암몬 왕국이 첨가되었다. 왕권을 유지하고 있지만 다윗의 군대를 받는 봉신국으로는 모압과 에돔을 포함하여 사해의 북, 동쪽, 그리고 소바까지 포함할지도 모르는 다메섹의 북동 지역까지 퍼져 있었다. 적어도 이스라엘의 주권을 인정하는 지역으로는, 훨씬 북쪽으로 하맛이 수도가 되어 있는 지역까지 포함하였다. 이들의 경계가 북동쪽으로 유브라데스 강까지 연결되어 있고, 또 이 나라들이 적어도 이스라엘의 주권을 인정하였으므로, 다윗의 권력은 남쪽의 아카바 만과 애굽 강[38]으로부터 북쪽의 유브라데스 강까지 퍼진 셈이었

---

36) 헬람은 갈릴리 바다로부터 동쪽으로 30마일 되는 현대의 알마('Alma)로 판명되며, 이전 전투가 벌어진 암몬의 북쪽으로 여겨진다.

37) 랍바는, 요르단의 현재 수도인 암만으로 판명되며 요단 강에서 동쪽으로 22마일 된다.

38) 애굽 강(nahal misrayim, 민 34:5)은 와디 엘-아리쉬를 뜻하는 것으로 여겨지는데 가사(Gaza)로부터 남서쪽으로 45마일 지점에서, 그리고 나일

다: 이것은 수 세기 전 하나님께서 아브라함에게 약속하신 지역이었다 (창 15:18). 이것은 애굽이나 앗수리아, 바벨론 등의 제국 시기 그 광대한 영토에는 견줄 수 없지만, 다윗 시대에 있어서는 꽤 넓은 점령지의 하나였으며 분명 다윗은 당시 세계에서 가장 강력한 통치자였다.

3. 다윗의 행정부

(1) 국 가

이스라엘의 세계관은 다윗의 통치 기간 중 급변할 수밖에 없었다. 이들은 이전에 자신은 약하고 다른 국가 특히 블레셋이 강했으므로 공격의 대상이 되었다. 그러나 이제는 상황이 바뀌었다. 이들이 주도적인 국가가 되고 주변 나라들이 그들을 두려워하게 되었다. 그 이전 역사에서 이렇게 된 상황은 없었다. 하나님께서 조상 아브라함에게 하신 약속이 마침내 실현되었다.

다윗 왕은 이 새로운 세력 형성의 중심 인물이며, 그가 이 모든 것을 이룩한 셈이었다. 이스라엘 백성은 그가 이끄는 대로 따라온 것 뿐이었다. 영광은 그에게 속한 것이었다. 다윗이 이스라엘의 왕이라기보다는 이스라엘이 다윗의 왕국인 셈이었다.

다윗의 행정적인 수완에 대해서는 알려진 바가 거의 없다. 갓(Gad)과 아셀(Asher)을 제외한 각 지파에 그들을 관할하는 관장을 두었다고 지시되어 있는데, 그들의 의무에 대해서는 설명이 나와 있지 않다 (대상 27:16~22). 그는 또한 재무와 창고, 그리고 다양한 농경부 위에 우두머리를 지명하였다(대상 27:25~31). 이러한 계획을 뒷받침하기 위해 분명히 많은 세금을 부과해야 했으며, 외국으로부터 들어오는 많은 공물이 도움을 주었을 것이다.

강의 펠루시악(Pelusiac) 입구로부터 80마일 지점에서 지중해와 만나게 된다 (참고. K. Kitchen, "Egypt, River of," NBD, pp. 353~54).

(2) 왕 실

다윗의 왕실에서 주요 인물이 두 군데에 비슷하게 기록되어 있다(삼하 8:15~18; 20:23~26). 요압은 군사적 임무를 관할하는 군대장관이었고, 브나야(Benaiah)는 그렛 사람과 블렛 사람을 관할하는 군대장관이었다. 민간 업무를 관할하는 여호사밧은 마스킬(mazkir, "알려주는 사람")로서 약속이나 책임을 기록하고 왕에게 알려주는 임무를 맡았다. 스라야(Seraiah)는 Sopher("기록하다")로서 공문서를 관리하였다. 아도람(Adoram)[39]은 공공사업을 위해 외국의 노동자로 구성된 마스(mas, "부역")를 관할하였다. 두 명의 대제사장 사독과 아비아달은 종교적인 문제를 관할하였다. 이외에 역대기에는 서열로 4명을 기록하고 있는데, 즉 다윗의 숙부 요나단은 고문관이었고, 여히엘(Jehiel)은 다윗의 아이들을 교육했으며, 아히도벨(Ahithophel)과 훗새(Hushai) 역시 또 다른 고문관이었다.

다윗은 대가족을 거느렸다. 여러 군데에서의 내용을 종합해 보면(삼하 3:2~5; 5:13~16; 대상 3:1~8; 14:4~7; 대하 11:18) 8명의 부인과 21명의 자녀가 나타난다. 이 부인들 외에, 다윗이 예루살렘에서 통치를 맡았을 때 명명되지 않은 또 다른 "부인과 첩"들이 첨가되었다.

이들의 숫자는 주어져 있지 않으나, 다윗이 압살롬 앞에서 예루살렘으로부터 도망할 당시 적어도 열 명의 첩이 궁전을 지키기 위해 남아 있었다(삼하 15:16). 강력한 왕이 많은 후궁을 거느린 것은 당시의 관습이었는데 다윗은 분명 어느 정도 이 관습을 따른 것이었다.

이상 언급된 인물 이외에 또 다른 사람들이 왕과 같은 상에 앉았다. 므비보셋이 이에 속하였는데, 다윗은 그가 요나단의 아들인고로 특별한 친절을 베풀었다(삼하 9:1~13). 다윗이 압살롬으로부터 도망했을 때 친절히 대해준 부유한 길르앗 사람 바실래(Barzillai)도 또한 초

---

[39] 솔로몬 시대에 똑같은 직무를 담당한 아도니람(Adoniram)과 동일인일 것이다(왕상 4:6; 5:14). 그의 이름이 두 군데의 인명 나열 중 뒷 부분에만 나타난 것으로 보아(삼하 20:24) 이런 식의 징병이 사용된 다윗의 후기 통치 때까지 그가 필요치 않았던 것 같다.

대되었는데 그가 거절을 하자 아들 김함(Chimham)이 이를 대신하였다. 앞에서 언급한 다윗의 "용사"들도 큰 존경을 받아 정기적으로 왕궁에서 식사를 하였다.

(3) 종교적 인사들

① 선지자 갓과 나단

다윗의 종교 인사들 중에서 선지자 갓(Gad)과 나단이 특히 중요한 인물이었다. 갓은 망명 시절부터 다윗과 함께 있었으며(삼상 22:5) 후에 다윗의 재임 시에는, 인구조사에서 범한 죄로 인해 하나님으로부터의 세 가지 형벌 중 하나를 선택하라고 한 인물이었다(삼하 24:10~15). 나단은, 하나님께서 성전 짓는 일을 허락지 않을 것이라고 다윗에게 고하였다(삼하 7:2~17). 이후 그는 밧세바와의 범죄에 대해 다윗을 꾸짖었으며(삼하 12:1~15) 마침내는 솔로몬을 왕으로 환호하는 일에서 중요한 역할을 하였다(왕상 1:11~45).

② 대제사장 사독과 아비아달

앞에서 주시한 대로 다윗은 두 명의 대제사장 사독과 아비아달을 인정하였는데, 이는 한 명만을 허락하는 율법에 위배된 것이었다. 그러나 이것은 독특한 상황이었다. 아비아달은 사울이 놉에서 85명의 제사장을 살해하였을 때(삼상 22:20~23) 다윗에게 도망왔다. 그 이후 다윗과 함께 있었으며 분명 다윗의 존경과 사랑을 받았다. 그러나 다윗이 전 이스라엘의 통치를 맡았을 때는 아마도 이 살인 이후[40] 사울에 의해 임명받은 사독이 또한 대제사장으로 인정된 것이었다. 아비아달은 이다말을 통한 아론의 자손이고, 사독은 엘르아살을 통한 아론의 자손이므로 이 두 사람 모두 그 직분에 대한 권리가 있었다. 사독은 아비아달보다 더 많은 사람을 다윗으로부터 받아 궤의 책임을 맡았다(삼하 15:24~29). 후에 그는 솔로몬을 도와 왕으로 기름부음을 받게 하였는데 이에 반해 아비아달은 아도니야를 받들었다(왕상 1:7f). 그

---

40) 참고. 앞의 주 25.

결과 사독과 그의 가족은 다윗의 통치 이후 대제사장 직분을 계속하였고, 아비아달은 추방되었다(왕상 2:26~27).

③ 조 직

이 두 대제사장 밑의, 제사장과 레위인이 구체적인 과정[41]으로 재조직되었다. 제사장들은 24부분으로 나뉘어져서, 각 부분이 교대로 중앙성소에서 1주일씩 봉직하도록 지정하여, 보통 1년간에 총 2주가 되도록 하였다(대상 24:1~19).[42] 그는 또한 레위인을 먼저 "가수들"과 "문지기"와 "관리와 판관"으로 나누고 보통 제사장을 돕는 사람들[43]로 구분하였다. 이 중 적어도 "가수들"은 제사장들과 마찬가지였을 것이다.[44]

다윗은 백성들의 종교생활에 관심을 두었으며, 이런 식의 조건으로서 제사장과 레위인의 효과적인 시중이 중요하다고 믿었다. 다윗 자신은

---

41) 주요 이유는, 제사장과 레위인의 숫자가 너무 많아 한번에 시중들 수가 없기 때문이었다. 사사 시대에도 이런 상황이 있었을 것이므로 다윗은 이 전례를 가지고 있었을 것이다. 궤가 성막에 없었을 때에는 이 방식이 사용되지 않았을텐데 이제 다윗은 이것을 부활하여 더 강화시키고 있는 것이다.

42) 솔로몬에 의해 성막이 지어질 때까지, 다윗 시대의 기브온에 위치한 성막에서 그리고 다윗이 궤를 위해 예루살렘에 특별 설치한 장막에 이러한 예배가 행해졌을 것이다. 제사장의 시중이 요구되는 제단이 이 장막에 있었는데, 이는 요압이 살기 위해 이곳으로 뛰어들었다는 데에서 증명된다(왕상 2:28). 어떤 레위인은 이 장막에 있도록 배정되었으며(대상 16:4~6), 사독과 다른 이가 기브온에 배정되었다(대상 16:39).

43) 이 독특한 레위인 그룹이 언제 생겨났는지에 대해서는 언급되어 있지 않다. 역대기상 9:17~26에는, 적어도 "문지기"들이 모세 시대 때부터 구별되었다고 지적하고 있다. "가수들"은 종교음악가였고, "문지기"들은 성소의 문지기였으며(문이 지정되었다. 대상 26:13~19), "관리와 판관"들은 (Shoterim, Shophetim) 특별 서기관과, 각 지파에 배당된 재판관이었다 (대상 6:29~32). 대부분의 레위인들은 역대기상 23:28~32에 설명된 대로 보통의 레위인 의무를 수행하였다.

44) 다윗의 인구조사에는 시중들 만한 연령의 레위인이 38,000명으로 나타났는데 이 중 4,000명이 "가수들"이었고, 4,000명이 "문지기"였으며, 6,000명이 "관리와 판관", 그리고 나머지 24,000명이 일반 업무를 맡았다(대상 23:3~5).

모범적인 삶과 수많은 자작시로서 종교의 중요성과 성장에 공헌하였는데, 그의 시 중에서 몇 가지는 공적인 예배에서 사용하게 되었다.[45]

4. 중요한 행적

다윗이 왕이었을 때의 몇 가지 중요한 행적이 성경에 기술되어 있다. 어떤 것은 하나님으로부터 칭찬을 받은 반면 어떤 것은 면책을 받은 것도 있다.

(1) 훌륭한 행적(삼하 9장: 21:1~14)

① 므비보셋에게 친절을 베풀다

다윗의 훌륭한 행적 중 하나는 요나단의 남은 아들 므비보셋에게 자애로운 태도를 보였다는 것이다. 앞에서 지적한 대로 다윗은 궁정에서의 영광의 자리를 그에게 허락했다(삼하 9:1~13). 다윗은 그의 재임 초기, 요나단의 기억으로 인해 자신이 존경하는 사울의 후손들을 찾아 나섰다. 므비보셋에 대해 정보를 얻은 그는 곧 지시를 내려 왕궁으로 데려오도록 하였다. 므비보셋은 길보아 산 패배 직후 기브아에서의 공포의 와중에서 떨어져 다리를 절게 되었는데 큰 두려움에 질려 불려오게 되었다. 그 이유는 쫓겨난 왕가의 한 사람을 소환한다는 것이 죽음을 의미할 수 있기 때문이었다. 그러나 다윗은 그의 두려움을 가라앉히고 왕궁에서 식사할 수 있는 자리를 내주는 것 외에, 그의 할아버지 사울이 소유했던 모든 땅을 그에게 기꺼이 주었다. 또한 다윗은 므비

---

45) 시편 중 73편이 다윗의 시이다. 그의 음악적 재능은 일찍이 궁정 음악인으로 사울에게 고용당한 것에서 증명된다. 그의 몇몇 시는 시편 이외에도 기록되어 있다(삼하 1:18~27; 3:33~34; 23:2~7). 시편 18편은 사무엘하 22:2~51에도 나와 있는데 그가 지은 것이다. 그는 사무엘하 23:1에 "이스라엘의 노래 잘하는 자"로 나와 있다. 300년 후 아모스(Amos)조차도 그를 음악가로 부르고 있다(6:5). 역대기상 16:7에는 다윗이 시편 96, 105, 106편의 일부를 아삽(Asaph)에게 주어 하나님께 감사를 돌리게 했다고 말하고 있다.

보셋에 관한 정보를 제공한 사람이자 이전 사울의 종이었던 시바(Ziba)로 하여금 므비보셋을 돌보게 하였다. 다윗은 이러한 행동으로 큰 선심을 베풀었다. 그 당시 새로 들어선 군주는 보통 경쟁되는 가족의 모든 사람을 없애버렸고 그들을 거의 존경하지 않았다. 그러나 다윗은 이러한 자비의 태도를 보임으로써, 아직도 사울의 쫓겨난 가문에 마음을 두고 있는 북방 신하들에게 더욱 매력적으로 보였을 것이다.

② 기브온 사람을 재판하다

그 후의 훌륭한 행적은, 사울이 기브온 사람에 대해 저지른 잘못을 바로잡는 일이었다(삼하 21:1~11). 수년 전에 기브온 사람들은 여호수아를 속여 그들과 언약을 맺었다(수 9:1~27). 비록 이 조약은 맺어졌지만, 하나님은 이 일에 관해 그의 백성들이 책임져야 한다고 보셨다. 사울은 이 조약에 응하지 않고 많은 기브온 사람을 죽였으며 그들의 소유물을 자기 가족의 소유로 만들었다.

3년의 기근으로 인해 다윗이 무슨 잘못이 있나하고 하나님께 문의했을 때, 사울의 이 과실이 나타나게 되었다. 다윗은 즉시 이를 바로잡으려 하였다. 그가 기브온 사람들에 어떻게 하랴 하고 물었을 때 그들은 사울의 일곱 아들을 처형하도록 보내달라고 요청하였다. 다윗은 므비보셋만 남겨놓고 그 요구[46]를 이행하였으며 기브온 사람들은 사울의 고향 기브아에서 일곱 사람을 처형하였다. 이 일곱 사람들은 사울이 기

---

46) 사무엘하 21:8에는 이중 다섯 사람이 미갈(Michal)의 아들이었다고 기록되어 있다. 만일 그렇다면 이들은 미갈이 발디엘(Phaltiel)과 결혼하였을 때 태어났을 것이다. 왜냐하면, 그녀는 다윗이 하나님 앞에서 춤을 추었다고 비판한 결과로 다윗과의 사이에서는 아이가 없었기 때문이었다(삼하 6:20~23). 그러나 "미갈"이 "메랍"으로 대치된 복사자의 잘못도 있었다. 또한 사무엘하 21:8에는 남편이 아드리엘(Adriel)이라고 나와 있는데, 이는 사울의 큰 딸 메랍이 결혼한 사람이지(삼상 18:19), 미갈이 결혼한 사람은 아니었다. 물론, 아드리엘을 위해(메랍은 아마 이미 죽었다) 미갈이 이 아이들을 키웠을 가능성도 있다. 그렇다면 그녀에게서 이들을 데려오는 일은 그녀뿐 아니라 다윗 자신에게도 무척 어려운 일이었을 것이다. 왜냐하면 이들이 싸우기는 했지만 그녀는 계속 궁정에서 살았기 때문이다.

본 사람들로부터 약탈한 물건으로 이득을 본 사람이므로 타당하게 처형된 것이었다.

(2) 비난받은 행적(삼하 11:1~12:25; 24:1~25; 대상 21장)

① 밧세바와의 범죄

다윗이 행한 두 가지의 비난받을 행적이 기록되어 있다. 첫번째는 그의 재임 초기인데, 요압이 이끄는 그의 군대가 암몬 사람의 수도 랍바(Rabbah)를 포위하고 있을 때였다. 그때 밧세바와의 범죄와 그 이후 그녀의 남편 우리아를 살해한 것이었다(삼하 11:1~27). 다윗은 궁전의 창문으로 밧세바가 목욕하고 있는 장면을 목격하자 그녀를 불러 간음죄를 범하였다. 그 이후 그녀가 임신하였다고 전해 오자, 다윗은 전쟁터에 있는 우리아를 불러 집에 가서 아내와 같이 지내도록 하였다. 그러나 우리아가 고상한 예의로써 집에 가려 하지 않자 다윗은 이에 분개하여 가장 격심한 전쟁터에 그를 보내었다. 다윗이 계획한 대로 그가 죽임을 당하자 다윗은 밧세바를 아내로 취하였다. 이 죄로 인해 다윗은 선지자 나단을 통해 하나님으로부터 심한 면책을 받았고 다윗은 이를 회개하였다(삼하 12:1~23). 면책을 당할 당시 나단 선지자의 예언대로 밧세바의 아기는 태어나자마자 죽었고, 다윗은 이러한 하나님의 징벌에 대해 가슴 깊이 비통해 하였다.[47] 이 아기의 죽음은 나단 선지자가 예고한 바와 같이 다윗 가족의 계속된 곤경의 시초일 뿐이었다.

② 인구조사에서의 범죄

또 다른 비난받을 행적은 수년 후[48] 백성들의 인구조사였다(삼하

---

47) 시편 51편과 아마도 32편은 이 당시 다윗의 슬픔과 회개의 표현으로서 지어진 것이다.

48) 이 이야기가 사무엘하 마지막에 기록된 사실로부터 어떤 이들은 다윗 통치의 말년이라고 생각하는데 그렇지는 않다. 성경의 저자는 가끔 연대기적 순서에 의해서보다는 내용상의 주제별로 한데 모아 기록을 하고 있다. 여기에서 행해진 인구조사는 왕이 한창 왕성기에 세워놓을 수 있는 그러한 목표

24:1~25; 대상 21장). 여기에 관련된 범죄의 내용은, 단순히 인구수를 세는 것 그 이상이었을텐데, 분명하지는 않지만 상당히 심각한 것이었음에 틀림이 없다. 냉정한 요압까지도 이 일을 그만두도록 촉구하였으며, 하나님께서 노하신 정도는 이 결과 생겨난 격심한 징벌에서 잘 나타난다. 이 범죄는 고의적인 높은 세금의 징수와 부역에 관계된 일인 것 같다.

다른 나라에서는 공공사업을 위해 백성들이 싫어하는 부역 원칙을 사용했는데 다윗도 아마 이같은 일을 하려고 생각했을 것이다. 앞에서 주목하였듯이 다윗 관리의 두 번째 명단에는 "부역"의 감독관인 아도람의 이름이 포함되었었다. 여기에서 사용된 부역이라는 용어는 보통 외국인의 노동만을 뜻하였는데, 이제 다윗은 후에 솔로몬이 행한 것과 같이 자기 백성의 부역까지도 첨가시키려 했을 것이다(왕상 5:13~14). 이는 당시 백성들이 상당히 싫어하는 것이었다(왕상 12:4). 다윗의 목적이 무엇이었든 간에, 그는 오만한 태도로(참고, 시편 30:6)[49] 인구조사를 고집하였고 요압이 이에 복종하여 단행하였다. 9개월 이상이 걸린 이 인구조사는, 이스라엘의 군인 연령 인구가 80만 명, 유다에서는 50만 명[50]으로 나타났다. 이 일이 끝난 뒤 하나님께서 선지자 갓(Gad)을 보내 다윗으로 하여금 세 가지 형벌 중 하나를 택하게 하였다. 다윗은

를 가지고 있었던 것 같다. 역대기상에서(21장)는 암몬 사람과의 전투와 다윗의 제사장 레위인 조직 사이에 이 이야기 내용을 기록하고 있는 데에 아마 의미가 있는 것 같다.

49) "전의 봉헌"을 위해 쓴 시편 30편은 이 당시에 쓴 것일 것이다(참고, 대상 22:1).

50) 여자와 아이들을 포함하면 전 인구는 4백만이 되는데 이는 여호수아 정복 당시의 약 2배인 셈이다(민 26:1~65). 다른 지파들을 합계한 숫자와 비교할 때 유다의 수가 상당히 많은 것은, 시므온의 숫자가 포함되었고 또 단 지파의 모든 사람이 북쪽으로 이주한 것이 아니므로 상당수의 단 지파가 포함되었기 때문이다. 남쪽에 남은 단 지파 사람들은 유다와 혼혈종을 이루었을 것이다. 또한 역대기에는 요압이 이 일을 못마땅히 여긴고로 숫자를 완전히 세지 않아 레위인과 베냐민 사람들은 이 숫자에 포함되지 않았다고 덧붙여 있다(대상 21:6).

"3일간의 전염병"을 택하였고 이로 인해 7만 명의 이스라엘 사람이 죽었다. 백성들을 죽인 이 전염병은 예루살렘을 바로 지나, 후에 솔로몬이 성전을 지은 장소, 곧 여부스 사람 아라우나(Araunah)의 타작마당에서 멈추었다. 다윗은 회개의 뜻으로서 아라우나로부터 타작마당과 암소를 사서 하나님께 제물로 바쳤다.

5. 다윗의 말년
(삼하 13~20장; 왕상 1:1~2:11; 대상 22, 28~29장)

다윗의 말년은 자기 가족 내에서의 연속적인 문제로 점철되었다. 이것은 다윗의 죄악에 대한 계속적인 징벌이었으며 왕위계승을 둘러싼 반복적인 투쟁을 수반하였다.

(1) 계승문제

다윗의 집권이 종말에 이르게 되자 누가 그를 계승할 것인가 하는 문제가 점점 민감하게 되었다. 백성들이 다윗으로부터 커다란 혜택을 입었으므로 계속 군주형태의 정부를 원한다는 것은 틀림이 없지만, 누가 그를 대신할 것인가 하는 문제는 분명치 않았다. 사울이 첫째 왕이었는데 그 이후 왕가가 바뀌었으므로 계승의 형태가 이룩되지 않았다. 이웃 나라에서 행해지는 일반적 법칙이—또한 사울 이후 이스보셋이 기름부음을 받은 것을 주목할 때—왕위가 멸망할 때까지 계속 통치하는 것이었으므로, 그리고 다윗이 뛰어난 왕이었으므로 그의 아들 중의 한 사람이 후계자가 될 것이라고 기대되었다. 그러나 어느 아들이 어떻게 지명될 것인가는 분명치 않았다.

다윗이 유력한 왕이었으므로, 대부분의 사람들은 그가 선택을 하리라 기대했지만 공식적인 발표가 이루어지지 않았다. 실제로 다윗은 솔로몬이 태어날 당시 그를 선택하였지만,[51] 어떤 이유로 해서 이를

---

51) 다윗의 이 지명은 이 이야기에서 직접적으로 기록되어 있지 않고 하나

발표하지 않았는데 아마 그때가 재임 초기였기 때문일 것이다. 그러나 발표가 없었으므로 백성들은 누가 선택될 것인가 하고 의아해하였다. 만일 다윗의 다른 아들들이 알았다면 왕의 일시적인 생각으로 여겨 이를 방해하려 했을 것이다.[52] 어찌되었든 간에 왕권에 대한 격심한 투쟁이 특히 그의 두 아들 압살롬과 아도니야를 끼고 일어나게 되었다.

(2) 압살롬의 반역(삼하 12~19장)

이 둘 중에서 압살롬이 더욱더 계획적인 노력을 하였다. 그는 다윗의 셋째 아들인데, 그술(Geshur)[53]의 아람 왕비 마아가(Maacah)에게서 태어났다(삼하 3:3). 왕위 계승의 서열상 장자가 우선이라는 규칙이 보통 고대사회에서 이행되었으므로 이것이 셋째 아들인 압살롬의 사고에 분명 영향을 끼쳤을 것이다. 그러나 장자인 암논(Amnon)은 압살롬 자신의 손에 의해 살해되었다. 암논은 압살롬의 누이 다말(Tamar)을 모욕하였는데(삼하 13:1~22) 압살롬이 그 보복으로서 그를 해치운 것이었다(삼하 13:23~29). 이 일은 압살롬이 왕자들을 위해 벌인 잔치에서 이루어졌다. 둘째 아들이자 아비가일(가멜 사람 나

님께서 솔로몬을 사랑하셨다고만 말하고 있다(삼하 12:24). 그러나 후에 아도니야가 왕권을 잡고자 하였을 때, 이러한 선택사실을 알고 있는 나단은 또한 이 사실을 알고 있는 밧세바에게 기억을 상기시켰다(왕상 1:13). 그러자 그녀는 다시 왕에게 상기시켰고(왕상 1:17) 이때 다윗 자신이 그 사실을 말하였다(왕상 1:30).

52) 다윗의 모든 강력한 점에도 불구하고, 그는 엄격한 훈육선생이 되지 못하였다. 그에 대한 아들들의 행동이 이것을 나타내며, 또한 아도니야에 대해 직접적으로 나타낸 말, 즉 "그의 아버지가 그를 한 번도 섭섭하게 한 적이 없었다"(왕상 1:6)는 언급에서도 나타난다. 솔로몬의 선택사실을 공포하지 않고 그가 성장할 때까지 미루고 있었던 것에는, 자기 아들들의 마음을 상하게 할까봐 주저한 다윗의 마음이 작용했을 것이다.

53) 그술은 갈릴리 바다의 동쪽에 있는 아람 도시였다. 이곳은 므낫세에게 분할된 것이었으나 여호수아서 13:13에는 그술 사람이 추방되지 않았다고 되어 있다(참고, 신 3:13~14; 수 12:5).

발의 전처)의 아들인 길르압(Chileab)[54]은 출생 이후 다시 언급되지 않고 있는데 아마 어렸을 때 죽은 것 같다. 이로 인해 압살롬은 그 다음 왕위 계승자로 남게 되었다.

① 음모(삼하 13:30~15:12)

압살롬이 왕권에 대한 음모를 언제 시작했는지는 말하기 어렵다. 그러한 착상은 아마 서서히 일어났을텐데, 적어도 암논을 살해할 당시에 그러한 생각을 가지고 있었을 것이다. 이 살인 이후 압살롬은 다윗이 두려워, 그의 외할아버지 달매(Talmai)가 통치하는 그술 땅으로 도망갔다.

그는 그 땅에서 자기의 계획을 거의 추진시킬 수 없었으나 다윗이 그를 소환할 때까지 감히 이스라엘로 돌아오지 못하였다. 3년 후, 아마 압살롬으로부터 종용을 받은[55] 요압이, 다윗을 설득하여 돌아오게 하려 했으나 왕은 그를 보려고 하지 않았다(삼하 14:1~24). 그후 또 2년이 지나서야 다윗은 그를 돌아오게 하고 그때 용서해 주었다(삼하 14:25~33). 이제 압살롬은 꾸준히 자기의 계획을 이행할 위치에 있게 되었다.

그의 첫 단계는 백성들로부터 환심을 사는 일이었다(삼하 15:1~6). 그는 용모가 준수하여 백성들을 매혹시켰다. 그는 병거와 50명의 수행원을 이끌고 나라 전체를 다니면서 중요한 풍문을 만들어냈다. 그는 백성들에게 상당히 관심있는 인물로 가장하여, 그들이 문제를 가지고 왕의 지정된 관리에게 이르기 전에 그들을 가로채어서 자기가 왕이 되면 이러한 문제들이 많이 호전될 것이라고 말하였다. 그는 명석하고 설득력이 있었으므로 이러한 노력으로 인해 많은 백성들의 환심을 사게 되었다. 4년 후[56] 압살롬은 충분한 공신력이 생겼을 것이라 믿고 둘

---

54) 열왕기상 3:1에는 다니엘(Daniel)로 부르고 있다. 분명 그는 두 가지 이름을 가지고 있었다.

55) 요압은 압살롬이 다음 번 왕이 되리라고 믿고 여기에서 환심을 사려고 하였다.

56) 사무엘하 15:7에는 40이라는 숫자가 주어져 있는데, 다윗이 예루살렘

째 단계를 취하였다. 그는 왕이 의심을 하지 않고 허락하자[57] 헤브론[58]으로 가서 추종자들을 모아 자기가 기름부음 받은 왕이라고 하였다(삼하 15:7~12).[59] 그리고 그는 상당수의 사람들을 이끌고 예루살렘에 있는 자기 아버지에 대항하기 위해 북쪽으로 행진하게 되었을 때, 다윗은 갑자기 도망할 방법을 찾게 되었다(삼하 15:13~17).

이 당시에, 압살롬에게 성공을 안겨다 줄 정도로 보이지 않는 불만이 백성들에게 있었음이 분명하다. 어떤 이들은 원한을 가지고 있었음이 분명한데, 특히 압살롬과 함께 음모를 꾀한 사람들이 바로 이런 사람이었다. 또한 아마도 세금이 많게 되어 불안감을 일으켰을 것이고 더욱이 제국이 발전함에 따라 왕의 관심은 국토보다 더 넓은 곳에 주어지게 되어 많은 사람들은 자기들이 무시된다고 생각했을 것이다. 더더욱 어느 정권이든 시간이 흐름에 따라 동조자들을 잃게 되고 적이 생기는 법인데, 다윗은 이제 그의 통치의 말년에 접어든 것이었다. 압살롬은 매력적이었고, 특히 사울 밑에 있었던 나라와 비교할 때 다윗이 놀라운 업적을 이룩한 것을 목격하지 못한 젊은 사람들을 사로잡았을 것이다. 다윗에게 가까이 있었던 몇몇 사람들조차 이끌려갔다. 다윗의 오랜 고문관이었던 아히도벨(Ahithophel, 대상 27:33)은, 그의 아들이 다윗의 "용사" 중 한 사람이었는데(삼하 23:34) 압살롬의 부름을 받고 갔다(삼하 15:12). 다윗과 요압의 가까운 친척이었던 아마사(Amasa)도 그의 군대장관이 되었다.

에서 총 33년 만을 통치했다는 점에서 이는 불가능한 것이다. 이것은 복사자의 착오인 것이 분명하므로 수리아역, 라틴 벌게이트역, 아랍어역, 그리고 다른 언어와 함께 "4년"이라고 읽는 것이 나을 것이다.

57) 압살롬의 정신적인 미숙상태는 반역을 꾀한 것에도 나타나며 또한 이 당시 헤브론으로 가기 위해 왕의 허락을 얻는 데 있어서 하지도 않은 맹세를 핑계로 사용했다는 점에서(삼하 15:7) 드러난다.

58) 아마 압살롬은 다윗이 헤브론에서 두 번이나 기름부음을 받았으므로 자기도 기름부음을 받기 위해 그곳을 택한 것 같다.

59) 그가 헤브론에서 기름부음을 받았다고 언급된 곳은 없지만, 이 이야기의 전체에서 볼 때는 그러하다.

② 다윗의 탈출(삼하 15:13~17:29)

다윗과 함께 예루살렘을 탈출한 사람들은 그의 호위병인 그렛 사람과 블렛 사람으로 충성된 600명, 그리고 많은 신하들이었다. 두 대제사장 사독과 아비아달도 궤를 메고 이에 따르려 하였다. 그러나 다윗은 이들을 돌려보내면서, 그의 두 아들 아히마아스(Ahimaaz)와 요나단(Jonathan)을 통해 압살롬의 계획을 알려달라고 지시하였다(삼하 15:24~29). 그는 또한 남은 고문과 후새에게 이르기를, 돌아가서 아히도벨이 다윗 쫓는 일에 관해 압살롬에게 하는 충고를 못하게 하고, 그 다음 압살롬이 결정한 바를 사독과 아비아달에게 고하라고 말하였다(삼하 15:30~37).

후새는 돌아가 이 일에 성공하였으며 지시받은 대로 두 제사장에게 정보를 전하였다(삼하 17:1~23). 그 결과 압살롬의 계획에 관해 생생한 정보가 다윗에게 전해졌으며, 이 왕은 이스보셋의 전 수도 마하나임에서 군대를 모아 그의 아들을 공격할 준비를 할 수 있었다(삼하 17:24~29). 예루살렘에서 마하나임까지 가는 50마일 이상의 거리[60]에서 다윗에 대한 백성들의 반응은 다양하였다. 대부분의 사람들은 이러한 슬픈 장면을 목격함으로 인해 울며 동정적인 모습이었으나 다 그런 것은 아니었다. 사울의 후손이면서 아직도 그 전 통치자에게 충성하고 있는 시므이(Shimei)는 이것을 오랫동안 기다린 보복의 기회로 여기고, 바후림(Bahurim)[61]에서 왕을 만나자 저주를 퍼붓고 돌을 던졌다. 다윗은 은혜롭게도 그리고 훌륭하게도 그에 대적하는 행동을 취하지 못하게 했다(삼하 16:5~13). 므비보셋의 종 시바(Ziba)가 안장지운 나귀에 음식을 싣고 와서 왕의 가족을 대접하였는데, 이는 자기 주인 므비보셋에 대항하여 자기 자신의 목적을 구하려 함이었다(삼하 16:1~4; 19:24~30). 마하나임에 이르렀을 때 다윗은 상당히 후한

---

60) 정확한 거리는 마하나임의 정확한 위치에 달려 있다(참고, 앞의 주 5).
61) 스코푸스(Scopus) 산 동쪽에 있는 현대의 라스 엘-트밈(Ras et-Tmim)으로 판명된다. 압살롬이 추격할 때 다윗의 사자인 아히마아스와 요나단이 숨은 곳도 또한 이 바후림이었다(삼하 17:17~21).

대접을 받았다. 암몬 사람 소비(Shobi)와 길르앗 사람 바실래(Barzillai)가 피곤한 병사들을 위해 침상과 그릇과 음식을 많이 가져다준 것이었다.

③ 전투(삼하 18:1~19:29)
전투는 마하나임 근처 "에브라임 수풀"에서 일어났다(삼하 18:1~18). 압살롬은 후새가 간언한 대로 시간을 들여서 이스라엘 군대를 모집하였다. 다윗은 비교적 적은 그의 군대를 셋으로 나누어 요압, 아비새, 가드(Gittite) 사람 잇대(Ittai)를 각각 그 군장으로 삼았다. 다윗의 군대는 숫자는 비록 적지만 핵심적인 인물들이었으며, 급히 모집한 압살롬의 군대와는 사기에 있어서나 능력에 있어서 비교가 안되었다. 하나님의 축복으로 다윗의 군대가 결정적인 승리를 거두었다. 그러나 전투에 승리를 하자 요압은 다윗의 분명한 지시에도 불구하고 나무에 머리가 걸려 매달려 있는 압살롬을 살해하였다. 이 소식을 들은 다윗은 승리에 대한 기쁨보다 자기 아들에 대한 슬픔을 억제하지 못하였다. 못된 아들에 대한 다윗의 사랑은 애처로운 것이었지만, 이 당시의 슬픔은 열심히 싸워 이긴 용사들을 자극시키지는 못하였다(삼하 18:19~19:8). 압살롬의 죽음으로 인해 반란은 진압되었고, 다윗에게 남은 일은 예루살렘으로 돌아가는 것이었다.

④ 세바의 반역(삼하 19:9~20:22)
그러나 이 지점에서 심한 것은 아니었지만 또 다른 반란이 일어났다. 이것은 베냐민 사람 세바(Sheba)에게서 시작되었는데, 그는 다윗이 요단 강을 건너 돌아갈 때에 북방 지파의 분리를 주장하였다.
북방 지파들 가운데 많은 사람이 다윗을 모시고 가려는 움직임이 일어났는데 이에 다윗은 유다 지파 역시 참가하도록 하는 특별조치를 취하였다. 그것은 지파들로 하여금 압살롬을 도와주었기 때문에 왕의 미움을 받는다는 생각을 하지 않게 하기 위해서였다. 그는 압살롬을 죽인 요압을 대신하여 압살롬의 군장이었던 아마사(Amasa)를 자기 군장으로 삼겠다고 약속했다. 이에 유다 사람들은 재빨리 응하게 되었고, 다윗은 고향으로 가는 여행길에 올랐다.

반란이 일어나기 바로 직전, 요단 강으로 올 때에 다윗은 각각 세 사람을 만나게 되었다. 그 첫번째로 만난 사람은 다윗이 도망하였을 때 모욕적인 행동을 한 시므이인데, 그 전의 무례함과는 대조적으로 공손히 나와 자비롭게 대해줄 것을 간청하였다. 다윗은 자비를 허락해 주었는데 그 이후 솔로몬에게 그를 죽이라고 한 명령에서 보면 그를 진실로 용서하지 않은 것 같다(삼하 19:17~23; 왕상 2:8~9). 그 다음 사람은 므비보셋으로, 자기 종 시바의 거짓된 행동으로 인해 자비를 구하였다(삼하 19:24~30). 그러나 다윗은 므비보셋의 재산을 절반으로 나누어 시바에게 주었는데, 이는 시바와는 대조적으로 진실하게 말한 므비보셋의 입장에서는 분명 불공평한 것이었다.[62] 셋째 사람은, 이 전에 양식으로써 왕을 후히 대접한 80세의 바실래였다(삼하 19:31~39). 그가 다윗과 함께 요단 강을 건너자, 다윗은 예루살렘으로 가 왕궁에서 살라고 종용하였다. 그러나 늙은 바실래는 자기 고향에서 계속 살겠다며 이를 거절하였다.

이때에 문제가 시작되었다. 유다 사람들이 첫번째로 왕을 호위하여 요단 강을 건너고 길갈[63]로 오게 되었다. 이스라엘의 대표의 일부 사람만 도착하고 후에 다른 사람들이 길갈에 오게 되었을 때, 북방 사람들은 다윗이 차별을 한다고 생각하며 다시 질투하게 되었다. 지독한 말들이 오고가자 마침내 세바는, 북방 지파들로 하여금 다윗 왕국으로부터 분리하여 자기를 따르라고 소리쳤다.[64]

방금 반란을 진압시키고 온 다윗에게 있어서 이 또 다른 반란은 정말 불안한 일이었을 것이다. 그러나 그는 주춤하지 않고, 예루살렘에

---

62) 므비보셋은 진정으로 유감의 뜻을 표하고 과거의 후한 대접에 감사하며, 다윗의 결정에 대해 아무런 반발을 하지 않았다. 또한 다윗이 원했다면 모든 것을 시바에 줄 용의도 있었다.

63) 위치로는 8장 주 12를 참고하라.

64) 르호보암 시대에 그 결실을 맺은 뿌리 깊은 분열이 또 터진 것이었다.

도착하자 곧 그의 새 군장 아마사로 하여금 유다 군대를 모집하여 이 반란을 진압케 하였다(삼하 20:3~22). 아마사가 지정된 3일을 넘기게 되자 재빠른 조처가 중요하다고 믿은 다윗은, 요압의 형 아비새[65]로 하여금 대신 핵심 군대를 이끌고가 반란을 수습케 하였다. 책임을 맡지도 않은 요압은 이 군대에 따라나서 길에서 아마사를 만나게 되자, 수년 전에 아브넬을 죽인 것같이 그를 죽이고 말았다. 이는 매우 놀라운 행동이었지만, 그 군대가 요압의 성격과 과격한 행동을 이미 알고 있었으므로 이로 인해 지연되지는 않았다. 이들은 계속 세바를 추격하여 마침내 멀리 북쪽으로 벧마아가(Bethmaacah)의 아벨(Abel)[66]에서 그를 붙잡았다. 다윗이 두려워한 것처럼 큰 전투는 일어나지 않았는데, 그것은 지혜로운 여인에 의해 인도된 마을 사람들이 자기들의 안전을 조건으로 세바의 머리를 베어주었기 때문이었다. 분명 이 반란은 깊이 누적된 것이 아니라 성급히 시작된 것이었고, 세바는 곧 지지자를 잃게 되어 강력한 군대를 소집할 수 없었고, 다윗의 군대로부터 피하기 위해 북쪽으로 도망한 것이었다. 이제 그가 죽게 되자 반란은 끝나버렸다.

(3) 솔로몬의 즉위(왕상 1:1~2:9; 대상 22:6~23:1; 28~29장)

솔로몬은 다윗이 살아 있을 동안에 왕위에 올랐는데, 이는 짧은 섭정이 있었음을 의미한다. 압살롬이 실패한 이후, 다윗의 넷째 아들 아도니야가 왕권을 잡으려고 무모한 시도를 하였고 다윗은 재빨리 솔로몬을 왕으로 앉혀놓았다.

아도니야의 정권 시도는, 다윗이 압살롬에 의해 잠시 추방되었다가

---

65) 여기에서는 고의적으로 요압을 시키지 않고 이전에 훌륭한 통솔력을 발휘한 그의 형을 더 사랑한 것이었다. 아비새는 또한 "용사"들 중 다윗의 다섯 인물의 한 사람이었다(삼하 23:18~19).

66) 최근 말라버린 훌레(Huleh) 호수 근처의 현대 텔 아빌(Tell Abil)일 것이다. 이후 아람 사람들이 차지하였을 때 아벨마임(Abelmaim)이라 불리었다(대하 16:4).

예루살렘으로 돌아온 직후에 일어난 것 같다. 이는 몇 가지 사실을 종합한 것에 따른 것이다. 첫째, 다윗은 총 40년 이상을 다스리지 않았고 압살롬은 이 통치 시작 이후에 태어났다고 알려져 있다(삼하 3: 2~3). 그리고 압살롬이 누이 다말로 인해 암논을 살해했을 때는 성년이 되었음이 분명한데, 이는 다윗이 헤브론에서 처음 기름부음 받은 후 적어도 20년이 지난 뒤에 이 사건이 일어났음을 의미한다. 또한 이 범죄 이후 10년 이상이 경과되었으므로(삼하 13:38; 14:28; 15:7) 여기에서는 적어도 30년 이상을 의미하는 것이다. 마지막으로 다윗은 솔로몬 즉위 이후 얼마간 살은 것으로 알려져 있다. 이 사실들을 종합해 볼 때, 압살롬의 반역은 다윗의 재임 35년경에 일어났을 것이고, 아도니야의 반역은 그 이후 2,3년 안에 일어났음을 의미한다.

아도니야의 정권 시도는 분명 압살롬에 의해 영향을 받았다. 압살롬이 실패한다면, 그는 다윗의 넷째 아들로서 그 다음 서열에 있게 된다. 압살롬이 죽은 후 왕으로부터 후계자에 대한 아무런 공식 발표가 없자 아도니야가 시도를 한 것이었다(왕상 1:5~9).[67] 그는 압살롬이 한 것과 같이, "그 앞에 병거와 기병과 50사람"을 모으고, 또한 다윗의 관리 중 주요 인물인 요압과 대제사장 아비아달로 하여금 자기를 지지하도록 설득하였다.[68] 그는 때가 왔다고 믿고 이들과 다른 졸개들을 에느로겔(En-rogel) 샘에 소집하여 정식으로 기름부음 받으려 하였다. 그러나 이 비밀소집의 소식은 반대파의 관심을 끌게 되었는데 이들은 주로 선지자 나단, 대제사장 사독, 다윗의 호위병 브나야, 그리고 유능

---

67) 압살롬과 아도니야는 살아 있는 장자가 왕위 계승권이 있다고 분명히 믿었지만, 왕이 그런 식으로 생각하고 있지 않다고 믿었다. 왕이 그런 식으로 생각하고 있다고 믿었다면 왕권을 잡기 위한 노력을 하지 않았을 것이다.

68) 기회주의자인 요압은 처음에 압살롬을 좋아하였다. 다윗의 사랑이 압살롬에게서 멀어져가자 아도니야를 좇는 것이 낫다고 생각하였다. 아비아달의 행동은 그 이유가 분명치 않은데, 아마 사독이 먼저 언급되어지고 또 궤를 책임맡고 있었던 점에서 볼 때 다윗 밑에서는 자기보다 우위에 있다고 여겨지는 사독에 대한 질투심 때문이었던 것 같다(삼하 8:17; 20:25; 15:24, 27, 29, 35, 36). 그는 아마 아도니야를 따르면 이보다 더 나을 것이라 생각했을 것이다.

한 용사들로 구성되었다(왕상 1:10, 38). 이들은 아도니야의 비밀군대를 떠맡을 세력집단이었다. 나단은 솔로몬의 어머니 밧세바를 통해 다윗에게 이 상황을 알리었다(왕상 1:11~53). 소식을 들은 다윗은 자기 앞에 모인 적은 숫자들 앞에서 마침내 오랫동안 미루어왔던 솔로몬에 관한 발표를 하였으며, 곧 기혼(Gihon) 샘에서 그를 기름붓도록 지시하였다. 기름을 붓는 순간 백성들이 환호성을 치자, 이 소리는 에느로겔(En-rogel)[69]에 모인 아도니야의 무리에게까지 퍼져나갔다. 이 소리로 인해 그들은 놀라 흩어졌다. 그러자 아도니야가 솔로몬에게 와 항복했고, 집안싸움이 끝나게 되었다.

다윗은 마지막 남은 짧은 재임기간을 앞으로의 통치를 위해 새 왕과 백성들을 준비시키는 일로 보냈다. 그는 솔로몬의 새 즉위에 관해 공식 선언을 하였으며(대상 28:1~8), 특히 성전건축을 포함하여(대상 22:6~19; 28:11~21) 솔로몬에게 인계하였다. 그리고 백성들에게 마지막 권고와 지시를 말하였다(대상 29:1~22). 그는 "나이 많아 늙도록 부하고 존귀하다가" 죽어 예루살렘에 장사되었다(왕상 2:10~11; 대상 29:26~28).

6. 이스라엘의 가장 위대한 왕

다윗은 이스라엘의 가장 위대한 왕이었다. 백성들은 그의 집권을 그들 역사적 정점으로 보았다. 예루살렘은 다윗이 세운 도시였고 또 "다윗이 거한 성읍"이었으므로(사 29:1) "다윗 성"으로 생각하였다(왕상 2:10; 3:1; 8:1; 느 3:15). 그는 그 이후 왕들의 의의 척도가 되었다. 유다가 큰 죄를 범하였을 때 하나님께서 멸하지 아니하신 것은 다윗을 위함이었다(왕하 8:19). 가장 중요한 것은 앞으로 올 메시야가 다윗의 후손이 된다는 것이었다. 이런 이유로, 그리스도는 "다윗의 아들"이라

---

[69] 에느로겔은 기혼에서 남쪽으로 2천 피트 가량으로 중간의 산으로 인해 가려져 있었는데, 아도니야의 무리가 기름붓는 예식 자체는 볼 수 없었지만 이 소리는 충분히 들릴 수 있는 가까운 거리였다.

고 불리우며(마 1:1), 백성들은 그리스도가 예루살렘에 입성할 때에 "호산나, 다윗의 아들"이라고 찬양하였다(마 21:9~15).

제12장

솔로몬 왕

[열왕기상 2:11-12:43; 역대기하 1-9장]

솔로몬 왕권과 다윗 왕권은 두 통치자의 커다란 배경 차이로 인해 뚜렷이 대조된다. 다윗은 넓은 환경에서 자라나 양치는 목자였고 후에는 격심한 망명생활을 겪었다. 그러나 솔로몬은 왕궁의 안락과 사치 속에서만 자라났다. 따라서 다윗은 행동의 왕으로서 공격적이고 유능하였으며 자신의 군대를 승리로 이끌 수가 있었다. 솔로몬은 평화의 왕으로서 집에 있기를 좋아하여, 그의 아버지가 획득한 땅을 단순히 유지시키는 일에 만족하였다. 다윗의 왕궁은 정부가 필요로 하는 것 이상으로 크지 않았으나 솔로몬의 왕궁은 자기 취향에 맞도록 사치스러웠다. 그 결과 솔로몬은 다윗보다 더 많은 경비가 필요하였으며 따라서 세금을 인상하였다. 그는 또한 외국무역에 손을 대어 실제로 이에 정통하였으며 놀라운 성공을 거두었다. 다윗이 백성의 사람이었다면, 솔로몬은 궁정의 사람이었다. 보다 중요한 것은 다윗이 "하나님의 마음을 따르는 사람"으로서 놀라운 신앙을 유지한 반면, 솔로몬은 처음에는 경건한 생활을 하였지만, 하나님과의 근본적인 관계를 유지하지 못하고 사악한 길에 빠져 마침내 하나님의 비판을 받게 되었다.

1. 왕으로 세워지다
(왕상 2:12~46; 3:4~28; 대하 1:1~17)

(1) 왕권 강화(왕상 2:12~46)

솔로몬과 다윗 사이의 섭정이 계속된 기간에는, 솔로몬과 그를 대적하는 사람 사이의 문제가 순조롭게 해결되었다. 그러나 다윗이 죽자 상황이 바뀌었다. 이 변화는 아도니야에게서 시작되었는데, 그는 솔로몬의 어머니 밧세바를 통해 다윗이 늙었을 때 수종들었던 아름다운 수넴(Shunammite) 여자 아비삭(Abishag)과의 결혼을 요청하였다(왕상 1:1~4). 솔로몬은 이 청약을 자기 통치의 위협이라 믿고 재빨리 거절하고는 사형에 처하였다. 당시의 관습으로 볼 때 한 남자의 첩은 유산의 일부분으로 간주되었다(참고, 왕상 2:22; 삼하 16:21). 자기 형의 진정한 의도에 대하여 솔로몬의 의심은 정확하였다. 왜냐하면 아도니야는 왕권을 찬탈하는데 필요한 조건, 곧 백성들의 환심을 얻었다고 믿었기 때문이었다.

대적자 아도니야를 제거한 후 솔로몬은 아도니야의 주요 지지자인 아비아달과 요압에게 방향을 돌리었다. 그는 아비아달을 대제사장직으로부터 파면시키고, 그의 고향 아나돗(Anathoth)으로 추방시켰다(왕상 2:26~27). 이로 인해 사독이 대제사장으로 홀로 남게 되었으며, 다윗 시대의 곤란한 문제가 해결된 셈이었다. 이러한 전개로부터 불길한 징조를 느낀 요압은 다윗이 궤를 위해 세워놓은 장막으로 도망하여 "제단의 뿔"[1]을 잡았다. 요압이 그곳에서 나오기를 거절하자(왕상 2:28~34) 솔로몬은 아버지의 지시를 따라(왕상 2:5~6)[2] 다윗의 호위병

---

1) 여기서 요압의 행동은 출애굽기 21:13~14에 근거한 것이었는데, 분명히 최근의 음모에 자신이 관계되었기 때문이라고만 생각하였다. 그러나 다윗이 솔로몬에게 그를 죽이라고 명한 것은, 그가 아브넬(삼하 3:27f)과 아마사(삼하 20:8f)를 살해하였다는 사실에 근거한 것이었으며, 살인은 제단이 제공할 수 있는 안전의 한계를 넘는 것이었다.

2) 다윗이 요압에게 취한 태도는 이해하기가 어렵다. 그 이전 다윗이 여러

대장이었던 브나야를 시켜 제단 앞에서 그를 죽이게 하였다. 그리하여 마침내 이 사람은 자기 몫을 받은 것이다. 그는 자신이 군대장관이었을 때 질투심으로 아브넬과 아마사를 살해하였는데, 이제 솔로몬의 선택으로 그 자리에 오른 브나야에게 다시 살해된 것이었다.

다윗은 또한, 압살롬의 반역 시 예루살렘을 탈출했을 때 자기를 저주한 시므이를 죽이라고 솔로몬에게 지시했다(왕상 2:8~9). 처음에 솔로몬은 그를 단순히 예루살렘 그의 고향에 가두었으나,[3] 후에 그가 도망간 두 종을 찾으러 그 도시를 떠나자 그를 죽였다(왕상 2:36~46). 다윗이 연약하였을 때 시므이가 다윗을 그렇게 대적하였다면, 그 이후에도 친구가 되지 않았다는 것을 솔로몬은 알 수 있었다. 그리하여 솔로몬은 더 나아가 왕권을 강화시키는 일환으로 그를 죽였다. 이제 솔로몬의 대적자들이 제거되자, 그는 여기서 멈추어 더 이상 사람을 죽이지 않았다. 왕국이 그의 손에서 견고히 세워진 셈이었다.

(2) 하나님의 약속(왕상 3:4~28; 대하 1:1~17)

이 일 직후에 솔로몬은 특이한 방법으로 하나님의 사랑을 받게 되었다(왕상 3:5~15). 훌륭하게도 하나님의 축복의 필요성을 깨달은 솔로몬은, 성막이 세워 있는 기브온[4]에서 "일천 번제"를 드렸다. 이 제사를 위해 예루살렘에 있는 다윗의 성막보다는 기브온이 택해졌는데, 이는 그곳의 제단이 더 넓어 솔로몬이 계획한 많은 번제에 더 적합했기 때

번 화가 났을 때 왜 그를 처벌하지 않았는지 누구든지 의아해할 것이다. 한 가지 분명한 요인은 요압이 확실히 유능한 인물이었다는 사실이다. 또한 우리야 사건 이후, 같이 공모하여 이 훌륭한 병사를 위험 지대에 내보냈다는 사실에 대해서 다윗은 그에게 곤란한 신세를 지고 있었을 것이다. 다윗은 솔로몬에게 지시함으로써 타당한 형벌을 쉽게 처리하는 방법을 쓴 것 같다.

3) 시므이는 사울 집안의 한 사람으로 기술되는데(삼하 16:5), 분명히 전 왕조의 복귀를 꾀하였다. 솔로몬은 그를 예루살렘에 가둠으로써 그가 일으킬지도 모르는 반란을 줄이려 하였다.

4) 아마도 사울이 놉에 있는 제사장을 죽인 이후에(삼상 22:18~19) 이 성막은 놉에서 옮겨졌다(참고, 10장 주 54).

문이었다.[5] 솔로몬 왕이 그곳에 있을 때, 하나님께서 기뻐하시며 밤에 그에게 꿈으로 나타내사[6] 그로 하여금 청탁을 하게 하셨다. 이에 솔로몬은 기뻐하며 겸손하게도 통치에 필요한 지혜를 요청하였다. 하나님께서는 이 요청을 허락하실 뿐 아니라, 덧붙여 그 당시 그만한 사람이 없을 정도의 "부와 명예"를 주겠다고 약속하셨다. 이후 솔로몬의 인생은 하나님의 이 자비로운 말씀이 성취되는 것으로 나타났다. 이러한 약속에 전율을 느끼면서, 또한 그의 적수들이 제거되었고 그의 아버지로부터 넓고도 번성한 나라를 물려받았다는 인식은 솔로몬으로 하여금 성공적인 통치에 대한 밝은 전망을 갖게 하였다.

2. 솔로몬 왕국

(1) 방어조치

솔로몬의 탁월한 통치방법은 중요한 방어조치를 취하게 하였다. 이것은 나라를 확장하기보다는 현재의 국경만을 유지하려는 그의 관심과 일치하는 것이었다. 그의 주요 방어조치는 이스라엘의 중심 땅을 둘러싼 주요 도시들을 강화하는 것이었다(왕상 9:15~19). 이 도시들은 북쪽 끝단 하솔(Hazor), 에스드렐론 골짜기로 들어가는 전략적인 남북 통로 므깃도(Megiddo), 그리고 게셀(Gezer), 벧호론(Beth-horon), 블레셋 영토로부터의 서쪽 진출을 지키는 바알랏(Baalath) 등이었다. 다드몰(Tadmor)[7]도 여기에 포함되어 있는데, 다메섹에서 북동쪽으로

---

5) 이는 아마 열왕기상 3:4의 "이는 그곳의 산당이 큼이라"라는 구절을 뜻하는 것이다. 그곳의 제단은 하나님께서 명하신 대로 넓이가 7.5피트, 높이가 4.5피트(출 27:1~8) 되는 큰 구리제단이었을 것이다. 다윗의 제단은 이보다 작은 것 같다.

6) 이는 꿈-환상 형태인데, 솔로몬은 묻는 말에 합당한 대답을 할 수 있을 정도로 의식이 있었다.

7) Kethib은 열왕기상 9:18을 "다말"(Tamar)로 읽고 있다. 그러나 역대기하 8:4에 다드몰로 되어 있으므로 읽는 것이 더 나은 것 같다. 이 두 구절이 같은 지역을 뜻하지 않는다면, 다말은 사해 남쪽에 있던 것으로 남쪽 지방의 방어지점이었을 것이다.

175마일 되는 유명한 무역 중심지 다드몰(Tadmor, 왕상 9:18)로 판명되지 않는다면, 그것은 내부쪽의 방어지역이었을 것이다. 그러나 그것은 북동쪽에서의 적의 진입을 미리 파악하는 외부조망 지역이었던 것 같다. 내부 수비성읍에 있는 군대들은 외국의 공격에 대비해 보호성을 만들고 본국에서의 반란 시에는 이를 재빨리 진압시키는 일을 했을 것이다. 솔로몬은 예루살렘을 더 강화하기 위해 "성"[8]과 "밀로"[9]를 건축하였다. 또 다른 중요한 방어조치로는, 다윗과 다른 점으로(삼하 8:4)[10] 병기를 사용한 것이었다. 가나안 사람들이 오랫동안 이 무기를 사용했었는데 이제 솔로몬이 그 뒤를 이어 1,400의 병기와 12,000의 마병을 모으고, 그리고 4,000의 말 외양간을 유지하였다(왕상 10:26; 대하 9:25).[11] 하솔과 게셀, 므깃도[12] 이외에도 탐사를 통해 보면 타낙(Ta-naach)과 에글론[13] 역시 이때에 강력한 수비와 병거성을 가지고

---

8) 열왕기상 11:27에서 보면 다윗 성의 어딘가에 틈(perets)이 있었음을 알 수 있다. 아마 솔로몬은 이 틈을 막고 도시 안의 새 성전지역을 에워싸는 성을 추가한 것 같다. 또한 이것은 자기의 궁전도 둘러싸고 있었을 것이다(왕상 3:1).

9) 밀로(Millo)는 다윗 시대에 있었는데 (삼하 5:9) 솔로몬이 이를 중수하였다. 후에 히스기야는 앗수리아의 침략을 두려워하여 이를 더욱더 중수하였다(대하 32:5). 이것이 무엇인가 하는 것은 불확실하지만 수비에 관련된 것으로 아마 요새의 탑이었던 것 같다(참고, J. Simons, *Jerusalem in the Old Testament* 〈Leiden: B. J. Brill, 1952〉, pp. 116~17, 131~44).

10) 다윗이 적의 병기를 간직하지 않고 손수 파괴했다는 11장의 내용을 참고하라. 다윗의 전투는 주로 산지에서 이루어졌지만, 솔로몬의 이 수비성읍은 병거를 사용할 수 있는 평지에 주로 있었다.

11) 열왕기상 4:26의 4만이라는 숫자는 역대기하 9:25의 4천이라는 숫자에서 볼 때 그리고 1,400의 병거가 4만이 아니라 4천을 암시한다는 사실에서 볼 때 잘못된 것임에 틀림없다.

12) 므깃도에서 450의 말을 위한 외양간이 발견되었다. 그러나 최근 Yadin은 이것들의 시기가 솔로몬 때가 아니고 아합 왕 때라고 발표하였다(참고, "New Light on Solomon's Meggido," *BA*, 23〈1960〉, pp. 62~68).

13) 참고, Albright, *AP*, pp. 124~25. 하솔에 관해서는 5장을 참고하라.

있었다고 드러난다. 이 성읍들에 충분한 군인을 두고 병거를 유지시키기 위해서 솔로몬은 많은 상비군을 써야 했는데 이는 엄청난 양식과 물품이 요구되는 일이었다.

(2) 솔로몬의 궁정

솔로몬의 궁정은 다윗 궁정보다 더 넓었다. 다윗 정부에 있던 사람들 이외에 두 주요 관리가 더 첨가되었는데, 한 사람은 아사리아 (Azariah)로 "관리들 위에"('al hannissabim) 있었다고 했는데 아마 군장 위를 뜻하는 것 같으며 또 한 사람은 총리대신이었던 사붓 (Zabud)이었다. 또한 이외에 열 두 명의 군장(방금 지적한 아사리아 밑에 있었던 것 같다. 왕상 4:7~28)과 550명의 노동감독이 있었다(왕상 9:23).

솔로몬의 가족 또한 대가족이었다. 다윗이 다른 나라로부터 영향을 받아 많은 후궁을 거느렸다면 솔로몬은 그 이상이었다. 그의 부인은 최종적으로 700을 헤아리며 첩도 300명이나 되었다(왕사 11:3). 자녀의 숫자는 주어져 있지 않지만 상당한 숫자였을 것이다. 이 모든 사람들이 궁정 경비로 생활하였다. 그의 숙식비가 엄청난 것으로 보아 이 외에도 사치를 즐겼을 것이다. 하루 식량으로 가는 밀가루를 30석 (Kor),[14] 굵은 밀가루 60석, 살진 소 10, 초장의 소 20, 양 100마리, 그리고 이외에 다른 동물들이 소요되었다(왕상 4:22~23).

(3) 제정의 유지

성읍을 요새화하고, 상비군을 유지하며 궁정의 물품을 위해서는 매우 많은 수입이 요청되었다. 이러한 수입의 원천은 네 종류로 구분되었다.

---

14) 콜(Kor), 또는 호멜(homer, 같은 측정단위)은 가장 큰 용량의 단위였는데, 아마 액체 58.1갤런 마른 것으로 6.25부셸(bushel)에 해당한 것 같다 (참고, R. B. Y. Scott, "Weights and Measures of the Bible," *BA*, 22(1959), pp. 22~40).

① 세 금

솔로몬은 세금의 목적을 위해 나라를 열 두 군으로 나누었다.[15] 그리고 각 군 위에 세리인을 두었다. 각 군은 매년 궁정의 한 달 경비를 마련해야 했다(왕상 4:7~28). 사람들을 위한 양식뿐 아니라 말들을 위한 보리와 짚이 필요하였다. 이러한 부담은 강압적이었을텐데, 이후 르호보암이 왕위에 올랐을 때 백성들이 세금을 줄여달라고 아우성친 것으로보아 이해할 만하다(왕상 12:3~4).

② 부 역

솔로몬은 부역제도를 두었다. 고대사회에서도 부역이 흔했지만 백성들이 몹시 싫어하는 것이었다. 다윗도 외국인의 부역을 사용하여, 말년에는 이를 맡는 관리를 두기까지 했는데(삼하 20:24) 이는 그가 이 노동력에 크게 의존했음을 의미하는 것이다. 이와 마찬가지로 솔로몬도 그 나라에 아직 살고 있는 많은 가나안 사람을 이용하였다(왕상 9:21~22). 그러나 그는 이스라엘 사람의 부역에도 의존하였다(왕상 5:13). 성전을 건축할 동안에는 3만 명(매달 만 명씩)의 사람을 레바논으로 보내 자기가 필요로 하는 백향목을 가져오게 하였다. 이렇게 징집된 사람들은 지정된 기간 동안 보수없이 정부를 위해 일을 해야만 했다.

③ 외국의 공물과 예물

셋째 수입 근원은 이스라엘 사람들에게 부담을 지우지 않는 것으로서 외국으로부터 들어오는 공물과 예물이었다. 자세한 분량은 나와 있지 않으나 많은 나라들이 사신들을 통해 금, 은, 의복, 귀한 향품, 동물들을 보내왔다고 지적되어 있다(왕상 10:24~25). 스바(Sheba) 여왕의 방문에 대해 기술되어 있는데(왕상 10:1~13), 이 여왕 역시 많

---

15) 이 군은 이전의 지파 경계선과 항상 일치하는 것이 아니었는데, 이는 솔로몬이 고의적으로 이전의 제도를 깨뜨리려 한 것이 아니라, 부담량이 똑같아지도록 생산성을 염두에 두고 나눈 것이었다. 그러나 백성들은 이전의 경계선이 지켜지지 않은 것에 놀랐을 것이다.

은 향품과 보석 외에 120달란트[16]의 금을 가져왔다.

④ 무 역

솔로몬은 멀리에까지 무역관계를 전개시켰는데, 이 또한 상당한 수입을 가져왔다. 한 가지 무역로는 홍해를 통해 남쪽으로 가는 것이었다. 다윗의 남방 정복이 아카바 만에까지 이르렀으므로 이러한 해상 통로가 가능해진 것이다. 페니키아인(Phoenician)의 도움으로 솔로몬은 아카바 만 끝 에시온게벨(Ezion-geber)에서 배를 만들어 선원을 두었다(왕상 9:26~28; 10:11, 12, 22). 이 항해가 3년[17]이 걸린 것으로 보아(왕상 10:22) 가는 도중 많은 항구에 들르고 멀리 오빌(Ophir)[18]에까지 갔었음을 알 수 있다. 이 배는 에시온게벨[19] 근처에 있는 솔로몬의 광산에서 구리를 싣고 갔다가 금, 은, 백향목, 보석, 상아, 동물들을 가져왔다. 충분한 구리 공급을 위해, 솔로몬은 에시온게벨에 훌륭한 제련소를 세웠다. 이 사실이 성경에는 기록되지 않았지만 탐사에 의해 드러났다고 한다.[20] 이 제련소는 당시 가장 큰 것 중의 하나로 보

---

16) 달란트(talent)는 30kg 가량으로 66파운드가 좀 넘는다. 지금의 금 시가를 온스(troy)당 35달러로 잡는다면, 이는 한 달란트가 33,700달러, 120달란트가 4,044,000달러나 된다.

17) "3년"이라는 것은, 가운데 해 전체와, 처음과 나중 해 일부를 뜻하는 것이다.

18) 오빌이 어디인가 하는 문제는 확실치 않지만, 아라비아의 남서쪽, 아라비아의 남동쪽, 소아시아, 그리고 인디아의 수파라(Supara) 등 네 지역이 제기된다. 이 마지막 지역이 그럴듯한데, 이는 상당한 여행길이라는 점, 모든 물품이 인도에서 수입된 점, 또 이 당시 그렇게 멀리까지 무역이 있었다는 점 등에 의한 것이다. 그러나 Albright는 세 번째 지역을 주장한다(참고, ARI, pp. 133~35).

19) 솔로몬의 배는 "다시스"(Tarshish)의 배라고 불리웠다(왕상 10:22). 다시스는 제련소였다. 그러므로 그 배가 제련소의 물품을 운반한다는 것을 배의 이름으로 나타낸 것이다(참고, Unger, AOT, pp. 225~26; Albright, BASOR, 83〈Oct., 1941〉, p. 21).

20) N. Glueck에 의해 발견됨(참고, The Other Side of Jordan 〈New Haven: American Schools of Oriental Research, 1940〉, pp. 50~88).

여지는데, 아마 배를 만들었을 그때에 솔로몬이 세운 것 같다. 상당한 양의 구리광석이 사해와 아카바 만 사이에 있는 아라바 골짜기에서 생산되었다.

솔로몬은 또한 말과 병거에 관한 무역도 수행하였다. 그는 말과 병거를 구입하는 데 있어서 자신이 쓰려는 목적도 있었지만, 남북 무역 통로라는 자신의 전략의 위치를 이용하여 다른 나라에 팔기도 하였다. 그는 이것들을 애굽과 구에(Kue, Cilicia)[21]에서 가져다가 헷 족속과 아람 사람들에게 팔았다(왕상 10:28~29).

3. 외국과의 관계

솔로몬은 제국 같은 넓은 땅을 물려받고 이러한 무역관계를 유지하였으므로 외국과의 관계도 광범위하게 되었다. 이러한 것을 뚜렷이 나타내는 것으로는, 그가 많은 외국 여인과 결혼했다는 것이다. 결혼은 외국과의 동맹을 표시하는 흔한 수단이었다. 그가 모압, 암몬, 에돔, 시돈, 그리고 헷 족속의 부인을 가지고 있었다는 것은(왕사 11:1) 이 백성들과 동맹을 맺었음을 암시하는 것이다.

(1) 애굽과의 동맹

솔로몬이 바로의 딸과 결혼을 함으로써 애굽과 동맹을 맺었다고 직접 언급되어 있다(왕상 3:1). 애굽이 주요한 세력을 갖고 있었으므로 솔로몬은 분명 이 결혼을 매우 중요한 조약으로 여겼다. 사실 솔로몬이 우세한 이 남방 이웃에 의해 이렇게 존경을 받았다는 것은, 그가 그

---

21) 열왕기상 10:28의 히브리 단어 *miqweh*(KJV로 "아마실"로 번역됨)는 소아시아국 Kue를 뜻하는 것 같은데 따라서 "Kue에서"라고 번역된다. 말들은 비교적 늦게 애굽에 소개되었는데, 그래서 솔로몬 때까지 그들은 수출할 만한 충분한 가축이 있었던 것 같다. 소아시아는 훌륭한 말들을 가지고 있었다고 알려져 있다. 애굽은 분명히 힉소스 왕에 의해 소개된 좋은 병거를 가지고 있었다(참고, Albright, ARI. pp. 135~36).

당시의 세계[22]에서 높은 지위에 있었음을 의미한다. 이 동맹은 그의 초기 동맹 중의 하나였고, 바로에 의해 주어진 이 명예는 실제로 솔로몬보다 다윗에게 더 이유가 있었을 것이다. 이 동맹의 중요성에 맞추어 솔로몬은 애굽 신부를 위해 특별한 집을 지었다(왕상 7:8). 그는 또한 이 결혼을 통해 게셀[23] 성읍을 얻었다. 바로 왕은 이전에 게셀을 점령하여 거주민들을 죽였는데, 이제 솔로몬의 부인인 그 딸에게 선물로 준 것이었다(왕상 9:16). 솔로몬은 이것을 수비성읍으로 강화했다.

(2) 두로와의 동맹

또 다른 중요한 동맹은 페니키아 왕 히람(Hiram) 1세(약 주전 978~944)와 맺어진 것이다. 솔로몬의 부인 시돈(Zidonians) 여인[24]은(왕상 11:1) 이 통치자의 딸인 것 같다. 두로는 12세기에 페니키아인에 의해 재건되었으며, 아크레 만(Acre) 북쪽으로 150마일의 지중해 해변을 점령한 이 해상국가의 수도가 되었다. 페니키아는 지중해 주위의 많은 지역을 식민지로 소유하였으며 다른 나라와의 무역이 널리 알려져 있었다. 솔로몬은 특히 이 나라의 백향목에 관심이 있었고 이를 위해 밀과 맑은 기름을 기꺼이 주었다(왕상 5:2~11). 히람은 성전 건축을 예상하여 이미 다윗에게 백향목을 제공하였었는데 이제 솔로몬과의 이 거래를 기뻐하였다. 솔로몬이 또한 이 왕으로부터 금 120

---

22) 한 때 애굽 왕은 바벨론이나 미타니(Mitanni)의 왕에게까지도 딸들을 주려 하지 않았다. 그러나 애굽은 이때까지 세계적 위치에서 빠져 있었다. 여기에 관련된 바로는 제 21왕조의 마지막 인물 중 한 사람이었을 것이다.

23) 열왕기상 9:16에는, 바로가 이때 게셀을 불태웠다고 되어 있는데, 여기에서 게셀이 이런 식으로 파괴되었다면 고고학적으로 의심이 가는 일이다. 어떤 이들은, 복사자의 잘못이라고 보고 "Gerar"로 읽어야 한다고 믿고 있다. 또한 다윗이 블레셋 지역을 점령했으므로 게셀이 이미 이스라엘 손에 있었을 가능성도 있다(참고, Albright, ARI, pp. 213f).

24) 시돈 사람은 주로 시돈(Sidon)의 거주민을 뜻하지만, 이 용어는 보편적으로 페니키아 사람에게 사용되었다. 두로와 시돈은 페니키아의 두 주요 성읍이었으며 이 중 시돈이 더 오래된 성읍이었다. 그러나 이때에 두로가 더 중요하게 되어 왕의 거주지가 되었다(참고, 왕상 16:31).

달란트를 빌린 것(왕상 9:10~14)으로 보아, 솔로몬은 많은 수입원에도 불구하고 자기가 원하는 모든 것을 살 충분한 수입이 없었음을 알 수 있다. 20년 말경, 성전과 다른 건축물이 완성되었을 때 솔로몬은 히람에게 백향목과 금 값을 지불하기 위해(아마 이 값에 대한 청산으로서) 페니키아 근처에 위치한 20도시를 주었다. 그러나 히람은 궁색하였으므로 이 성읍에 대해 기뻐하지 않았고 솔로몬에게 불만을 표시하면서 이를 돌려주었다(왕상 9:12, 13; 대하 8:2). 이때 솔로몬과 연합하여 에시온게벨에서 해상무역을 떠난 것을 보면, 적어도 이 사건으로 인해 두 나라간의 조약이 파괴되지는 않았던 것 같다. 사실 이 협동무역은 솔로몬의 상환과 관련되어, 얼마 동안 히람이 대부분의 이득을 가져갔을 것이다.

(3) 스바 여왕의 방문(왕상 10:1~13; 대하 9:1~12)

외국 땅에서 오는 솔로몬의 뛰어난 방문객 중에는, 스바 땅 아라비아의 남쪽 끝에서 온 스바(Sabean) 여왕이 있었다. 이 나라는 현대의 예멘(Yemen)[25]으로 대강 판명된다. 솔로몬의 배들이 이 땅의 항구에 들러서 갔던 것 같다. 사실 이 여왕의 길고도 열정적인 여행길은(약 1,200마일) 그 배를 보낸 사람과 개인적으로 대면하여 얻게 될 상업적 혜택에 의해 일부 유발되었을 것이다. 남서부의 아라비아는 향품무역으로 잘 알려져 있었는데, 이 여왕은 아마 대상통로에 의한 그녀의 무역이 솔로몬의 상업선박에 의해 위험을 받게 될 것이라 느꼈을 것이다.[26] 또한 이 여왕은 자신이 그렇게 말한 것처럼 배의 선원들로부터 솔로몬의 훌륭한 부와 지혜에 관해 소식을 듣고 솔로몬을 보러 온 것이었다. 그녀는 솔로몬에 대한 큰 예물로 금 120달란트를 가져왔고, 호화스런 왕궁을 보고 실로 감명을 받았으며, 돌아갈 때는 많은 예물

---

25) 스바(Sabean)인의 정착에 관해서는 Albright, *ARI*, pp. 132~35을 참고하라. 현대 예멘에서 발굴된 것은 W. Philips, *Qataban and Sheba* (New York: Harcourt, Brace and Co., 1955)에 기술되어 있다.
26) 스바인의 무역에 관해서는 Albright, *op. cit.*를 참고하라.

과 함께 자기가 바라던 모든 것을(아마도 무역협정이 포함되었을 것이
다) 다시 받아 만족하여 돌아갔다. 중요한 것으로, 열왕기상 10:15에
솔로몬의 무역수입 중 일부가 아라비아 왕들의 향품상인에게 왔다고
되어 있는데 이는 여왕과의 무슨 협정이 맺어졌든지 간에 솔로몬이 계
속 이 지역과 무역을 했음을 암시하는 것이다.[27]

4. 건축사업(왕상 5:1~9:9; 대하 2~7장)

수비성읍을 강화하고, 세계적으로 훌륭한 구리제련소를 세운 것 이
외에도 솔로몬은 예루살렘에 웅장한 건축물을 세웠는데 이 중 가장 중
요한 것이 성전이었다.

(1) 성전건축(왕상 5~6장; 7:15~51; 대하 2~4장)

앞의 장에서 언급한 대로, 다윗은 성전을 건축하고 싶었지만 하나님
께서 허락지 않으셨다. 그러나 그는 이를 위해 많은 재료를 수집하였
고(대상 22:1~5; 14~16장),[28] 또한 건축구조에 관해 하나님의 영이
그에게 나타내 보인 도본을 솔로몬에게 넘겨주었다(대상 28:11, 12,
19). 솔로몬이 백향목을 위해 두로의 히람과 계약을 맺고, 이를 자르
고 운송하기 위해 한 달에 만 명씩을 보냈다고 되어 있다. 백향목은 이
러한 건축을 하는 데 훌륭한 나무로 여겨졌다.[29] 히람은 솔로몬이 선택

---

27) 남아라비아의 진흙 도장이 벧엘에서 James Kelso에 의해 발견되었다.
이것의 연대는 솔로몬 시대로 당시에 무역이 있었음을 보여주는 것이다. 이 도
장은 본래 3×4인치의 크기로 아마 뱃짐에 도장을 찍는 데 사용된 것 같다(참
고, G. W. VanBeek and A. Jamme, "An Inscribed South Arabian
Clay Stamp from Bethel," BASOR, 151(Oct., 1958), pp. 9~16).
28) 다윗이 모은 금과 은의 양은 금 십만 달란트, 은 백만 달란트라고 표현
되어 있다. 온스당 35불로 계산한다면(참고, 앞의 주 16) 금 값만으로도 27
억 8천만 불이 될 것이다.
29) 라가스(Lagash)의 통치자 구데아(Gudea)는 전성기에 이미 이 지역
에서 백향목을 획득하였다. 애굽 사람 웨나몬(Wenamon)은 백향목을 얻기
위해 레바논에 왔다(주전 1100년경, 참고, Barton, AB, pp. 449f, 455).

한 팔레스틴 항구에 이 나무를 책임지고 운송하였다. 그는 또한 필요한 돌을 다듬어 만들 수 있도록 돌 자르는 기구도 제공하였다(왕상 5:18). 구체적인 건축은 솔로몬의 재임 4년 봄에 시작하여(약 주전 966, 왕상 6:1) 7년 후 가을에 완성되었다(왕상 6:38). 위치는 모리아 산으로서 (대하 3:1) 다윗 시대에 재앙이 멈추었던 아라우나의 타작마당 지역이 며(삼하 24:16~25), 또한 오래 전 아브라함이 이삭을 바치라고 명령받았던 장소이다(창 22:2). 모리아 산은 북쪽으로 다윗 성과 인접되어 있었다.

성전 본부의 도본은 성막건축과 비슷한 것이었지만 크기가 그 두 배나 되었다.[30] 이것은 길이가 90피트, 넓이가 30피트로서, 마찬가지로 두 개의 구분, 곧 전체의 2/3를 차지하는 성소와 1/3을 차지하는 지성소를 포함하였다. 이 성전은 돌로 지어진 것이지만 금을 입힌 백향목으로 서까래를 하였다. 지성소는 속죄소와 두 그룹(cherubim)과 함께 언약궤를 소장하였다. 두 개의 첨가된[31] 그룹은 올리브 나무를 깎아서 만들었는데 금으로 입혔고 높이가 15피트가 되었다(왕상 6:23~28; 대하 3:10~13). 성소에는 "정금제단"(왕상 7:48; 대하 4:19)과 양쪽에 다섯 개씩 세울 열 개의 정금등대(왕상 7:49; 대하 4:7), 열 개의 진설병상(왕상 7:48; 대하 4:8)이 있었다. 성막과 다른 점이 있다면, 성소앞에 넓이 30피트, 깊이 10피트 되는 현관이 있고 이 현관에는 야긴(Jachin)과 보아스(Boaz)라고 불리우는 두 개의 놋 기둥이 세워진 점이었다(왕상 7:15~21).[32]

---

30) 이 도본은, 1936년에 발굴된 북 수리아의 텔 타이낱(Tell Tainat) 성전과 거의 비슷하다. 최근 하솔에서 발견된 것도 이와 유사한 점을 지니고 있다(참고, Yadin, *BA*, 22(1959), pp. 3f).

31) 속죄소의 두 그룹은, 그것의 한쪽 끝 부분에 만들어진 것이었으므로 두 개의 큰 그룹이 첨가된 것인 셈이다.

32) 이 기둥은, "성전 앞에"라고만 기술된 점으로 보아 홀로 서 있었던 것 같다(대하 3:17). 이 기둥은 각각 24피트 높이로서, 그 기둥머리는 "주발"(gulloth) 모양이었다. 이들의 이름은 처음에 요아긴(Joachin)과 보아스였을 것이다. "여호와께서 그 보좌를 영원히 세우실 것이다(yakin)"라는 말에서 야긴이 적합하게 되었고, "여호와의 힘으로(beoz) 왕이 기뻐할 것이다"라는 말에서 보아스라는 말이 나오게 되었다(참고, Albright, pp. 144~48).

이 성전의 벽과 뒤에는 3층 높이의 저장실이 이었다(왕상 6:5~10). 이 성전 주위에는 성막을 에워싼 것과 비슷한 뜰이 있었다. 여기에는 넓이 30피트, 높이 15피트의 큰 놋제단이 있었는데(대하 4:1) 이는 양 끝 가장자리가 15피트 되는 "바다모양"의 놋대야로써(왕상 7:23~26), 양쪽에는 각각 5개씩 작은 놋대야가 주위에 있었다. 성전 본부뿐 아니라 이 뜰도 제사장만이 들어갈 수 있었으며, 이 주위에 백성들을 위한 "큰 뜰"이 있었다(대하 4:9).

(2) 성전 봉헌(왕상 8:1~9:9; 대하 5:7)

이렇게 웅장하고 중요한 건축은, 이에 맞는 헌당예식도 요구되었다.

솔로몬은 먼저 다윗이 만든 장막에서 가장 중요한 언약궤를 가져다가 지성소에 두었다. 이 성전의 다른 장식품들은 새로 만들어졌지만 이 궤는 새로 만든 것이 아니었다. 이 궤는 일찍이 모세 당시 시내 산에서 만들어진 것으로 성막 안에 하나님이 임재하심을 상징하였는데 이 성전에서도 계속 마찬가지일 것이다. 중요한 것은 이 궤를 지정된 장소에 넣을 때 성막에 넣을 때와 마찬가지로 여호와의 영광의 "구름"이 성전에 가득하였다(왕상 8:1~11; 대하 5:1~14). 그리고 솔로몬은 모인 사람들에게 간단한 설교를 한 후(왕상 8:12~21; 대하 6:1~11), 긴 봉헌기도를 드렸다(왕상 8:22~53; 대하 6:12~42). 그가 기도를 마쳤을 때 하늘에서 기적 같은 불이 내려와 놋제단에 있던 번제를 태웠다(대하 7:1~3).[33] 그리고 다른 번제를 계속하여, 7일 동안의 기념일 동안 총 2만 2천의 소와 12만의 양을 제물로 드렸다(왕상 8:62~66; 대하 7:4~11).[34] 이것을 마친 뒤 하나님께서는 두 번째로 솔로몬에게 나타나 그의 아버지 다윗의 행함같이 그가 하나님의 계명을

---

33) 성막(Tabernacle)과 관련하여 내린 기적적인 불에 대하여는 supra, chap7, 153을 참고하라. 하나님이 특별히 내린 불에 대한 또 다른 예가 사사기 6:21, 열왕기상 8:38, 역대기상 21:26 등에 기록되어 있다.

34) 솔로몬은 물론 자기 자신이 이 번제를 드린 것은 아니었다. 이런 특별한 날의 편리를 위해 근처에 임시로 설치했을 제단들과 많은 제사장과 레위인이 있었으므로, 7일 동안 이 많은 동물들이 바쳐질 수 있었을 것이다.

준수하면 축복을 내리겠다고 다시 한번 약속하셨다(왕상 9:1~9, 대하 7:12~22).

(3) 다른 건축물(왕상 7:1~12)

솔로몬은 이 성전 근처에 또 다른 건축을 몇 가지 세웠다. 이들 중 하나는 자기가 거할 궁전이었다. 이것은 성전보다도 6년이 긴 13년 동안 건축한 것으로 보아 우아한 구조였음에 틀림없다. 또 다른 것은 "레바논 나무의 궁"인데 아마 백향목 기둥으로 받쳐져서 그렇게 이름을 붙인 것 같다. 이것은 무기를 저장하는 데 사용되었다(왕상 10:16~17; 사 22:8). 세 번째는 "기둥의 복도"였는데, 아마 "레바논 나무의 궁"과 "옥좌"(Hall of Judgment) 사이에 기둥으로 이어진 웅장한 통로의 일종이었던 것 같다. 이 옥좌는 상아로 만들어진 것으로 정금을 입혔는데 솔로몬이 이 6층 보좌에 앉아서 재판을 하였다(왕상 10:18~20). 이 옆에 솔로몬의 왕궁이 있었는데, 아마도 쉽게 접근할 수 있도록 "옥좌"에 연결된 것 같다. 마지막으로, 솔로몬의 부인인 바로의 딸을 위한 특별 궁이 있었다. 성전이 먼저 지어지고난 후, 궁전건축에 소요된 13년 동안 다른 건축들이 세워져 총 20년이 걸렸다(왕상 9:10). 분명 히람은 이동안 금, 노동자, 재료 등을 계속 보내왔고, 솔로몬은 이 부분적인 대가로 20개의 성읍을 주었는데, 이미 말한 대로 이 성읍은 되돌려 왔다.

5. 문학 시대

다윗과 솔로몬의 시대는 보통 이스라엘의 "황금 문학 시대"로 불리워진다. 다윗은 뛰어난 예술적 재능을 가지고 있었으며 솔로몬은 그로부터 작가로서의 재능을 물려받았다. 이들의 예술적 관심은, 다른 사람을 고취시켜 재능을 발굴케 하는 것이었다. 이때는 예술적 표현에 적합한 시대였는데, 즉 낙관과 번영의 시대, 세계의 일원으로서 이스라엘이 중요시되던 시대, 여가와 명상에 눈을 돌릴만큼 부요했던 시대, 그리고 특히 하나님에 대한 실제 예배에 역점을 두었던 시대였다.[35]

(1) 역사서

이 당시 역사서가 기록되었다. 다윗과 솔로몬은 궁중 서기를 두었는데 이들의 기록으로부터 두 왕의 역사기록이 생겨나, 나단 선지자는 다윗(대상 29:29), 솔로몬(대하 9:29)의 통치에 대한 사기를 썼다. 갓 선지자는 다윗의 집권만을 다룬 사기를 썼다(대상 29:29). 열왕기상에 주어진 솔로몬의 내용은, 미상의(왕상 11:41) "솔로몬의 행적서"에서 주로 발췌한 것 같다. 솔로몬 이후에도 계속 생존한 선지자 아히야와 잇도는 그의 행적을 다룬 역사서를 썼다(대하 9:29).

(2) 음악과 시

사기 이외에 음악과 시도 쓰여졌다. 다윗은 성전이 지어질 그날을 예상하여 예배에 쓸 음악에 관한 구체적 지시를 남겼다. 4,000명의 레위인을 "가수"로 지정하였고, 이들은 한 번에 일주일씩 담당하도록 24분단으로 나누었다.[36] 수금(lyres)과 비파(harps)와 제금(symbals)을 포함한 악기(대상 25:1~6)도 연주하게 했으며, 다윗은 288명의 "가수"들을 지정하여 찬송하게 하였다(대상 25:7). 다윗 자신은 73편의 시를 써서 이 중의 일부를 성전 예배에 사용케 하였다. 그는 아삽(Asaph)을 예배의 성가대장으로 임명하였는데(대상 16:4~5), 이 아삽 또한 12편의 시를 썼다. 고라(Korah)의 아들들은 레위인 중에서 특히 찬양대원이었던 것 같고, 이들이 지었거나 또는 노래부른 시편은 18편이나 된다(참고, 대상 6:31f.). 에단(Ethan)과 헤만(Heman)은 솔로몬과 지혜를 견줄 만하였는데(왕상 4:31) 각각 1편의 시를 썼고 솔로몬은 두 편을 썼다. 성전을 완성했을 당시, 솔로몬이 예배 중 음악

---

35) 실제의 예배는 다윗의 집권 전체와 솔로몬 집권의 반 이상 동안 계속되었다.
36) 참고, 11장.

의 위치를 줄이지 않고 아마 더 강조했으리라는 것은 분명하다(대하 5:12~13; 9:11).

(3) 지혜문학과 극문학

세 번째로 지혜문학과 극문학이 배출되었다. 몇몇의 시편은 지혜문학으로 분류될 수 있지만, 구약성경에서 가장 훌륭한 본보기는 잠언과 전도서이다. 솔로몬은 전도서 전체와 잠언의 대부분을 썼다.[37] 욥기 역시 이 분류에 속하지만 좀더 일찍 쓰여진 것 같다.[38] 솔로몬은 또한 극문학 소품(semi-Drama)으로 분류되는 아가서를 썼다. 요약하자면, 히브리서의 셋째 분류의 대부분은 "케투빔"(Kethubim)으로 불리우는데, 문학의 황금시대인 이때에 쓰여진 것이다.

6. 영적인 쇠퇴와 징벌
(왕상 11장; 대하 9:29~31)

(1) 쇠퇴(왕상 11:1~8)

솔로몬은 능력있는 왕이었다. 그의 집권 동안 나라는 계속 강력했고 번성하였다. 대부분의 기간 동안 이 나라는 완전하였다. 다윗과 솔로몬의 집권 동안 비록 세금이 계속 올라 솔로몬의 말기에는 불안이 생겨났지만 백성들은 태평세월을 보냈다.

---

37) 물론 솔로몬 자신은 지혜에 뛰어났으며, 다른 사람에게 이러한 자질을 고취시켰을 것이다. 그는 잠언 3천을 말하였고, 노래 1,005개를 지었는데 그 주제는 나무와 우슬초, 동물, 새, 기어다니는 것, 물고기 등에 관한 것이었다(왕상 4:32~33). 잠언 1~24장은 직접 그가 지은 것이며(1:1; 10:1), 25~29장은 히스기야 백성들에 의해 편찬되었다고 전해지지만 역시 그의 작품이다. 30장과 31장만이 아굴(Agur)과 르무엘(Lemuel)의 작품으로 되어 있다.

38) 이것이 솔로몬 때에 쓰여진 것이라면(그 대화의 내용에서 볼 때) 역사적인 정확성에 관해 문제가 생긴다. 이것은 아마 욥 자신의 손으로 쓰여진 것 같다.

그러나 종교적으로 볼 때 솔로몬은 하나님의 미움을 사게 되었다. 그의 시작은 훌륭하였다. 여호와로부터 지혜와 부와 명예를 약속받음으로 특히 하나님께 인정을 받았었다. 그러나 변화가 오게 되었는데, 솔로몬은 그의 초기의 종교적 약속에 계속 충실하지 못하였다. 그는 성전 봉헌 시 그의 기도에서 나타난 훌륭한 신앙을 손상시켰다. 그 자신이 정신적으로 쇠퇴하게 되었을 때 그 나라 역시 이같은 영향을 받게 되었다. 이런 불미한 현상의 주요 이유는 솔로몬의 국제적인 관심과 그에 따른 영향에서 발견된다. 그는 다른 나라의 사고방식과 관습이 자신의 결정과 생활태도에까지 영향을 미치도록 내버려두었다. 이러한 상황은 특히 외국 여인과의 결혼에서 초래한 것이었다. 이러한 결혼은 동맹 과정상의 징표였지만, 그 부인들이 "그의 마음에서 떠나 다른 신을 쫓았으므로", 솔로몬에게는 그 이상의 결과가 오게 되었다. 그가 "모압의 가증한 그모스(Chemosh)"를 위하여, 그리고 "암몬 자손의 가증한 몰록(Molech)"을 위하여, "그의 모든 외국 부인"들의 거짓신을 위해 "산당(bamah)"을 지었다는 데에서 그의 변절의 모습이 나타난다(왕상 11:7~8).

이러한 변절이 솔로몬의 집권 중 어디쯤에서 심각하게 드러나기 시작했는지는 명확치 않다. 그의 취임 후 11년, 곧 성전을 완성하고 장장의 설교와 기도를 드렸을 당시에는 그러한 변절이 없었다. 아마도 외국 부인들의 나쁜 영향이 작용하기 시작했을 재임 중기 이후부터 서서히 나타나게 된 것 같다. 그러나 죽기 전에 솔로몬은 이러한 것을 깨닫고 하나님께 다시 돌아갔는데, 그의 마지막 책 전도서에 "인간의 본분"은 "하나님을 경외하고 그의 계명을 지키는 것"이라고(12:13) 결론 지은 데서 증명된다.

(2) 징벌(왕상 11:9~43)

솔로몬은 일찍이 이러한 변절에 대해 하나님으로부터 경고받았다(왕상 3:14; 9:4~9). 따라서 하나님의 징계가 나타나게 되었는데, 즉 대부분의 왕국이 그의 아들이 아닌 다른 사람에 의해 통치될 것이라는 말씀이었다. 또한 그의 재임 기간 중, 하나님의 징벌로 풀이되는 세 가지 사건이 전개되었다.

① 여로보암(왕상 11:26~40)
첫째는, 후에 북방 이스라엘의 왕이 된 여로보암에 관한 것이었다. 유능한 여로보암은 솔로몬을 위해 밀로(Millo)를 지을 당시 북방 지파의 노동 책임자였다. 어느 날 그는 선지자 아히야(Ahijah)를 만났는데 이 선지자는 그의 새 옷을 상징적으로 열 두 부분으로 찢어 그 열 조각을 여로보암에게 주면서, 이 열 조각은 솔로몬이 죽은 후 여로보암이 다스리게 될 열 지파를 상징한다고 설명하였다. 그는 또한 솔로몬에게 내려진 이 징벌의 이유를 말하면서, 여로보암이 이러한 죄를 범하지 않는다면 그의 정권에 큰 축복을 내리겠다고 약속하였다. 솔로몬은 아마 이 젊은이의 경솔한 누설을 통해 이 사실을 알게 되었고, 이전에 사울이 다윗을 죽이려 한 것과 똑같이 곧 여로보암을 죽이려 하였다. 그러나 여로보암은 멀리 애굽으로 도망하여 애굽 왕 시삭(Sheshonq I, 940~920)의 보호를 받게 되었다. 솔로몬이 죽은 후 결국 여로보암은, 북방 열 지파의 통치를 맡기 위해 애굽에서 이스라엘로 돌아왔다.

② 에돔의 하닷(왕상 11:14~22)
두 번째 사건은 에돔의 하닷에 관한 것인데, 이 하닷의 활동으로 인해 솔로몬의 남방제국 지배가 줄어들게 되었다. 하닷은 다윗 시대에 요압이 이곳에서 큰 살륙을 했을 당시[39] 에돔 왕가의 유일한 생존자였다.
그는 이후 여로보암과 마찬가지로 애굽에 피신해 있었다. 다윗과 요압이 죽은 소식을 듣고 그는 애굽에서 에돔으로 돌아와 당시 솔로몬의 지배 밑에 있던 이곳 나라의 우두머리가 되었다. 그러나 하닷은 요압의 잔인한 행위를 기억하여 이스라엘의 적이 되었으며 솔로몬에게 끊임없는 문제거리를 안겨다 주었다. 솔로몬의 구리와 에시온게벨로부터의 해상활동이 이 모든 지역에 계속된 것으로 보아, 그는 이스라엘 지

---
39) 참고. 11장 주 32.

배에서 에돔을 실제로 없애지는 못한 것 같다. 그러나 분명 그는 이러한 목적에 큰 노력을 가하여 솔로몬에게 심각한 문제점을 일으켰다. 솔로몬이 하나님의 은총으로부터 멀어져 갔던 말엽에는 분명히 하닷의 대항이 더욱 증가되었다.

③ 다메섹의 르손(왕상 11:23~25)
세 번째는 다메섹의 르손에 관한 것으로서 이로 인해 솔로몬의 북방 제국 지배가 줄어들게 되었다. 르손은 다윗이 일찍이 물리쳤던(삼하 8:3~9) 소바 왕 하닷에셀의 후원자였다. 르손은 분명 이 전투를 모면하였다가, 개인적인 권세욕으로 작은 자기 군대를 형성하였다. 그의 주요한 획득은 다메섹이었으며, 이곳에서 왕이 되었다. 이전에 다메섹은 그리 강력한 세력중심지가 아니었지만 그가 이곳을 세력중심지로 만들었다. 그는 확실히 유능한 군사적 인물이었으며 배후에 유능한 군대를 모집하였다. 그는 점차 지위와 세력을 증가시켜 솔로몬에게 심각한 골치거리가 되었다. 그러나 솔로몬의 재임 동안 그가 실제로 다메섹을 봉신의 위치에서 구할 수 있었다는 언급은 나와 있지 않다. 솔로몬이 다드몰(Tadmor, 혹은 Palmyra, 왕상 9:18)을 건축했다는 사실은, 비록 이 건축 활동이 솔로몬의 재임 초기로서 르손의 위협이 전개되기 이전이긴 하지만, 그러한 생각과는 맞지 않은 것이다. 그러나 솔로몬의 말기, 이 사람은 이스라엘과 심하게 대적하였는데, 이 또한 하나님의 은혜가 솔로몬으로부터 점점 쇠퇴해 간 사실과 부합하는 것이다. 솔로몬이 죽을 때까지, 에돔과 다메섹 지역의 효과적인 통치를 이룩하지 못한 것 같다.

7. 왕으로서의 솔로몬

솔로몬은 그의 아버지 다윗과 마찬가지로 40년(970~931)의 긴 기간을 통치하였다. 이때는 번영과 평화의 시기로 순수한 성과를 이룩한 때였다. 이스라엘은 광범위한 건축과 무역과 해외 관계로 인해 근동 전체에까지 알려지게 되었다. 여기에 음악과 문학 같은 예술도 진보하였다. 또한 새 성전에서 하나님께 대한 전정한 예배는, 모세 율법의 규례대로 형식과 위엄을 갖추었다. 이러한 모든 것을 솔로몬의 업적이라 말할 수 있으며, 그는 이스라엘의 훌륭한 왕 중의 한 사람으로 평가받게 된다. 그러나 그가 하나님께 계속 충성했더라면 더 높은 칭송을 받을 수 있었을 것이다.

그보다 더 훌륭한 기회와 전망을 소유한 왕은 거의 없었다. 그는 넓은 제국을 물려받았고, 하나님으로부터 지혜와 부와 명예라는 특별한 약속을 받았었다. 통합이라는 어려운 과업과 제국적인 확장사업은 다윗에 의해 이미 완성되었다. 훌륭한 기반이 다져져 있고 앞으로의 가능성이 뚜렷하므로, 업적을 이루기 위해서 솔로몬은 단지 아버지의 노력을 계속하기만 하면 되는 것이었다. 세계의 우세한 국가들은, 그 당시 그에게 큰 대적이 될 만한 위치에 있지 않았다. 세계 문제에서 이스라엘이 이룩할 수 있었던 위치는 상당히 중요한 것이었다. 그러나 솔로몬은 하나님의 기준에 이르지 못하였다. 그는 하나님의 뜻과 법도에 계속 충성하지 못하였다. 따라서 이스라엘에게 주어진 이 커다란 잠재력은 실현되지 못하였고, 대신 솔로몬의 말기에는 세계적인 지위에 점차적인 감소가 오게 되었다.

그는 죽기 바로 전에, 자기 영역의 적은 부분만이 아들에게 물려질 것이라는 내용을 듣게 되었다. 임종 시에 그는 일찍이 하나님이 자기에게 지시한 대로 계속 충성하지 않은 것을 크게 후회했을 것이다.

*A Survey of
Israel's History*

제13장

북방 왕국

[열왕기상 12-22장; 열왕기하 1-17장]

    하나님께서 아히야를 통해 여로보암에게 예언하신 왕국의 분단이, 앞으로 검토할 역사의 배경이 된다. 유다 지파와 에브라임 지파는 애굽시대 때부터 서로 질투해 왔었다. 유다 지파는 가장 큰 지파로서 광야여행을 할 때 지도적인 지위로 숭앙받아왔다. 이와 대조적으로 작은 지파의 하나[1]인 에브라임 지파는 요셉의 후손으로서의 야곱에 의해 므낫세의 윗 자리에 앉게 되었다. 또한 위대한 지도자 여호수아가 이 지파에 속했었다. 에브라임 지파는 사사 기간 중 자기 지파의 중요성을 두 번이나 표시했는데, 즉 한 번은 기드온에게(삿 8:1~3) 또 한 번은 입다에게(삿 12:1~6), 적과의 전투 시에 자기 지파가 잘 인정되지 않았다고 불평한 것이다.

    왕조의 초창기에 하나님께서는 이러한 기본적인 분열을 인정하시고, 두 경쟁지파 사이에 위치한 작은 베냐민에서 이스라엘의 첫 왕을 택하셨다. 사울이 죽은 후 이 분열은 극화되어 유다만이 다윗을 왕으로 받들고 북방 지파들은 이스보셋을 택하였다. 이러한 것은 또한 압살롬의

---

    1) 광야 시절 에브라임의 숫자는 40,500에서 32,500(민 1:33; 26:27)으로 줄어들었는데 이는 시므온 다음으로 적은 숫자였다. 대조적으로 유다 지파는 74,600에서 76,500으로 불어났다(민 1:27; 26:22).

반역 직후 다윗이 다시 통치하게 되었을 때 나타났는데, 즉 며칠 동안에 그치기는 하였지만 베냐민의 세바가 이끄는 북방 지파들이 또다시 자기들만의 길로 가고자 한 것이었다(삼하 19:41~20:22). 아히야가 예언한 것과 또한 솔로몬이 두려운 나머지 여로보암을 애굽으로 피신케 한 것 등은, 단지 이전 상황이 다시 터진 것에 불과한 것이었다. 이러한 점에서 볼 때 이스라엘의 왕위에 오르는 왕은 새로운 분단이 발발하지 않도록 주의를 기울여야 했었는데, 특히 솔로몬의 임종 시와 같이 불만이 이미 내재해 있었던 때는 더욱 그러했다. 그러나 솔로몬의 아들 르호보암은 이러한 조심스러운 태도를 보이지 않았고 결국 분단을 겪게 되었다.

1. 반란(왕상 12:1~24; 대하 10장)

르호보암이 자기 앞에 놓여진 어려운 상황을 어느 정도 인식하고 있었다는 것은, 자신이 세겜으로 가서 북방 지파의 지도자들을 만나고자 한 데서 나타난다. 정상적인 상황이라면, 그들이 취임식을 위해 수도인 예루살렘으로 왔을 것이다. 이제 분명 세겜이 선택되었는데, 그것은 그곳이 불만이 많은 지파들의 중심지였고 또 역사적인 중요성[2]을 갖고 있었기 때문이었다. 이 모임에는 또한 애굽에 피신해 있었던 여로보암도 돌아와 참석하였다. 북방 지파들은 아히야의 예언과 솔로몬의 보복에 대해 듣고 이 여로보암을 소환하였다. 그는 이제 협상을 이끄는 그들의 승리자로 받아들여진 것이다.

르호보암을 그들의 왕으로 받아들인다면, 이 모인 지파들은 그로부터 무엇을 요구해야 할지 알고 있었다. 솔로몬의 막중한 세금과 노동 징집이 감소되어야 한다. 그들은 오랫동안 이것에 시달려 왔고 어떤 변화를 강구해야만 했다. 이 요구는 분명 여로보암에 의해 나왔고, 르호보암은 이에 대해 어떻게 대답할 것인가에 대해 자문을 구하였다. 그는 먼저, 솔로몬의 혹독한 생활을 겪은 노인들에게, 그리고 후에는

---
2) 참고. 3장 주 12. 8장 주 36.

젊은 사람들에게 자문을 구하였다. 호화로운 궁정생활을 계속하려는 젊은이들은 이 요구를 거절하도록 간언하였고 르호보암은 이 자문을 받아들이게 되었다. 그러자 열 지파는 이 왕국에서 탈퇴하여 아히야가 예언한 대로 여로보암을 왕으로 하는 자기들만의 왕국을 세웠다.

한편, 세겜에 있는 동안에 르호보암은 북방 지파에게도 계속 권력을 행사하고자 하여, 세리대장 아도람을 보내 그곳 백성들로부터 세금을 걷고자 하였다. 그러나 아도람은 이 일에서 돌로 맞아 죽임을 당하였다. 르호보암은 재빨리 현명하게 예루살렘으로 피신하였다. 이곳에서 그는 자기의 두 지파 유다와 베냐민[3]으로부터 18만 명의 군대를 모집하여 이 반역을 제압하려 하였다. 그러나 하나님께서는 스마야(Shemaiah) 선지자를 통해 이 행동을 금지시켰고 이에 르호보암은 이를 중지하였다. 하나님께서 아히야를 통해 예언하신 것처럼 이 분열은 계속될 것이며, 르호보암은 자기 두 지파만을 통치하는 것으로 만족해야 할 것이다.

2. 초기 시대(주전 931~885: 왕상 12:25~16:20)

(1) 왕이 된 여로보암(주전 931~910: 왕상 12:25~14:20)

① 새 왕국

여로보암이 이스라엘이라는 새 열 지파의 첫 통치자가 되었으므로 그는 새 왕국 건설의 막중한 임무를 맡게 되었다. 이러한 일을 감당하기 위해 그가 무슨 조처를 취했으며, 행정형태를 어떠했나 하는 것은 흥미있는 일이지만, 이에 대한 어떠한 자료도 주어져 있지 않다. 그러나 행정부가 작업에 착수하고 사려깊은 판단이 수반되면서 그가 능력있는 인물임이 드러났을 것이다.

---

[3] 이 당시 베냐민 출신의 사람들은 거의 없었을 것이다. 역사적으로 북방 지파에 소속되었던 베냐민은 서서히 르호보암의 통치하에 머물게 되었을 것이다(참고. 14장).

다윗과 솔로몬 시대와 비슷한 형태를 취했으리라고 추측할 수 있다. 백성들이 르호보암에게 한 요구에 비추어 볼 때 아마 그는 세금을 최소한도로 유지하고 징수제도를 완전히 없앴을 것이다. 수도는 르호보암과의 협의 장소였던 세겜으로 우선 정하였다(왕상 12:25). 여로보암이 요단 건너 얍복 강에 있는 브느엘에 건축사업을 한 것으로 보아 이곳을 또 다른 거주지로 삼은 것 같다. 그러나 결국 디르사(Tirzah, 왕상 14:17; 15:21, 33; 16:6, 8, 9 etc.)를 영구 수도로 정하였는데, 이곳은 세겜에서 북동쪽으로 6마일 되는 현대의 텔 엘-파라(Tell el-Farah)[4]로 여겨진다.

② 대체된 예배장소

종교적으로 여로보암은 하나님 앞에 큰 죄를 범하였는데, 이는 북방 백성들을 위해 다른 예배장소를 세운 것이었다(왕상 12:26~33). 그는 만일 그가 이렇게 하지 않는다면 백성들이 예배드리러 예루살렘에 가면서 두 나라를 통합하려는 일로 기울 것이라 계산했다. 그는 북쪽으로는 단에, 남쪽으로는 벧엘에 새 예배장소를 세웠다.[5] 이러한 새 계획의 상징으로 그는 각각에 금송아지를 세웠다. 이 의도는 여호와를 예배하려는 것이지만 방법상 새로운 것이었다.[6] 그는 이 금송아지와 제단을 두기 위해(왕상 12:31, 33) 각각 장소에 성전(산당)을 짓고 이를 받들기 위해 보통 사람들(레위인이 아닌)을 제사장으로 삼았다. 모세

---

4) 발굴에 관한 논의로는 R. De Vaux, RB, 1947~52를 참고하라.

5) 벧엘은 베냐민 국경 바로 북쪽에 위치하여(수 18:13) 유다 영토에 가까웠으므로 유다 왕 르호보암의 후계자 아비얌은 여로보암의 재임 기간 중 한 번 이곳을 점령할 수가 있었다(대하 13:19). 이때 여로보암은 예배 중심지를 멀리 남쪽에 세운 것을 후회했을 것이다.

6) 여로보암은 예루살렘 동조자들을 필요 이상 건드리지 않으려는 노력으로 예루살렘 예배와 동등한 것을 유지하려고 했다. 따라서 Albright는, 이 송아지로 여호와를 대신하려는 것이 아니라 백성들로 하여금 이 동물을 보고 보이지 않는 형태로 서 있는 여호와에 대해 생각하게 하려 한 것으로서, 바알이나 하닷(Hadad)에 관한 가나안 사람들의 사고방식과 공통된 것으로 믿고 있다 (참고, Albright, FSAC, pp. 203, 229).

율법에 명한 대로 레위인을 쓰지 않은 한 가지 이유는, 아마 대부분의 레위인들이 이러한 변혁에 반감을 품고 유다로 갔기 때문이었다(대하 11:13~14). 여로보암은 또한 합법적인 성막절을 대신하여 매년 절기를 지켰는데 그 준수 기간도 한 달 뒤로 정하였다.

(2) 질책과 징벌을 받은 여로보암(왕상 13:1~14:18)

여로보암은 하나님 앞에서 큰 죄를 범하게 되었다. 그의 행동들은 모세를 통해 주신 하나님 율법에 반하는 것이며, 진정한 제단에 대한 혼합주의를 도입시켜 바알 제단이 성하게 하였다. 의심할 것도 없이 쉽게 이루어지도록 촉진하였다(왕상 16:30~33). 왜냐하면 가나안 사람들 역시 그들의 종교적 관습에 따라 금송아지를 만들면서 이 송아지 뒤에 바알과 하닷이 서 있다고 생각했기 때문이었다.[7]

이에 하나님께서는 사자를 보내어 여로보암을 꾸짖으셨다. 단지 "하나님의 사람"이라고만 나와 있는 이 사자는 북쪽 유다에서 나와 바알 제단에 항거하면서, 다윗 가문에 요시야[8]라고 하는 왕자가 태어나 여로보암의 제사장들 뼈를 불사를 것이라고 예언하였다(왕상 13:1~3; 왕하 23:15~16). 이 경고에 화가 난 여로보암은 손가락으로 이 사자를 가리키며 그를 붙잡도록 명하였으나 기적적으로 그의 손이 "말라붙게" 되었다. 이에 여로보암은 사자로 하여금 하나님께 간청하여 손가락을 회복케 해달라고 애원하였고, 사자가 그렇게 하자 하나님께서는 손가락을 회복케 하셨다. 이 사건은 여로보암으로 하여금 자신의 계획을 재고하도록 한 것일텐데 그가 다시 마음을 돌이켰다는 기록은 없다. 이후 선지자 아히야는 여로보암의 부인을 통해 이 거짓 제단에 반대하였다(왕상 14:1~18). 이 부인은 자기 아들이 병에서 회복될 수 있는지 알아보기 위해 변장을 하고서 아히야한테 나아왔다. 하나님으

---

7) 이 동물 뒤에 상징되어 서 있는 신의 그림으로는, ANEP, figs. 500, 501, 522, 534, 537을 참고하라.

8) 구약성경에서 놀랄 만한 "이름" 예언의 하나로서, 여기에서는 이 인물이 통치를 시작하기 거의 300년 전에 예언이 말해진 것이다.

로부터 이 사실에 대해 미리 들은 아히야는, 이때를 이용하여 아들이 죽을 것이라는 내용뿐 아니라, 큰 죄에 대해 왕가를 꾸짖고 전 가문이 멸할 것이라고 예언하였다. 자기 부인을 선지자에게 보내 알아보려 한 여로보암은 아히야가 전에 한 번 자기의 통치에 대해 예언했으므로 또 다시 그러리라고 생각했었다. 그러나 그는 하나님의 선지자는 왕가의 사랑을 받으려 하는 사람이 아니라 결과가 무엇이든지 간에 하나님의 진실을 선포하는 사람이라는 것을 알게 된 것이다. 아히야가 예언한 대로 그 아이는 죽고 전 가문은 이후 바아사(Baasha)에게 멸하였다.

(3) 영토의 손실

여로보암은 왕이 되었을 때 물려받은 전 땅을 잘 유지하지 못하였다. 그가 즉위했을 때 유다가 보유한 땅을 제외하고 솔로몬이 지배한 전 지역이 그의 관할에 들어 있었을 것이다. 그렇다면 이스라엘 왕들의 초기, 특히 여로보암 기간 중에 상당한 부분을 잃은 것이다. 그러한 부분은 북쪽으로 다메섹 지역이었다. 이미 솔로몬 재임 기간 중에 르손의 격심한 반발로 인해서 실질적인 점령의 손실이 어느 정도 있었다. 그러나 여로보암 통치 중 이 지역 자체를 잃게 되었는데, 이는 르손이 죽을 때 다메섹을 독립된 아람 국가의 수도[9]로 물려주었다는 사실에서 드러난다. 또 다른 부분은 남서쪽으로서 이곳의 블레셋 사람들이 다시 왕성해져 그들이 잃었던 영토를 다시 요구하였다. 여로보암의 아들이자 후계자인 나답(Nadab)이 이들에게서 다시 깁브돈(Gibbe-thon)을 얻으려 하였으나 성공을 거두지 못하였다(왕상 15:27). 동쪽으로는 적어도 모압을 잃었는데, 이는 모압 사람의 석비[10]에 이스라엘의 여섯째 왕 오므리의 재정복이 기록되어 있었기 때문에 드러날 수 있었다.

---

9) 이 당시 아람 사람들의 역사에 관한 일반적 논의로는, M. Unger, *Israel and the Arameans of Damascus* (London: James Clarke & Co., Ltd., 1957), pp. 38~57을 참고하라. Unger는, 이 레시온(Rezion)이 열왕기상 15:18의 헤시온(Hezion)일 것이라고 믿고 있는데 이 헤시온은 벤하닷 1세의 봉헌석비에도 이름이 나와 있다.

10) 이후 오므리 왕조를 참고하라.

이러한 영토의 손실 외에도, 여로보암의 국가는 적어도 한 번 외국군대의 침략을 겪었다. 이것은, 이전에 여로보암이 솔로몬으로부터 도망했을 때 피신처를 제공해 준 애굽 왕 시삭 1세(Sheshonq I)의 손에 의해서 이루어졌다. 시삭은 남쪽 유다에게 심한 손실을 입히고 이제 안으로 여로보암의 영토로 진군하여 많은 인명과 재산에 피해를 주었다.[11]

(4) 여로보암의 죽음(왕상 14:19~20; 대하 13:20)

여로보암 자신은 암살자의 손에 죽지 않았는데, 이는 하나님의 징벌이 그의 아들 나답에게로 환원된 것이었다. 여로보암은 22년간의 통치 후 자연사로 죽었다. 그는 능력이 있었으나 죄로 인해 하나님의 축복을 받지 못했다. 그는 새 나라를 출범시켰으나 강력한 국가로 이끌지는 못했다. 사실 그는 불만의 씨를 뿌려놓음으로써 왕가의 암살, 급속한 왕위계승, 약한 통치력 등을 낳게 하였다.

(5) 나답(주전 910~909; 왕상 15:25~31)

나답[12]은 그의 아버지를 계승하여 디르사에서 2년간 다스렸다. 그에 관해 기록된 것으로는, 앞에서 주목한 대로 블레셋 영토에서 깁브돈[13]을 탈취하려 한 것 뿐이었다. 이것을 탈취하려 하다가 그는 바아사에게 살해되었으며(왕상 15:27~28), 바아사가 그 대신 다스렸다. 바아사는 아히야의 예언대로 여로보암 가문의 모든 사람을 멸하였다.

종교적으로 나답은 아버지의 발자취를 그대로 따랐다. 특히 그는 "이스라엘로 하여금 범죄케 한" 그의 아버지의 "길로 행하며" 계속 범

---

11) 이 침략에 관한 논의로는 14장을 참고하라.
12) 나답은, 병으로 죽은 아히야가 장자냐 아니냐에 달려 있기는 하지만 여로보암의 둘째 아들인 것 같다. 이것은 분명하지는 않지만 그런 것 같다.
13) 깁브돈은 아킬(Aqir, Ekron과 같다)에서 동쪽으로 3마일, 게셀에서 서쪽으로 3마일 되는 현대의 텔 엘-멜랏(Tell el-Melat)으로 잘 판명된다. 이곳은 작은 지역이긴 하지만, 26년 후 엘라 왕 밑에서 장군으로 있던 오므리가 다시 이곳을 점령한 것으로 보아(왕상 16:15~17) 중요한 곳이었던 것 같다(참고, J. Simons, *GTT*, pp. 201, 337, 359, 510).

죄하였다고 기록되어 있다(왕상 15:26). 이런 표현의 구절은, 금송아지 제단 숭배에 관해 여로보암 이후 18명 후계자들에게 반복되어 나타난다(왕상 15:34; 16:19, 26, 31; 22:52). 이 18명의 후계자들은 모두 이 대체된 예배 형태를 따랐으며 하나님께서는 이들의 죄를 심각하게 여기셨다.

(6) 바아사(909~886, 왕상 15:32~16:7; 대하 16:1~6)

바아사는 24년이라는 긴 기간을 다스렸다. 그러나 그의 통치에 관해서 남쪽의 유다와 계속 투쟁을 벌였다는 것 이외에는 기록된 바가 거의 없다. 한 가지 특별한 이야기가 설명되어 있다. 바아사는 예루살렘에서 북쪽으로 4마일 되고 베냐민 영토 안에 있는 라마(Ramah)를 요새화하려 했다. 그의 의도는 유다의 수도 위에 있는 남북통로를 지배하려는 것으로서 분명히 군사적이라기보다는 경제적인 전략이었다. 유다 왕 아사(Asa)는, 다메섹에 있는 아람 세력의 왕 벤하닷 1세(896~874년경)를 권유하여 바아사의 북방성읍을 공격하게 함으로써 이에 보복하였다. 큰 핑계를 댈 필요가 없는 벤하닷이 이에 응하였고, 이에 바아사는 라마에서 자기 땅을 보호하려는 노력을 중단하게 되었다. 이 당시 벤하닷이 행한 성공의 정도는 언급되어 있지 않다. 적어도 바아사는 유다에 대항하여 의도했던 모든 것을 성취할 수가 없었다.

종교적으로 바아사는 앞의 두 선임자 방식을 계속 **따랐기** 때문에, 선지자 예후(Jehu)를 통해, 그의 가문도 여로보암의 가문과 비슷한 운명을 겪게 될 것이라는 경고를 받았다(왕상 16:1~7).

(7) 엘라와 시므리(886~885, 왕상 16:8~22)

엘라는 그의 아버지를 계승하여 2년간 다스렸다. 블레셋 성읍 깁브돈 역시 그에게 매력적이었으므로, 그는 장관 오므리를 보내어 다시 한번 그곳을 탈취케 하였다. 오므리가 그곳에 있는 동안, 또 다른 군사적 인물 시므리가 공모하여 엘라를 상해하였다. 시므리는 예후의 예언대로 모든 바아사 가문을 멸하고 자신을 왕으로 선포하였다. 한편 깁브돈에 있던 오므리는 암살 소식을 듣고 자기 군대로 하여금 자기를 왕으로 선포하게 하고 시므리의 반역을 진압하기 위해 디르사로 돌아왔다. 이것이 성공하게 되자, 시므리는 왕궁에 불을 질러 자살하였는데, 이것이 7년 통치 후였다.

그러나 시므리가 죽은 후에도 오므리의 왕권이 도전받지 않은 것은 아니었다. 디브니(Tibni)가 이스라엘 한 부분의 통치자로 세워진 것이었다. 4년 동안 분단된 통치가 계속되다가[14] 오므리가 그의 군대를 배경으로 승리자로 부상하여 이스라엘의 네 번째 왕가를 세우게 되었다.

3. 오므리 왕조
(885~841, 왕상 16:23~22:53;왕하 1~8장)

(1) 정치적 생활

오므리로 인해 이스라엘의 정치상황은 다시 한번 안정되었다. 이것은 백성들을 기쁘게 했을 것이다. 오므리는 3년 동안 세 번째 왕가를 대신하였다. 엘라는 2년, 시므리는 7년을 통치하였으며 오므리와 디브니의 분단은 모든 것을 혼란케 하였다. 그러나 이러한 분단이 해결되자 오므리는 3 세대를 지속할 왕조를 시작하게 되었다.

안정이 바로 온 것은 아니었다. 다매섹에 수도를 둔 북방의 아람국이 크게 성장하고 있었다. 유다의 아사 왕은 바아사를 공격하기 위해 이미 이 나라 왕 벤하닷 1세에게 도움을 요청하였었다. 벤하닷은 공격적이었다. 알레포(Aleppo)근처의 그가 남겨놓은 비문에는, 주전 850년[15]경까

---

14) 오므리는 아사 왕 27년부터(왕상 16:15) 38년까지(왕상 16:29) 12년간 다스렸다(왕상 16:23). 그가 아사 왕 31년에(왕상 16:23) 통치를 시작했다는 것은 그의 단독 통치를 염두에 둔 것임에 틀림없다.

15) 이 비문에 관한 논의로는 Albright, *BASOR*, 87(1942), pp. 23~29; Albright and Della Vida, *BASOR*, 90(1943), pp. 30~34를 참고하라. 원문과 주석 그림으로는 *DOTT*, pp. 239~41; *ANET*, p.501을 참고하라.

지 멀리 북방 수리아 세력을 확보할 수 있었다고 되어 있다. 이스라엘이 좀더 오랫동안 약한 나라로 남아 있었다면, 이렇게 강한 통치자에게 대항할 기회가 거의 없었을 것이다. 오므리의 아들 아합이 이러한 어려운 문제에 직면하게 되었다.

다메섹뿐 아니라 더 큰 위험이 동쪽에서 생겨나고 있었다. 수 십 년 동안 세계적인 힘을 발휘하지 못했던 수리아가 그 동안 미타니족(Mittanians)과 후리족(Hurrians)에 의해, 그리고 후에는 유브라데스 상류지역의 아람족들에 의해 봉쇄되었다가 이제 이 견제로부터 풀려나온 것이었다.[16] 이것은 극도의 잔인성과 과격한 수단[17]으로 알려진 아술나실팔 2세(Ashur-nasir-pal II, 883~859)에 의해 특히 생겨나게 되었다. 그와 함께 앗수리아 제국 시대가 시작되었다고 말해지는데, 이때 그의 군대는 유브라데스 강을 건너 멀리 서쪽으로 지중해의 바이브로스(Byblos), 시돈, 두로 등의 땅을 점령하였다.[18] 이때 오므리가 이스라엘을 다스렸는데 이스라엘은 이 정복자에 의해 피해를 받지 않았지만 그 후계자 살만에셀 3세(Shalmaneser III)에 의해 영향을 받게 되었다.

(2) 오므리의 집권(885~874, 왕상 16:23~28)

오므리는 강력한 통치자로 북방 이스라엘에서 가장 유능하고 공격적인 왕이었다. 이러한 증거는 예기치 않은 자료에서 뒷받침되고 있다.

1세기 후에 살았던 앗수리아 통치자들도 이스라엘을 "오므리의 땅"[19]

---

16) 참고. 10장
17) 그는 동물에게조차 잔인성을 자랑하고 있다(Luckenbill, *Ancient Recors of Awwyria and Babylonia*, I sec. 443, 447에서 취한 인용문으로는 Finegan, *LAP*, pp.202~203을 참고하라. *ANET*, pp.275~6, or Barton, *AB*, p.457).
18) 그의 비문으로는 *ANET*, pp. 275~76을 참고하라.
19) 예를 들어, 아다드-니라리 3세(Adad-nirari, III, 810~782), *ANET*, pp. 281~82; 디글랏빌레셀 3세(Tiglathpileseri III, 745~727), *ANET*, pp. 283~84; 사르곤 2세(Sargon II, 721~705), *ANET*, 284~85 등이 이렇게 불렀다.

으로 부른 것이었다. 성경에는 오므리에 대한 기록이 거의 없지만, 그의 공적은 이 강력한 국가의 통치자들에게 인상을 줄 정도로 뚜렷했음에 틀림없다. 특히 세 가지 공적이 주목할 만하다.

① 새 수도 사마리아(왕상 16:24)

성경에는 이 한가지 업적에 대해 기록되어 있다. 오므리는 이스라엘의 새 수도로 사마리아 성읍을 세웠다. 디르사는 여로보암 당시 때부터 수도였다. 오므리는, 그의 적 디브니와 투쟁을 할 동안에 계속 이곳에 거주하였으나, 2년 후 새 지역으로 사마리아 산을 사서 완전한 새 성읍을 세웠다.[20] 이런 과감한 이동은 그가 용기와 통찰력의 인물임을 말해 주는 것이다. 불가피한 반대를 거부하고 주의 깊은 계획으로 추진했을 것이다. 군사적 공격에 대항하여 수도를 쉽게 방비하려는 데에 분명한 그의 동기가 있었다. 역사적으로 보아 사마리아는 거의 공격이 불가능한 요새로 증명되었는데 이는 이곳을 선택한 그의 현명함을 나타내는 것이다. 또한 탐사에 의하면 이 건축사업에 훌륭한 기술이 사용되었다고 드러났다.[21] 구입한 산의 이름을 따라 부르게 된 사마리아 성읍은 주전 722년 앗수리아에 망할 때까지 계속 이스라엘의 수도가 되었다.

② 모압의 정복

두 번째 업적은 모압인의 돌비석[22]에서 나타났다. 이 귀중한 기념비는 1898년 독일 선교사에 의해 아르논(Arnon) 강 근처 땅에서 발견

---

20) 그 주인 세멜(Shemer)의 이름을 따라 붙여진 사마리아 산은 세겜에서 북서쪽 7마일 가량으로 다른 산에 의해 둘러싸여 있지만 그 자체가 300피트 높이가 되므로 공격자들은 어느 쪽으로든지 위로 올라와야만 했다. 이곳은 또한 남북 무역로 역할을 한 점에서 전략적인 위치였다.

21) A. Parrot, *Samaria the Capital of the Kingdom of Israel* (Eng. tran., London: S. C. M. Press. Ltd., 1958).

22) 원문으로는 *ANET*, p.320을 참고하라. 이와 같은 그림으로는 *DOTT*, pp. 195~99를 참고하라.

되었다. 이것은 모압 왕 메사(Mesha)에 의해 쓰여졌는데(왕하 3:4), 메사의 부친이 왕으로 있을 때 "이스라엘의 왕 오므리"가 모압을 정복하였다고 말하고 있다. 메사의 요점은, 그의 신 그모스(Chemosh)의 기쁜 뜻 가운데서 오므리가 요구하는 공물을 바칠 수가 있었다는 내용이었다.[23] 그렇다면 오므리는 최근 반란으로 약해진 그의 나라에서 충분한 군대를 모집하여, 모압을 정복했다는 것이었다. 이것은 그가 능력있는 인물로서 물려받은 땅을 유지할 뿐 아니라 확장시켰음을 의미하는 것이다. 이런 내용을 살펴 볼 때, 그가 다메섹의 아람 사람들로부터 얼마간 성공을 거두었을 것이라는 내용이 가능해진다. 왜냐하면 그가 북쪽으로 다메섹을 크게 두려워했다면 남동쪽의 모압을 공격했을 리가 없기 때문이다.

③ 페니키아 동맹

세 번째 업적은, 그의 아들 페니키아 공주 이세벨(Jezebel)과의 결혼과 관계있다. 앞에서 언급한 대로 이러한 결혼은 정식 동맹의 표시이므로 그는 이 공주의 아버지 엣바알(Ethbaal)[24]과 조약을 맺은 것 같다. 이스라엘과 페니키아의 이 조약은 이스라엘이 레바논으로부터 백향목을, 해상 페니키아인으로부터 훌륭한 수입 상품을 얻고, 페니키아인으로는 남쪽으로 가는 귀중한 무역뿐 아니라 이스라엘로부터 곡식과 올리브 기름을 얻음으로써 상호간에 이득을 주었을 것이다. 또한 각각의 나라는 다메섹에 있는 아람의 세력에 대항하여 보조적인 힘을 얻었을 것이다.[25] 그러나 이 동맹과 그에 따른 결혼이 당시에는 현명했

---

23) 메사의 반역과 이스라엘의 계속적인 공물 강요에 대한 내용으로는 열왕기하 3:4~27를 참고하라.
24) 열왕기상 16:31에 엣바알은 "시돈의 왕"으로 나와 있는데 이때 그의 수도는 실제로 두로였다(참고, 12장 주 24).
25) 그러나 다메섹의 벤하닷은 이미 두로와 동맹관계를 맺었을 가능성이 있다. 알레포(Aleppo, 앞의 주 15 참고) 근처에서 발견된 그의 비문은 디르의 신 바알-멜칼트(Baal-Melqart)에게 바쳐진 것인데, 이것은 두 나라간의 조약은 아닐지라도 적어도 우호관계가 있었음을 암시하는 것이다. 그렇다면, 오므리가 디르와 맺은 조약의 정치적인 혜택은 주로 이스라엘에게 있었다.

올지 모르나, 이스라엘에게 바알 숭배의 길을 열어놓게 되어 큰 잘못의 결과가 되어버렸다.

(3) 아합과 이세벨(874~853, 왕상 16:28~34; 20:1~22:40)

① 바알 숭배의 도입

북방 이스라엘 역사에서 가장 낯익은 두 이름은 아마 아합 왕과 이세벨 여왕일 것이다. 그러나 이들이 알려지게 된 것은, 하나님 앞에서 이전의 모든 사람들보다 더욱더 악을 행하였다고 성경에 기록되어 있기 때문이다(왕상 16:30). 이러한 질책의 주요 이유는, 이들이 이세벨의 본래 종교인 바알-멜칼트(Baal-Melqart)[26]의 제단을 이스라엘[27]에 도입시켰기 때문이다. 왕국 시대 이전 이스라엘 지파 중에서 가나안 신 바알이 숭배되었는데 사무엘이 이에 대항하여 격심하게 싸웠었다. 다윗은 외국의 타락된 종교를 그 땅에서 없애는데 성공했었다. 그런데 이제 또다시 디르의 신 바알-멜갈트(Baal-Melqart)가 숭배되기 시작한 것이다.

---

26) 이 디르의 신은 멜칼트(Melqart)로 불리운다. 그러나 멜칼트는 개념상 이전의 가나안 사람 바알과 동등한 것이다. 사실 멜칼트는 바알에 대응하는 디르의 용어이므로 성경에는 "바알"이라고 기록되어 있는 것이다.

27) 실제로 이 도입은 아합보다도 주로 이세벨에게 책임이 있었다. 아합이 이를 허락했으므로 책임이 있었지만 이세벨이 주로 이를 시행하였다. 바알의 선지자는 "이세벨의 상"에서 먹은 사람들이며(왕상 18:19), "여호와의 선지자들"을 죽이라고 명령한 사람은 이세벨이었으며(왕상 18:4), 또한 그녀는 엘리야에게 위협적인 말을 보냈다(왕상 19:2). 아합 자신은 자문을 구할 때 여호와의 선지자들을 불렀고(왕상 22:6~12), 그의 아들들을 여호와 형식의 이름을 따서 아달리야, 야하시야, 여호람이라 불렀다. 그러나 이 당시 바알 이름이 흔하게 되었는데, 이는 사마리아에서 발견된 패각에 적혀 있는 이름으로 암시된다(참고, J. W. Jack, *Samaia in Ahab': timei Havard Excavations and Their results* 〈Edinburgh: Clark, 1929〉, p. 37). Albright에 의하면, 이 패각이 아합 왕보다 1세기 후인 여로보암 2세의 재임 당시로 추정된다고 하는데, 그렇다 할지라도 이 패각이 나타내는 이름은 오랫동안 사용되었던 것 같다. 이에 대한 원본과 주석으로는 *ANET*, p. 321; *DOTT*, pp. 204~208을 참고하라.

지배적이고 고집센 이세벨은 자기 종교가 여호와 신앙과 공존하는 것에 만족하지 않았다. 그녀는 여호와를 숭배하는 것 대신에 자신의 종교를 따르게 하기 위해 갖은 노력을 다하였다. 그녀는 또한 자기의 목적을 거의 달성하게 되자 여호와의 선지자들을 살해하였는데(왕상 18:4), 이는 그녀 자신이 종교적인 업무를 이미 통괄하지 않고서는 외국인으로서 감히 단행할 수 없는 일이었다.[28] 일찍이 여로보암이 금송아지 숭배를 제정한 것은 심각한 죄였지만, 이 바알 제단의 도입은 더 사악한 것이었다. 이것은 신을 철저하게 대체시킨 것으로—일신교를 다신교로까지—종교적인 매춘을 포함하여 타락되고 음탕한 관례를 수반하였다.

② 통치적인 수완

그러나 이러한 종교적인 결점을 떼어놓고 볼 때, 아합은 그의 아버지와 같이 능력있는 통치자였다. 한 예로 아합은 건축사업을 계속하였다. 사마리아 탐사에 의하면, 그가 왕궁 지역 둘레에 내부와 외부의 보호벽(각각 5피트, 19피트 두께)을 세웠다고 드러난다. 오므리의 궁전 근처에 위치한 많은 건축물들이 아합의 "상아궁"으로(참고, 왕상 22:39; 아모스 3:15; 6:4) 판명됐다. 이 건축물의 벽들은 흰 대리석으로 덮어 상아의 모습을 나타냈으며, 벽과 가구를 장식하기 위해 쓰인 200개 이상의 실제 상아, 장식판, 작은 부조판 등이 저장실에서 발견되었다.[29] 또한 아합은 백성들을 위해 성읍을 세웠다고 진술되어 있다(왕상 22:39).

③ 전쟁 경험

종교적인 결함에도 불구하고 하나님의 은혜로운 축복으로 인해 아합은 군사적으로 실효를 거두었다. 두 개의 사건에서 그는 여호와의 "선

---

28) 일반적으로 백성들은 본국의 종교인들이 외국인들에 의해 해를 당하는 것에 대해서는 다른 어느 것보다도 더 민감한 반응을 보였다. 이세벨은 큰 확신을 얻고 이 시도를 했을 것이다. 이들을 죽이고나서 그녀는 더욱더 자기 마음대로 행했을 것이다.

29) 참고, Finegan, *LAP*, pp. 187~88.

지자"의 예언대로 아람 군대를 패배시켰다(왕상 20:1~34). 두 번째 사건에서 벤하닷의 신복[30]들은, 첫 번 경우처럼 산에서 공격하지 말고 골짜기에서 공격하라고 간언하였는데, 이는 이스라엘의 신 여호와가 골짜기의 신이 아니라 산의 신이기 때문이었다. 벤하닷이 그렇게 하였지만 그 장소 역시 전과 다름이 없었다. 이때 아합은 첫 번 사건보다 더 크게 승리하였다. 다메섹 통치자는 자비를 간청할 수밖에 없었다. 그러나 벤하닷은 아합의 관용적인 양보[31]에 놀랐는데 이는 꾸중을 하도록 지시받은 여호와의 선지자가 관용을 보인 것과 마찬가지였다(왕상 20:35~43).

아합이 이런 관용을 보인 동기는 앗수리아 왕 살만에셀 3세(Shalmaneser III, 859~824)로부터의 위협에서 찾아볼 수 있다. 이 커다란 공동의 적을 대항하는 데 있어서 아합이나 서쪽의 다른 통치자에게 벤하닷이 도움을 주려면, 그의 군대가 유지되어야 했다. 사실 몇 달이 지나지 않아서 주전 853년에 아합과 벤하닷이 공동으로 북방 동맹에 가담하여 오론테스(Orontes) 강의 칼칼(Qarqar)에서 살만에셀의 군대를 제지시킨 사건은 의미있는 일이었다. 이 동맹에 아합은 2천의 병거와 군인 만 명, 벤하닷은 1,200의 병거와 마병, 2만의 군대를 파견할 수 있었다.[32]

---

30) 이는, 이전에 아사 왕이 바아사를 공격하기 위해 고용하였던 벤하닷의 아들 벤하닷 2세임에 틀림없다. 왜냐하면 열왕기상 20:34에서, 그는 아합 왕에게 자기 아버지가 사마리아에서 특권을 누렸다고 말하고 있으며, 벤하닷 1세의 아버지는 사마리아가 세워지기 훨씬 전에 죽은 헷시온이었다고(James Clark & Co., Ltd., 1947) pp. 59~61은 정반대의 견해를 갖고 있다.

31) 이전에 이스라엘에게서 탈취한 성읍들을 돌려주어야 했고, 이전에 다메섹이 사마리아에서 거리를 취한 것 같이 아합도 다메섹에서 어떤 "거리"(아마도 무역장소)를 소유하도록 했다. 그러나 군대나 무기의 항복, 군축 등이 요구되지 않았다는 것이 특이한 일이었다.

32) 살만에셀의 원본으로는 Barton, AB, p. 458; *ANET*, pp. 278~79; *DOTT*, pp. 46~49를 참고하라.

같은 해[33] 아합은 라못 길르앗(Ramoth-Gelead)[34]에서 또다시 벤하닷과 싸우다가 죽임을 당했는데, 이로써 용감한 선지자 미가야의 예언과 경고가 이루어진 셈이었다(왕상 22:13~39). 유다 왕 여호사밧은 아합과 연합하여 이 전쟁에 참가했다가 적군에게 아합 왕으로 오인되어 죽음을 당할 뻔하였다. 아합은 미가야의 예언을 염두에 두고 자신을 변장하였으나, 결국 살해당하였다.

④ 유다와의 동맹

이 전쟁에서 여호사밧이 아합과 같이 있었던 것은 유다와 이스라엘의 동맹 때문이었다. 아합의 딸 아달랴는, 이러한 동맹의 표시로 여호사밧의 아들 여호람과 결혼했었다(왕하 8:26). 상호협정의 결과 오므리의 통치 시작 이후 이제 두 나라간의 평화상태가 존재하게 되었다.

또한 이후 여호사밧이 아합의 아들들을 원조하였는데 이것도 이러한 상호관계를 나타내는 것이다.[35] 이 동맹은 경제적으로 도움을 주었을지 모르나 유다에게 있어서 종교적으로는 큰 해를 입게 되었다. 이스라엘로부터의 바알 숭배의 영향이―특히 결혼의 결과로―유다의 종교생활에 심각한 부패를 가져온 것이었다.

(4) 선지자 엘리야(왕상 17~19.21장; 왕하 1:1~2:11)

아합의 재임 기간 동안 이스라엘의 탁월한 선지자가 살았는데 그 사람이 바로 엘리야였다. 이 선지자의 많은 행적 기록이 없었다면, 아합과 이세벨에 관해서도 많은 부분이 알려지지 않았을 것이다.

---

33) 같은 해에 일어난 두 전쟁의 설명으로는 Thiele, *MNHK*, p. 66 주 7을 참고하라.

34) N. Glueck의 제안에 의하면(*BASOR*, 92〈Dec., 1943〉), 이곳은 요단에서 동쪽으로 28마일 가량, 갈릴리 바다에서 남쪽으로 15마일 가량 되는 현대의 텔-라미스(Tell-Ramith)로 판명된다.

35) 참고. 열왕기상 22:44; 역대기하 18:1.

① 기근과 불(왕상 17~19장)

엘리야는 요단 건너 길르앗 뒷쪽에서 살았는데 단순히 낙타 털 옷을 입었다(왕하 1:8). 그는 이세벨의 바알-멜칼트(Baal-Melqart) 제단 도입을 반대하는 데 있어서 뛰어난 용기와 신앙을 보여주었다. 그의 첫 번 행동은, 이런 사악한 종교행위로 인해 하나님께서 이 땅에 큰 기근을 내리실 것이라고 아합 왕께 고하는 일이었다(왕상 17:1).[36] 그리고 엘리야는 42개월의 기근 동안 아합으로부터 피신해 있었다(눅 4:25; 약 5:17).[37] 즉, 처음에는 그릿(Cherith) 시냇가에, 다음에는 두로와 시돈 사이에 있는 외국 땅 사르밧(Zarephath)에 숨었는데(왕상 17:2~24), 이는 외국나라까지 그를 찾아나선 아합에게는 무척 불쾌한 일이었다(왕상 18:10). 그 후 엘리야는 하나님의 지시대로 아합에게 다시 나타나 여호와의 바알-멜칼트 중 어느 신이 진짜 신인가를 나타낼 목적으로 갈멜 산에서의 시험을 주선하도록[38] 왕을 설득하였다(왕상 18:17~20). 이 시험에서, 미리 지시한 판가름의 표시대로, 여호와만이 제단을 태우셨다(왕상 18:38). 그리고 엘리야는 많은 관중[39]들을 설득하여 여호와가 참신인 것을 선포하게 하였으며, 바알의 선지자들

---

36) 폭풍과 좋은 수확의 신 바알-멜칼트는 이러한 기근의 경고에서 정면으로 도전을 받게 되었다. 여호와께서 비를 내리지 않는다고 말씀하셨는데 바알이 비를 가져오게 할 수 있을 것인가? 42개월 동안 백성들은 이 해답을 알게 될 것인데 이는 또한 갈멜 산에서의 결정적인 불시험에 대한 준비 기간이기도 했다.

37) 바알보다 위에 계시는 여호와 실재의 큰 충격이 백성들에게 강하게 남을 때까지 엘리야는 갈멜 산에서의 불시험을 기다리며 숨어 있을 필요가 있었다.

38) 이러한 시험에서 아무런 일을 하지 못할 바알 선지자들이 옆에 있도록 하기 위해서는 왕의 협동이 필요하였다. 또한 왕의 협조가 없다면 많은 관중들은 앙심을 품은 이세벨의 보복을 두려워할 것이므로, 그들에게 아무런 피해가 없다는 것을 보증시켜 주기 위해서도 왕의 협동이 필요하였다.

39) 이 관중들은, 도망하는 바알 선지자 450명을 붙잡을 수 있었으므로(왕상 18:40) 대략 1,500명의 숫자였을 것이다. 이들은 또한 영향력 있는 주요 인물이었을 것이다. 엘리야의 목적은 모든 이스라엘에게 영향을 주는 것이었으므로, 아합으로 하여금 다른 사람에게 영향력을 끼칠 수 있는 사람들을 초대하도록 했을 것이다.

을 죽이는 데 실제로 가담하게 하였다(왕상 18:39~40).[40]

② 실패와 재기

이때 여호와 숭배에 대한 국민적인 재생의 전망은 밝았다. 그러나 엘리야가 약해지는 순간 이 전망은 흐려지고 말았다. 그는 이세벨로부터 위협을 받고 그 나라에서 도망하였는데(왕상 19:1~3), 이 행동은 최근 갈멜 산에서 종교적인 변화를 경험한 사람들을 낙심케 하고 충격을 주었을 것이다.[41] 따라서 엘리야는 얼마 후 호렙 산에 이르렀을 때 하나님으로부터 꾸중을 받았다. 그러나 곧 새로운 다른 형태의 임무를 지시받고 이스라엘로 다시 돌아왔다(왕상 19:8~18).[42] 새로운 임무는 보조자 엘리사를 구하는 일이었다. 이 두 사람은 아합과 이세벨 정권의 종교적 도덕적 부패를 계속 저항하면서 10년[43] 동안 함께 일하였다.

---

40) 그 땅에서 외국 제단을 없애는 첫 번 행동으로서 이런 충동적인 행동이 필요하였다. 이것은 하나님 자신의 명령에 준수하는 행동이었으며(신 13:6~9; 17:2~7), 이 관중들로 하여금 행동으로써 종교적 변화를 가져오게 하는 수단이었다.

41) 이세벨은 이 사실을 충분히 이용하여 엘리야의 도망을 전국에 재빠르게 퍼뜨렸을 것이다. 또한 그녀의 다른 행동으로 보아, 더 나아가 바알 선지자를 죽이는 데 가담한 사람들을 살해했을 것이다. 그 다음 며칠 동안에 1,500명의 많은 사람들이 죽은 것 같다.

42) 이 꾸중과 지시는 사물의 교훈과(바람, 지진, 불, 그리고 조용하고 세미한 목소리) 말씀의 형태로 내려졌다. 여기에 나타난 새로운 형태의 임무는, 앞에서의 극적인 방법과 대조적으로 "조용하고 세미한 목소리"의 변형을 취하는 것이었다.

43) 10년이라는 숫자는 주어져 있지 않지만 가늠해 볼 수 있다. 기근으로 황폐해진 이스라엘이 아람 사람과 다시 전쟁을 할 정도로 충분한 세력을 얻기에는 몇 년이 경과해야 한다. 열왕기상 20장에 기록된 두 전쟁으로 적어도 2년, 그리고 벤하닷과 연합한 주전 853년의 칼칼(Qarqar) 전투, 이어서 아합이 죽임을 당한 라못 길르앗의 전투, 그리고 아하시야 통치 2년(그러나 꼭 24개월이 될 필요는 없다), 그리고 마지막으로 엘리야가 하늘로 승천할 때까지(왕하 2:1~13) 여호람의 재임연수 등을 포함한 것이다.

③ 이후의 세 가지 이야기

이후의 일 가운데 세 가지 사건이 기록되어 있다. 한 가지는 아합 왕이 이스라엘에 있는 왕궁 근처에서 부당하게 포도원을 탈취한 사건에 대해, 엘리야가 꾸짖은 것이었다(왕상 21:1~29). 이세벨이 누명씌운 재판으로써 포도원 주인 나봇(Naboth)을 죽이도록 하자 아합이 그 소유권을 갖게 되었다. 그러자 엘리야는 포도원에서 그를 만나 꾸짖고 앞으로 올 그의 가문의 멸망을 경고하였다.

두 번째 이야기는, 아합의 아들이자 후계자인 아하시야가 난간에서 떨어져 얻은 병이 회복할 것인지를 묻기 위해 블레셋 성읍 에그론 (Ekron)[44]의 신 바알세붑(BaalZebub)에게 사람을 보냈는데 엘리야가 이를 꾸짖은 것이었다(왕하 1:2~16). 엘리야는 중간에서 이 사자를 가로채어 그를 왕에게 돌려보내면서 아하시야가 죽을 것이라는 내용과 함께 마치 이스라엘에는 신이 없는 것처럼 그런 일을 묻기 위해 이스라엘 밖으로 사람을 보낸 것을 꾸짖는 내용을 전해주었다. 이 사건에 관계되어, 아하시야가 엘리야를 소환하기 위해 보낸 각각의 50명을 불로 멸하였으며, 그후 엘리야 자신이 그의 앞에 나가 왕을 꾸짖은 일이 있었다.

세 번째 사건으로, 엘리야는 그의 동료 선지자이자 보조자인 엘리사가 보는 가운데 하나님의 특별 섭리로 하늘로 올라가게 되었다(왕하 2:1~11). 이것은 엘리야에게 주어진 큰 영광이었으며 하나님께서 그의 활동을 특히 인정하신 것을 의미하는 것이다. 엘리야가 하늘로 올라갈 때 그의 어깨에서 떨어진 외투를 엘리사가 받아 입었는데, 이는 하나님께서 이제 그를 기름 부었음을 상징하는 것이었다.

엘리야가 이스라엘에게 끼친 주요한 충격은 이세벨이 조장한 바알-멜칼트 제단을 격렬히 반대하는 데 있었다. 그가 이룬 전체 효과는 추

---

[44] 이곳은 아스돗(Ashdod)에서 북동쪽으로 10마일 되는 아킬('Aqir)로 보통 판명된다. 이곳은 블레셋과 이스라엘 땅 경계선에 가까이 있어 가끔 주인이 바뀌었다(삿 1:18; 삼상 5:10; 7:14; 17:52). 이 당시 이곳이 이스라엘의 지배였는지, 블레셋의 지배였는지는 알려져 있지 않다.

적하기는 어렵지만 상당한 것이었다. 이세벨이 위협했을 때 그가 도망하지 않았다면 더 큰 효과를 거두었을 것이다. 그러나 기근이라는 전체적 영향, 갈멜 산에서의 불 시험, 그리고 후에 엘리사가 행한 충성스런 임무 등은 결과로 남아 있을 것이다. 엘리야가 살아서 그러한 일을 하지 않았다면 이스라엘의 바알 숭배 상황은 더욱더 극심해졌을 것이다.

(5) 아하시야(853~852, 왕하 1:2~18)

아합의 두 아들이 그를 계승하였는데 첫 번에 아하시야, 그 후 여호람이 물려받게 되었다. 아하시야는 2년간 다스리다가 아들 없이 죽었으므로 둘째 아들 여호람에게 기회가 주어진 것이다. 아하시야는 높은 난간의 창문에서 떨어져 입은 병으로 인해 죽었다. 앞에서 언급한 대로 그는 자기 병이 회복할 것인지 알아보기 위해 에그론의 바알세붑에게 사자를 보내었지만, 이 사자는 중간에서 엘리야를 만나 꾸중을 듣고 돌아왔다.

그의 재임으로부터 두 가지 다른 사건이 기록되어 있다. 하나는, 모압 왕 메사(Mesha)가 여호람의 할아버지 오므리[45]에 의해 부과된 심한 공물로 인해 반란을 일으킨 것이었다. 이 반란의 결과는 후의 여호람의 통치 때에도 영향을 미쳤다. 다른 하나는, 아하시야가 그의 아버지와 유다와의 동맹을 유지시키기 위해서 여호사밧과 함께 해상모험에 들어선 것이었다(대하 20:35~37). 그러나 이 모험은 처녀항해를 시작하기도 전에 배가 파산되어 재난으로 끝났다. 파괴는 여호사밧이 이스라엘의 사악한 왕과 두 번째[46]로 연합한 이 사실에 대해 엘리에셀이 하나님의 노여움을 경고한 것과 부합하였다.

(6) 여호람(852~841, 왕하 3장)

여호람은 그의 형보다 좀더 긴 기간, 총 12년을 다스렸다(왕하 3:

---

45) 앞의 오므리 왕조를 참조하라.
46) 첫번째는, 여호사밧이 아합을 도와 길르앗 라못 전투에 참가하여 죽임을 당할 뻔한 것이었다.

1). 12년의 기간이 암시하는 것 이상으로 많은 사건이 일어났다는 것이 더 중요한 것 같다. 이 많은 사건에는 두 가지 사실이 연유되어 있는데, 첫째, 그 당시 다메섹의 아람 사람들이 특히 이스라엘에 관해 활동적이었다는 것과, 둘째, 위대한 선지자 엘리사가 이때 큰 역사를 했다는 것이다.

① 종교적 관점

바알 제단에 대한 여호람의 태도에 관해서는, 그의 아버지가 만든 바알의 형상을 없애버렸다고 나와 있다(왕하 3:2). 그러므로 그가 바알 숭배를 금지하였거나 적어도 바알 숭배에 비동조적이었다고 생각할 수 있으나, 다른 사실을 보면 그렇지도 않았음을 보여준다. 예를 들어 얼마 후 엘리사는 그에게 냉소적으로 말하기를, 그의 아버지의 선지자나 어머니의 선지자에게 가서 도움을 얻으라고 했는데, 그것이 그의 보통 관례이었던 것 같다(왕하 3:3). 또한 그의 후계자 예후(Jehu)는 왕위에 올랐을 때 그 땅에서 바알 선지자를 죽여야 했었다(왕하 10:19~28). 여호람이 바알 제단을 계속 지지했었을 것이라는 추측은 그의 어머니 이세벨이 그의 재임 기간에 계속 살아 있었다는 사실에서 나온다(왕하 9:30~33). 사마리아에서 그가 제거한 형상은 회유책을 쓰고자 한, 한 구획의 사람들이 반대를 했기 때문인 것 같다.

② 모압의 반란(왕하 3:4~27)

여호람 당시 주목할 만한 또 다른 사건은, 아하시야 재임과 관련하여 앞에서 언급하였듯이 모압이 반란을 일으킨 것이었다. 그러나 여호람은 이 공물로부터 얻은 경제적 혜택을 기억하고 계속적인 납부를 강요하기 위해 여호사밧에게 도움을 청하였다. 여호사밧은 아합 왕과 맺은 동맹을 유지시키기 위해 이에 동의하며 아합 왕 가문과 세 번째 조약을 맺었는데 이는 하나님 앞에서 죄를 더욱 가중시킨 것이었다. 연합군[47]이

---

47) 이때 여호람과 여호사밧은 사해의 남쪽 끝을 포위하면서 에돔 왕과 연합하였으므로 세 연합군이 되었다.

420 이스라엘의 역사

모압을 공격하려 가는 도중 마른 땅에서 물이 없어 죽음에 직면했을 때, 여호사밧에게는 곤란이 오게 되었다. 그들이 살게 된 것은 마침 엘리사의 개입이 있었기 때문이었다.[48] 그러자 군대들이 모압 땅으로 들어가 메사가 보복을 하기도 전에 폐허를 만들어 놓았는데, 이는 군대들이 예기치 않은 남쪽 통로로 메사를 기습했기 때문이었다.[49] 그러나 메사는 얼마 후 완전한 파멸로부터 나라를 구하기 위해 다시 일어났으며, 마침내 그의 장자를 잃음으로써 적군을 완전히 퇴진시킬 수 있었다. 이 아들의 희생과 적군의 퇴진과의 정확한 관계는 분명치 않다. 그러나 그 당시 이스라엘의 지배로부터 벗어났다고 자랑하는 모압 비문[50]의 내용을 성경이 뒷받침하고 있는 것이다.

(7) 여호람 재임 시의 아람 사람 예화(왕하 5~7장: 8:28~29)

바아사 시대 때부터 이스라엘의 대부분의 역사를 통해 계속되었던 이스라엘과 아람 사이의 교섭은 여호람 재임 시에 가장 잦았다.[51] 이 구체적인 교섭은 위대한 선지자 엘리사와 연관되었으므로 성경의 관점에서 볼 때 중요한 일이었다.

① 아람 장군 나아만(왕하 5장)
첫번으로 기록된 예화는 벤하닷 2세 밑에서 복무했던 아람의 군대장

---

48) 이것은 중요한 사건으로서, 세 왕이 여호와의 선지자를 찾아가는 이외에 다른 도리가 없게 되었다. 여호와께서 엘리사를 통해 하신 지시는 그들이 진친 골짜기에 도랑을 파는 일이었다. 이때 비가 내려 골짜기를 흘러 도랑에 채웠으므로 군인들에게 맑고 충분한 물을 공급할 수가 있었다.
49) 이스라엘이 메사의 북서쪽에 있었으므로, 메사는 북쪽에서 공격이 있을 것이라 예상했을 것이다. 여호람과 여호사밧은 사해 남쪽 끝을 포위함으로써 메사가 깨닫기 전에 모압 의 남쪽 땅으로 진출할 수가 있었다.
50) 참고, 앞의 주 22.
51) 이것은 열왕기하 5~8장 전 이야기가 그의 재임과 관계된 것으로 본 것이다. 어느 때라는 지시가 나와 있지 않으므로, 어떤 학자들은 이 이야기를 예후나 여호아하스 재임 당시의 사건일 것이라고 제기하였다. 그러나 이 이야기의 순서나 위치상으로 볼 때 모두 여호람 재임 당시에 일어난 것임을 뒷받침하고 있다.

관 나아만과 관련되어 있다. 나아만은 얼마간 이 장관 지위를 유지하였고 앞에서 언급한 아합과의 전투를 이끌었던 것 같다. 그러나 그는 문둥병에 걸려, 포로로 잡은 이스라엘 여자 아이로부터 이스라엘의 선지자가 그 병을 고칠 수 있다는 소식을 듣고 이제 이스라엘에게 도움을 구하게 되었다. 자기의 귀중한 장관을 위해 어디에서든지 도움을 얻고자 했던 벤하닷은 적당한 공문 편지와 함께 나아만 장군을 사마리아에 있는 여호람에게 보냈다. 그러나 이스라엘 왕의 즉각적인 반응은 전쟁을 일으키도록 부추기는 일로 믿게 되었다. 이 상황을 전해 들은 엘리사는 이 외국장관을 자기에게 보내도록 함으로써 여호람의 마음을 안정시켰다. 자기의 높은 지위를 정식으로 인정해 주리라 생각했던 나아만은 엘리사로부터 단지 요단 강에 가 일곱 번 씻으라는 말을 듣고 심한 모욕감을 느끼게 되었으며, 그리하여 육체적인 치료를 받지 못할 뻔하였다. 그러나 현명한 종의 간언이 이에 응하도록 설득하였고 그는 놀라운 치료를 경험하게 되었다. 이 일로 인해 그는 이스라엘 여호와의 우월성을 확신하게 되었고 앞으로 그만을 숭배하겠다고 약속했다.[52]

② 장님이 된 아람 사람(왕하 6:8~23)

얼마 후 아람 사람들이 엘리사를 붙잡기 위해 한 군대를 보냈으나 이 군인들은 눈이 멀게 되어 곤경을 겪었다. 이 특별한 예화는, 언제 어디에서 아람 사람들이 이스라엘을 공격할 것인가에 대해[53] 엘리사가 여호람에게 두 번 이상 경고한 것으로 인해(왕하 6:10) 생겨나게 되었다. 벤하닷의 신복들이 이러한 여호람의 성공비결에 대해 말하자, 이

---

52) 나아만은 여호와를 숭배할 목적으로 "노새 두 마리에 실을 흙"(왕하 5:17)을 다메섹에 가져가게 해달라고 요청하기까지 하였다. 이교도들은 신과 땅을 연관시키는 사고를 가지고 있었으므로, 여기에서 나아만은 여호와를 숭배하기 위해서는 이런 특이한 방법으로라도 여호와 땅의 일부를 가져가야 한다고 생각한 것이었다. 이것은 그의 이교도적인 무지함을 보여주는 것이지만 동시에 그의 진심을 나타낸 것이므로 엘리사는 이 요청을 허락하였다.

53) 최근 여호와 숭배로 개종한 나아만이 이 전투를 이끌었는지 아닌지는 흥미있는 일이나 아무런 언급이 주어져 있지 않다.

아람 왕은 엘리사가 기거하는 도단(Dothan)에 군대를 보내어 잡아오게 하였다. 엘리사의 종은 포위한 적의 무리를 보고 두려워하였으나 엘리사는 그를 안심시키고 하나님께 기도하되 그의 눈을 밝혀 더 많은 하나님의 보호군대를 보게 해달라고 하였다. 이때 엘리사는 적군의 눈을 멀게 해달라고 간청하였고, 하나님께서 응낙하시고 남쪽으로 10마일 되는 수도 사마리아까지 그들을 양처럼 이끌고 갔다. 여기에서 그들은 눈을 뜨게 되어 위험한 상황을 깨닫게 되었으나 여기에서 그들을 저시하여 이들에게 음식을 공급하고 다메섹으로 돌아가게 하라고 하였다.

③ 사마리아의 포위(왕하 6:24~7:20)
수 개월 후 아람 사람들은 더 큰 군대를 이끌고 이스라엘로 다시 와 사마리아를 포위하였다. 이 포위가 얼마 동안 계속되자 성읍에는 기아 상태가 되어, 어떤 이들은 자기 아이를 먹기까지 하였다(왕하 6:28~29). 여호람은 징벌로써 이런 일이 올 것이라고 미리 경고한 엘리사를 비난했으나, 엘리사는 그 다음날 원하는 양식을 얻게 될 것이라고 말하였다. 이 말은 곧 실현되었는데, 즉 아람 사람들이 밤에 병거소리를 듣고는 애굽의 원조군대로 생각하여 도망한 것이었다. 이들은 크게 놀라 양식과 다른 물품을 두고 가버렸다. 굶주린 문둥병자들이 아람 군대에 항복하러 갔다가 이 사실을 알게 되었다. 이들이 온 성읍에 이 소식을 알리게 되었고 모든 백성들은 그 다음날 필요한 양식을 얻게 되었다.

④ 아람 사람에 의한 부상(왕하 8:28~29)
아람 사람과의 마지막 교섭은 여호람의 죽음을 가져왔다. 그는 자기 아버지 아합과 마찬가지로 유다 왕 아하시야의 도움을 얻어 라못 길르앗에서 전투를 벌였는데, 이는 두 나라 간의 정식 동맹이 아직 계속 되었음을 암시한다. 여호람은 크게 부상을 당하여, 오므리 왕조의 또 다른 궁전 이스르엘로 돌아와서 회복하고자 하였다. 전쟁 후 유다로 돌아온 아하시야는 여호람을 방문하기 위해 이스르엘로 왔는데 여기에서 이 두 왕은 예후(Jehu)에 의해 죽게 되었다.

(8) 선지자 엘리사

① 배경 문제

선지자로서 엘리사가 한 일은 근본적으로 엘리야와 마찬가지로 바알-멜칼트에 항거하는 것이었다. 그는 엘리야가 하늘로 승천할 때 엘리야와 같이 성스러운 임무를 감당할 수 있도록 엘리야의 영감의 두 배를 갖게 해달라고 간청하였다(왕하 2:9). 그가 처음 엘리야에 의해 부름을 받았을 때(왕상 19:9), 아버지의 소유로 보이는 열 두 마리의 황소를 앞세우고 밭을 갈고 있었던 것을 보면 매우 부유한 가정 출신인 것 같다. 그렇다면 그는 사막 근처 가나안 지역 길르앗에서 자라난 엘리야와는 이 점에서 뚜렷이 대조된다. 그러나 엘리야를 따르겠다는 엘리사의 결정은 확고한 것이었다. 그는 친구들과 친척들을 위한 이별 잔치로 자기 소를 잡아 대접했으며 불을 피우는 연료로써 자기가 쓰던 연장의 나무를 사용하였다(왕상 19:21).

엘리사의 활동기간은 엘리야보다 더 길었다. 그는 여호람의 재임 초기에 시작하여 예후와 여호아하스를 통과하여 요아스(Jehoash) 때에 죽었으니(왕하 13:20) 대략 50년의 기간이 된다(850~800년). 그는 활동상 엘리야와 같은 목적을 가지고 있었지만 이를 수행하는 방식이 좀 달랐다. 그의 대조적인 배경에 발맞추어 그는 자기 성읍이나 궁전에, 때로는 왕의 무리들과 함께 거하였다. 또한 엘리야는 기분에 따라 큰 용기를 얻거나 아니면 죽으려고 할만큼 절망하곤 했는데, 엘리사는 자제력과 침착한 기질의 사람으로서 극적인 시험이나 언짢아하는 장면이 없다. 역시 엘리야와 대조적으로 자기가 만난 사람을 도와주고 고쳐주며 위로를 주는 데에서 기적이 나타나는 것을 보면, 엘리사는 백성들의 필요에 더 관심을 두었던 것 같다.

② 엘리사의 경험

성경은 엘리사에 대해 각각 18개의 예화를 연이어서 기록하고 있다. 이것은 연속적인 3장에서 기록된(왕상 17~19) 엘리야의 이야기와 대조된다. 엘리사에 관한 내용은 주로 여호람 재임 시의 일로써 시간적으로 크게 떨어져 있지는 않지만, 하나의 연속적인 내용은 아니다. 이 중의 몇 가지는 이미 언급하였다. 다른 것들을 단지 열거해 본다면, 더러운 물을 음료수로 맑게 만든 일(왕하 2:19~22), 자기를 비웃는 아이를 꾸짖은 일(2:23~25), 과부에게 기름을 주어 빚을 갚게 한 일(4:1~7), 자기에게 친절을 베풀었던 수넴 여인이 아이를 낳을 수 있도록 기도하고 후에 그 아이를 다시 살린 일(4:8~37), 독초가 섞여 있는 음식을 먹을 수 있도록 한 일(4:38~41), 기근 당시 백 명의 젊은 선지자들이 먹을 수 있도록 음식을 증가시킨 일(4:42~44), 거짓말을 한 자기 종 게하시에게 문둥병을 선고한 일(5:20~27), 요단 강에 빠진 도끼자루를 다시 구한 일(6:1~7), 기근 당시 엘리사의 충고로 그 땅을 떠났던 수넴 여인을 위해 왕으로 하여금 그 여인에게 속했던 땅을 돌려주도록 주선한 일(8:1~6), 하사엘(Hazael)을 다메섹에서 왕으로 기름붓고, 여호람의 장관 예후를 사마리아에서 여호람의 후계자로 기름부은 일(8:7~15; 9:1~10), 그리고 훨씬 후 요아스 재임 시 아람 사람을 세 번 이길 것이라고 예언한 일(13:14~19) 등이다.

엘리사의 주요 관심 중의 하나는 젊은 선지자를 교육시키는 일이었다 (왕하 2:3~7, 15~18; 4:38~41; 6:1; 9:1).[54] 엘리야가 이 계획을 착수하여 더 확장시켰다. 그는, "선지자의 아들"이라고 불리우는 생도들 무리 속에 자주 있곤 하였다. 그의 목적은, 엘리야나 자기와 같이 진정한 선지자 사명을 할 수 있는 훈련된 사람을 배출하는 것이었다. 바알을 숭배하는 삭막한 이스라엘에게는 이들이 절대적으로 필요하였다.

4. 예후 왕조
(841~753, 왕하 9:11~10:36; 13장; 14:16~29)

이스라엘의 가장 강력한 두 왕조가 계속해서 집권을 하였으니, 첫째는 방금 언급한 오므리 왕조요 둘째는 예후 왕조이다. 예후 왕조는 89

---

54) 이전에 사무엘의 관심과 비슷한 것이다. 그 사이 기간 동안 계속 학교가 있었는지에 대해 지적되어 있지는 않지만 아마도 없었던 것 같다.

년으로 오므리 왕조의 44년보다 더 오래 집권하였으며, 오므리 왕조의 3세대에 반해 5세대를 포함하였다(예후, 여호아하스, 요아스, 여로보암 2세, 스가랴). 그러나 이 기간 동안 아람과 앗수리아 두 나라로부터 심한 피해를 입은 것을 보아, 예후 왕조는 오므리 왕조만큼 강력하지 못하였다. 종교적으로 보아 이 두 왕조는 모두 심한 결함을 가지고 있었으나, 적어도 예후 왕조는 오므리 왕조가 길러놓은 바알 숭배를 허락지 않았다.

(1) 오므리의 가문을 멸하다(왕하 9:11~10:28)

이 다섯 번째 왕조의 첫 왕인 예후는 네 번째 왕조의 왕을 살해한 것으로 잘 알려져 있다. 하나님께서는 20년 전에 엘리야를 통해서 이 가문에 이러한 징벌이 올 것이라고 예고하셨다(왕상 19:15~17; 21:21~24). 오므리 가문은 엘리야와 엘리사의 경고를 통해 바알 숭배와 무모한 살인 죄를 회개하도록 충분한 기회를 받았었다. 이제 그 보복의 때가 온 것이다. 엘리사 자신이 이러한 재난에 불을 붙이자 예후가 이를 시행하였다. 엘리사는 "선지자의 아들" 중의 한 사람을 보내 여호람 대신 예후를 왕으로 기름붓고 숙청에 관한 지시를 전하게 하였다(왕하 9:1~10). 여호람의 군대장관이었던 예후는 마지막 전투 장소인 라못 길르앗에 있었는데 이 영광을 쾌히 받아들였다. 그의 부하들도 역시 기뻐하며 이 지시를 수행하기 위해 재빨리 모두 요단 강을 건너 이스르엘로 향하였다. 첫번째 살해 대상은 아직 부상을 회복을 하고 있는 여호람 왕이었다.[55] 이곳을 방문 중인 유다 왕 아하시야는 이스르엘에서 도망갔으나 그 이후 예후가 보낸 추적자들에 의해 잡혀 죽임을 당하였다.[56] 예후는 이스르엘로 가서 이세벨의 종들로 하여금 그녀를 윗 창문에서 떨어뜨리도록 명령하였다. 그들이 곧 이에 따르자, 오래

---

55) 여호람의 시체는 이전에 아합이 취하였던 나봇 땅에 버려졌는데, 이로써 엘리야의 예언이 실현된 것이었다(왕상 21:19). 이 심판은 아합이 회개를 하였기 때문에 아합에 관해서는 멈추어 있다가(왕상 21:27~29) 이제 그 아들 여호람에게 내려진 것이다.

56) 아하시야는 므깃도를 향해 도망쳤는데, 구르(알려지지 않음)에서 예후

전 엘리야가 예언한 대로 굶주린 개들이 와서 그녀의 시체를 먹었다 (왕상 21:23). 예후는 사마리아에 있는 관리들에게 편지를 띄워 아합의 70명 아들의 머리를 잘라 이스르엘로 보내도록 하였다. 그는 이 머리들을 문어귀에 놓아 모든 사람이 보도록 하였다. 그리고 이스르엘에 있는 모든 궁정관리들을 살해하였다. 이 일 후 그는 사마리아로 가다가, 이미 죽은 두 왕을 방문하러 오는 아하시야의 친척 42명[57]을 만나 죽였다. 그는 이 직후에 레갑(Rechab)[58]의 아들 여호나답을 만났는데 이 여호나답은 예후의 목적에 동조하여 협동할 것을 선언하고 이 혁명을 돕기 위해 예후의 병거에 올라탔다. 예후는 수도에 도착하여 그곳의 모든 관리들뿐 아니라, 아합의 아들들을 죽임으로써 총애를 받고자 했던 사람들까지 죽였다. 마지막으로 그는 바알의 선지자와 제사장들을 사랑하는 척하면서 사마리아의 그들 성전에 모두 불러 모으고는 부하 80인을 보내어 모두 죽이도록 하였다. 역사를 통해 볼 때, 이전 왕가와 종교인들에 대해 이보다 더 철저한 유혈숙청은 거의 없었다.

(2) 왕이 된 예후(841~814, 왕상 10:29~36)

예후는 오므리 가문에 대해 열정적인 숙청을 단행했으나 통치능력은 이에 미치지 못하였다. 그가 다스린 28년은 불안과 소동으로 점철되었으며 백성들에게는 심각한 사회적, 경제적 악습을 가져왔다.[59] 그는 아

의 신하들에게 맞고 도망하다가 므깃도에 이르러 죽었다. 역대기하 22:9에는 아하시야가 사마리아 어느 지점에 숨었다고 나와 있는데, 아마 처음 그곳으로 갔다가 후에 북서쪽 므깃도로 옮겨간 것 같다. 자세한 내용은 분명치 않다.

57) 이들이 아하시야의 직속 형제일리가 없다. 왜냐하면 그들은 이전에 블레셋과 아리비아 사람들의 공격으로 죽었기 때문이다(대하 21:16~17).

58) 예후의 태도를 보면 이 사람에 대한 존경심이 나타나 있다. 여호나답은 여호와께 충성하였으며 엄격한 생활태도를 가졌다. 그는 레갑 사람들의 조상이 되었는데, 이 금욕주의 집단은 그 규례에 대한 충성으로 인해 후에 예레미야의 칭찬을 받은 바 있다(렘 35:1~19. 레갑이 누구인가에 대해서는 대상 2:5를 참고하라).

59) 이 사실은, 예후의 통치 반 세기 후에 이스라엘이 두 선지자 아모스와

람 사람과 앗수리아인들의 침략과 심한 모욕으로부터 자기 땅을 지키지 못했다.

종교적으로, 예후는 오므리 가문을 멸하는 데 순종하였으므로 재임 초기에 하나님의 칭찬을 받았으나(왕하 10:30), 처음에 시작한 그 길을 계속 따르지 못하였다. 유혈숙청에 대해 하나님께서 인정하신 것은 — 분명 예후는 하나님께서 의도하신 것보다 더 많이 죽였지만 — 이것이 사악한 가문에 대해 미리 경고한 징벌이 되었고 또 바알-멜칼트 제단을 분쇄하였기 때문이었다. 따라서 하나님은 예후 가문의 네 세대가 그를 이어 왕위에 오를 것이라고 약속하였다. 그러나 예후는 하나님께서 미워하시는 여로보암의 단과 벧엘 제단을 계속하였으므로(왕하 10:29), 결국 하나님께 인정받지 못하였고 그 결과 수난 시대를 겪게 되었다.

① 하사엘의 이스라엘 파괴(왕하 10:32~33)

외국사람의 손에 의한 이스라엘의 모욕은 특히 예후 재임 시에 선고되었다. 이것은 아람 사람 하사엘에 의해 오게 되었으며 엘리야를 통한 하나님의 예언이 성취된 셈이었다(왕상 19:15~17).

이 성취는 엘리사가 북쪽 다메섹에 가서 하사엘(Hazael)을 아람 왕으로 기름부을 때 처음 시작되었다(왕하 8:7~15). 엘리사는 이 당시의 사람들이 이스라엘에게 가져올 대 황폐를 미리 알고 울음을 떠뜨렸다. 이 기름부음은 예후를 기름붓기 바로 직전에 일어났었다.[60] 하사엘이 어떻게 이러한 파괴를 가져왔는지에 대한 기록은 없지만 그 내용은 증명이 된다. 그는 이스라엘로부터 므낫세, 갓, 르우벤 지파의 영토를 포함하는 모든 요단 동편을 점령하는 데 성공하였다(참고, 암 1:3). 그리고 직접 언급되어 있지는 않지만, 요단 강 서쪽으로도 이스라엘을 침범했을 것이 분명하다. 왜냐하면 예후의 아들 여호아하스 시대의 기

호세아의 저서에서 특히 증명된다. 이들이 말하고 있는 폐해는 이 시대에 존재한 것이었다.

60) 여기에서의 시간은, 살만에셀 3세의 비문에서 증명이 된다. 그의 재임

록에 그 당시 하사엘은 이스라엘 왕이 소유할 수 있는 마병, 병거, 보병의 숫자를 명령할 수 있었다고 되어 있기 때문이다(왕하 13:7).[61] 또한 여호아하스 당시의 기록으로, 유다 왕 요아스에 관한 내용이 있다. 여기에서, 하사엘은 멀리 남쪽 블레셋 지역 가드(Gath)[62]까지 진출하여 점령하였는데 요아스는 점령당하지 않기 위해 공물을 갖다 바쳤다고 되어 있다(왕하 12:17~18). 하사엘이 이 정도로 남쪽의 가드와 예루살렘까지 진출했다면, 그는 분명 이미 이스라엘을 극도의 모욕적인 지위로 이끌고 갔을 것이며, 그 과정상 예후의 재임 초기에 시작되었음이 분명하다.

② 앗수리아 앞에서의 모욕

이스라엘은 또한 예후 재임 시 앗수리아로부터 피해를 입었다. 사실 앗수리아 침략은 하사엘의 침범 이전에 일어났으며, 이스라엘 땅보다는 하사엘의 땅에 더 큰 해를 가져다주었다. 이 사건은 앗수리아 기록에 의해서만 알려져 있다.[63]

그 당시 앗수리아의 위대한 통치자 살만에셀 3세는, 12년 전 칼칼에서 아합과 벤하닷이 열 두 동맹과 연합하여 싸운 바로 그 인물이었다.

그는 다메섹까지 그의 큰 군대를 이끌고 와 실제로 점령하지는 않았

14년 때의 비문에는(주전 845) 다메섹의 왕이 하닷에셀(벤하닷 2세)로 되어 있고, 재임 18년 때의 또 다른 비문에는(주전 841) 하사엘로 나와 있다.
이것으로 볼 때 하사엘은 845년과 841년 사이에 왕위에 올랐는데, 그에 관해 언급하고 있는 태도로 보아 아마 841년 전인 것 같다.

61) 여호아하스는 마병 50명, 병거 10대, 보병 만 명만을 소유하도록 허락되었는데, 이는 아합이 칼칼에 끌고 갔었던 병거 2천 대와 크게 대조된다.

62) 가드는 이전에 블레셋에 속하였으나, 르호보암이 요새화한 성읍 명단에 포함된 것으로 보아 이 당시 유다에 속한 것 같다(대하 11:8). 웃시야 당시까지 이 성읍이 다시 블레셋 손에 있던 것으로 보아(대하 26:6), 하사엘은 여기에서 블레셋과 동맹을 맺고 유다로부터 가드를 손에 넣은 것 같다.

63) 살만에셀 3세에 의해 남겨졌는데, 그의 모든 비문으로는 *ANET*, pp. 276~81을 참고하라.

지만 그 성읍을 크게 손상시켰으며, 이제 이스라엘의 예후에게 와 많은 공물을 강요하였다.[64] 1846년 님루드(Nimrud)에서 발견된 그의 유명한 검은 방첨탑(Black Obelisk)[65]에는 공물이 적혀져 있으며, 이스라엘 왕이 굴복의 자세로 고개 숙이며 공물을 바치는 모습이 양각으로 새겨져 있다. 살만에셀은 이스라엘을 파괴했다고 주장하지 않았지만, 그가 요구한 막중한 공물은 모욕적인 것이며 경제적으로 압박당하는 것이었다. 살만에셀은 3년 후[66] 다른 지역을 또 한번 공격하여 성공을 거두었다고 주장하는데 그 내용에 관해서는 알려져 있지 않다. 앗수리아는 이후 한 세대 동안 다시 오지 않았는데, 이로 인해 하사엘은 다시 힘을 얻어 앞에 언급한 피해를 이스라엘에게 가져다주었다.

③ 예후가 미약하게 된 이유

예후가 자기 나라를 잘 방어하지 못하게 된 몇 가지 요인들이 전체 이야기에 암시되어 있다. 보다 중요한 것 중의 하나로는 오므리 가문의 숙청 당시 유능한 관리를 살해한 점이다. 이 숙청에서 예후는 하나님이 의도한 정도를 넘어서 자기를 도와줄 수 있었던 많은 사람들, 특히 사마리아와 이스르엘에 있던 궁정관리들을 필요 이상으로 죽인 것이었다. 누구든지 재빨리 경험있는 사람으로 대체할 수 없는 노릇이었다. 다른 이유로는, 숙청 당시의 잔인함으로 인해 몇몇 백성들은 분명 그에게 협조할 것을 거절하였는데, 그는 이 반대하는 백성들과도 함께 일했어야 했을 것이다. 또 다른 이유로, 유다와 페니키아와 맺은 동맹이 이 숙청의 결과로 인해 이제는 끊겼을 것이다. 유다는 아하시야 왕

---

64) 살만에셀은 또한 공물지역으로 두로와 시돈을 들고 있다.
65) 네 면으로 된 이 검은 석회석 기둥은 높이 6.5피트로써 5열의 양각으로 되어 있는데 모든 면에 설형문자의 설명이 새겨져 있다. 둘째 열의 한 면에 예후의 모습이 있는데, 이스라엘 왕에 대해 남아 있는 유일한 표현이다. 이 방첨탑은 영국 박물관에 있다. 원본으로는 ANET, p. 280, 그림으로는 ANEP, figs. 351~55을 참고하라.
66) ANET, p. 280. 이때는 살만에셀의 재임 21년이다.

과 그 친족[67]들의 죽음으로 인해 관계를 끊었을 것이며, 페니키아는 바알-멜칼트의 제사장 살인으로 인해 관계를 끊었을 것이다. 그러나 가장 중요한 요인으로는, 예후 자신의 능력 부족이었다. 그는 여호람의 군대장관이었으므로 군사 면에서는 유능했을 것이나, 이전 정권을 무모하게 살인한 데서 드러났듯이 외교술이나 판단력이 부족하였다. 물론 이러한 모든 요인은 하나님의 섭리로서, 하나님께서는 이전에 엘리야에게 하신 선고대로 이 나라로 하여금 징벌을 당하게 하셨다.

(3) 여호아하스(814~798, 왕하 13:1~9)

여호아하스는 그의 아버지 예후를 계승하여 17년간 다스렸다. 하사엘에게 더 심한 굴복을 한 점 이외에는, 그와 관련된 내용이 거의 없다.

이에 덧붙여진 유일한 항목은 그가 하사엘로 인해 하나님께 도움을 요청하여 "구원자"를 받았다는 내용이다(왕하 13:5). 좀 이상하기는 하지만 이 "구원자"는 여호아하스 재임 동안에 왕위에 오른 앗수리아 황제 아닷니라리 3세(Adad-nirari III, 810~783년)일 것이다. 이 황제는 주전 803년[68] 다메섹을 공격하여 무찔러서 이스라엘로 하여금 아람 사람의 압제에서 구해주었는데 이 점에서 그가 "구원자" 역할을 한 것이다. 이스라엘 역시 두로, 시돈, 에돔, 블레셋과 같이 공물을 바쳐야 했던 것은 사실이지만, 다메섹에게 당했던 만큼의 폐해는 입지 않았다. 아람 국가가 피해를 크게 입었기 때문에, 이로 인해 이스라엘은 새 세력의 지위를 향한 긴 여로에 오를 수 있었다.

---

67) 아합의 딸로서 여호람과 결혼한 아달랴는, 모반으로 왕위를 찬탈하여 유다를 다스리고 있었다. 실제로 유다에게는 이 동맹을 끊는 것이 좋은 일이나 이스라엘은 경제적으로 손해를 입었다.

68) 아닷니라리 3세의 원본으로는 *ANET*, pp. 281~82, *DOTT*, pp. 50~52를 참고하라. 이 공격 때에는 하사엘의 아들이자 후계자인 벤하닷 3세가 다메섹에서 왕위에 올랐다.

(4) 요아스(798~782, 왕하 13:10~25; 14:15~16)

여호아하스가 죽게 되자, 그의 아들 요아스가 왕위를 물려받았다. 이 기간 동안 이스라엘은 빠른 회복길에 오르게 되었다. 왕위에 오른 직후 요아스는 엘리사로부터 군사적 지위를 회복하리라고 약속받았다.

이제 나이가 많이 든 엘리사는 새 왕을 불러 다메섹으로부터 승리를 얻을 것이라고 예언하였다. 그가 요아스에게 활로 땅을 치라고 지시하자 왕은 그대로 하되 세 번만 하였다. 그러자 엘리사는 땅을 친 숫자만큼 다메섹을 이길 것이라 설명하면서 더 많이 치지 않은 것을 꾸짖었다. 그러나 왕은 세 번 이길 것이다. 그 이후 요아스가 이스라엘로부터 다메섹이 취한 모든 성읍을 회복함으로 이 예언은 성취되었다(왕하 13:25). 요아스는 또한 유다 왕 아마샤(Amaziah)의 공격을 지탱할 정도로 우세하였다(왕하 14:8~14). 사실 그는 다음 장에서 더 자세히 다루겠지만 큰 승리를 할 수가 있다.

또 중요한 항목으로는 요아스가 자기 아들을 공동의 통치자로 임명한 것이었다. 16년의 재임 기간 중 요아스가 5년을 다스렸을 때 여로보암 2세가 섭정이 되었다.[69] 이 이유는, 요아스가 유다와 전투를 한 점에서 발견된다. 그는 이 전투에 참가하기 전, 분명 전투가 길어질 것이라 예상하고 자기가 없는 동안 아들로 하여금 다스리게 하였다.[70]

---

69) 몇몇 구절을 비교함으로써 증명된다. 열왕기하 14:23에 의하면 여로보암 2세는 유다의 아마샤 왕 15년, 즉 주전 782년에 왕위에 올랐다. 그러나 열왕기하 15:1에는 여로보암 27년에 유다의 아마샤를 뒤이어 아사랴가 즉위했다고 나와 있는데 이때는 주전 767년으로 알려져 있다. 이때가 여로보암의 재임 27년이라면, 그는 주전 793년, 즉 요시야 5년에 즉위를 시작한 것이다. 때문에 열왕기하 14:23은 그가 단독으로 다스린 첫 해를 의미한다(참고, Thiele, *MNHK*, pp. 77~81).

70) 이 섭정의 시작은, 요아스가 유다와 전쟁을 한 때와도 부합하지만, 요시야의 마지막 통치에 대한 특이한 두 번째 언급이 열왕기하 14:15~16에 있다는 점에도 부합한다(첫 번 언급은 왕하 13:12~13). 전쟁은 섭정의 기간중에 일어났고 또 섭정의 원인이 되기도 하지만, 이 두 번째 진술은 전쟁에 대한 내용 바로 직후에 연결되어 있다(왕하 14:8~14, 참고, Thiele, *MNHK*, pp. 84~85).

(5) 여로보암 2세(793~753, 왕하 14:23~29)

　여로보암 2세는 예후 왕조의 세 번째 후계자로서 왕위에 올랐으며 이스라엘의 유능한 통치자 중의 한 사람이었다. 이스라엘은 이 왕의 통치하에서 놀라운 위치로 부상하여, 지중해 연안의 실제적 우두머리가 되었다. 이 많은 성과에 대한 여로보암의 전투는 설명되어 있지 않지만 마지막 성과의 내용은 분명하다. 즉, 여로보암은 다윗과 솔로몬 제국시대에 존재했던 동쪽과 북쪽 경계를 대략 비슷하게 유지할 수 있었다. 그가 이스라엘의 북쪽 경계를 "하맛 어귀"에 두었다고 나와 있는데(왕하 14:25), 이 구절은 솔로몬의 북방 경계를 설명할 때 쓰인 용어이다(왕상 8:65). 또한 "유다에게" 속했던 "다메섹과 하맛"을 회복하였다고 나와 있는데(왕하 14:28), 다윗과 솔로몬 이래 이 성읍들이 이스라엘에게 속하지 않았으므로 유다에게 속했다는 말은 다윗과 솔로몬 시대를 말하는 것 같다. 또 이렇게 비교하여 표현한 형식으로 보아 다윗과 솔로몬 당시 유지했던 이 성읍들과 이스라엘이 보편적 관계를 회복한 것임을 의미할 수도 있다. 더욱더 다메섹을 지배함으로써 하사엘이 점령했던 모든 요단 동편 땅을 회복하였을 것이다. 이전에 소유했던 넓은 영역을 회복하게 되자 이스라엘은 동지중해에서 가장 크고 유력한 나라가 되었다. 여로보암 2세의 이름이 널리 알려지고 존경을 받게 되었다.

　이스라엘의 지위가 이렇게 놀랍도록 변화한 데에는 적어도 세 가지 요인이 작용하였다. 첫번째는, 이미 언급하였듯이 과거에 우세했던 경쟁자 다메섹이 아닷니라리 3세(Adad-nirari III)의 공격으로 쇠약하게 된 점이다. 두 번째는, 요아스와 여로보암 2세가 유능한 통치자였다는 점으로서 요아스는 유다를 성공적으로 대적하였고(왕하 14:8~14, 대하 25:17~24), 여로보암 2세는 방금 언급한 공적을 이룩하였다. 세 번째는, 이스라엘을 침범했었을 앗수리아가, 북방 우랄투(Urartu) 백성의 위협으로 인한 퇴보, 앗수리아 자체에서의 내부분열, 연약한 통치자의 계승[71] 등으로 다메섹과 같이 쇠약한 시기를 맞았다는 것이다. 이 기간

---

71) 이들은 살만에셀 4세(Shalmaneser IV, 783~773), 앗술단 3세(Asshur-dan III, 773~754), 앗술니라리 5세(Asshur-nirari V, 754~746)

동안 앗수리아는 자기가 차지했던 유브라데스 서편의 모든 땅을 거의 잃게 되었고 멀리 이스라엘의 확장세력을 저지할 수 없었다.

(6) 8세기의 선지자

이스라엘에는 모세 당시 때부터 선지자가 있었다.[72] 이 중 사무엘, 나단, 갓, 아히야, 엘리야, 엘리사 등은 보다 중요한 인물들일 뿐이었다. 다른 많은 사람들도 있었을 뿐 아니라 그들의 영향력은 상당한 것이었다. 이들은 주로 개인의 구체적인 범죄에 대해서, 특히 큰 영향력을 갖고 있는 왕에 대해 말하였다. 그러나 8세기에는 방법상의 변화가 있었다.[73] 하나님의 법에 순종해야 한다는 근본적인 메시지는 마찬가지이지만, 이제 선지자들은 국가적인 차원에서 백성에게 집단적으로 이것을 전달하였다. 또한 죄에 대해서도 개인적인 죄라기보다는 국가적인 죄를 꾸짖었다. 또 많은 선지자들은 그들의 메시지를 말로 할 뿐 아니라 글로 쓰기 시작하였다. 이 결과 구약성경의 중요한 부분을 형성하는 예언서가 생겨나게 되었다.

이 집필하는 선지자 중 세 사람이 여로보암 2세의 재임 기간 중 활동하였다. 한 사람은 앗수리아의 큰 성읍 니느웨(Nineveh)로 파견된 요나(Jonah)였다(왕하 14:25). 그가 그곳에 도착하여 주민들의 회개를 일으킨 때는 방금 언급한 앗수리아의 쇠약 시기로 여겨진다. 번영과 세력의 시기보다는 연약한 시기가 회개하는 데 더 도움이 된다. 그 당시 그곳에는 정치적, 군사적 쇠약뿐 아니라, 일련의 전염병으로 많은 사람이 죽음을 당하였다. 더욱이 주전 763년 6월 15일에 있었던 개기식은 만연된 공포를 더 가중시켰다.[74] 이러한 환경에서 요나가 전달

등이다.

72) 모세는 자기 자신을 선지자라 불렀으며, 자기와 같은 사람들이 일어날 것이라고 예언하였다(신 18:15~22).

73) 요바댜와 요엘은 유다의 선지자로서 이미 9세기 후반에 이런 활동을 하였다.

74) A. T. Oimstead, *History of Assyria*(Chicago: University of Chicago Press, 1923), pp. 169~74.

한 니느웨의 임박한 운명소식은 큰 효과를 가져올 수 있었으며 놀라운 회개가 일어날 만하였다.

다른 두 선지자는 앞에서 언급한 아모스와 호세아이다. 아모스는 유다 백성으로 드고아(Tekoa)의 목자였으나, "여로보암 시대"에 하나님의 경고를 일으키기 위해 북쪽 이스라엘로 보내졌다(암 1:1). 호세아 역시 이스라엘 백성으로 "여로보암 시대"에 예언하였다(호 1:1). 아모스가 웃시야 왕 때 활동한 것에 반해, 호세아는 웃시야, 요담, 아하스, 히스기야 등 유다 왕들[75]의 통치 시에 계속 활동했다고 말하고 있는 점으로 보아 호세아는 아모스보다 약간 늦게 시작한 것 같다. 여로보암 통치 때의 특징인 번영은 향락, 나태, 죄악으로 이끌고 갔는데 이 선지자들은 이 세 가지를 모두 저주하였다.[76] 호세아서의 많은 부분은, 자기의 방탕한 부인으로 인한 결혼의 슬픈 경험을 기초로 하고 있다.

그는 자기 부인의 불충성을 이스라엘이 하나님께 불충성한 것으로 비유하였다.[77]

(7) 스가랴(753, 왕하 15:8~12)

여로보암의 아들 스가랴가, 아버지를 계승함으로써 예후 왕조의 넷째 후손이 왕위에 오르게 되었다. 그러나 그는 6개월 이내에 그의 후계자 살룸(Shallum)에 의해 암살되었으므로[78] 오래 다스리지 못했다. 그가 단과 벧엘에서의 여로보암의 숭배를 계속하였다는 것 이외에 그

---

75) 이것은, 그가 웃시야의 재임 언제부터 시작하여 히스기야 왕 어느 때까지 계속 활동하였느냐에 따라, 최소의 25년 기간이 1세기가 넘는 최대의 기간으로 연결될 수 있음을 의미한다.

76) 아모스 2:6~8; 5:10~12; 6:1~8; 8:4~6; 호세아 2:14~23; 4:1~6, 13~19; 7:4.

77) 호세아 2:2~13; 3:1~5. 이스라엘이 하나님께 불충성한 점은, 이 당시의 연대로 여겨지는 사마리아의 패각에서도 증명된다(참고, 앞의 주 27). 이 패각에 쓰여진 이름의 상당수가 "바알"이라는 용어와 융합되었는데, 이것은 예후가 그 땅에서 몰아낸 이방 신들에 대해 아직도 큰 충성을 보이고 있음을 의미한다.

78) 아모스의 예언과 부합한다(7:9).

에 관한 내용은 아무것도 없다. 암살음모가 계획되어 성공적으로 추진된 것을 보면 그는 아마 아버지만큼 유능하지 못한 것 같다.

5. 이스라엘의 쇠퇴
(752~722, 왕하 15:13~17:41)

여로보암 2세의 시기는 북방 이스라엘의 찬란한 시기였다. 그의 아들이 죽자 이스라엘은 지위와 세력에 있어서 급격하게 쇠퇴하였다. 이 쇠퇴시기는 주전 722년 앗수리아의 전쟁용 무기 앞에 사마리아 성이 무너짐으로써 종말을 고하게 되었다.

(1) 살룸(주전 752, 왕하 15:13~15)

살룸은 스가랴를 죽이고 왕으로 선언함으로써 이스라엘의 6대 왕조를 세웠다. 그러나 한 달을 통치했을 때, 스가랴의 군대장관이었던 므나헴(Menahem)이 그를 죽임으로써 보복하였다. 살룸에 대한 기록은 이이상 없다.

(2) 므나헴(752~742, 왕하 15:16~22)

이제 므나헴이 이스라엘의 왕이 되자 7대 왕조가 세워지게 되었다. 그는 총 10년간 다스렸다. 그는 사마리아에서 살룸을 죽일 당시 "디르사"에서 왔다고 되어 있다(왕하 15:14). 이 말은 그가 아마 여로보암 2세의 임명으로 디르사[79]에서 권력을 잡고 있었을 것이라는 것을 의미한다. 따라서 그가 살룸을 죽일 때는, 왕권을 잡으려는 자기의 이익뿐 아니라 스가랴의 죽음에 복수하려는 뜻이 있었을 것이다. 그러나 왕이 된 후 딥사(Tiphsah)[80]에 올라가 많은 사람을 죽인 것을 보면,

---

79) 같은 13장 앞 부분을 참고하라.
80) 위치는 불분명하다. 유브라데스의 서쪽 강둑에 위치한 답사쿠스(Thapsacus)로 관명이 제기되었으나, 이 이야기는 부합하지 않는다. 이 성

그 성 사람들이 이러한 모반을 반대했을 가능성도 있다.

므나헴 통치 기간 동안 앗수리아의 세력이 다시 한번 지중해 국가들에게 미치게 되었다. 아마 앗수리아에서 가장 유력한 통치자였던(바로 전의 선임자들과 뚜렷이 대조된다) 디글랏빌레셀 3세(Tiglath-pileser III, 745~727)가 이제 왕위에 올라 앗수리아의 제국적 지위를 회복하였다. 그는 유브라데스를 건너 서쪽으로 진출하기 이전에 먼저 남쪽으로 바벨론과 북쪽으로 우랄투(Urartu)로부터 성공을 거두었다. 그는 서쪽 방면에도 성공적이었는데, 정복을 해가면서 이전의 통치자와는 다른 정책을 수립하였다. 이전의 왕들은 임시적인 지배와 공물의 수납으로만 만족하였기 때문에 끊임없는 반란을 초래하였다. 디글랏빌레셀은 정복한 땅을 앗수리아령으로 통합시키고, 반란을 일으킬지도 모르는 본국의 통치자를 추방시켰다. 이 정책이 효력을 보게 되자 그 후계자들도 이를 답습하였다.

디글랏빌레셀의 주전 743년 원정[81]은 이스라엘까지 미치게 되어, 므나헴이 휘말리게 되었다.[82] 그는 아직 이 지역을 자기의 영토로 통합시킬 수는 없었지만 므나헴으로부터 정확한 공물을 취하였다.[83] 총 부과된 양으로 은 1,000달란트를 거두어 갔는데, 므나헴은 인두세(head-tax)라는 명목으로 그 나라 "부유한 자"에게 각각 50세겔씩 징수하여

읍은 사마리아에서 그리 멀지 않았다.

81) 이 원정의 연대는 가끔 주전 738년으로 주어지지만, 티에레(Thiele)는 디글랏빌레셀 3세의 기록을 자세히 연구한 토대로 주전 743년을 강하게 주장하고 있다(참고. Thiele, *MNHK*, pp. 94~115: M. Unger, *Israel and the Aramaeans of Damascus* 〈London: James Clark & Co., Ltd., 1957〉, p. 97).

82) 디글랏빌레셀은 같은 해 유다 왕 웃시야(아사랴)가 이끄는 북서쪽의 동맹과 대결하였다. 다음 장을 참고하라.

83) 디글랏빌레셀은 공물을 바친 다른 왕으로서, 훔무(Hummuh)의 키스타스피(Kishtashpi), 다메섹의 르신, 두로의 히람, 쿠이(Kue)의 우릭키(Urikki), 갈그미스(Carchemish)의 피시리스(Pisiris), 구르굼(Gurgurn)의 탈후라라(Tarhulara), 멜리드(Melid), 술루말(Sulumal) 등을 기록하고 있다(참고. *ANET*, p. 283: *DOTT*, pp. 54~55).

충당하였다.[84] 므나헴은 이 공물수납으로써 "자기 손으로 왕국을 굳게 세울 수" 있었으나 앗수리아 왕의 봉신이 된 것이었다(왕하 15: 19~20).

(3) 브가히야(742~740, 왕하 15:23~26)와 베가(752~732, 왕하 15:27~31)

므나헴이 죽자 그의 아들 브가히야가 그를 계승하였다. 그러나 2년을 다스렸을 때 군대장관인 베가(Pekah)가 사마리아 궁전에서 그를 암살하고 왕위에 올라 이스라엘의 8대 왕조를 세웠다. 베가는 20년을 다스렸다고 전해진다. 그러나 연대기적인 상호관계를 볼 때, 이 20년은 이전의 므나헴과 브가히야의 통치 기간을 포함한 것으로 나타난다. 베가의 마지막 해는 분명히 주전 732년[85]인데, 그러면 20년의 통치시작은 주전 752년, 곧 므나헴이 즉위한 해가 되는 것이다. 이로 보면 베가의 단독 통치로는 8년만이 남게 된다. 티에레(Thiele)가 제기하는 설명으로는, 베가가 요단 강 건너 길르앗에서 므나헴과 브가히야를 대적하여 이미 다스려 오다가 충분한 용기와 지지를 얻은 후 50명의 길르앗 사람과 함께 요단 강을 건너와 브가히야를 죽이고 왕위를 차지했다는 것이다.[86] 이것이 옳다면, 그의 첫 12년은 므나헴과 브가히야에게

---

84) 한 달란트를 3,000세겔로 친다면, 6만 사람들이 징수되었을 것이다. 총합계로 100만 달러가 족히 넘었다(참고, M. Unger, *op. cit.*, p. 175, n. 58).

85) 열왕기하 15:30과 열왕기하 17:1에 보면, 베가의 마지막 해, 호세아의 첫 해, 유다 왕 아하스의 12년, 그리고 유다 왕 요담의 20년이 모두 같은 해로 나와 있는데, 이러한 유다 왕의 상호관계로써 주전 732년이 된다. 또한 디글랏빌레셀의 언급에서도 결정이 되는데(참고, *DOTT*, p. 55). 그는 734~32년의 사방 원정 동안에 베가를 추방하고 그 자리에 호세아를 앉혔다고 말하고 있다. 유다의 아하스와 요담 참 연대로는 다음 장을 참고하라.

86) Thiele, *MNHK*, p. 124f. ; H. G. Stigers, "The Interphased Chronology of Jothan, Ahaz, Hezekiah, and Hoshea," *BETS*, 9 (Spring, 1966), pp. 84~86. 이러한 설명을 뒷받침하는 이유로는 ① 베가가 브가히야를 죽일 당시 그는 길르앗 사람들을 데리고 있었다(왕하 15:25).

주권을 인정받으면서 길르앗만을 다스린 것으로 된다. 베가가 어떻게 브가히야 밑에서 "장관"으로 불려지게 되었는지는 이것으로 설명이 된다(왕하 15:25). 엉거(Unger)는 므나헴의 인두세(head-tax) 징수 결과로 이스라엘 안에 반 앗수리아 파가 형성되었을텐데, 이것이 베가의 혁명을 수월케 했다고 지적한다.[87] 이러한 지적은, 베가가 사마리아에서 왕이 되었을 때 강력한 반 앗수리아 위치를 고수하고, 이 큰 동쪽 세력에 대항하여 다메섹의 르신과 연합한 사실과도 잘 부합한다.

베가의 단독 통치 6년인 주전 734년에, 디글랏빌레셀 3세는 이 반역적인 동맹을 진압하고자 서쪽으로 돌아왔다. 유다 왕 아하스는, 베가와 르신에게 예루살렘이 포위당하자 이 왕에게 도움을 요청한 것이다(대하 28:5~8; 사 7:1f). 이 두 동맹은 아하스로 하여금 그들의 반역에 함께 가담하도록 강요하였는데, 아하스는 이에 응하지 않고 대신 앗수리아 왕에게 도움을 요청했다.[88] 디글랏빌레셀은 곧 이를 응낙하고 그의 유명한 734~732년 원정을 단행하게 되었다.[89] 그는 먼저(734) 지중해 연안으로 내려와 블레셋 땅의 성읍, 특히 가사(Gaza)를 굴복시킴으로써 애굽 원조의 가능성을 막아버렸다. 그후(아마도 733) 그는

---

② 므나헴에게 암살당한 살룸은 "야베스의 아들"이었는데(왕하 15:13), 이것은 살룸이 야베스에게 암살당할 당시 야베스 길르앗 지역이 므나헴 대신 베가를 지지하였을 것이라는 배경을 암시한다. ③ 므나헴은 "자기 손에서 왕국을 굳게 세우고자 하여" 디글랏빌레셀에게 공물을 바쳤다고 전하는데, 이것은 자기 손에서 왕위를 뺏고자 하는 베가와 같은 적수가 있었음을 암시한다. ④ 베가가 이전에 사마리아에 있는 왕권을 감히 찬탈하지 못한 것은, 므나헴이 공물을 바침으로써 디글랏빌레셀의 지지를 얻었다는 관점과 부합한다. ⑤ 베가가 사마리아의 정권 찬탈 직후에 다메섹 왕 르신과 우호관계를 유지했다는 것은, 다메섹 근처의 길르앗만을 다스릴 때 이미 길르앗-다메섹 동맹을 했었다는 설명을 가능하게 한다.

87) M. Unger, *op. cit.*, p. 99.
88) 참고, 14장.
89) *ANET*, pp. 283~284(참고, Luckenbill, *Ancient Records of Assyria and Babylonia* 〈Chicago: University of Chicago Press, 1926〉, I, Secs. 777~779).

이스라엘로 행군하여 갈릴리 건너 모든 성읍[90]을 파괴시키고 많은 사람을 포로로 잡았다(왕하 15:29). 마지막으로 그는(732) 다메섹으로가 나라를 파괴시키고 수도를 포위하였으며 르신 왕을 처형하였는데 이것이 아마 처음부터 그의 주요 목표였던 것 같다. 디글랏빌레셀은 이스라엘 왕 베가를 죽이지 않았는데, 그것은 호세아가 이 앗수리아 왕으로부터 호감을 얻기 위해 대신 그를 죽이고 왕위를 계승했기 때문이었다.

그러나 이 앗수리아 왕은 자기가 호세아를 이스라엘 왕위에 앉혔다고 주장하고 있다(왕하 15:30).[91]

(4) 호세아(732~722, 왕하 17:1~6)

호세아가 베가를 죽이고 왕위에 앉게 되자, 이스라엘의 9대 왕조 곧 마지막 왕조가 세워지게 되었다. 호세아가 즉위할 당시의 이스라엘은 이제 큰 나라가 아니었다. 앗수리아가 북방(갈릴리)과 요단 동편을 점령하여 앗수리아 영토[92]로 통합해 버리자, 호세아에게는 요단 서쪽의 산지만이 남게 되었다. 호세아 자신도 봉신에 불과했다. 여로보암 2세 당시의 영광은 더 이상 존재하지 않았다. 그러는 중에도 호세아는 앗수리아에 대해 단지 편리를 위해 수그릴 뿐 다시 한번 반란을 일으키고자 하였다. 이 반란은, 디글랏빌레셀 뒤를 이어 그 아들 살만에셀 5세(727~722)가 계승하자마자 일어났다. 호세아는 어리석게도 애굽과 손을 잡았는데 그 당시 애굽은 미약하고 분단된 상태로서 호세아에게 필요한 도움을 줄 수 없었다. 이렇게 연합한 호세아는 앗수리아에 공물을 바칠 것을 거절하였다.

---

90) 탐사를 해보면 이러한 파괴흔적이 나타나는데, 특히 레벨 3세(Level III)인 므깃도(Wright, *BAR*, p. 164)에서 그리고 레벨 2세(Level II)인 하솔에서는 베가(Pqh)의 이름이 새겨진 껍질이 발견되었다(Yadin, *BA*, 19〈Feb., 1956〉, pp. 2~11; 20〈May, 1957〉, pp. 34~47; 21〈May, 1958〉, pp. 30~47; 22〈Feb., 1959〉, pp. 2~20).

91) 참고, *ANET*, p. 284.

92) 다메섹 지역도 이와 비슷하게 통합되었다(참고, Bright, *BHI*, pp. 257~58).

주전 724년 살만에셀 5세가 이스라엘에 진군하게 되었다(왕하 17: 3~6). 이에 호세아는 밀린 공물을 들고 마중나갔으나 이로써 앗수리아 왕을 만족시킬 수는 없었다. 호세아는 곧 포로로 잡혔고 살만에셀은 사마리아로 건너가 수도를 포위하였다. 그는 이스라엘 왕이 포로로 잡혔으니 이 성이 곧 무너질 것이라 예상하였지만 그 성은 강력히 저항하였다. 이 포위는 724년부터 722년까지[93] 계속되었다. 그러나 마침내 사마리아 성은 어쩔 수 없이 무너졌고, 주권 국가로서의 이스라엘은 종말을 고하게 되었다.[94]

6. 앗수리아의 속국

사마리아 성이 무너지자 앗수리아 총독이 그 땅에 오게 됨으로써 요단 서편의 이스라엘도 역시 주(Province)로 편입되었다. 많은 이스라엘 사람들이 최후의 몰락 이전이나 또는 그 당시 앗수리아에 포로로

---

93) 호세아 재임 7년부터 9년까지 계속된 것에서 드러난다(왕하 17:6; 18:6~10). 좀더 정확히 말해서 호세아의 즉위 연도를 732/731로 본다면 포위연도는 725/724부터 723/722까지이다(참고, Thiele, MNHK, pp. 141f). "3년"으로 나타난 것은(17:5; 18:10), 1년 전체와 그 전후 연도의 약간을 포함한 것이다. 이것은 최소한 14개월 동안 계속되었음을 의미한다.
94) 살만에셀 5세의 후계자인 사르곤 2세는 자기가 사마리아 성을 무너뜨렸다고 주장하나(참고, ANET, pp. 284~85; DOTT, pp. 58~63), 몇 가지 이유로 보아 이것은 하나의 허풍이고, 살만에셀이 계속 다스렸다고 볼 수 있다. 즉, ① 열왕기하 17:1~6에 살만에셀이 사마리아를 점령했다고 나와 있다. ② 사르곤의 초기 언급은 사마리아 점령에 관한 것이 아무것도 없으며, 단지 그의 재임 15, 16년의 콜사바드(Khorsabad) 원본에만 나와 있는데 이는 그의 공적을 나타내기 위한 것이었다. ③ 사르곤은 주전 722년 12월까지 집권을 시작하지 않았는데, 이때는 9개월 전에 끝나버렸을 호세아 9년이 되기에는 너무 늦은 때이다. 참고, A. T. Olmsteal, "The Fall of Samaria," AJSL, 21(1904~05), pp. 179~82; Thiele, MNHK, pp. 141~47; Unger, op. cit., pp. 106~08; H. Tadmor, "The Campaigns of Sargon II of Assur: A Chronological-Historical Study," JCS, 12 (1958), p. 39.

잡혀갔고,[95] 그 대신 상류층의 외국인들이 들어오게 되었다.[96] 이 인구 혼합 정책은 종속된 백성들의 반란을 줄이기 위한 수단으로 디글랏빌레셀 3세가 제정한 것이었다. 물론 이것은 이스라엘 속에서 이 목적을 달성시킨 동시에 또한 종교적인 폐해를 가져왔다. 이 외국인들은 자기 나라의 신 개념과 예배방식을 가져왔다. 이로 인해 거짓신과 참여호와가 동시에 숭배되는 다신종교를 초래하였다(왕하 17:29~41). 이 인구 혼합 정책은 또한, 그 땅에 많이 남아 있는 이스라엘 사람과 숫자가 적은 외국인 사이의 혼합결혼을 가져왔다. 이 결혼에 의한 후손들은 사마리아인(Samaritans)으로 불려지게 되었다.

7. 요 약

이스라엘은 931년부터 722년까지 약 2세기 동안 국가로 존재하였다. 제 9왕조에서 19명의 왕이 집권하였다. 8명의 왕은 암살당했거나 자살하였다. 이들은 금송아지로 대체된 예배를 드렸거나 아니면 더 사악한 바알 제단을 섬겼기 때문에 하나님께서 선하다고 인정한 왕은 하나도 없었다. 오므리 가문에게는 바알-멜칼트(Baal-Melqart)를 섬기는 죄에 관해 엘리야와 엘리사를 통해 경고를 하였다. 이러한 경고를 주의 깊게 듣지 않자 징벌을 받게 되었는데, 첫째로 예후에 의한 오므리 가문의 진멸이 있었으며 그리고 다메섹의 아람 사람들 앞에서 이스라엘의 비참한 모욕이 있었다. 여로보암 2세의 번영 시기 동안에는 물질적인 풍요에 관계된 사악함으로 인해 예후 가문에게 아모스와 호세아를 통해 다시 한번 경고가 주어졌으나 백성들은 역시 청종치 않았다.

두 번째로 하나님은 앗수리아에 국가적인 모욕을 허락하셨다. 이러

---

95) 사르곤은 27,290명으로 적고 있는데, 이것이 정확한 것이라면 분명 사마리아 몰락 이후에 잡혀간 것이다. 이보다 많은 사람들이 디글랏빌레셀(Tiglath-Peleser)과 살만에셀에 의해 붙잡혀 갔다.

96) 열왕기하 17:24에 의하면 이들은 앗수리아 본토에서 널리 퍼져 있는 "바벨론(Babylonia), 구다(Cuthah), 아하(Avva), 하맛(Hamath), 스발와임(Sepharvaim)" 등에서 들어왔다.

한 모욕은 사마리아 성이 무너졌다고 해서 끝난 것이 아니었고 이스라엘이 주권을 잃게 된 것이었다. 이스라엘은 회개할 기회를 받았음에도 불구하고 회개하지 않았다. 하나님의 분노가 이스라엘에게 떨어지게 되었다.

제14장

유다 왕국

[열왕기상 14:21-15:24; 22:41-50;
열왕기하 8:16-29; 11-25장; 역대기하 10-36장]

유다 왕국은 이스라엘과 같은 시대에 있었으나 1세기 반 가량 더 존속하였다.

1. 이스라엘과의 투쟁 기간
(931~870, 왕상 14:21~15:24; 대하 10~16장)

북방 지파와의 분리 이후 르호보암에게 맡겨진 나라는 주로 유다 지파로 구성되었다. 르호보암은 다윗이 헤브론에서 처음 왕이 되었을 때 맡았던 지역과 근본적으로 같은 지역을 맡게 되었다. 아히야가 이러한 분리에 대해 처음 여로보암에게 말했을 때는, 오직 한 지파만이 솔로몬 후손에게 충성하리라고 말하였다(왕상 11:31). 그러나 동시에 그는 여로보암이 다스릴 지파의 상징으로서 열 두 조각의 옷 중 열 부분만을 주었는데, 이는 또 한 지파가 유다에게 포함되리라는 것을 의미한다. 여기에 포함된 또 한 지파는 바로 베냐민 지파로서 베냐민은 처음에 북방 지파에 충성했었다(왕상 12:20). 역사적으로 볼 때 베냐민은 항상 북방 집단에 속했었다.[1] 그러나 이제는 르호보암[2]을 따르게 되어 계속적으로 남방 국가의 한 부분으로 언급되었다.[3] 어떻게 이런 변화가 오게 되었는지 나타나 있지는 않지만, 아마도 르호보암이 위협이나 또는 유도정책을 사용하면서 자기 손에 넣으려고 압력을 가했던 것 같다. 결국 예루살렘이 베냐민 경계에 정면으로 놓여 있었는데, 이 예루살렘과 새 북방국가 사이에는 어떤 완충 지대가 절실히 필요하였다. 여호수아는 시므온 지파에게, 유다 지역 속에 있는 18성읍을 주었는데 이 시므온 지파에 관해서도 의문이 생긴다(수 19:1~9; 대상 4:28~33). 이들은 왜 남방국가에 포함되지 않았을까? 이 해답은, 왕국이 분리되기 이전에 많은(아마도 대부분의) 시므온 사람들이 북쪽의 에브라임과 므낫세 그 중에서도 아마 북방 므낫세 지역으로 이동했다는 데에서 찾을 수 있다. 역대기하 15:9과 34:6에는 시므온이 에브라임과 므낫세와 같이 언급되고 있는데, 당시(아사 왕 시대와 그 이후) 이 세 지파가 지리적으로 연합된 것을 암시하는 것 같다.[4]

---

1) 베냐민은 이스보셋이 통치한 지파 중에 포함되었다(삼하 2:9). 또한 압살롬의 죽음 이후 다윗이 예루살렘으로 돌아올 당시 반역을 일으킨 사람은 베냐민 지파인 세바였다(삼하 20:1~22).

2) 그러나 아마도 르호보암의 지배는 베냐민 전 지역으로 확대하지 않았다. 여로보암이 종교 중심지로 정했던 벧엘은 에브라임 지역에 있기는 하지만(대상 7:28), 베냐민과 에브라임 사이의 경계선에 있었으며(수 18:13), 후에 바아사는 예루살렘에서 북쪽으로 4마일밖에 안되는 베냐민 땅 안의 라마(Raamah)를 요새화할 수 있었다(대하 16:1). 아마 실제적인 경계가 때때로 이동했던 것 같다.

3) 한 예로 열왕기상 12:21~23; 역대기하 11:1, 3, 10, 12, 23; 14:8; 15:2, 8, 9 등.

4) 역대기하 34:6에는, 멀리 북방의 납달리가 시므온과 연합되었다고 말함으로써 보다 구체적으로 북방 므낫세에 위치한 것을 암시하고 있다. 시므온이 이동하게 된 근거는, 다른 모든 지파들이 지역을 할당받은 것에 비해, 오직 성읍만을 할당받은 시므온의 초라한 상황에 있다. 이 초라한 위치는, 시므온이 이스라엘 가운데 흩어지게 될 것이고 적은 숫자만이 가나안에 들어갈 것이라는 야곱의 예언과도 분명 관계가 있었다(가장 작은 지파로서 22,000명이었다. 참고. L. J. Wood, "Simeon, the Tenth Tribe of Israel." Theolog, 4〈Fall, 1966〉, pp. 6~10).

(1) 르호보암(931~913, 왕상 14:21~31; 대하 10~12장)

　르호보암은 41세에 왕이 되어 17년간을 다스렸다. 그는 자기 할아버지 다윗과 같지 않아 하나님 앞에서 악을 행하였다. 그는 솔로몬 후기 시대의 종교적인 타락으로부터 많은 영향을 받았다. 르호보암은 산당(bamoth)과 우상(masseboth)과 아세라 목상('asherim)을 세웠으며 그 땅에 남색하는 자(qadesh)를 허락하였다(왕상 14:23~24).

　이러한 배반은 다윗이 그 땅에서 거의 없애버렸던 가나안 종교로의 일부 복귀를 의미한다. 이러한 르호보암의 복귀는 가나안 종교 추종자들의 압력으로 생겨났는데, 이들은 그들과 동조적인 르호보암 재임 때까지 침묵을 지켜왔었다. 사사 시대에 가나안 종교가 있음으로 해서 하나님이 축복을 내리지 않으셨는데, 르호보암은 그러한 것을 깨달아야 했었다.

　① 여로보암으로부터의 성공(왕상 14:30; 대하 11:5~13)
　르호보암은 두 개의 주요 적, 곧 이스라엘의 여로보암과 애굽의 시삭으로부터 군사적인 접전을 맞게 되었다. 여로보암과의 전투는 성공적이었으나 두 번째 시삭한테는 비극적인 참패를 당함으로써 종교적인 결함으로 인한 하나님의 징계를 받은 셈이었다.

　르호보암은 여로보암과 계속 대적하였다고 나와 있다(왕상 14:30). 이러한 갈등이 전쟁으로 드러날 정도로 격심했는지는 알 수 없지만, 하나님께서는 그러한 것을 금지하셨다(대하 11:1~4). 이 투쟁은 특히 베냐민 지역을 둘러싼 경계선 논쟁에서 반복되었다. 르호보암은 완충지대로서 베냐민이 필요하였고, 여로보암은 자연적으로 이 지역을 갖고자 하였을 것이다. 베냐민이 유다에 포함된 점으로 보아 이 논쟁에서는 르호보암이 이긴 것 같다. 이 승리는 여로보암의 경계 수비를 패배시킨 군사적 승리뿐 아니라, 베냐민으로 하여금 남방 국가에 속하도록 하는 심리적 설득에도 성공을 거두었을 것이다. 르호보암은 그 땅 뿐 아니라 백성들의 신임도 필요하였다.

　르호보암은 베냐민을 포함시킨 성공에 맞추어 국가의 수비를 강화하는 노력도 하였다. 그는 과감한 정신을 발휘하여 유다와 베냐민에 위치한 15개의 성읍을 요새화하였다(대하 11:5~10).⁵⁾ 이 방비 성읍들이 주로 예루살렘 남쪽과 서쪽에 위치한 것으로 보아, 북방의 이스라엘보다는 애굽과 블레셋을 염두에 두고 수비를 한 것 같다. 그렇다면 이 방비는 르호보암 5년 애굽의 시삭으로부터 침략을 당한 직후에 이루어진 것이었다.

② 애굽의 시삭에게 패배당함(왕상 14:25~27; 대하12:2~12)

르호보암이 패배를 당한 애굽 왕 시삭 1세(Sheshonq I, 945~924)는 리비아(Libya) 사람으로 애굽의 제 22왕조 창시자였다. 그는 이전에 여로보암이 솔로몬으로부터 도망쳐 왔을 때 피난처를 제공하였다(왕상 11:40). 이제 르호보암 5년에 그는 팔레스틴에서 애굽의 우월성을 과시하려는 강력한 시도를 감행하였다. 시삭은 이 원정에서 자기가 정복한 도시가 150개라고 적고 있다.⁶⁾ 이 도시들은 남방 유다와 한층 밑의 남쪽 에돔에 위치하고 있는데, 이곳에서 시삭은 에시온게벨에 있는 솔로몬의 구리 공장을 파괴한 것 같다. 시삭이 나열한 도시는 아니지만, 드빌(Debir)과 벧세메스(Beth-Shemesh) 역시 이 당시 파괴된 흔적이 있는 것으로 보아 아마 그의 행적인 것 같다. 성경에는 시삭이 예루살렘에서 많은 보화를 가져갔다고 나와 있는데(왕상 14:26; 대하 12:9) 반해, 이 시삭이 유다의 주요 성읍을 언급하지 않은 점이 이상

---

5) 북방의 두 성읍은 본래 단 지파에게 할당되었던 소라(Zorah)와 아얄론(Aijalon)이었다(수 19:41~42). 역대기하 11:10에는 이 15개의 성읍이 유다뿐 아니라 베냐민에도 속했다고 지적되어 있으므로, 이 두 성읍(베냐민 지역에서 가장 가까운 성읍)은 단 지파 사람들이 이주한 후에 베냐민에 흡수된 것이 분명하다(삿 18장).

6) 카르낙(Karnak)에 있는 아몬(Amon) 성전의 남쪽의 벽 외부에 새겨져 있다. 시삭이 아시아인들을 치고 있고, 아몬 신은 성읍들을 상징하는 10열의 포로들을 그에게 주고 있는 장면이 그려져 있다(참고, *ANEP*, fig. 349). 이 번역과 논의 출간 서적으로는 J. Simons, *Handbook for the Study of Egyption Thpographical Lists Relationg to Western Asia* (Leiden: E. J. Brill, 1937), pp. 90~101, 178~86을 참고하라.

하다. 르호보암은 유다 본토의 파괴를 방지하기 위해 이 보물을 시삭에게 공물로써 바친 것 같다. 이것은, 하나님께서 스마야 선지자를 통해 유다 왕에게 하신 약속과도 부합하는 것이다. 이 선지자는 왕에게 나와 왕의 죄로 인해 하나님께서 시삭의 손으로 징벌을 하시리라는 경고를 하였다. 르호보암이 회개하자 하나님께서는 "얼마간의 구원"을 주리라 약속하셨다(대하 12:6~7). 심각한 파멸에서 벗어난 유다의 주요 성읍은, 이 "구원"의 형태가 의미있게 구현된 것이었다.

시삭의 세력은, 앞장에서 언급하였듯이 북방 이스라엘에게도 미쳤다. 시삭이 나열한 많은 도시들은 이스라엘에 속한 도시였다. 이 중의 하나인 므깃도는 승리의 기념으로 시삭의 이름이 새겨져 있는 점에서 파괴의 증거를 보이고 있다. 애굽 군대는 요단 강 건너 길르앗까지 진입하였는데 이곳의 많은 도시들도 기록되어 있다. 이것은 시삭이 넓은 지역을 원정하였고 또 특히 성공적이었음을 의미한다. 그러나 그의 본국이 너무 미약하여 이 지역을 오랫동안 점령할 수는 없었다. 팔레스틴 안에 애굽의 권위를 세우려는 그의 노력은 실현되지 못하였다.[7]

앞에서 언급한 15개의 수비 성읍은, 그 당시 시삭이 방해를 받지 않은 것으로 보아 이 원정 직후에 요새화된 것 같다. 이런 침략의 반복을 막기 위해서 많은 노력이 가했졌을 것이다.

(2) 아비얌(913~911, 왕상 15:1~8; 대하 13:1~22)

르호보암의 아들이자 후계자인 아비얌[8]은 3년간 다스렸다. 그는 아버지의 죄를 계속하였다. 또한 그는 여로보암의 투쟁을 계속하였고 큰

---

7) 그러나 시삭은, 한 때 가사(Gaza)의 남동쪽에 위치한 샤루헨(Sharuhen, 현대의 텔 엘 파라⟨Tell el-Farah⟩)의 요새를 유지하였을 것이다. 이곳에서 발견된 23피트 넓이의 강력한 돌담이 그의 것으로 여겨지는데, 이것이 정확하다면, 그는 이 땅에서의 발판을 삼기 위해 적어도 이 한 성읍에 남아 있으려고 하였을 것이다(참고, Wright, *BAR*, pp. 149~50).

8) 역대기하 13:1f에는 아비야로 나와 있다. 아비얌은 "해상의 아버지"란 뜻이고, 아비야는 "여호와는 나의 아버지"란 뜻이다. 분명 그는 두 가지 이름으로 불리웠다.

성공을 거두었다. 한번은 에브라임 지역의 스마라임(Zemaraim, 벧엘 동쪽 같다) 산 근처에서 주요 전투가 벌어졌다(대하 13:3~19). 아비얌은 적은 군대임에도 불구하고 성공을 거두어 이스라엘의 중요한 종교 중심지인 벧엘까지 지배하게 되었다. 여기에 덧붙여 여사나(Jeshanah)와 에브론(Ephron) 지역까지 포함하였다. 그러나 이러한 점령이 오래가지 않아 그의 아들이자 후계자인 아사(Asa)[9]가 바아사로부터 심한 공격을 당했는데, 바아사는 한때 멀리 남쪽으로 예루살렘에서 4마일밖에 안되는 라마에까지 군대를 주둔시켰다.

(3) 아사(911~870, 왕하 15:9~24; 대하 14~16장)

아사는 41년을 다스렸으며, 남방 왕국에서 처음으로 종교적으로 선한 왕이 되었다. 유다의 19왕 중에서 8명은 하나님 눈에 선하였다고 말해지는데, 이스라엘의 19명 왕이 모두 악하였다고 한 것과 뚜렷이 대조된다. 이것은 유다의 왕 8명이 모두 똑같이 하나님을 기쁘게 했다는 것이 아니라, 각각의 왕들이 모세의 율법에 따라 행동하려 하였고 그 노력을 어느 정도 수행하였다는 것을 의미한다.

① 종교적 행적(왕상 15:11~15; 대하 14:2~5; 15:8~18)

아사 왕의 몇 가지 훌륭한 행적이 나타나 있다. 그는 그 땅에서 남색하는 자(qedeshim)와 우상(gillulim)을 몰아내었다. 그는 그의 어머니(할머니)가 아세라 여신을 위해 우상을 만들었으므로 황태후의 자

---

9) 아비얌과 아사는 그 어머니와 할머니의 이름이 똑같기 때문에(왕상 15:2, 10; 대하 15:16), 어떤 학자들은 이들이 열왕기하 15:8과 역대기하 14:1에 지적되었듯이 아버지와 아들이 아니라 형제지간이라고 믿고 있다. 아비얌의 짧은 3년 통치를 참고하라. 그러나 아비얌은 아들을 가질 만한 나이였다(사실 대하 13:21에 의하면 그는 14명의 부인으로부터 22명의 아들과 16명의 딸을 두었다). 어머니 마아가와 할머니 아비살롬은, 아사에게 있어서는 할머니와 증조 할머니였던 것 같다. 아비얌이 짧은 기간 다스렸으므로 마아가는 황태후로서 치리하다가 우상 숭배로 인해 아사에게 쫓겨났다(왕상 15:13; 대하 15:16, 참고. Albright, *ARI*, p. 158).

리에서 몰아냈다. 애굽 군대를 이기고(아래의 설명) 선지자 아사랴(Azariah)로부터 사기를 얻은 후(대하 15:1~7) 그의 재임 15년에, 그는 하나님과의 언약을 다시 세우기 위해 유다와 베냐민 사람을 불러 모았는데 여기에는 또한 에브라임, 므낫세, 시므온의 이스라엘 사람들도 포함되었다. 최근의 전투에서 노략하여 온 소 700마리와 양 7,000마리를 번제로 드렸다. 그는 또한 성전에 새로운 물품을 더 장비하고 하나님의 제단을 다시 세웠다. 그러나 그는 이전 가나안 사람의 산당을 제거하지 않았다. 아사는 그의 말년에 이르러 하나님 눈에 들지 못했다. 그가 자만심을 갖게 된 것 같다. 이것은 자기를 꾸짖었다고 하여 선지자 하나니(Hanani)를 투옥시킨 데에서 증명된다. 또한 발에 병이 들었을 때 하나님을 의지하지 않고 의원들을 의지한 데에서도 증명된다(대하 16:12).

② 애굽에게 승리하다(대하 14:9~15)

아사 왕은 두 번의 외국 전투를 겪었다. 첫번째는 애굽과의 전투였는데 빛나는 승리를 거두었다. 에디오피아로부터 세라(Zerah)가 애굽 군대를 이끌고 왔는데 그는 애굽 왕 오사르콘 1세(Osarkon Ⅰ, 914~874)[10]의 군대장관인 것 같다. 그는 시삭이 사루헨(Sharuhen)에 세워놓은 애굽 전초기지에서 이미 지휘관으로 복무했던 것 같다. 세라의 원정이 아사 왕 15년에[11] 있었다고 본다면, 시삭의 원정 이후 대략 30년이 경과한 셈이었다. 세라의 공격은 사루헨 지역, 구체적으

---

10) 어떤 이들은 세라(Zerah)를 O(serak)hon으로 보고 있는데 두 사람 이름의 근본적인 차이점으로 보아 옳지 않은 것 같다. 세라는 바로(Pharaoh) 왕으로 불리지 않고 있으며, 오사르콘은 에디오피아 혈통이 아니라 리비아 혈통이다(참고, G. Ricciotti, *The History of Israel* 〈2d trans. ed.: Milwaukee: Bruce Publishing Co., 1958〉, I. p. 359).

11) Thiele, *MNHK*, pp. 57~62가 주장한 것이다. 그의 논리는, 역대하 16:1의 "36년째 해"라는 연대가 아사 왕의 단독 임기라기보다는 당시 유다 역사의 기간을 뜻하는 것이라고 믿는 점에 근거한다. 그는 Albright, "The Chronology of Divided Monarchy," *BASOR*, 100(Dec., 1945), pp.16~22에 반대하는 설득력 있는 논리를 펴고 있다.

로 마레사(Mareshah)[12]와 그랄(Gerar) 지대에서 시작되었다. 아사 왕이 하나님께 도움을 구하였으므로, 큰 군대를 멸하고 많은 전리품을 얻을 수 있었다.

③ 이스라엘에 대한 자만심(왕상 15:16~22; 대하 16:10)

아마 이 성공으로 인하여, 이제 아사 왕은 여태까지 보여왔던 하나님 신앙으로부터 돌아서 자만심을 갖게 된 것 같다. 두 번째 외국과의 전투가 일어났을 때 이러한 심경의 변화가 나타난 것은,[13] 적어도 그 다음 해 곧 아사 왕 16년이었다.[14] 두 번째, 이 투쟁은 이스라엘 왕 바아사와의 갈등이었는데 그것은 성격상 군사적이라기보다는 경제적인 것이었다. 바아사는 남북 예루살렘 교통로를 이룩할 수 있도록 예루살렘에서 북쪽으로 4마일 되는 라마(Ramah)를 요새화하기 위해 유다의 북방 경계선을 침투하였다. 아사 왕은 이에 대한 보복으로서 하나님께 조언을 구하기보다는 자기 판단에 의지하여 다메섹의 벤하닷 1세에게 도움을 청하였다. 막 세력을 회복한 벤하닷은 기꺼이 응하여 이스라엘에게 힘을 과시하였다. 그가 바아사의 북방 성읍을 공격하자 이스라엘은 할 수 없이 라마에서 물러나 자기 지역을 보호할 수밖에 없었다. 대신 아사 왕은, 바아사가 라마에 모아놓은 물품을 가지고 게바(Geba)와 미쓰바(Mizpah)의 수비를 강화하는 데 사용하였다.[15] 이러한 행동

---

12) 마레사는 현대의 텔 산다한나(Tell Sandahannah)로 판명되는데 그 일라(Keilah)와 악십(Achzib) 근처였다(수 15:44; 미 1:14~15). 북쪽으로 2마일 안되는 곳에 베이트 구브린(Beit Guvrin)이 있다.

13) 그러나 아사 왕이 하나님과의 언약을 갱신하기 위해 예루살렘에 백성들을 모은 것은 이 두 가지 투쟁 사이였다는 것을 깨달아야 한다.
사실 그때 번제로 드린 소 700마리와 양 7,000마리는 대개가 노략하여 얻은 것이었는데 분명 이 일은 전투 때 나타난 하나님의 은총에 감사하는 마음에서 이루어졌다. 그러나 이런 좋은 뜻에도 불구하고 아사는 성공의 결과로 인해 무의식으로 자만심을 얻게 되었을 것이다.

14) Thiele의 연대를 기초한 것이다(MNHK, pp. 59~60).

15) 아사 왕은 베냐민의 북방 경계를 재건한 것 같다. 그가 요새화 한 게바는, 이후 요시아 재임 시 북방경계 근처에 있던 것으로 언급되고 있다(왕하 23:8). 이 위치로는 10장 주 24, 미쓰바의 위치로는 9장 주 82를 참고하라.

이 현명하였다고 여긴 아사 왕은 하나님을 의지하지 않고 자기 자신을 의지한 데에 대해 선지자 하나니가 꾸짖게 되자 도리어 노여움을 나타내었다. 이 선지자는 말하기를, 이로 인해서 유다는 아사 왕이 생각하듯 진정한 혜택을 얻은 것이 아니라 외세의 의무 밑에 들어가 더 많은 갈등을 갖게 될 것이라고 하였다. 하나니 선지자가 말한 뜻은, 아사 왕이 하나님을 의지하였다면 이전에 애굽의 세라를 이긴 것같이(대하 16:8~9) 바아사를 이길 수 있었고 또 그 나라도 이러한 불리한 관계에 휘말리지 않았을 것이라는 내용이었다.

2. 이스라엘과의 동맹 시대
(873~835, 왕상 22:41~50;
왕하 8:16~29; 11:1~16; 대하 17:1~23:15)

다음 세대는 북방 이스라엘과의 좋은 관계로 나타난다. 이전 시대의 특징이었던 투쟁은 이제 끝나게 되었다. 이스라엘은 이때 오므리 가문 시대였고 이 두 나라 사이에는 평화가 오게 되었다. 앞장에서 언급하였듯이 조약이—유다에게는 종교적인 악을 가져왔지만—맺어졌다. 이 기간에 마지막으로 유다를 다스린 아달랴는 실제로 오므리의 아들인 아합의 딸이었다.

(1) 여호사밧(873~848, 왕상 22:41~50; 대하 17~20장)

아사의 아들이자 후계자인 여호사밧은 25세 때 왕이 되어 35년간 다스렸다. 이 중 3년은 아버지와의 섭정 기간이었다.[16] 아사 왕은 다리에 심한 병을 앓게 되어, 제대로 일을 할 수 없었으므로 대신 아들로 하여금 활동하게 했을 것이다. 그는 자기 아들을 자기와 함께 실제적인 왕으로 선포하였다. 이것은 솔로몬과 다윗의 짧은 공동통치 이후 유다나 이스라엘에게 있어 첫번째 섭정이었다. 이스라엘이 이러한 섭정을 사용한 것은 1세기 이상이나 더 뒤였다.[17]

---

16) 참고, Thiele, *MNHK*, pp. 64~66.

용한 것은 1세기 이상이나 더 뒤였다.[17]

① 훌륭한 종교행적(왕상 22:43, 46: 대하 17:3~9: 20:3~35)
종교적으로 볼 때, 여호사밧은 유다에서 두 번째로 선한 왕이었다. 그는 아버지의 발자취를 따라 그 땅에서 바알 제단을 없앴으며 또한 산당(bamoth)을 어느 정도 제거하기도 하였다.[18] 그는 또 레위인과 다른 사람들에게 특별명령을 내려 유다 전체에 "율법서"를 가르치게 하였다. 처음부터 제사장과 레위인의 주요 임무는 가르치는 일이었지만[19] 해이해져 있었다. 여호사밧은 백성들이 하나님의 법을 준수하자면 먼저 가르침을 받아야 한다는 것을 깨달았다.

여호사밧의 훌륭한 신앙은 모압, 암몬, 에돔 동맹에게 공격을 당한 것에서 잘 나타난다(대하 20:1~30). 이러한 침략을 알게 된 여호사밧은 실망하지 않고, 예루살렘에 금식과 기도의 시간을 선포하였다.

하나님께서는 이 기도를 응답하시고 한 선지자를 통해 승리를 약속한 말씀을 하셨다. 여호사밧의 군대가 노래하는 레위인을 앞세우고 적진으로 갔을 때, 적군은 서로 자기들끼리 싸움을 일으켜 죽이고 있었다. 그리하여 유다의 군대는 그 죽은 자들의 물품을 가져오기만 하면 되었다.

② 강력한 통치자(대하 17:10~19)
이런 사건에서 볼 때, 여호사밧을 약한 군대를 거느린 연약한 통치자로 간주해서는 안될 것이다. 사실 그는 5대대의 강력한 군대를 소유하였는데, 이중 3대대는 유다에서, 2대대는 베냐민에서 구성하였다. 여호사밧은 또한 본국의 수비강화에도 신경을 써서 요새와 국고성을

---

17) 요아스(Jehoash) 재임 말경(참고, 13장).
18) 열왕기상 22:43과 역대기하 20:23에는 산당이 제거되지 않았다고 나와 있으나 역대기하 17:6에는 제거되었다고 되어 있다. 아마도 잘 알려진 산당은 제거되었지만, 대중들이 숭배하는 많은 산당은(왕상 22:43) 제거되지 않은 상태인 것 같다.
19) 참고, 8장.

건축하였다. 그의 세력은 외국에 알려지게 되었고 다른 나라들은 그와 대항하여 전쟁하기를 두려워하였는데, 아마도 위에서 언급한 3개국의 침략 사건이 그렇게 만든 것 같다. 블레셋과 아라비아인들은 귀중한 예물을 가져옴으로써 좋은 관계를 유지하려 하였다.

③ 재판 규정(대하 19:4~11)

여호사밧은 그 땅의 재판 절차를 개선하는 조처를 취하였다. 그가 취한 개혁의 성질로 보아 모세 율법에 나와 있는 많은 문제들이 해이해져 있던 것 같다. 여호사밧은 하나님이 정한 규례를 다시 회복할 것을 요구하였다. 그는 중요한 성읍에 재판관을 임명함으로써 지방재판을 만들고(합법적으로 규명된 것이다. 신 16:18; 19:12; 21:18f; 22:13f) 그들로 하여금 모든 재판을 공정히 하도록 촉구하였다. 그는 또한 제사장과 레위인, 족장들을 임명하여 예루살렘에 있는 중앙재판소에서 일하게 하였다(신 17:8~13에 규명된 것). 여기에서 다루어지는 문제가 종교문제일 때는 대제사장인 아마랴(Amariah)가 의장이 되어 다스리고, 민사문제일 때에는 스바댜(Zebadiah)가 관리하였다. 이러한 규례에서 여호사밧은 정치가로서 훌륭한 능력뿐 아니라, 하나님과 백성들을 향한 선한 마음을 과시하였다.

④ 이스라엘과의 동맹(왕상 22:44, 48, 49; 왕하 3:4~27; 대하 18:1~19:3; 20:35~37)

여호사밧과 오므리 가문과의 동맹은 이미 앞에서 언급하였다.[20] 그는 이 동맹에서 천부적인 정치가로서 자질을 과시하였으며, 경제적, 군사적인 면에서도 자기 나라에 어느 정도 공헌을 한 셈이었다. 그러나 하나님께서 가장 중요하게 여기시는 면에서는 큰 손실을 가져왔다. 예를 들어, 이 동맹으로 인해 그 아들 여호람이 아합의 딸 아달랴와 결혼을 하게 되었는데 아달랴는 그의 어머니 이세벨[21]의 방식을 좇음으로써 비

---

20) 참고, 13장.
21) 아달랴는 이세벨의 딸이었다고 구체적으로 언급되어 있지 않지만(왕하 8:16~24) 그럴 가능성이 많다.

극을 초래하게 된 것이다. 여호사밧은 이 결혼에 대해 여러 번 후회하게 되었다.

이 동맹으로 인해 또 다른 문제도 야기되었다. 이것은 앞장에서 간단히 언급하였듯이, 여호사밧이 이 조약을 준수하기 위해 구체적으로 세 번이나 이스라엘 왕을 도와준 데서 일어나게 되었다. 그는 라못 길르앗에서 아합 왕을 도와 벤하닷과 싸우다가 거의 죽을 뻔하였다(왕상 22:29~33; 대하 18:29~34). 그는 아합 왕의 장자 아하시야와 연합하여 아카바 만에 있는 에시온게벨에서 배를 만들었는데 처녀여행을 떠나기도 전에 모든 배가 파산되었다(왕상 22:48~49; 대하 20:35~37). 그는 아합의 둘째 아들 여호람과 연합하여 모압으로 하여금 이스라엘에게 공물을 납부하도록 강요하다가 물의 부족으로 인하여 자기 군대와 함께 죽을 뻔하였다(왕하 3:4~27). 이때마다 하나님의 선지자가 관계하였다. 미가야 선지자는 라못 길르앗 전투가 패배하리라고 경고하였는데 이때 여호사밧은 즉시 철수했어야 했다.[22] 엘리에셀은 하나님께서 이 동맹을 기뻐하시지 않기 때문에 여호사밧의 배가 파산되리라고 경고하였다. 그리고 엘리사는 이 동맹 왕들이 물을 극히 필요로 하였을 때 하나님의 구원방법을 나타냄으로써 관계하였다. 여호사밧은 첫 번 경우에 그 교훈을 깨달아야 했으나 그렇지 못하였다.

(2) 여호람(853~841, 왕하 8:16~24; 대하 21장)

여호사밧은 아버지의 형태를 따라 그의 임기 마지막 4년 동안에 자기 아들 여호람을 섭정으로 임명하였다.[23] 여호사밧이 라못 길르앗에서 아합을 도와주었던 해가 바로 섭정의 임명 연도인 것으로 보아, 여호사밧은 길어질지도 모르는 전쟁 기간 중 자기가 없을 때 아들로 하여금 본국에서 통치하도록 한 것 같다. 이 섭정 기간 동안에 여호람은 자기 아버지로부터 세속적인 문제는 배웠지만, 종교적인 문제는 배우

---

22) 이 죽음을 모면한 직후 여호사밧은, 또한 하나니의 아들 예후 선지자로부터 이 동맹에 대해 직접 꾸중을 들었다.

23) 열왕기하 1:17; 3:1(참고, Thiele, *MNHK*, pp. 64~68).

지 못하였다. 여호사밧은 하나님 눈으로 볼 때 유다의 훌륭한 왕 중의 하나였는데 여호람은 악을 행한 것이었다. 그 이유는 분명 사악한 아달랴와의 결혼 때문이었다(왕하 8:18). 그는 아버지가 죽은 후 8년간 혼자 다스렸는데(대하 21:5), 이때 다섯 가지의 불행한 사건이 생겼다.

첫째는 그의 여섯 형제 곧 여호사밧의 모든 아들을 죽인 것이었다. 여호사밧은 이전에 이 아들들에게 금과 귀중한 물품, 요새화한 성읍을 선물로 주었다(대하 21:2~4). 여호람의 목적은 이런 적수들로부터 자기만의 통치를 보장하고자 함이었다. 유다의 전 역사에서 이러한 실책을 행한 왕이라곤 후에 실권을 장악한 자기 부인 이외엔 없었으므로(왕하 11:1) 이 범죄에서도 아달랴가 손을 쓴 것 같다.

두 번째와 세 번째는 그의 통치에 대한 두 번의 연속적인 반란사건이었다. 하나는 에돔에 의한 것으로(왕하 8:20~22; 대하 21:8~9) 이 에돔은 이전에 모압에 대항하여 여호람과 여호사밧을 도왔었다(왕하 3:4~27) 에돔이 유다에게 속하게 된 것은, 그보다 훨씬 이전 에돔이 가입한 연합동맹을 여호사밧이 쳐부순 때부터인 것 같다(대하 20:1~29).[24] 왕 대신에 에돔 사람 관리를 통치자로 두게 된 것도 아마 이때인 것 같다(왕상 22:47). 이때 여호람은 반란을 진압하려 했으나 성공하지 못하였다. 또 다른 하나는 립나(Libnah) 성읍의 반란이었다(왕하 8:22).[25] 이 반란 역시 여호람이 보복을 하려 했다는 언급이 없으므로 성공을 거둔 것 같다.

네 번째는 블레셋과 아라비아인[26]들의 침략인데 여기에서 유다는 실제적인 손실을 입게 되었다. 제물들을 빼앗기고 여호람의 아내와 막내

---

24) 다윗이 획득한 에돔은 르호보암 때에 잃었다. 여호사밧이 다시 이룩한 이 정복은, 남쪽으로 가는 중요한 무역로를 다시 열게 되었으므로 의미가 큰 것이었다.

25) 립나는, 엘라(Elah) 골짜기 꼭대기에 있는 아세가(Azekah)로부터 서쪽으로 4마일 되는 텔 엣-사피(Tell es-Safi)로 가끔 판명되지만, 아마도 남쪽으로 6마일 되는 텔 보르나트(Tell bornat)가 더 정확한 지점인 것 같다(참고, Blbright, BASOR, 15. p. 19).

26) 블레셋과 아라비아인들은 이전에 여호사밧을 두려워하여 공물을 바치기까지 하였었다(대하 17:11).

456 이스라엘의 역사

아하시야를 제외한 모든 아들들을 잃게 되었다(대하 21:16~17).[27] 왕에게 있어 이보다 더한 비극과 모욕은 거의 없을 것이다.

다섯째는, 여호람 자신의 끔찍한 죽음이었다. 그는 그의 죄로 인해 엘리야[28]가 한 경고에 따라 창자에 큰 병을 앓다가 죽었다(대하 21: 12~15; 18~20장). 한마디로 여호람의 집권은 재난과 실패였다고 말할 수 있다.

(3) 아하시야(주전 841. 왕하 8:25~29; 9:27~29; 대하 22:1~9)

아하시야는 아버지를 계승하여 일 년도 채 못다스렸다. 그는 가족의 막내로서[29] 블레셋과 아라비아의 공격 당시 홀로 생존하였다. 아하시야는 아버지의 악한 길로 따라갔는데, 이는 "악하게 행하도록 꾀어내는" 그의 어머니 아달랴로부터 큰 영향을 받은 것이었다(대하 22:3).

아하시야는 블레셋과 아라비아인들로부터 살아남았지만, 예후에게 벗어날 수 없었다. 앞장에서 취급하였듯이, 그는 북쪽으로 부상당한 그의 외삼촌 여호람을 찾아갔는데, 예후가 오므리 가문을 멸하는 과정에서 이 두 왕을 살해하였다. 아하시야는 이전에 그의 삼촌을 도와 아람 사람과 대항하였는데 이때 여호람이 부상을 당하였었다. 아하시야는 처음에 예후의 습격으로부터 이스르엘로 도망하였는데 그 후 예후의 신하들에게 붙잡혀 마침내 므깃도에서 살해당하였다.[30] 그의 신하들

---

27) 이 아들은 역대기하 21:17에서 여호아하스로 불리고 있다(참고, 22: 1). 여호아하스와 아하시야는 근본적으로 같은 이름으로서 '아하스'(Ahaz)와 '야'(Jah)가 단순히 도치된 것이다.

28) 엘리야는, 여호람이 주전 852년에 이스라엘에서 즉위한 직후 곧 주전 850년경에 죽은 것 같다. 유다의 여호람은 주전 853년에 섭정으로 즉위하였으므로 이러한 경고는 여호사밧이 아직 살아 있었을 그의 재임 초기에 이루어졌다.

29) 열왕기하 8:26에 있는 그의 나이 22세가 정확한 것이며, 역대기하 22: 2의 42세라는 것은 옳지 않다. 그의 아버지 여호람은 40세 때 죽었다(왕하 8:17). 복사자들이 Kaph(20)와 Mem(40)을 혼동한 데에 원인이 있는 것 같다.

30) 참고, 13장 주 56.

은 이 왕의 시체를 예루살렘으로 가져와 장사하였다.

(4) 아달랴(841~835. 왕하 11:1~16; 대하 22:10~23:15)

① 잔인하고 사악한 통치(왕하 11:1~3; 대하 22:10~12)

아하시야의 어머니 아달랴는 이세벨의 딸이었다. 그녀는 자기 어머니와 똑같은 목표를 가지고 있었으며 마찬가지로 강인하고 보복적인 성격을 드러내었다.[31] 이 두 여인은 뻔뻔스러움과 잔인함으로 인해 성경 역사 상에서 특히 두드러져 있다.

아달랴는 아하시야의 죽음 이전에 벌써 그러한 성격을 나타내었다. 앞에서 언급하였듯이, 그녀는 남편을 조장하여 그의 형제들을 죽이도록 하였다. 또한 그녀는 그의 어머니가 이스라엘에서 한 것처럼(왕하 8:18,27; 11:18), 유다에 바알 제단을 설치하려 했는데 다행히도 큰 반대에 부딪쳐 큰 성공을 거두지 못하였다. 그러나 그의 아들이 죽자 그녀는 더 큰 악을 시행하였다. 그녀는 죽은 아들 아하시야의 아이들(자기의 손자)을 살해하도록 하였다. 정상적인 할머니의 사랑은 차치한다 하더라도, 인간이라면 이를 슬퍼하고 자기 아들의 자손을 위로하며 돌보아줄텐데 아달랴는 그렇지 않았다.

모든 아이들은 죽고 단지 어린 아기 요아스만이 그의 아주머니 곧 아하시야의 누이인 여호세바(Jehoshabeath)에 의해 구출되었다. 아하시야의 형제들은 블레셋-아라비아의 공격 당시 이미 죽었기 때문에, 권력에 굶주린 여인은 그들을 죽일 필요가 없었다. 사실 이들의 초기 죽음이 아달랴로 하여금 왕위에 오르려는 생각을 하게 했을지도 모른다. 이제 모든 아들이 죽고 도전을 하지 못할 아주 어린 손자[32]만이 남

---

31) 이것은 그녀가 겪은 미증유의 파멸에도 불구하고 어쩔 수 없는 사실이었다. 즉, 그의 어머니 시체는 개들이 먹었으며, 그의 오빠인 이스라엘의 여호람은 예후가 단행한 오므리 가문의 숙청에서 동시에 살해되었다. 그의 남편 여호람은 창자에 무서운 병이 생겨 죽었다. 아들 아하시야는 예후의 신하들에게 쫓기다가 마침내 잡혀 죽었고, 또 다른 아들들은 블레셋과 아라비아의 습격으로 잡혀갔다.

32) 아하시야 자신은 죽을 때 23세였다(왕하 8:26).

게 되자 그녀가 원하는 권세의 자리로 문이 열린 것 같았을 것이다.

초기의 이러한 비열한 행동 이후 아달랴는 6년간 다스렸다. 처음 권력을 사용했을 때나 그 이후에 아무런 도전의 기록이 없는 것을 보면, 그녀와 대항하려 한 사람이 아무도 없었던 것 같다. 이 6년 동안 그녀가 한 행적에 대해서는 언급이 없지만 아마 바알숭배를 이끌기 위해 갖은 수단을 다 동원했을 것이다. 예후가 이스라엘에서 그 유명한 유혈 숙청으로 바알 제단에 일격을 가했다는 사실은, 아마도 그녀로 하여금 유다에서 더욱더 바알숭배를 퍼뜨리도록 자극하였을 것인데 그러면 그럴수록 그녀에 대한 반대는 더욱 심해졌을 것이다.

② 요아스에게 왕관을 씌우다(왕하 11:4~16; 대하 23:1~15)

아하시야의 누이에 의해 구출된 아기 요아스는 아달랴의 재임 6년 때에 7세가 되었다. 아달랴의 전복을 기다리고 계획해 왔던 대제사장이자, 여호세바의 남편인 여호야다(Jehoiada)는 이때에 이 어린아이를 왕위에 올려놓을 행동을 취하였다. 군사적 종교적 지도자들이 이 계획에 참가하였고, 그녀의 통치에 대해 널리 퍼져 있던 불만으로 인해 손쉽게 시행되었다. 모든 것이 잘 진행되어 이 일곱 살 소년은 은밀한 장소에서 나와 왕관을 쓰게 되었다. 그곳에 모였던 많은 백성들은 손뼉을 치며 "왕 만세"를 외쳤다. 이 소리를 들은 아달랴는 달려와 그 광경을 보고 절망하여 "반역, 반역"을 외치며 도망하였다. 여호야다가 그녀를 처형하도록 명령을 내리자 즉시 시행되었다.

3. 하나님께 합당한 왕
(835~731, 왕하 12~15장; 대하 23:16~27:9)

이제 하나님의 눈에 선하다고 여겨지는 4명의 왕이 계속하여 다스리게 되었다. 하나님 눈에 선하다고 한 왕은 4명 이외에 아사 왕과 여호사밧, 그리고 앞으로 나올 히스기야와 요시아 등 총 8명이 된다. 4명의 왕은 마지막의 두 왕이나 또는 여호사밧만큼 큰 칭찬은 받지 못하지만 100년이 넘는 기간, 즉 하나님이 인정한 가장 긴 통치 기간을 유다에게 가져다주었다.

(1) 요아스(835~796, 왕상 12장: 대하 23:16~24:27)

40년을 다스린 요아스 왕이 이 선두의 길을 달리게 되었다. 이 어린 왕은 조언자가 필요하였는데, 이미 그를 보호하고 기름을 부어준 사람, 곧 나이 들고 경건한 대제사장 여호야다가 이 일을 담당하였다. 요아스 초년의 훌륭한 행적에 대해서는 여호야다가 칭찬을 받을 만하다.

① 종교적 개혁(왕하 12:2~16; 대하 23:16~24:14)

아달랴의 변절된 개혁 이후, 유다에는 종교적 개혁이 필요하였다. 요아스는 여호야다를 통하여 이 임무를 착수하였다. 바알―멜칼트 성전과 그 제단, 우상 등을 포함하여 아달랴가 들여온 종교적 물품들을 멸하였다. 바알 선지자 마탄(Mattan)을 죽이고, 모세 율법에 명시된 성직자들과 예물들을 다시 수립하였다. 몇몇의 산당이 계속 사용되기는 하였지만 여호와 숭배가 다시 준수되었다. 몇 년 후 요아스 자신이 혼자 통치할 수 있는 나이가 되자, 그는 아달랴의 아들들이 손상을 입혀놓은 성전을 수리하도록 명령을 내렸다(대하 24:7). 그러나 이 목적을 위한 자금을 모으는 데 있어서 제사장과 레위인들이 느린 행동을 보이자 요아스는 그의 재임 23년에 이 자금 모금을 위한 새로운 방법을 창안하였다. 제단 옆에 한 상자를 두어서 백성들로 하여금 예물을 가지고 나올 때 넣을 수 있도록 한 것이다. 백성들은 매우 열정적으로 이 일에 참가하였다. 일꾼을 고용하여 필요한 수리를 할 수 있었을 뿐 아니라 새 물품을 들여놓을 정도로 자금이 넉넉하였다. 그 땅에 진정한 예배가 널리 퍼지게 되었던 것이다.

② 타락과 징벌(왕하 12:17~21; 대하 24:15~27)

여호야다가 대제사장으로 있을 때에는 요아스가 하나님을 진정으로 따랐는데, 그가 죽게 되자 왕은 변하게 되었다. 성전 중수를 위한 자금 모금에서 훌륭한 명령을 내린 것이 요아스 23년이므로 이러한 변화가 오게 된 것은 그 이후인데, 얼마나 지난 뒤인지는 명시되어 있지 않다.

여호야다가 130세에 죽었으므로(대하 24:15)[33] 그때는 요아스의 재임 후기였다. 이 위대한 인물의 서거 이후 왕은 쫓겨난 바알-멜칼트 제단에 동조적인 새 조언자들에게 귀를 기울이게 되었다(대하 24:17~18). 사실 왕은 이들에게 큰 영향을 받은 나머지, 여호야다의 아들 스가랴(Zechariah)가 왕의 행동에 대해 꾸짖자 그를 돌로 쳐죽였다(대하 24:20~22).

스가랴가 돌에 맞아 죽은 그 해 마지막에 요아스는 다메섹 왕 하사엘[34]에 의해 큰 손실을 입었다. 이스라엘을 크게 물리친 하사엘은 남쪽으로 블레셋 땅에 있는 가드(Gath)까지 내려와 점령하였다. 그리고는 예루살렘으로 방향을 돌렸다. 그는 유다 전역을 파괴하고 몇몇의 방백을 포함하여 많은 사람을 죽였다(대하 24:23~24). 요아스는 하사엘에게 많은 공물[35]을 바침으로써, 예루살렘을 완전한 파멸에서 간신히 구할 수 있었다(왕하 12:17~18).

계속적인 징벌로서, 요아스는 모반자들의 손에 인해 암살당했다(왕하 12:19~21; 대하 24:25~27). 여호야다의 죽음 이후 왕이 변절한 것에 반감을 품은 그의 신하들까지 이 모반에 가담하였다. 오랫동안 유다 백성을 기쁘게 한 요아스의 통치가 이런 죽음으로 끝을 맺었다는 것은 비참한 일이었다.

---

33) 이 나이는 그 당시 평균 수명보다 훨씬 많은 나이였다. 여호야다는 솔로몬 재임 당시에 태어났으며 아사 왕 때 몇 년과 여호사밧 전 기간 동안 대제사장으로 봉직하였다. 이 왕들의 훌륭한 행적에는 그가 어느 정도 역할을 했을 것이다. 그가 요아스를 왕으로 기름부었을 때는 100세 가량 되었을 것이다. 그의 아내 여호세바는 여호사밧의 손녀인데 그보다 훨씬 나이가 어렸다.

34) 참고, 13장.

35) 이 공물은, 자기 조상과 자기가 드린 모든 "성물"뿐 아니라, 성전 곳간과 왕궁 곳간에 있던 모든 금을 취하였다고 나와 있다.

(2) 아마샤(796~767, 왕하 14:1~20; 대하 25장)

아마샤가 그의 아버지를 계승하여 — 이 암살로 인해 왕조의 변화를 가져오지는 않았다 — 29년을 다스렸는데 24년 이후에는 그의 아들 웃시야(Uzziah)와의 섭정이었다. 아마샤는 그의 아버지처럼, 통치에 있어서 하나님께 인정을 받았지만 모든 산당을 제거하지는 못하였다. 아마샤의 첫 행동 중 하나는 자기 아버지의 모반자들을 징벌하여 죽이는 일이었다(왕하 14:1~6).

① 에돔에 대한 승리(왕하 14:7; 대하 25:5~16)

아마샤는 두 가지 전투를 겪었는데, 그 중 하나는 에돔과의 투쟁으로 완전한 승리를 거두었다. 여호람 당시 반란으로 인해 잃게 되었던 에돔은 남방으로 가는 무역로를 제공하기 때문에 유다에게는 매력적인 장소였다. 아마샤는 이 지역을 다시 지배할 야망을 품고, 이스라엘로부터 은 100달란트를 주고 군인을 고용하기까지 하였다. 그러나 그는 이 고용에 대해 "하나님의 사람"으로부터 꾸중을 들은 후, 그들이 싫어함에도 불구하고[36] 그들을 돌려보냈다. 후에 그는 자기 군대로 승리할 수 있었으므로 고용이 필요하지 않았다는 것을 깨달았다. 그는 적군 만 명을 죽이고 또 다른 만 명을 포로로 잡아 높은 바위 꼭대기에서 떨어뜨려 죽게 하였다. 그러나 이 승리 이후 그는 에돔의 거짓 신들을 유다에 가져와 숭배함으로써 하나님을 크게 진노시켰다. 한 선지자는, "저 백성의 신들이 자기 백성을 왕의 손에서 구원하지도 못하였거늘 어찌하여 그 신들에게 구하나이까?" 하며 꾸짖었다.

② 이스라엘에게 패배함(왕하 14:8~14; 대하 25:17~24)

두 번째는 이스라엘과의 전투였다. 에돔을 이긴 아마샤는 자만심에

---

36) 그들이 싫어하였다는 것은, 고향으로 돌아가지 않았거나 또는 그 후에 다시 돌아왔던지 간에, 유다의 북서쪽 벧호론 지역을 공격하였다는 데에서 나타난다. 이들은 이 당시 3천 명을 죽이고 많은 물건을 노략하여 갔다(대하 25:13).

가득차 이스라엘의 요아스에게 도전하였다. 이스라엘은 그 당시 다메섹의 하사엘에게 많은 해를 입었지만 새로 일어나려고 하였는데, 아마샤는 분명 이것을 깨닫지 못하였다. 요아스는 훌륭하게도 이 유다 왕[37]을 설득하여 그만두고자 하였으나 아마샤가 고집한 고로 예루살렘 서쪽의 벧세메스(Beth-Shemesh)에서 전투가 벌어지게 되었다. 유다가 패배하자 요아스는 예루살렘으로 들어와 600피트의 성벽을 무너뜨리고 많은 물품과 포로들을 잡아갔다. 이 포로들 속에 아마샤 자신도 포함된 것 같은데(왕하 14:13), 만일 그렇다면 이것은 대단한 수치였다. 역대기 저자는 이러한 모든 것은 아마샤가 "에돔의 신들을 구하였기" 때문에 생긴 징벌이라고 적고 있다(대하 25:20). 아마샤가 포로로 잡혀간 것은 그 아들의 섭정이 시작된 것과도 잘 부합하는데, 만일 그렇다면 그는 이스라엘의 요아스가 살아 있는 동안 이스라엘에 갇혀 있다가 그 후에 유다로 돌아와 다시 통치를 시작하였을 것이다.[38]

③ 죽음(왕하 14:18~20; 대하 25:26~28)

아마샤가 돌아온 후의 통치에 관해서는 내용이 나와 있지 않은데, 다만 그의 아버지와 같이 모반을 당하게 되었다는 불행한 사실만이 주어져 있다. 그는 라기스(Lachish)로 도망쳤으나 추격당하여 그곳에서 살해되었고, 그의 시체는 예루살렘으로 가져와 장사되었다.

(3) 웃시야(아사랴, 791~739, 왕하 14:21~22; 15:1~7; 대하 26장)

아마샤의 아들이자 후계자는 웃시야와 아사랴라는 두 이름으로 불리

---

37) 요아스는 설득하는 데 있어서 유다 왕을 약소하게 하는 비유를 사용함으로써 마음을 돌리게 하기보다는 오히려 더 자극하였을지는 모르나 그래도 아마샤보다는 더 나은 감각을 가지고 있음을 보여준다.

38) Thiele, *MNHK*, pp. 83~87는 이러한 결론을 내리고 있는데 그 이유로는 ① 열왕기하 14:13에 아마샤가 포로로 잡혔다라고 나와 있고, ② 열왕기하 14:17에는 놀랍게도, 요아스가 죽은 후 15년간을 아마샤가 더 살았다고 나와 있는데, 이는 요아스의 죽음 이후 아마샤가 풀려나서 유다로 돌아와 15년간을 다스렸다는 사실의 근거가 된다. ③ 이 당시 웃시야의 섭정이 시작되었다는 것은 좋은 설명이 된다.

제 14 장 유다 왕국   463

우는데, 이 두 이름은 그 의미도 비슷하여 서로 교체되어 사용되었을 것이다.[39] 웃시야는 유대의 역사상 가장 유능한 통치자 중 한 사람이었다. 그는 앞의 두 선임자의 생활양식을 따라갔는데, 하나님께서는 이를 인정하시고 그의 능력을 사용하여 유다를 세계적인 지위로 부활시켰다. 이렇게 유다의 지위가 부활된 것은, 이스라엘이 여로보암 2세 밑에서 확장되었던 때와 거의 같은 시기였다. 이 두 사람이 지배한 전 영토는 다윗과 솔로몬 당시의 영토와 거의 맞먹을 정도였다.[40]

① 섭 정

웃시야는 유다와 이스라엘의 어느 이전 왕보다는 긴 기간인 52년을 다스렸다(왕하 15:2; 대하 26:3). 초기의 24년은 아버지와의 섭정이었고 마지막 12년 역시 그 아들 요담과 같이 다스렸으므로 단독으로 다스린 해는 16년만이었다.[41] 웃시야는, 그의 아버지가 이스라엘의 요아스에게 포로로 있을 당시 16세였다(왕하 15:2). 그는 그의 아버지가 포로로 있었던 9년 동안[42] 최고의 위치에서 다스렸고, 아버지가 다시 돌아와 통치하며 살아 있는 동안에는 두 번째 위치에서 다스렸을 것이다. 웃시야가 마지막 12년간 그의 아들 요담을 섭정으로 앉혀놓은 것은, 이 당시 웃시야가 문둥병자가 된 사건과 분명한 관계가 있다. 이 병은, 제사장의 직분을 침범한 것에 대한 하나님의 징벌로 생기게 되었다(대하 26:16~21). 웃시야는 81명의 제사장들이 반대함에도 불구하고 개인적

---

39) 웃시야라는 이름은 열왕기하 15:13, 30, 32, 34; 역대기하 26:1, 3, 11; 이사야 1:1; 6:1; 호세아 1:1; 아모스 1:1; 스가랴 14:5에서 사용되었다. 아사랴라는 이름은 열왕기하 14:21; 15:1, 6, 8, 17, 23, 27, 역대기상 3:12에서 사용되었다. 아사랴('azaryah)는 "여호와께서 도우셨다"는 뜻이고 웃시야('uzziyah)는 "여호와는 나의 힘이다"라는 뜻이다.
40) 참고. 13장.
41) 아사랴와의 섭정에 관한 주장으로는 Thiele, *MNHK*, pp. 81~83. 요담과의 섭정에 관한 주장으로는 pp. 120~23을 참고하라.
42) 이스라엘의 요아스는 주전 782년까지 다스렸는데, 이때는 웃시야가 주전 791년 처음 즉위한 후부터 9년 뒤라는 연대기적 상호관계에서 9라는 숫자가 결정된 것이다.

으로 성전에서 분향하려고 하였다. 역대기 저자는, 이 병이 생긴 이래로 왕이 별궁에 홀로 거하게 되었고 요담이 그때 "왕궁을 관리하고 백성을 치리하였다"라고 말하고 있다(대하 26:21; 왕하 15:5).

② 영토 확장(대하 26:6~16)
웃시야는, 여로보암 2세가 이스라엘의 최고 우두머리가 된 지 15년만에 유다 왕국을 홀로 다스리게 되었다. 그는 영토 확장에 있어서 여로보암과 똑같은 능력을 발휘하였으며, 여로보암이 죽은 후에는 세계에서 더 큰 영향력을 행사하기까지 하였다.

남쪽으로 그의 아버지 아마샤가 획득한 에돔을 계속 지배하였으며, 무역을 할 목적으로 아카바 만에 있는 엘랏(Elath) 항구를 건설했다(왕하 14:22; 대하 26:2). 동쪽으로는 아람 사람들로부터 예물을 받았는데, 이는 그들을 지배하였음을 암시하는 것이다. 서쪽으로는 블레셋과의 전쟁을 성공적으로 이끌어 여러 성읍을 점령하였는데, 이중에는 아마샤가 포로로 있을 당시 하사엘에게 빼앗겼던 가드(Gath)도 포함되었다. 웃시야는 또한 예루살렘을 더욱더 요새화함으로써 본국을 더 강하게 유지하였다. 그는 활을 쏘고, 돌을 던지는 기계를 창작하여 성곽 위에 설치하였다. 그는 또한 군대를 재조직하여 효율성을 증가시킨 것 같다.

요약한다면, 웃시야는 본국의 기지를 강화하는 일 외에 사해 동쪽과 남쪽으로 중요한 아카바 만, 남서쪽으로 애굽 강에 이르기까지 효과적인 지배를 유지하였다. 이것은 동, 북쪽으로 여로보암 2세의 넓은 점령을 합한다면, 왕국분단 이후 어느 때보다도 가장 넓은 영토였으며, 실제로 통합된 왕국 시대의 영토와 대략 같은 넓이였다.

③ 전성기
그러나 웃시야가 그 권한이 전성기에 달한 것은 여로보암 2세가 죽은 뒤였다. 주전 743년 곧 앗수리아 디글랏빌레셀 3세(Tiglath-pileser III)의 첫 번 서방 원정 때까지, 웃시야는 지중해 연안에서 가장 강력한 통치자가 되었다. 약 반세기 전 다메섹의 아다드 니라리 3

세(Adad-nirari III)를 패전시킨 이래 여로보암 2세가 가장 강력했었으나, 그의 죽음 이후 이스라엘은 내부 분열과 재빠른 왕의 교체로 급격하게 쇠약해졌다.[43] 다메섹 북쪽의 수리아 국가들은 계속적인 앗수리아 공격으로 쇠약해져 있었으므로 디글랏빌레셀을 견제하는 데에 주동이 될 수 없었다. 따라서 남방의 성공으로 인해 알려진 웃시야가 이제 인정을 받게 되어 앗수리아 왕을 견제하는 동맹의 지도자가 되었다. 디글랏빌레셀 자신도 이 동맹과의 접전에 대해 기록하기를 야우디(Yaudi)의 아즈리아우(Azriau)가 이끌었다고 지적하고 있는데, 이것은 유다의 아사랴(웃시야)를 의미하는 것[44]일 수 있다. 웃시야는 이 당시 재임 48년의 64세였으므로 젊은 나이가 아니었다.[45] 다른 통치자들로부터 이러한 영광을 받았다는 것은 웃시야 자신에게 기억할 만한 사건이었을 것이다.

(4) 요담(750~731, 왕하 15:32~38; 대하 27장)

요담은 아버지 웃시야를 이어서 20년[46]간 다스렸는데, 앞에서 지적

---

43) 참고, 13장.
44) 이 접전이 유다의 먼 북방에서 일어났었다는 사실과 또 연대기적인 모순으로 인해 어떤 학자들은, 이 아사랴가 북방 수리아 국가의 한 왕이었다고 제기하였다. 그러나 같은 시기에 같은 이름을 가진 국가에서 같은 이름을 가진 왕이 있었다는 것은 극히 드문 일이다(참고, Thiele, *MNHK*, pp. 93~94; Unger, *Israel and the Aramaeans of Damascus* 〈London: James Clark & Co., Ltd., 1957〉, pp. 96~98. 원본으로는 *ANET*, p. 282 또는 *DOTT*, pp. 53~56).
45) 웃시야는 이미 8년 동안 문둥병자로 있었지만, 군사적 재량이나 통솔력이 크게 손상당한 것은 아니었다. 디글랏빌레셀은 이 동맹을 이겼다고 주장하고 있다.
46) 열왕기상 15:30에 20년으로 나와 있는데, 다른 왕과의 상호관계를 보아도 20년으로 나타난다. 열왕기하 15:33과 역대기하 27:1에 나타난 16년은 아하스의 고집으로 끝이 나게 된 그의 통치까지 염두에 두어야 하는데 요담은 4년을 더 살아 20년 통치가 된 것이다(참고, H. G. Stigers, "The Interphased Chronology of Jotham, Ahaz, Hezekiah, and Hoshea," *BETS*, 8〈Spring, 1966〉, pp. 86~88).

하였듯이 처음의 12년간은 아버지와의 섭정으로 있었다. 웃시야가 방금 언급한 북방 동맹을 이끌었다면, 그는 이 기간 동안 문둥병으로 인해서 크게 무능해진 것은 아니었다. 그러므로 요담은 공동 통치자가 되어 주로 앞에 나타나 백성들을 만나고, 유능한 웃시야가 내린 명령을 전달하였다. 요담은 다시 그의 아들 아하스를 섭정으로 세웠다. 상호관계를 살펴보면, 이러한 섭정은 요담이 죽기 12년 전에 이루어졌으므로[47] 놀랍게도 여기에서 섭정이 서로 겹쳐지게 됨을 의미한다. 다시 말하면, 요담은 자기 아버지 웃시야와 섭정으로 있는 동안에 자기 아들 아하스를 섭정으로 세운 것이었다. 4년 동안,[48] 유다에서는 주통치자인 웃시야, 그의 섭정인 요담, 요담의 섭정인 아하스가 있게 된 것이었다. 아하스가 요담과의 공동 통치자로 즉위한 해는 주전 743년으로 계산되는데, 이는 웃시야가 북방 동맹을 이끌고 간 해였다. 이런 특이한 상황에 대해 그럴듯한 설명은, 이제 예루살렘에 홀로 남게 된 요담이 전쟁에서 자기 아버지의 종말을 두려워하였고 또 디글랏빌레셀도 이 동맹을 승리한다면 웃시야의 나라에 보복을 하리라 생각하며 아하스를 자기와의 공동 통치자로 세워 힘을 구하고자 하였다.[49] 그는 아마 자기 아버지가 돌아올 것에 대해 크게 의심하였을 것이다.

요담은 유다에서 네 번째로 계속하여 하나님의 인정을 받은 왕이었다. 따라서 그는 하나님의 축복을 계속 경험하였으며 강한 국가를 계속 유지할 수 있었다. 암몬과의 유일한 투쟁이 언급되어 있는데 그는 여기에서 승리를 거두었다. 이 결과 이스라엘은 3년간 암몬으로부터 공물[50]을 받았다. 요담 역시 많은 건축사업을 하였다. 예루살렘에는 중요한 성전문을 세웠고 "오벨 성"을 증축하였다. 또 많은 곳에서 성읍을

---

47) 참고, Stigers, *op. cit.*, pp. 86~88.
48) 요담은 20년 통치 중 처음 12년간 아버지와 같이 다스렸고, 마지막 12년간은 아들과 같이 다스렸으므로 중간의 4년이 겹쳐지는 셈이다.
49) 아하스가 주통치자가 되었을 때에 반앗수리아 정책을 폈으므로 유다의 반앗수리아 당이 이러한 초기 섭정을 하도록 영향을 행사한 것 같다. 만일 그렇다면, 이것 또한 이 특이한 상황에 대한 두 번째 이유가 될 것이다.
50) 이것은 은 100달란트와 밀 1만 석, 보리 1만 석이었다.

건축하고 요새의 수단으로 "영채(forts)"와 "망대(towers)"를 세웠다. 그러나 번영은 가끔 종교적인 소홀함으로 이어지는데 유다에서도 그러하였다. 이것은 그 당시 활동한 뛰어난 선지자 이사야의 말에서 증명된다.[51] 그는 백성들이 안락해서 범할 수 있는 자만과 이기심의 죄에 대해 말하고 있다. 사실 요담의 죽음 당시 징벌이 가까이 와 있었다. 이스라엘 왕 베가(Pekah)와 다메섹 왕 르신이 유다로 하여금 앗수리아에 반항하도록 하기 위해 예루살렘 성문을 포위하였다(왕하 15:37). 아하스가 주통치자로 나아갈 때에 이러한 상황에 직면해 있었다.

4. 앗수리아 점령 시기
(743~640, 왕하 16~21장; 대하 28~33장)

이제 앗수리아의 세력이 이전의 어느 때보다 더 직접적으로 심각하게 유다에 미치게 되었다. 지금까지 다메섹과 이스라엘은 앗수리아 원정을 중단시키는 역할을 하였으나, 이제 이들의 저항이 약하여져서 곧 사그러지게 되었다. 불길하게도 유다가 그 다음 공격대상이 된 것이다.

(1) 아하스(743~715, 왕하 16장; 대하 28장)

아하스는 총 28년간 다스렸는데 이 중 우두머리로 있던 기간은 16년[52] 뿐이었다(왕하 16:2; 대하 28:1). 12년간은 아버지와 같이 다스렸고,

---

51) 이사야는 웃시야 왕이 죽은 해에 부름(또는 재임명)을 받았는데, 그 얼마 전에 활동을 시작한 것 같다. 그는 요담, 아하스, 히스기야 왕까지 계속하였다(사 1:1).

52) 주통치자로 물려받았을 주전 735년부터(요담은 이후 4년을 더 살았다) 그의 아들 히스기야가 권력을 물려받은 주전 719년까지(아하스가 4년을 더 살았다) 16년이다(참고, Stigers, op. cit., pp. 88~89). 아하스와 히스기야의 연대는 추정하기가 어렵다. 이 문제에 대한 연구로는 Payne, BS, 126 (1969), pp. 40~52를 참고하라. 여기에서 정한 연대는 성경내용에 가장 잘 부합하는 것 같다.

13년간은 아들 히스기야를 섭정으로 내세웠으니 혼자 다스린 기간은 3년뿐인 셈이다.

처음부터 아하스는 친앗수리아 정책을 세웠다. 그가 자기 아버지 요담이 살아 있을 동안에 최고의 권력을 누릴 수 있었다고 믿을 만한 이유가 있다.[53] 만일 그렇다면 그 이유는, 예루살렘 귀족들이 앗수리아의 디글랏빌레셀에게 저항하기보다 굴복하는 편이 더 나으리라고 믿었으므로 이에 동조적인 아하스로 하여금 왕권을 장악하도록 하였다는 것이다.

① 베가와 르신의 포위(왕상 16:5~9; 대하 28:5~21)

이러한 친앗수리아 감정으로 인해서 이스라엘 왕 베가와 다메섹 왕 르신은 동맹을 맺고 예루살렘을 포위하여 유다로 하여금 앗수리아 반역에 협조할 것을 요구하였다. 이 포위는 앞에서 언급한 대로 요담의 마지막 해에 있었으나, 아하스가 이미 통솔력을 장악하고 있었으므로 그가 해결해야 할 임무였다. 이 동맹에서 대항할 수 없음을 깨달은 그는 앗수리아로부터 호의를 얻기 위해 디글랏빌레셀 3세에게 도움을 구하였는데, 이 앗수리아 왕은 그의 할아버지 웃시야가 9년 전 북방동맹을 이끌고 대결하였던 바로 그 왕이었다. 아하스는 이 왕에게 서한을 띄워 다메섹과 이스라엘을 공격하여 이들을 본국으로 돌아가게 해달라고 요청하였다. 그는 이 일에 대해 앗수리아 왕에게 상당한 금과 은을 주었다. 아하스의 계획이 이루어져 디글랏빌레셀이 들어왔으며,[54] 베가와 르신은 각각 본국으로 돌아갈 수밖에 없었다. 그러나 이들은 본국으로 돌아가기 전에 유다에게 많은 피해를 주었으며 12만 명을 죽이고 20만 명을 포로로 잡았다.[55] 이 포로들은, 하나님의 선지자 오뎃

---

53) 이유로는 Stigers, op. cit., pp. 87~88을 참고하라.
54) 734~32 동안의 유명한 원정이었다(참고, 13장).
55) 이렇게 많은 인명손실이 있는 것으로 보아, 분명 이 포위 기간 동안에 큰 전투가 있었을 것이다. 이사야 7:6에 의하면 이 동맹은 실제로 아하스 왕을 벤 다브엘(ben Tabeel)로 대치시키려 하였다(참고, Bright, *BHI*, p. 256, n. 11).

(Oded)의 권유로 즉시 유다로 돌아갈 수 있도록 허락되었다.[56]

아하스는 이 포위로부터 도움을 구한 방식에 대해 하나님께 꾸중을 들었다. 아하스가 디글랏빌레셀에게 서한과 예물을 보내려고 생각할 그 당시에 이사야가 꾸짖었다(사 7~8장). 이 선지자는 왕에게 말하기를, 실제로 왕의 적은 이 작은 이웃들이 아니라 이제 왕이 도움을 요청하려고 하는 그 앗수리아 왕이라고 하였다. 이사야의 이 말은 진실로 드러나게 되었는데, 곧 그 다음 3년 동안 디글랏빌레셀은 넓은 지역을 파괴하며 아하스로 하여금 처음의 예물뿐 아니라 공물을 바칠 것을 강요한 것이다(대하 28:20~21). 또한 이 직후 그 다음의 앗수리아 왕이 유다를 파괴한 데에서도 진실이 드러나게 되었다.

② 종교적 결함(왕하 16:2~4; 대하 28:1~4, 22~25)

종교적으로 아하스는 이전의 네 왕을 따르지 않고 하나님 앞에서 악을 행하였다. 그는 바알 우상을 만들고 힌놈(Hinnom) 골짜기에서 어린아이 희생제를 드렸으며 산당에서 예배를 드렸다. 디글랏빌레셀의 원정 말엽 다메섹에서 그를 만날 동안, 아하스는 그곳의 이방 제단을 보고 마음이 이끌려 그 도안을 본국에 있는 제사장 우리야에게 보내 복사하게 하였다. 후에 다메섹에서 돌아온 그는 모세법에 명한 놋제단 대신 이 제단을 성전에 세웠다. 이외에도 그는 의도적으로 성전 기구를 파괴하고 성전 문을 닫음으로써 백성들로 하여금 자기가 원하는 장소에서 예배드리도록 강요하였다.

③ 군사적 실패(대하 28:16~19)

이러한 행동에서 비추어 볼 때, 곧 군사적 패배를 겪는 것은 놀라운 일이 아니다. 그 첫 번으로서, 이전의 아마샤가 반란을 일으켰던 에돔에서 포로를 잡아온 것같이, 이번에는 그들이 유다에서 포로를 잡아가

---

56) 오뎃이 사마리아에서 무리를 만났고, 포로들은 여리고에까지 가서 풀려났는데, 이들을 예루살렘으로 직접 돌려보내지 않은 데에는 분명 어떤 당혹함이 있었다.

기까지 하였다. 유다는 아카바 만의 중요한 항구 엘랏을 다시 잃게 되었다. 한때 다메섹의 르신이 엘랏을 점령하였는데(왕하 16:6) 그것은 이 일 직후에 일어난 것 같다. 또 다른 패배로서는 블레셋이 또다시 유다를 침략하여 큰 파괴를 입히고 여러 성읍을 점령하기까지 한 것이었다. 역대기에는 아하스가 디글랏빌레셀에게 편지쓸 때 이스라엘과 다메섹 뿐 아니라 에돔과 블레셋도 공격할 것을 요청했다고 암시되어 있다. 이런 이유로, 디글랏빌레셀은 다른 나라뿐 아니라 블레셋을 치고 에돔에서 공물을 받았다고 주장하고 있다.

(2) 히스기야(728~686. 왕하 18~20장: 대하 29~32장)

히스기야는 그의 아버지를 계승하여 42년간 다스렸는데 처음의 13년은 섭정이었다. 그러나 아하스의 친앗수리아 정책에 반대하는 반앗수리아 당의 고집으로, 자기 아버지가 죽기 4년 전에 주통치를 맡았던 것으로 보인다.[57] 사실 그가 공동 통치자로 처음 즉위한 것도 이 무리들의 주장으로 이루어졌을 것이며 그때는 아하스가 최고 위치를 지키도록 허락되었다.[58]

① 하나님이 인정하심(왕하 18:4~7; 대하 29:2~31:21)

히스기야는 하나님이 보실 때 유다의 가장 훌륭한 왕 중의 하나였다.

---

57) 이에 대한 증거로는 ① 열왕기하 18:13에는 산헤립의 공격이 히스기야 14년으로 되어 있는데, 앗수리아 기록으로 볼 때 이 공격은 주전 701년이므로 히스기야 통치는 주전 715년이 된다. ② 열왕기하 16:1~2에는 아하스가 베가 17년 이후(주전 735년) 16년만을 다스렸다고 되어 있는데, 이는 주전 715년에서 4년 전인 주전 719년이 된다. 이 해답으로는, 아하스가 715년까지 살되 히스기야가 719년에 최고 위치를 물려받은 것이며 이 연대로부터 히스기야의 단독통치가 열왕기하 18:13 같이 계산된다(참고, Stigers, op. cit., pp. 86~90). 티엘레(Thiele)는 히스기야의 이러한 섭정을 인정하지 않고 있으며 따라서 열왕기하 18:1, 9, 10의 연대를 해명하지 못하고 있다.

58) 히스기야는 이 당시 겨우 12세였을 것이다(Stigers, ibid., p. 83). 열왕기하 18:1, 9~10의 연대는 그 당시 살아 있는 아하스의 연대가 아니라 히스기야의 연대로 나와 있는 점을 주목하라.

그는 그의 아버지 다윗과 같이 행동했다는 높은 칭찬을 듣고 있으며,[59] 또한 모든 유다 왕 중에서 가장 하나님을 의지하였다고 말해진다(왕하 18:5). 아하스의 고의적인 우상숭배 이후 히스기야는 철저한 개혁을 단행하였다. 성전 문을 다시 열었으며 제사장과 레위인으로 하여금 모든 이방제단을 제거하도록 하였다. 그리고 진정한 예배가 회복될 수 있도록 모든 물품을 청소하고 복구시켰다. 이를 기념하는 대대적인 희생제는 모세 율법의 예식 회복을 나타내었다(대하 29:20~36). 또한 히스기야는 유월절을 명하여 다시 한번 준수하게 하였다. 분명 이 유월절은 오랫동안 아하스의 통치 이전에도 경시되었었다. 히스기야는 브엘세바에서 단까지의 이스라엘 사람을 초대하여 이 기념 축제에 참가하게 하였다(대하 30:1~27).[60] 많은 사람이 이에 응하였으며 솔로몬 시대 이후 없었던 축제와 예배의식을 갖게 되었다(대하 30:26). 이어서 온땅의 산당(bamoth)과 우상(masseboth), 아세라 목상('asherim), 거짓 제단(mizbehoth), 수 세기 전 모세가 광야에서 만들었던 놋 뱀 등을(민 21:5~9) 제거하였다. 계속해서 히스기야는 제사장과 레위인의 조직을 활성화하였으며 백성들이 십일조를 내어 이들을 부양케 했다(대하 31:1~21). 그 땅에 이렇게 철저한 개혁이 이전에는 없었다.

② 히스기야와 앗수리아

히스기야는 아버지와 대조적으로 반앗수리아파였다. 그러나 사르곤 2세(Sargon II)가 통치하는 동안에는(722~705)[61] 이 동부세력에 대

---

59) 이러한 칭찬은 아사 왕(왕상 15:11)과 여호사밧(대하 17:3), 요시아(왕하 22:2)에게도 주어지고 있으나, 아하스 바로 전의 4명의 선한 왕 요아스, 아마샤, 웃시야, 요담에게는 주어져 있지 않다. 사실 아마샤에 대해서는 다윗의 표준까지 이르지 못했다고 말하고 있다(왕하 14:3). 다윗의 행적은 계속하여 후기 통치자의 척도가 되었다.
60) 이 축제는 히스기야 첫 해에 일어났으나(대하 29:3), 아마도 그의 단독 통치 첫 해인 주전 715년을 의미하는 것 같다. 사마리아가 6년 전부터 포로로 있었으므로 멀리 북쪽으로 단까지의 초청이 가능할 수 있었다. 이로 보면 히스기야는 유다뿐 아니라 이스라엘에까지 개혁을 하려 하였다.
61) 디글랏빌레셀 3세(745~727) 이후 살만에셀 5세(727~722)와 사르곤

해 공공연히 반항하지 않았다. 다른 나라에서 잡은 포로들을 이끌고 이스라엘 땅에 재정착한 사르곤은 유능한 통치자로서 군사적인 인물이었다. 그는 사마리아가 무너진 지 1년 안에 하맛(Hamath)이 이끄는 반란을 진압하기 위해 다시 서쪽으로 앗수리아군을 이끌고 왔다.[62]

그리고 그는 소아시아에서 승리한 후 갈그미스(Carchemish)의 혁명에 관심을 돌려 그곳 사람들을 추방시켰다. 마지막으로 북쪽의 우라투(Uratu)왕국[63]의 세력을 분쇄했는데, 이곳은 그의 선임자들이 승리하지 못했던 나라였다. 히스기야에 있어 보다 중요한 것은, 그가 주전 711년에 블레셋 지역으로 들어와 당시 주도적인 블레셋 도시 아스돗(Ashdod)의 반란[64]을 진압했다는 것이었다. 히스기야는 아스돗의 동맹에 가담하도록 요청받았으나 거절하였다.[65]

③ 히스기야와 산헤립(대하 32:1~8)

그러나 사르곤의 아들 산헤립(705~681)이 왕위에 오르자 히스기야는 이 동맹에 가담하였다. 그는 분명 이때가 더 좋은 때라고 믿은 것이었다. 이 동맹에는 전보다 더 많은 나라가 포함되어 주요 도시 두로가

2세가 계승하였다(참고, 13장).

62) 사르곤의 비문에는, 하맛이 이끄는 이 반란에 사마리아와 다메섹이 일부 참가하였다고 되어 있다(참고, Ricciotti, *The History of Israel* ⟨2d ed., Trans.: Milwaukee: Bruce Publishing Co., 1958⟩, pp. 356~57).

63) 오랫동안 앗수리아에 있어 강력하고도 골치 아픈 원수였다. 참고, E. A. Speiser, Intreduction to Hurrian ⟨AASOR, 20, 1940~41⟩).

64) 디글랏빌레셀이 주전 734년에 가사(Gaza)를 멸한 뒤, 아스돗이 주역이 되어 왔다. 애굽의 새로운 제 25왕조가 이 반란을 돕겠다고 약속했으며(사르곤이 지적하듯이) 유다, 에돔, 모압에게 가담하도록 요청하였다. 사르곤이 이 반란을 진압하자 애굽의 도움은 주어지지 않았고, 반란 주도자가 보호를 받기 위해 애굽으로 도망했을 때 애굽은 그를 앗수리아에 넘겨주기까지 했다(참고, *ANET*, p. 286).

65) 그가 여기에 가담하지 않은 데에는 이사야의 충고가 많이 작용한 것 같다(참고, 사 20:1~6).

가입되었으며,⁶⁶⁾ 도움을 주겠다고 약속한 애굽의 샤바카(Shabaka, 710~696)가 애굽의 새 왕으로 올랐다. 히스기야는 산헤립의 보복에 대비하여 철저한 준비를 가하였다(대하 32:1~8). 그는 더 많은 요새를 세우고 새로운 무기를 만들었으며 군대의 힘을 강화하였다. 그는 적군이 사용할 물 공급의 근원을 막는 데 특별히 관심을 두었다. 동시에 자기 백성에게 더 편리한 물 공급을 하기 위해서 실로암 터널을 만들었는데, 이는 기혼(Gihon) 샘에서부터 오벨 산지를 통하여 출발점보다 더 낮은 지대의 성읍까지 연결된 것으로서 실로 놀라운 기술이었다.⁶⁷⁾

④ 산헤립의 침략(왕하 18:13~19:37: 대하 32:9~21: 사 36~37장)
산헤립은 초기 4년 동안 바벨론 점령에 몰두하였으나 주전 701년에는 반란을 진압하기 위해 서쪽으로 갔다.⁶⁸⁾ 그는 처음 주역 도시 두로를 분쇄하였고, 두로의 왕 룰리(Luli)는 구브로(Cyprus)로 도망하였다. 이때에 동맹 가운데 덜 열성적인 나라가 항복하였는데, 비블로스(Byblos), 아르바드(Arbad), 모압, 에돔, 암몬도 포함되었다. 다음에 산헤립은 남쪽으로 지중해를 따라 내려와 또 다른 주역 도시 아스글론을 멸하고 이곳의 왕 시드기아(Sidqia)를 앗수리아로 추방하였다. 지중해 연안을 지배한 산헤립이 세 번째 주역 도시 예루살렘을 향해 내

---

66) 가사와 아스돗은 주전 711년에 크게 피해를 당하여 새 동맹에 가담하기를 주저하였으므로 이제 두로에게 주도권이 넘어갔다. 그러나 아스글론과 에그론(Ekron)이 이에 가담하였다. 이 가담을 거절한 에그론 왕 바디(Padi)는 그 지위에서 제거되었다(참고. *ANET*. p. 287).

67) 터널 입구 근처에서 발견된 비문에는(참고. *ANET*. p. 321), 일꾼들이 양쪽 끝에서 파는 일을 하였다고 되어 있다. 이들이 만나는 지점이 일직선은 아니지만 올바른 경사와 방향을 유지하는 데 있어 그 기술의 정도가 놀랄 만하다. 비문에는, 이 터널의 길이가 1,200규빗이 된다고 나와 있다. 오늘날의 척도로는 그 거리가 1,777피트(다른 사람은 1,749피트로 본다)로 나타나는데 이는 규빗의 길이가 18인치에 좀 못미치고 있음을 암시한다(왕하 20:20, 대하 32:30).

68) 산헤립은 이 원정에 대해 테일러 프리즘(Taylor Prism)이라고 하는 분광기에 기록하였다. 이 프리즘은 영국 박물관에 있다(참고. *ANET*. pp. 287~88: *DOTT*. pp. 64~68).

륙으로 이동한 것은 아마 이때였다. 오는 도중 그는 라기스(Lachish)를 포위하였다.⁶⁹⁾ 그는 여기에 있는 동안 유다로부터 공물을 받았는데, 이는 히스기야가 반란을 포기하겠다고 인정한 것이었다(왕하 18:14~16).⁷⁰⁾ 이때 또한 히스기야는 반란동맹에 협력할 것을 거절하여 예루살렘에 감금된 에그론의 전왕 바디(Padi)를 해금시켰다.⁷¹⁾ 그러나 산헤립은 이러한 히스기야의 굴복에 만족하지 않고, 3명의 부관⁷²⁾과 많은 군대를 보내어 히스기야와 백성들에게 심리적인 전쟁을 하게 하였다(왕상 18:17~37; 대하 32:9~16; 사 36:1~21). 이들의 위협으로 인해 백성들은 두려움에 떨고, 히스기야는 이사야와 상의하게 되었는데 이때 하나님으로부터 위로의 말을 듣게 되었다. 이 지점에서 산헤립은 디르하가(Tirhakah)⁷³⁾가 이끄는 애굽 군대가 이 동맹을 도우러

---

69) 산헤립은 예루살렘을 향해 이동한 것이나 라기스 포위에 대해서는 프리즘에 기록을 하지 않았는데, 니느웨에 있는 그의 궁전에는 라기스 포위가 그림으로 그려져 있다(*ANET*, figs. 371~74). 이 그림에 대한 설명과 라기스에서의 탐사 증거, 그리고 1,500명의 사람이 다량으로 매장되어 있는 웅덩이에 관해서는 Wright, *BAR*, pp. 167~72을 참고하라.

70) 산헤립은 이 공물에 대해 금 30달란트, 은 800달란트라고 말하고 있는데, 성경에는 금 30달란트, 은 300달란트로 나와 있다(왕하 18:14). 은 달란트의 차이점에 관해서는 Robinson, *The Bearing of Archaeology on the Old Testament* (New York: The American Tract Society, 1941), p. 100을 참고하라. 산헤립은 또한 보석, 아로새긴 소파와 의자, 코끼리 가죽, 히스기야의 딸, 첩, 음악가 등도 공물 속에 포함되었다고 주장한다.

71) 성경에는 에그론 왕에 대한 언급이 없으나, 산헤립은 이를 언급하고 있다.

72) 이들에 대해 주어진 이름은(왕하 18:18), 앗수리아 고급관리의 명칭이었다. 즉, 다르단(turtannu)은 "둘째 서열"을 뜻하며, 랍사리스(rabbshareshi)는 "환난 대장", 랍사게(rabhaqu)는 "관리 대장"을 뜻한다(참고, M. Burrows, *What Mean These Stones?* 〈New Haven: American School of Oriental Research, 1941〉, pp. 43f).

73) 주전 701년에 디르하가는 아직 애굽 왕이 아니었고(주전 689년에 왕이 됨), 또 어떤 이들은 그가 주전 709년까지 태어나지도 않았다고 믿기 때문에, 많은 학자들은 성경에서 산헤립의 원정이 주전 701년과 주전 689년 두 번으로 나타나 있다고 보고 있다. 산헤립이 비문에는 그의 마지막 8년에 대한 내용이 부족하므로 아무런 도움을 주지 못하고 있다. 그러나 성경에는 두 번째

제 14 장 유다 왕국   475

온다는 소식을 듣고는, 예루살렘으로 직행하지 않고 이를 만나기 위해 방향을 돌렸다. 그러나 그는 이때에 부관들이 행한 위협을 재현하는 편지를 히스기야에게 보냈다. 히스기야는 이 편지로 인해 더욱더 하나님께 구하였으며, 이사야를 통해 재보장을 받게 되었다. 이때 선지자는 왕에게 말하기를, 산헤립은 포위하지 못할 뿐 아니라 그 근처에도 오지 못할 것이라 하였다(왕하 19:8~34; 사 37:8~35).

산헤립의 보고에 의하면, 그는 애굽 군대를 만나 에그론 근처 엘테케(Eltekeh) 평야에서 패배시켰다고 한다.[74] 그는 또한 엘테케, 딤나(Timnah), 에그론 근처의 성읍들을 정복하고, 에그론에는 그 전왕 바디를 이 전 지역의 왕으로 세웠다고 말하고 있다. 산헤립은 수많은 마을과 20만 명이 넘는 포로를 포획하고 히스기야의 총 46개 성읍을 점령하였다고 말한다. 그러나 성경에는 최후의 언급만이 주어져 있는데, 즉 "여호와의 천사"가 산헤립의 18만 5천 군대를 죽임으로써 이 모든 일이 갑자기 끝나버렸다고[75] 되어 있다. 이 일에 관해서 산헤립은

원정에 대한 암시가 나타나 있지 않고 있으며, 열왕기하 19:8~9(사 37:8~9)에는 산헤립이 라기스 포위 직후에 디르하가와 접전하였다고 되어 있다. 그러므로 원정이 한 번이었다고 보는 것이 더 낫다. 디르하가에 관한 문제는, 아마 이 군대장관 이후의 애굽 왕이 아닌 다른 사람일 수 있다. 원본에는 그가 애굽 왕이 아니라 "에디오피아 왕"으로 나와 있는데, 그 당시 애굽 왕이 혈통상 에디오피아 사람이었지만, 이것이 하나의 실마리가 될 수 있다.

애굽의 왕 디르하가가 주전 709년에 태어났다는 주장은 M. Macadam이 한 것으로 이것 역시 도전받고 있는데, 이로써 열왕기하 19:9에는 예변적인 용법으로 "에디오피아 왕" 디르하가라고 표현된 것일 수 있다(참고, Kitchen, *AOOT*, p. 83). 두 번의 원정을 주장하는 사람으로 Albrigth, *BASOR*, 13(1953), pp. 8~11; *BASOR*, 141(1956), pp. 23~27이 있다.

74) 이 접전은 디르하가와의 전투 이전에 있었을 것이다. 만일 그렇다면 산헤립은 애굽과 두 번 싸운 것이었다.

75) 학자들은 헤로도투스의 내용으로부터 하나님께서 이 군대를 멸한 방법을 제기하고 있다. 헤로도투스의 말에 의하면, 들쥐들이 산헤립의 군대를 습격하여 화살통과 화살, 방패 등을 삼켜버렸다고 한다. 이것은 하나님께서 쥐들을 이용하여 역병을 일으키는 방법을 사용했음을 의미한다. 이러한 설명이 불확실하기는 하지만, 적어도 헤로도투스의 이야기는 성경 기적에 대한 간접

아무런 말도 하지 않고 있다. 그러나 그의 보고서는 이 사실을 간접적으로 확증시키고 있는데, 그것은 처음부터 그의 주요 목표의 하나가 분명 예루살렘이었음에도 불구하고 예루살렘을 점령하였다고 주장하지 않기 때문이다. 그는 단지 예루살렘에서 "새장의 새와 같이"[76] 히스기야를 가두어버렸다고 말하고 있다.

⑤ 히스기야의 병과 명성(왕하 20장: 대하 32:22~33: 사 38~39장)
앗수리아 원정에 관계된 것으로서 히스기야 생애에 대한 또 다른 두 개의 이야기가 기록되어 있다. 하나는 히스기야가 죽을 병에 든 것인데 오직 하나님의 은혜로운 손길로 회복되었다. 이때는 산헤립의 침략 중이거나 또는 바로 직전이었다.[77] 히스기야가 병의 회복을 위해 하나님께 간구하자 하나님께서는 이사야를 통하여 앗수리아로부터의 구원뿐 아니라 앞으로 15년간의 삶을 약속하였다. 히스기야(지도자 없는 나라가 될 것 같아서)는 나라에 대한 근심으로 인해 그의 병이 더 악화되었던 것 같다. 하나님께서는 히스기야의 심리적인 절망을 염두에 두시고 약속이 성취되리라는 증거로서 해 그림자가 10도나 물러가는 놀라운 징조를 보여주셨다.

그 다음 이야기는 바벨론 왕 므로닥발라단(Merodach-baladan)의 사자들이 예루살렘을 방문한 내용이다. 이것은 히스기야가 병에서 회복된 직후에 일어났다(사 39:1).[78] 이 사자들은 표면적으로 유다 왕의

적인 확증을 해주고 있는데, 그것은 그러한 기적에 대해 그의 이야기가 나올 만하기 때문이다(참고, Herodotus, II.' 141: Finegan, *LAP*, pp. 213~14).

76) *DOTT*, p. 67.
77) 이것은 히스기야에 대한 약속에서 뿐 아니라 연대기적인 고찰에 의해서도 드러난다. 히스기야는 최고의 왕으로서 29년간 다스렸으므로(왕하 18:2), 여기에서 15년을 빼면(그에게 내려진 생명의 기간) 그가 병이 들게 된 해는 14년째 해로서 산헤립의 침략과 같은 해가 된다(왕하 18:13).
78) 므로닥발라단은 721~710년과 이후 또다시 703~702년에 다스렸다. 702년 이후 그는 엘람에 보호처를 두고 계속해서 앗수리아 지배에 반대하였다. 그가 이러한 사절단을 이용하여 유다의 원조를 요청한 것이 이 기간 중인 것 같다.

병 회복을 축하하기 위해 온 것이었지만, 본래 이유는 분명히 유다와 바벨론에게 공통된 반앗수리아 목적에 있었다. 바벨론은 오랫동안 앗수리아와 투쟁해 왔으며, 므로닥발라단은 개인적으로 적어도 20년간이나 말려들었다. 어디로부터이든지 간에 원조가 필요하게 되었다. 사자들은 히스기야에게 상당한 예물을 가져왔고, 이에 히스기야는 자기의 부요함을 보여주었다. 그러나 이 일로 인해 이사야는 왕을 심히 꾸짖었으며, 앞으로 이 사자들의 나라가 쳐들어와 이 모든 보화를 가져갈 것이라고 말하였다. 이 말은 1세기 후 느부갓네살 2세가 왕위에 올랐을 때 실현되었다.

(3) 선지자 이사야와 미가

① 이 사 야

이사야 선지자는 이미 이 나라에 중요한 인물로 등장하였다. 그는 아하스가 앗수리아와 연합할 때 꾸짖었으며, 히스기야를 충고하고 위로하였다. 이런 일들은 이와 비슷한 많은 일들을 단지 대신해서 나타내는 것이다. 예를 들어, 이사야는 일찍이 경건한 요담과도 교섭이 있었고, 히스기야가 단행한 훌륭한 개혁에도 많은 관계가 있었다. 이사야를 노골적으로 멸시한 아하스에게조차, 이사야의 영향은 그냥 지나칠 수 없는 것이었다. 사실 이사야는, 히스기야가 아직 12살의 소년이었을 때, 그를 아합과의 섭정으로 세운 것과도 많은 관련을 맺고 있는 것 같다. 히스기야가 조약을 거절한 데에도 영향을 주었다. 그러나 여기에서 이사야는 거짓선지자들의 반대에 부딪쳤는데(사 30:8~11), 이것은 분명 주전 711년에 히스기야가 단독으로 다스리게 되었을 때. 이사야는 애굽과의 연합을 강하게 반대하였는데(사 30:8~11), 히스기야가 마음이 변하여 주전 701년의 동맹을 맺은 데에는 이들의 영향이 일부 작용한 것 같다. 이때 생긴 문제로 인해 히스기야가 또다시 이사야의 도움을 요청하였을 때 이 선지자는 보복하지 않고 기꺼이 도와주었다. 그는 왕의 어려운 위치와 진실함을 보고 도움을 준 것이다.

② 미 가

이 당시 활동한 다른 선지자는 미가(Micah)였다. 그는 요담, 아하스, 히스기야 재임 동안 활동하였는데(미 1:1), 분명 이사야보다 약간 후에 시작하여 같은 시기에 계속 활동하였다. 그는 유다 남서쪽 모레셋(Mereshath) 마을 출신이었다. 그는 이사야처럼 궁정에 있었던 사람으로 표현되지는 않지만, 예레미야에 의하면(참고, 26:17~19; 미 3:11~12) 특히 히스기야에게 영향을 끼친 것으로 알려지고 있다. 미가의 주요 메시지는 백성들의 죄악에 관한 것이었다. 사회적인 부조리와 여호와에 대한 불충성은 특히 비난을 받았다. 이러한 강조점과 장래 징벌에 대한 경고는 이사야의 말과 비슷한 내용이었다.

(4) 므낫세(697~642, 왕하 21:1~18; 대하 33:1~20)

므낫세는 자기 아버지 히스기야를 계승하여 55년간 다스렸는데, 이는 유다나 이스라엘의 어느 왕보다도 긴 기간이었다. 처음 11년간은 아버지와 섭정으로 다스림으로써,[79] 이런 식으로 왕위에 오른 다섯 번째의 유다 왕자가 되었다.

① 종교적 배반(왕하 21:2~16; 대하 32:2~10)

므낫세는 종교적인 면에서 선한 그의 아버지를 본받지 않고 율법을 무시한 그의 할아버지 아하스를 따름으로써 하나님 앞에 악을 행하였다.

그는 히스기야가 제거한 거짓 제단의 물품을 복구하고, 바알 제단을 온 땅과 성전에까지 두었으며, 암몬 신 몰렉(Molech)을 인정하여 힌놈 골짜기에서 어린아이를 제물로 드렸다. 그는 여러 가지 이방 신을 인정하였으며, 가나안 여신 아세라 상을 성전에 세우기까지 하였다. 또한 이에 반대하는 사람을 죽임으로써 무고한 피를 많이 흘리게 하였다. 이 가운데 이사야가 포함되었을 것이라는 것이 전통적인 견해이

---

79) Thiele가 이 섭정을 주장하는 근거로는, 포로 때까지 남은 총 연수에서 나머지 유다 왕들의 기간을 빼면 11년이 남는데, 이 11년을 설명하는 가장 합당한 방법이 섭정이라는 것이다(*MNHK*, pp. 156~59).

다. 이 모든 것에는 당시 앗수리아 종교 관습과 이전의 페니키아의 바알-멜칼트 숭배가 혼합되어 영향을 끼쳤을 것이다. 므낫세는 자기 백성으로 더 악을 행하도록 하였다고 말해진다(왕하 21:9). 하나님의 사자들이 왕에게 정식으로 경고하였으나 그는 듣지 않았다.

② 징벌과 회개(대하 33:11~20)

얼마 지나지 않아 하나님의 징벌[80]은 므낫세가 앗수리아 왕[81]에게 포로[82]로 잡혀가는 형태로 오게 되었다. 이에 대해 알려진 바가 거의 없다. 이 사건은 앗수리아의 세력이 전성기에 달했을 때인 산혜립의 아들 에살핫돈(Esarhaddon, 681~669)이나 또는 손자 앗술바니팔(Ashurbanipal, 669~633)에 의해 생겨났다. 이 두 통치자는 앗수리아 역사상 처음으로 멀리 남쪽 애굽에까지 성공적인 원정을 하였으며, 앗술바니팔은 동쪽으로 반역적인 엘람 산지에서도 중요한 정복을 하였다. 므낫세를 잡아간 왕이 에살핫돈이라고 뒷받침하는 것으로는, 이 왕이 자기의 봉신으로서 21명의 다른 왕과 함께 므낫세를 특별히 언급하고 있다는 점인데, 이 봉신들은 주전 678년에 귀중한 건축재료를 가져와야 했다고 언급하고 있다.[83] 그러나 여기에서 사용된 언어는

---

80) 이후에 이보다 더 심한 징벌은 유다가 바벨론의 포로가 되는 형태로 오게 되었다. 열왕기하 23:26에는 요시야의 모든 개혁도 므낫세가 하나님을 진노케 한 것을 상쇄시킬 수 없었다고 뚜렷이 나와 있다.

81) 역대기하 33:11에는 그가 바벨론으로 붙잡혀 갔다고 말하고 있다. 어떤 학자들은, 여기에서 바벨론은 니느웨를 대치한 위치상의 착오라고 믿고 있다. 그러나 에살핫돈(Esarhaddon)은 그의 아버지 산혜립이 바벨론을 멸망시킨 후 그곳을 재건하여 또다시 앗수리아 지배의 중요부분으로 만들었다. 므낫세는 이곳에서 포로로 잡혀 있었을 것이다. 원본으로는 Lukenbill, *Ancient Records of Assyria and Babylonia* (Chicago, 1927), Secs. 646, 647을 보라.

82) 쇠사슬에 묶여서 끌려갔다고 표한다(대하 33:11). 당시에는 죄인을 쇠사슬로 묶고 입에 갈고리를 채워 처참한 항복으로 만드는 것이 관례였다(참고, Ricciotti, *The History of Israel* 〈2d ed., trans.; Milwaukee: Bruce Publishing Co., 1958〉, pp. 389~90).

83) 에살핫돈의 프리즘 B에 새겨져 있다(참고, *ANET*, p. 291).

포로의 사건을 나타내고 있지 않다. 앗술바니팔을 뒷받침하는 것으로는, 그가 남쪽 지중해 나라의 반란을 진압한 사실인데 므낫세는 아마 이 반란에 관련되어[84] 잡혀간 것 같다. 이 반란은 광범위한 것으로서 동쪽의 바벨론까지 포함되었으며 5년 이상 지속되었다(652~648). 성경에 군대 "장관"(sare)들이 붙잡아 갔다고 한 것으로 보아 앗수리아 왕은 참전하지 않은 것 같은데, 이것은 앗수리아 기록에 왜 공적인 언급이 없나 하는 것을 설명해 준다. 게다가 후자의 관점은 성경의 내용과 더욱더 상호관련이 되는데, 즉 므낫세가 잡혀 간 것은 오랫동안의 우상숭배 이후 재임 말년경이었음을 의미한다. 전자의 사건으로 본다면 그가 붙잡혀 간 것은 그의 재임 55년 중 17년째가 되며, 후자의 사건으로 본다면 46년째가 된다.

므낫세는 포로로 있는 동안 회개함으로써 하나님의 은총을 받아 마침내 유다로 돌아올 수 있었다. 왕권을 회복하게 된 그는 이전의 사악한 행동을 고치려고 하였다. 그는 외국 제단을 제거하고 성전에서의 참예배를 재수립하였다. 그가 돌아온 후 이런 식의 통치가 얼마 동안 있었는지는 나타나 있지 않으나 아마도 4,5년인 것 같다.[85]

(5) 아몬(642~640, 왕하 21:19~26; 대하 33:21~25)

아몬은 아버지를 계승하여 2년간 다스렸다. 그는 자기 아버지가 말년에 행한 개혁으로부터 감명을 받지 못하고 그 이전에 행하였던 우상숭배로 전환하였다. 그의 신복들이 공모하여 그를 죽인 것을 보면, 그는 이러한 행동으로 시복들을 쫓아낸 것 같다. 어쨌든 간에 이러한 암살을 인정하지 않은 백성들은 이 공모자들을 처형하였다. 아몬의 8살

---

84) 앗술바니팔은 그가 애굽으로 진군할 때 자기 앞에 굴복한 왕으로 다른 21명과 함께 므낫세도 언급하고 있다(참고, *ANET*, p. 294). 그러나 이때 므낫세가 포로로서 앗수리아에 붙잡혀 갔다는 직접적인 언급은 나와 있지 않다.

85) 므낫세가 얼마 동안 포로로 잡혀 있었는지는 알 길이 없다. 이 기간 동안에 그가 회개하여 하나님께서 구원해 주셨다고만 말하고 있다. 그가 재임 46년에 붙잡혀 갔다면, 그곳에서 4,5년을 지내고 예루살렘으로 돌아와 4, 5년을 더 다스렸을 것이다.

난 아들이 왕이 되었다.

5. 바벨론의 지배
(640~586, 왕하 22~25장; 대하 34~36장)

요시야가 즉위하자 유다는 그 마지막 역사로 들어가게 되었다. 앗술바니팔의 말년은 군사적 행동이 거의 없었고 그 이후부터 주전 612년 니느웨의 몰락 때까지 연약한 왕이 계승하였으므로, 더 이상 앗수리아를 두려워할 필요가 없었다. 그러나 바벨론이 세계의 주역을 이어받아 신바벨론 시대를 가져오게 되었다. 이러한 세력교체는 요시야 31년 통치 말이었다. 그 이후 새 후계자는 이 새로운 세력에 휘말리게 되었고 마침내 유다는 이들의 포로가 되었다.

(1) 요시야(640~609, 왕하 22:1~23:30; 대하 34~35장)

요시야의 30년 통치는 유다 역사상 가장 행복한 시기였다. 이때의 특징은 평화, 번영, 개혁이었다. 외부와의 전쟁이 없었고, 백성들은 건축사업에 집중할 수 있었으며, 요시야 자신은 모세법에 명한 것들을 재수립함으로써 하나님을 기쁘시게 하려 하였다.

요시야는 8살의 소년이었을 때 왕이 되었다. 아몬이 므낫세의 초기 관습으로 전환한 결과 우상숭배가 만연하였다. 그러나 요시야가 여호와의 길로 돌아선 것을 보면, 분명 그의 아버지의 영향을 상쇄시키는 하나님을 경외하는 충고자가 있었을 것이다. 그는 16세 때 자기 자신이 "그 조상 다윗의 하나님을 구하기" 시작하였다(대하 34:3). 그는 20세 때 그의 아버지와 할아버지가 그 땅에 들여온 우상제물을 제거함으로써 예루살렘과 유다를 정결케 하였다(대하 34:3~7). 자기 땅에서 성공을 거둔 그는 앗수리아가 명목상 지배하고 있는 북방 이스라엘에서도 거짓 신들의 재단과 우상을 제거함으로써 같은 일을 추구하였다.[86]

---

86) 앗수리아의 지배에도 불구하고 그가 이런 일을 할 수 있었다는 것은, 그 당시 앗수리아가 쇠약해지고 있다는 것과도 분명 관련이 있다.

① 요시야의 개혁(왕하 22:3~23:25; 대하 34:8~35:19)
　그의 나이 26세 때(주전 622), 그 동안 이룩한 것을 기뻐함과 동시에 더 한층의 필요성을 느낀 요시야는 유다 역사상 소위 가장 철저한 개혁을 하기 위해 더욱 노력을 가하였다. 이러한 노력은 "모세가 전한 여호와의 율법책"을 발견[87]함으로써 특별히 촉진되었다(대하 34:14).[88] 이것은 성전을 수리하는 동안[89] 대제사장 힐기야(Hilkiah)에 의해 발견되었다. 서기관 사반(Shaphan)이 이 책을 요시야에게 가져와 그 앞에서 읽었다. 요시야는 이 책이 요구하고 있는 것과 그 땅의 실제적인 규례 사이에 변질이 있는 것을 깨닫고 불안을 느끼었다. 곧, 여선지자 훌다(Huldah)의 도움을 구하게 되었는데, 그녀는 경고하기를 이 변질로 말미암아 이 땅에 재앙을 내릴 것이지만 요시야가 하나님의 원하는 바를 구하였으므로 요시야 당시에는 내리지 않을 것이라고 하였다. 이때 요시야는 이 율법을 백성들에게 읽어주게 하고 개혁에 대한 명령을 내렸다.
　예루살렘 성전과 전땅으로부터 모든 이방 제단이 제거되었다. 거짓 선지자들이 그 지위에서 제거되었고 종교적인 음란의 가문도 제거되었다. 힌놈 골짜기에서 몰렉에게 바치던 어린아이 제물도 폐지되었다.
　태양에게 바친 말들을 성전 입구에서 제거하였으며 그 마차들도 불

---

87) 므낫세는 모든 율법서를 없애버렸을 것이고, 이로 인해 어떤 이들은 밖에 알려지지 않도록 이를 잘 감추었을 것이다. 또한 이 사본은 당시 혼한 관례로서 솔로몬에 의해 성전 모퉁이 돌에 놓여 있었을 가능성도 있다.
88) 아마도 모세 오경인 것 같다. 이 당시 요시야가 유월절을 자세히 지킨 것을 보면, 이것은 많은 사람이 주장하듯 단순한 신명기가 아니라 그 이상이었을 것이다(G. Wright, *Interpreter's Bible*, II, pp. 311~330). 또한 이 책이 최근에 쓰여진 것이라고 부정적인 비평주의자들이 오랫동안 믿어왔지만 이 기록에는 그러한 것을 암시하는 것이 없다. 사실, 그 이전에 히스기야뿐 아니라 요시야도 이미 개혁을 단행하였는데, 이것은 이들이 이 특별한 사본을 발견하지 않고도 율법에서 하나님이 원하시는 것을 알고 있었음을 보여주는 것이다. 이 발견은 요시야의 지식에 자세한 내용을 첨가한 것이었다.
89) 이전에 아달랴 시대에도 그런 것처럼, 므낫세와 아몬의 사악한 집권은 성전을 소홀히 하고, 의도적으로 이교도로 전환하고자 하였다.

태웠다. 마침내, 예루살렘 밖에서 솔로몬이 세운 거짓 신들의 산당도 파괴하였다(왕하 23:4~14).

유다에만 이런 개혁을 실시하는 데 만족하지 않은 요시야는, 앗수리아의 쇠약한 시기를 이용하여 북방 이스라엘에게도 명령을 내렸다. 특별히 관심을 둔 지역은, 오랫동안 금송아지 숭배의 중심지였던 벧엘이었다. 300년 전에 주어진 예언에 따라,[90] 요시야는 여로보암 1세가 세웠던 제단에서 거짓 선지자들의 뼈를 불살랐으며 그리고 그 제단과 산당을 멸하였다.

요시야의 개혁 중 가장 중요한 면은 유월절의 준수였다(왕하 23: 21~23; 대하 35:1~19). 사무엘 선지자 시대 이후 유월절이 이같이 주의 깊게 지켜진 적이 없었다고 기록되어 있다.[91] 하나님의 본래 명령은 이 절기를 해마다 지키도록 하였었으나 백성들이 그대로 하지 않았다. 요시야는 그 해에 절기가 잘 지켜지도록 추진하였다.

② 요시야의 죽음(왕하 23:28~30; 대하 35:20~27)

요시야는 유능한 왕이었다. 분명 있음직한 반대에도 불구하고 그가 이룩한 획기적인 개혁은, 보통의 지도자 실력으로는 이룩할 수 없는 것이었다. 그는 이스라엘 지역에도 그의 개혁을 명함으로써 그 영향의 폭을 넓히려 하였다. 그러나 세계적인 발전으로 추구하고자 하였을 때 그는 자기 한계를 넘어 자기 죽음을 가져오게 하였다.

이 사건은 주전 609년 애굽 왕 느고 2세(Necho II)의 북방 원정을 제지하려다가 생겨났다. 느고는 바벨론이 세계적인 주역으로 나서는 것을 막기 위해 앗수리아를 돕는 원정을 하고 있었다. 앗수리아의 주요 도시 앗수르(Assur)와 니느웨는 각각 주전 614년과 612년에 메데(Medes)와 바벨론의 공격으로 함락되었으며,[92] 앗수리아 군대의 나머

---

90) 여로보암이 송아지 숭배를 제정한 직후 "하나님의 사람"이 한 예언이었다(참고, 13장).
91) 이것은 유월절이 히스기야의 개혁 때보다 더 자세한 방법으로 지켜졌음을 의미한다.
92) 북방 메소포타미아에서 온 야만적인 스키디아족(Scythians)이 또한

지는 앗술 우발릿 2세(Ashur-uballit II)의 인도로 하란으로 도망하였다.[93] 주전 610년 바벨론 왕 나보폴라살(Nabopolassar)이 하란을 함락시킴으로써 앗수리아는 거의 끝난 셈이었다. 이제 주전 609년 삼메티쿠스 1세(Psammetichus I)를 계승하여 애굽의 왕이 된 느고[94]는 바벨론 대신에 애굽을 세계적인 위치로 올려놓고자 하여 앗수리아의 나머지 소수 군대를 돕기 위해 북쪽으로 원정하고 있었다. 요시야는 전략지인 므깃도에서 애굽을 막으려다 — 바벨론 쪽으로 기울고 있음을 암시한다 — 죽임을 당하였다. 그의 시체는 예루살렘으로 가져와 장사되었다.

(2) 7세기 선지자들

요시야 시대는 뛰어난 선지자들의 시대였다. 예레미야는 요시야 13년, 곧 주전 627년에(렘 1:2) 활동을 시작하여 주전 586년 예루살렘이 바벨론에 함락된 후에까지 계속하였다. 스바냐 역시 그의 책에 요시야 때라고 적고 있으며 예레미야 활동 시에 시작한 것 같은데, 그 땅의 이방제단에 대해 말하는 것으로 보아(1:4) 적어도 요시야의 개혁 이전인 것 같다. 나훔은 그의 책에 어느 왕 때라고 적고 있지는 않지만, 요시야가 죽기 3년 전 주전 612년에 함락된 니느웨를 주요 주제로

여기에 참가하였다. 이들은 최근에 두각을 나타내기 시작하였다. 이들은 요시야의 재임 초기(참고, 렘 6:22~26) 주전 627년경에 블레셋을 통과하면서 유다에게 공포를 안겨주었다. 또한 애굽의 삼메티쿠스 1세(Psammetichs I)의 간청으로 그곳에 들러 선물을 받았으며(헤로도투스, I, 105), 주전 624년에는 메디아의 Cyaxares를 패배시켰는데 이제 노선을 바꾸어서, 앗수리아에 대항하는 메디아와 바벨론을 도와준 것이다.

93) 616~609년 동안의 사건을 다룬 "바벨론 연대기서"의 일부가 영국박물관에서 C. J. Gadd에 의해 발견되었는데, 이 기간에 대한 상당한 조명을 던져주고 있다(참고, *ANET*, pp. 303~305; *DOTT*, pp. 75~83). D. J. Wiseman, *Chronicles of Chaldean Kings* (London: The British Museum, 1956)은 이 문제를 잘 다루고 있다.

94) 삼메티쿠스는 이미 앗수리아를 선호하여, 메소포타미아의 나보폴라살을 제지하는 일을 돕기 위해 주전 616년 군대를 보내기까지 하였다. 느고는 이 뒤를 잇고 있었다.

하고 있는 점으로 미루어 역시 요시야 시대인 것 같다. 하박국의 예언 또한 바벨론 침략이 가까왔다고 말하고 있으므로(1:5~6) 요시야 통치 말이나 또는 그 뒤 여호야김의 통치 때일 것이다.

이스라엘이나 유다 역사상 이처럼 예언자들이 집중되어 있던 때가 없었다. 이것은 하나님께서 유다에게 임박한 징벌에 대해 마지막으로 집중적인 경고를 하신 것임에 틀림이 없다. 요시야의 개혁에 대한 많은 칭찬은 분명히 이 용감한 사람들에게 돌아가야 한다. 개혁을 주도한 것은 왕이었지만 그것을 격려하고 백성들로 하여금 받아들이도록 자극시킨 것은 이 선지자들이었다. 예를 들어, 예레미야는 그 땅에 가득찬 우상숭배에 대해(2:5~13) 회개하지 않으면 재앙이 올 것이라고 경고하면서 크게 꾸짖고 있다(3:1~5, 19~25). 스바냐는 유다의 죄악에 대한 극심한 재앙을 예언하고 있다(2:4~3:7). 나훔의 경고는 보다 간접적으로 니느웨의 장차 멸망을 말하고 있지만, 악을 행하는 모든 자에게 하나님께서 재앙을 내리실 것이라는 내용을 빼놓지 않고 있다. 하박국 역시 하나님의 심판의 도구로써 바벨론이 쳐들어올 것이라고 직접적으로 말하고 있다(1:1~11).

(3) 여호아하스(주전 609, 왕하 23:31~33: 대하 36:1~3)

요시야는 세 아들이 있었는데, 각각 이 당시에 유다를 다스렸다. 이스라엘이나 유다의 어느 왕에게도 이러한 예는 없었다.[95] 이 세 사람은 모두 하나님께 복종하는 일에서 그 아버지를 따르지 못했다.

첫번째로, 둘째 아들 여호아하스가 다스렸다. 백성들은 요시야의 후계자로서 장자를 건너뛰어 23세의 그를 선택하였다. 그러나 그가 3개월을 다스렸을 때, 요시야의 패배 이후 유다에게 권력을 행사해 온 애굽 왕 느고는 그의 형 엘리야김을 왕으로 대치시키고 이름을 여호야김으로 바꿀 것을 명령하였다.[96] 분명 느고는 여호아하스가 자기와 협력

---

95) 이에 가장 가까운 예로서, 이스라엘의 아합은 두 아들 아하시야와 여호람이 있었는데 이 둘이 모두 다스렸다.
96) 엘리야김은 "하나님이 세우셨다"는 뜻이고, 여호야김은 "여호와께서 세

하지 않고 그의 형이 협력할 것이라고 믿었다.[97] 또한 이때에 느고는 유다에게 은 100달란트와 금 한 달란트의 공물을 요구하였다. 여호아하스는 애굽으로 끌려가, 예레미야의 예언대로(22:11~12) 그곳에서 죽었다.

(4) 여호야김(609~597, 왕하 23:34~24:7; 대하 36:4~8)

여호야김은 왕위에 오를 때 25세로서, 쫓겨난 동생보다 2살이 더 많았다. 여호야김은 하나님 앞에서 악을 행하였으며 효과적인 통치도 못하였다. 백성들이 아버지의 후계자를 택할 때 그 아우를 택한 것을 보면 이미 그의 무능력이 드러났던 것 같다. 예레미야는 여호야김이 "나귀와 같이 매장당할 것"이라고(22:13~19) 선언함으로써 그를 멸시하고 있다. 이러한 표현이 나오게 된 구체적인 행동은, 그가 새 궁전을 건축할 때였다. 분명 그는 자기 아버지의 궁전에 불만족하였으며 이를 짓기 위해 국고를 낭비하고 부역을 강요하였다. 여호야김은 또한 하나님의 지시로 쓰여진 예레미야서를 찢어 불살랐는데, 이는 그렇게 함으로써 무서운 경고를 없앨 것이라고 생각한 것이었다(렙 36:23). 이런 식의 행동은, 느고의 공물로 인해 부과된 인두세와 함께(왕하 23:35) 백성들을 분노케 하고 깊은 불안감을 일으켰을 것이고 또한 새로운 세력으로 부상한 바벨론으로 인해 이 불안한 상황이 더 가중되었을 것이다.

(5) 바벨론의 부상

느고가 바벨론과 접전했던 주전 609년에는 바벨론이 아직 지중해 국가들을 지배하지 못하였었다. 이때 애굽 왕은 나보폴라살로부터 하란

우셨다"는 뜻이다. 이 의미는 근본적으로 같은 것인데 느고는(이 이름의 변경을 명령한 사람으로 보인다) 자기 권위를 과시하고자 그렇게 명령했을 것이다.

97) 이 당시 느고는 바벨론과 접전하기 위해 진을 쳤던 오론테스(Orontes) 강의 리블라(Riblah)에 있었다. 여호아하스는 이곳에 불려와 그의 해직 소식을 받았다.

을 탈환하지는 못하였으나 바벨론으로 하여금 그 이상 진출하지 못하도록 막았다. 애굽은 서쪽에서 3년간 계속 우세하였다.[98] 나보폴라살과 그의 유능한 아들 느부갓네살은 장차를 예상하여 현재의 위치를 강화할 수밖에 없었다.

드디어 주전 605년 이 두 나라는 유브라데스의 칼케미쉬(Carchemish)에서 세계를 변화시키는 전투에 임하게 되었다. 바벨론에서는 느부갓네살이 병으로 누워 있는 늙은 아버지를 대신하여 전쟁을 이끌었다. 이 젊은 바벨론 사람은, 애굽에게 심각한 패배를 안겨줌으로써 천재적인 힘을 과시하였다. 느고는 오론테스(Orontes) 강으로 물러나 재기하려 하였으나, 느부갓네살은 그를 바짝 쫓아가 나머지 애굽 군대를 거의 멸하였다.[99] 그리하여 느부갓네살은 아버지가 원했던 지역을 획득하였고 바벨론은 새롭게 세계 주역이 되었다. 애굽 경계까지의 모든 수리아와 팔레스틴을 의미하는 "전하티(Hatti) 땅"[100]이 이제 새 정복자의 손에 놓여지게 되었다. 이제 그가 할 일이라곤 통제하는 일뿐이었으므로, 곧 그는 남쪽으로 예루살렘까지 내려와 여호야김과 그 지역 다른 왕들의 굴복을 강요하였다.

느부갓네살은 새로 획득한 나라로 이동하면서 주요 도시의 굴복뿐 아니라 유능한 사람을 골라 장차 관리인으로 바벨론에 배치시키고자 하였다. 각 도시는 가장 훌륭한 임무를 내주어야 했던 것 같다. 예루살렘[101]에서는 다니엘과 그의 세 친구 하나냐(Hananiah), 미사엘(Mi-

---

98) 유다의 왕을 다른 왕으로 대치시킬 수 있었던 느고의 권력은 모든 지중해 국가들의 지배를 나타내는 한 가지 사실에 불과한 것이었다.
99) 앞의 주 93의 참고문헌 이외에 자세한 내용으로는, Thiele, *MNHK*, pp. 22~27; D. N. Freeman, *BA*, 19(1956), pp. 50~60; Albright, *BASOR*, 143(1956), pp. 28~33; H. Tadmor, *JNES*, 15(1956), pp. 226~30; J. P. Hyatt, *JBL*, 75(1956), pp. 277~84를 참고하라.
100) 느부갓네살이 붙인 명칭이다(참고, *DOTT*, p. 79).
101) 이것은 티스리월(Tishri)로 계산할 때 여호야김 3년이며(단 1:1), 니산월(Nisan)로 계산할 때 여호야김 4년이다(Thiele, *MNHK*, pp. 165~66).

shael), 아사랴(Azariah)가 이에 속하였다.[102] 이런 일을 하고 있을 때, 느부갓네살은 주전 605년 8월 갑자기 그의 아버지 나보폴라살의 죽음 소식을 듣고 곧 바벨론으로 돌아가 느부갓네살 2세로 왕위를 물려받았다. 그리고 가을에는 다시 서쪽으로 돌아와 계속적으로 일을 추진하였다. 그가 언급하고 있는 것으로 주전 604년 여름의 중요한 수확으로는 격심한 투쟁 후에 얻은 블레셋 도시 아스글론이었다(렘 47:5~7).[103] 주전 601년 느부갓네살은 애굽 쪽으로 이동하여 그 경계에서 느고와 대전하였다. 이 전투에서 두 나라 모두 큰 손실을 보았는데 어느 쪽이 이겼다고는 말할 수가 없다. 적어도 느부갓네살은 여기에서 쫓겨나 바벨론으로 돌아가야 했다.

(6) 여호야긴과 주전 597년의 예루살렘 포획사건
(왕하 24:8~16; 대하 36:9~10)

그러나 느부갓네살의 철수는 잠깐 동안의 휴식을 가져온 것일 뿐, 주전 597년에 다시 돌아와 큰 피해를 가져다주었다. 그 원인은, 여호야김이 다시 애굽에 원조를 구하여(왕하 24:1) 반역했기 때문이었다.[104] 그동안 바벨론 왕은 반란을 제재하기 위해 아람, 모압, 암몬 군대로 강화된 한 부대를 보냈으나(왕하 24:2; 렘 35:11) 마침내 큰 군대의 필요성을 느끼고 자기 자신이 온 것이었다.

주전 598년 겨울에 느부갓네살은 바벨론을 떠났고 이 달에 여호야김

---

102) 유다의 70년 포로생활은(렘 25:11~12; 29:10), 주전 597년이나 586년으로 계산된 것이 아니라, 다니엘이 붙잡혀 간 이때로부터 계산된 것이다. 다니엘은 주전 538~537년에 돌아왔는데 이때 많은 젊은 사람들은 계속 붙잡혀 있었다(단 1:1~6). 이 사건은 전체 포로사건 중 첫 번 경우로 보통 불리워지고 있으며, 597년과 586년 사건은 각각 두 번째, 세 번째 경우로 불리워지고 있다.
103) 참고. *DOTT*, pp. 79~80. H. L. Ginsberg, *BASOR*, 111 (1948), pp. 24~27은 애굽에서 발견된 아람어의 편지가 이 당시 아스글론의 왕이 애굽 왕에게 도움을 간청한 서한일 것이라는 가능성을 논하고 있다.
104) D. J. Wiseman, *op. cit.*, pp. 26~28.

은 예루살렘에서 죽었다.[105] 여호야김의 18살 난 아들[106] 여호야긴이 대신해서 왕이 되었고 그 다음 해인 주전 597년 3월에 바벨론의 공격을 받게 되었다. 여호야김이 바랬던 애굽의 원조는 이루어지지 않았다. 여호야긴은 황후, 왕자, 신복들, 그리고 보물 등과 함께 바벨론으로 잡혀 갔다. 뛰어난 선지자 에스겔 또한 이때에 붙잡혀 갔으며(겔 1:1~3) 만명의 용사들과 일천 명의 기술자와 대장장이도 이에 포함되었다(왕하 24:11~16).

(7) 시드기야와 주전 586년의 포로사건
(왕하 24:17~25:21: 대하 36:11~12; 렘 39:1~10)

느부갓네살은 여호야긴의 삼촌이자 요시야의 셋째 아들인 맛다니야(Mattaniah)를 왕위에 앉혔다. 그는 그 당시 21살로서 삼 형제 중의 맏형인 여호야김보다 15살이나 아래였다. 느부갓네살은 일전에 느고 왕이 엘리야김을 여호야김으로 바꾸라고 한 것같이, 그의 이름을 시드기야로 바꾸었다. 유다 백성들은 외국인 느부갓네살이 지명했다고 하여 시드기야를 그들의 진정한 왕으로 받아들이지 않은 것 같다. 대신 이들은 포로로 잡혀간 여호야긴을 아직도 왕으로 여기고 있었다.[107] 그

---

105) 정확한 시기는 바벨론 연대기와 열왕기하 24:6, 8을 비교함으로써 얻어진다. 여호야김의 죽음과 매장에 대한 예레미야의 가차없는 예언은 그가 습격한 한 부대와의 전투에서 살해되어 보통의 명예로운 매장도 받지 못할 상황일 것이라고 암시하고 있다(렘 22:18~19; 36:27~32).

106) 열왕기하 24:8과 역대기하 36:9에는 8살로 나와 있는데, 이것은 "10"을 나타내는 숫자 yodh를 빠뜨린 복사자들의 잘못일 것이다.

107) 텔 베이트 미르심(Tell Beit Mirsim, 아마도 드빌)과 텔 엘 루메일레(Tell er-Rumeileh, 아마도 벳세메스)에서 발견된 손잡이 달린 항아리에는 "여호야긴의 청지기 엘리야김"이라는 말이 찍혀 있는데, 이는 시드기야 때에도 왕권이 여호야긴에 속해 있다고 생각한 것을 나타낸다. 그리고 바벨론의 왕궁에서 여호야긴의 칭호를 "유다의 왕"이라고 한 서류가 발견되었는데 이는 열왕기하 25:27~30에서와 같이 그가 왕궁에 거했으며 그때까지도 유다의 왕으로 간주되고 있었음을 암시한다. 원본으로는 ANET, p. 308을 참고하라. H. G. May, AJSL, 56(1939), pp. 146~48; Albright, "King Jehoiachin in Exile," BA, 5(1942), pp. 49~55를 참고하라.

결과 그리고 시드기야의 판단력 부족과 무능력으로 인해, 그의 재임 기간은 계속적인 소동과 불안으로 점철되었다. 더욱이 시드기야가 반바벨론파에 귀를 기울였으므로 바벨론에 대한 반항이 더욱 거세지게 되었다. 느부갓네살이 초기에 예루살렘을 가혹하게 다룬 것을 볼 때, 유다 백성들이 체념했을 것이라 생각할 수 있지만 그들은 그렇지가 않았다.

① 바벨론에 대한 반란(왕하 24:20; 대하 36:13)
예루살렘 안의 강력한 반바벨론파들은 반란에 대한 압력을 불어넣어 시드기야로 하여금 애굽의 도움을 요청하게 하였다. 이때 에돔, 모압, 암몬, 페니키아인들이 새로운 동맹을 형성하고 있었는데(렘 27:1~3), 이 예루살렘파들은 이미 바벨론의 멍에를 깨뜨렸고, 2년 안에 유다의 포로들이 예루살렘으로 돌아올 것이라는 선언을 함으로써(렘 28:2~4) 이에 협력하였다. 예레미야는 이에 대항하여 그러한 말이 거짓이라고 비난하며, 바벨론을 주인으로 받아들이라고 촉구하였다(렘 27:1~22). 유다 밖에서의 두 가지 사건, 곧 애굽에서 느고를 계승하여 삼메티쿠스 2세가 왕이 된 사건과 바벨론 자체에서 작은 반란이 일어난 사건은 시드기야 4년에 혁명적인 불길을 더욱 촉진하였다. 그러나 시드기야는 반바벨론파에 넘어가지 않았다. 대신에 그는, 바벨론의 느부갓네살에게 사신을 보내어(렘 29:3; 51:59)—자기 자신이 갔을지도 모른다—유다의 충성을 표현함으로써 훌륭한 판단력을 보여주었다.

그러나 5년 후 시드기야는 설득을 당하여 반란을 일으켰으며 애굽에게 원조를 요청하였다. 동맹국가간의 상호방어 협정내용은 나타나 있지 않으나 이때 애굽과 어떤 조약이 맺어지게 되었다. 주전 588년 삼메티쿠스 2세를 계승하여 그의 아들 호프라(Hophra)가 애굽 왕이 되었는데, 그는 더욱더 공격적이어서 아시아 방해정책을 세우기까지 하였다. 그 결과 주전 588년 느부갓네살은 또다시 서쪽으로[108] 진군하여

---

108) 그는 팔레스틴의 북쪽 오론테스 강에 있는 립나(Riblah)에 본부를 설치하였다. 그는 여기에서 여러 방향으로 군대를 파견했을 것이다. 그는 주전 587년부터 주전 574년까지 두로를 포위하였다. 라기스 서한은 전 유다 성읍

예루살렘을 포위하였다. 이 포위는 애굽 사람이 군대를 보냈을 때 잠시 해제되었으나 이들이 도착하기도 전에 바벨론 사람들이 이들을 만나 패배시켰다. 느부갓네살의 군대는 곧 예루살렘 성 밖을 또다시 포위하였다.

② 예레미야가 그의 백성의 손에서 고난을 당하다

이 기간 동안에, 예레미야는 자기 동포 유다 사람의 손에서 큰 고초를 당하였다. 포위가 잠시 해제되었을 때, 그는 바벨론 사람이 곧 다시 돌아올 것이라는 경고를 하였는데, 이로 인해 예루살렘 왕자들은 그를 옥에 가두었다(렘 37:11~16). 시드기야는 그를 방문하였다가 예루살렘이 적에게 함락되리라는 예언을 받고, 이 선지자를 풀어 군사가 있는 뜰에 거하게 하였다(렘 37:17~21). 그러나 왕자들은 이에 만족지 않고 또다시 그를 진흙 구덩이에 가두었다(렘 38:1~6). 이 비참한 장소에서 얼마 동안 갇혀 있었는지는 나와 있지 않으나, 마침내 왕은 종 에벳멜렉(Ebed-melech)으로 하여금 그를 끌어내게 하였다(렘 38:7~13). 이러한 수난에도 불구하고 예레미야는 계속해서 하나님의 경고와 충고를 던져주었다.

③ 예루살렘의 함락(왕하 25:1~21: 대하 36:17~20: 렘 39:1~10)

예레미야의 예언대로 예루살렘 성은 주전 586년 7월에 바벨론에게 함락되었다.[109] 시드기야는 도망하려 하였으나 여리고 근처에서 붙잡혀 립나(Riblah)에 있는 느부갓네살의 본부로 끌려갔다. 시드기야의 아들들은 그의 목전에서 죽임을 당하고, 그는 두 눈을 빼앗기게 되었다. 그는 많은 백성들과 함께[110] 바벨론으로 붙잡혀 갔으며, 예루살렘은 느부갓네살의 장관 느부사라단의 손에서 큰 손상을 당하였다. 또한 400년

이 멸하였다고 지적한다(DOTT, pp. 212~17). 암몬 역시 목표의 대상이었을 것이다(참고, 21:18~32).

109) 시드기야 9년 10월에(주전 588년 1월) 포위가 시작되어 그의 11년 4월(주전 586년 7월)까지 계속되었으니 총 18개월인 셈이다.

110) 예레미야는 832만명이라고 말하고 있다(52:29. 참고, 15장 주 31).

동안 서 있었던 솔로몬의 대성전도 완전히 파멸되었다.

라기스 서한[111]이 나타내고 있는 증언에 의하면 이때 유다 전역이 황폐하게 되었다고 한다. 이 중 한 서한은, 관망대에 있는 한 관리가 라기스 장관에 쓴 편지로서 아세가(Azekah)의 모습을 더 이상 찾을 수 없다고 했는데, 이것은 아세가가 바벨론 군대에게 막 함락되었음을 암시한다. 예레미야는 이 공포의 살육 앞에서 마지막까지 남아 있던 두 도시가 아세가와 라기스였다고 지적하고 있다(렘 34:6~7). 바벨론 왕은 유다가 또다시 반란을 제기할 수 없도록 한 것이었다.

---

111) 이 당시의 연대로 추정되는 21개의 패각이 라기스 문에서 발견되었다. 이것들은 라기스가 바벨론에 함락될 당시에 진행되었을 왕궁의 시련을 증거하는 것이었다. 주 108에 포함된 참고문헌 이외에 Albright, *BASOR*, 82(1941), pp. 18~24를 참고하라.

제15장

포로기와 귀환

[열왕기하 25:22-30; 역대기하 36:22-23; 에스라;
느헤미야; 에스더; 예레미야 40-44장; 다니엘 1-6장]

예루살렘의 몰락과 주요 백성들의 추방은 유다 역사에 급격한 변화를 가져왔다. 종교활동의 중심지였던 성전이 파괴되었다. 예루살렘은 민간생활의 중심으로 이어왔으나 이제는 폐허가 되었다. 유능하고 영향력 있는 인물들이 바벨론으로 추방되었으므로 그 밑의 사람들이 결정하고 정책을 수립하여야 했다. 그러나 생활양식이 바뀌었다고 할지라도 유다의 역사는 계속되었다. 추방은 일부분에 속한 것이었고 평민들이 구성하고 있는 대중성은 계속 이어져 나갔다.

1. 유다 말기 (왕하 25:22~26; 렘 40~44장)

(1) 보편적 상황

정복국가에서 유능한 인물을 포로로 잡아가는 수법은, 바벨론 사람이 앗수리아에서 본뜬 것이었다. 앗수리아는 이 수법으로 반란을 줄이는 효과를 얻었는데 느부갓네살도 이러한 이득을 보고자 하였다. 앗수리아가 주전 722년에 이스라엘 사람을 추방시키고 그 대신 외국인들을 들여왔었는데 느부갓네살은 그러한 인구혼합 정책을 쓰지 않은 것 같다. 느부갓네살이 그러한 정책을 쓰지 않음으로써 유다에게는 큰 이득을 가져왔는데, 이는 이스라엘에서 일어났던 것처럼 이방 사람과의 혼합결혼을 제거시켰기 때문이다.[1]

유다는 이제 바벨론의 일개 주가 되었고 더 이상 왕이 다스리는 것이 아니라 외국세력이 지명한 총독이 다스리게 되었다. 첫 번 총독은 사반[2]의 손자이며 아히감(Ahikam)[3]의 아들인 그달리야(Gedaliah)였다(왕하 25:22). 예루살렘이 파괴되었으므로 그달리야는 미쓰바[4]를 새 수도로 정하였다. 그는 일찍이 시드기야의 재임 동안 유다의 왕궁에서 활동하였던 것 같다. 라기스에서 발견된 도장에는 "왕가를 다스리는 그달리야에게 속한다"[5]라고 새겨져 있는데, 고고학적으로 주전 586년의 파멸 시기로 간주된다. 이 새겨진 말이 같은 그달리야를 뜻하는 것이라면, 이 사람은 시드기야의 왕궁에서 감독의 위치를 맡았던 사람이었을 것이다.

그달리야가 다스린 백성들은 "그 땅의 빈천한 사람"들로서 땅을 경작하도록 남겨졌다(왕하 25:12). 이들의 숫자는 전쟁으로 인한 사망과 포로로 인해 크게 감소되었다.[6] 많은 사람이 주전 597년의 전쟁에 죽었으며 이때 여호야긴과 만 명의 포로들이 잡혀갔다. 수많은 도시가 이 당시 불태워졌다는 증거가 탐사로 나타난 것으로 보아 바벨론의 파괴는 유다 전역에 달하였다. 예를 들어 라기스는 주전 597년에 황폐되

---

1) 사마리아인(Samaritans)은 이스라엘에서의 혼합결혼의 후손이었다. 유다에 있어서는, 에스라가 예루살렘으로 돌아올 때까지(주전 458) 약간의 혼합결혼이 있었으나 그것은 외국인과의 혼합결혼이 아니라 이웃 백성과의 결혼이었다(스 9:1~2).
2) 요시야 당시 개혁운동에 참가했었던 요시야의 서기관과 같은 인물일 것이다(왕하 22:3).
3) 그는 한때 예레미야를 죽음에서 구해 주었다(렘 26:24).
4) 위치로는 9장 주 82를 참고하라.
5) 참고, H. G. May, *AJSL*, 56(1939), pp. 146~48.
6) 그러나 2만이 안될 것이라는 Albright의 숫자는 너무 적은 것이다(참고, Albright, *BP*, pp. 49, 59f, 62f).

었다는 증거를 보이고 있다. 그 땅은 인구 수에 있어서나 외관상에 있어서 몇 년 전의 모습을 거의 드러내지 않았다.

(2) 그달리야의 암살(왕하 25:23~26; 렘 40:7~41:18)

그달리야는 두 달 동안[7] 다스리다가 왕가의 한 사람인 이스마엘에게 암살되었다. 이스마엘은, 바벨론의 처음 공격 시 유다로 도망간 사람에 속하였는데 암몬에 거하고 있었다. 그달리야가 미쓰바에서 관리가 되었을 때, 이스마엘은 다른 이와 함께 유다로 돌아와 새 정권에 충성을 하겠다고 고백하였다. 그달리야는 그의 군사 보좌관 요하난(Johanan)으로부터 이 고백이 거짓이라는 경고를 받았으나 이를 믿지 않았다. 이스마엘은 암몬 왕 바알리스(Baalis)를 배경으로(렘 40:14) 음모를 꾸며 그달리야를 죽이고, 미쓰바에 있는 작은 바벨론 부대와 약간의 유대인 조수들을 죽였다. 이 반역은 극비리에 행해졌으므로, 이틀 동안 관리의 집 밖으로 알려지지 않았다. 둘째 날 이스마엘과 그의 부하들은 또한 순례방문단을 죽이고, 이 유혈극의 소식이 알려지게 될까 두려워하여 곧 암몬으로 도망하였다. 이스마엘은 몇 명의 인질을 취하였는데, 이 중에는 그달리야를 간호하도록 위임받은(이스마엘은 어떤 이유로 죽이지 않았다) 시드기야의 딸도 포함되었다. 이때에, 군대장관으로서 이전에 그달리야에게 경고를 했었던 요하난이 이 참극을 알아차리고 뒤를 쫓게 되었다. 그는 기브온에서 이스마엘의 군대를 잡고 인질들을 석방시키는 데 성공하였다. 그러나 이스마엘과 그의 부하 8명은 암몬으로 도망하였다.

(3) 예레미야가 조언을 하다(렘 40:1~6; 42:1~43:3)

이때 예레미야는 바벨론의 장군에게 요청을 하여 그 땅에 남아 있게 되었다. 바벨론으로 갈 것인가, 그 땅에 남아 있을 것인가 하는 선택을

---

7) 일곱째 달에 살해당하였다(왕하 25:25). 연도는 나와 있지 않으나 파괴가 이루어졌던 주전 586년과 같은 해일 것이라는 암시가 강하다. 예루살렘은 다섯째 달에 함락되었다(왕하 25:8).

부여받고 그는 남아 있기로 결정하였다. 그는 새 관리 그달리야의 거처인 미쓰바에 거주하였다. 관리가 암살되자 바벨론에게 보복할 명백한 이유가 주어졌으므로 요하난과 그의 동료들은 도움이 필요하게 되어 예레미야를 찾아왔다. 백성들은 바벨론이 지명한 관리와 군인들이 살해되었으므로 그에 대한 보복을 두려워하였다. 그들은 예레미야에게 찾아와 하나님으로부터의 말씀을 구하면서 무슨 말씀을 하든지 그대로 따르겠다고 약속하였다.

10일 후 예레미야가 받은 하나님의 지시는, 바벨론이 보복하지 않을 것이니 백성들로 하여금 두려워 말고 그 땅에 남아 있게 하라는 것이었다. 예레미야는 이 소식을 백성들에게 전하면서 특히 애굽으로 피신하지 말라고 경고하였다. 그러나 백성들은 그들의 약속을 깨고 이 말을 받아들이지 않았다. 대신 그들은 예레미야를 비난하고 그들 마음이 명하는 대로 따라가 그가 하지 말라고 한 것을 그대로 행하였다. 이들은 애굽으로 갈 계획을 세웠다.[8]

(4) 애굽으로 내려감 (렘 43:44~44:30)

많은 유다 사람이 애굽 여행길에 올랐다. 예레미야 43:5~6에는, 이스마엘과 같이 주변국가들에서 돌아온 사람들과 그달리야의 책임 밑에 있던 사람들이라고 말하고 있다. 예레미야도 따라갔는데 이는 분명 백성들 앞에서 하나님의 말씀을 잘 전하기 위함이었다. 이들이 떠난 뒤 유다 땅에는 인구가 상당히 감소되었을 것이다. 이들은 애굽의 동쪽 삼각지대 다비네스(Tahpanhes)[9]에 이르러 얼마간 거주하였다. 여기

---

8) 이전에도 애굽을 의지하여 항상 실망이 뒤따랐지만, 그곳에 다수가 내려가지는 않았었다. 아마도 소수의 사람들이 이같은 어리석은 결정을 하였을 것이다.

9) 사이드 항(Port Said)에서 남서쪽으로 27마일 지점인 텔 데펜네(Tell Defenneh)로 판명된다. 똑같은 자음의 철자를 가진 thpnhs가 6세기 애굽의 페니키아 편지에서 발견되었다(참고, A. Dupont-Sommer, *PEQ*, 81(1949), pp. 52~57). Petrie는 1883~84년에 이 지역을 탐사하면서 왕궁의 기초를 발견하였는데, 아마도 예레미야가 돌을 파묻은 그 왕궁인 것 같다(Barton, *AB*, p. 28).

에서 예레미야는 하나님의 지시대로 왕궁 어귀의 벽돌 깔린 곳에 돌을 감추고 장차 바벨론의 느부갓네살이 이곳을 정복하여 장막을 세울 것이라는 하나님의 예언을 전달하였다(렘 43:8~13).[10]

예레미야 44:1, 15을 보면, 이들이 서서히 애굽의 각 도시에 흩어졌다고 말한다. 예레미야는 이들에게 경고하기를 하나님께 계속 불충성하였으므로, 아무도 유다에 돌아가지 못할 것이라고 하였다(12~14절). 성경 외적인 자료에 의하면, 이들의 후손인지 아닌지는 모르지만 약간의 유대인들이 애굽 남방 나일 강의 첫 폭포 지역 엘레판틴(Elephantine) 섬에서 후에 군사적인 정착을 하였다고 나타나 있다. 이러한 증거는 유명한 엘레판틴 단편(Elephantine papyri)이 이 섬에서 발견된 것으로부터 나온 것이다. 이 종이의 연대는 5세기 말엽이다.[11]

2. 바벨론 포로 시기(605~539)

유대인들이 포로로 잡혀갔을 때는, 바벨론의 세력이 전성기에 달한 신바벨론 제국시대였다. 제국적인 지위는 느부갓네살의 통치로 이루어졌으며, 고레스(Cyrus) 대제의 지휘 아래 페르시아(개역성경에는 바사로 되어 있음) 군대가 패배를 가져다준 주전 539년까지 계속되었다. 유대인 포로들은 이때의 초기부터 페르시아 정복 후까지 그곳에 남아 있었다.

---

10) 이 예언이 성취되었다. 영국 박물관의 돌판에는, 느부갓네살이 그의 재임 37년에(566~567) 애굽 왕 아마시스(Amasis)를 제패하였다고 말하고 있다. 아마시스는, 주전 572년에 느부갓네살에게 패배한 호프라(Hophra)를 계승하였었다. 아마시스가 반란을 일으키자 느부갓네살은 애굽으로 원정하여 또 다시 패배시켰다(참고. Wiseman, *Chronicles of Chaldean Kings* 〈주전 626~556〉 in the British Museum 〈London: Trustees of the British Museum, 1956〉, p. 94; Finegan, *LAP*, p. 131).

11) 이에 대한 논의로는 이 책의 맨 마지막을 참고하라.

(1) 느부갓네살(605~562)

느부갓네살은 43년을 다스렸으며, 그가 살아 있는 동안 최고의 국가로 유지시켰다. 그는 고대의 위대한 통치자의 한 사람이었으므로, 다니엘이 해석한 꿈의 형상에서 "금의 머리"로 표현되었다(단 2:38). 그를 계승한 인물들은 그보다 못하여 나라가 부패하기 시작했고 드디어 고레스(Cyrus)에게 패배하였다.

① 군사적 활동

느부갓네살은 전쟁에 뛰어난 인물이었다. 그의 정복은 예루살렘 멸망 시에도 나타났지만 그 이외에 더 많은 정복을 하였다. 두로 섬을 포위하는 일은 예루살렘이 함락된 같은 원정 때에 시작되었는데 13년이나 계속되었다. 끝에 가서 그는 이 강력한 요새인 섬을 실제로 취하지는 못하였지만,[12] 바벨론의 종주권을 인정받았다. 예레미야(52:30)는 그가 주전 582년에 다시 유다에서의 추방을 강요하였다고 말하고 있는데 그 이상의 내용은 나타나 있지 않다.[13] 같은 해에 그는 코엘레-수리아, 모압, 암몬 등을 성공적으로 원정하였다.[14] 그리고 주전 568년 애굽 왕 아마시스가 호프라(Hophra)를 계승한 직후 애굽을 침략하였다.[15] 그는 이때에 애굽의 쇠약과 혼란 시기라는 점을 이용한 것이었다. 그러나 느부갓네살의 목적은 영구적인 정복을 하려 한 것이 아니라, 과거 수리아-팔레스틴에서 애굽이 간섭한 것에 대한 보복적인 행동에 지나지 않았다. 그 이후 이 두 세력 간의 평화적 관계가 계속된

---

12) 에스겔의 예언은, 이 바벨론의 원정에서 일부 성취된 셈이다(26:1~14). 완전한 성취는, 이후 그리이스의 알렉산더 대제가 나머지 구 두로를 지중해로 끌어내어 섬의 요새에까지 둑을 만든 데서 실현되었다.
13) 예레미야는 이때에 745명이 끌려갔다고 말하고 있는데, 이는 아마도 느부갓네살이 같은 해에 패배시킨 수리아, 모압, 암몬 사람들도 함께 끌려갔을 것이다.
14) 참고, Josephus, Antiq. x, 9, 7. 레바논 산지까지의 원정에 대해 말하고 있는 연대가 나와 있지 않은 느부갓네살의 사본도 아마 이때일 것이다 (ANET, p. 307).
15) 참고, 앞의 주 10.

것으로 보아 그는 성공을 거둔 셈이었다.

② 건축사업

느부갓네살은 성공적인 건축사업도 전개시켰다. 다니엘 4:30에서 바벨론 왕의 말로 인용된 "이 큰 바벨론은 나의 권세와 능력으로 이룩된 것이 아니냐?"라는 말은 타당하다고 볼 수 있다. 그는 바벨론 자체의 수비와 수도의 남북으로 연결된 요새를 포함하여 복잡한 구조의 요새를 건축하였다. 또한 성전과 궁전, 운하, 도로 등도 세웠다. 도시의 성역으로 이어지는 길은 찬란한 색깔과 에나멜칠을 한 벽돌, 황소와 용의 부조로 장식되어 행렬을 이루었다. 유명한 이스타르(Istar)의 문으로 이어지는 길도 이와 비슷하게 장식되었다.[16] 성역 본부에는, 느부갓네살이 이전의 것을 다시 세운[17] 대신전(Ziggurat)과 마찬가지로 다시 복구한 마르둑(Marduk) 대신전이 있었다. 가장 유명한 것으로는 그의 미디안 왕비가 산을 좋아하였으므로 이를 위해 느부갓네살이 케라스 위에 매달아 세운 정원이었다. 희랍 사람들은 이 정원에 큰 감명을 받아 세계의 7대 기적 중의 하나로 간주하였다.

(2) 느부갓네살의 후계자(562~539)[18]

느부갓네살의 후계자들은 그의 행적을 따라갈 수 없었으므로, 그의 죽음 후 바벨론의 영광은 곧 사라지기 시작하였다. 그의 아들 아멜마르둑(Amel-marduk)이 그를 계승하여 단지 2년간 다스렸다 (562~560).

성경에는 그(에빌므로닥, Evil-merodach)에 관해, 여호야긴을 옥

---

16) 그림으로는 *ANEP*, figs. 760~62를 참고하라.
17) A. Parrot는, 이 신전이(Ziggurat) 넓이 298피트, 높이 300피트의 7단계로 재건되었다고 말하고 있다. Parrot, *The Tower of Babel* (London: SCM Press, 1955), pp. 46~51.
18) 이 연대에 대한 자세한 내용으로, R. A. Parker and W. H. Dubberstein, Babylonian Chronology, 주전 626~주후 45(Chicago: University of Chicago Press, 1942)를 참고하라.

에서 풀어내어 바벨론 왕궁에 거할 특권을 주었다고 언급하고 있다(왕하 25:27~30, 렘 52:31~34). 아멜마르둑은 그의 매부 네리글리살(Neriglissar, Nergal-shar-usur)에 의해 살해되었고, 대신 그가 주전 560년 8월에 왕위에 올랐다. 이 인물은, 느부갓네살의 관리(rab-mag)였고, 주전 586년 예레미야를 옥에서 풀어주는 데 일역을 담당했던 예레미야 39:3, 13의 네르갈 사레셀(Nergal-sharezer)로 보통 받아들여지고 있다. 이것이 옳다면 그가 즉위했을 때는 적어도 중년기였을 것이다. 왕으로서 그는 주로 건축사업과 군사모험가로서 알려져 있다. 이 군사원정에서 그는 처음에는 성공을 하였으나 곧 패배를 당해 그가 죽기 바로 직전 주전 556년에 바벨론으로 철수하였다. 그의 아들 라바시마르둑(Labahi-Marduk)이 계승하였으나 몇 개월 후 나보니두스(Nabonidus)를 포함한 신하들에 의해 암살되었고 나보니두스가 왕권을 잡게 되었다.

(3) 나보니두스(556~539)

하란 출신[19]인 아람 귀족의 아들 나보니두스(Nabonidus, Nabuna'id)는 느부갓네살 이후 가장 유력한 통치자였다.[20] 제사장 혈통으로서 달신 신(Sin)의 신봉자였던 그는 고물적인 종교에 관심을 기울였다. 그는 바벨론의 성전 지역으로 발굴된 하란에 신(Sin) 성전을 재건했으며 오랫동안 유기되었던 예식을 회복했다. 그는 서슴치 않고 종교

---

19) 그의 어머니는 느부갓네살의 미망인 니토그리스(Nitocris)이었던 것 같다(참고, Sidney Smith, *Babylonian Historical Texts* 〈London: 1924〉, pp. 37, 43). 또 다른 관점으로는 그가 느부갓네살의 미망인이거나 또는 딸인 이니토그리스와 결혼했을 것이라고 보는 것이다(참고, Dougherty, *Nabonidus and Belshazzar* 〈New Haven: 1929〉, pp. 59f). 이 두 관점은, 느부갓네살이 어떻게 벨사살(Belshazzar)의 아버지로 불리우는지에 대해 설명해 주고 있다(단 5:2).
20) 헤로도투스는, 메데인과 리디아인 사이에 평화조약이 이루어질 때인 주전 585년에 자신이 바벨론 대표로 있었다고 말하고 있다(참고, Herodotus, I, 74; R. P. Dougherty, *Nabonidus and Belshazzar* 〈New Haven: 1929〉, p. 36).

예식을 개혁하였는데 많은 부분이 마르둑 제사장들이 세운 것과 맞지가 않았다. 사실 그가 마르둑보다 신(Sin)을 더 애호하였으므로 많은 분노를 자아냈고 마침내 직선적인 반대에 부딪히게 되었다. 군사적 행동에 관해서는 언급되어 있지 않으나 재임 초기에 실리시아(주전 554년)와 수리아 (주전 553년)에 대항하여 두 번의 원정을 하였다. 특이한 일로는, 그가 아라비아 사막에 있는 에돔의 남동쪽 테마(Tema)로 주거지를 옮긴 것이었다. 그 이유는 분명치 않으나 아마도 그의 종교적 관심과 역시 관계가 있었던 것 같다. 그는 그 유능한 아들 벨사살(Bel-shar-uzur)의 손에 나라를 맡기고 테마에 10년 동안 기거하였다. 실제적인 왕권이 이 젊은이에게 부여되었는데, 이는 다니엘서의 벨사살 내용과도 일치한다.[21] 나보니두스가 없는 바벨론에서는 오랫동안 연례의 새해 잔치가 중단되었다. 이 새해 잔치는 백성들에게 상당히 중요하였는데, 이것이 중단되자 마르둑 제사장들보다도 백성들 가운데 더 심각한 불만이 생기게 되었다.

주전 539년 나보니두스는 바벨론으로 돌아와 축제의 부활을 명하였으나 그 동안의 손상을 상쇄시키기에는 너무 늦은 것이었다. 이때에 나보니두스는 많은 사람들로부터 부적당한 통치자로 간주되었다. 이로 인해 반란의 분위기가 고조되고 고레스(Cyrus)의 정복 시기가 무르익게 되었다.

3. 유다의 포로생활

(1) 다니엘(다니엘 1~6장)

유대인 포로 중에 가장 중요한 인물은 다니엘로서 그는 다니엘서를

---

21) 다니엘 5:1~31에는, 다니엘이 왕궁벽의 기적적인 글씨를 벨사살에게 읽어주는 내용이 나와 있다. 이 일로 인해서 다니엘이 "왕국의 셋째 통치자"가 되었으므로(5:29), 벨사살 자신은 둘째 통치자라는 사실이 된다. 나보니두스에 대한 적당한 사본으로는 *ANET*, pp. 312~15; *DOTT*, pp. 89~91를 참고하라.

셨다.

① 다니엘의 명예

다니엘은 그의 세 친구[22]와 자기 또래의 다른 사람[23]들과 함께 주전 605년 여름에 바벨론으로 잡혀갔다. 느부갓네살이 이 젊은이들에게 고통을 주지 않고 대신 교육시킨 이유는, 자기 왕국의 여러 관리들로 쓸 유능한 인물을 이 가운데서 뽑고자 함이었다(단 1:4). 3년이 지나지 않아서[24] 다니엘은 느부갓네살의 꿈을 해석한 결과(단 2:1~45) 중요한 위치[25]로 승진하였는데 곧 왕을 자문하는 "현인"들의 장이 된 것이었다.[26] 몇 년 후 느부갓네살이 다니엘을 "박수장"이라고 계속 부른 것을 보면(단 4:9),[27] 그는 분명 오랫동안 이 지위를 유지하였다. 그러나

---

22) 이 네 사람은 바벨론식의 이름을 받게 되었다. 즉, 다니엘 벨드사살, 하나냐 사드락, 미사엘 메삭, 아사랴 아벳느고였다.

23) 이들을 붙잡아온 목적과 다니엘이 늙은 나이까지 산 것으로(적어도 주전 536년까지) 보아 이들은 아마 십대 중간이었을 것이다.

24) 느부갓네살 2년 중이었다(단 2:1). 느부갓네살은 바벨론으로 돌아온 직후 곧, 주전 605년 9월에 왕위에 올랐으므로, 그의 첫 해는 604년 3월(Nisan)에 시작되었을 것이고, 둘째 해는 603년 3월에 시작되었을 것이다. 그러면 다니엘의 승진은 603년 3월과 602년 3월 사이에 있었다.

25) 이 계획은 젊은 사람들을 위해 최소 3년간 교육시키는 일이었으나(단 1:5), 다니엘은 분명 이전에 그런 교육을 받았음에도 불구하고 계속해서 교육을 받았을 것이다.

26) 예언하는 일은 고도의 기술로서 여러 가지 방법으로 사용되었다(참고. A. Guillaume, *Prophecy and Divinatian Among the Hebrews and Other Semites* 〈London: Hodder & Stoughton, 1938〉; A. Leo Oppenheim, *The Interpretation of Dreams in the Ancient Near East* 〈Philadelphia: Transactions of the American Philosophical Society, 1956〉). 다니엘이 이 현인들의 우두머리가 될 때 그들의 기술을 사용하지 않았다는 것은 전체적인 이야기에서 볼 때, 그리고 특히 느부갓네살이 또다시 꿈꾸었을 때 (4:7~9) 그와 개별적으로 상의하였다는 점에서 뚜렷하다.

27) 이것은 느부갓네살이 꿈의 성취로서 정신착란을 일으키게 된 다니엘 4장의 꿈 바로 이후이므로(단 4:28~37), 그 연대는 재임 43년 말경이었을 것이다.

벨사살의 통치 때에는 다니엘에게 변화가 있었는데, 이는 다니엘이 왕궁벽의 기적적인 글씨를 진짜 해석할 수 있다는 사실이 왕에게 상기된 것으로 보아 알 수 있다(단 5:10~12). 이때는 다니엘이 첫 번 임명을 받은 지 63년이 경과한 후였는데 그 이후 그는 수많은 지위를 가지고 있었을 것이다. 바벨론이 페르시아에게 정복당할 시 다니엘은 80세[28]나 되었는데, 그는 이 새 성전에서도 계속 높은 지위를 보유하였다. 실제로, 그는 페르시아의 120방백들을 감독하는 새 총리 중의 한 사람이 었다(단 6:1~2).[29]

② 다니엘의 영향

다니엘이 궁전에서 높은 지위를 가지고 있었으므로, 자기 동포 포로들의 안락한 생활을 위해 중요한 역할을 담당할 수 있었을 것이다. 사실 그들의 상황은 놀랍게도 고생과는 거리가 멀었다. 다니엘은 또한 아멜마르둑 왕이 여호야긴을 영예의 위치로 올려준 일에서도 영향력을 행사하였을 것이다(왕하 25:27~30). 포로 왕에게 이런 식으로 대접한다는 것은 그를 대신해 활동하는 특별한 친구에 대한 관심을 암시하는 것이다. 더욱이 다니엘은, 유대인으로 하여금 팔레스틴으로 돌아가도록 허락하는 선포에도 많은 관련이 있었을 것이다.[30] 그 당시 그는 큰 영향을 행사할 수 있는 높은 지위에 있었다. 그가 특별히 기도제목으로서 이러한 요청을 한 것으로 보아(단 9:1~19) 이 허락이 내려지기

---

28) 다니엘과 함께 포로로 잡혀간 이들은 그때 평균 나이 15세 미만은 아니었을텐데, 그렇다면 다니엘은 주전 539년에 81세보다 적지 않았을 것이다.

29) 정부가 바뀌고 또 다니엘의 늙은 나이에도 불구하고, 그가 지위를 유지할 수 있었다는 것은 정말 놀라운 일이다. 이것은 다니엘의 능력을 말하는 것이지만, 그보다 더 하나님께서 특별히 그를 축복하시고 그로 하여금 높은 지위를 계속하도록 원하셨다는 것을 말하는 것이다.

30) 이 선포는, 다니엘이 아직 활동하고 있던 때인 고레스 첫 해에 내려졌다(대하 36:22; 스 1:1). 고레스가 다른 포로들을 그들의 고향으로 돌아가도록 허락하였다는 사실은 이러한 가능성과 상반될 필요는 없는 것이다. 먼저 유대인들이 이러한 허락을 받고, 그 후에 다른 포로들도 이러한 특혜를 받았을 것이다.

를 바랐다는 것은 분명하다. 우리는 그가, 페르시아 왕에 대해 생각을 하면서 그 실현을 위해 자기가 할 수 있는 모든 일을 했을 것이라 상상할 수 있다.

(2) 일반 포로들

① 숫 자

유다에서 바벨론으로 잡혀간 포로들의 숫자는 가늠하기가 어렵다. 두 번째 추방(주전 597년)에 관해서만 명확한 숫자가 주어져 있는데, 즉 용사 7천 명과 기술자 1천 명을 포함한 만 명이었다(왕하 24:14~16). 첫 번 추방에 관해서는(주전 605) 적어도 다니엘과 그의 세 친구 이외에 다른 젊은이들이 포함되었다고 말할 수 있다. 예루살렘이 황폐해진 때의 세 번째 추방(주전 586)에 관해서는, "그 땅에 빈천한 자"(왕하 25:11, 12, 21)만이 남았다고 했으므로 분명 많은 수가 포함되었다.[31] 주전 538년에 포로생활에서 돌아온 사람들의 숫자가 42,360명이 된다는 것에서 볼 때(스 2:64; 느 7:66)[32] 총 수 만 명이 잡혀갔다는 것을 알 수 있다.

② 에스겔

다니엘과 여호야긴 왕 이외에 가장 유명한 포로는 에스겔 선지자였다. 포로생활 이전에는 그에 관해 나타나 있는 것은 없으나, 그는 포로의 한 사람으로서 중요한 역할을 담당하였다. 그는 포로 가운데 하나님의 사자로서 죄를 꾸짖기도 하고, 구원의 약속으로 위로를 하기도 하였다. 그의 설교로 인해 백성들은, 포로생활이 하나님의 능력부족으

---

31) 예레미야 52:30에는 넷째 추방이 느부갓네살 23년(주전 582)에 일어났다고 말하고 있다(참고, 앞의 주 13). 예레미야가 포로의 숫자를 적게 기록하고 있는 것은(52:28~30) 복사자의 실수이거나 또는 특정 계층의 포로들만을 기록하려는 예레미야의 의도로 설명될 수 있다(Keil's, KDC, Jeremiah, II, pp. 327~331).

32) 에스더 시대에 동부쪽에서 많은 사람이 살고 있던 것으로 보아 모든 사람이 돌아온 것은 아니었다.

로 온 것이 아니라 그들의 죄를 징벌하기 위해 하나님께서 허락하신 것임을 깨달았다. 그는 또한, 하나님께서 그들을 구원하시고 바벨론을 꾸짖기 위해 그의 주권을 행사하실 것이라고 선언함으로써 그들을 격려하였다. 나이들은 관리들이 조언을 구하고 하나님의 말씀을 듣기 위해 에스겔에게 찾아온 것을 보면, 그는 그 전의 다른 선지자보다 더 하나님으로부터 많은 말씀을 받은 것 같다(겔 8:1; 14:1; 20:1). 포로 기간 동안 백성들은 정신적인 변화를 겪었고 하나님과의 개인관계를 유지하였는데, 이는 분명 에스겔의 영향인 것 같다.

(3) 바벨론에서의 생활

유대인 포로들은, 그의 조상이 애굽에서 당한 속박의 상태와는 대조적으로 비교적 안락한 생활을 했다는 증거가 있다.

① 조직이 유지됨

이러한 한 증거로는, 유다 자체의 몇몇 조직이 유지되었다는 것이다.

예를 들어 유다의 지방행정에서 일했던 사람들이 계속 활동을 한 점이다. 백성들의 대표로 활동하고 있는 사람들이 에스겔에게 조언을 구하기 위하여 찾아왔다. 또한 선지자와 제사장들의 조직도(각각의 교육적인 임무에서) 보유되었는데, 이는 예레미야가 포로들에게 편지쓸 때 처음에 장로들에게, 그리고 선지자와 제사장들에게, 마지막으로 일반 백성들에게 쓰고 있다는 점에서 드러난다(렘 29:1).

② 이주의 자유

포로들은 그 땅에서 이주의 자유를 누렸다. 에스겔은 자기 집을 소유하기까지 하면서 이동하였다(겔 8:1). 또한 장로들은 이러한 에스겔을 자유로이 방문하였다. 아멜마르둑에 의해 옥에서 풀려난 이후 여호야긴에게도 이와 비슷한 자유가 주어졌다고 증언하고 있다. 그는 나머지 생애 동안 궁정에서 음식과 다른 용품들을 받았으며, 바벨론에 있는 다른 왕들보다 위의 자리(왕위?)에 앉았다고 한 것으로 보아 통치의

506 이스라엘의 역사

권력까지 허락되었던 것 같다(왕하 25:28). Weidner[33)]에 의해 발견된 바벨론의 설형문자 서판도 이러한 성경의 내용과 일치하고 있다. 이 서판에는 여호야긴이 "유다 땅의 왕"으로 나와 있으며 그의 다섯 아들들이 양식과 기름을 자유로이 공급받았다고 지적되어 있다. 이 서판에는 또한 아들들이 수행원의 보호를 받았다고 나와 있는데, 이는 실제로 그들에게 종들이 있었음을 암시한다.[34)]

③ 서신의 특권

유대인들은 서신의 특권까지 누려, 유다에 있는 친구들에게 편지를 쓸 수 있었다. 예레미야는 이러한 서신에 대해 말하고 있으며(29:25) 바벨론에 있는 포로들에게도 직접 편지를 썼다(29:1). 이러한 교류가 계속되었다는 것은, 유다 백성들이 여호야긴의 상황을 알고 왕으로 다시 돌아오기를 희망했다는 것에서도 증명된다(렘 28:3~4).

④ 고용의 기회

아마도 가장 중요한 증거는, 포로들에게 좋은 고용의 기회가 열려 있었다는 사실에서 나온다. 한 가지는, 느부갓네살이 포로로 선택한 사람들의 종류에서 발견된다. 그는 주전 597년의 추방에서 특별히 대장장이와 기술자들을 뽑았다(왕하 24:14~16). 분명 느부갓네살은 이들을 기술적인 무역에 종사시키려 하였다. 또 한 가지는 카바리(Kabari) 운하의 니풀(Nippur)에서 발견된 많은 상업 서판에서 찾을 수 있는데, 여기에 유대인 이름이 많이 포함된 것으로 보아 세를 낸다든가 사고 팔고 하는 상업[35)]에서 활동했음을 암시한다. 이 서판이 5세

---

33) E. F. Weidner, *Jojachin, Kong von Juda Babylonischen keil schrifttexten*(Melanges syriens offers a Monsieur Rene Dussand, Ⅱ, Paris, 1939). 이 원본은 느부갓네살 10년부터 35년까지의 시기이다. *ANET*, p. 308에 3개의 원본이 게재되어 있다.
34) W. F. Albright, "King Joiacnin in Exile," *BA*, 5(1942), pp. 49~55.
35) 무라스 손즈(Murashu Sons)라는 상가의 폐허에서 발견되었다. 계약서에 많은 이름이 있는 것으로 보아 이들의 사업거래를 나타내는 것 같다.

기 경³⁶⁾의 것이므로, 바벨론으로 추방된 지 100년 이후의 유대인 상황을 나타내는 것이긴 하지만, 이 비슷한 상황이 얼마 동안 계속되어 왔음을 암시한다.

⑤ 비옥한 땅

유대인들은 비옥하고 좋은 땅에서 살도록 허락되었다. 많은 사람들이 그발 강(겔 1:1, 3; 3:15, 23) 근처에서 살았는데, 이는 방금 전에 언급한 한 사본의 카바리 운하(nari Kabari, "큰 강"이라는 뜻)를 말하는 것 같다. 이 강은 바벨론 위의 유브라데스에서 흘러나와 니폴(Nippur)을 통과하여 다시 유브라데스로 들어간다. 한때 에스겔이 포로들과 7일 동안 거했던(겔 3:15) 텔 아비브(Tel-abib) 도시는 이 운하상에 있는 도시였다. 현대의 틸 아부브(Til-abub)는 이 지역을 뜻하는데 이 근처에서 이스라엘의 자기류가 발견되었다. 이 운하는 훌륭한 농경지에 물을 공급하였는데,³⁷⁾ 이는 유대인들이 자작을 했거나 또는 남을 위해 일했던 간에 좋은 농경지를 부여받았음을 의미한다.

⑥ 계속적인 징벌

하나님의 징계로 포로생활이 왔다고 하여 이러한 안락한 생활이 해를 받을 필요는 없는 것이다. 백성들이 그들의 고향에서 쫓겨나, 안락한 환경의 포로생활에서 오는 모욕감을 견디어야 했다면, 그것이 바로 징계가 된 것이다. 이러한 모욕감은 이 기간 초기에 가장 통렬히 느껴졌을 것인데, 바벨론 강들이 슬피 울었다고 말하고 있는 시편 137편은 아마도 이때에 쓰여진 것 같다. 바벨론에 대항하여 반항할 것을 촉구

H. V. Hilprecht and A. T. Clay, *Babylonian Expedition of the University of Pennsylvania*, Series A, vols. IX-X, 1898, 1904; *ANET*, pp. 221~222; *DOTT*, pp. 95~96.

36) 페르시아 왕 아닥사스 1세(Artaxerxes I, 464~423)와 다리우스 2세(422~404)의 재임 기간 중이다.

37) 참고, G. Contenau, *Everyday life in Babylon and Assyria* (Eng. trans.; London: 1954), pp. 41~43.

한 거짓 선지자들은(렘 29:4~10), 이 초기에 더욱더 슬퍼했을 것이다. 예레미야는 이들과 그리고 일반적인 포로들에게, 그들의 위치를 받아들이고 가능한 한 삶을 즐겁게 살라고 촉구하였다.

4. 페르시아 시대

구약성경의 선지자들은, 유대인의 포로생활뿐 아니라 그들이 귀향할 것에 대해서도 예언하였다. 이들의 징계는 70년의 외국인 지배 후에 끝이날 것이다(렘 25:11~12; 29:10). 여기에 관련된 역사를 살펴보면, 이들의 귀향이 이루어지기 전에 세계 주도권에 변화가 있었음이 나타난다. 페르시아가 바벨론을 패배시키고 주권을 장악하게 되었다. 유다의 귀향과 그 이후 역사는 이 새 세력 밑에서 이루어질 것이다.

(1) 바벨론 정복

① 고레스의 예비적인 승리

페르시아는 바벨론을 정복함으로써 그 세력이 고조에 달했는데 이는 주로 고레스 대제[38]에 의해(559~530) 이룩되었다. 그의 아버지는 아카에메니안(Achaemenian)으로서 엘람 지역의 안산(Anshan) 왕 캄비세스 1세(Cambyses I)였다. 그의 아버지가 죽자 고레스는 왕위를 계승하여 곧 근처의 페르시아 령(Persia, Parsua)을 첨가시켰다. 바벨론의 나보니두스는 메디아(메데) 왕 아스티아게스(Astyages, 585~550)에 대항하여 고레스를 도와주었는데, 이는 고레스가 곧 자기의 큰 적이 될 것을 깨닫지 못한 처사였다. 주전 550년 고레스는 아스티아게스를 해임시키고 넓은 메디아 지역의 통치를 맡았다. 그러자 나보니두스는 고레스를 두려워하여 애굽의 아마시스(569~525)와 리디아의 크로이수스(Croesus, 560~546)와 동맹을 맺었다. 세계 주도권

---

38) 재빨리 정복하여 유대인의 구원을 위해 하나님의 "종"이 될 것이라고 이사야에 의해(44:28; 45:1) 1세기 반 전에 그 이름이 예언되었다.

을 노리는 고레스는 이에 대항하여, 북 메소포타미아 건너편에 그의 군대를 진군시키고 크로이수스와 접전하였다. 아무도 그와 대항할 수 없었으므로 그는 거의 장해를 받지 않고 진입하였다. 혹한 겨울에 (547~546) 할리스(Halys) 강을 건넘으로써 수도 사르디스(Sardis)에 있는 크로이수스를 놀라게 했고, 또 낙타의 냄새로 하여금 크로이수스의 말들을 꼼짝달싹 못하게 만든 고레스는 적을 통과하여 에게 해에 서방국경을 세웠다.

② 바벨론의 함락

나보니두스의 한 동맹이 패배하고 또 다른 동맹이 잠잠하자[39] 바벨론은 곧 이 정복자 앞에 함락되게 되었다. 처음 서방의 승리에서 돌아온 고레스는 동쪽으로 인도[40]까지 진출하여 경계를 넓히는 데 시간을 소비하였다. 그러나 주전 539년 그는 주요 지역 바벨론으로 진군하여 이제 단독으로 겨루게 되었다. 그 당시 바벨론은 심한 불안을 겪고 있었다. 불만을 품은 마르둑 제사장들의 영향으로 나보니두스 백성들은, 외국인에 의해서라도 어떤 변화를 바라고 있었다. 고레스가 얼마나 많은 불만을 알고 있었는지는 확실치 않으나 백성들의 소원을 풀어줄 준비가 잘 되어 있는 셈이었다. 어쨌든 그의 임무는 놀라울 정도로 간단하였다.[41] 결정적인 접전은 바벨론에서가 아닌 북쪽으로 티그리스 강의 오피스(Opis)에서였는데, 이곳에서 고레스가 승리를 거두었다. 그리하

---

39) 아마시스 왕이 더 이상 관여하고자 안했으므로 이때 애굽과의 협정은 파기된 것 같다.

40) A. T. *Olmstead, History of the Persian Empire* (Chicago: University of Chicago Press, 1948), pp. 45~49; R. Ghirshman, *Iran from the Earliest Times to the Islamic Conquest*, trans. from French (Baltimore Iammondsworth, Penguin Books, 1954), p. 131.

41) 이 사건을 설명하는 중요한 비문이, 고레스(고레스 돌 도장)와 나보니두스(나보니두스 연대기) 모두에게 있는데, 기본적인 사실에 있어서 서로 일치하고 있다. 고레스의 기록으로는 *ANET*, pp. 315~16; *DOTT*, pp. 92~94, 나보니두스 기록으로는 *ANET*, p. 306; *DOTT*, pp. 81~83를 참고하라.

여 그의 장관 우그바루(Ugbaru)[42]가 전투도 하지 않고 바벨론을 취할 수 있었다.

이때가 주전 539년 10월이었다. 페르시아 군대가 진입하기도 전에 미리 도망친 나보니두스는 얼마 후 곧 체포되었다. 몇 주 후 고레스는 개인적으로 바벨론에 들어가 마르둑 제사장들과 일반 백성들로부터 실제로 해방자로 환영받았다.[43] 페르시아 왕은 민중들을 대하는 데 있어 재치를 부렸다. 도시는 약탈당하지 않았고, 종교제도나 민간제도도 크게 변하지 않았다.

그 결과 반란이나 소동을 최소한도로 줄이면서 자기에게 충성을 가져오도록 하였다. 가장 중요한 바벨론 정복을 완수한 고레스는 이전의 어느 통치자보다 더 넓은 땅, 곧 에게 해에서부터 인도까지를 장악할 수 있었다.

(2) 페르시아 통치자[44]

고레스는, 이 바벨론에서의 승리 후 최고의 군주로서 9년간 다스렸

---

42) J. Whitcomb은, 나보니두스의 비문에서 바벨론을 취했다고 나타난 우그바루와, 얼마 후 고레스가 바벨론의 관리로 임명한 구바루를 따로 구별하고 있다. 많은 학자들은 고브리아스(Gobryas)라는 보편적 이름 하에 이 두 사람을 같이 보고 있다. 그러나 이 비문에는 우그바루(Ugbaru)가 바벨론의 멸망 후 며칠 되지 않는 아라샴무(Arahshammu) 달의 11일에 죽었다고 되어 있는 반면 구바루(Gubaru)는 수 년 동안 바벨론을 다스린 통치자로 다른 사본에서도 자주 언급된다. Whitcomb은 이 구바루(Gubaru, 혹은 고브리아스〈Gobryas〉)를 다니엘서에서 여러 번 언급되는(5:31; 6:1, 2, 3, 6, 7, etc.) 메데(Mede) 사람 다리오(Darius)로 보고 있다(참고, Whitcomb, *Darius the Mede* 〈Grand Rapids: Wm. B. Eerdmans Pub. Co., 1959〉).

이와 다른 관점으로 D. J. Wiseman은, 다리오가 고레스 자신일 것이라고 말하고 있다(Wiseman, "The Last Days of Babylon," Christianity Today, 2〈Nov., 1957〉, pp. 7~10).

43) 고레스나 나보니두스 어느 누구도 벨사살에 관해서는 언급을 하고 있지 않기 때문에, 다니엘 5장의 내용이 이 정복과 어떻게 연관되고 있는지 알 길이 없다. 벨사살은, 주전 539년 10월 고브리아스가 바벨론에 처음 들어왔을 때 죽었거나 또는 얼마 후 성전이 함락되었을 때 죽었을 것이다.

44) 자세한 내용으로는 A. T. Olmstead, *op. cit.*, 또는 R. Ghirshman, *op. cit.*를 참고하라.

다.[45] 그는 정복에서와 마찬가지로 통치에 있어서도 솜씨를 발휘한 것 같은데, 언제 강력하게 대처하고 언제 온순하게 다스리는지를 알고 있었으므로 적도 친구도 똑같이 그를 숭앙하였다. 마침내 주전 530년 밀리 북쪽으로 군대를 지휘하다가 그는 치명적인 부상을 입었다. 그의 시체는 페르시아 수도 파사르가데(Pasargadae)에 옮겨져 장사되었다.

① 캄비세스(Cambyses, 530~522)

바벨론에서 그의 아버지의 부관으로 활약했던 캄비세스 2세(Cambyses II)가 아버지 고레스를 계승하였다. 캄비세스는 그의 형 스메르디스(Smerdis, 혹은 바르디야〈Bardiya〉)를 그의 적수로 여겨 제거시키고 왕위에 올랐다. 캄비세스의 큰 업적으로는, 주전 525년 애굽을 정복함으로써 이미 확보된 넓은 영토를 더 추가시킨 일이었다. 그는 펠루시움(Pelusium)[46]에서 처음으로 애굽과 접전하여 승리를 거두었다. 그는 아마시스 왕이 고용한 그리이스 용병 장군의 결함으로 큰 도움을 받았다. 이때 아마시스가 죽고 그의 아들 삼메티쿠스 3세(Psammetichus III)가 계승하였다. 그러나 이 새 왕 역시 페르시아를 견디지 못하였으므로 페르시아는 비옥한 삼각주 지역까지 진입하였다. 곧 캄비세스는 전 국토[47]를 지배하여 제국의 관구(satrapy)[48]로 포

---

45) Whitcomb은 구바루(Gubaru, Gobryas)가 고레스의 9년 동안 그리고 캄비세스의 첫 5년 동안에도 바벨론을 다스렸다고 주장한다(Whitcomb, op. cit., pp. 15~16, 23~24).

46) 현대의 사이드 항(Port Said)에서 동쪽으로 20마일 되는 지중해 근처인데 이는 오랫 동안 침적토로 쌓인 나일 강의 동쪽(pelusiac) 지류의 입구이다.

47) 캄비세스(Cambyses)는, 피정복국의 종교적 관습이나 제도에 대해 자기 아버지가 취했던 방식을 따랐다. 그러나 그는 그의 아버지와 달리 백성들과 건축을 염두에 두지 않고 잔인하고 무모한 파괴를 하였다. 엘레판틴 파피루스 사본에는, 엘레판틴 섬에서 유대인 성전은 그대로 남아 있었으나 애굽 신의 성전은 파괴되었다고 지적되어 있다(참고, *ANET*, p. 492; *DOTT*, pp. 262~63).

48) 페르시아는 많은 영들을 관구(satrapy)라고 불리우는 20개의 큰 구획으로 나뉘었는데 이 관구의 총독을 태수(satrap)라고 불렀다.

함시켰다. 그러나 서쪽으로 카르타고(Carthago)나 남쪽으로 누비아(Nubia), 에디오피아 등으로 지배를 확장하는 데는 성공하지 못하였다. 그가 주전 522년 본국으로 돌아오는 길에 팔레스틴의 갈멜 산 근처에 진을 쳤을 때 자신이 몰래 암살했던 형 스메르디스(Smerdis)로 가장한 가우마타(Gaumata)가 왕권을 잡았다는 소식을 들었다.[49] 확실치는 않지만 아마 이 이유로 인해 캄비세스는 여기에서 자살한 것 같다.

② 다리오 히스타스페스(Darius Hystaspes, 522~486)

캄비세스 장군이며 태수 히스타스페스(Hystaspes)의 아들인 다리오 1세(Darius I)는 페르시아의 왕가 혈통으로 볼 때 고레스의 방계 자손인데, 이제 이 반란을 진압하고 왕위를 획득하고자 군대를 이끌고 본국으로 진입하였다. 그는 이 일에 성공을 거두고 반란자를 사형에 처하였다. 그러나 그는 이 제국의 곳곳에서 공공연한 반란이 싹트고 있음을 알았다. 그는 이러한 도전에도 똑같이 대처하여 2년 안에 이들을 휘어잡을 수 있었다. 그는 이러한 승리를 중요하다고 여기고 후세대를 위해 엑바타나(Ecbatana)로 가는 길 옆의 높은 산벽에다 기록을 남겨 놓았다. 세 가지 언어로 기록된 이 비문은 베히스툰(Behistun) 비문으로 불리워지게 되었는데, 오늘날 구 아카디아어(Akkadian)를 탐독하는 귀중한 열쇠가 되었다.[50]

다리오는 페르시아의 유능한 통치자 중의 한 사람이었다. 그는 전

---

49) Olmstead는, 스메르디스가 이전에 살해된 것이 아니라, 이 사람이 바로 캄비세스의 형인 스메르디스라고 주장한다(Olmstead, *op. cit.*, pp. 107~16).

50) 페르시아어, 엘람어, 아카디아어로 쓰여진 이 비문은, 구 바벨론과 엑바타나 사이의 주요 도로에서 위로 350피트 되는 산벽에서 볼 수 있다. 1835년 산벽을 타고 올라가 복사를 한 H. C. Rawlinson의 노력으로, 이 비문은 상형문자 탐독에 대한 비밀을 산출해내었다. 보다 최근에는 George C. Cameron에 의해 이 비문에 대한 자세한 연구가 이루어졌다(참고. Cameron, *JNES*, 2(1943), pp. 115f; Cameron, National Geographic Magazine, 98(1950), pp. 825~44).

제국을 재조직하는 수완을 과시하였다. 고레스는 왕국을 정복하되 경계선은 바꾸지 않았는데, 심한 반란을 겪은 다리오는 새로 정한 관구(satrapy)로 구분함으로써 그 국경선을 수정하였다. 고정적인 순회판사가 임명되었으며, 효과적인 교류를 위해 복잡한 우편조직을 세웠다. 그는 초기의 전쟁 경험을 이용하여 자기 군대로 하여금 계속적인 성공을 거두도록 지시하였다. 그러나 주전 490년 유명한 마라톤(Marathon) 전투에서 그리이스의 손에 모욕적인 패배를 겪었다. 그는 보복하려 하였으나 애굽의 반란으로 인해 그곳에 얼마 동안 관심을 쏟다가 주전 486년에 죽었기 때문에 보복을 이룰 수 없었다.

③ 크세르크세스 1세(Xerxes I, 486~465, 아하수에로, 에 1:1)

크세르크세스 1세가 그의 아버지를 계승하였다. 그는 첫 2년 동안 반란을 진압시키는 일에 몰두하여 마침내 바벨론을 앗수리아와 통합시켰다.[51] 그리고 3년에는, 그리이스에 패배한 아버지를 보복하기 위해 대대적인 군사 원정을 계획하였다. 그의 계획은 완전하였고 모집한 군대 숫자도 엄청난 숫자였다. 처음에는 성공을 거두어 아테네 사람을 포로로 잡고 성채(Acropolis)를 불태우기까지 하였다. 그러나 그때 그의 훌륭한 함대가 살라미스(Salamis)에서 참패를 당했고, 마르도니우스(Mardonius)에게 맡겨진 그의 군대는 그 다음해(주전 479) 플라타이아(Plataea)에서 산산히 흩어졌다. 살라미스에서의 패배 이후 수도로 돌아온 크세르크세스는 엄청난 건축사업을 시작하였다.

④ 아닥사스다 롱기마누스(Artaxerxes Longimanus, 465~424)

마지막으로 주목할 페르시아 통치자는 아닥사스다 롱기마누스이다.

그는 그의 아버지가 궁중 수위대장 아르타바누스(Artabanus)에게 암살 당하자 왕위를 계승하게 되었다. 아닥사스다의 첫 번 과업은 왕

---

51) Olmstead, op. cit., pp. 236~37. 크세르크세스가 다스렸다고 열거한 나라들과, 즉위 당시에 있었던 혁명의 상황에 대한 것으로는 ANET, pp. 316~17을 참고하라.

위를 탐내는 모든 적수들을 없애는 일이었다. 그리고 주전 460년에 애굽이 큰 혁명이 일어났는데, 이 혁명은 아바르나하라[52](Abar-nahara, 수리아와 팔레스틴)의 태수 메가비수스(Megabyzus)의 몇 년 전투 끝에 진압되었다. 그리이스와 고전은, 아테네와 동맹을 맺도록 하는 조약에 사인함으로써(주전 449) 더 큰 모욕이 생겨나게 되었다. 아닥사스다나 크세르크세스는 모두 그의 선조 다리오만큼 이룩하지 못하였다. 이후의 통치자들 역시 미약하다가 알렉산더의 출현으로 그리이스에게 망하였다.

5. 첫번째 귀환(스 1~6장)

이러한 페르시아의 역사 가운데, 유대인에게는 중요한 사건이 생겨나게 되었다.[53] 이 중에서 중요한 것으로는 세 번에 걸친 귀환이었다. 첫번째는 페르시아의 바벨론 정복 직후인데(주전 538, 스 1:1) 세스바살(sheshbazzar)이 이끌었다. 두 번째는, 80년 후로서 아닥사스다 롱기마누스(Artaxerxes Longimanus, 주전 458, 스 7:7) 7년째 해인데 에스라가 이끌었다. 그리고 세 번째는 그 이후 13년이 지난 아닥사스다 20년에(주전 444, 느 2:1) 느헤미야가 이끈 귀환이었다.

(1) 고레스 칙령(대하 36:22~23; 스 1:1~4; 6:3~5)

고레스가 그의 직속인에 대해 따뜻한 배려를 한 것은, 바벨론에 포로

---

52) 이것은 페르시아어 'Ebirnari'에 대한 아람어 형태인데 "강 저편"이란 뜻이다. 이것은 다리오가 구획을 재조직할 때 생긴 것인데, 헤로도투스에 의하면(Historiae, III, pp. 89~97) "전페니키아, 팔레스틴, 수리아, 구부로를 포함했다고 되어 있다(참고. M. Avi-Yonah, *The Holy Land* (Grand Rapids: Baker Book House, 1966), pp. 11~12).

53) 이때부터 보통 "유대인" 역사로 불리워진다. 포로생활에서 돌아온 사람들은 대부분 유다 지파였는데, 여기에서 이러한 이름이 생겨났다.

로 온 백성들로 하여금 그들의 고향에 들어가도록 허락한 것이었다.[54] 고레스가 그 첫 해[55]에, 유다같이 작은 나라의 백성들에게 이러한 허락을 내린 것은 놀라운 일이지만, 앞에서 언급한 바와 같이 다니엘의 영향이 작용했을 것이다.[56]

유대인에 대한 고레스 칙령은 성경에서 에스라 1:2~4과 6:3~5에 두 번 기록되어 있다.[57] 이 두 내용이 서로 동일하지가 않은데, 이는 본래의 칙령이 더 긴 내용을 가지고 있고 이 두 가지의 항목을 모두 포함하고 있음을 암시한다. 이 내용을 요약하면, 고레스 자신의 비용으로 예루살렘 성전을 다시 지을 것을 명하였으며, 모든 유대인들은 이들을 경제적으로 도와줄 것, 또한 느부갓네살이 취한 금과 은을 예루살렘으로 돌려보낼 것 등이었다. 이 칙령에 나타난 유대인들에 대한 호의는 놀라운 것이며,[58] 이것이 원래 다니엘에 의해 쓰여지지 않았다면 이상하게 여겨졌을 것이다.

(2) 귀환(스 1:5~2:70)

아마도 이 칙령이 발표된 직후 곧 주전 538년이나 537년에 귀환이 이루어진 것 같다. 이는, "유다의 왕자"(스 1:8)라고 한 세스바살에 의

---

54) 고레스 자신이 그의 유명한 돌 도장에 이 정책을 기록하고 있다(참고, *ANET*, p. 316; *DOTT*, p. 93).

55) Noth, *NHI*, pp. 307~38; Bright, *BHI*, pp. 343~44.

56) 이 장의 앞 부분 다니엘을 참고하라.

57) 첫 번 것은 히브리어로 쓰여져 있으며 왕의 공포형식이다. 두 번째 것은 아람어로 쓰여져 있는데, 왕의 구두결정을 메모하는 디크로나(dikrona) 형식이다. Bright, *BHI*, pp. 342~43; E. J. Bickerman, "The Edict of Cyrus in Ezra I," *JBL*, 65(1946), PP. 244~75; R. A. Bowman, *Interpreter's Bible*, III(1954), pp. 570~73, 613~16.

58) 고레스가 "하늘의 신 여호와"(스 1:2)라고 높여 말하고 있는 것은, 마르둑에 대해서도 비슷하게 말하고 있으므로 그 자체가 그리 놀라운 것은 아니다(참고, *ANET*, pp. 315~16). 외국신에 대해 이렇게 말하고 있는 것은 그의 회유정책과 일치하는 것이다.

해 인도되었다.[59] 이때 귀환한 사람은 42,360명과 그 이외에 노비가 7,337명이라고 에스라 2장에 나와 있다(스 2:64~65). 이것은 실질적인 숫자이지만 동부에 살고 있던 모든 유대인은 아니었다. 사실 대다수는 이에 포함되지 않은 것 같은데, 이는 약 반 세기 후 에스더 시대[60]에 이틀 동안의 싸움으로 이웃의 적 75,000명을 죽일 정도로 많은 유대인이 살고 있었기 때문이다(에 9:16). 이미 언급하였듯이 유대인들은 호조건 밑에서 동부에 살고 있었으며 많은 이들이 상업에 종사하였다. 이제 이들이 이곳을 떠난다는 것은 쉽지 않았으므로 많은 숫자가 이곳에 남아 있었다. 돌아가기로 결정한 사람들은 분명 큰 사건 없이 돌아갔을 것이다.

(3) 성전 건축(스 3~6장)

본국으로 돌아가 첫 번으로 해야 할 일은 성전을 건축하는 일이었다.

곧바로 성전을 건축한다는 것은 하나님 숭배에 있어서 모세법을 부활시키는 데 필수적인 것이었으며, 유대인의 여호와 숭배를 이웃 백성에게 나타내 보이는 것이었다.

---

59) 세스바살은 스룹바벨(Zerubbabel)과 동일인일 수도 있다. 이 두 사람은 모두 유다의 "총독"으로 불리웠으며(스 5:14; 학 1:1), 둘 다 성전건축을 지휘하였다(스 5:16; 5:2). 그러나 이 둘 다 바벨론 이름이므로(ZerBabel, Shin-ab-usur) 다른 사람을 뜻하지 않는다면, 이름이 다를 이유가 거의 없다(참고. Albright, "Recent Discoveries in Bible Lands," in Young's Concordance, p. 36). 분명히 세스바살은 스룹바벨에 의해 계승되었고, 스룹바벨은 세스바살을 따라온 일행이었으며 그때 이미 활동하고 있었을 것이다. 세스바살과 세나살(대상 3:18)은 둘 다 바벨론 이름 신아부술(Sinabusur, "Sin이여 아버지를 보호하소서")의 축약형을 가지고 있으므로 동일인이라 본다면, 스룹바벨은 그의 조카일 것이다(Wright, BAR, pp. 203~05; Albright, JBL, 40(1921), pp. 108~10). 이 둘은 여호야긴의 후손이다(대상 3:16~19; 마 1:11~13).

60) 에스더는 486~465년에 다스린 페르시아 통치자 크세르크세스 1세(페르시아어 크샤야르샤(Khshayarsha)에 대한 그리이스 이름이며, 히브리어로는 에스더 1:1의 아하수에로에 해당한다)와 결혼하였다.

① 훌륭한 시작

성전 건축은 그 땅에 도착한 직후 시작되었다. 에스라 3:8에는 스룹바벨과 대제사장 여호수아(예수아)[61]가 백성들을 이끌었다고 말하고 있는데, 분명 스룹바벨이 전체적인 책임을 맡은 것 같다(스 5:16). 이들은 돌아온 첫 해 7월에 먼저 제단을 세우고 모세법에 명한 번제를 다시 드렸다. 얼마 후, 그 달 중순에 백성들은 기록된 규례대로 초막절을 지켰다. 그 후 이듬 해 2월에 성전 본부를 짓기 시작하였다.

처음 한 것은 기초를 다지는 것이었는데 꽤 빨리 이루어진 것 같다. 기초를 완성하자 백성들은 이를 축하하였다. 많은 사람들이 기뻐하였고 이전 솔로몬 성전의 영광을 기억하는 사람들은 대성통곡하였다(스 3:8~12). 그들은 새 성전이 이전 성전보다 더 보잘 것없었음을 알 수 있다. 이때에 문제가 생겼다. 북쪽의 사마리아 사람들이 반대를 제기한 것이다(스 4:1~5).[62] 사마리아 사람들은, 유다의 영토가 자기의 지배하에 있다고 생각한 것 같은데, 이는 합법적이 아니었다.[63] 게다가, 성전을 짓는 유다 사람들은 자기의 집과 농경지를 재건하는 일에 더 많은 시간을 보내기 시작하였다(학 1:3~11).[64] 얼마 안 있어 일이 중단되고 그 결과 다리오 2년까지(주전 520, 학 1:1), 곧 16년 동안 성전은 기초단계에서 더 이상 발전을 못하였다.

② 건축사업이 다시 일어나다.

다리오 2년에, 선지자 학개와 스가랴는 건축활동을 다시 재기할 것

---

61) 예수아는, 여호사닥(요사닥)의 아들인데, 여호사닥은 사독을 통한 엘리에셀의 후손으로서(대상 6:15) 포로로 잡혀왔다.

62) 처음에 사마리아 사람들은 같이 참가할 것을 요청하였으나 스룹바벨에 의해 거절당하자(이들은 하나님과 외국신을 동시에 섬겼다. 왕하 17:29~41) 공공연히 반대하였다.

63) M. Avi-Yonah, op. cit., pp. 13.

64) 성전 짓는 사람들의 거의 전부가 포로생활에서 돌아온 사람들이었다. 포로생활 동안 유다에 남아 있던 유대인들은 그들의 집과 땅을 나누어 가져야 했으므로 큰 협동을 하지 않았을텐데, 이로 인해 마찰이 생겼을 것이다. 이런 투쟁 역시 성전건축의 실패에 한 요인으로 작용했을 것이다.

을 촉구하였다. 이들은 일반 백성들과 특히 책임을 맡고 있는 스룹바벨과 예수아에게 말하였는데, 그때 스룹바벨은 세스바살의 이전 지위를 갖고 있었다. 이 선지자들의 노력이 열매를 맺어 그 해 6월에(학 1:15; 스 5:1~2) 다시 작업이 시작되었다. 또다시 반대가 일어났고 이번에는 보다 공적이었다. 이것은 아바르나하라(Abarnahara)의 태수 닷드내(Tattenai)로부터 제기되었으나 심각한 것은 아니었다. 그는 처음 이 건축에 대한 권한에 대해 유대인에게 묻고 그 확인을 위해 다리오에게 직접 편지를 썼다. 유대인이 페르시아의 공인을 얻었다는 응답을 받자, 그는 반대를 멈추고 다리오의 명령에 따라(스 5:3~6:14) 원조까지 하였다. 4년 후 곧 다리오 6년에(주전 515년 3월, 스 6:15) 성전이 완성되었다.

6. 두 번째 귀환(스 7~10장)

성전이 완성된 후 58년이 경과하여 유대인의 두 번째 귀환이 있게 되었다. 이 사이의 역사에 관해서는 약간의 실마리가 있을 뿐이다.

(1) 사이 기간

다리오는 주전 496년까지 다스리고 이후 크세르크세스 1세가 주전 465년까지 다스렸다. 앞으로 언급할 에스더 이야기는 크세르크세스 통치기간에 생긴 일이었다. 그리고 아닥사스다(Artaxerxes Logimanus)왕이 나왔는데 이 왕 7년에 두 번째 귀환이 이루어졌다. 이것은 아론의 자손으로서 모세 가르침에 능숙한 에스라가 인도하였다(스 7:6, 10).[65] 에스라는 궁정에서 어느 정도 위치를 확보하였으므로 아닥사스다에게 알려져 있었다. 그는 유대인 업무장관 같은 관직을 갖고 있던 것 같다. 그는 필요한 개혁을 하기 위해 은밀한 방법으로 왕을 설

---

65) 어떤 학자들은 에스라의 연대를 아닥사스다 2세의 7년(주전 398)으로 보고 있으며, 다른 이들은 아닥사스다 1세의 37년으로(주전 428) 보고 있다. 이 두 가지는 배격해야 하는데 그 논의로는 Rowley, "The Chronological

득하여 유대의 여행을 허락받았다.

이 사이 기간 동안 유다에서의 생활에 대해서는 세 가지 사실이 대신 보여 주고 있다. 학개 선지자는 성전을 완성하지 않은 백성들에 대해 비난하고 있는데(학 1:3~11), 이로부터 그들이 자기들의 집과 농경지를 재건하고 있었음을 알 수 있다. 사실 그들은 그 일에 너무 몰두한 나머지, 그들의 주요 과업인 성전을 완수하지 못하였다. 훨씬 이후(주전 444) 느헤미야가 예루살렘 성을 건축하기 위해 돌아온 사실을 보면, 개인 집을 세우는 일 외에 수도를 재건하는 일도 거의 이루어지지 않은 것이 분명하다. 주위의 이방인들과 결혼한 백성들의 죄에 대해 에스라가 고백한 것을 보면(스 9:1~15), 이웃 백성들과의 상호관계가 부당한 결혼뿐 아니라 나쁜 종교적 관습으로까지 연결되었음을 알 수 있다. 정치적으로 볼 때 유다는 아발나하라(Abarnahara)라는 페르시아 관구의 한 부분이었는데, 이는 유브라데스의 남서쪽으로부터 애굽 경계까지 주로 수리아와 팔레스틴을 포함한 지역이었다. 이러한 넓은 지역에서, 유다는 보통 총독("백성이 두려워하는 사람"의 뜻인 tirshatha, 스 2:63; 느 8:9; 10:1)이 다스리는 한 영이었다.[66] 가끔 유다는 그 지역 총독을 가지고 있지 않고 관구의 태수가 직접 다스린 것 같다. 어쨌든 간에, 주전 520년 성전을 다시 건축할 때 닫드내(Tattenai)가 그랬던 것처럼 태수는 어느 때고 관여할 권한이 있었다.

(2) 왕의 조서(스 7:11~26)

80년 전의 세스바살과 같이 에스라 역시 페르시아 왕으로부터 귀환에 대한 주목할 만한 특권을 받았다. 이 특권은, 원하는 모든 사람들을 데려갈 수 있는 권한이었다. 즉, 아닥사스다 왕과 궁정의 조언자들에

Order of Ezra and Nehemiah," in *The Servant of the Lord and Other Essays on the Old Testament* (London: Lutterworth Press, 1952), pp. 131~59; Bright, *BHI*, pp. 375~86; J. S. Wright, *The Date of Ezra's Coming to Jerusalem* (2d. ed.; London: Tyndale Press, 1958)을 참고하라.

66) 참고, M. Avi-Yonah, *op. cit.*, p. 12.

게서 뿐만 아니라 페르시아에 있는 유대인으로부터 예루살렘 성전을 위한 금과 은을 받을 수 있는 권한, 필요할 때에는 아발나하라 (Abarnahara) 관구의 국고에서 끌어낼 수 있는 권한, 성전의 제물로 쓰일 동물들을 살 수 있는 권한, 성전에서 일하는 사람들을 페르시아 세금 납부로부터 면제시키는 권한, 그리고 유다 땅에서 치안판사를 임명하여 여호와의 율법을 지키게 하고 범하는 자의 생명을 다룰 수 있게 하는 권한 등이었다. 그리하여 에스라의 관심과 임무는, 첫번째 귀환이나 세 번째 귀환 때와 같이 물질적으로 나라를 세우는 것이 아니라, 백성들을 사회적으로 정신적으로 재건시키는 일이었다. 백성들이 하나님의 눈에 들도록 하기 위해서는 개혁이 필요하였다.

(3) 귀환과 활약(스 7:27~10:44)

① 여행(스 8장)

에스라는 돌아가고자 하는 사람들을 아하바(Ahava) 강(알려져 있지 않으나 아마도 바벨론 근처일 것이다)에 집합시켰다. 모인 사람 수는 첫 번 귀환 때의 숫자보다 훨씬 적은 1,500명 가량으로 나와 있다. 이 무리 중에 레위인이 없게 되자, 에스라는 38명의 레위인을 설득하여 참가하게 하였는데 이에 레위인을 수종들었던 느디님 사람(Nethinim)[67] 220명도 따라왔다. 마침내 첫 달(주전 458) 12일에 출발하여 5월 첫 날에 예루살렘에 도착하였으니(스 7:9; 8:31), 3개월 반에 걸친 여행이었다.

---

67) "느디님"(주어진 사람들)이라는 용어는 에스라서와 느헤미야서 이외에 오직 한 번·역대기상 9:2에서 사용되었다. 세스바살과 함께 392명이 예루살렘으로 돌아왔고(스 2:58), 에스라와 함께 220명이 돌아왔다(스 8:20). 이들은, 성전의 레위인을 위해 물을 긷고 나무를 나르는 일을 한 기브온 사람(수 9:27)같이, 아마도 외국 포로들의 후손이었다. 다윗은 느디님 사람들을 이런 일에 종사하게 하였으며(스 8:20), 에스라 2:43~58에 열거된 느디님 사람들은 외국 이름이다. 또한 에스드라 1서 5:29과 요세푸스(Antiq. XI, 5. 1)는 이들을 "성전의 노예들"이라고 부르고 있다.

② 이방인과의 결혼문제(스 9장)

에스라에게 부딪힌 주요 개혁문제는, 유대인들의 주위 백성과의 결혼이었다. 유대 백성들은 그들의 아들들이 이웃 나라의 이방 여자들과 결혼하는 것을 허락하였으며, 심지어 제사장과 레위인, 민간 지도자들도 이에 포함되었다. 에스라는 도착 직후에 이러한 죄악에 대하여 듣고 가책을 느꼈다. 그는 옷을 찢고 머리털을 뜯으며 기가 막혀 저녁 때까지 앉아 있었다. 그리고 그는 고백의 기도를 드렸다. 기도를 끝마쳤을 때 옆에 서 있던 사람들은 크게 감동하여 이 결혼이 취소되어야 한다고 말하였다. 이에 동의한 에스라는, 보다 동조적인 종교인인 민간인들의 시인을 요청하였다. 이 어렵고 비참한 임무를 어떻게 수행할 것인가에 대해 자세한 내용을 연구하였다.

③ 결혼의 취소(스 10장)

각각의 결혼을 따로 다스리기로 결정되었다. 공정을 기하기 위해 각각의 마을에서 임명된 판사들과 장로들이 맡기로 결정하였다.

이들은 그 상황에 대해 다른 사람보다도 더 잘 알고 있기 때문이었다. 이러한 결정이 이루어지자마자 재판이 시작되어 3개월만에 마치게 되었다(스 10:16~17). 결혼 상대자들을 이렇게 대대적으로 분리시키는 일이, 의심할 것도 없이, 곤경과 상처를 가져다 주었지만, 이러한 사건은 심각한 일이었다. 이스라엘 사람들이 하나님을 떠나 이방 신을 섬기게 되지 않도록 하기 위해, 모세 때부터 하나님의 법은 외국 백성들과의 분리를 요구했었다. 포로생활에서 돌아온 지 얼마 안되어 이방인과의 결혼이 이 정도에까지 이르렀다면, 상황은 곧 심각한 파국으로 치닫게 될 것이다. 에스라는 어려운 사실을 깨닫고 기쁜 일은 아니지만 타당한 조처를 취한 것이다. 사실, 이러한 소식이 바벨론에까지 들려와 특별히 그로 하여금 예루살렘으로 먼저 달려오게 했을 것이다.

7. 세 번째 귀환(느 1~13장)

느헤미야가 이끈 세 번째 귀환은 아닥사스다 20년에 이루어졌다(주전 444, 느 1:1). 이때 돌아온 유대인의 숫자에 대해서는 언급이 없으나, 페르시아 왕이 호위병으로 "군대장관과 마병"을 보낼 정도의 숫자(느 2:9)는 되었던 것 같다. 물론 느헤미야 자신이 우두머리였다. 느헤미야의 목적은 예루살렘 성을 재건하는 데에 있었다. 백성들이 그 땅에 돌아온 지 거의 백 년이 되는 데도 아직 성벽이 복구되지 못하고 있었다.

(1) 성건축 시도의 좌절(스 4:6~23)

느헤미야가 돌아오기 얼마 전에, 성건축의 시도가 한 번 좌절된 일이 있었다. 이것은 에스라 4:6~23에 기록된 대로 사마리아 사람[68]들이 아닥사스다 왕에게 편지를 썼다는 데에서 알 수 있다. 이 편지는 이미 예루살렘에서 "기초"와 "벽"을 세우고 있는 유대인들의 건축을 중단하도록 요구하였다. 아닥사스다 왕이 이에 응하여 중단 명령을 내린 것이었다. 이 사건이 일어난 것은, 아닥사스다 왕 기간 중[69] 에스라와 느헤미야의 귀환[70](458~445) 사이의 13년 간격 기간이었을 것이다.

---

68) 이 당시 유다는 총독을 갖고 있지 않은 것 같으며(참고, 주 72), 그리하여 사마리아 사람들은 이런 식으로 자유로이 간섭하였다.

69) 에스라 4:6~23은 연대기적 분류가 아니라 비슷한 주제끼리 분류하기 위해 에스라에 의해 그곳에 놓여진 것이다. 연대기적으로 볼 때 이 내용은 잘못된 위치에 있게 되는데 그 이유는 ① 여기에 등장한 두 왕 크세르크세스(Xerxes, 486~465)와 아닥사스다(465~425)는, 이 4장의 다른 곳에 기술된 성전 건축의 때보다 훨씬 후에 통치하였다. ② 이 편지에 나타난 건축사업은, 성전이 아니라 도시의 "기초"와 "벽"에 대한 것이다. ③ 이 편지를 받았을 때 페르시아 왕은 고레스의 조서를 발견할 수 없었으나, 주전 520년에 보낸 편지(스 5:7~6:5)를 받았을 때는 그것을 발견한 사실로부터, 에스라 4장의 이 편지가 주전 520년 전이 아니라 그 후라고 보는 것이 역사적인 타당성이 있을 것이다.

70) H. H. Rowley, "Nehemiah's Mission and Its Background," *BJRL*, 73(Mar., 1955), pp. 528~61. Rowley는 이 반대의 편지 연대를

에스라의 귀환 이전의 7년 동안에 일어난 것은 아니었을텐데, 만일 그렇게 되면 에스라가 자기 책에서 역사적인 문맥으로 그 사실을 언급했다고 오인하게 된다.[71] 그러나 이 사건이 에스라의 귀환 이후 느헤미야의 귀환 바로 직전에 일어났다면, 느헤미야 1:1~4에 나와 있는 대로 이 건축문제로 하나니(Hanani)가 그의 형 느헤미야의 도움을 구하기 위해 페르시아에 갔던 일부 동기가 될 수 있을 것이다. 그리하여 이 사건은 느헤미야로 하여금 하나니의 요청에 귀를 기울이게 했을 것이다. 유다의 수도성이 재건되도록 하기 위해서[72]는, 권한을 가지고[73] 있는 그 수도 출신의 누군가가 필요했던 것이다.

(2) 느헤미야(느 1:1~2:10)

느헤미야는 페르시아 왕궁에서 아닥사스다 왕의 술잔을 올리는 사람이었다. 그가 예루살렘으로 돌아가는 일에 관해 왕께 나아가 은밀히 말한 점, 왕이 그를 유다로 보냈을 때 유다의 총독으로 활약할 능력이

주전 445년의 느헤미야 귀환 바로 직전으로 두고 있다. 그러나 그는 에스라의 귀환을 느헤미야의 귀환 뒤에다 놓고 있다.

71) 에스라는 아닥사스다 8년에 돌아왔다. 에스라는 주전 458년 이후의 역사를 취급하고 있지 않으므로 자기가 돌아온 후의 역사적 사실들을 언급하지 않은 점은 이해할 만하다. 그는 결혼 취소의 내용으로 자기 책을 결말짓고 있는데, 이것은 그가 돌아온 지 8개월 안에 완결되었다(스 7:9; 10:17). 이를 보면, 에스라가 이 편지를 포함하려면 역사적 문맥에서 벗어나야 함을 알 수 있다. 에스라 9:9의 "벽"이라는 말을 성벽건축의 실패사건으로 볼 수는 없는 것이다.

72) 아닥사스다 왕이 사마리아 사람들의 편지에 응답한 것과 느헤미야의 귀환을 허락한 것 사이에는 분명 마음의 변화가 있었음을 의미한다. 당시의 역사와(참고, 주 74) 에스라 4:6~23에서 알 수 있듯이 서부의 소요상태가 이러한 마음의 변화를 일으켰을 것이다. 왕권에 충성하는 느헤미야 같은 유다의 총독은 이를 안정시키는 힘이 될 것이며, 그로 하여금 성을 재건하게 하는 것은 그의 위신을 세워주는 일이 될 것이다.

73) 느헤미야가 유다에 도착함으로써 이전 총독이 대치된 것은 아니었으므로, 아마도 느헤미야 바로 전에는 총독이 없었던 것 같다. 그때 살아서 활약했던 에스라는 총독 역할을 하지 않았다.

있다고 여긴 점, 그리고 왕이 느헤미야에게 임무를 마치고 다시 현 위치로 돌아오라고 요청한 점(느 2:4~6) 등에서 나타났듯이, 그는 단순히 유순한 종 이상이었다. 또한 느헤미야는 이전의 세스바살이나 에스라와 같이 흔치 않은 특권을 받은 것이다.

하나니가 예루살렘의 슬픈 소식을 갖고 그의 형 느헤미야를 찾아 페르시아의 수도 수사(Susa)에 온 것은 주전 445년 기슬르월(Chisleu, 12월)이었다. 느헤미야는 슬픔 속에 잠겨 며칠 동안 백성들을 위해 기도하였다. 넉 달이 지나기 전에, 그는 왕에게 귀환 허락과 원조를 요청하였다. 그는 요청 허락과 동시에 많은 혜택을 받고자 하여 적당한 시기를 기다린 것 같다. 아마 그는 사마리아인들의 요청으로 아닥사스다 왕이 예루살렘 재건을 금지한 사실을 기억하고 있었을 것이다. 그러나 주전 444년에 기회가 찾아왔다. 어느 날 왕이 느헤미야의 슬픈 안색을 눈치채고 그 이유를 물었다. 느헤미야는 예루살렘의 곤경을 말하고 나서 그곳으로의 귀환과 또한 아발나하라(Abarnahara)의 관리들에게 공문을 보내 자신의 안전 통과와 건축에 필요한 물질원조를 하게 해달라고 요청하였다. 왕은 기꺼이 응낙함과 동시에 그가 요청한 모든 것을 들어줌으로써, 그 신실한 종의 마음을 북돋우어 주었다. 왕은 또한, 먼 길 여행에서 느헤미야를 보호하기 위해 군대장관과 마병도 공급해 주었다.[74]

(3) 느헤미야의 성 건축(느 2:11~6:19)

느헤미야는 도착하자마자 예루살렘 성 건축 임무에 착수하였다.

---

74) 아발나하라(Abarnahara)에는 그 전보다 상황이 나아지기는 했지만 아직도 소요상태가 계속되었다. 아닥사스다 왕은 집권 초기부터 그리이스인의 구브로 공격으로 시달렸고, 주전 460년에는 그리이스로부터 도움받은 애굽이 큰 반란을 일으켰다. 이 반란은 주전 454년까지 계속되다가, 아발나하라의 태수 메가비주스(Megabyzus)가 마침내 진압하였다. 그러나 5년 후 메가비주스 자신이 반란을 일으켰으므로 아닥사스다 왕이 최근에 다시 지배하게 되었다. 이러한 사실로 인해 왕은 느헤미야와 그 일행에게 호위병으로서의 군대를 제공한 것이었다.

제 15 장 포로기와 귀환 525

① 준 비

그는 정확한 상황을 파악하기 위해 3일 이내에 밤에 몰래 나가[75] 성을 탐색[76]하였다. 분명히 그에게는 가장 효과적인 업무 계획을 세우기 위한 사전지식이 필요하였다. 이 지식을 입수한 그는 예루살렘 지도자들을 모으고 자신의 의견을 제시하였다. 이전의 계획 좌절이나 또는 무관심으로 인해 어떤 반대가 있었든 간에, 느헤미야의 열성과 상세한 계획 앞에 모든 것이 극복되었다. 좋은 반응이 나왔고 긍정적인 결정이 이루어졌다. 예루살렘과 그 주위 성읍으로부터 일할 만한 사람들이 곧 모아졌고, 이들은 모두 구체적인 노동 지역을 할당받았다.

② 반 대

작업은 급속도로 진전되었지만 동시에 외부로부터의 심한 반대 속에서 진행되었다. 느헤미야는 이전의 유산된 계획과 대조적으로 왕으로부터 권한을 받았지만, 그래도 적들은 이를 방해하려고 애를 썼다. 분명히 이웃의 영들, 특히 사마리아는 유다의 쇠약함으로 이득을 보았으며, 따라서 이러한 혜택을 잃지 않으려 하였다. 이 반대에 선두로 나선 사람은 사마리아의 총독인 호론 사람(벧호론, 느 2:10)[77] 산발랏(Sanballat)이었다. 그의 딸은 이후에 예루살렘의 대제사장 엘리아십 가문으로 시집왔다(느 13:28). 그는 "암몬 사람 종"으로 불리우는 도비야(Tobiah)로부터 도움을 받았는데 도비야는 암몬의 총독이었던 것 같다.[78] 세 번째 적은 아라비아 사람 게셈(Gashmu)이었는데(느 2:

---

75) 자기의 의도가 반대파들에게 새어나가지 않도록 하기 위해서였다. 분명 느헤미야는 이전에 좌절된 경험에 비추어 볼 때 이번에도 문제가 생길 것이라고 예상하였다.

76) 지형학적 설명으로는 J. Simons, *Jerusalem in the Old Testament* (Leiden: E. J. Brill, 1952), pp. 432f를 참고하라.

77) 그는, 아람어로 된 엘레판틴 파피루스 사본에서 사마리아의 총독으로 불리워지고 있다(*ANET*, p. 492: *DOTT*, p. 264). 산발랏(Sinuballit)은 바벨론 이름이나, 그의 두 아들은 유대인 이름으로서 들라야(Delaiah)와 슬레미야(Shelemiah)였다.

78) 그는, 이 시대 이후 수 세대 동안 암몬을 다스린 도비아드(Tobiads)의

19; 6:6). 그는 북동 아라비아에서 그달(Kedar)의 강력한 두목으로 여겨진다.[79] 이러한 큰 반대로 인해 많은 사람들이 용기를 잃었을 것이나 느헤미야는 그렇지 않았다.

이 대항자들은 처음에는 단순히 비웃는 데 만족하였다(느 2:19~20; 4:1~3). 그러나 곧 예루살렘을 공격하는 계획으로 바뀌었는데 이에는 암몬 사람 외에도 아라비아 사람과 아스돗 사람도 가담하였다(느 4:7~8). 이러한 소식은 유대인들을 공포로 몰아넣었으나, 느헤미야는 이에 대항하여 일하는 사람들을 둘로 나누어서 일부는 건축을 계속하게 하고 일부는 무기로 수비하게 하였다. 이런 방법으로 느린 속도이기는 하지만 작업이 계속되었다. 가능한 한 빠른 속도를 내기 위해 새벽부터 저녁까지 계획이 짜여 있었다. 밤 동안에는 그 동안에 이룩한 것을 보호하기 위해 단단히 호위하였다. 모든 일이 효과적으로 이루어져 주요 공격은 중단되고, 주위의 구획에서 미미한 습격만이 남게 되었다. 이 일에 대해 요세푸스(Josephus)는 많은 유대인들이 생명을 잃었다고 말하고 있다(Antiq. XI. 5, 8). 적들은 예루살렘과 작업현장에서 느헤미야를 네 번이나 꾀어내려고 하였으나 그는 이 음모를 미리 알고 가지 않았다(느 6:1~4). 그러자 그들은 페르시아 왕에게 느헤미야의 반란을 일러바치겠다고 위협하였다(느 6:5~6). 또한 그들은 거짓 선지자 스마야를 통해 백성들 앞에서 느헤미야를 비난하게 하려고 시도하였다(느 6:10~14). 그러나 느헤미야는 이러한 모든 전략을 잘 넘기었다. 건축사업은 적들의 놀람과 미움 속에서 52일 만에[80] 완성

조상인 것 같은데, 이는 제노(Zeno) 파피루스(3세기)와 궁전에서 나타나며 그 무덤은 요단의 현재 암만(Amman) 근처인 아락 엘 에밀(ʼAraq el-Emir)에 남아 있다. 도비야라는 이름이 새겨진 가족 무덤의 한 비문은 아마이 당시에 생겨진 것 같다. C. C. McCown, *BA*, 20(1957), pp. 63~76; R. A. Bowman, *Interpreter's Bible*, III, (1954), pp. 676f.

79) 고대 데단(Dedan 현대의 el-ʼula)에서 나온 기념비문에 언급되어 있으며, 애굽의 삼각주에서 한 주발에 아람어로 쓰여 있다(참고, F. M. Cross, *BA*, 18(1955), pp. 46f; I Rabinowitz, *JNES*, 15(1956), pp. 2, 5~9).

80) 52일이라는 것은 너무 짧은 기일이라고 하여 어떤 학자들은(예를 들어

되었는데, 그 반대 물결을 감안하면 실로 놀라운 일이었다.

(4) 총독이 된 느헤미야(느 7~12장)

성을 완성한 후, 느헤미야는 아닥사스다 왕의 임명에 따라 지역의 총독으로 계속 남았다.

① 유다의 규모

이 당시 유다의 규모는, 실질적으로 포로생활 이전보다 더 작았다. 이것은 주로 남쪽 경계의 변화 때문인데, 이때 그 경계선은 브엘세바에서 훨씬 북쪽 헤브론[81] 바로 위에서 대략 동서로 그은 선이었다. 북쪽 경계선은 기브온(느 3:7)과 미쓰바(느 3:15, 19)를 포함하여 동일한 채로 있었고 동쪽은 적어도 여리고를 포함하였으며(느 3:2), 서쪽에 대해서는 아직도 의문으로 남아 있다.[82] 전체의 지형은 대략 사각형 모양인데, 남북으로 25마일, 동서로 32마일로서 약 800평방 마일이었다. 이 지역은 느헤미야가 도착했을 때 이미 구획으로 나뉘어 있었는데, 느헤미야는 이것을 이용하여 백성들의 작업량을 할당하였다(느 3:2~27).[83]

Albtight, *BP*, p. 52. or Bright, *BHI*, p. 365), 2년 4개월이었다는 요세푸스의 언급(Antiq. XI. 5, 8)을 주장하고 있다. 그러나 그때는 긴박한 상황이었고, 많은 일꾼들이 있었으며, 성의 일부분만이 재건된 것이었다.

81) 유다 남쪽에는 이두메아(Idumaea, Diodorus XIX, 95, 2; 98, 1)라는 영이 세워졌었다. 이 영은 에돔 사람이 살고 있었는데 북쪽으로 헤브론과 남쪽으로 브엘세바를 포함하였고 해변 평야는 제외되었다(참고, M. Avi-Yonah, *The Holy Land* 〈Grand Rapids: Baker Book House, 1966〉, pp. 25~26).

82) 로드(Lod), 하디드(Hadid), 오노(Ono)의 세 도시를 포함하는 해변 평야로의 긴 도로가 포함되었는지에 대해 의문이 남는다. 산발랏이 아마도 중립지대에서 느헤미야를 만나자고 제기한 것이(느 6:2) 오노(Ono) 근처이므로 이 긴 도로는 유다에 속하지 않은 것 같다.

83) M. Noth, *NHI*, pp. 325~26; M. Avi-Yonah, *op. cit.*, pp. 14~22.

② 빚을 사면하다(느 5:1~19)

느헤미야의 첫 활동 중의 하나는 가난한 백성들의 빚을 사면하는 일이었다. 빚을 사면한 기록이 건축사업 이야기에 포함된 것으로 보아 아마 초기에 이루어진 것 같다. 페르시아인들의 높은 세금과 계속적인 흉작으로 인하여 유다의 영은 경제적으로 극심한 빈곤에 처해 있었다. 이러한 상황에서 몇몇 부유한 사람들은, 가난한 사람들에게 빚을 지우고 재산을 빼앗음으로써 이득을 취하였다. 느헤미야는 이들의 양심에 호소하여 그러한 것을 그만두고 빼앗은 것을 돌려주도록 하나님 앞에 맹세하게 하였다. 느헤미야 자신은 지방장관으로서의 관례적인 보수를 거절함으로써 훌륭한 모범을 보였다.

③ 보안수단(느 7:1~4; 11:1~36)

성이 완성되었으므로 보안수단을 취할 필요가 없었다. 전체 책임자로는, 도움요청으로 수사(Susa)에까지 왔었던 느헤미야의 형제 하나니와 하나냐(Hananiah)를 지명하였다. 성과 문을 지키는 문지기들을 돕기 위해서 노래하는 사람과 다른 레위인을 뽑았다. 느헤미야가 다른 도시의 인구에서 10분의 1을 제비뽑아 수도로 이주하게 한 것을 보면 예루살렘 본토의 인구가 적은 숫자였음을 알 수 있다.[84] 이러한 행동과 함께 주민등록을 검사하였는데 이로써 느헤미야는, 이전에 세스바살과 함께 유다로 돌아온 사람들의 명단을 얻을 수 있었다. 이 명단은 에스라 2:1~70의 명단과 거의 변형이 없이 느헤미야 7:6~73에서도 반복되어 있다.

④ 율법의 낭독(느 8~10장)

백성들의 종교생활에 관심을 가지고 있던 느헤미야는, 율법낭독을 위해 백성들을 모이게 하였다. 이때는 주전 444년 가을로서 성을 완성

---

84) 느헤미야 11:3~36에 주어진 이름들은, 느헤미야 당시에 살았던 인구를 나타내고 있다. 느헤미야 12:1~26의 제사장과 레위인들의 명단은, 스룹바벨 때부터 느헤미야 때까지의 사람들을 나타낸다.

한 바로 후였다. 유다로 돌아온 후 13년 동안 계속 활약하고 있는 에스라가 낭독을 맡았다.[85] 에스라와 다른 레위인들은, 백성들을 적은 수의 분단으로 나누어 그 뜻을 설명해 주었다. 초막절을 명한 부분이 낭독되자(레 23:39~43), 백성들은 초막절이 바로 그때이므로 이를 지키고자 하였다. 그리하여 초막절이 철저하게 지켜졌다. 이어서 백성들이 죄를 고백하고 이방세력들로부터 분리되었다.[86] 마지막으로 하나님이 요구한 모든 것을 충실히 지키겠다는 언약이 느헤미야와 많은 백성대표들에 의해 서명되었다(느 10:1~39). 하나님과의 언약을 재생시킨 훌륭한 정신이 나타났으며 이는 장차의 시대를 예언한 것이었다.

⑤ 봉헌식(느 12:27~47)

이제 봉헌식이 이루어지게 되었는데 때는 주전 444년 말이었다. 각처에서 민간 지도자와 종교 지도자들이 모여들었다. 이들은 두 행렬로서 성 주위의 양쪽에서 행진하여 성전에서 함께 만나게 되어 있었다. 백성들은 멀리에서 들릴 정도로 소리를 높여 열성적으로 노래를 불렀다. 봉헌식에 이어 제사장과 레위인을 재조직하였는데, 이는 특히 백성들의 십일조와 헌금을 수납하고 관리하는 일에 관한 것이었다(느 12:44~47).

(5) 느헤미야의 둘째 임기(느 13장)

느헤미야는 예루살렘에서 두 기간을 봉직하였다. 첫 번 기간은 12년으로서 아닥사스다 왕 20년에서 32년까지 총독으로 있었다(444~443, 느 1:1; 13:6). 그리고는 본래의 협정대로 페르시아 궁정의 이전 위치로 돌아갔으나(느 2:6), 1, 2년 후에 다시 예루살렘으로 돌아오게 되

---

85) 느헤미야는 제사장이 아니었으므로 마땅히 에스라에게 돌렸다. 놀랍게도 느헤미야는 에스라를 자주 언급하지 않고 있다. 분명 에스라는 느헤미야가 관여하고 있는 민간사업에 크게 참여하지 않았다.

86) 13년 전에 에스라가 혼합결혼을 처리했으므로, 여기에서는 아마 혼합결혼이 아닌 다른 국면이었을 것이다. 그러나 느헤미야는 주전 430년에 또다시 혼합결혼 문제에 부딪혔다.

었다. 정확한 시간적 간격은 지시되어 있지 않고 또한 그가 다시 예루
살렘으로 돌아오게 된 여건에 대해서도 언급이 되어 있지 않다. 아마
그는 단순히 백성들을 떠나 있는 것이 불안하였고, 왕은 그가 원하는
곳으로 돌아가도록 허락한 것 같다.

① 개 혁

다시 돌아온 느헤미야는, 자기가 잠깐 없는 동안에 하나님의 율법에
대해 해이해져 있는 상황을 보고 슬퍼하였다. 가장 놀라운 것은, 대제
사장 엘리아십이 느헤미야의 이전 적이었던 암몬 사람 도비야로 하여
금 백성들의 십일조를 저장하는 성전의 한 방에서 살도록 허락한 사실
이었다. 느헤미야는 주저하지 않고, 그 방에서 도비야의 물건들을 치
우도록 명하였으며 본래의 목적대로 환원시켰다(느 13:4~9). 그리고
그는 거두어들인 십일조가 잘 사용되도록 명하였는데, 이는 그러한 방
들이 꼭 사용되어야 한다는 보장을 부수적으로 얻은 셈이었다(느 13:
10~14). 12년 전의(느 12:44~47) 그러한 명령들이 분명히 경시되어
있었다. 다음으로 느헤미야는 안식일에 대해서도 관심을 두었다(느
13:15~22). 유대인 자신들이 이 날에 일을 하고 사업을 할 뿐 아니
라, 그곳에 거하는 두로 사람들로 하여금 물건을 가져와 상행위를 하
도록 허락하였다. 느헤미야는 성문을 닫고 수비대를 두어 그러한 장사
를 금지하도록 강행하였다.

느헤미야는 또한 혼합결혼에도 개혁을 가하였다(느 13:23~28). 일
찍이 주전 458년의 에스라 개혁과 그리고 자신이 단행한 444년의
개혁에도 불구하고 이제 주전 430년에 또다시 그 범죄가 생겨나게 되
었다.

유대인들은 외국사람, 특히 아스돗, 암몬, 모압 사람들과 결혼하였
으므로 히브리 말조차 하지 못하는 아이들이 생겨나게 되었다. 이때에
는 에스라의 개혁 때처럼 결혼이 취소되지는 않았지만, 백성들은 더
이상 그런 결혼을 하지 않겠다고 맹세하였다. 대제사장 엘리아십의 손
자 하나가 이전의 적이었던 산발랏의 딸과 결혼하였을 때 느헤미야는

그를 유다 밖으로 쫓아내었다.

② 알려져 있지 않은 기간

이 당시 느헤미야가 얼마나 오랫동안 유다에 남아 있었는지 또는 페르시아 수도로 다시 돌아갔는지에 대해서는 언급이 없다. 또한 그는 아마 죽을 때까지 예루살렘에 남아 있었을텐데, 언제 죽었는지 알려져 있지 않다. 그가 적어도 주전 407년에는 유다의 총독이 아니라는 증거로 엘레판틴 파피루스 사본에 이때의 총독이 바고아스(Bagoas)라고 나와 있다.[87]

(6) 구약성경의 마지막 선지자 — 말라기

마지막 선지자인 말라기는 아마 느헤미야 시대에 활약하였던 것 같다. 느헤미야는 그를 언급하고 있지 않으나, 말라기의 어떤 구절은 이러한 가능성을 보여주고 있다. 그는 얼마간 성전이 존재하였다고 말하고 있는데(말 1:7~10:3, 8), 이는 성전 재건을 촉구한 학개나 스가랴 시대 이후임을 의미하는 것이다. 그는 총독이 백성들과 가까이 있었음을 말하고 있으므로(말 1:8) 대체적으로 그의 시대가 페르시아 시대임을 알 수 있다. 그러나 보다 구체적으로, 그가 자기 시대의 죄악에 대해 기록하고 있는 것은 느헤미야가 겪었던 것과 동일한 것으로, 특히 제사장들에게 만연되어 있던 개인적인 경건성의 부재(말 1:6~8), 외국인과의 혼합 결혼(말 2:10~12), 성전부양에 필요한 십일조의 경시(말 3:7~10) 등이었다.

8. 에스더 이야기(에 1~10장)

포로 이후 시대에 많은 유대인은 유다 밖에서 살았다. 구약성경은 한 중대한 위기에 동부 지역에서 계속하여 살고 있던 유대인들에 관해

---

87). 참고, *DOTT*. pp. 260~65.

정보를 제공하고 있다. 이것은, 에스더가 페르시아 왕궁에서 왕후로 지명되어 유대인들을 끔찍한 살인으로부터 구원하는 데 섭리적인 역할을 한 사실이었다. 에스더서에 기록된 이 이야기는 아하수에로(Xerxes)왕 3년에서 12년 동안에 있었던 일이었다(483~471, 에 1:3; 3:7).

(1) 내 용

이야기는 아하수에로(Agasuerus)[88] 왕 3년으로부터 시작된다. 잔치가 계속 연장되고 있는 동안[89]에 아하수에로 왕은, 왕후 와스디(Vashti)로 하여금 축제의 손님들 앞에서 면류관과 아름다움을 과시하도록 요구하였다. 그녀가 이를 거절하자 왕은 분노에 차 왕후를 해임시켰다. 왕은 이에 대해, 앞으로 모든 부인들이 남편을 존경하도록 모범을 보이기 위한 것이라고 말하였다(에 1:1~22).

새 왕후를 선택해야 할 상황이 되었으므로 이를 위한 경연대회가 열리게 되었다. 왕이 선택할 수 있도록 전 지역에서 처녀들을 불러모았다. 이 중에는 기스(Kish) 자손인 유대인 고아 에스더[90]가 끼어 있었는데, 에스더는 오래 전에 예루살렘으로부터 포로로 잡혀왔다. 그녀는 수사(Susa)[91]에 있는 왕궁에서 일하고 있는 삼촌 모르드개(Mordecai)[92] 집에서 키워졌다. 아름답게 치장하는 준비가 1년이나 계속되었다. 마침내 대회가 열리고, 왕은 가장 매력있는 사람으로 에

---

88) 히브리 이름 "아하수에로"로 크세르크세스의 페르시아 이름 "크샤야르샤(Khshayarsha, 앞의 주 60 참고)에 해당할 뿐 아니라, 에스더서에 나타난 역사가 크세르크세스의 역사와 잘 부합하며 에스더서에 나타난 아하수에로 왕의 기질은 다른 역사서의 크세르크세스의 기질과도 잘 부합한다.
89) 이 잔치는, 크세르크세스가 그리이스에 대항한 유명한 원정을 계획하였을 때 이루어진 것 같다.
90) 그녀의 히브리 이름은 하닷사로서(에 2:7), "도금양"(myrtle)의 뜻이다. 에스더는 중요한 여신의 바벨론 이름 "Ishtar"을 뜻하는 것 같다.
91) 바벨론 이름은 마르둑 신의 이름에 기초한 것이었다.
92) 수사는, 페르시아 남서쪽에 있는 카르케(Karkheh) 강에 위치하며 페르시아 만에서 북쪽으로 150마일 가량이다. 이곳은 과거에 엘람의 수도였다. 아카에메니즈(Achaemenids) 밑에서는 새 수도의 하나로 역할하였다: 다리

스더를 선택하였다. 그녀는 왕의 7년에 왕후가 되었다.[93]

이 일 바로 후, 아하수에로 궁정의 지도자 하만이 모든 유대인을 죽일 공모를 하였다. 모르드개는 하만에게 존경을 나타내지 않았는데, 하만은 이 모르드개의 신분을 알고 있었다. 하만은 아하수에로 왕을 설득하여 아달월(Adar, 열 두 번째 달) 13일에 모든 유대인을 처형한다는 조서를 허락하게 하였다. 하만은, 이 백성들이 전 제국에 위험을 가져올 뿐 아니라, 왕은 이들의 재산을 몰수함으로써 큰 이득을 얻을 수 있을 것이라고 주장하였다. 이 당시 아하수에로 왕은, 에스더가 유대인의 한 사람인 줄을 알지 못했다. 모르드개가 이러한 사실을 에스더에게 전하자, 에스더는 왕이 부르지 않았음에도 불구하고 용기를 내어 왕에게 나아가 유대인들이 도리어 그 처형자들과 싸울 수 있도록 하는 조서를 요청하였다. 이 요청은 하만이 참석한 특별잔치에서 이루어졌다. 에스더의 백성을 음모한 자가 누구냐고 물었을 때에 에스더는 하만이라고 가리켰다. 이에 분노한 왕은, 하만이 모르드개를 매달고자 준비한 바로 그 나무에 하만을 매달아 처형할 것을 명령하였다. 또한 왕은 에스더가 요청한 조서를 허락하였다. 유대인들이 그들의 처형자가 될 뻔한 사람들과 싸운 결과 75,000명의 적들이 죽임을 당하였다 (에 9:16).[94]

오 1세는 이곳에 2에이커 이상되는 훌륭한 궁전을 세웠다. 분명 에스더는 이 궁전에서 살았을 것이다. M. Dieulafoy가 이끄는 불란서 탐사반은 1880년과 1890년 사이에 이곳에서 탐사를 하였다. 여기에서 발견된 훌륭한 물품들은 파리의 루브르 박물관에 소장되어 있다. R. Chirshman, *Iran from the Earliest Times to the Islamic Conquest* (Baltimore: Penguin Books, 1954).

93) 왕의 3년에서 이 7년까지의 사이 기간은 그리이스 원정 기간이었다. 에스더는 주전 478년에 왕후로 선택되었다.

94) 유대인들이 첫 날에 대적자들을 성공적으로 처치하자, 에스더는 그 다음날에도 이같은 일을 할 수 있도록 요청하였고 왕이 이를 허락하였다. 이틀 동안 75,000명이 살해되었다.

(2) 의 미

① 유대인의 수

이 이야기에서 볼 때, 유대인들은 자기들이 죽인 75,000명보다 숫자가 더 많을 것이 분명하므로, 동부 지역에 아직도 많은 유대인들이 살고 있었음을 알 수 있다. 이 유대인들은 전 제국 중에서 몇몇 특정 지역에 모여 살았을 것이다.[95] 그 중심 지역은 이전에 상업으로 자리를 잡았던 바벨론 근처일 것이다. 또한, 페르시아가 점령한 후로는, 에스더가 왕후가 된 수사(Susa)같은 페르시아 중심지역으로 많은 사람들이 이주했음을 상상할 수 있을 것이다. 일부 사람들은, 주전 722년에 포로로 잡혀온 구 앗수리아 도시에서 계속 살았을 것이다. 유대인들이 적과 대적하여 75,000명을 죽인 장소는 바로 이러한 주요 지역이었을 것이다. 유다 지역에서도 왕의 조서가 발효했을텐데 그곳에서의 싸움에 대한 언급이 없다. 아마 본국에서 유대인들은 강력했기 때문에 어느 적들도 감히 그들을 처형하려 하지 못했을 것이다.

② 자 유

이 이야기에서 나타난 또 다른 사실은, 유대인들이 계속해서 자유로운 생활을 누렸다는 것이다.[96] 모르드개는 궁정에서 뛰어난 지위에 있었으며, 후에는 하만이 차지했던 영광의 지위로 승진되기까지 했다.

에스더는 왕후의 위치에까지 올라갔었다. 그녀가 먼저 후보자로서 "미인 경연대회"에 들어가고 또 왕이 그녀의 국적을 알지 못하고 왕후로 택하였다는 사실은, 유대인들이 눈에 띠는 백성이 아니었음을 증언하는 것이다. 유대인들은 아무런 차별없이 다른 백성과 마찬가지로 살고, 이주하도록 허락되었다.

---

95) 왕이 전국의 127도에 조서를 보냈지만(에 3:13; 8:9) 유대인들이 127도 모든 곳에서 살았음을 의미하지는 않는다. 왕의 모든 조서는 항상 제국전역으로 보내졌을 것이다.

96) 니풀(Nippur)에서 발견된 서판은 실제로 이 시대의 것이다. 이 서판은, 유대인들이 상업에서 활동적이었다고 제시하고 있다.

③ 유대인의 적

　세 번째 사실은, 유대인들이 그때 이래로 계속해서 적이 있던 것과 마찬가지로 그때도 적이 있었다는 것이다. 이러한 적 중에 하만이 그 주동인물이었다. 그는 유대인들이 독특한 백성이라는 것을 알고 있었고, 그 전체 유대인을 멸시의 대상으로 여겼다. 그가 한 명의 유대인에게 분노를 느꼈을 때 그 미움이 강렬한 나머지 전 유대인을 죽이려 할 정도였다. 이렇게 미워한 사람은 아마 그 뿐만이 아니었으므로 다수의 백성들이 당시의 유대인을 바람직하지 않은 사회적 요소로 간주했을 것이다. 반 셈족주의는 잘못된 것이긴 하지만 오늘날에 와서 생긴 것이 아니었다.

④ 섭리적인 보호

　네 번째 의미는, 하나님의 특별하신 보호가 동부의 유대인들에게 곧 기회가 주어졌을 때 본국으로 돌아가지 않은 유대인들에게까지 펼쳐졌다는 사실이다. 유대인의 보호를 위해 사건들이 정확한 시간에 들어맞았다는 데에서 특히 증명되는 이 섭리는, 사실상 이 이야기의 뛰어난 특징이다.[97] 하만의 음모를 좌절시키기 위해 바로 그때에 에스더가 왕후가 되었다. 왕에 대한 반역음모 사건으로 인해 모르드개에게 관심을 기울인 것은, 왕으로 하여금 가장 적절한 순간에 그를 존경하도록 하기 위한 바로 그때였다. 불면증이 있는 왕은 궁중일기를 자기에게 읽어주도록 명하였는데 이 중의 하나는 모르드개의 선한 행적, 그러나 보상을 받지 않은 행적에 관한 것이었으며, 때는 모르드개의 처형을 요청하기 위해 하만이 도착하기 바로 직전인 그날 밤이었다. 이 결과 왕은 하만에게 가장 모욕적인 방법으로 모르드개를 높이었는데, 이는 하만이 모르드개의 처형을 요청하려 한 바로 직전이었다. 이 중요한 시간적 전개로 인해 계획된 사건은 완전히 뒤바뀌는 결과가 되었다. 유대인을 미워한 하만이 자기에게 돌아오리라 믿었던 영광은, 유대인

---

　97) 에스더서에서 하나님의 존재와 관심은 이 사실에 의해 드러나며, 특별히 다른 방법으로 하나님을 언급하고 있지 않다.

모르드개에로 돌아가게 되었다. 하만은 모르드개를 처형하기 위해 만든 나무에 자신이 도리어 처형을 당하게 되었다. 하만이 모든 유대인을 없애기 위해 고안한 조서는, 대신 유대인 증오자들을 전부 살해하는 데 이용되었다. 오직 하나님의 특별한 섭리만이 이러한 놀라운 사건을 설명할 수 있을 것이다.

⑤ 부림절

다섯 번째로 중요한 의미로는, 이 사건으로 인해 유대인의 부림절이 생겨났다는 것이다. "부림"(Purim)이라는 말은, "제비뽑기"라는 뜻의 "부르"(Pur)에서 나온 것이다.[98] 하만은, 유대인을 살해할 구체적인 날을 결정하기 위해 제비뽑기 하였다(에 3:7).[99] 유대인에게는 이 사건이 좋은 일로 바뀌었으므로, 절기를 제정하고 그에 따라 이름을 붙인 것이었다. 이것은 오랫동안 유대인의 많은 절기 중의 하나였다.

9. 엘레판틴 집단

유다 밖의 또 다른 유대인 정착지는 애굽의 나일 강에 있는 엘레판틴(Elephantine) 섬이었다. 이 섬은 첫 폭포의 하단에 위치하며, 지중해에서 남쪽으로 500마일이다. 아람어로 쓰여진 많은 파피루스가 이곳에서 발견되었는데, 대부분 1903년에 발견되었다.[100] 이것은 5세기

---

98) 수사(Susa)를 탐사한 M. Dieulafoy는 사각형의 프리즘을 발견했는데 이 프리즘 각 면에는 1, 2, 5, 6의 숫자가 새겨져 있었다. 분명 이것은 이러한 결정을 하는 데 사용된 주사위였다. "부르"라는 단어는 "자갈" 또는 "작은 돌"의 뜻을 가진 앗수리아 말 puru에서 유래한 것이다.

99) 제비뽑기의 결과에서도 또 다른 섭리가 드러난다. 아하수에로 왕의 12년 첫 달에 주사위를 던져 그 결과 12월을 얻음으로써, 유대인의 보복을 허락하는 새 명령을 내릴 수 있도록 충분한 시간 여유가 있게 되었다.

100) 초기의 발견은 A. Cowley, *Aramaic Papyri of the Fifth Century, B. C.* (Oxford: Clarendon Press, 1923)에 의해 출간되었다. *ANET*, pp. 491~92; *DOTT*, pp. 256~69에 발췌된 것이 있다. 이후의

경의 것으로 추정된다. 앞에서 언급하였듯이, 이 유대인들은 이전에 바벨론을 두려워하여 예레미야와 함께 유다에서 도망한 사람들의 후손일 것이다. 이 집단은, 애굽에 설치한 페르시아의 남방 군사기지 역할을 하였다. 이것은 4세기 초 직후에 존재가 없어진 것 같다.

파피루스의 내용은 여러 가지 성격으로 나타난다. 어떤 것은, 다리오 2세가 페르시아의 엑바타나(Ecbatana) 근처 높은 산벽에 기록한 유명한 베히스툰(Behistun)[101] 비문을 적고 있었다. 또 어떤 것은 결혼 서류인 것도 있다. 어떤 것은 주전 419년경의 것인데, 놀랍게도 페르시아 정부가 엘레판틴 섬의 유대인으로 하여금, 예루살렘 성전에서의 관례대로 그들의 유월절을 지키도록 지시한 내용을 담고 있다.

중요한 것은 이 유대인들이 여호와(Yahu)께 예배 드릴 수 있는 성전을 갖고 있었다는 것이다. 이것은, 이들이 예루살렘과 멀리 떨어져 있었음에도 불구하고 진정한 하나님을 잊지 않았다는 것을 의미한다. 그러나 몇몇 거주인들이 섬긴 다른 신의 이름이 최소 3개나 발견되는 것으로 보아[102] 순수한 여호와 숭배는 아니었다. 주전 410년 페르시아 대장과 결탁한 애굽의 제사장 그눔(Khnum)의 주동으로 반란이 일어났고 여호와의 성전이 파괴되었다. 이로 인해 엘레판틴 섬의 유대인들은, 예루살렘에 있는 대제사장 요하난에게 편지를 보내어 성전 재건을 위한 도움을 요청했으나 아무런 답장이 주어지지 않았다. 주전 407년 당시의 유다 총독 보고스(Bogoas)에게, 그리고 사마리아의 총독 산발랏의 아들 들라야(Delaiah)와 슬레미야(shelemiah)에게 또다시 편지가 보내졌다. 이것은 태수 아르사메스(Arsames)의 관심을 끌게 되었

발견은 미국에서 발간되었다(E. G. Kraeling, *The Brooklyn Museum Aramaic Papyri* 〈New Haven: Yale University Press, 1953〉). 또 다른 부분은 G. R. Driver, *Aramaic Documents of the Fifth Century, B. C.* (Oxford: Clarendon Press, 1954; abridged and revised, 1957)에 의해 출간되었다.

101) 이 장의 앞 부분을 참고하라.
102) 원본으로는 *ANET*, p. 491; 이에 대한 논의로는 *DOTT*, p. 257를 참고하라.

는데, 최근에 발견된 파피루스에 의하면 적어도 주전 402년까지 성전이 재건되었다고[103] 지적되어 있으므로 분명 이 태수가 도움을 준 것 같다.

또 다른 역사적 사실들을 주목할 필요가 있다. 하나는 유다에 있는 유대인들과 이 애굽의 유대인들 사이에 정규적인 교류가 있었다는 것이다. 또 다른 하나는, 이 애굽의 유대인들이 모국으로부터 재정적인 도움을 기대했고 때로는 이 도움을 받았다는 사실이다. 세 번째로, 성경에 기록된 어떤 인물들에 관해 상호 관련적인 정보가 주어지고 있다는 것이다. 그러한 인물로는, 사마리아의 총독이며 들라야와 슬레미야(Shelemiah)의 아버지[104]로 말해지는 산발랏을 들 수 있는데 이는 분명 느헤미야의 적과 동일인일 것이다. 또한 예루살렘의 대제사장[105]으로 언급된 요하난은, 느헤미야 12:10~11, 22~23에 느헤미야 시대의 대제사장이었던 엘리아십의 손자로 나타나 있다(느 3:1). 세 번째 사람으로는, 소위 주전 419년의 유월절 파피루스[106]의 저자인 하나냐(Hananiah)를 들 수 있는데, 이는 느헤미야가 자기의 형제 하나니(Hanani)와 함께 예루살렘성을 감독하도록 지명한 인물(느 7:2)[107]과 동일인일 것이다.

10. 구약 역사의 종말

구약성경에는 느헤미야 시대 이후의 역사에 관해서 주어진 것이 없다. 신약성경 시대가 시작되기까지 약 4세기 동안 아무런 언급이 없다. 아

---

103) 참고, E. G. Kraeling, op. cit., p. 63.
104) 성전 재건을 위해 유다의 총독 보고스(Bogoas)에게 보낸 편지 29째 줄에 언급되어 있다(참고, ANET, p. 492; DOTT, p. 264).
105) 보고스(Bogoas)에게 보낸 편지의 18째 줄에 언급되어 있다.
106) 이 파피루스 2째 줄에 언급됨(참고, ANET, p. 491; DOTT, p. 259).
107) 보다 넓은 엘레판틴(Elephantine) 의미에 대해서는 Price, Sellers, Carlson, The Monuments and the Old Testament (Philadelphia: The Judson Press, 1958), pp. 320~22을 참고하라.

브라함 탄생 때부터 느헤미야 시대까지 17세기가 경과되었다. 인간의 계산으로 볼 때 이것은 긴 시간이다. 단 1세기 뿐인 신약성경과 비교해 볼 때 이것은 특히 긴 기간으로서 신약시대의 준비과정이었다. 이것은, 하나님은 시간을 초월해 계시며 인간의 생각은 제한되어 있다는 사실을 상기시켜 준다. 하나님은 시간을 허비하지 않으시며, 이 17세기라는 기간은 그때 그때의 목적이 시행되었음을 증언한 것이었다.

필독 도서 목록

History

Albright, W. F. "T*he Biblical Period,"* The Jews, Their History, Culture, And Religion, pp. 3-65. Edited by L. Finkelstein. New York: Harper & Bros., 1949. Reprinted, The Biblical Colloqium, 1950.

──────. "*The Old Testament World,"* The Interpreter°Øs Bible, I, pp. 233-71.

──────. "The Role of the Canaanites in the History of Civilization,"*The Bible and the Ancient Near East*, pp. 328-62. Edited by G. E. Wright. Garden City: Doubleday & Co., 1961.

Breasted, J. H. A History of Egypt. 2d ed. New York: Chas. Scribner's Sons, 1912.

Erman, A. *The Literature of the Ancient Egyptians*. Trans. by A. M. Blackman. New York: E. P. Dutton Co., 1927.

Frankfort, Henri. *Ancient Egyptian Religion.* New York: Columbia University Press, 1948.

──────. *The Birth of Civilization in the Near East.* Garden City: Doubleday & Co., Anchor Books, 1956.

Gordon, Cyrus. *The Ancient Near East*. 3d. ed. New York: W. W. Norton co., Inc., 1965. Formerly issued as The World of the Old Testament. Garden City: Doubleday & Co., Inc., 1958.

Guillaume, A. *Prophecy and Divination Among the Hebrews and Other Semites.* London: Hodder & Stoughton, 1938.

Gurney, O. R. *The Hittites.* 2d ed. Hammondsworth: Penguin Books, 1954.

Hayes, W. C. *The Scepter of Egyp*t. Cambridge: Harvard University Press; Part I, 1953; Part II, 1959.

Hitti, Philip K. *History of Syria, Including Lebanon and*

Palestine. New York: Macmillan Co., 1951.

Hooke, S. H. *Babylonian and Assyrian Religion.* London: Hutchinson's University Library, 1953.

Mendenhall, George. *Law and Covenant in Israel and the Ancient Near East.* Pittsburgh: The Biblical Colloqium, 1955.

Moscati, S. *Ancient Semitic Civilzations.* Eng. trans. London: Elek Books, Ltd., 1957.

O'Callaghan, R. T. *Aram Naharaim.* Rome: Pontifical Biblical Institute, 1948.

Olmstead, A. T. *History of Assyria.* New York: Chas. Scribner's Sons, 1923.

———. *History of Syria and Palestine.* New York: Chas. Scribner's Sons, 1931.

Oppenheim, A. Leo. *The Interpretation of Dreams in the Ancient Near East.* Philadelphia: Transactions of the American Philosophical Society, 1956.

Steindorff, G. and Seele, K. *When Egypt Ruled the East.* Revised ed. by K. Seele. Chicago: University of Chicago Press, 1957.

Unger, Merrill F. *Israel and the Aramaeans of Damascus.* London: James Clarke & Co., Ltd., 1957.

Van Seters, John. *The Hyksos.* New Haven: Yale University Press, 1966

Wilson, John. *The Burden of Egypt.* Chicago: University of Chicago Press, 1951.

Archaeology, Geography, Texts

Aharoni, Yohanan. *The Land of the Bible.* Trans. by A. F. Rainey. Philadelphia: The Westminster Press, 1962, 1967.

Albright, W. F. *Archaeology and the Religion of Israel.* 3d ed. Baltimore: Johns Hopkibns Press, 1953.

_____. *The Archaeology of Palestine.* Revised ed. Hammondsworth: Penguin Books, 1956.

Avi-Yonah, Michael. *The Holy Land.* Grand Rapids: Baker Book House, 1966.

Baly, Denis. *The Geography of the Bible.* London: Lutterworth Press, 1957.

Barton, G. A. *Archaeology and the Bible.* 7th ed. Philadelphia: American Sunday School Union, 1937.

Childe, Gordon. *New Light on the Most Ancient East.* London: Routledge, Kegan, and Paul, 1952.

DeVaux, Roland. *Ancient Israel, Its Life and Institutions.* Trans by J. McHugh. New York: McGraw Hill Book Co., 1961.

Finegan, Jack. *Light From the Ancient Past.* 2d ed. Princeton: Princeton University Press, 1959.

Garstang, John and Garstang, J. B. E. *The Story of Jericho.* Revised ed. London: Marshall, Morgan & Scott, Ltd., 1948.

Glueck, Nelson. *The Other Side of the Jodan.* New Haven: American Schools of Oriental Research, 1940.

Kenyon, Kathleen. *Digging Up Jericho.* New York: Frederick A. Praeger, 1957.

McCown, C. C. *The Ladder of Progress in Palestine.* New York: Harper & Bros., 1943.

Owen, G. F. *Archaeology and the Bible.* Westwood, N. J.: Fleming H. Revell Co., 1961.

Pfeiffer, C. F. *Baker's Bible Atlas.* Grand Rapids: Baker Book House, 1961.

_____. *The Biblical World.* Grand Rapids: Baker Book House, 1966. This is a dictionary of biblical archaeology.

Prichard, J. B. *The Ancient Near East in Pictures.* Princeton: Princeton University Press, 1954.

——————. (ed). *Ancient Near Eastern Texts Relating to the Old Testament.* Revised ed. Princeton: Princeton University Press, 1955.

Thomas, D. Winton. *Archaeology and Old Testament Study.* Oxford: At the Clarendon Press, 1967.

——————. (ed). *Documents From Old Testament Times.* New York: Harper & Bros., 1967.

Thompson, J. A. *The Bible and Archaeology.* Grand Rapids: Wm. B. Eerdmans Puglishing Co., 1962.

Unger, Merrill F. *Archaeology and the Old Testament.* Grand Rapids: Zondervan Publishing House, 1954.

Wiseman, D. J. *Illustrations From Biblical Archaelolgy.* Grand Rapids: Wm. B. Eerdmans Publshing Co., 1958.

Wright, G. E. *Biblical Archaeology.* Philadelphia: The Westmisster Press, 1957.

——————. *Shechem.* New York: McGraw-Hill Book Co., 1965.

Wright, G. E. and Filson, F. V. *The Westminster Historical Atlas to the Bible.* Revised ed. Philadelphia: The Westminster Press, 1956.

History of Israel

Albright, W. F. *From the Stone Age to Christianity.* 2d ed. Garden City: Doubleday & Co., Anchor Books, 1957. Liberal.

Anderson, G. W. *The History and Religion of Israel.* London: Oxford University Press, 1966. Liberal.

Archer, Gleason. *A Survey of Old Testament Introduction.* Chicago: Moody Press, 1964. Conservative.

Bright, John. *A History of Israel.* Philadelphia: The Westminster Press, 1959. Liberal.

Bruce, F. F. *Israel and the Nations.* London: The Paternoster

Press, 1963. Conservative.

Eichrodt, Walther. *Theology of the Old Testament.* Trans. by J. A. Baker. Philadelphia: The Westminster Press, 1961. Liberal.

Eissfeldt, Otto. *The Old Testament, An Introduction.* Trans. by P. R. Ackroyd. New York: Harper & Row, 1965. Liberal.

Free, J. P. *Archaeology and Bible History.* 8th ed. Wheaton: Scripture Press Publications, Inc., 1964. Conservative.

Garstang, John. Joshua, Judges. London: Constable & Co., 1931. Liberal.

Harrison, R. K. *A History of Old Testament Times.* London: Marshall, Morgan & Scott, 1957. Conservative.

─────. *Introduction to the Old Testament.* Grand Rapids: Wm. B. Eerdmans Publishing Co., 1969. Conservative.

Hunt, Ignatius. *The World of the Patriarchs.* Englewood Cliffs: Prentice-Hall, Inc., 1967, Liberal.

Kaufmann, Yehezkel. *The Biblical Account of the Corquest of Palestine.* Trans. by M. Dagut. Jerusalem: Hebrew University Press, 1953. Liberal.

Kitchen, K. A. *Ancient Orient and Old Testament.* Chicago: Inter-Varsity Press, 1966. Conservative.

Maly, Eugene. *The World of David and Solomon.* Englewood cliffs: Prentice-Hall, Inc., 1966. Liberal.

McKenzie, John. *The World of the Judges.* Englewood Cliffs: Prentice-Hall, Inc., 1966. Liberal.

Merrill, Eugene. *An Historical Survey of the Old Testament.* Nunley, N. J.: The Craig Press, 1966. Conservative.

Noth, Martin. *The History of Israel.* 2d ed. London: A. & C. Black, 1958. Liberal.

Payne, J. Barton. *An Outline of Hebrew History.* Grand Rapids: Baker Book House, 1954. Conservative.

———. *The Theology of the Older Testament.* Grand Rapids: Zondervan Publishing House, 1962. Conservative.

Ricciotti, G. *the History of Israel. 2 vols.* 2d ed. Milwaukee: Bruce Publishing Co., 1958. Liberal.

Rowley, H. H. *From Joseph to Joshua.* London: Oxford University Press, 1950. Liberal.

———. *The Faith of Israel.* London: SCM Press, Ltd., 1956. Liberal.

———. *The Servant of the Lord and Other Essays on the Old Testament.* London: Lutterworth Press, 1952. Liberal.

Schultz, Samuel. *The Old Testament Speaks.* New York: Harper & Bros., 1960. Conservative.

Simons, J. *The Geographical and Topographical Texts of the Old Testament.* Leiden: E. J. Brill, 1959. Liberal.

Thiele, E. R. *The Mysterious Numbers of the Hebrew Kings.* Revised ed. Grand Rapids: Wm. B. Eerdmans Publishing Co., 1965. Conservative.

Whitley, Charles. *The Exilic Age.* Philadelphia: The Westminster Press, 1957. Liberal.

Young, Edward J. *An Introduction to the Old Testament.* Grand Rapids: Wm. B. Eerdmans Publishing Co., 1949.

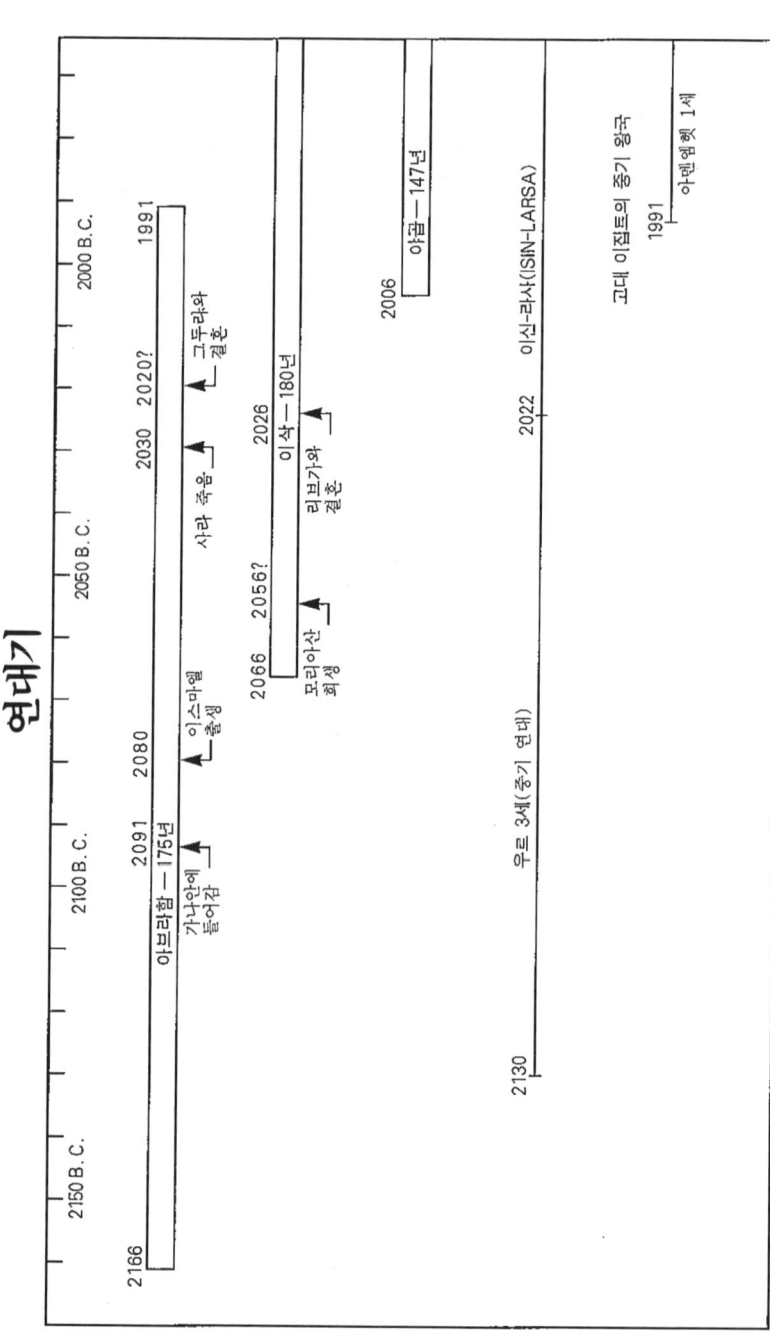

| 1950 | 1900 | 1850 | 1800 |

이삭—180년

1886
1929 1909
야곱—147년
하란으로 ┘   └ 가나안으로

1876 1859
└ 애굽으로

1915 1898 1885   1805
└ 애굽으로 요셉—110년
          └ 신분 높아짐

이신-라사(ISIN-LARSA)

구 바벨론

1792
함무라비

고대 이집트의 중기 왕국
1962 1927   1894   1878   1841   1792 1782 ┐1778
센수서트 1세 아멘엠헷 2세 센수서트 2세 센수서트 3세 아멘엠헷 3세 아멘엠헷 4세
                                                  세벡-네페루-레 여왕

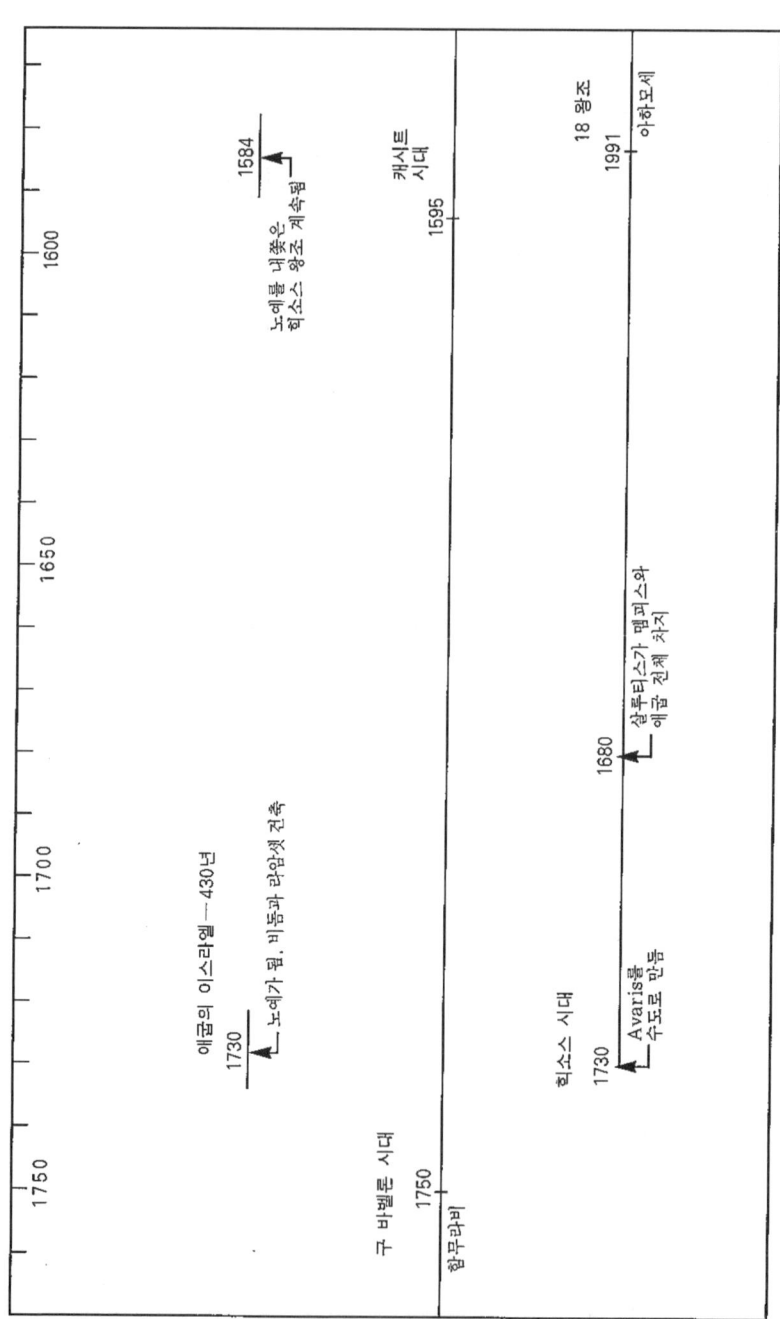

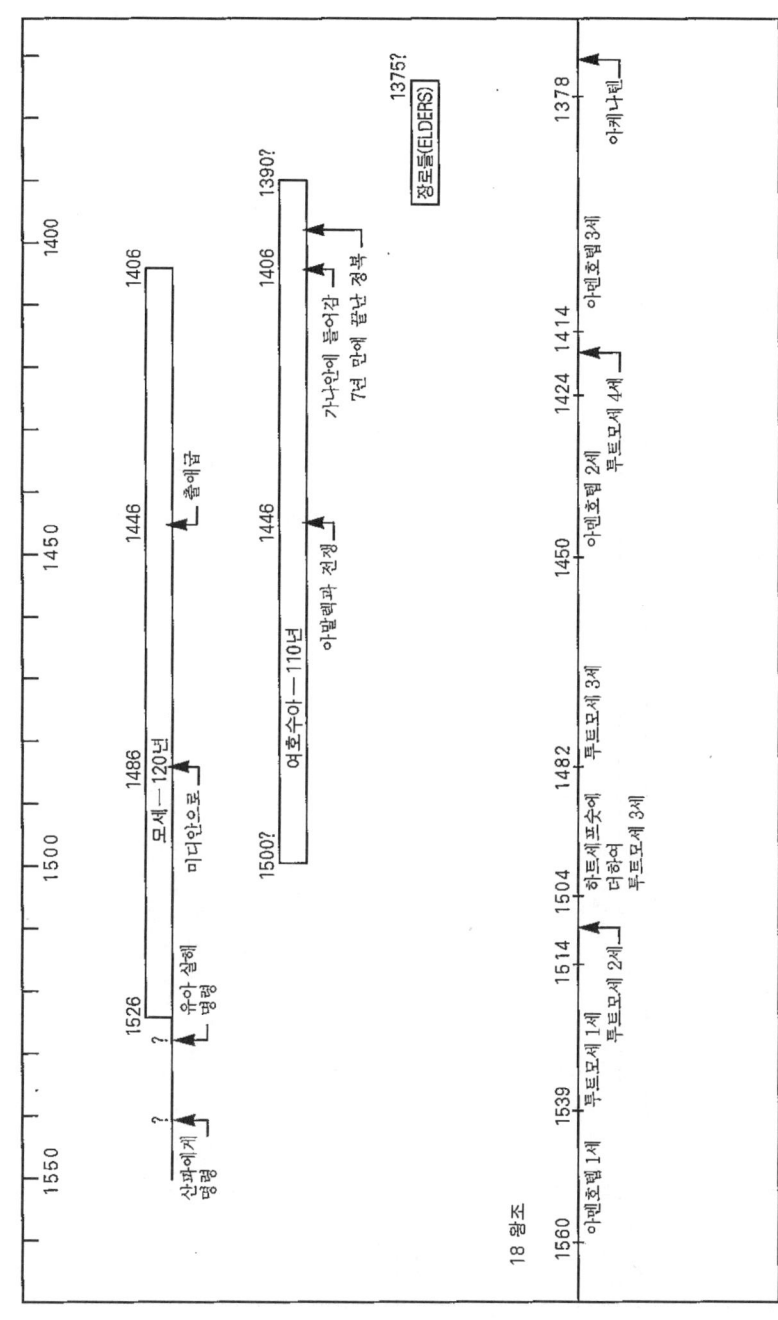

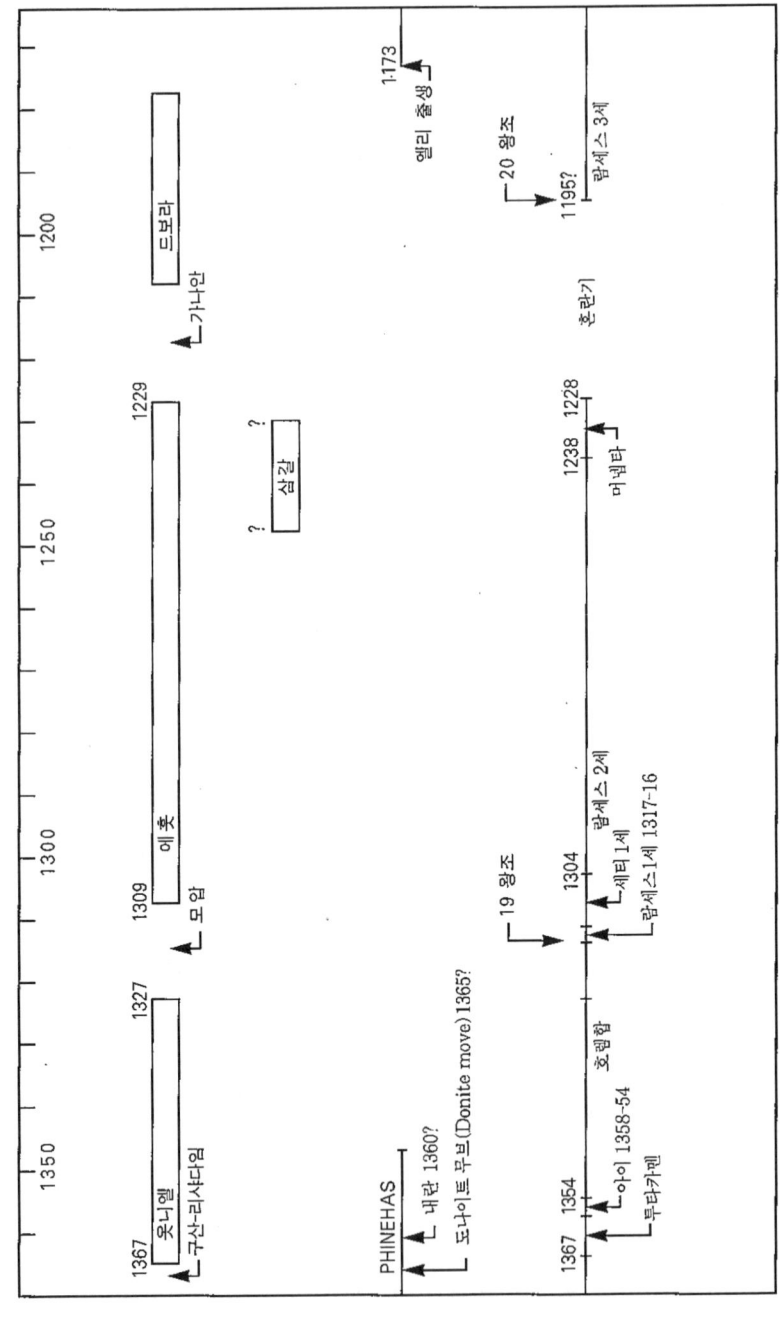

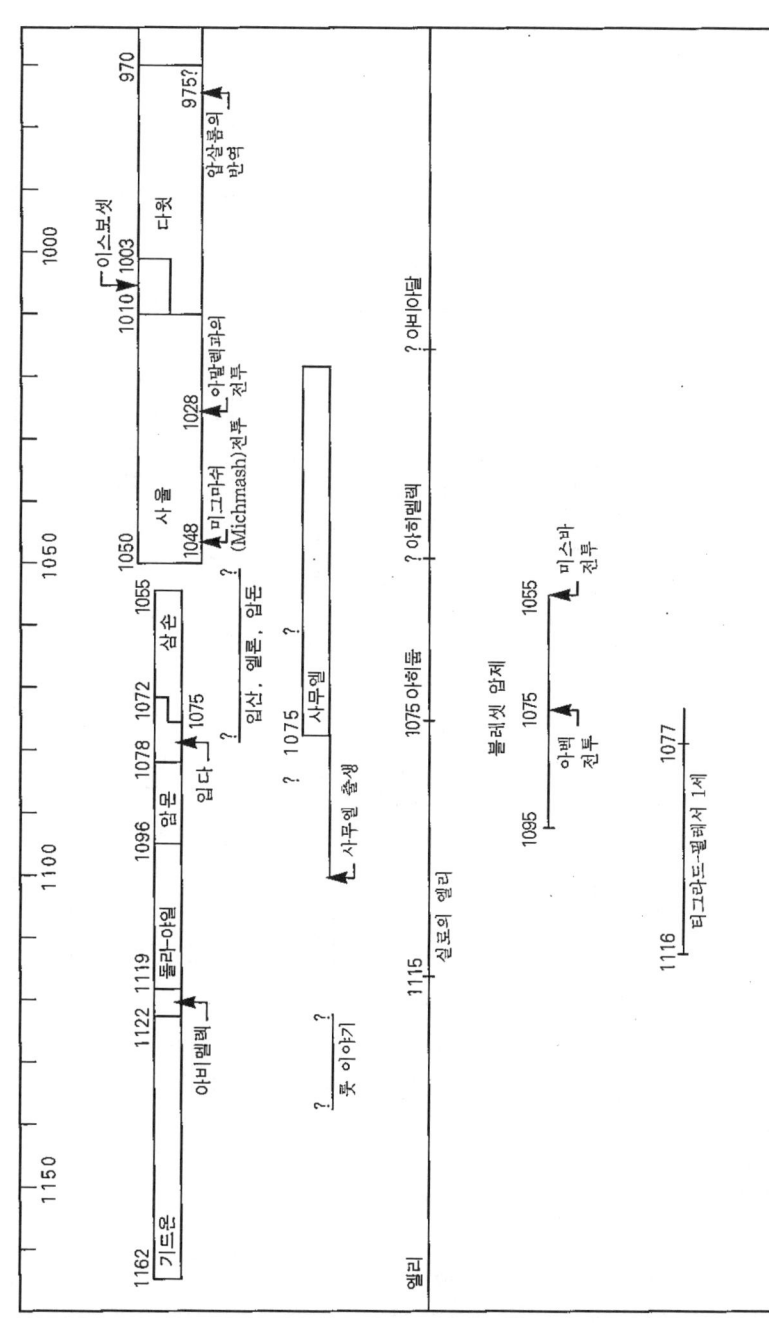

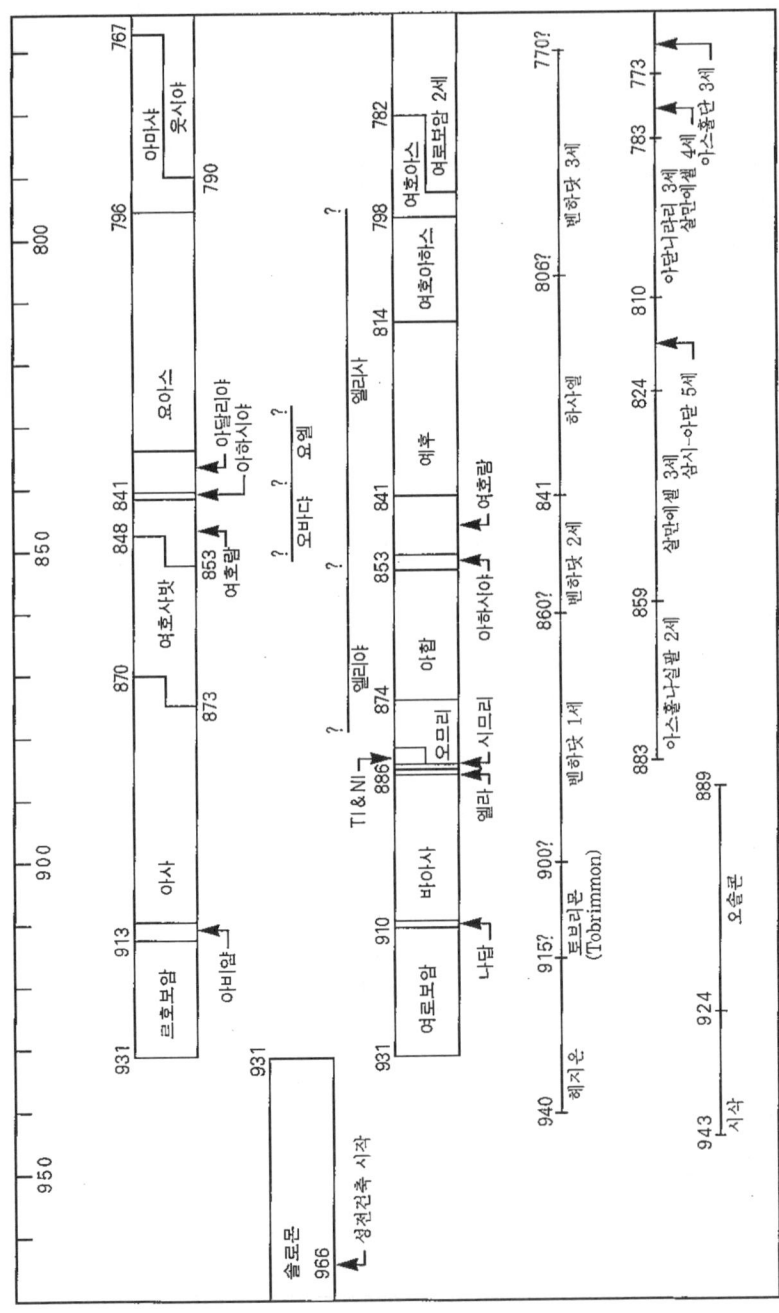

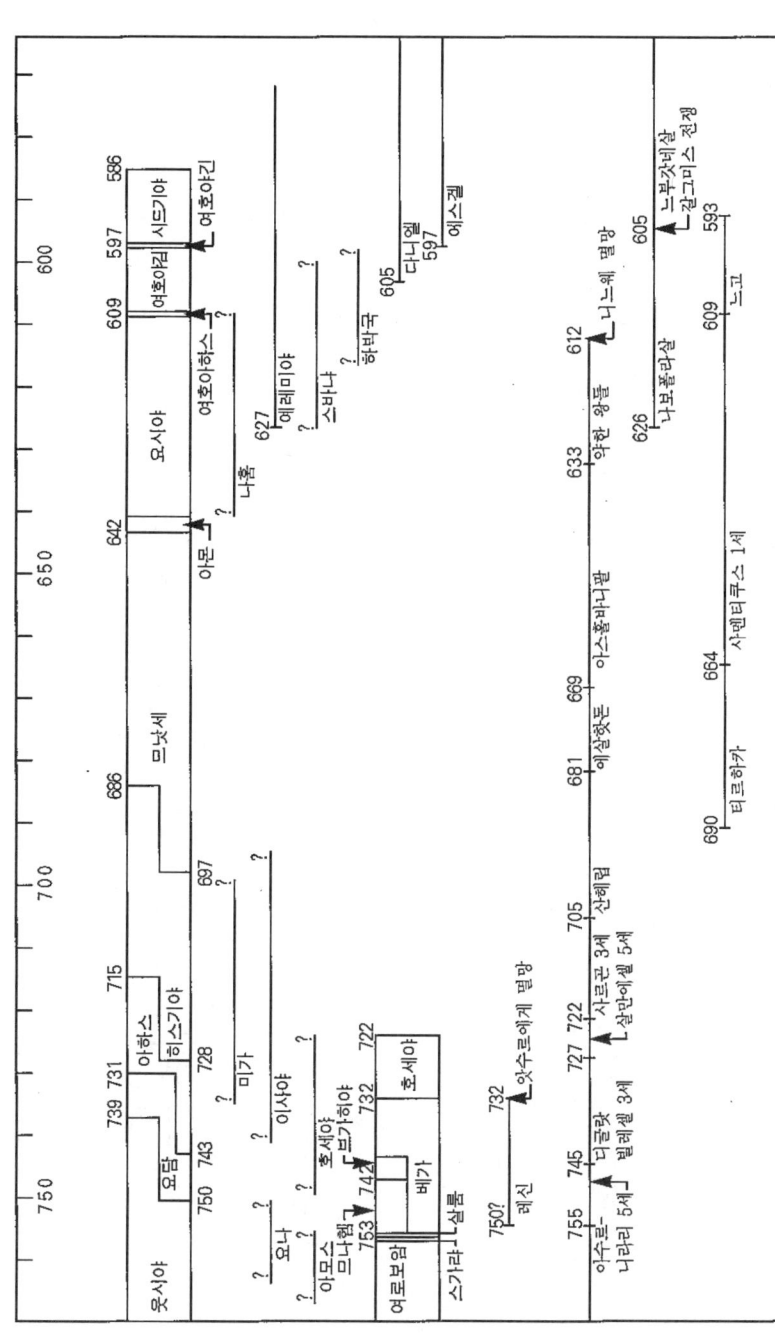

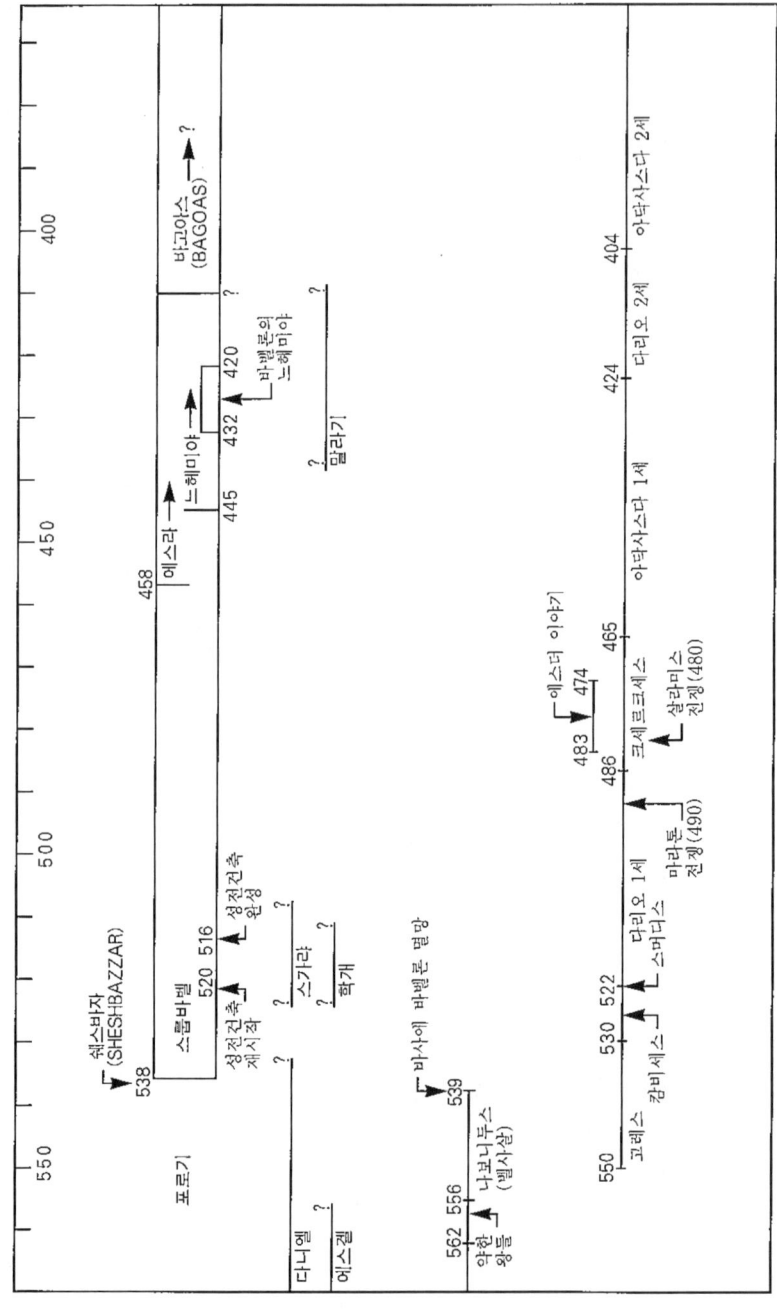

이스라엘의 역사
A Survey of Israel's History

1985년 05월 01일 초판 발행
1999년 09월 15일 2판 발행
2024년 12월 30일 2판 12쇄 발행

지 은 이 | 레온 J. 우드
옮 긴 이 | 김의원

펴 낸 곳 | (사)기독교문서선교회
등   록 | 제16-25호(1980.1.18.)
주   소 | 서울특별시 동대문구 천호대로71길 39
전   화 | 02-586-8761~3(본사) 031-942-8761(영업부)
팩   스 | 02-523-0131(본사) 031-942-8763(영업부)
이 메 일 | clckor@gmail.com
홈페이지 | www.clcbook.com
송금계좌 | 기업은행 073-000308-04-020 (사)기독교문서선교회

ISBN 978-89-341-0029-4 (93230)

* 낙장 파본은 교환해 드립니다.